華南地方全図

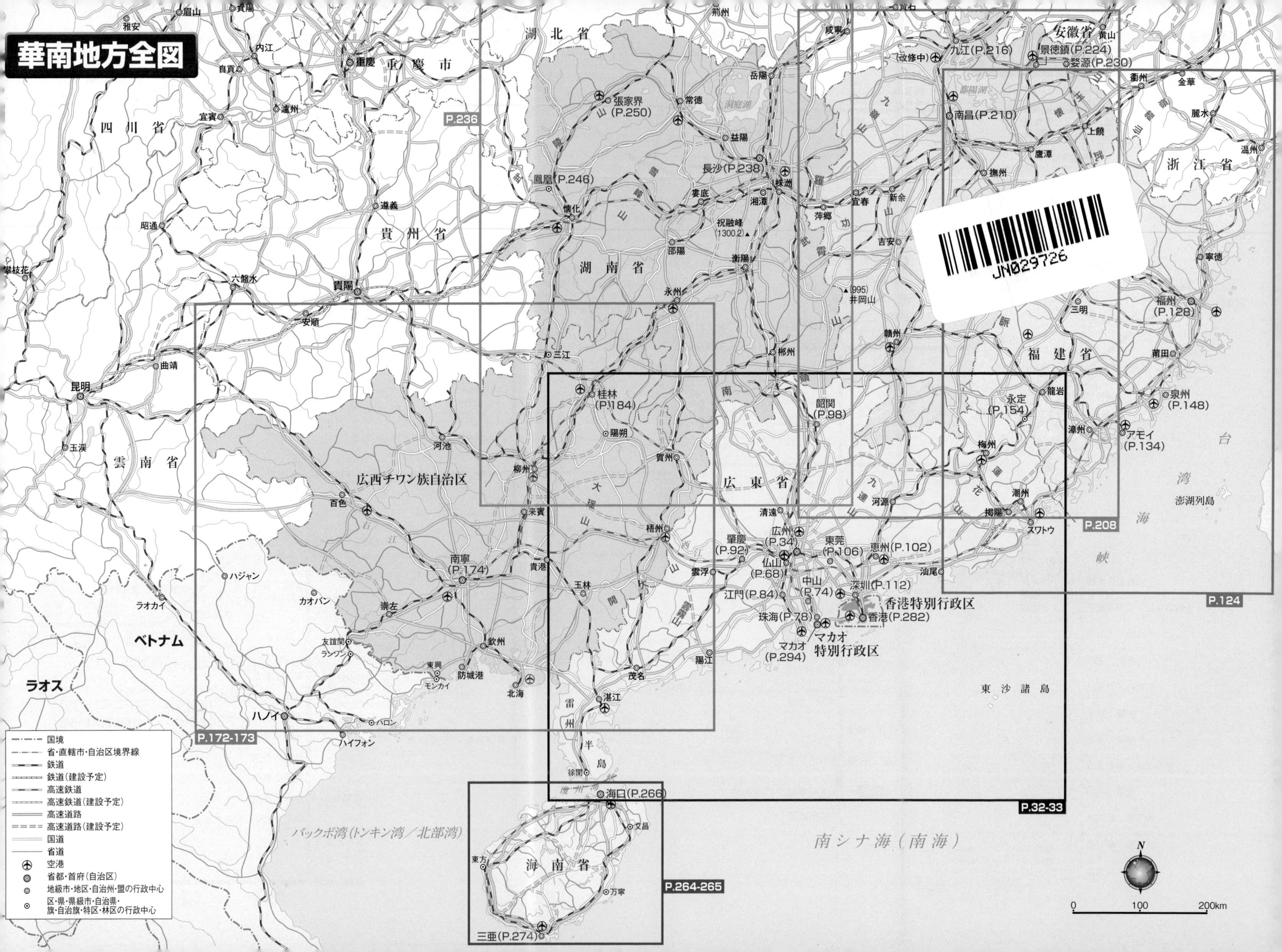

華南地方全図
四川省
貴州省
雲南省
湖北省
湖南省
広西チワン族自治区
広東省
福建省
浙江省
安徽省
海南省
重慶市
香港特別行政区
マカオ特別行政区
ベトナム
ラオス
バックボ湾(トンキン湾／北部湾)
南シナ海(南海)
台湾海峡
澎湖列島
東沙諸島
雷州半島
重慶
成都
雅安
眉山
内江
自貢
宜賓
瀘州
遵義
昭通
六盤水
貴陽
安順
曲靖
昆明
玉渓
攀枝花
河池
百色
南寧(P.174)
崇左
友誼関
ランソン
欽州
防城港
東興
モンカイ
北海
ハジャン
カオバン
ラオカイ
ハノイ
ハロン
ハイフォン
張家界(P.250)
常徳
岳陽
益陽
長沙(P.238)
株洲
湘潭
婁底
鳳凰(P.246)
懐化
邵陽
祝融峰(1300.2)
衡陽
永州
郴州
三江
桂林(P.184)
陽朔
柳州
来賓
賀州
梧州
貴港
玉林
茂名
湛江
徐聞
陽江
雲浮
肇慶(P.92)
仏山(P.68)
広州(P.34)
清遠
韶関(P.98)
河源
東莞(P.106)
恵州(P.102)
深圳(P.112)
中山(P.74)
江門(P.84)
珠海(P.78)
香港(P.282)
マカオ(P.294)
汕尾
掲陽
潮州
スワトウ
梅州
永定(P.154)
龍岩
漳州
アモイ(P.134)
泉州(P.148)
莆田
福州(P.128)
三明
寧徳
温州
麗水
金華
衢州
上饒
鷹潭
撫州
南昌(P.210)
九江(P.216)
景徳鎮(P.224)
婺源(P.230)
黄山
咸寧
荊州
宜春
新余
萍郷
吉安
井岡山
(995)
贛州
海口(P.266)
文昌
東方
万寧
三亜(P.274)
P.236
P.208
P.124
P.172-173
P.32-33
P.264-265
国境
省・直轄市・自治区境界線
鉄道
鉄道(建設予定)
高速鉄道
高速鉄道(建設予定)
高速道路
高速道路(建設予定)
国道
省道
空港
省都・首府(自治区)
地級市・地区・自治州・盟の行政中心
区・県・県級市・自治県・旗・自治旗・特区・林区の行政中心
N
0
100
200km
JN029726

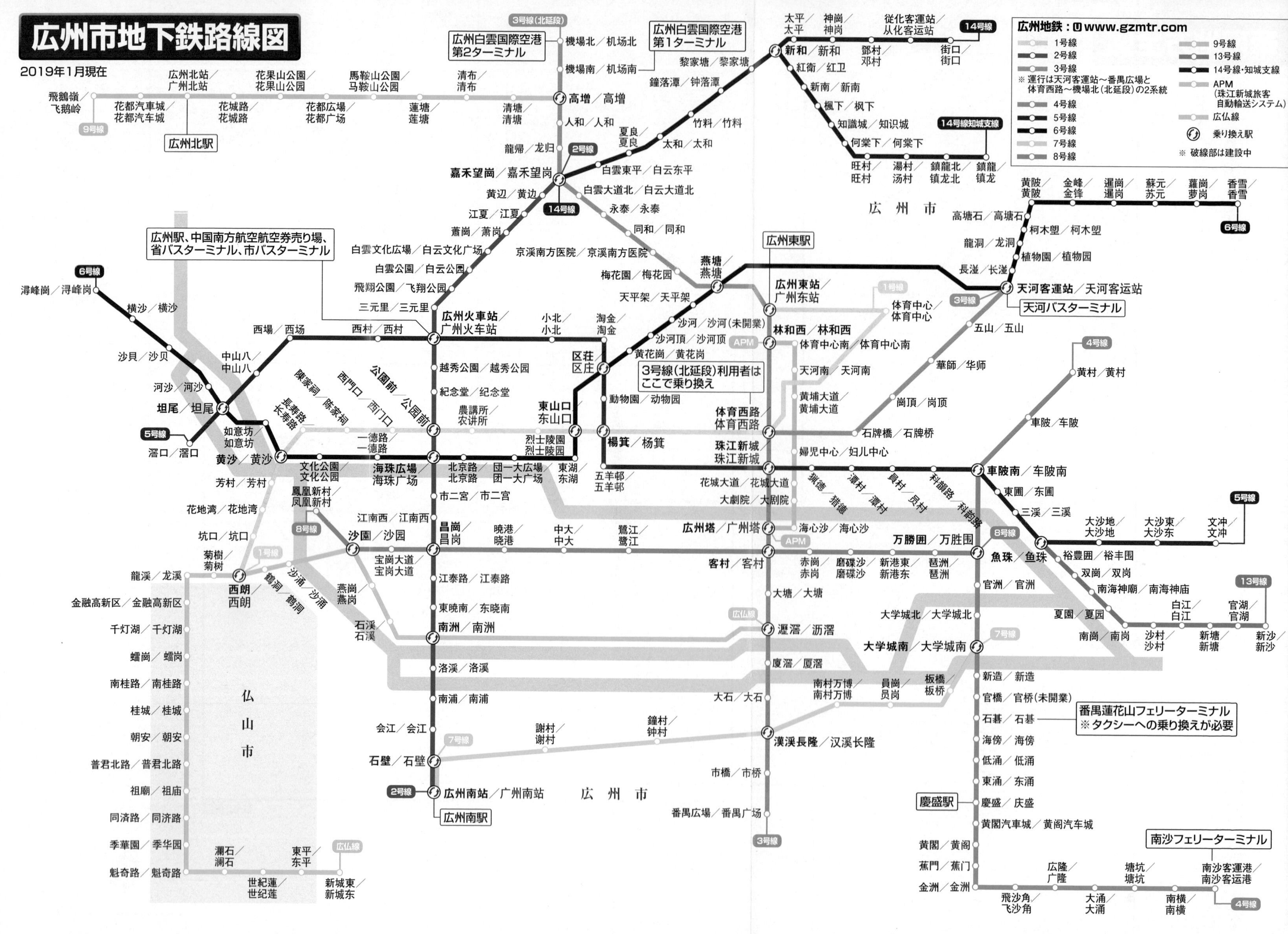

広州市地下鉄路線図
2019年1月現在
広州地鉄：www.gzmtr.com
1号線
2号線
3号線
※運行は天河客運站～番禺広場と体育西路～機場北（北延段）の2系統
4号線
5号線
6号線
7号線
8号線
9号線
13号線
14号線・知城支線
APM（珠江新城旅客自動輸送システム）
広仏線
乗り換え駅
※破線部は建設中
3号線（北延段）
広州白雲国際空港 第2ターミナル
広州白雲国際空港 第1ターミナル
機場北／机场北
機場南／机场南
高増／高增
人和／人和
龍帰／龙归
嘉禾望崗／嘉禾望岗
黄辺／黄边
江夏／江夏
蕭崗／萧岗
白雲文化広場／白云文化广场
白雲公園／白云公园
飛翔公園／飞翔公园
三元里／三元里
広州火車站／广州火车站
越秀公園／越秀公园
紀念堂／纪念堂
公園前／公园前
海珠広場／海珠广场
市二宮／市二宫
昌崗／昌岗
江泰路／江泰路
東暁南／东晓南
南洲／南洲
洛渓／洛溪
南浦／南浦
会江／会江
石壁／石壁
広州南站／广州南站
広州南駅
2号線
14号線
飛鵝嶺／飞鹅岭
花都汽車城／花都汽车城
広州北站／广州北站
花城路／花城路
花果山公園／花果山公园
花都広場／花都广场
馬鞍山公園／马鞍山公园
蓮塘／莲塘
清布／清布
清塘／清塘
9号線
広州北駅
太平／太平
神崗／神岗
従化客運站／从化客运站
14号線
新和／新和
鄧村／邓村
街口／街口
紅衛／红卫
新南／新南
楓下／枫下
知識城／知识城
何棠下／何棠下
14号線知城支線
旺村／旺村
湯村／汤村
鎮龍北／镇龙北
鎮龍／镇龙
黎家塘／黎家塘
鐘落潭／钟落潭
竹料／竹料
太和／太和
夏良／夏良
白雲東平／白云东平
白雲大道北／白云大道北
永泰／永泰
同和／同和
京渓南方医院／京溪南方医院
梅花園／梅花园
燕塘／燕塘
天平架／天平架
沙河／沙河（未開業）
沙河頂／沙河顶
黄花崗／黄花岗
区荘／区庄
動物園／动物园
楊箕／杨箕
五羊邨／五羊邨
広州駅、中国南方航空航空券売り場、省バスターミナル、市バスターミナル
広州東駅
広州東站／广州东站
林和西／林和西
体育西路／体育西路
珠江新城／珠江新城
花城大道／花城大道
大劇院／大剧院
広州塔／广州塔
客村／客村
大塘／大塘
瀝滘／沥滘
厦滘／厦滘
大石／大石
漢渓長隆／汉溪长隆
市橋／市桥
番禺広場／番禺广场
3号線
3号線（北延段）利用者はここで乗り換え
体育中心／体育中心
体育中心南／体育中心南
天河南／天河南
黄埔大道／黄埔大道
婦児中心／妇儿中心
海心沙／海心沙
APM
1号線
3号線
黄陂／黄陂
金峰／金峰
暹崗／暹岗
蘇元／苏元
蘿崗／萝岗
香雪／香雪
6号線
高塘石／高塘石
柯木塱／柯木塱
龍洞／龙洞
植物園／植物园
長湴／长湴
天河客運站／天河客运站
天河バスターミナル
五山／五山
華師／华师
崗頂／岗顶
石牌橋／石牌桥
広州市
4号線
黄村／黄村
車陂／车陂
車陂南／车陂南
東圃／东圃
三渓／三溪
大沙地／大沙地
大沙東／大沙东
文沖／文冲
5号線
裕豊囲／裕丰围
双崗／双岗
南海神廟／南海神庙
白江／白江
官湖／官湖
13号線
夏園／夏园
南崗／南岗
沙村／沙村
新塘／新塘
新沙／新沙
6号線
潯峰崗／浔峰岗
横沙／横沙
沙貝／沙贝
河沙／河沙
坦尾／坦尾
5号線
滘口／滘口
如意坊／如意坊
黄沙／黄沙
中山八／中山八
西場／西场
西村／西村
小北／小北
淘金／淘金
東山口／东山口
烈士陵園／烈士陵园
農講所／农讲所
陳家祠／陈家祠
西門口／西门口
長寿路／长寿路
一徳路／一德路
文化公園／文化公园
北京路／北京路
団一大広場／团一大广场
東湖／东湖
芳村／芳村
花地湾／花地湾
坑口／坑口
菊樹／菊树
1号線
西朗／西朗
鳳凰新村／凤凰新村
8号線
沙園／沙园
宝崗大道／宝岗大道
暁港／晓港
中大／中大
鷺江／鹭江
江南西／江南西
燕崗／燕岗
石渓／石溪
鶴洞／鹤洞
沙涌／沙涌
猟徳／猎德
潭村／潭村
員村／员村
科韻路／科韵路
万勝囲／万胜围
8号線
魚珠／鱼珠
赤崗／赤岗
磨碟沙／磨碟沙
新港東／新港东
琶洲／琶洲
官洲／官洲
大学城北／大学城北
大学城南／大学城南
7号線
広仏線
南村万博／南村万博
員崗／员岗
板橋／板桥
鐘村／钟村
謝村／谢村
7号線
新造／新造
官橋／官桥（未開業）
石碁／石碁
海傍／海傍
低涌／低涌
東涌／东涌
慶盛／庆盛
黄閣汽車城／黄阁汽车城
黄閣／黄阁
蕉門／蕉门
金洲／金洲
慶盛駅
番禺蓮花山フェリーターミナル
※タクシーへの乗り換えが必要
南沙フェリーターミナル
飛沙角／飞沙角
広隆／广隆
大涌／大涌
塘坑／塘坑
南横／南横
南沙客運港／南沙客运港
4号線
龍渓／龙溪
金融高新区／金融高新区
千灯湖／千灯湖
礌崗／礌岗
南桂路／南桂路
桂城／桂城
朝安／朝安
普君北路／普君北路
祖廟／祖庙
同済路／同济路
季華園／季华园
魁奇路／魁奇路
瀾石／澜石
世紀蓮／世纪莲
東平／东平
新城東／新城东
広仏線
仏山市
広州市

地球の歩き方 D05 ● 2019 ～ 2020 年版

広州 アモイ 桂林

珠江デルタと華南地方

媽祖祖廟朝天閣（福建省莆田市秀嶼区湄洲島）／写真:単 侃明

地球の歩き方 編集室

目 次

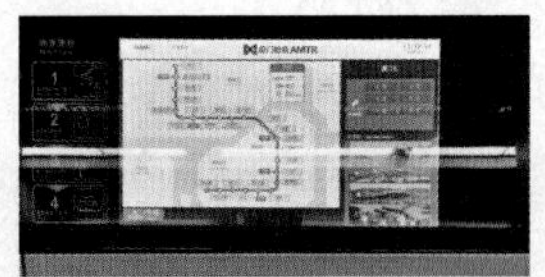

14 地下鉄の乗り方

16 珠江デルタの出入国・出入境

23 特集1 どこまで使えるか実地検証！モバイル決済サービス総まくりin広東

63 特集2 ヤムチャの本場、広州でヤムチャをおおいに楽しむ！

123 特集3 福建省各地に聖母媽祖を訪ねる

182 特集4 「騎楼博物館」と呼ばれる町並が残る 広西チワン族自治区梧州の旧市街へ出かけよう！

出発前に必ずお読みください！ パスポートとビザ…314
体調管理……………351
安全対策……………353

基本情報
歩き方の使い方 …… 6
ジェネラルインフォメーション …… 8

31 **広東省**

広東省マップ …… 32
広州 …… 34
広州全体の概要 …… 34
各エリアの紹介 …… 40
アクセス …… 45
中心部の見どころ …… 47
47 陳氏書院　48 西漢南越王博物館、中山紀念堂　49 越秀公園　50 沙面、石室聖心大聖堂（聖心堂）　51 光孝禅寺、六榕寺、懐聖寺　52 広東省博物館新館、西関大屋　53 広州タワー、華南植物園　54 広州動物園、珠江ナイトボート　55 白雲山、南越王宮博物館

黄埔区の見どころ………………… 56
56 黄埔軍校旧址、南海神廟
番禺区の見どころ………………… 57
57 余蔭山房、蓮花山風景区 58 沙湾古鎮
南沙区の見どころ………………… 58
58 南沙天后宮
花都区の見どころ………………… 59
59 洪秀全故居
従化区の見どころ………………… 59
59 流渓河国家森林公園
ホテル …………………………… 60
グルメ／旅行会社………………… 62
仏山…………………………… 68
概要と歩き方……………………… 68
アクセス ………………………… 69
禅城区の見どころ………………… 71
71 祖廟、梁園 72 南風古竈
郊外の見どころ…………………… 72
72 清暉園、逢簡水郷
ホテル／ショップ／旅行会社 …… 73
中山…………………………… 74
概要と歩き方……………………… 74
アクセス ………………………… 75
見どころ ………………………… 75
75 孫中山故居紀念館 76 孫文西路文化旅游歩行街 77 孫文紀念公園
ホテル／ショップ………………… 77
珠海…………………………… 78
概要と歩き方……………………… 78
アクセス ………………………… 79
見どころ ………………………… 81
81 円明新園 82 梅渓牌坊、海濱公園、石景山公園
ホテル／グルメ／旅行会社 ……… 83
江門…………………………… 84
概要と歩き方……………………… 84
アクセス ………………………… 85
見どころ ………………………… 87
87 開平楼閣と村落 90 小鳥天堂
ホテル／グルメ／旅行会社 ……… 91
肇慶…………………………… 92
概要と歩き方……………………… 92
アクセス ………………………… 93
見どころ ………………………… 93
93 七星岩風景区 95 鼎湖山風景区
96 梅庵、端州古城壁
ホテル／グルメ ………………… 97
韶関…………………………… 98
概要と歩き方……………………… 98
アクセス ………………………… 99
見どころ ………………………… 100
100 南華寺、丹霞山 101 満堂客家大圍
ホテル／旅行会社………………… 101
恵州…………………………… 102
概要と歩き方……………………… 102
アクセス ………………………… 103
見どころ ………………………… 104
104 恵州西湖、羅浮山、東江民俗文物館
ホテル／旅行会社………………… 105
東莞…………………………… 106
概要と歩き方……………………… 106
アクセス ………………………… 108
莞城区の見どころ………………… 110
110 可園
虎門鎮の見どころ………………… 110
110 威遠砲台 111 鴉片戦争博物館（虎門林則徐紀念館）
ホテル／旅行会社………………… 111
深圳…………………………… 112
概要と歩き方……………………… 112
アクセス ………………………… 113
中心部の見どころ………………… 117
117 海上世界 118 海上世界文化芸術中心 119 深圳博物館、地王大廈、華強北路 120 深圳野生動物園、東門歩行街
郊外の見どころ…………………… 120
120 深圳龍崗客家民俗博物館
ホテル …………………………… 121
グルメ／旅行会社………………… 122

123 福建省

福建省マップ ………………… 124
福州…………………………… 128
概要と歩き方……………………… 128
アクセス ………………………… 129
見どころ ………………………… 131
131 三坊七巷、于山風景区、西湖公園
132 西禅寺、烏石山風景区、林則徐紀念館
ホテル／グルメ／旅行会社 ……… 133
アモイ………………………… 134
概要と歩き方……………………… 134
アクセス ………………………… 136
中心部の見どころ………………… 139
139 南普陀寺、胡里山砲台 140 アモイ園林植物園、アモイ大学魯迅紀念館、華僑博物院
郊外の見どころ…………………… 141
141 コロンス島 144 陳嘉庚紀念勝地
ホテル …………………………… 145
グルメ／ショップ／旅行会社 …… 147
泉州…………………………… 148
概要と歩き方……………………… 148
アクセス ………………………… 149
中心部の見どころ………………… 151
151 開元寺、泉州博物館、泉州海外交通史博物館 152 清浄寺
郊外の見どころ…………………… 152
152 崇武古城風景区 153 洛陽橋
ホテル／グルメ／旅行会社 ……… 153
永定…………………………… 154
概要と歩き方……………………… 154
アクセス ………………………… 155
永定区の見どころ………………… 157
157 福建土楼客家民俗文化村（洪坑土楼群景区） 158 高北土楼群景区、南渓土楼群 159 初渓土楼群景区
区外の見どころ…………………… 160
160 田螺坑土楼群景区 161 大地土楼群景区

ホテル …………………………… 161
武夷山 …………………………… **162**
概要と歩き方 ……………………… 162
アクセス …………………………… 166
見どころ …………………………… 167
167 武夷山風景区
ホテル／グルメ／アミューズメント／旅行会社 …………………………… 170

171 広西チワン族自治区

広西チワン族自治区マップ …… **172**
南寧 …………………………… **174**
概要と歩き方 ……………………… 174
アクセス …………………………… 175
中心部の見どころ ………………… 178
178 青秀山風景区、広西民族博物館、広西チワン族自治区博物館　179 南湖公園
郊外の見どころ …………………… 179
179 徳天跨国大瀑布風景区、友誼関　180 花山岩画、揚美古鎮
ホテル／グルメ／旅行会社 ……… 181
桂林 …………………………… **184**
概要と歩き方 ……………………… 184
アクセス …………………………… 185
中心部の見どころ ………………… 188
188 灕江下り　192 両江四湖、象山公園　193 蘆笛岩、独秀峰　194 七星公園、畳彩山　195 伏波山、南渓山公園、西山公園
龍勝の見どころ …………………… 196
196 龍脊梯田　197 黄洛ヤオ寨長髪村、龍勝温泉
陽朔の見どころ …………………… 198
199 月亮山　200 興坪鎮、遇龍河遊覧、大榕樹景区
資源の見どころ …………………… 201
201 八角寨景区
三江の見どころ …………………… 202
202 程陽八寨景区　203 三江鼓楼、馬胖鼓楼
ホテル …………………………… 204
グルメ／アミューズメント／旅行会社 …………………………… 205

207 江西省

江西省マップ …………………… **208**
南昌 …………………………… **210**
概要と歩き方 ……………………… 210
アクセス …………………………… 212
見どころ …………………………… 213
213 南昌八一起義紀念館、滕王閣、安義古村群　214 佑民寺、縄金塔
215 江西省博物館
ホテル／グルメ／旅行会社 ……… 215
九江 …………………………… **216**
概要と歩き方 ……………………… 216
アクセス …………………………… 217
中心部の見どころ ………………… 218
218 潯陽楼　219 鎖江楼塔、能仁寺、煙水亭　221 琵琶亭
郊外の見どころ …………………… 221
221 廬山風景区　223 東林寺・西林寺
ホテル／旅行会社 ………………… 223
景徳鎮 …………………………… **224**
概要と歩き方 ……………………… 224
アクセス …………………………… 225
中心部の見どころ ………………… 225
225 景徳鎮古窯民俗博覧区　226 景徳鎮御窯遺址　227 景徳鎮中国陶瓷博物館
郊外の見どころ …………………… 228
228 浮梁古県衙、瑶里古鎮
ホテル／旅行会社 ………………… 229
婺源 …………………………… **230**
概要と歩き方 ……………………… 230
アクセス …………………………… 231
見どころ …………………………… 232
232 東線　233 西線
ホテル …………………………… 234

235 湖南省

湖南省マップ …………………… **236**
長沙 …………………………… **238**
概要と歩き方 ……………………… 238
アクセス …………………………… 239
中心部の見どころ ………………… 240
240 岳麓書院　241 岳麓山　242 湖南省博物館、天心公園
郊外の見どころ …………………… 243
243 韶山風景名勝区　244 劉少奇故里
ホテル …………………………… 244
グルメ／旅行会社 ………………… 245
鳳凰 …………………………… **246**
概要と歩き方 ……………………… 246
アクセス …………………………… 247
見どころ …………………………… 248
248 鳳凰古城　249 奇梁洞
郊外の見どころ …………………… 249
249 南方長城
ホテル …………………………… 249
張家界 …………………………… **250**
概要と歩き方 ……………………… 250
アクセス …………………………… 251
中心部の見どころ ………………… 252
252 天門山　253 普光禅寺
郊外の見どころ …………………… 254
254 武陵源風景名勝区　260 張家界大峡谷
ホテル …………………………… 261
アミューズメント／旅行会社 …… 262

263 海南省

海南省マップ …………………… **264**
海口 …………………………… **266**
概要と歩き方 ……………………… 266
アクセス …………………………… 267
見どころ …………………………… 269
269 五公祠、海瑞墓　270 雷瓊海口火山群世界地質公園、海南省博物館
271 瓊台書院
郊外の見どころ …………………… 271
271 文昌老街、宋氏祖居、東坡書院
272 千年古塩田

ホテル ……………………………… 272
グルメ／旅行会社 ……………………… 273
三亜 ……………………………………… **274**
概要と歩き方 …………………………… 274
アクセス ………………………………… 275
見どころ ………………………………… 277
277 鹿回頭公園
郊外の見どころ ………………………… 278
278 天涯海角風景区、大小洞天旅游区
279 三亜南山文化旅游区
ホテル ……………………………………… 279
グルメ／旅行会社 ……………………… 280

281 特別行政区

香港 ……………………………………… **282**
概要と歩き方 …………………………… 282
アクセス ………………………………… 283
見どころ ………………………………… 285
285 ビクトリア・ピーク　286 アベニュー・オブ・スターズ　287 通菜街　288 香港歴史博物館　289 廟街、嗇色園黄大仙廟、レパルスベイ　290 1881 ヘリテージ
ホテル ……………………………………… 290
グルメ ……………………………………… 292
ショップ／アミューズメント／旅行会社 … 293
マカオ …………………………………… **294**
概要と歩き方 …………………………… 294
アクセス ………………………………… 295
見どころ ………………………………… 296
296 マカオ歴史市街地区　302 マカオタワー、タイパ・ハウス・ミュージアム
ホテル ……………………………………… 302
グルメ ……………………………………… 304
ショップ／アミューズメント／旅行会社 ……………………………………… 305

307 旅の準備と技術

旅の準備に取りかかる …………… 308
旅の予算 ………………………………… 310
華南地方の気候と旅の服装・道具 … 312
パスポートとビザ ……………………… 314
通貨・両替・カード …………………… 317
海外旅行保険 …………………………… 319
渡航手段の手配 ………………………… 320
日本を出国する ………………………… 323
中国に入国する ………………………… 324
入出国書類の記入例 …………………… 334
中国を出国する ………………………… 338
日本へ帰国する ………………………… 339
中国国内の移動 ………………………… 341
市内交通 ………………………………… 344
体調管理 ………………………………… 351
ビザの延長 ……………………………… 352
安全対策 ………………………………… 353
食事 ……………………………………… 355
ホテルの手配と利用 …………………… 356
買い物 …………………………………… 358
中国の通信事情 ………………………… 359
中国語を使おう！ ……………………… 364
広東語を使おう！ ……………………… 377

地球の歩き方シリーズ一覧 ……… 380

インフォメーション

インターネットで中国の鉄道検索 ……… 30
アモイ観光情報 ……………… 137
客家の土楼 ……………………… 156
灕江下りインフォメーション … 188
乗り物利用時の持ち込み荷物 … 191
廬山の交通 ……………………… 222
中国の天気を調べる …………… 237
天門山観光ルート ……………… 252
武陵源風景名勝区のモデルルート ……… 259
香港市内交通 …………………… 284
マカオ世界遺産リスト ………… 297
特別行政区の税関 ……………… 321
中国のインターネット規制とWi-Fi の注意点 ……… 322
指紋採取 ………………………… 325
フリークエント・ビジター・e チャネル ……… 326
フェリー・トランスファー・サービス ……… 326
中国の「経済型」チェーンホテル … 328
VAT の一部還付を開始 ………… 362

コラム

高速鉄道がついに香港に乗り入れた！… 22
シェアサイクルのおかげで食事にありつけた話 ……… 29
新しい深圳の顔は OCT LOFT と深業上城 ……… 122
桂林から足を延ばして！龍脊梯田田頭寨への 1 泊旅行　206

歩き方の使い方

ヘッダ部分には、該当都市の市外局番（エリア番号）、日本漢字と読み、中国語とその発音などを記載

折込「華南地方全図」で見つけやすいよう、都市のおよその位置を●で図示

人口、面積と管轄を記載。データは『中华人民共和国行政区划简册2018』に準拠

Ⓜ地図上の位置
㊟住所（所在地）
☎電話番号
FAXファクス番号
※ヘッダ部分と異なる場合のみ市外局番（エリア番号）を明記
オ開館時間、営業時間
休定休（休館）日
料料金
交行き方、アクセス
Uウェブサイトの URL
※"http://" と末尾の "/" は原則省略

都市のアクセスは、飛行機、鉄道、バス、船に分けて記載。路線や時刻は頻繁に変わるので現地で必ず最新情報の確認を！
※国慶節（中国の建国記念日）や春節の前後は鉄道切符の入手が困難。この時期の移動は極力避けたい（祝祭日→P.9）

★の数は観光ポイントのオススメ度。オススメ度★★★には観光所要時間の目安を合わせて記載

★★★＝見逃せない
★★＝訪れる価値あり
★＝時間が許せば行きたい

見どころタイトル色分けの意味
上（茶）＝目的地までのアクセスがかなり楽な見どころ
下（青、右に🚗のマーク）＝目的地までの移動に中国語力や個人旅行のスキルなどが必要になるので、車のチャーターをおすすめする見どころ
🏛見どころが世界遺産であることを示す

掲載物件は、ホテル、グルメ、ショップ、アミューズメント、旅行会社をそれぞれ色分けして表示

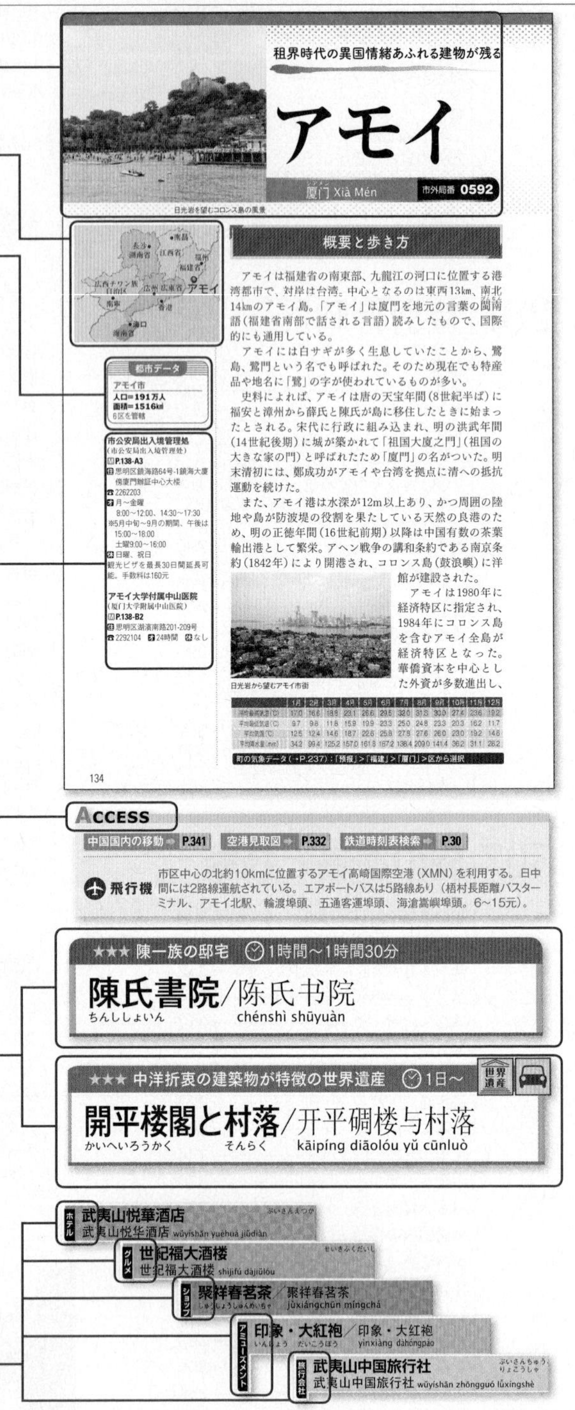

租界時代の異国情緒あふれる建物が残る

アモイ

厦门 Xià Mén　市外局番 0592

日光岩を望むコロンス島の風景

都市データ
アモイ市
人口＝191万人
面積＝1516㎢
6区を管轄

市公安局出入境管理処
（市公安局出入境管理处）
ⓂP.138-A3
㊟思明区鎮海路64号-1鎮海大廈傍廈門辦証中心大楼
☎2262203
オ月～金曜
8:00～12:00、14:30～17:30
※5月中旬～9月の期間、午後は15:00～18:00
土曜9:00～16:00
休日曜、祝日
観光ビザを最長30日間延長可能。手数料は160元

アモイ大学付属中山医院
（厦门大学附属中山医院）
ⓂP.138-B2
㊟思明区湖濱南路201-209号
☎2292104　オ24時間　休なし

概要と歩き方

アモイは福建省の南東部、九龍江の河口に位置する港湾都市で、対岸は台湾。中心となるのは東西13km、南北14kmのアモイ島。「アモイ」は厦門を地元の言葉の閩南語（福建省南部で話される言語）読みしたもので、国際的にも通用している。

アモイには白サギが多く生息していたことから、鷺島、鷺門という名でも呼ばれた。そのため現在でも特産品や地名に「鷺」の字が使われているものが多い。

史料によれば、アモイは唐の天宝年間（8世紀半ば）に福安と漳州から薛氏と陳氏が島に移住したときに始まったとされる。宋代に行政に組み込まれ、明の洪武年間（14世紀後期）に城が築かれて「祖国大廈之門」（祖国の大きな家の門）と呼ばれたため「廈門」の名がついた。明末清初には、鄭成功がアモイや台湾を拠点に清への抵抗運動を続けた。

また、アモイ港は水深が12m以上あり、かつ周囲の陸地や島が防波堤の役割を果たしている天然の良港のため、明の正徳年間（16世紀前期）以降は中国有数の茶葉輸出港として繁栄。アヘン戦争の講和条約である南京条約（1842年）により開港され、コロンス島（鼓浪嶼）に洋館が建設された。

アモイは1980年に経済特区に指定され、1984年にコロンス島を含むアモイ全島が経済特区となった。華僑資本を中心とした外資が多数進出し、

日光岩から望むアモイ市街

	1月	2月	3月	4月	5月	6月	7月	8月	9月	10月	11月	12月
平均最高気温(℃)	17.0	16.6	18.8	23.1	26.6	29.5	32.0	31.8	30.0	27.4	23.6	19.2
平均最低気温(℃)	9.7	9.8	11.8	15.9	19.9	23.3	25.0	24.8	23.3	20.3	16.2	11.7
平均気温(℃)	12.5	12.4	14.6	18.7	22.6	25.8	27.8	27.6	26.0	23.0	19.2	14.6
平均降水量(mm)	34.2	99.4	125.2	157.0	161.8	187.2	138.4	209.0	141.4	36.2	31.1	28.2

町の気象データ（→P.237）：「預报」＞「福建」＞「厦门」＞区から選択

134

ACCESS

中国国内の移動→P.341　空港見取図→P.332　鉄道時刻表検索→P.30

飛行機　市区中心の北約10kmに位置するアモイ高崎国際空港（XMN）を利用する。日中間には2路線運航されている。エアポートバスは5路線あり（梧村長距離バスターミナル、アモイ北駅、輪渡埠頭、五通客運埠頭、海滄嵩嶼埠頭。6～15元）。

★★★ 陳一族の邸宅　1時間～1時間30分

陳氏書院／陈氏书院
ちんししょいん　chénshì shūyuàn

★★★ 中洋折衷の建築物が特徴の世界遺産　1日～　世界遺産

開平楼閣と村落／开平碉楼与村落
かいへいろうかく　そんらく　kāipíng diāolóu yǔ cūnluò

ホテル　武夷山悦華酒店　ぶいさんえつか
武夷山悦华酒店 wǔyíshān yuèhuá jiǔdiàn

グルメ　世紀福大酒楼　せいきふくだいしゅろう
世纪福大酒楼 shìjìfú dàjiǔlóu

ショップ　聚祥春茗茶／聚祥春茗茶
じゅしょうしゅんめいちゃ　jùxiángchūn míngchá

アミューズメント　印象・大紅袍／印象・大红袍
いんしょう　だいこうほう　yìnxiàng dàhóngpáo

旅行会社　武夷山中国旅行社　ぶいさんちゅうごくりょこうしゃ
武夷山中国旅行社 wǔyíshān zhōngguó lǚxíngshè

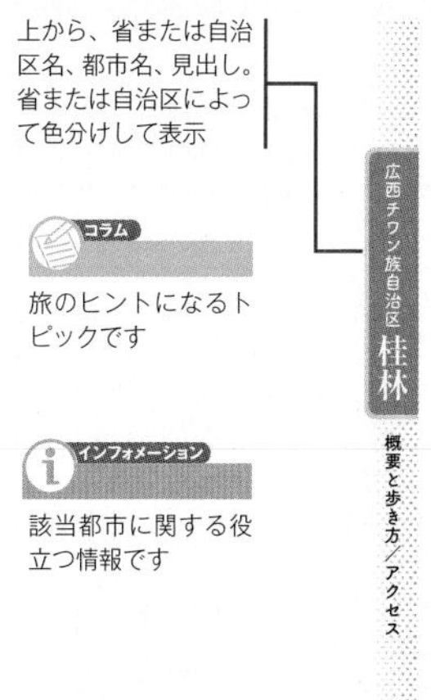

上から、省または自治区名、都市名、見出し。省または自治区によって色分けして表示

旅のヒントになるトピックです

該当都市に関する役立つ情報です

ホテルの料金表示

ホテルの料金表示は付記のないかぎり、ひと部屋当たりの料金（ただし「Ⓓ＝ドミトリールーム」は1ベッド当たりの料金）を表示しています。

㋚に記載のある場合、部屋代にその金額が加算されます。

掲載料金はホテルが公表する個人宿泊客向けの一般的料金です。都市によっては季節変動があります。ホテル予約サイトで大幅なディスカウント料金が提示されることもありますので、宿泊や予約の際は、必ずその時点での料金を確認しましょう。

両替 ホテル内で両替可
ビジネスセンター ビジネスセンターあり
インターネット インターネット使用可
※グレーは不可またはなし

Ⓢシングルルーム
Ⓣツインルーム
Ⓓドミトリールーム
㋚サービスチャージや各種税金
㋕使用可能なクレジットカード
　A　アメリカン・エキスプレス
　D　ダイナース
　J　JCB
　M　MasterCard
　V　VISA
Ⓤウェブサイトのurl
✉メールアドレス

■データの取り扱い

2018年9～11月の調査をもとに編集しています。記載料金は外国人割増料金や季節的変動の影響も受けるため目安としてご利用ください。

急速な経済発展により、交通機関の料金、発着時間や経路、あらゆる物件の開場時間、連絡先などが予告なく変更されることが多々あります。できるかぎり現地でご確認ください。

■地図

地図の凡例は、各図の下部に示してあります。

軍事上の理由により中国の正確な地図は公表されていません。掲載地図はできるかぎり補正していますが正確性に欠ける点をご了承ください。特に郊外図は概要を把握する程度でご利用ください。

■中国語の表記

中国では、漢字の正字を簡略化した「簡体字」が採用されています。中国語学習歴のない人には理解しにくい文字なので、下記の対処を取っています。

①日本漢字を使用し、必要に応じてカッコで併記
　例：天壇公園（天坛公园）
②そのまま日本漢字にするとわかりにくい単語は意訳しているものもあり
　例：「国际机场」＝国際空港
③日本の習慣に従いカナ表記
　例：「厦门」＝アモイ
④漢字のルビは、日本語発音はひらがな、外国語発音（中国語含む）はカタカナで区別

■掲載情報のご利用に当たって

編集部では、できるだけ最新で正確な情報を掲載するよう努めていますが、現地の規則や手続きなどがしばしば変更されたり、またその解釈に見解の相違が生じることもあります。このような理由に基づく場合、または弊社に重大な過失がない場合は、本書を利用して生じた損失や不都合について、弊社は責任を負いかねますのでご了承ください。本書掲載の情報やアドバイスがご自身の状況や立場に適しているかは、すべてご自身の責任でご判断のうえでご利用ください。

■発行後の更新情報と訂正

発行後に変更された掲載情報や、訂正箇所は、『地球の歩き方』ホームページ「更新・訂正・サポート情報」で可能なかぎり案内しています（ホテル、レストラン料金の変更などは除く）。ご旅行の前には「サポート情報」もお役立てください。

Ⓤbook.arukikata.co.jp/support

ジェネラルインフォメーション

　香港とマカオは中国に返還（香港1997年、マカオ1999年）されてからは、中国の一行政区となった。しかし、一国二制度の政治体制で運営されているため、通貨や公用語が異なり、それぞれを移動する場合には、入出境審査を受ける必要がある。香港→P.12、マカオ→P.13

中国の基本情報

▶中国語を使おう！→P.364
▶広東語を使おう！→P.377

中華人民共和国建国の父、毛沢東は湖南省韶山の出身

正式国名
中華人民共和国
People's Republic of China
中华人民共和国
（Zhōnghuá rénmín gònghéguó）

国旗
　五星紅旗と呼ばれている。赤は革命と成功、黄色は光明を象徴する。また、大きい星は共産党を、残りの4つの星は労働者、農民、中産階級者、民族資本家を表す。

国歌
義勇軍進行曲
义勇军进行曲
（Yìyǒngjūn jìnxíngqǔ）

面積
約960万㎢（日本の約25倍）

人口
約14億1142万人（日本の11倍）
※世界保健機関（WHO）世界保健統計（2018.5.25発表）

首都
北京（ペキン）
北京（Běijīng）

元首
習近平 国家主席
（しゅうきんぺい　こっかしゅせき）
习近平 国家主席
（Xí Jìnpíng Guójiā zhǔxí）

政治体制
人民民主共和制（社会主義）

民族構成
　全人口の92%を占める漢族と、残り8%の55の少数民族で構成。

宗教
　イスラム教、仏教（チベット仏教を含む）、キリスト教など。

言語
　公用語は、国民の大多数を占める漢族の言葉である「漢語」のなかの北方方言を主体にして作られた「普通話」。このほか民族ごとにそれぞれの言語をもつ。
　さらに、国土がこれだけ広いため、中国における多数民族の言語である「漢語」も北方方言、呉語（上海周辺）、福建語、広東語、客家語などの方言に分かれており、それぞれの方言は、会話が成り立たないほど大きく異なる。なお、町なかでは、英語はあまり通じない。

通貨と為替レート

▶通貨・両替・カード→P.317

両替可能な銀行の入口には、このようなマークや文字がある

　通貨単位は人民元（人民元／Rénmínyuán）で、中国語では単に元（元／Yuán）と呼び、口語では块（块／Kuài）とも言う。略号の「RMB」は人民元と同意の人民幣（人民币／Rénmínbì）から。補助通貨単位は角（角／Jiǎo。口語では毛／Máo）と分（分／Fēn）。ただし、「分」が使われることは少なくなっている。1元＝10角＝100分≒17.0円（2018年11月13日現在）。新旧合わせて紙幣24種類（2種類は発行停止）、硬貨10種類が流通している。

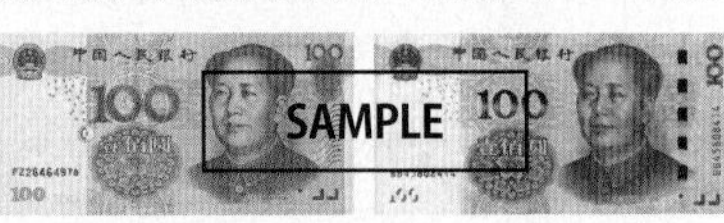

おもに流通している紙幣は毛沢東に統一されたシリーズ。2015年には新100元札が登場した

電話のかけ方

▶中国の通信事情（電話）→P.360

日本から中国（香港、マカオ）へ

国際電話会社の番号		国際電話識別番号		中国(香港、マカオ)の国(エリア)番号		市外局番の最初の「0」を除いた電話番号(香港、マカオはなし)
001 KDDI※1 0033 NTTコミュニケーションズ※1 0061 ソフトバンク※1 005345 au(携帯)※2 009130 NTTドコモ(携帯)※3 0046 ソフトバンク(携帯)※4	＋	010	＋	86(852、853)	＋	

※1「マイライン」の国際区分に登録している場合は不要
Ⓤwww.myline.org
※2 auは005345をダイヤルしなくてもかけられる
※3 NTTドコモはWORLD WINGへの事前登録が必要。009130をダイヤルしなくてもかけられる
※4 ソフトバンクは0046をダイヤルしなくてもかけられる

祝祭日

中国の祝日は、西暦と陰暦（農暦）を合わせたもので、毎年日付の異なる移動祝祭日（※）もあるので注意。また特定の国民に対する祝日や記念日もある。このほか、公的な休日ではないが、多民族国家である中国では民族ごとに独自の祭りがあり、一見の価値があるものも多い。

■法定祝日（休日期間は3～7連休となる）

月	日付		日本語	中国語
1月	1/1		新年	新年
	1/25（2020年）	※	春節	春节
2月	2/12（2021年）	※	春節	春节
4月	4/5 （2019、2020年）	※	清明節	清明节
5月	5/1		労働節	劳动节
6月	6/7 （2019年） 6/25（2020年）	※	端午節	端午节
9月	9/13（2019年）	※	中秋節	中秋节
10月	10/1		国慶節	国庆节
	10/1（2020年）	※	中秋節	中秋节

■特定の国民の祝日および記念日

月	日付	日本語	中国語
3月	3/8	国際勤労婦人デー	三八国际妇女节
5月	5/4	中国青年デー	五四中国青年节
6月	6/1	国際児童デー	六一国际儿童节
8月	8/1	中国人民解放軍建軍記念日	中国人民解放军建军纪念日

★政府が許可する休日の取り方は毎年調整され、年末に発表される

春節の飾り付け

ビジネスアワー

ショップやレストランなどは店によって異なる。公共機関でも休日、業務時間は一定していない。以下の時間は一般的な目安。

デパートやショップ
10:00～20:00（休日なし）

銀　行（両替業務）
9:00～12:00、13:30～17:00
（土・日曜、祝日休み）

レストラン
11:00～15:00、17:00～22:00
（春節は休業する店が多い）

電圧とプラグ

中国の電圧は220V、周波数は50Hz。このため、日本の電化製品を使う場合は変圧器が必要となることが多い。なお、現地で使用されているプラグの種類は7種類ほどあるが、B型やC型、O型が多い。変圧器や変換プラグは日本の旅行用品店や大きい電気店、旅行用品を扱うインターネットショップなどで購入できる。

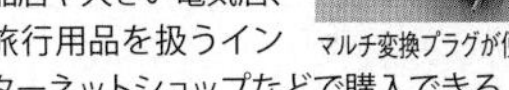
マルチ変換プラグが便利

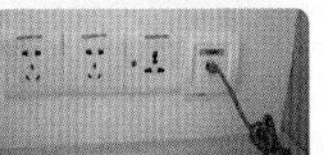
ホテルのコンセント

放送&映像方式

VHS、VCD、DVD、BDを買うときは、放送形式とリージョンコードの両方に注意。放送方式は日本がNTSCで中国はPAL。日本で再生するにはPAL対応のデッキ、プレーヤーとテレビ、またはPALをNTSCに変換できるデッキ、プレーヤーが必要（BDは両対応）。DVDのリージョンコードは中国が6で日本が2、BDのコードは中国がCで日本がA（VHS、VCDは無関係）。ソフトとプレーヤーのコードが一致しなければ再生できないが、いずれかがオールリージョン対応なら再生できる。

中国（香港、マカオ）から日本へ　例 (03) 1234-5678 または090-1234-5678へかける場合

国際電話識別番号		日本の国番号		市外局番と携帯電話の最初の0を除いた番号		相手先の電話番号
00 ※5	+	**81**	+	**3**または**90**	+	**1234-5678**

※5 日本から持参した携帯でそのままかける場合、携帯電話の3キャリアは「0」を長押しして「+」を表示し、続けて国番号からダイヤルしてもかけられる

▶中国国内通話　市内へかける場合は市外局番が不要。市外へかける場合は市外局番（頭の「**0**」を取る）からプッシュする。香港とマカオは市外局番なし

▶公衆電話のかけ方　①受話器を取り、カードを矢印の方向に差し込む。カードはシールの貼ってあるほうが上なので注意　②「00」を押して相手先の電話番号を押す　③通話が終わったら、受話器を置き、カードを受け取る

飲料水

▶体調管理→P.351

中国の水道水は硬水のため、日本人はそのまま飲むことを避けたほうがよい。できるだけミネラルウオーターを飲むようにしよう。ただ、偽物も多いようなので、スーパーなどで購入することをおすすめする。600mℓで2元〜。

気候

▶華南地方の気候と旅の服装・道具→P.312

日本の約25倍の国土をもつ中国は、気候も寒帯から亜熱帯まで存在している。 エリアによっては高低差で気候も異なってくるので注意！

掲載都市については、その最初のページに気象データを掲載している。

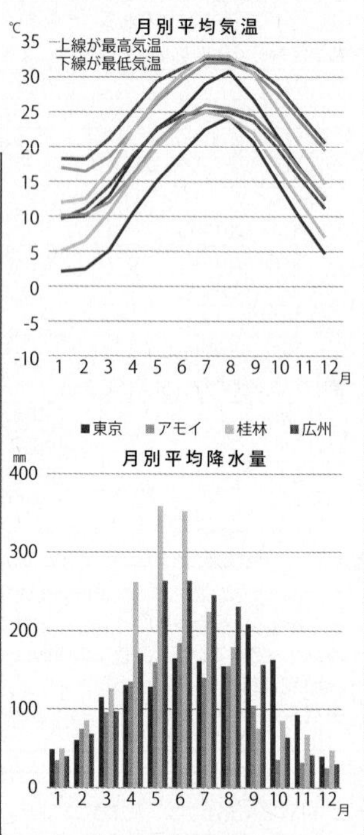

日本からのフライト時間

華南地方最大の空港、広州白雲国際空港

日本の主要都市から華南各都市までのフライトは下記のとおり。

広州／東京（羽田）=5時間15分〜、大阪（関西）=3時間45分〜、名古屋（中部）=7時間

アモイ／東京（成田）＝4時間50分〜、大阪（関西）=3時間40分

深圳／東京（成田）＝5時間50分、大阪（関西）＝4時間55分〜

※一部は経由便

時差とサマータイム

日本との時差は－1時間（日本の12:00が北京の11:00）。北京を標準として、国内に時差を設けていない。しかし、東西に広い国土の両端では、4時間ほど時差がある計算になり、新疆ウイグル自治区などでは非公式に「新疆時間」（北京時間－2時間）を用いる場合もある。

サマータイムは導入されていない。

郵便

▶中国の通信事情→P.359

中国の郵便のカラーは深緑で、ポストも赤ではなく、濃いグリーンだ。日本へのエアメールは、はがきが5元、封書が6元（20g以下）から。なお、中国では、郵政事業と通信事業が分割されたことにともない、ほとんどの都市では、郵政局（郵便と電報）と各通信会社に分かれている。

出入国

▶パスポートとビザ→P.314
▶中国に入国する→P.324
▶中国を出国する→P.338
▶入出国書類の記入例→P.334

ビザ

日本人は15日以内の滞在について、基本的にビザは不要。ただし、16日以上の滞在および特殊な旅行をする者はビザが必要。なお、渡航目的によってビザの種類が異なるので注意。観光の場合は30日間の観光ビザ（Lビザ）を取得する。

パスポート

パスポートの残存有効期間は6ヵ月以上が無難。また、査証欄余白も2ページ以上あったほうがよい。

入国／出国カード

入出国一体型のものだが、切り離して置かれていることも多い。

外国人出境卡 DEPARTURE CARD
外国人入境卡 ARRIVAL CARD

中国の入国／出国カード。左が出国用、右が入国用

※本項目のデータは中国大使館、中国観光代表処、外務省などの資料を基にしています

チップ

中国にはチップの習慣はないので基本的に不要。また、中級・高級ホテルでは宿泊代にサービス料が加算される所が多く、そういった場合は不要。

▶ホテルの手配と利用→P.356

税　金

中国では、ホテルに宿泊する際に税金（サービス税、城市建設税など）がかけられることはある（一律ではない）。付加価値税（VAT）還付制度については、指定店で500元以上購入し、所定の手続きをした場合に限り出国時に還付される。

▶ホテルの手配と利用→P.356

▶VATの一部還付を開始→P.362

安全とトラブル

中国では、急激な経済発展のため、貧富の格差が拡大し、それにつれて治安は悪化している。事実がどうであるかにかかわらず、日本人旅行者は金持ちと見られるため、狙われていることを覚えておこう。また、見知らぬ者から日本語で話しかけられたときには警戒するようにしよう。

警察（公安局）110　**消防 119**　**救急医療センター 120**

▶安全対策→P.354

年齢制限

中国では、車の運転免許は18歳から。飲酒や喫煙については法律による年齢制限はない。なお、現在のところ、旅行者が気軽に利用できるようなレンタカー制度は存在しない。

度量衡

基本的に日本の度量衡と同じだが、それぞれに漢字を当てている（例：m＝米／mǐ、km＝公里／gōnglǐ、g＝克／kè、kg＝公斤／gōngjīn）。ただし、日常生活では中国独自の度量衡も残っており、特に食べ物関連では斤と両（1斤／jīn=10两／liǎng=500g）がよく使われる。

その他

トイレ

中国語でトイレを厕所（cèsuǒ）または卫生间（wèishēngjiān）という（建物内では洗手间／xǐshǒujiān）。都市部では水洗トイレも増えており、街頭にも有料の公衆トイレ（公共厕所／gōnggòng cèsuǒ）の設置が進んでいる。ただし、トイレットペーパーを常備している所は少ない（有人の所では入口でもらえる）ので、用を足す際には持っていこう。また、紙を流すとトイレが詰まるケースが多いので、使用後は備え付けの籠に入れること。

たばこ

2017年3月に喫煙に関する条例が改正施行され、屋内や公共交通機関の車内は全面禁煙、屋外でも学校や病院、競技場、公演会場、文化遺産などの公共施設付近では禁煙となった。喫煙室も撤去。違反者には罰金が科せられる。

乾燥対策

中国は一部を除き、かなり乾燥しているので、乾燥に弱い人は、季節にかかわらず、リップクリームやのど飴など、保湿対策用品を持参するとよい。

道路事情

中国は日本と異なり、車は右側通行。赤信号でも右折可なので横断時は要注意。道路には自転車専用レーンが設置された所も多い。このため、車道を横断する際には、自動車のほかに自転車にも注意が必要。また、電動バイクが急増しているのだが、交通法規を守らず、歩道でも運転している人が多い。後ろから音もなくやってくるので、歩道でも注意が必要。

携帯電話やICカード

SIMフリーの端末なら中国で購入したSIMカードに差し替えて使える。中国では、ICカードやプリペイド式携帯電話にチャージしたお金について、一定期間使用しないと失効してしまう。データ通信に際しては、中国ではインターネット規制によりGmailや一部SNSが使えない等の点に注意（→P.322）。

パスポート

切符購入窓口や博物館などの見どころ、郵政局などでパスポートの提示が必要なケースが増えている。地下鉄駅などで抜き打ちの身分証明書チェックが施行されることもあるので、外出時にはパスポート実物（コピーは不可）の携帯をおすすめする。

公衆トイレ

無人の表示。使用中は「有人」

香港の基本情報

▶電話のかけ方 →P.8、9

正式名称
香港特別行政区
Hong Kong Special Administrative Region of the People's Republic of China
香港特別行政区
(Xiānggǎng tèbié xíngzhèngqū)

特別行政区旗
香港特別行政区旗

面積
約1104㎢

人口
約740万9800人
※「香港特別行政區政府 政治統計處」

行政長官
林鄭月蛾（Carrie Lam）

民族構成
98%を占める漢族と残り2%の外国人で構成。

宗教
イスラム教、仏教、道教、キリスト教など。

言語
公用語は英語と中国語（普通話と広東語）。

通貨と為替レート

▶通貨・両替・カード →P.319

基本通貨単位は香港ドル（HK$）、補助通貨単位はセント（¢）。1HK$=100¢≒14.6円（2018年11月13日現在）。紙幣は1000HK$、500HK$、100HK$、50HK$、20HK$、10HK$の6種類。しかし、20HK$以上の紙幣は3つの銀行で発券されている（10HK$は香港特別行政区政府発行のみ）うえ、新旧札が流通しているため、紙幣の種類が非常に多い（ただし、金額によって色は統一）。硬貨は10HK$、5HK$、2HK$、1HK$、50¢、20¢、10¢の7種類。
●香港印鈔有限公司
Ⓤwww.hknpl.com.hk

祝祭日

▶「中国の基本情報」祝祭日→P.9

中国の祝日以外に次のものがある（※は移動祝祭日。日付は2019年）。元日翌日、※聖金曜日=4/19、※聖金曜日翌日=4/20、※イースターマンデー=4/22、※仏誕（灌仏会）翌日=5/13、特区成立記念日=7/1、※中秋節翌日=9/14、※重陽節=10/7、クリスマス=12/25、ボクシングデー=12/26

電圧とプラグ

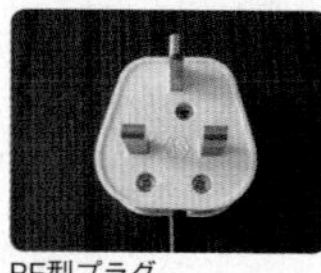
BF型プラグ

香港の電圧は220V、周波数は50Hz。このため、日本の電化製品を使う場合は変圧器が必要となることが多い。プラグは3つ穴のBF型が主流。

チップ

イギリスの統治下にあったため、中国とは異なり、チップの習慣は定着している。ただし、タクシーや大衆食堂、ファストフード店では不要。

水

水道水は避け、できるだけミネラルウオーターを飲むように。500mℓで5HK$〜。

日本からのフライト時間

東京（羽田）から5時間5分〜、大阪（関西）から4時間35分〜、名古屋（中部）から4時間50分〜、福岡から3時間45分〜。

出入国

▶入出国書類の記入例 →P.337

ビザ
日本人は90日以内の滞在についてはビザが不要。

パスポート
パスポートの残存有効期間は「30日プラス滞在予定日数」となっている。

入出国カード
複写式のもの。中国やマカオとの行き来には必ず入出境審査を受けなければならない。

時差とサマータイム制

日本との時差は−1時間（日本の12:00が香港の11:00）。サマータイムはない。

郵便

日本へのエアメールは、はがき4.9HK$、封書4.9HK$（20gまで）〜。詳しくは香港郵政ウェブサイトを。
Ⓤwww.hongkongpost.com

緊急連絡先

■香港政府観光局ビジター・ホットライン
☎2508-1234
■緊急サービス（警察・消防署・救急車）
☎999

マカオの基本情報

正式名称
マカオ特別行政区
Região Administrativa Especial de Macau da República Popular da China
澳门特别行政区
(Àomén tèbié xíngzhèngqū)

特別行政区旗
マカオ特別行政区旗

面積
約30.8km²

人口
約65万3100人
※2017澳門特別行政區政府 統計暨普査局

行政長官
フェルナンド・チュイ（崔世安）

民族構成
94%を占める漢族と、残り6%のポルトガル系や外国人で構成。

宗教
イスラム教、仏教、道教、キリスト教など。

言語
公用語はポルトガル語と中国語（普通話と広東語）。英語は商業用の第3公用語。

▶電話のかけ方
→P.8、9

通貨と為替レート

基本通貨単位はマカオパタカ(Pataca：MOP)、補助通貨単位はアボス（Avos)、1パタカ=100アボス。1パタカ≒14.1円（2018年11月13日現在）。紙幣は1000MOP、500MOP、100MOP、50MOP、20MOP、10MOPの6種類、硬貨は10MOP、5MOP、2MOP、1MOP、50Avos、20Avos、10Avosの7種類。紙幣の発行は大西洋銀行と中国銀行マカオ分行の2行で行っている。

香港ドルもほぼ等価値の通貨として流通しているが、パタカはマカオで通用するのみで、中国と香港では使えない。

▶通貨・両替・
カード →P.319

祝祭日

中国の祝日以外に次のものがある（※は移動祝祭日。日付は2019年)。※グッドフライデー=4/19、イースターホリデー=4/19～20、※仏誕（灌仏会）=5/12、※中秋節翌日=9/14、※重陽節=10/7、万霊節=11/2、聖母マリア祭（聖母無原罪の御宿りの祝日）=12/8、特区成立記念日=12/20、※冬至=12/22、クリスマスホリデー=12/24～25

▶「中国の基本情報」
祝祭日→P.9

電圧とプラグ

マカオの電圧は220V、周波数は50Hz。このため、日本の電化製品を使う場合は変圧器が必要となることが多い。プラグはホテルでは3つ穴のBF型が多い。ホテルによってはプラグを貸し出してくれる所もある。

チップ

元来、チップの習慣はなかったが、高級ホテルを中心に徐々に広まっている。タクシーには不要だが、端数を切り上げて支払うとよい。高級レストランではおつりの小銭を残す程度（大衆食堂やファストフード店は不要）でよい。ホテルではベルボーイや部屋係に10MOP。

水

水道水は避け、できるだけミネラルウオーターを飲むように。500mℓで22MOP～。

日本からのフライト時間

東京（成田）から5時間35分、大阪（関西）から4時間35分。

時差とサマータイム制

日本との時差は-1時間（日本の12:00がマカオの11:00)。サマータイムはない。

郵便

日本へのエアメールは、はがき5MOP、封書5MOP（10gまで）～。

出入国

ビザ
日本人は90日以内の滞在についてはビザが不要。

パスポート
パスポートの残存有効期間は「30日プラス滞在予定日数」となっている。

入出国カード
2013年7月より不要。香港や中国との行き来には必ず入出境審査を受けなければならない。

緊急連絡先

■マカオ観光局ツーリスト・ホットライン
☎2833-3000
■旅行者用緊急電話　☎中国語=110　英語=112

地下鉄の乗り方

2018年11月現在、華南エリアでは広州、仏山、東莞、深圳（以上広東省）、福州、アモイ（以上福建省）、南寧（広西チワン族自治区）、南昌（江西省）、長沙（湖南省）、香港の10都市に地下鉄がある。延伸や新規敷設の工事も進められており、観光やビジネスでの移動に非常に便利な交通手段となっている。

日本の地下鉄との大きな違いは紙の切符を使わない点。広州と深圳では、ICチップが埋め込まれたコイン状のもの（トークン）、香港では磁気式のカードを使っており、すべて再使用されている。これらのほか、IC式プリペイドカードも利用されている。

❶入口を見つける

地下鉄入口には各地の地下鉄のマークと駅名が大きく表示されている。また、駅の近くには標識などもあるので、見つけやすいはず。

入口では安全検査が行われる場合もあるが、北京などに比べて緩やか。

長沙の地下鉄入口

深圳の地下鉄入口

❷乗車券の購入

乗車券は自動券売機Ⓐを利用して購入する。表示は中国語と英語から選択できる。

トップの画面には全路線が表示されるⒷ。目的地に触れると、画面右側に料金が表示されるので、枚数を選ぶ。すると合計金額が表示されるので、その金額を入れる。もし、この画面でわかりにくいようだったら、画面下の路線表示をタッチして、表示駅を絞ることもできるⒸ。

投入できる紙幣や硬貨は自動券売機で異なるので、機械にある注意書きを読むこと。該当する貨幣を持っていない場合は、窓口で両替または購入する。つり銭不足などで紙幣が使えない場合も窓口へ。

自動券売機から乗車券（広州と深圳、長沙はトークン）とおつりが出てくるので、取り忘れないように！Ⓓ

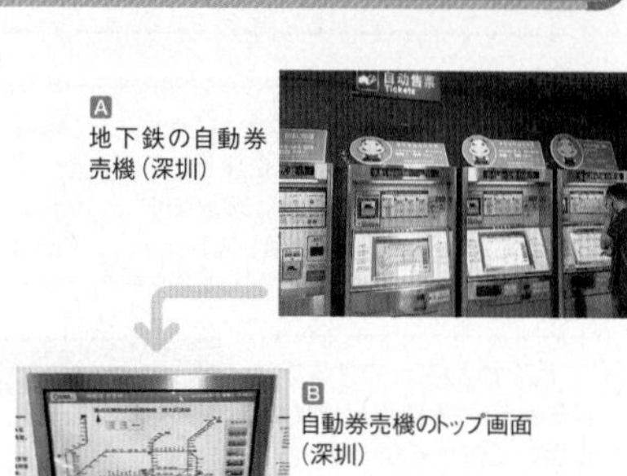

Ⓐ 地下鉄の自動券売機（深圳）

Ⓑ 自動券売機のトップ画面（深圳）

Ⓒ 拡大した路線図（深圳）

トークン（深圳）

Ⓓ 受け取り口（広州）

❸乗車・降車

入場は乗車券またはICカード、トークンを自動改札機の読み取り部分Ⓔに当てるだけ（香港はカードを挿入し、出てきたものを受け取る）。無事読み取りされると、開閉式のトビラが開いたり、棒が回転したりするので中に進み、案内表示に従って路線のホームに向かい電車を待つⒻ。電車が到着すると、ホームと車両のドアが開き、降乗車する。目的地到着後、案内表示に従って自動改札を出る。この際、乗車券は回収されるので、指定場所に投入（挿入）しよう。ICカードは読み取り部分に当てる。もし、改札機が動かなかったら、駅員に申し出ればよい。乗り越しも同様。

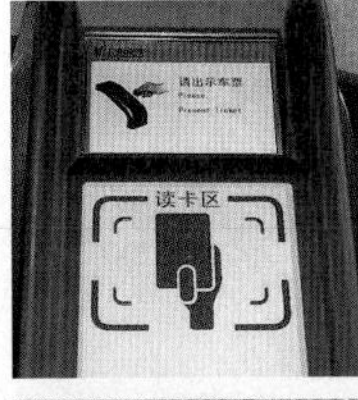

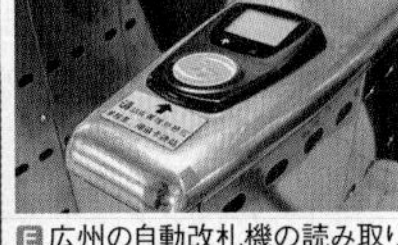

Ⓔ広州の自動改札機の読み取り部分（左）。深圳の自動改札機の読み取り部分（上）。深圳では丸い部分に当てる

Ⓕ長沙の地下鉄2号線のホーム。中国の地下鉄はホームドア完備

Ⓖ出口の表示（広州）

注意したいのは乗車券の紛失。運賃の数倍は請求されるので改札を出るまでしっかり所持しておくこと。

ホームや改札を出た所に、地上出口の案内Ⓖがある。そこには、ランドマークとなる建物や路線バスの番号などが表記してあるので参考にしよう。

各地下鉄のウェブサイト

広州（广州地铁） Ⓤ www.gzmtr.com　路線図→折込裏
※仏山市区間も含む
東莞（东莞轨道交通） Ⓤ www.dggdjt.com
深圳（深圳地铁） Ⓤ www.szmc.net　路線図→P.346～347上
福州（福州地铁） Ⓤ www.fzmtr.com　路線図→P.348上
アモイ（厦门地铁） Ⓤ www.xmgdjt.net　路線図→P.348下
南寧（南宁轨道交通） Ⓤ www.nngdjt.com　路線図→P.349上
南昌（南昌地铁） Ⓤ www.ncmtr.com　路線図→P.349下
長沙（长沙市轨道交通） Ⓤ www.hncsmtr.com　路線図→P.350
香港（MTR） Ⓤ www.mtr.com.hk　路線図→P.346～347下

❹交通系ICカード

中国では都市ごとに交通系ICカード（非接触式）が導入されている。日本同様、乗車券（地下鉄、路線バス、地下鉄、渡し船、一部のタクシーなど）と電子マネーを兼ねており、使いようによっては、旅行者にとっても非常に有用なものだ。

各都市の地下鉄などにある窓口で「押金卡（普通卡）／ yājīnkǎ（pǔtōngkǎ）」と呼ばれるデポジット（保証金）式または「紀念卡／ jìniànkǎ」と呼ばれる買取式のカードを入手し、チャージ（中国語で「充值／chōngzhí」）するだけで利用できる。

ひとつのカードを共通利用することはできなかったが、広東省は21都市（本書掲載では広州、仏山、韶関、肇慶、江門、恵州、東莞、深圳）で共通使用できるようになった。さらに限定販売ではあるが、香港（マカオも計画あり）でも共通利用できるカードもある。

■嶺南通（れいなんつう）
岭南通（lǐngnántōng）
Ⓤ www.lingnanpass.com
※カードは購入地によって「嶺南通・購入都市のカード名（広州市であれば羊城卡）」という名称になる。2018年11月現在、チャージと解約は購入地のみという制約がある

深圳と香港で利用できる「互通行 前海」カード（2016年販売）

珠江デルタの出入国・出入境

中国に返還された香港とマカオは、「一国二制度」という考えによって、中国＝社会主義、香港・マカオ＝資本主義という社会システムが併存している。

このため、両エリアは、同じ中華人民共和国でありながら、中国との境界に出入境ゲート（中国語で「口岸」＝kǒuàn）が設けられており、基本的に往来には国と国の間を移動する際と同じ手続きが必要となっている。また、珠江デルタの間には、空路、陸路、航路とすべてのアクセスが整備されており、それらを使った移動は、周囲を海に囲まれた日本で暮らすわれわれにはとても新鮮な体験となる。

ここでは、出入境ポイントを中心に簡単に状況を説明する。

空路

日本からのアクセスとして利用される。2018年11月現在、日本との間に運航便があるのは、広州白雲国際空港、深圳宝安国際空港、香港国際空港、マカオ国際空港。到着した空港で入国手続きを、出発する空港で出国手続きを行っている。

香港・マカオから空路で中国各地に向かう場合、国際線扱いとなるので、出入境手続きが必要となる。早めに空港に移動すること。

出入国・出入境の手続き時間
国際線の発着に合わせて対応している

関連ウェブサイト

広州白雲国際空港（广州白云国际机场）
U www.gbiac.net

深圳宝安国際空港（深圳宝安国际机场）
U www.szairport.com

香港国際空港（香港國際機場）
U www.hongkongairport.com

マカオ国際空港（澳門國際機場）
U www.macau-airport.com/ja

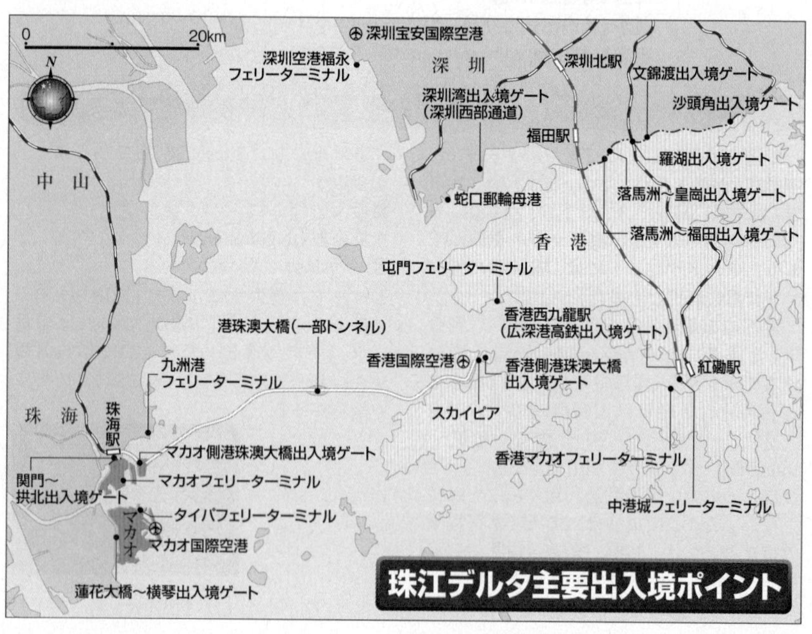

珠江デルタ主要出入境ポイント

出入境の流れ（2018年11月現在）

中国と香港・マカオ間の出入境ポイントの特徴は、陸路・徒歩やフェリー、鉄道など、移動手段のバリエーションが多いことだ。旅行者は、それぞれの出発地と目的地、所要時間、運賃、出入境の混雑具合いなどを比較しながら選ぶとよい。

※下記の流動図は基本的にどこでも共通だが、機械化の導入など出入境ポイントによっての差違もある

中国→香港（中国福田→香港落馬洲）

①	出境ポイントに向かう	地下鉄4号線「福田口岸」駅下車。駅構内はそのまま出境庁につながっているので、「往香港」の表示方向に進む。	中国
②	荷物検査	出境審査場に入る前にX線で荷物検査を行う。	中国
③	出境審査	出境審査には「自助査验（e通道）」と「人工查验（Manual Lane）」があり、外国人旅行者は後者の「外国人」列に並ぶ。係官にパスポートと出国カードを（記入例→P.335）を提出し、パスポートに出国スタンプを押してもらう。	中国
④	税関	申告がある人は申告書（→P.336）を提出。 ※空路利用の場合、荷物をX線に通すことが多いが、陸路の場合、小さな荷物などは係員からチェック不要と言われることも多い	中国
⑤	徒歩で移動	中国出境後は、徒歩で橋の上にある通路を歩き、香港入境管理処に向かう。 ※陸路は隣接した出入境ポイントも多い	
⑥	検疫	検疫の通路を歩いて通る。その先に香港の入境カード（記入例→P.337）が置かれているので、1枚取り、必要事項を書き込んで、入境審査の列に並ぶ。	香港／マカオ
⑦	入境審査	係官にパスポートと入境カードを提出し、出境カード（出境のとき必要）と入境申報表（下記参照）を渡される。パスポートにスタンプを押されることはない（→下記囲み記事）。	香港／マカオ
⑧	税関	申告がある人は係官に申告する。	香港／マカオ
⑨	出口に向かう	MTRで目的地に向かう。 ※直行バスを利用する場合、バスの番号（中国と香港のふたつある）などを覚えておくこと	香港／マカオ

香港／マカオ→中国（香港落馬洲→中国皇崗）

①	出境ポイントに向かう	香港市内から深圳皇崗行きのバスに乗る（→P.18）。到着後、バスをいったん降り、出境管理処に向かう。出境審査には「香港居民」と「訪港旅客」があり、外国人旅行者は後者の通路を進む。	香港／マカオ
②	出境審査	係官にパスポートと出境カードを提出する。 ※マカオはパスポートのみ提出 ※落馬洲～福田出入境ゲートの落馬洲では、機械によるパスポートの人定事項ページ（顔写真のあるページ）の読み取りと顔認証のみ	香港／マカオ
③	バスで移動	審査終了後、再びバスに乗り、橋を渡って中国側の入境庁に向かう。到着後、バスを降り、入境審査場に向かう。 ※陸路の出入境ゲートは隣接した所が多い	
④	荷物検査	入境審査場に入る前にX線で荷物検査を行う。	中国
⑤	検疫	検疫の通路を歩いて通る。入境審査には「自助查验（e通道）」と「人工查验（Manual Lane）」があり、外国人旅行者は後者の「外国人」列に並ぶ。近くに中国の入国カードが置かれているので、1枚取り、必要事項を書き込んで、列に並ぶ。	中国
⑥	入境審査	係官にパスポートと入国カードを提出する。その際、指紋採取（→P.325）が行われる。すでに中国に入国し、指紋採取を終えている人は、左手4本指の指紋確認と顔画像確認が行われる。パスポートに入国スタンプが押されて返される。	中国
⑦	税関	申告がある人は申告書（→P.336）に記入する。 ※空路利用の場合、荷物をX線に通すことが多いが、陸路の場合、小さな荷物などは係員からチェック不要と言われることも多い	中国
⑧	出口に向かう	路線バスや地下鉄、タクシーなどで目的地に向かう。 ※直行バスを利用する場合、バスの番号（香港と中国のふたつある）などを覚えておき、間違いなく乗車して最終目的地に向かう	中国

陸路・徒歩、直行バス

日本人に開放されている陸路の出入境ゲートは、香港〜深圳間に6ヵ所、マカオ〜珠海間に2ヵ所ある。これらの出入境ゲート間は、徒歩で移動する場合とバスや車で移動する場合がある。前者は、地下鉄やバス、車で出境庁まで来た後、徒歩で審査場に向かい、入境後は別の交通手段を利用する。後者は、バスや車で出入境ポイント間を移動し、入境後も同じバスや車に乗り継ぐことになる。

香港〜中国間

①羅湖出入境ゲート（徒歩）

中国側の羅湖イミグレーション

香港の羅湖（Lo Wu）と中国側の「罗湖（Luóhú）」の間にある出入境ゲート。香港側はMTRの「羅湖」駅と連結、中国側は深圳地下鉄1号線の「罗湖」駅や羅湖バスターミナルとつながっており、移動はともに便利。羅湖からは、MTR東鉄線で紅磡駅に向かう。52HK$、所要45分。

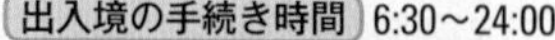
出入境の手続き時間 6:30〜24:00

このゲートには運び屋の姿を見かけることが多い

中国から出境後、橋の上の通路から深圳と香港を結ぶ鉄道が見える

香港入境後はMTR東鉄線の羅湖駅に直結している

②落馬洲〜皇崗出入境ゲート（バス）

香港の落馬洲（Lok Ma Chau）出入境管理処と中国側の「皇岗（Huánggǎng）」を結ぶ出入境ゲート。利用者は少ない。それぞれのイミグレーションはかなり離れているので、直行バスを利用する人は必ずバスのナンバー（香港用、中国用のふたつがある）を控え、迅速な行動が必要。香港の地下鉄「太子」駅近くのバス乗り場から皇岡行きが出ている。41HK$、所要30分。深圳から香港の目的地に向かうバスの乗車券は、原則として出境ゲート手前で購入することになっている。

中国側の皇崗イミグレーション

出入境の手続き時間 24時間

皇崗行きのバス乗り場（住 香港鴉蘭街）

香港側でバスを降り、出入境審査を行う

皇崗イミグレーション（中国）には免税店もある

③落馬洲〜福田出入境ゲート

香港の落馬洲（Lok Ma Chau）と中国側の「福田（Fútián）」を結ぶ出入境ゲート。香港側はMTRの「落馬洲」駅と連結、中国側は深圳地下鉄4号線の「福田口岸」駅とつながっており、移動はともに便利。

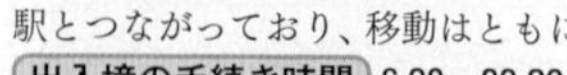
出入境の手続き時間 6:30〜22:30

深圳から香港へ通園する子供もいる

中国出境後、香港までは深圳河の橋の上の通路を約300m歩く

香港側MTRのホームから見た福田口岸

香港入境後は「落馬洲」駅からMTRに乗って市内へ

④深圳湾出入境ゲート（深圳西部通道）（バス）

高架式橋梁を利用した出入境ゲート。ここの特徴は、出入境手続きを同一の建物内で行う「一地两检（yīdìliǎngjiǎn）」を採用し、手続き時間を短縮したこと。出入境手続きの時間は10分ほど。利用者が増加しても対応できるよう多数の窓口が設置されている。

深圳と香港を結ぶ車やバスがここを通過する。また、深圳の中心部からのアクセスも充実しており、路線バスやタクシーでここまで来て香港の目的地に向かうバスを利用する人もいるが、乗車券は深圳側イミグレーションビルに入る手前で購入することになっている（人民元、香港ドルともに使用可）。

香港からは地下鉄「太子」駅近くのバス乗り場から深圳湾行きが出ている

出入境の手続き時間 6:30〜24:00

バス運賃は50HK$、所要40分

香港からのバスの到着エリア。香港行きのバスもここから発車する

香港の目的地別のバスのチケット売り場

中国側の深圳湾イミグレーション

マカオ〜中国間

①関門〜拱北出入境ゲート（徒歩）

マカオの北端に位置する関門（関閘／クヮンザップ）と珠海拱北区を結ぶ出入境ゲート。週末や祝日には多くの人々が行き来するため、手続きにはかなりの時間を要する（特にマカオ側）。直通バスはここを通過することになっている。

利用者増大にともない、イミグレーションビルの建設計画もある模様。

中国側の珠海拱北イミグレーション

出入境の手続き時間 7:00〜24:00

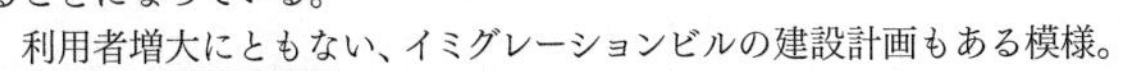

②蓮花大橋〜横琴出入境ゲート（バス）

マカオのコタイ（路氹）西側にある蓮花（蓮花大橋側）と珠海市横琴を結ぶ出入境ゲート。

2007年4月に開かれたものの、交通の便があまりよくないことから利用者は少ない。

出入境の手続き時間 9:00〜20:00

港珠澳大橋の完成

2018年10月24日9:00に正式開通した香港と中国広東省珠海市、マカオとを結ぶ海上橋。竣工まで約9年の歳月がかかった。香港国際空港付近に造られた人工島とマカオ半島の東側に造られた人工島とを結ぶ橋の長さは41.6km。珠海までを含めると55kmに達する。

両方の人工島に造られた出入境ゲート間の移動には、観光客は基本的にシャトルバスを利用することになるが、港珠澳大橋出入境ゲートまではバスなどで移動する。

出入境手続きは24時間対応で迅速。加えて料金、所要時間ともにフェリーより優れており、特に香港・マカオ間の移動ではこれから主流になっていくだろう。

香港側港珠澳大橋出入境ゲートへのアクセス

交 A11、A21、A29、A31、A33x、A36、A41、B4、B5、B6など「港珠澳大橋（香港口岸）」（香港国際空港からはB4で6HK$）

マカオ側港珠澳大橋出入境ゲートへのアクセス

交 101X、102X「港珠澳大橋辺検大楼」（6MOP）

香港〜マカオ・珠海間のシャトルバス

オ 4時間（5〜10分間隔）　休 なし

料 香港〜マカオ／珠海（45分）

6:00〜23:59＝65HK$/MOP、58元（子供、65歳以上は33HK$/MOP、29元）

0:00〜5:59＝70HK$/MOP、63元（子供、65歳以上は35HK$/MOP、32元）

港珠澳大橋出入境ゲートはどちらも巨大（写真は香港側）

航路

中国珠江デルタの各港と、香港、マカオの港の間には定期便が運航されているが、船を利用する場合にも出入境手続きは必要となる。

香港～中国間

香港の4つの港（香港マカオフェリーターミナルと中港城フェリーターミナル、スカイピア、屯門フェリーターミナル）と、中国の珠江デルタにある12の港との間に定期航路がある。

香港国際空港に隣接するスカイピア（海天客運碼頭）は「アップストリーム・チェックイン」、託送荷物を最終目的地まで運んでくれる「バゲージスルー」などのサービスが利用できるので、とても便利（詳細→P.326）。

出入境の手続き時間
すべての港で船便に合わせて対応している

深圳の蛇口郵輪母港は斬新なデザインが目を引く

蛇口郵輪母港から深圳湾公路大橋と対岸の香港のマンション群が見える

深圳空港福永フェリーターミナルへは深圳宝安国際空港からシャトルバスが出ている

マカオ～中国間

マカオの2つの港（マカオフェリーターミナルとタイパフェリーターミナル）と深圳（蛇口郵輪母港、深圳空港福永フェリーターミナル）、広州（南沙）の間に定期航路がある。

出入境の手続き時間
すべての港で船便に合わせて対応している

マカオ外港フェリーターミナル

深圳空港福永フェリーターミナルや蛇口郵輪母港行きチケット売り場

香港～マカオ間

香港の4つの港（香港マカオフェリーターミナルと中港城フェリーターミナル、スカイピア、屯門フェリーターミナル）とマカオのふたつの港（マカオフェリーターミナル、タイパフェリーターミナル）の間に定期航路がある。スカイピアとの航路は中国線同様のサービスが利用できる。

出入境の手続き時間 **24時間**

香港マカオフェリーターミナル

フェリーに関するおもなウェブサイト

【中国】

南沙フェリーターミナル
U www.nskyg.com

番禺蓮花山フェリーターミナル
U www.lhsgp.com

中山港客運埠頭 U www.zspassenger.com.cn

九洲港フェリーターミナル U www.zhjzg.com

深圳空港福永フェリーターミナル
U jcmt.szairport.com

蛇口郵輪母港 U www.xunlongferry.com

【香港＆マカオ】

ターボジェット（噴射飛航）
U www.turbojet.com.hk

珠江フェリー（珠江客運）
U www.cksp.com.hk

コタイウオータージェット（金光飛航）
U www.cotaiwaterjet.com

陸路・鉄道

中国と香港を結ぶ鉄道には、香港西九龍駅と広州や深圳の高速鉄道駅とを結ぶ広深港高速鉄路、香港の紅磡駅と広州とを結ぶ旧九広鉄路（現在は香港区間が東鉄線、中国区間が広深鉄路）の2路線がある。

広深港高速鉄路

2018年9月に開業した高速鉄道。これによって香港は広州や深圳ばかりか、遠く北京や桂林、昆明などとも高速鉄道でつながった（駅として44駅）。ただし、本数で見ると、広州（広州南駅）34本、深圳（深圳北駅、福田駅）80本と広東省行きが多く、運賃も福田駅まで75元（2等席）と極端に高い訳ではない。珠江デルタでの利用価値は「大」といえる。

出入境ゲートは「一地両検（→P.19）」を採用している。出入境ゲートは深圳湾出入境ゲートとは逆で香港側の香港西九龍駅地下、改札とプラットホームの間にあり、コンパクトな造りのため手続きはスムーズで、問題がなければ30分ほどで終了する。この点から見ても移動手段としておすすめだ。

時速300キロ以上で走行するCRH400型

運行情報や空席情報は中国鉄路で確認可能。

中国鉄路12306
U www.12306.cn

切符売り場は駅舎内にあり、短距離（離港短途列車）は当日でも問題なく購入可能。長距離の場合はTrip.comなどを利用し、早めに購入するのが無難。

出入境の手続き時間
各列車の発着に合わせて対応している

上：香港西九龍駅のプラットホーム。到着後エスカレーターで上がって出入境手続きを受ける
左：香港西九龍駅の前に翻る香港特別行政区旗と中国の国旗「五星紅旗」

港鐵城際直通車

香港の紅磡（ホンハム）駅と広東省中部の東莞（常平駅）、広州（広州東駅）、仏山（仏山駅）とを結ぶ。

出入境手続きは、乗降車する駅で行うことになるが、中国側は国内用の駅舎（またはフロア）とは別の所になっている。発車の1時間前には駅に着いておくこと。

中国から香港に向かう場合、出境手続き後は、途中下車はできないので注意が必要。

出入境の手続き時間
各列車の発着に合わせて対応している

広州東駅の出境ゲート（广九直通检票口）。検札を受けたあと、出境審査を受け、待合室に進む

関連ウェブサイト

港鐵城際直通車
(MTR INTERCITY THROUGH TRAIN)
U www.it3.mtr.com.hk/B2C

香港側の車両kttと呼ばれており、その高級感から観光客にも人気。機関車はスイス製、車両は日本製。1日1往復のみ運行

広九直通車専用切符売り場（広州東駅）。窓口は人民元支払いと香港ドル支払い（写真外右）に分かれているので注意
2018年12月より専用窓口は一時閉鎖され、再開まで切符は一般窓口で購入することになった

コラム

高速鉄道がついに香港に乗り入れた！

広州・東莞・深圳と香港とを結ぶ「広深港高速鉄路（Guangzhou-Hong Kong High-speed Railway）」が2018年9月23日に開通した。

この高速鉄道はいろいろな報道がされたが、「高速鉄道を利用して国境（厳密には違うが）を越える」という行為に興味をそそられ、乗車することにした。

乗車地点を選ぶ

せっかく中国に行って乗車するのだから、広州や深圳から乗車するのは短くてもったいない。しかし、北京や昆明というのも長過ぎる。ということで、乗車地点を長沙に決定した。確実に切符を入手するため、日本でTrip.com（→P.27）を利用して切符の予約購入を済ませ、香港経由で長沙に向かうことにした。

長沙南駅で乗車

前日に長沙駅で切符を入手し、当日は出境手続きに備え、早めに長沙南駅に向かった。入場後、切符に記された改札前で待機するが、いっこうに係員は現れず、改札が始まったのは列車出発の20分前で、かなり焦った。

しかし、これは深圳湾出入境ゲートの「一地両検」（→P.18）をイメージしていたための勘違い。広深港高速鉄路では、香港西九龍駅で出入境手続きを行うため、中国側（今回は長沙）の駅では、普通の鉄道乗車と同じ流れだったのだ。

座席が2両目だったことから、ホームに下りたあとは先頭に向かってしばし写真撮影に没頭するが、ほかの駅のように撮影を注意されることはなかった。

香港へ向けて出発

ほぼ定刻どおりに列車は出発。思ったほど揺れることもなく、すぐに時速300キロを超える。その後は停車時を除き、300～310キロで走行していく。

長沙南～広州南の区間は広州に入るまで山間部を走るため、景色は変化に乏しく、すぐに飽きてしまう。座席の前にあった列車説明書を読むと、食堂車があるようなので、探索に出かけた。しかし、食堂車とは形ばかり。ワゴンでの車内販売と同じもの（冷凍食品を温めるだけ！）を扱っているに過ぎないのだ。加えて売り子は食事中ということで、写真も撮らせてはくれなかった。鉄道の旅に寄せた期待はあっけなく崩れ、香港までの残り1時間は席で静かに過ごした。

中国最後の駅は深圳北駅。ここで大半の乗客は下車し、代わって観光客と思しき、ガイドに先導された集団が幾組か乗車してきた。香港ツアーのウリのひとつなのだろう。残念ながら、「広深港高速鉄路」の旅は、彼らと同様で十分（終点まで所要20分！）だった気がした。

その後、高速鉄道は地下を時速170～180キロで走行し、終点の香港西九龍駅に到着。「一地両検」式の出入境手続きは30分もかからず、非常にスムーズであった。

香港西九龍駅。ホームなど主要部分は地下にある

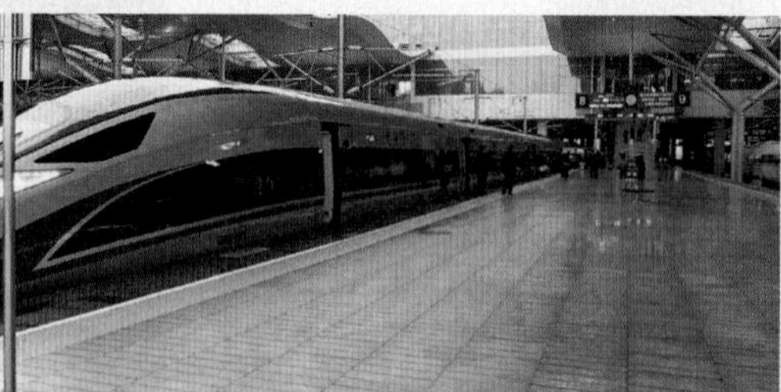

長沙～香港西九龍間を走る「复兴号」CRH400型。2018年に投入されたもので、発表では最高速度が時速400キロ、標準速度が時速350キロ

どこまで使えるか
実地検証！

モバイル決済サービス総まくり in 広東

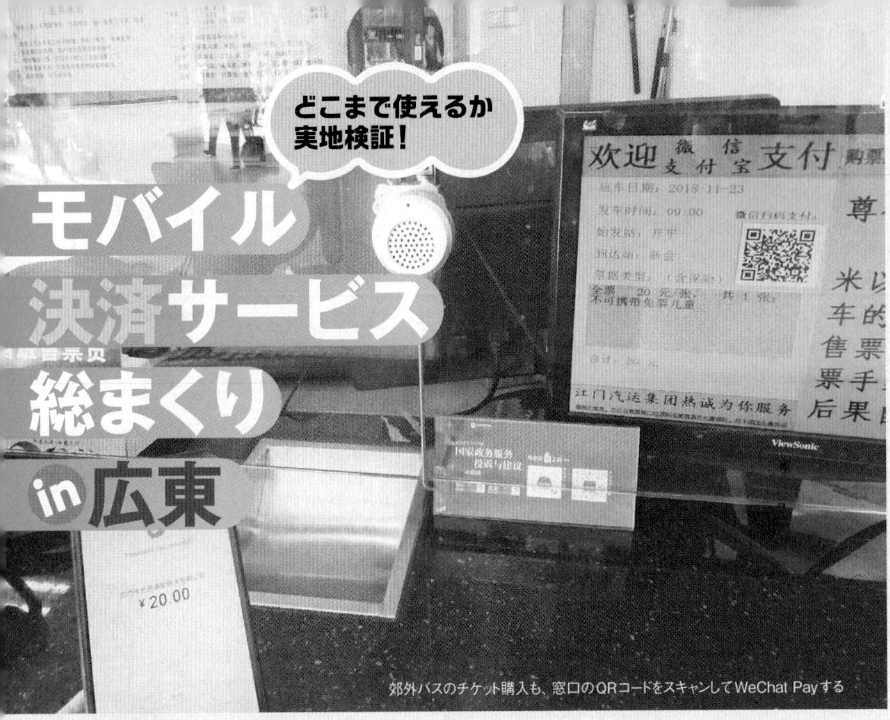

郊外バスのチケット購入も、窓口のQRコードをスキャンしてWeChat Payする

中国では都会でも田舎でも、買い物もレストランの支払いもチケットの購入も、モバイル決済が当たり前。外国人でもWeChat Pay（ウィーチャットペイ／微信支付）やAlipay（アリペイ／支付宝）のアカウントを取得できれば、現地の人たちと同じように利用できる。

ここではWeChat Payに焦点を当て、広東省の事例に即してどんなことができるか紹介する。興味のある人は次の中国旅行でチャレンジしてみよう！

開平市の路線バスの運賃は、現金、ICカード、WeChat Payの3通りの支払いができる

WeChat Payとは

WeChat Payは、深圳にある中国の大手IT企業テンセントが提供しているSNS、WeChat（ウィーチャット／微信）に連動したモバイル決済サービス。QRコードを利用して決済するシステムで、キャッシュレスで快適な生活を中国に広めた。

以前は外国人が中国でこのサービスを使うには、中国の銀行口座、身分証で登録しなければならなかったが、2017年頃から国際クレジットカードによる本人認証でアカウントの取得が可能になった。つまり、外国人でも自分のスマートフォンでアカウントを取得しさえすれば使えるのだ。

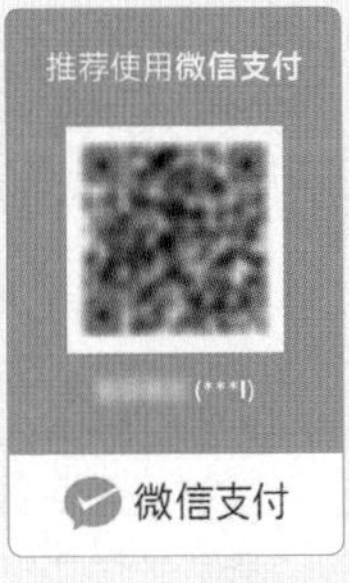

推荐使用微信支付

微信支付

※本記事の内容は、2018年11月の実地調査による情報。中国で各種アプリを使うには、SIMフリーのスマートフォンを購入し、現地の携帯番号を持つのが一般的だが、本企画では短期滞在の旅行者の利用を想定し、日本で普段使っているスマートフォンをそのまま使って実地調査を行った。その場合、Wi-Fiルーターが必要になる。ただし、中国は随時ルールや料金が変わることが多いので、利用前に確認が必要。なお中国アプリのダウンロードおよび利用は自己責任で

WeChat Pay利用のための準備

WeChat Payを利用するためには、アカウントの取得と現地で使う電子マネーの入金が必要になる。以下の作業は、出発前に済ませておこう。

アカウント取得の手順

WeChat Payのアカウントを取得するためには、まずWeChatのアカウントを取得する必要がある。App StoreやGoogle Play Storeで「WeChat」をダウンロードし、名前、携帯番号、パスワードを設定する。以下、WeChat Payの開設手順。

❶WeChatを開き、トップ画面右上の「+」から「マネー」を選ぶ

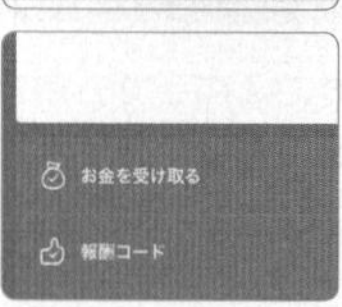

❷「マネー」から「お金を受け取る」を選ぶ

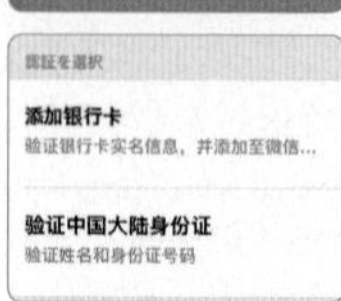

❸「実名認証」で「添加银行卡（銀行口座）」か「验证中国大陆身份证（中国身分証）による本人認証を求められるので、前者を選ぶ

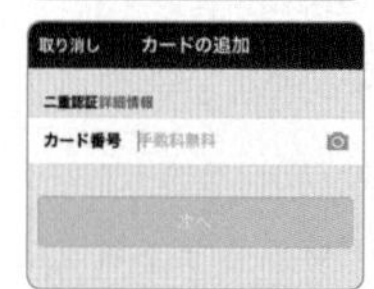

❹国際クレジットカード番号12桁を入力する

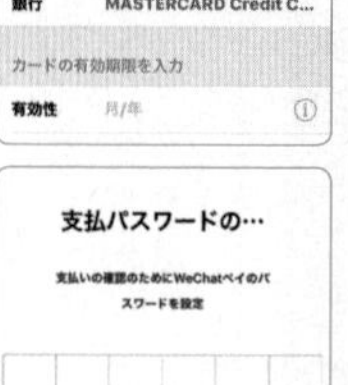

❺「カード情報」で「有効期間」「セキュリティコード」「住所」「携帯番号」「メールアドレス」を入力する

❻支払いパスワード6桁を決め、入力する（カードの追加など、登録事項の変更に必要なので、忘れないようメモしておこう）

※Alipayもほぼ同様の手順でアカウントを取得できる

日本で電子マネーを入金するには

左記の手順で取得は完了だが、現状では外国人旅行者はクレジットカード決済による入金はできない。中国で実際に使うためには、スマートフォンに人民元の電子マネーを入金する必要がある。そのために重宝するのが「ポケットチェンジ」というサービスだ。訪日外国人が帰国時に余った日本円を電子マネーなどに交換できる端末サービスだが、これを使って日本円を人民元の電子マネーに交換し、チャージすることができる。ただし、入金できるのはWeChat Payのみ。同端末は国内主要空港ロビーなどにある。設置場所、サービスの詳細については同サイトを参照のこと。

ポケットチェンジ
U pocket-change.jp/ja

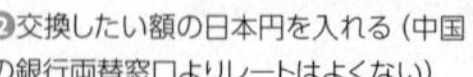

以下、ポケットチェンジの入金方法。

❶端末のトップページから「中国」を選び、希望の交換先サービスとして「WeChat」を選ぶ

❷交換したい額の日本円を入れる（中国の銀行両替窓口よりレートはよくない）

❸受取金額を確認後、「確定」を選ぶと、レシートが出てくる。レシートのQRコードをスキャンすると、「確認登録」などのプロセスを経て入金される

決済方法は2通り

WeChatを開いて右上の「+」から❶「QRコードのスキャン」を開いて店のQRコードを自分でスキャンする❷「マネー」を開いて自分のQRコードを店の人にスキャンしてもらう

コンビニや本屋などは❶、市場や屋台は❷が一般的だ。

決済完了後に表示される画面。「Payment successful（決済完了）」と出ればOK。「Quick pay」が有効の場合は1000元までの支払いに「支払いパスワード」は不要（店舗等への支払いにかぎる。個人間の送金には金額にかかわらず必要）

支払い編

観光入場料も モバイル決済で支払える

レストランや買い物、観光スポットの入場料もWeChat Payで支払える。自分のスマートフォンのWeChat Payを立ち上げでQRコードを店の人にスキャンしてもらうか、自分で相手のQRコードをスキャンするか、いずれかだ。

世界遺産の開平楼閣の通しチケットはWeChat Payで購入できる

レストラン ★★★★

小さな食堂でも大丈夫

中国では、高級なレストランから町の食堂まで、WeChat Payで支払いが可能だ。クレジットカードや銀聯カードが使えなくても、モバイル決済できない店はまずないと思っていい。もちろん現金払いも問題ない。

「QRコードのスキャン」を開いて店のコードを自分でスキャンする

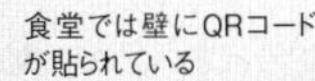
食堂では壁にQRコードが貼られている

支払いが済むと、履歴も残るが、店からレシートが渡される

買い物 ★★★★

コンビニでも市場でも使える

コンビニだけでなく、市場のようなところでもモバイル決済が使えるのが、今の中国だ。コンビニや書店などでは、QRコードを店の人にスキャンしてもらい、市場では自分で店のコードをスキャンすることになる。

深圳の華僑城創意文化園にある旧天堂書店もモバイル決済OK

支払い後、金額は履歴に残るので、領収証いらず

深圳の深業上城にあるブックカフェの本来書店ももちろんOK

入場料 ★★★★

チケット売り場のQRコードをスキャン

中国では観光スポットのチケット代もWeChat Payで支払い可能な所が増えている。売り場の窓口で用意されたQRコードをスキャンし、入場料を打ち込めば完了。現金払いより歓迎される傾向にある。

自力村碉楼群のチケット売り場

自力村碉楼群の銘石楼は展望台に上がれる

開平楼閣の通しチケットは180元と1カ所ずつ入場券を買うよりお得

交通編

バスの運賃もWeChat Payでピッ！

中国では公共交通のモバイル決済化が進んでいる。バスや地下鉄、タクシーなど、WeChat Payがあれば、小銭がなくても大丈夫だ。

広東省の一部の路線バスの運賃はWeChat Payで直接支払える

バス ★★★★

専用アプリ不要の路線バスも登場

中国の路線バスは前乗り後ろ降りが一般的

今回驚いたのは、開平市の路線バスの運賃がWeChat Pay払いできたこと。ほかの町では、専用アプリをダウンロードするひと手間がかかるところが大半だったからだ。近郊バスの窓口での運賃払いもモバイル決済が常識になっている。

WeChat Payの自分のQRコードを読み取り端末に当てるだけ

開平発新会行きバスの運賃は20元。窓口のQRコードをスキャンする

地下鉄 ★★★★

交通カードの購入やチャージが可能

深圳の地下鉄は、日中はそれほど混んでいないので快適

WeChat Payの専用アプリをダウンロードすれば、モバイル利用ができる

広州や深圳の地下鉄では、ICカードが普及しているが、専用アプリをダウンロードすれば、モバイル決済も可能になっている。ICカードのチャージも駅の専用端末でWeChat Payなどを利用してチャージできる。

広州の地下鉄ではWeChat Payがあれば、トークン（右）を購入できる

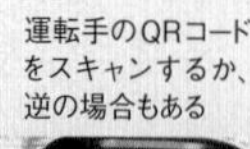
広州地下鉄のトークンは緑色

タクシー ★★★★

モバイル決済で明朗会計

中国では料金メーターのあたりにGPS代わりにスマートフォンを置いている運転手が多い。今ではどんな田舎の町でもモバイル払いに対応してくれる。つり銭のこともあるので、むしろ歓迎されるだろう。

運転手のQRコードをスキャンするか、逆の場合もある

運転手のQRコードをスキャンして、金額を打ち込むのが一般的

高速鉄道 ★★★★★

チケットの予約から支払いまで

深圳から広州まで高速鉄道に乗ったが、ここでもWeChat Payが重宝した。予約はTrip.comを利用するのが便利。表示された時刻表から列車を選べ、空席の料金は日本円で表示される。決済はクレジットカードでもよいが、モバイル決済で支払える。ただし、手数料20元がかかる。

深圳・広州間を走る城際鉄道「雍禾」号

深圳駅のチケット売り場と広州行き列車の乗り口。地下鉄1号線「罗湖」下車すぐ

外国人の場合、たとえTrip.comで予約決済していても、窓口でチケットを受け取らなければならないのが不便

Trip.comの使い方は簡単だ。トップページから「列車」を選び、「出発地」「目的地」「出発日」を入れて検索すると、予約可能な列車の時刻表が出る。そこから列車を選び、予約してモバイル決済するだけ

広州行き8時46分発「C7036次」に乗り込む。この路線は席がなくても「無座」（立ち席）としてチケットが売られることも

「雍禾」号には食堂車があり、4人掛けのテーブルや立ち席などがある

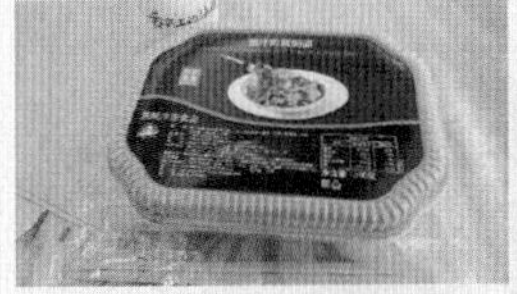
メニューにはワンタン麺やスパゲティミートソースなどがあったが、すべて冷凍食品をチンして出される

1時間30分後、広州に到着。市内観光は地下鉄利用が便利。広州東駅や南駅にも直通している

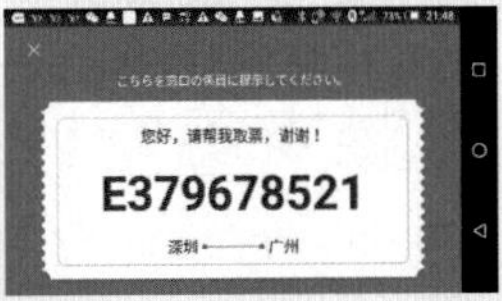

決済が済むと、予約番号のページが立ち上がるので、これを窓口でパスポートと一緒に見せると、チケットを発券してくれる

Trip.comの登録

中国のオンライン旅行サイトCtripの海外版Trip.comに登録しておくと、日本語で使えるので便利。中国の携帯番号も不要だ。ホテルや航空券の予約もできる。

Trip.comのアプリも日本でダウンロードできる

出発駅と目的駅を選ぶと、時刻表が出て、席が空いていれば予約できる

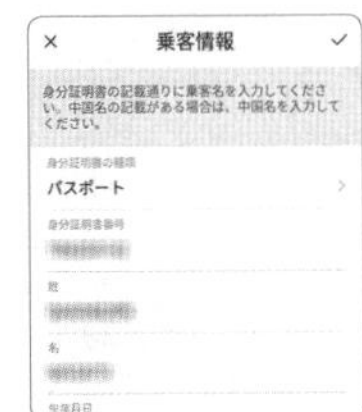

中国の高速鉄道は実名制なので、予約の際にパスポートナンバーや名前、生年月日を入力

予約が入ると、モバイル決済かクレジットカード引き落としで支払える

番外編 シェアサイクルを利用しよう

広州の沙面地区に近い長寿路は古い町並みと石畳が残る

中国の都市部では地下鉄が整備されているが、駅から目的地までの数百mをつなぐのがシェアサイクルだ。これほど便利な観光の足はない。

深圳の海上世界には多くのシェアサイクルが並んでいる

モバイクを登録するだけ！

中国でシェアサイクルを利用するのは意外に簡単だ。中国の大手シェアサイクルのモバイク（摩拜单车）のアカウントを取得すれば、中国でも乗れるのだ。開設の手順は以下のとおり。

❶「Mobike」アプリをインストールする
❷電話番号を入力する（このとき、簡易パスワードが自分の携帯電話にショートメッセージで送られてくるので認証する）
❸クレジットカードを登録、デポジット（保証金）をクレジットカードで支払い、利用料をチャージする

※2019年1月23日、モバイクは美団APPに接収され、中国国内での名称を「美団単車（美团单车）」とすることが報道された。今後サービス内容が変更となる可能性もある

モバイクはオレンジ色で、車種もいろいろある

自転車のQRコードをスキャンして鍵を解錠する

デポジット（保証金）とチャージ

シェアサイクルには故障や盗難がともなうため、利用者は登録時にデポジット（保証金）を払う必要がある。中国で登録すると299元（約5000円）なのに対し、日本で登録すると2018年11月現在、無料。利用のための料金チャージも500円から。1回の利用は基本30分1元（17円）で驚くほど安い。

Mobike Ⓤ mobike.com/jp

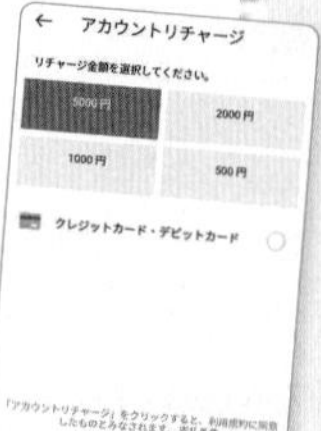

香港への入境審査のある福田口岸近くでモバイクのアプリを立ち上げると、周辺の利用可能な自転車がGPSで表示される。当然のことだが、香港側ではこのサービスはないため、中国側のみに赤いポイントが表示された

Wi-Fiルーターと モバイルバッテリーは必須

日本のスマートフォンでモバイル決済できたのもWi-Fiルーターをレンタルしてきたからだ。ただし、中国では普段日本で利用しているFacebookやLineなどのSNSは使えない。それらを使いたければVPN（→P.362）が使えるサービスをレンタルすることになるため、料金は他国より少し割高になる。またはローミングする。

Wi-Fiルーターは電力消費が激しいので、常時使うにはモバイルバッテリーの携帯が必要

各種アプリの登録

WeChat Payは鉄道や航空チケット、ホテルの予約、支払いもできる。それ以外にも便利なアプリがある。例えば、中国のグルメサイト「大衆点評」や地図サイト「百度地図」、地下鉄乗換案内の「Shanghai Metro」などの各種アプリは日本でダウンロードできるので、必要に応じて用意しておこう。

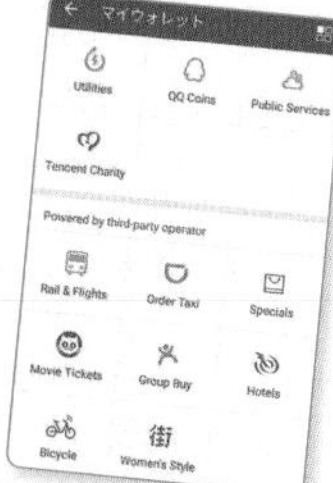

WeChat Payにプラグインしているのは「Rail & Flights」（鉄道と航空チケット）、「Order Taxi」（配車サービス）、「Group Buy」（デリバリー）、「Bicycle」（シェアサイクル）など

コラム

シェアサイクルのおかげで食事にありつけた話

わずか20元の運賃なのにTrip.comで20元の手数料を払うのはどうだろう……。そう考えたのが間違いだった。広東省の新会駅から珠海に行くにはひと駅先の小欖駅で乗り換えが必要。予約を入れず窓口に行ったところ、直近のチケットは売り切れで、2時間先しか買えなかったのだ。

このまま駅の広い構内で待つしかないのか。ベンチすらない。新会駅周辺は市街地から遠く離れ、商店も何もまったくないのだ。はて、困った……。もう正午近くで、おなかもすいた。

試しにモバイクのアプリを立ち上げると、1台の自転車が駅の近くにあることがわかった。探しにいくと、なんと草むらに投げ捨てられていた。自転車を起こし、ロック解除すると、鍵が開くではないか。確認したかぎり、故障ではないようだ。

サドルやハンドルの土汚れをティッシュでふき取り、自転車に乗ってみた。トラックばかりの高架道路の下をしばらく走ると、飲食店らしきものが見えてきた。自転車を降り、店に入ると、そこは道路工事の関係者が利用する食堂だった。メニューに炒麺（中国焼きそば）があったので注文した。素朴な味だった。

2時間を無為に過ごさず、食事にもありつけたのは、シェアサイクルのおかげだ。これからは手数料がかかっても予約をしておこうと思った。（中村正人）

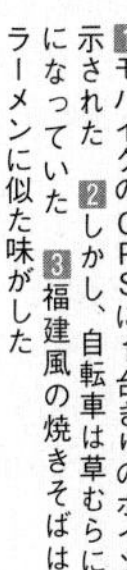

1 モバイクのGPSに1台きりのポイントが表示された 2 しかし、自転車は草むらに横倒しになっていた 3 福建風の焼きそばはチキンラーメンに似た味がした

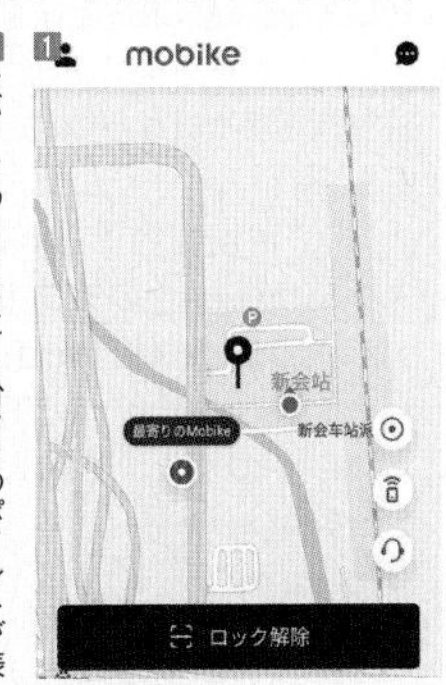

インフォメーション

インターネットで中国の鉄道検索

中国の列車に関する各種情報を掲載するウェブサイトのなかでもおすすめなのが、中国鉄路の公式ウェブサイト「中国鉄路12306」。

ここには、切符関連情報を表示する「车票」、列車の運行情報などを表示する「常用查询」などのメニューが用意されている。公式ウェブサイトなので情報の精度も高い。メニューはトップページの左側に表示される。

■中国鉄路12306（中国铁路12306）

Ⓤwww.12306.cn

「中国鉄路12306」ウェブサイトのトップページ

「车票」メニュー

リアルタイムで各列車の空席を確認できるメニュー。必須項目は、調べたい区間（出発地と目的地）と日付（当日から30日以内）。これらをプルダウンで選択し、入力部の下にある「查询」ボタンをクリックすると結果が表示される。この際、乗車駅と降車駅は、中国語のピンイン（発音表記）の頭文字順に一覧が出てくるので、そこから選択すればよい。ピンインによる直接入力も可能。その場合、「广州南／guǎng zhōu nán」であれば「g z n」と入力する。

残席は数字で表示され、売り切れの場合は「“无”(無)」と表示される。「“有”」とあるのは残席が多数あることを示す。残席数字をクリックすると下に料金が表示される。

2018年12月13日の広州市～長沙市間の残席状況。「--」は該当列車にその座席種類が存在しないことを示す

外国人は原則切符の購入はできない

「中国鉄路12306」上で購入するには下記のような条件があり、観光で訪れる外国人がこのウェブサイトを利用して事前に国外から切符を押さえておくのは現実には非常に困難である。

●切符のネット購入で必要な条件

①決済手段はデビットタイプの銀聯カードもしくは中国内指定銀行のキャッシュカード（国際クレジットカードは不可）などに限定される

②予約後45分以内に決済しないと無効（支払いなしの予約だけは不可能）

③事前に「支付宝（Alipay／アリペイ）」などの中国のオンライン決済システムへの登録や、公式サイトへの個人情報登録が必要（すべて中国語）

賢い使い方と切符予約

「中国鉄路客12306」では、基本的に中国国外居住の日本人がオンラインで鉄道切符を購入することはできないが、残席がリアルタイムで表示されるので混雑状況を知るには有用。残席が少ない場合は早めに切符を購入しておこう。

出発前に日本から中国の鉄道切符を買っておきたい場合は、民間オンライン旅行会社のTrip.comを利用するとよい。列車の検索と国際クレジットカード決済による支払いができる。切符は予約整理番号が記載されたメールをプリントアウトして駅の窓口や市内切符売り場に持参し、パスポートを提示して受け取るか、中国内指定箇所（ホテルなど）に宅配を依頼する（有料）。

また、中国国内であれば、スマートフォンに「Trip.com」のアプリをダウンロードし、「微信支付（Wechat Pay／ウィーチャットペイ）」（→P.23）を利用できるようにしておくと、予約と決済が同時に可能となる。

Trip.com

Ⓤjp.trip.com

（記事内容は2018年11月現在）

広東省（カントンしょう）

OCT LOFT（華僑城創意文化園）周辺の団地のストリートアート（深圳市南山区）／写真：中村正人

広東省マップ……32
広州……34
仏山……68
中山……74
珠海……78
江門……84
肇慶……92
韶関……98
恵州……102
東莞……106
深圳……112

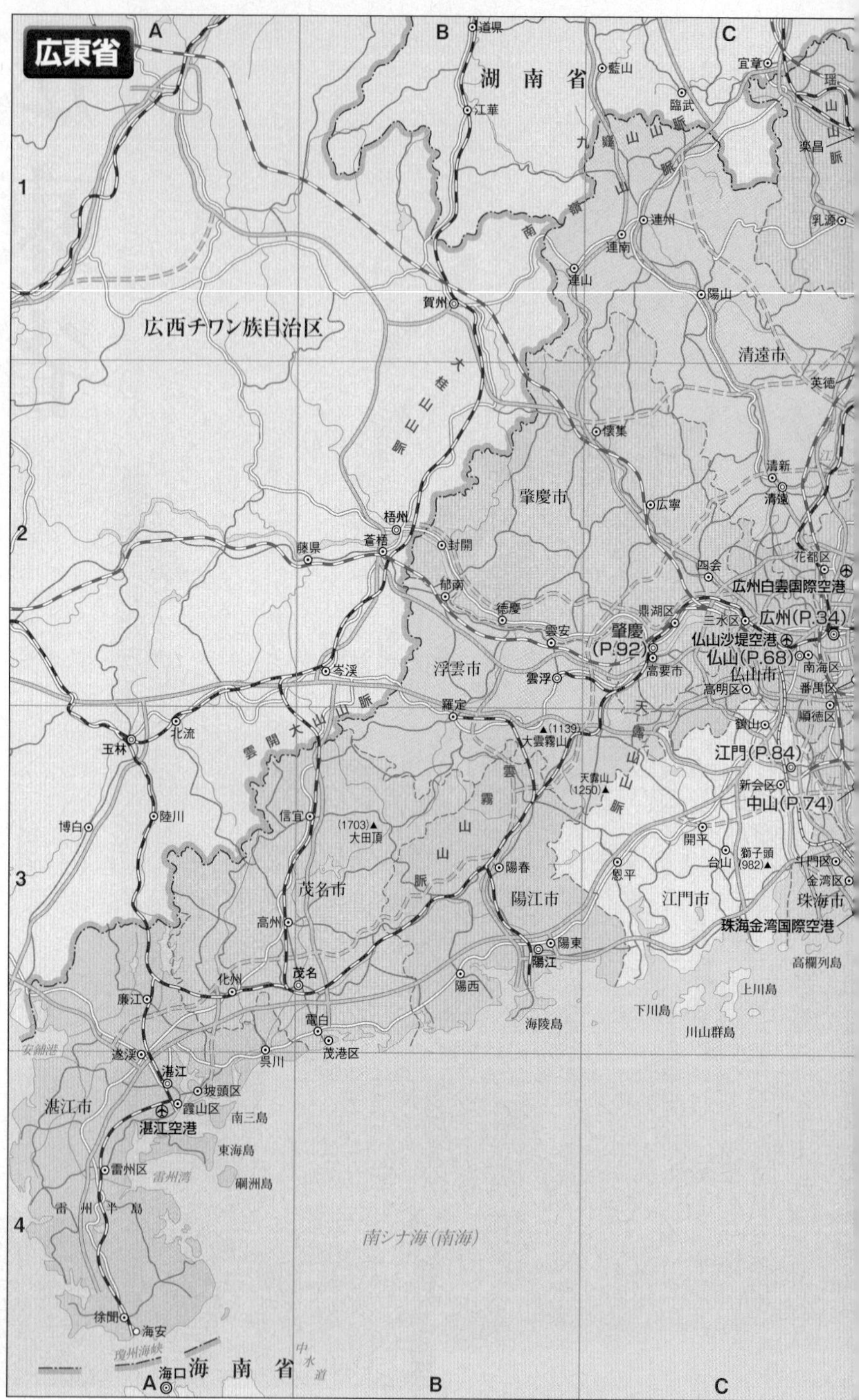
広東省
湖南省
広西チワン族自治区
海南省
南シナ海（南海）
清遠市
肇慶市
浮雲市
茂名市
陽江市
江門市
湛江市
珠海市
広州（P.34）
肇慶（P.92）
仏山（P.68）
江門（P.84）
中山（P.74）
仏山市
広州白雲国際空港
仏山沙堤空港
珠海金湾国際空港
湛江空港
梧州
賀州
玉林
湛江
茂名
陽江
海口
九嶷山山脈
南嶺山脈
大桂山山脈
雲開大山山脈
雲霧山山脈
天露山山脈
瑶山山脈
雷州半島
瓊州海峡
大田頂
大雲霧山
天露山
獅子頭
高欄列島
上川島
下川島
川山群島
海陵島
南三島
東海島
硇洲島
雷州湾
安鋪港

江西省
福建省
韶関市
韶関 (P.98)
丹霞山
南華寺
満堂客家大園
梅州市
梅州
梅県空港
河源市
河源
潮州市
潮州
揭陽市
揭陽
スワトウ
スワトウ外砂空港
汕頭市
汕尾市
汕尾
恵州市
恵州 (P.102)
恵州平潭空港
恵州南駅
広州市
羅浮山
東莞 (P.106)
東莞市
深圳 (P.112)
深圳市
深圳宝安国際空港
香港
国際空港
香港特別行政区
珠海 (P.78)
マカオ空港
マカオ特別行政区
中山市
中山港客運埠頭、中港客運聯営有限公司
孫中山故居紀念館
南陽楼、啓明楼、福海楼、潮源楼
道韻楼、新韻楼、夏林楼、黄氏宗祠
新彩楼、遷厳山、棠大楼
広済橋、広済門、韓文公祠、古城街路、牌坊街、開元寺
南シナ海（南海）
省・直轄市・自治区境界線
特別行政境界線
省直轄市・自治州境界線
鉄道（右は建設中）
高速鉄道
高速道路
建設予定
国道
省道
省都・首府（自治区）
地級市・地区・自治州・盟の行政中心
区・県・県級市・自治県・旗・自治旗・特区・林区の行政中心
鎮・村
空港
見どころ
0
50
100km

広州市の南部にある南沙天后宮の全景

華南エリア最大の商業都市

広州（こうしゅう）

广州（グァンジョウ） Guǎng Zhōu　市外局番 020

都市データ

広州市
人口=823万人
面積=7436km²
広東省の省都
11区を管轄

広東省
人口=8636万人
面積=約18万km²
21地級市61区21県級市34県3自治県を管轄

在広州日本国総領事館
（日本驻广州总领事馆）
Ⓜ P.41-C2
住 越秀区環市東路368号花園大廈
☎ 83343009、85015005
FAX 83338972、83883583
オ 8:45〜12:00、13:45〜17:00
休 土・日曜、日中両国の祝日、年末年始
U www.guangzhou.cn.emb-japan.go.jp

市公安局出入境管理科
（市公安局出入境管理科）
Ⓜ P.39-E2
住 越秀区解放南路155号
☎ 12345、内線で公安局出入境
オ 8:30〜12:00、14:00〜17:30
休 土・日曜、祝日
観光ビザを最長30日間延長可能。手数料は160元

広州全体の概要

広州市は、珠江デルタの河口から北に広がる広東省の省都で、華南エリアで最大の都市。羊城、穂城（すいじょう）という別称をもつが、これは紀元前300年頃、ヤギ（山羊）に乗った5人の仙人がこの町に稲穂をもたらした、という故事による。また、亜熱帯に属すため、四季を通していろいろな花が見られることから花城と呼ばれることもある。

中国の経済発展の先陣を切って成長を遂げた近代都市というイメージが先行するが、すでに2800年以上の歴史をもつ古都で、中国24大歴史文化名城のひとつにもなっている。秦漢（紀元前2世紀〜紀元後2世紀）時代には、海外貿易の中枢として栄え、唐代（7 〜 9世紀）には、海のシルクロードの重要な寄港地となっていた。

18世紀以降は、欧州への物資の積み出し港として繁栄を謳歌したが、清がアヘン戦争（1840 〜 1842年）でイギリスに敗れてからは、欧米列強の侵略を受け、沙面に租界地が設けられた。20世紀に入ると、革命の重要な舞台となり、現代中国の歴史を語るうえで外せない町となっていった。

古くから海外交流の窓口となってきた広州からは、多くの人々が生活の場所を求めて海外に移住し、アメリカ、カナダ、イギリスをはじめ、世界100ヵ国以上にその足跡を印した。現在では、華僑華人のなかでも先駆者的位置づけをされており、彼らがつくり上げた各地のチャイナタウンでは、今も子孫が生活する姿が見られる。

広州の名刹、六榕寺に立つ六榕花塔

	1月	2月	3月	4月	5月	6月	7月	8月	9月	10月	11月	12月
平均最高気温（℃）	18.7	19.2	21.8	26.0	29.8	31.7	33.2	33.2	31.8	29.3	25.1	20.8
平均最低気温（℃）	10.7	12.5	15.4	19.7	23.0	25.0	25.9	25.7	24.4	21.3	16.5	11.8
平均気温（℃）	13.9	15.2	18.1	22.4	25.8	27.8	28.9	28.8	27.5	24.7	20.1	15.5
平均降水量（mm）	44.1	71.1	93.4	184.6	286.8	318.6	238.2	233.8	194.4	68.7	38.4	29.3

町の気象データ（→P.237）：「预报」>「广东」>「广州」>区から選択

広州市全図

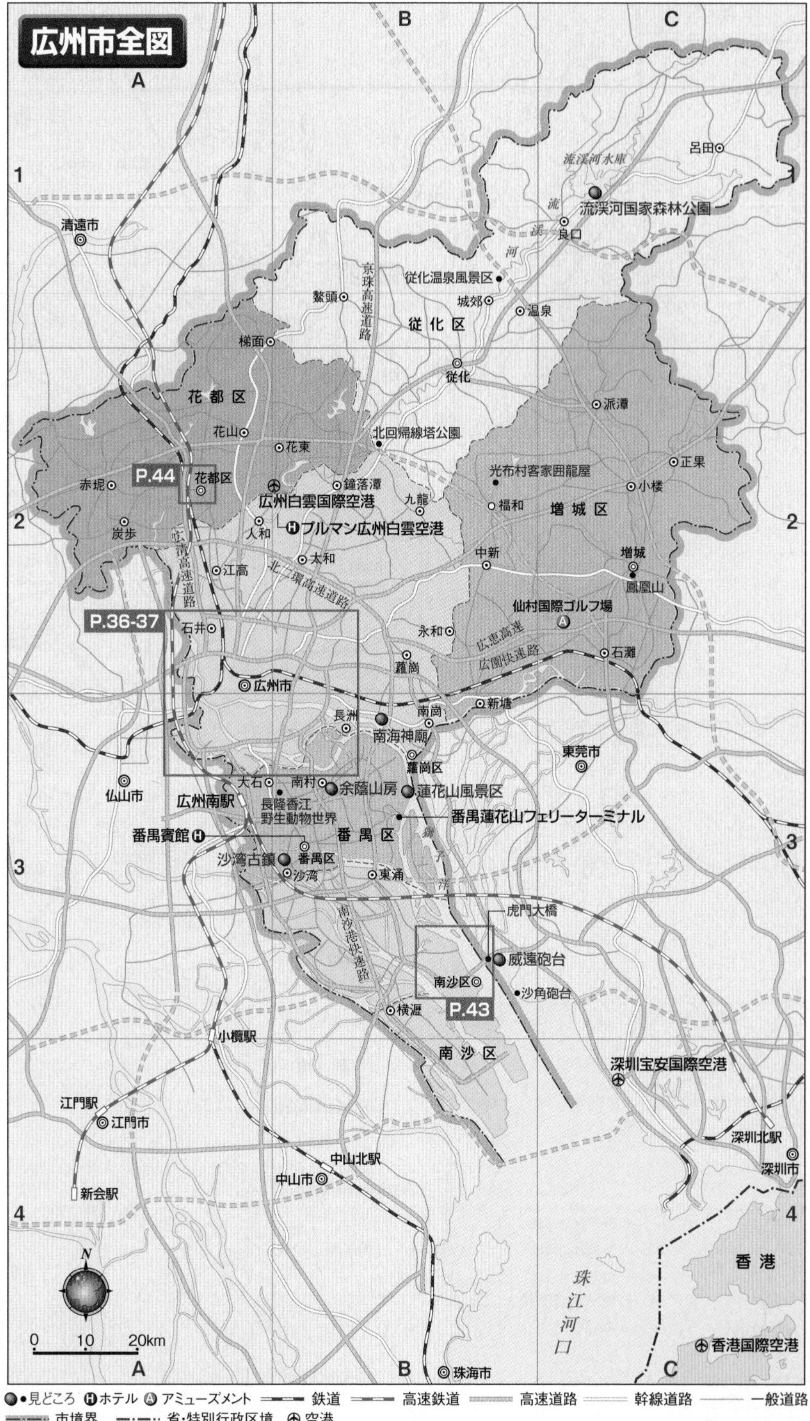

清遠市
流渓河水庫
呂田
流渓河国家森林公園
良口
従化温泉風景区
鰲頭
城郊
温泉
京珠高速道路
従化区
梯面
従化
花都区
派潭
花山
北回帰線塔公園
花東
正果
P.44
花都区
赤坭
鐘落潭
光布村客家囲龍屋
広州白雲国際空港
九龍
福和
小楼
増城区
炭歩
人和
プルマン広州白雲空港
太和
中新
増城
鳳凰山
江高
北二環高速道路
広清高速道路
P.36-37
石井
仙村国際ゴルフ場
永和
広恵高速
広園快速路
石灘
蘿崗
広州市
新塘
長洲
南崗
南海神廟
蘿崗区
東莞市
仏山市
大石
南村
余蔭山房
蓮花山風景区
広州南駅
長隆香江野生動物世界
番禺蓮花山フェリーターミナル
番禺賓館
番禺区
沙湾古鎮
番禺区
沙湾
東涌
獅子洋
南沙港快速路
虎門大橋
威遠砲台
南沙区
沙角砲台
横瀝
P.43
小欖駅
南沙区
深圳宝安国際空港
江門駅
江門市
深圳北駅
中山北駅
深圳市
中山市
新会駅
香港
珠江河口
香港国際空港
珠海市
0 10 20km
N
A B C
1 2 3 4
見どころ ホテル アミューズメント 鉄道 高速鉄道 高速道路 幹線道路 一般道路
市境界 省・特別行政区境 空港

広州市区中心
0
1
2km
N
A
B
C
1
2
3
4
広州白雲↑国際空港へ
広州白雲↑国際空港へ
蕭崗／萧岗
白雲文化広場／白云文
白雲公園／白云公园
白雲区
飛翔公園／飞翔公园
白雲ロープウエ
三元里／三元里
広州駅
広州火車站／广州火车站
越秀区
黄花崗／黄花
小北／小北
淘金／淘
区荘
烈士陵園／烈士
農講所／农讲所
北京路／北京路
団一大広場／团一大广场
東湖
越秀公園／越秀公園
紀念堂／纪念堂
公園前／公园前
西門口／西门口
陳家祠／陈家祠
中山八／中山八
長寿路／长寿路
一徳路／一德路
黄沙／黄沙
文化公園／文化公园
海珠広場／海珠广场
市二宮／市二宫
西村／西村
西場／西场
河沙／河沙
沙貝／沙贝
横沙／横沙
滘峰崗／浔峰岗
坦尾／坦尾
滘口／滘口
如意坊／如意坊
芳村／芳村
鳳凰新村／凤凰新村
江南西／江南西
昌崗／昌岗
暁港／晓港
花地湾／花地湾
沙園／沙园
沙涌／沙涌
宝崗大道／宝岗大道
江泰路／江泰路
坑口／坑口
燕崗／燕岗
鶴洞／鹤洞
東暁南／东晓南
ローズデイル・ホテル
石溪／石溪
龍溪／龙溪
菊樹／菊树
西朗／西朗
荔湾区
仏山市
南浦島
洛溪
南浦／南浦
会江／会江
石北
広州南駅へ↓
広州南駅へ↓
環城高速公路
京広高速線（武広段）
広清高速公路（増槎路）
増槎路
機場高速公路（機場路）
機場高速公路（三元里大道）
機場西路
珠江
環市西路
環市中路
環市東路
人民北路
解放北路
解放中路
解放南路
人民中路
人民南路
中山八路
双橋路
南岸路
黄沙大道
芳興路
芳村大道
南田路
宝崗大道
昌崗中路
昌崗西路
昌崗東路
江南大道
東暁南路
工業大道
龍溪大道
花地大道
広珠高速公路
南港路
沿江（西、中、東）路
東湖路
江湾路
東濠涌高架橋
恒福路
先烈中
新港西
広園中
P.41上
P.41下
P.38-39
見どころ
ホテル
グルメ
学校
乗り換え駅
地下鉄 1号線
地下鉄 2号線
地下鉄 3号線
地下鉄 4号線
地下鉄 5号線
地下鉄 6号線
地下鉄 8号線
地下鉄 13号線
APM
広仏線
渡し船

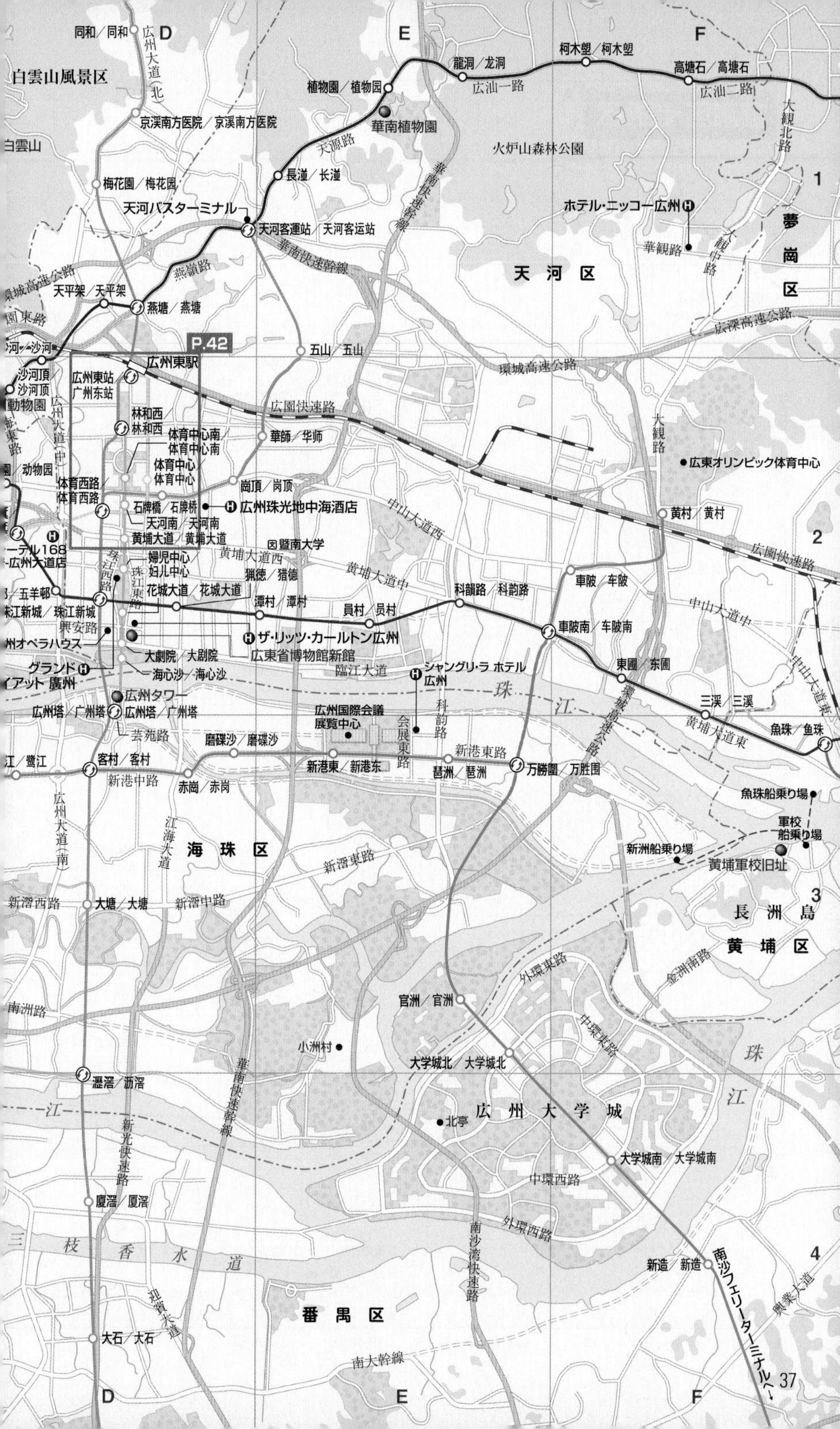
白雲山風景区
天河区
海珠区
番禺区
黄埔区
長洲島
夢崗区
広州大学城
広州東駅
P.42
天河バスターミナル
天河客運站／天河客运站
華南植物園
火炉山森林公園
ホテル・ニッコー広州
広東オリンピック体育中心
広州珠光地中海酒店
ザ・リッツ・カールトン広州
広東省博物館新館
シャングリ・ラ ホテル 広州
広州国際会議展覧中心
広州タワー
広州オペラハウス
グランド ハイアット 廣州
魚珠船乗り場
軍校船乗り場
新洲船乗り場
黄埔軍校旧址
南沙フェリーターミナルへ
小洲村
北亭
暨南大学
同和／同和
京溪南方医院／京溪南方医院
梅花園／梅花园
天平架／天平架
燕塘／燕塘
沙河頂／沙河顶
広州東站／广州东站
林和西／林和西
体育中心南／体育中心南
体育中心／体育中心
体育西路／体育西路
石牌橋／石牌桥
天河南／天河南
黄埔大道／黄埔大道
婦児中心／妇儿中心
花城大道／花城大道
五羊邨
珠江新城／珠江新城
大劇院／大剧院
海心沙／海心沙
広州塔／广州塔
客村／客村
鷺江
赤崗／赤岗
磨碟沙／磨碟沙
新港東／新港东
琶洲／琶洲
万勝圍／万胜围
大塘／大塘
瀝滘／沥滘
廈滘／厦滘
大石／大石
官洲／官洲
大学城北／大学城北
大学城南／大学城南
新造／新造
植物園／植物园
龍洞／龙洞
柯木塱／柯木塱
高塘石／高塘石
長湴／长湴
五山／五山
華師／华师
崗頂／岗顶
猟徳／猎德
潭村／潭村
員村／员村
科韻路／科韵路
車陂／车陂
車陂南／车陂南
黄村／黄村
東圃／东圃
三渓／三溪
魚珠／鱼珠
広汕一路
広汕二路
大観北路
大観中路
大観路
華観路
天源路
燕嶺路
華南快速幹線
環城高速公路
広深高速公路
広園快速路
広州大道(北)
広州大道(中)
広州大道(南)
中山大道西
中山大道中
黄埔大道西
黄埔大道中
黄埔大道東
臨江大道
興安路
珠江西路
珠江東路
芸苑路
新港中路
新港東路
会展東路
科韻路
江海大道
新滘西路
新滘中路
新滘東路
南洲路
新光快速路
迎賓大道
南沙湾快速路
南大幹線
外環東路
中環東路
中環西路
外環西路
金洲南路
興業大道
珠江
三枝香水道
白雲山
D
E
F
1
2
3
4
37

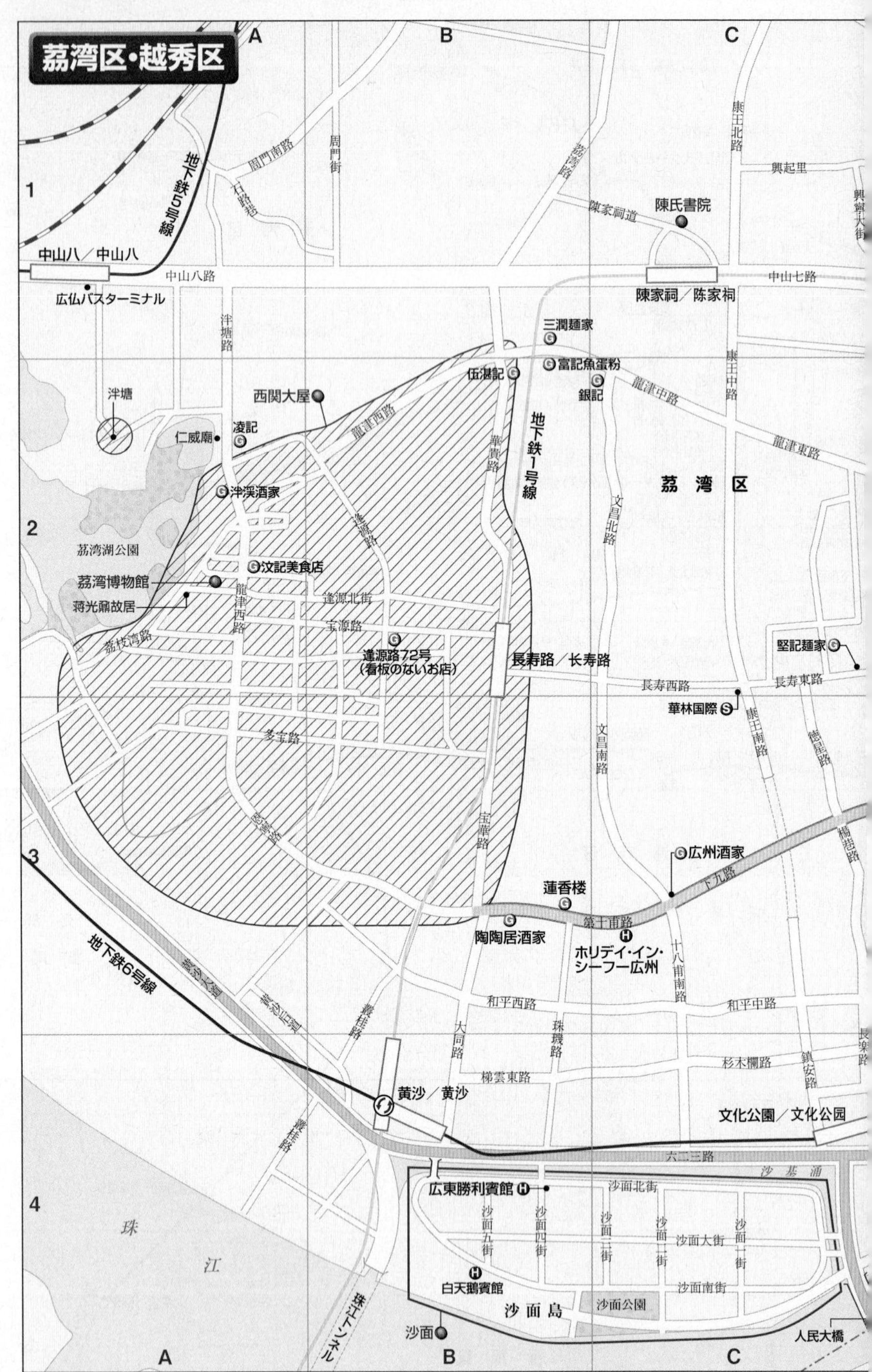
荔湾区・越秀区
A
B
C
1
2
3
4
地下鉄5号線
周門南路
周門街
石路街
荔湾路
康王北路
興起里
陳家祠道
陳氏書院
中山八／中山八
中山八路
広仏バスターミナル
陳家祠／陈家祠
中山七路
泮塘路
三潤麺家
富記魚蛋粉
伍湛記
銀記
康王中路
泮塘
西関大屋
龍津西路
龍津中路
仁威廟
凌記
龍津東路
華貴路
地下鉄1号線
荔湾区
泮渓酒家
文昌北路
荔湾湖公園
逢源路
汶記美食店
荔湾博物館
蒋光鼐故居
龍津西路
逢源北街
宝源路
荔枝湾路
逢源路72号
（看板のないお店）
長寿路／长寿路
堅記麺家
長寿西路
長寿東路
華林国際
康王南路
多宝路
文昌南路
徳星路
宝華路
楊巷路
広州酒家
下九路
蓮香楼
第十甫路
陶陶居酒家
ホリデイ・イン・
シーフー広州
十八甫南路
地下鉄6号線
叢桂路
和平西路
和平中路
大同路
珠璣路
杉木欄路
鎮安路
梯雲東路
黄沙／黄沙
文化公園／文化公园
叢桂路
六二三路
沙基涌
広東勝利賓館
沙面北街
沙面五街
沙面四街
沙面三街
沙面二街
沙面大街
沙面一街
珠
江
白天鵝賓館
沙面南街
珠江トンネル
沙面島
沙面公園
沙面
人民大橋
●見どころ　ホテル　グルメ　ショップ　銀行　旅行会社　繁華街　高速道路

広州駅へ↑
広州市政府
光孝禅寺
六榕寺
人民公園
中国銀行
富邦中心
稲香酒家 富邦店
西門口／西门口
昌記腸粉
地下鉄1号線
公園前／公园前
如家-広州解放中路公園前地鉄站店
懐聖寺
開記甜品
五仙観
越秀区
雲品牌-広州 上下九路派柏.雲酒店
市公安局出入境管理科
広州賓館
エアポートバス発着地点
中国銀行
石室聖心大聖堂（聖心堂）
海珠広場／海珠广场
華夏大酒店
地下鉄6号線
広東省 中国旅行社
一徳路／一徳路
地下鉄2号線
海珠区
珠江
0 0.5 1km
地下鉄 1号線 地下鉄 2号線 地下鉄 5号線 地下鉄 6号線 乗り換え 区境

Can Am International Medical Center
（广州加美医疗中心）
Ⓜ P.41-C2
住 越秀区環市東路368号
花園大廈5階
☎ 83866988（英語可）
オ 月～金曜9:00～18:00
土曜9:00～13:00
休 土・日曜、祝日
※状況に応じて診察
U www.canamhealthcare.com

●市内交通
【地下鉄】 2018年11月現在、APMを含む14路線が運行されている。運行時間や運賃などについては公式ウェブサイトなどで確認できる
広州地鉄
U www.gzmtr.com
路線図→折込裏
【APM】 Automated People Mover（全自動無人運転車両）の略で、珠江新城旅客自動運送システムを指す。運行時間の目安は7:00～23:30、2元
【路線バス】 運行時間の目安は6:00～23:00、1～3元。このほか専用レーンを走る快速バスBRTも運行されている
【タクシー】 初乗り3km未満12元、3km以上1kmごとに2.6元加算
【渡し船】 芳村～西堤～天字～中山大学の区間。運航時間の目安は7:00～18:00、2元

専用レーンを走る（一部区間のみ）BRT

市内を走る路線バス

広州はヤムチャ（飲茶）の本場! 一度は味わってみよう

各エリアの紹介

古い時代の広州は、北を越秀公園内の広州博物館、南を珠江、東を越秀路、西を人民路に囲まれた範囲に過ぎなかった。

しかし、経済発展を遂げた現代では、町は拡大の一途をたどり、市区中心部（珠江北岸と白雲山）だけでも南北5～7km、東西10km程度のエリアになっている。

これに加え、北の花都区と従化区、増城区、南の番禺区と南沙区の広州市の郊外も、外資系企業を誘致するなどして発展を遂げている。

1 市区中心部

市区中心部は、南を沿江路、北を環市路、東を広州大道、西を黄沙大道・南岸路に囲まれたエリアと考えると理解しやすい（Ⓜ **P.36～37**）。このエリアを動くには、ほぼ南北、東西を十文字に走る地下鉄をメインにして、バスやタクシーを組み合わせると時間、費用ともに節約できる。

市区中心の代表的なスポットは次のとおり。

沙面／沙面 [さめん／shāmiàn]

珠江の砂州に築かれた人工の島（→P.50）。その存在は、歴史的に見てみると、日本の江戸時代における長崎の出島のようなもので、20世紀前半まで外国人の居住区だった。今もなお多くの洋館が当時のままの形で残っていて、欧米列強が広州を支配していた頃の雰囲気を感じることができる。緑が多く夜景が美しい、散歩には絶好のポイントだ。道路の間のグリーンベルトになっている沙面公園で周りの建築を眺めると、まるで100年前の世界にタイムスリップしたような感覚を覚えるかもしれない。

洋館は現在でも利用されている

上下九路／上下九路 [じょうげきゅうろ／shàngxiàjiǔlù]

歩道の上に建物がせり出す騎楼と呼ばれる広州の伝統建築スタイルを復元し、若者に人気の通りとなったのが上下九路。東側の上九路と西側の下九路、さらにその西の第十甫路を、地元の人は合わせて上下九路と呼んでいる。

ここでの楽しみは何といってもグルメ散策。食通の間で広く知られる陶陶居酒家（→P.62）や広州酒家（→P.62）などの広州を代表する老舗レストランがずらりと並ぶ。本格的な広東料理に加え、気軽にヤムチャを楽しめる。

また、このエリアの北西には、西関大屋（→P.52）と呼ばれる古建築が多く残ることでも有名。

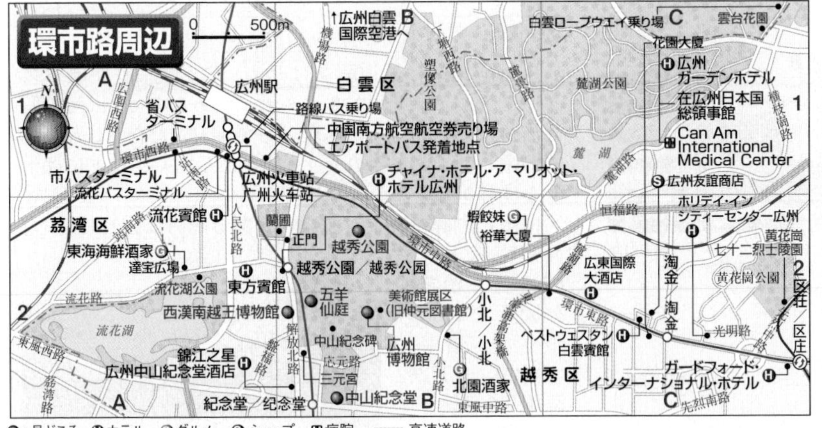

環市東路／环市东路 [かんしとうろ／huánshì dōnglù]

広州駅前を東西に走る大通りを東に2kmほど行くと、高層ビルが建ち並ぶエリアにいたる。目印は、63階建ての威容を誇る広東国際大酒店のビルと日本領事館が入っている広州ガーデンホテル(→P.60)で、その周辺にはブランドショップが入っている広州友誼商店などがある。高級レストランやしゃれたバーも多く、後述する天河エリアと並んで外国人ビジネスマンがよく訪れるエリアになっている。

地下鉄2号線と6号線を利用すれば他エリアとの移動もスムーズ。

北京路は広州有数の繁華街

北京路で発掘され、展示されている宋代の石造りの道

北京路／北京路 [ぺきんろ／běijīnglù]

北京路は、歩行者専用のショッピングストリートとして整備され、広州一の繁華街となった場所。新大新百貨公司と広州百貨大楼(地元では広百と呼ぶ)のふたつのデパートのほかに、アパレルショップやレストラン、ファストフード店がずらりと並ぶ。週末には騒音がうるさいほどの活気で、道路の真ん中でイベントを行っていたり、店でバーゲンをやっていたりと、まさに広州の人々の今の暮らしが感じられる通りといえよう。

通りの整備を進める過程で発掘された宋代や明代の通りが、ガラスで覆われ展示されているのでのぞいてみよう。

省バスターミナルは広州駅の西側に位置する主要ターミナル

広州駅／广州火车站 [こうしゅうえき／guǎngzhōu huǒchēzhàn]

広州駅周辺は鉄道駅をはじめ、地下鉄や長距離バスターミナル、市内バスターミナルがあるので、広州を個人旅行で訪れるなら、拠点として便利。ただし、人の往来が激しいエリアなので、スリやひったくりなどには十分な注意が必要だ。

中山紀念碑や五羊石像などがある越秀公園をはじめ、西漢南越王博物館、蘭圃、流花湖公園など観光スポットが集中している。地下鉄2号線や5号線と徒歩を組み合わせれば、手軽に移動できる。

このエリア最大の見どころ、西漢南越王博物館（→P.48）

広州東駅は香港との直通列車の発着駅

天河エリア／天河地区 [てんがえりあ／tiānhé dìqū]

広州東駅と天河体育中心を中心とするエリア。以前はまったく何もない茫漠たる場所だったが、30年ほど前から開発が始まった。広州東駅の完成以降、そのスピードは速まり、今では一大繁華街というにふさわしく、さまざまな店やビルが建ち並んでいる。

天河城広場をはじめ、多くの日系企業が入居する駅前の70階建てオフィスビルの中信広場などが代表的なショッピングモールといえよう。

また、この地区にはコンピューター関連を扱うショップも多数集まっている。

そのほか、スポーツ関連では、中国プロサッカー界で急速に力をつけ、2013、2015年にAFCチャンピオンズリーグを制した広州恒大淘宝のホームグラウンド、天河体育中心足球場もこのエリアにある。

天河エリアの南には、広東省博物館新館をはじめとした斬新なデザインの建築物が建ち並ぶエリア、珠江新城がある。

広州恒大淘宝のホームグラウンド、天河体育中心足球場

2 広州市郊外

番禺区／番禺区 [ばんぐうく／pānyúqū]

番禺区は市区の南、北を海珠区、南を南沙区、東を珠江口、西を仏山市に囲まれた郊外区。古くは広州の呼称として番禺を用いることもあった。

1980年代までは農業中心の小さな村で、交通の便はあまりよくなかった。しかし、大量の資金を投入して開発を進めたことで、道路や橋梁などのインフラが整備され、人口密度の高い広州のベッドタウンとしてその地位を高めることに成功した。広州地下鉄の3号線が番禺区政府のある番禺広場まで、さらに4号線が番禺区を経由して南沙区まで通っている。また、広州における高速鉄道の中枢、広州南駅もあり、地下鉄2号線と7号線が通っている。

区内には見どころも多い。広東四大名園のひとつ余蔭山房（→P.57）や中国有数のサファリパーク長隆香江野生動物世界は、週末にはたくさんの人でにぎわっている。

番禺区の名所である余蔭山房

南沙天后宮近くの「伶仃洋」（珠江河口）の景観（南沙区）

南沙区／南沙区 [なんさく／nánshāqū]

南沙は番禺区の一部だったが、1993年に設置された南沙経済技術開発区の発展にともない、2005年4月28日に設置された郊外区。

珠江口虎門河の西岸に位置し、西江、北江、東江の合流地という恵まれたロケーションにあることから、工場の誘致が進められた。その後十数年にわたり、各国からの投資が盛んに行われ、今では巨大な工場団地の様相を見せている。日本の自動車メーカーもこの地に工場を建設し、中国向け乗用車を中心に生産を行っている。

花都区／花都区 [かとく／huādūqū]

広州市区北側に位置する郊外区で、中心部は新華。広州中心部からは頻繁にバスがあり、移動は非常に便利だ。

広州白雲国際空港はここにある。広州のベッドタウンとして急速に発展し、高層マンションが林立している。地下鉄3号線が空港に乗り入れており、そこから枝分かれした9号線が広州北駅周辺の中心部を東西に走る。広州の中心部と花都を結ぶ高速道路もある。日本の自動車メーカーが花都で大規模な工場展開を行っている。

太平天国の乱を率いた洪秀全の生誕地として知られており、彼の暮らした旧居（→P.59）をはじめ、関連する旧跡が今もなお残っている。

洪秀全立像。彼は花都区出身の人物

高速鉄道をメインとする広州北駅（花都区）。停車する列車は少ないので、広州白雲国際空港から直接アクセスする以外利用価値は低い

大樹の奥に見える洪秀全故居（花都区）

従化区／从化区［じゅうかく／cónghuàqū］

流渓河国家森林公園に咲くヒマワリ（従化区）

従化区は広州市区の北、花都区の北東に位置する。北回帰線が従化区の南部を通っており、太平鎮に北回帰線塔公園という観光地もある。

区内は全体に起伏があり、流渓河国家森林公園（→P.59）のある北東部は丘陵地帯で、豊かな自然に触れられる。ハクビシンやセンザンコウなどの貴重な野生動物も目にすることができ、鉱物資源も豊富で、鉄、銅、錫など48種類が採掘されている。

従化の町の北東には広東省一帯で広く知られる従化温泉風景区があっていつもにぎわっている。温泉水には、ラドンや多種の有益元素を含んでおり、健康によいと通う湯治客も多い。

水の豊かな流渓河国家森林公園（従化区）

増城区／增城区［ぞうじょうく／zēngchéngqū］

増城は201（後漢の建安6）年に築かれた古い町で、1800年以上の歴史をもち、人口の3分の1が外国人および香港籍の在住者という特殊な町。町の中心は茘城。

気候は広州のなかでも特に温和で熱帯・亜熱帯性植物の生育に適しており、ライチの里として知られている。また、肥沃な土地により、稲作も盛んだ。

蕉石嶺、大封門、南香山など、区内には9つの森林公園や自然保護区が設けられており、総面積の48%が森林地帯という緑あふれるエリアだ。まさに珠江デルタ工業地帯のオアシス的存在である。

ACCESS

中国国内の移動 ➡ P.341　空港見取図 ➡ P.329　鉄道時刻表検索 ➡ P.30

飛行機　市区中心の北28kmに位置する広州白雲国際空港（CAN）を利用する。華南エリアにおけるハブ空港であるため、国際線、国内線ともに便数は非常に多い。

国際線 成田（7便）、羽田（28便）、関西（14便）。

国内線 便数の多い海口、アモイ、福州、南昌、上海、北京などとのアクセスが便利。

所要時間（目安） 福州（FOC）／1時間30分　アモイ（XMN）／1時間15分　武夷山（WUS）／1時間30分　南寧（NNG）／1時間40分　南昌（KHN）／1時間35分　長沙（CSX）／1時間20分　三亜（SYX）／1時間40分　香港（HKG）／1時間5分

鉄道　京広線、広九線（広州東駅）、広茂線、京広高速線武広段（広州南駅など）が交差する、華南エリアにおける鉄道交通の要衝でありアクセスは非常によい。主要駅は広州駅、広州東駅、広州南駅の3つだが、それぞれ離れている。列車の種類や目的地によって利用駅が異なるので、事前に確認しておくこと。

所要時間（目安） **【広州（gz）】**仏山（fs）／直達：25分　肇慶東（zqd）／動車：40分　海口（hk）／直達：10時間30分　**【広州南（gzn）】**中山北（zsb）／城際：30分　珠海（zh）／動車：1時間　韶関（sg）／高鉄：55分　江門東（jmd）／城際：35分　新会（xh）／動車：30分　肇慶東（zqd）／動車：35分　恵州南（hzn）／高鉄：1時間　深圳北（szb）／高鉄：30分　南寧東（nnd）／動車：3時間15分　桂林北（glb）／高鉄：2時間30分　南昌西（ncx）／高鉄：3時間55分　長沙南（csn）／高鉄：2時間20分　**【広州東（gzd）】**東莞（dg）／城際：30分　アモイ（xm）／動車：5時間10分　香港紅磡／直達：2時間

バス　市内には多くのバスターミナルがあるが、行き先別ではないので、自分が最も利用しやすいバスターミナルを選べばよい。ただし、広州にバスで入る際には、乗車前に到着地点の確認をしておくこと。

所要時間（目安） 深圳／2時間30分　仏山／50分　東莞／1時間20分　肇慶／1時間30分

船　ふたつの港と香港の中港城フェリーターミナル、スカイピア（香港国際空港）を結ぶ定期航路がある。

所要時間（目安） 香港中港城フェリーターミナル／1時間30分　スカイピア／1時間30分

※出入境手続きが必要なのでパスポートを忘れずに

DATA

飛行機

■ **広州白雲国際空港**（广州白云国际机场）
M **P.35-A～B2**
住 白雲区人和鎮と花都区花東鎮の境界
☎96158　オ 始発便～最終便
休 なし　カ 不可　U www.gbiac.net
［移動手段］**エアポートバス**／路線多数あり。詳細→空港快線 U www.kgkx.com　**タクシー**（空港～北京路新大新百貨公司）／100元、所要50分が目安　**地下鉄**／第1ターミナル＝3号線北延段「机场南」。第2ターミナル＝3号線北延段「机场北」
　航空券売り場で当日の航空券を販売。

広州白雲国際空港国際線チェックインカウンター

■ **中国南方航空航空券売り場**
（中国南方航空公司售票处）
M **P.41-A1**　住 越秀区環市西路181号
☎95539　オ 8:30～18:30　休 なし　カ ADJMV
［移動手段］**タクシー**（航空券売り場～北京路新大新百貨公司）／17元、所要15分が目安　**地下鉄**／2、5号線「广州火车站」
　3ヵ月以内の航空券を販売。エアポートバスの発着地点のひとつ。

■ **日本航空広州支店**（日本航空公司广州支店）
M **P.42-A2**
住 天河区林和西路9号耀中広場B座30階3011室
☎ 中国予約センター＝4008-88-0808、4001-27-2470（日本語）
オ 9:00～17:30　休 土・日曜、祝日　カ ADJMV
［移動手段］**タクシー**（日本航空広州支店～北京路新大新百貨公司）／30元、所要20分が目安　**地下鉄**／3号線、APM線「林和西」
※2016年1月1日に航空券売り場は廃止された。航空券は電話で購入する

■ **全日空広州支店**（全日空航空公司广州支店）
M **P.42-A3**
住 天河区体育西路103号維多利広場A塔1403室
☎ 中国予約センター＝4008-82-8888
オ 9:00～17:00　休 土・日曜、祝日　カ ADJMV
［移動手段］タクシー（全日空広州支店～北京路新大新百貨公司）／32元、所要25分が目安　**地下鉄**／1、3号線、3号線北延段「体育西路」

鉄道

■ **広州駅**（广州火车站）
M **P.41-A1**　住 越秀区環市西路159号
☎ 共通電話＝12306　オ 24時間
休 なし　カ 不可
［移動手段］タクシー（広州駅～北京路新大新百貨公司）／17元、所要15分が目安　**地下鉄**／2、5号線「广州火车站」
2日以内の切符を販売。

■ **広州東駅**（广州火车东站）
M **P.42-B1**　住 天河区東站路1号
☎ 共通電話＝12306　オ 5:00～翌0:20
休 なし　カ 不可
［移動手段］タクシー（広州東駅～北京路新大新百貨公司）／35元、所要30分が目安　**地下鉄**／1、3号線北延段「广州东站」
2日以内の切符を販売。なお、香港に向かう城際直通車は専用の窓口になっているので注意。

■ **広州南駅**（广州火车南站）
M **P.35-A3**　住 番禺区鐘村鎮石壁村
☎ 共通電話＝12306　オ 5:30～24:00
休 なし　カ 不可
［移動手段］タクシー（広州南駅～北京路新大新百貨公司）／70元、所要50分が目安　**地下鉄**／2、7号線「广州南站」
2日以内の高速鉄道切符を販売。なお、切符売り場は行き先によって異なるので注意。広州～武漢区間と広州～深圳区間は東広場、広州～珠海区間は西広場。

広州南駅は広州における高速鉄道の中枢

バス

■ **省バスターミナル**（省汽车客运站）
M **P.41-A1**　住 越秀区環市西路147-149号
☎ 86661297　オ 5:30～24:00
休 なし　カ 不可
U www.sqcz.com.cn
［移動手段］タクシー（省バスターミナル～北京路新大新百貨公司）／17元、所要15分が目安　**地下鉄**／2、5号線「广州火车站」
10日以内の切符を販売。行き先は「广州省站」と表示されることが多い。中山（24便）、珠海（拱北：40便）、肇慶（28便）、江門（49便）、深圳（羅湖：17便）、東莞（総合バスターミナル：44便）、恵州（18便）、韶関（7便）など広東省内がメイン。

■ **市バスターミナル**（市汽车客运站）
M **P.41-A1**　住 越秀区環市西路158号
☎ 86684259、86667835　オ 4:00～22:30
休 なし　カ 不可
［移動手段］タクシー（市バスターミナル～北京路新大新百貨公司）／17元、所要15分が目安　**地下鉄**／2、5号線「广州火车站」
7日以内の切符を販売。省バスターミナルの道を挟んだ南側に位置する。市内および省内各地に向かうバスがメイン。花都（6:00～21:30の間10～20分に1便）、従化（5:30～21:00の間10～20分に1便）、増城（6:00～20:50の間10～20分に1便）、仏山（祖廟：16便）、中山（42便）、珠海（拱北：28便）、江門（11便）、肇慶（16便）、東莞（総合バスターミナル：16便、虎門：31便）、恵州（24便）、深圳（羅湖：4便）など。

■ **天河バスターミナル**（天河客运站）
M **P.37-D1**　住 天河区燕嶺路633号
☎ 37085070　オ 6:00～21:00
休 なし　カ 不可　U www.tianhebus.com
［移動手段］タクシー（天河バスターミナル～北京路新大新百貨公司）45元、所要35分が目安　**地下鉄**／3、6号線「天河客运站」
5日以内の切符を販売。市内および省内各地に向かうバスがメイン。花都（3便）、増城（6:20～20:20の間10～20分に1便）、仏山（祖廟：3便）、中山（22便）、珠海（拱北：35便）、江門（20便）、肇慶（19便）、東莞（総合バスターミナル：21便、虎門：15便）、深圳（羅湖：6便）など。

船

■ **南沙フェリーターミナル**（南沙客运港）
M **P.43-B2**　住 南沙区海濱新城商貿大道南二路2号
☎ 乗船券売り場＝84688963、84688716
オ 8:30～18:00　休 なし　カ 不可
U www.nskyg.com
［移動手段］地下鉄／4号線「南沙客运港」
1ヵ月以内の乗船券を販売。航路は香港の中港城（4便）、スカイピア（2便）。

■ **番禺蓮花山フェリーターミナル**
（番禺莲花山客运港）
M **P.35-B3**　住 番禺区石楼鎮港前路1号
☎ 84659906、84659907　オ 8:00～18:00　休 なし
カ 不可　U www.lhsgp.com
［移動手段］地下鉄／4号線「石碁」※A出口近くから出港30～90分前に無料送迎車が出ている。所要10分。地下鉄下車後、タクシー利用だと30元が目安
1ヵ月以内の乗船券を販売。航路は香港の中港城（4便）、スカイピア（3便）。

中心部の見どころ

★★★ 陳一族の祠堂　1時間～1時間30分

陳氏書院/陈氏书院
ちんししょいん　chénshì shūyuàn

別称陳家祠。清中期以降広州には、働きにくる者、科挙（官僚登用試験）を受験する者、科挙のために勉学に励む者が集まってきた。そういった者たちを同族で支えるために造られたのが書院だった。彼らは故郷で祖先に対する祭祀を執り行うことも難しかったため、一族の祖先を祀る祠堂が設けられた。

屋根の上に見事な塑像があるので見逃さないように

こういった書院のなかでも、この陳氏書院は規模、装飾ともに群を抜くもので、保存状態もよく、広東省を代表する清末の建築物として、1988年に中国の重要文化財に指定された（1980年に修復されている）。

陳氏書院の建設が始まったのは清朝末期の1890（清の光緒16）年。当時、広州72県の陳姓の人々がお金を出し合い、力を合わせて、1894（清の光緒20）年に完成させた。

総面積1万5000㎡の敷地には、大門と聚賢堂、祖先の位牌を祀る寝室を中心軸に据え、その左右に19もの建築物を配置している。それぞれの建物は独立した造りになっているが、回廊などで結ばれており、全体ではひとつのまとまった建物になっている。

陳氏書院にある建築物を代表するのは中心線上にある聚賢堂。梁には精緻な彫刻が施されており、屋根には長さ27mにも達する見事な塑像群が据え付けられている。この陶塑（とうそ）は当時最高の技術を誇った、石湾（現在の仏山市禅城区石湾鎮）で焼成されたもので、陳氏書院では必見。

そのほかの建物にも精巧な装飾が施されており、当時の広東地方における民間芸術の精華といえる。

現在、院内は広東民間工芸博物館として一般に公開されており、陶器、玉器、端渓硯、南方刺繍など、華南エリアを代表する美術工芸品が数多く展示されている。

陳氏書院入口

陳氏書院
Ⓜ P.38-C1
住 茘湾区中山七路34号陳家祠道
☎ 81814559
オ 8:30～17:30
※入場は閉館30分前まで
休 なし
料 10元
交 ①地下鉄1号線「陈家祠」
②旅游1線、旅游2線、17、85、88、104、105、107、109、204、233、250路バス「陈家祠」

石に施された装飾もまた見事

陳氏書院の中心軸に配置された聚賢堂

聚賢堂の内部

インフォメーション

日本語音声ガイド
日本語の音声ガイド機をレンタルしている。1台20元、デポジット（保証金）100元。パスポートなどの身分証明書が必要。

★★　墓室から発見された玉衣が有名

西漢南越王博物館／西汉南越王博物馆

せいかんなんえつおうはくぶつかん　xīhàn nányuèwáng bówùguǎn

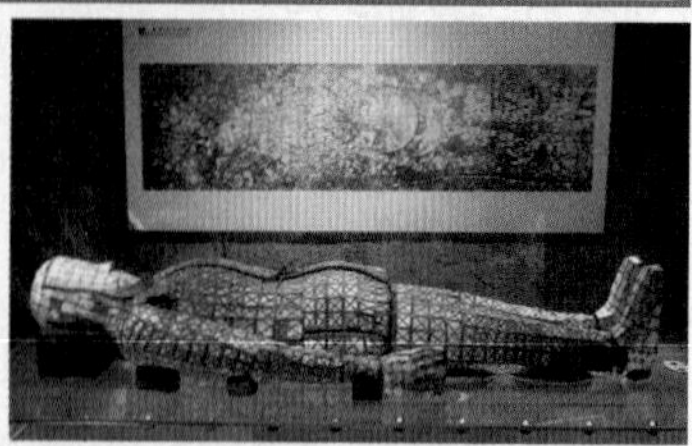
絲縷玉衣

秦の始皇帝は、紀元前214年に嶺南（現在の広東省と広西チワン族自治区一帯）を占領して秦の統治下に収めた。しかし、始皇帝が崩御すると秦はあっという間に崩壊し、秦の将軍であった趙佗が自ら王を名乗り、現在の広州を都とする南越国を建国した。

1983年、偶然、前漢時代の南越国第2代王文帝の石室墓が発見された。この墓は2200年前のもので、陵墓から1000点以上もの埋葬品が出土した。この墓と出土品を展示しているのがこの博物館。

館内には、ここから出土した文化財（もしくはその複製品）が陳列されている。紀元前の時代に、中央からはるかに離れた南方の地に高度な文化が開花していたことに驚嘆してしまう。王墓の石室も公開されており、本物の内部の様子を見学することもできる。

玉器、青銅器、陶器など貴重な出土品のなかでも最も有名なのが絲縷玉衣。これは1191枚の玉片と赤いシルクの糸で作られた衣装で、埋葬された王の全身がこれで覆われていた。また、展示館2階には唐代から元代（7～14世紀）の陶器枕のコレクションが展示されている。

★★　孫文の記念堂

中山紀念堂／中山纪念堂

ちゅうざんきねんどう　zhōngshān jìniàntáng

1931年に中国革命の父孫文を記念して建てられた講堂。講堂前には孫文の銅像が立ち、入口には孫文の筆になる『天下為公（世界はみんなのためにある）』の額がかかっている。また、講堂舞台には孫文の遺言が刻まれた石板が掲げられている。90年近く前に建てられたとは思えない美しい建物で、中に入ると精巧な装飾が施された天井と重厚な舞台に思わず見とれてしまう。今もときどき演劇やコンサートなどに利用されており、観光客が建物内部を見ることもできる。孫文の生い立ちを説明するパネルなどが置かれた資料館が、講堂左後ろに設けられている。

中山紀念堂の広々とした内部

西漢南越王博物館

Ⓜ **P.41-B2**

住 越秀区解放北路867号

☎ 36182920

オ 9:00～17:30
※入場は閉館45分前まで

休 2月末日、8月31日

料 12元
※広州博物館（鎮海楼）、中山紀念堂との共通券＝25元（有効期間は半年）

交 ①地下鉄2号線「越秀公园」
②5、7、42、180路バス「解放北路」

U www.gznywmuseum.org

日本語音声ガイド

日本語の音声ガイド機をレンタルしている。1台10元、デポジット（保証金）100元。パスポートなどの身分証明書が必要。

「錯金銘文銅虎節」は南越国で軍隊を動員する際、使者に渡された証明書のようなもの。「王命車徒」の4文字が記されている

中山紀念堂

Ⓜ **P.41-B2**

住 越秀区東風中路259号

☎ 83567966

オ 公園区6:00～22:00
中山紀念堂8:30～18:00

休 なし

料 公園区＝無料、中山紀念堂＝10元
※広州博物館（鎮海楼）、西漢南越王博物館との共通券＝25元（有効期間は半年）

交 ①地下鉄2号線「纪念堂」
②2、7、12、56、80、85、133、204、209、261、283、518路バス「中山纪念堂（市总工会）」

孫文像を前にした中山紀念堂

★★ 市区中心に位置する公園

越秀公園/越秀公园
えっしゅうこうえん　yuèxiù gōngyuán

越秀公園は広州市区中心部に位置する越秀山を中心とする総面積86.8万㎡の公園で、東秀、南秀、北秀の3つの人造湖と7つの丘で構成されている。緑豊かな公園で、毎日散歩に来るお年寄りもいるほど親しまれている。

園内には、広州博物館、五羊仙庭、明代城壁など30ヵ所以上の観光ポイントが点在しており、ボートこぎや水泳なども楽しむことができる。

越秀公園
Ⓜ **P.41-B2**
住 越秀区解放北路988号
☎ 86661950
オ 6:00～22:00
休 なし　料 無料
交 正門：
①地下鉄2号線「越秀公园」
②5、7、21、24、58、87、101、103、105、109、110、182、256路バス「越秀公园」
※越秀公園はとても広く、バスの路線によって入場できる門が異なる

広州博物館／广州博物馆
［こうしゅうはくぶつかん／guǎngzhōu bówùguǎn］

広州博物館（鎮海楼）

1929年に創設された博物館で、鎮海楼展区と美術館展区に分けて展示されている。

鎮海楼展区は、1380（明の洪武13）年に城壁上に築かれた5階建ての鎮海楼を中心に展示を行うエリア。フロアごとにテーマを分け、漢から元の広州（1階）、明から清の広州（2階）、清末～民国初の広州（3階）、広州の風俗（4階）といった具合に紹介している。さらに、広州の町を一望できる5階は茶室とみやげ物店になっている。

このほか、鎮海楼の西側には碑廊と大砲の台座があり、23の石碑と明、清代の各種大砲が並べられている。

美術館展区は鎮海楼の東側に位置する、旧仲元図書館を利用して、海のシルクロードによる交易でもたらされた工芸品や化石などを展示している。

広州博物館
Ⓜ **P.41-B2**
住 越秀区越秀公園内
☎ 83545253
オ 9:00～17:00
休 月曜
料 10元
※西漢南越王博物館、中山紀念堂との共通券＝25元（有効期間は半年）
交 越秀公園正門から徒歩10分
U www.guangzhoumuseum.cn

清代に広州城防衛のために設置されていた大砲

五羊仙庭／五羊仙庭 ［ごようせんてい／wǔyáng xiāntíng］

五羊仙庭は、越秀公園内にある公園。園内には有名な五羊石像を筆頭に、観景台、五羊石景碑、五仙人彫像、人工滝などが点在している。

紀元前300年頃、ヤギ（山羊）に乗った5人の仙人が空から舞い降りて黄金の穂を広州の地にもたらした。その後仙人たちは天に戻ったが、彼らが乗ってきた5頭のヤギはそのままこの地にとどまり、五穀豊穣のシンボルとなった。この伝説がもとになり、広州は五羊城や穂城という別称をもつようになった。穀物の穂をくわえた大きなヤギを中央に配した五羊石像は、この話をモチーフにして1959年に造られたもので、中国人観光客には格好の撮影ポイントになっており、市販されている広州市の地図などによく使われている。

五羊仙庭
Ⓜ **P.41-B2**
住 越秀区越秀公園内
交 越秀公園正門から徒歩5分

五羊石像。ヤギは広州と関係の深い動物だ

沙面
Ⓜ P.38-B～C4
住 荔湾区沙面島
☎ 沙面公園＝81217557
オ 24時間
休 なし
料 無料
交 ①地下鉄1、6号線「黄沙」
②1、9、57、64、105、106、209、552、556路バス「六二三路」

沙面に残る洋風建築物は整備後店舗などに使用されている

沙面に立つ洋風建築物とガジュマル

★★ 租界時代の洋館が残るエリア

沙面/沙面
さめん shāmiàn

市中心の西南部に位置する東西900m、南北300mの小島。古くは捨翠洲と呼ばれており、宋代以降、珠江の砂州が国内外の通商の要地として整備された。

清朝後期に起こったアヘン戦争の結果、南京条約(1842年)が締結されると、イギリスとフランスの租界となった(イギリスが4分の3、フランスが4分の1)。さらに、アロー戦争によって締結された天津条約(1858年)によって、広州が開港させられると、護岸工事やインフラ整備、洋館の建設などが進み、20世紀初頭にはほぼ現在の姿となった。当時、沙面と陸地の間には1本の橋しか架かっておらず、これは清朝が外国人と中国人の接触をよしとしなかったためともいわれている。

その後、1943年になってフランス租界は汪兆銘(汪精衛)政権に返還され、残る租界がイギリスから中国の手に戻ったのは、戦後中華民国との間で交渉がまとまってから。

その間沙面には、メインストリートの沙面大街を中心に150以上の洋館が建てられたが、当時の商館や領事館だった建築物が多数残っており、それらを樹齢100年を超えるガジュマルが覆っている景観は、異国情緒たっぷり。

石室聖心大聖堂(聖心堂)
Ⓜ P.39-E3
住 越秀区一徳路旧部前56号
☎ 83399675
オ 火～金曜8:30～11:30、14:30～17:00
土曜8:30～17:00
日曜12:30～13:30
休 月曜
料 無料
交 ①地下鉄6号線「一徳路」
②4、8、61、82路バス「一徳中」

★★ 中国最高の尖塔をもつゴシック様式の教会

石室聖心大聖堂(聖心堂)/石室圣心大教堂(圣心堂)
せきしつせいしんだいせいどう shíshì shèngxīn dàjiàotán (shèngxīntáng)

1863(清の同治2)年に建築が始まり、1888(清の光緒14)年に完成した、中国国内で最も高い尖塔(58.5m)をもつゴシック建築のカトリック教会で、聖心堂とも呼ばれている。花崗岩で造られており、建築面積は2754㎡、3層からなる。

ゴシック様式のふたつの尖塔が目印

清の同治時代(1861～1875年)に両広総督行署の土地をフランスのカトリック教団に貸し出したときに、フランス人の建築家がパリのノートルダム大聖堂を参考に建設したもので、ステンドグラスとゴシック・アーチが洋風の雰囲気を醸し出していて、周辺の建物との対比がおもしろい。

教会内のステンドグラス

★★ 嶺南仏教の総本山

光孝禅寺/光孝禅寺

こうこうぜんじ guāngxiàochánsì

広州で最も有名で最も規模が大きな仏教寺院。もとは南越国王趙佗の子孫趙建徳の邸宅。「未有羊城、先有光孝(広州城ができるよりも前に光孝寺はあった)」という俗諺があるほど(事実は異なる)、歴史のある古い寺院で人々の信仰を集めている。

三国時代に活躍した呉の虞翻が左遷されたときに学校を造ったが、彼の死後、制止寺という寺院に変えたといわれており、広州において最初に創建された寺院と人々に認識されている。その後、唐宋時代に報恩広教寺が創建され、光孝禅寺と改称されたのは1151(南宋の紹興21)年。また、676(唐の儀鳳元)年には、境内の菩提樹の下で南宗禅宗六祖の慧能が受戒したことでも有名。

院内にある東鉄塔と西鉄塔は、ともに10世紀に建てられたもので保存状態がよい。

光孝禅寺
M P.39-D～E1
住 越秀区光孝路109号
☎ 81083396
オ 7:30～17:30
※入場は閉門30分前まで
休 なし 料 5元
交 ①地下鉄1号線「西门口」
②2、4、31、38、109、186、556、823路バス「西门口(人民北路)」

鐘楼

西鉄塔

★★ 花塔がひときわ目立つ

六榕寺/六榕寺

りくようじ liùróngsì

537(梁の大同3)年に創建され1500年近い歴史を誇る古刹。広州四大仏教叢林のひとつ(残りは光孝寺、華林寺、海幢寺)。もとは浄慧寺といったが、有名な詩人、蘇軾(蘇東坡)がここを訪れ、榕樹(ガジュマル)の樹が生い茂っているさまを「六榕」と詠んだので、この名前となった。

院内には数多くの建物があるが、高さ57mの六榕花塔がひときわ目立つ。これは宋代(約1000年前)に建てられた9層の舎利塔で、広州で最も古い仏塔である。

六榕寺
M P.39-E1
住 越秀区六榕路87号
☎ 83392843
オ 8:00～17:30
※入場は閉門30分前まで
休 なし 料 5元
交 ①地下鉄1、2号線「公园前」
②74、85、88、102、104、107、233路バス「西门口(中山六路)」

六祖堂と六榕花塔

★★ 中国で最も早く建築されたモスクのひとつ

懐聖寺/怀圣寺

かいせいじ huáishèngsì

懐聖寺は、中国では最も古いモスク(イスラム教寺院)のひとつで、アラビア人伝教師アブー・ワンガスによって建てられたと伝わる。その創建は唐代初期とも北宋期ともいわれるがいまだ定説はない。寺院の名前は、イスラム教の創始者であるムハンマド(聖人)をしのぶ(中国語で「懐念」)ということから名づけられた。

懐聖寺のあるエリアは、唐代にはアラビア商人の居住区だった所で、モスクはその中心となっていた。寺院は現在でも広東省におけるイスラム教の中心であり、光塔(もとは呼礼塔といった)と呼ばれる高さ36.6mのれんが造りの円塔も残っている。

懐聖寺
M P.39-E2
住 越秀区光塔路56号
☎ 83333593
オ 8:30～17:00
※内部の見学はイスラム教徒のみ。信者以外は不可。外国人の参観希望者は入口で申し出る。ただし、男性で半ズボン、女性で肌の露出が多い服装の場合は入場不可
休 なし
料 無料
交 ①地下鉄1号線「西门口」
②56、58路バス「光塔路」

肇慶で採れた石で造られた『端石雲紋硯』

広東省博物館新館
Ⓜ P.37-D2
住 天河区珠江新城珠江東路2号
☎ 38046886
オ 9:00～17:00
※入場は閉館の1時間前まで
休 月曜
料 無料
交 ①地下鉄3、5号線「珠江新城」②APM線「大剧院」。徒歩8分 ③293、499、886路バス「海心沙公园」
Ⓤ www.gdmuseum.com

広東省博物館新館の巨大な外観

★★　珠江新城エリアにある博物館

広東省博物館新館/广东省博物馆新馆
カントンしょうはくぶつかんしんかん　guǎngdōngshěng bówùguǎn xīnguǎn

2010年開館の広東省博物館の新館。ひときわ目を引く建物は、香港人建築家の手によるもの。歴史館、自然館、芸術館、期間限定の特別展示館の4つのパートに分かれている。なかでも人気があるのは自然館。サメやクジラ、小魚の展示とライティングで海底世界の雰囲気を再現する海洋館、高さ11mの恐竜の骨格模型が、迫力ある姿を見せている古生物館、内部に岩窟を造り出した地質館、自由に手を触れられる展示もある鉱物館、動物の模型が楽しい野生動物館など、多くの見どころがある。

また、中国の博物館が収蔵するなかではいちばんの大きさを誇る孔雀石や、広東省で出土した非常に精巧な青銅器のひとつである西周時代の「信宜銅盉（しんぎどうか）」など、歴史的、芸術的価値のある文化財も展示されている。

★　富商が築いた邸宅が残る

西関大屋/西关大屋
せいかんだいおく　xīguān dàwū

広州城の西門と珠江に挟まれたエリアを西関という。このあたりは、中国の対外貿易の拠点として、明代以降発展を遂げてきた。アヘン戦争前には、政府から独占的に対外貿易業務を請け負った十三行と呼ばれる商人組織が暮らし、巨額の富を築き上げた。彼らの子孫が19世紀末から20世紀初頭にかけて次々と建てた建築物の総称が西関大屋。現存するものは宝華路や多宝路、逢源路、龍津西路に集中している。

西関大屋のほとんどが2階建て以上で長方形、さらに特徴のある三重の扉を備え、部屋の総面積は400㎡を超える邸宅となっている。その典型的な姿は、荔湾博物館内の西関民俗館で見ることができる。まずはそこで知識を仕入れて、通りの散策に出かけるとよいだろう。

ただし、ほとんどが現在でも住宅として使われているので、内部を見学する際には、住人の許可が必要だ。

西関大屋
Ⓜ P.38-A2～B3
オ 24時間
休 なし
交 地下鉄1号線「长寿路」。地下鉄5号線「中山八」

荔湾博物館
Ⓜ P.38-A2
住 荔湾区龍津西路逢源北街84号
☎ 81939917
オ 8:30～17:30
※入場は閉館30分前まで
休 月曜
料 入場料＝10元（西関民俗館、荔湾博物館、蒋光鼐故居を含む）
交 ①地下鉄1号線「长寿路」。徒歩10分 ②2、8、25路バス「洋塘」。徒歩6分

1 蒋光鼐故居、2 荔湾博物館の西関民俗館の展示

★★ 広州の新しいランドマーク

広州タワー/广州塔
こうしゅう guǎngzhōutǎ

2010年に一般公開された広州のテレビ塔。その高さは約600mと中国ナンバーワン。その姿は市民にも親しまれ、「小蛮腰」(女性の細いウエストの意)と呼ばれている。夜はライトアップされ、昼間と違った美しさを楽しめる。

観光客に向け開放されている施設には、488mの撮影観景平台、460mの摩天輪、450mの塔頂戸外観景平台と極速雲霄、433mの星空観光大庁、428mの白雲観光大庁などがある。おすすめは、横方向に傾斜しながら周回する観覧車(1周約20分)の摩天輪。

広州タワーの高さは少し離れて見ると実感できる

広州タワー
Ⓜ P.37-D2
住 海珠区閲江西路222号
☎ 89338222
オ 9:30～22:30
※入場は閉館30分前まで
※アトラクションによって営業時間は異なる
休 なし
料 428m+433m=150元
428m+433m+450m=228元
428m+433m+450m(極速雲霄は含まず)+460m=298元
428m+433m+450m+460m+488m=398元
交 地下鉄3号線、APM線「广州塔」
U www.cantontower.com

★ 5人の仙人を祀った廟

五仙観/五仙观
ごせんかん wǔxiānguān

境内に立つ赤い建物が嶺南第一楼

広州で語り継がれている伝説の5人の仙人を祀った祠で、現在の場所に建てられたのは1377(明の洪武10)年。騒々しい広州の町にあって、ここだけは神聖な雰囲気で安らげる。

五仙観
Ⓜ P.39-E2
住 越秀区恵福西路233号
☎ 83323508
オ 9:00～17:00
※入場は閉門30分前まで
休 月曜 料 無料
交 ①地下鉄1、2号線「公园前」。徒歩15分。地下鉄1号線「西门口」。徒歩15分
②3、6、8、82、106、209、541路バス「惠福路(省中医院门诊部)」

★ 中国最大の熱帯植物園

華南植物園/华南植物园
かなんしょくぶつえん huánán zhíwùyuán

市内の北東郊外、龍眼洞の麓にある華南植物園は、1956年に完成した315万㎡の面積をもつ中国最大の熱帯植物園。

5000種を超える国内外の熱帯・亜熱帯植物がシュロ類植物区、希少植物区、竹類植物区、水生植物区など数十のブロックに分かれて栽培されており、おすすめは温室群景区。

園内は公園風の造りになっているので、さまざまな植物を観賞しながら散策するのもよいだろう。ベストシーズンは2～3月。また、9月下旬から10月中旬にも多くの花の展示が行われる。

華南植物園
Ⓜ P.37-E1
住 天河区天源路1190号
☎ 85232037
オ 7:30～18:00
※入場は閉園30分前まで
休 なし
料 入場料=20元
温室群景区=50元
※共通券は50元
交 ①地下鉄6号線「植物园」
②B12、30、84、535、775路バス「地铁植物园」
U www.scib.cas.cn

沙漠植物展室のサボテン群

★ パンダや東北虎が見られる

広州動物園/广州动物园
こうしゅうどうぶつえん guǎngzhōu dòngwùyuán

広州動物園は、市街地区に位置する1955年開園の動物園。43万㎡の敷地内に、450種4500頭の動物たちが飼育されていて、パンダや東北虎(アムール虎)など希少動物もたくさん見られる。また、中央の人造池では、さまざまな鳥類も飼育されている。園内には、広州海洋館や錦鱗苑、動物行為展示館、動物広場など特別展示エリア(別料金)もあり、楽しめる。

広州海洋館は、広州動物園内にある総面積約1万5000㎡の水族館で、その規模は内陸のものでは世界最大級。館内は海底トンネル、海獅(アシカ)楽園、鯊魚(サメ)館、錦鯉池などに分かれており、そこではおよそ300種1万匹の海洋生物が飼育されている。アシカやイルカのショーも開催されていて、子供たちに大人気だ。

キリンと触れ合うこともできる

広州動物園
Ⓜ P.37-D2
住 越秀区先烈中路120号
☎ 38377572
オ 動物園8:00～18:00
※入場は4月16日～10月15日が閉園1時間30分前まで、10月16日～4月15日が閉園2時間前まで
海洋館9:00～17:30
※入場は閉館1時間30分前まで
休 なし
料 動物園＝20元
海洋館＝100元
※共通券は120元
交 ①地下鉄5号線「动物园」。②B2、B3、30、133、191、209、233、256、287路バス「动物园南门」
U www.gzzoo.com

★ 夜の珠江を船で観光しよう

珠江ナイトボート/珠江夜游
じゅこう zhūjiāng yèyóu

広州の夜の観光の目玉は、市内を西から東に流れる珠江の両岸に出現する夜景で、この景観を船上から観賞するのが珠江ナイトボート。

広東省では陸上交通網が充実するにつれて、各地を結ぶ定期船の乗客が激減した。そのため市内の多くの港がナイトボート専用港となっており、いろいろなタイプのナイトボートが登場している。一般的なコースは各埠頭を出航した後、珠江下流にある二沙島を回って戻ってくる、所要1時間30分～2時間のコース。

珠江沿いにはナイトボードの出発地点となる埠頭がたくさんある。越秀区に滞在する場合、便数の多い大沙頭游船埠頭を利用する人が多い。

ナイトボートからの夜景

天字游船埠頭
Ⓜ P.41-A4
住 越秀区沿江中路200号珠江岸辺
☎ 83336420、83332222
オ 18:35～21:35の間10～30分に1便
※天候により、スケジュール変動や中止がある
休 なし
料 1階席＝60～118元、2階席＝80～158元、3階席＝128～168元
※3日以内の乗船券を販売
交 ①地下鉄6号線「北京路」。徒歩6分
②タクシーで北京路新大新百貨公司から15元、所要15分が目安
U www.83332222.com

大沙頭游船埠頭
Ⓜ P.41-B4
住 越秀区沿江東路466号
☎ 4006-48-8776
オ 18:30～22:00の間20～30分に1便
※天候により、スケジュール変動や中止がある
休 なし
料 1階席＝68～138元、2階席＝78～98元、3階席＝108～168元
※19:30発の船は全席138元
※3日以内の乗船券を販売
交 ①地下鉄6号線「东湖」。徒歩8分
②タクシーで北京路新大新百貨公司から20元、所要15分が目安

★ 緑あふれる丘陵地

白雲山/白云山
はくうんさん báiyúnshān

白雲山は、広州市街の北側に広がる丘陵地。総面積は約21㎢、最高峰は標高382mの摩星嶺。山中を覆う樹木が空気浄化作用をもたらすことから、白雲山は「広州の肺」とも呼ばれている。

市街地から車とロープウエイを使って簡単に山上に行けるため、週末になるとたくさんの市民でにぎわう。山中には、石の彫刻が展示されている広州塑像公園、古刹の能仁寺などのさまざまな観光地がある。

山頂から見た広州の町並み

白雲山
M P.37-D1
住 越秀区白雲山風景区
☎ 37222222
オ 白雲山24時間
各見どころ8:00～17:00
休 なし
料 入山料＝5元、鳴春谷＝10元、摩星嶺＝5元
交 旅游公交1線、B16、24、285路バス「云台花园总站」
U www.baiyunshan.com.cn

インフォメーション

白雲ロープウエイ
M P.36-C1
オ 9:00～18:00 休 なし
料 上り＝25元、下り＝20元
観光車
オ 7:30～18:30 休 なし
料 上り＝25元、下り＝20元
運行区間は白雲山入場券売り場～山頂。
※ともに上りの料金には入山料が含まれる

★ 町の歴史を物語る

南越王宮博物館/南越王宫博物馆
なんえつおうきゅうはくぶつかん nányuè wánggōng bówùguǎn

1995年に発掘された南越国(紀元前203～111年)の宮殿跡(南越国宮署遺址)を整備し、跡地や出土品などを総合的に展示するために造られた博物館。その面積は約5万3000㎡に及ぶ。この地には、南越国滅亡後も地方行政機関が設置され、また、南漢(917～971年)のような地方政権が都をおくなどしたため、2000年以上にわたる町の歴史が積み重ねられている。

展示スペースは、曲流石渠遺址、秦代造船遺址、南越国一号宮殿基址地面表識展示、南漢宮殿遺址地保護展示館、南漢国一号宮殿遺址地面表識展示、南漢国二号宮殿遺址地面表識展示、陳列展示楼、広州古代水井陳列展示楼、秦漢一明清磚陶瓷標本展示墻に分かれており、じっくり見て回ると半日でも足りない。おすすめは南越国の御苑跡を建物で囲った曲流石渠遺址と、出土品を展示する2階建ての陳列展示楼。

南越王宮博物館
M P.41-A3
住 越秀区中山四路316号
☎ 83896501
オ 9:00～17:30
※入場は閉館の30分前まで
休 月曜
料 無料
※パスポートを提示し、入場券を受け取る
※日本語音声ガイド機は10元、デポジット(保証金)200元
交 地下鉄1、2号線「公园前」。徒歩8分
※入口は中山四路側、出口は北京路側となっている

1 長さ160mの水路跡。その周辺には各時代に掘られた井戸の跡もある(曲流石渠遺址) 2 陳列展示楼

黄埔区の見どころ

★★ 中国革命を支えた軍人を輩出した軍学校

黄埔軍校旧址/黄埔军校旧址
こうほぐんこうきゅうし huángpǔ jūnxiào jiùzhǐ

黄埔軍校は、第1次国共合作期(1924～1927年)に孫文が創設した陸軍士官学校で、ここから多くの国民党、共産党の幹部が育った。初代校長は後に国民党総統となった蒋介石。

敷地内には、黄埔軍校校本部、孫中山辦公室、中山公園、孫中山総理紀念館、広州近代史博物館、軍校倶楽部など多くの見どころが残っている。

孫中山総理紀念館

1日の入場者数が2000人に制限されているので、訪問はあまり遅くならないように。

黄埔軍校旧址
Ⓜ P.37-F3
住 黄埔区長洲島軍校路170号
☎ 82201082
オ 9:00～17:00
※入場は閉門30分前まで
休 月曜　料 無料
交 ①地下鉄5、13号線「鱼珠」。431路バスに乗り換え終点。徒歩2分で「鱼珠码头」に着くので、渡し船に乗船して「军校」(7:15～19:15の間1時間に1便。2元、所要8分)
※「军校」からの最終便は19:40発
②地下鉄4号線「大学城北」。383路バスに乗り換え「长洲路口(黄埔军校)」。徒歩15分
U www.hpma.cn

魚珠埠頭

★★ 航海の安全を祈願した廟

南海神廟/南海神庙
なんかいしんびょう nánhǎi shénmiào

南海神廟は、広州市街の東部、廟頭村にある南海神を祀った廟で、建設されたのは隋の開皇年間(581～600年)といわれている。東廟とも呼ばれる。

南海神は中国民間宗教の神で、名を祝融(祝赤とも呼ばれる)といい、もとは華南地区に暮らす人々の始祖とされていた。昔の人々が南方は火に属し、また火は水の根源とも考えていたことから、やがて祝融は海上の風雲を司る神と捉えられ、海路が発達した唐宋代には、人々はここを訪れ彼に航海の安全を祈願するようになった。

また神廟内には、達奚司空という神も祀られている。これは古波羅(インドにあった国といわれている)からやってきたが、この地に取り残され亡くなった船員がいたという伝説から登場した神で、波羅廟とも呼ばれる。

南海神廟大殿の内部

このほかにも、歴代の皇帝がたびたび使者を派遣して祭祀を執り行ったため、現在でも多くの石碑が残っており、南方碑林と称賛されることもある。

南海神廟
Ⓜ P.35-B3
住 黄埔区南崗鎮廟頭村旭日街22号
☎ 82222210
オ 9:00～16:30
休 なし
料 10元
交 地下鉄13号線「南海神庙」
U www.hpnhsm.cn

南海神廟碼頭遺址は清代に造られた埠頭跡

門前に立つ石造りの牌坊には、道中の平安を祈願するため、「海不揚波」の文字が刻まれている

番禺区の見どころ

★★　地方の名家が築いた名園

余蔭山房/余荫山房

よいんさんぼう　yúyìn shānfáng

余蔭園とも呼ばれる余蔭山房は、1867年造営と150年余の歴史を誇る。仏山市禅城区の梁園(→P.71)、仏山市順徳区の清暉園(→P.72)、東莞市の可園(→P.110)と合わせ、広東四大名園に数えられる。

余蔭山房に足を踏み入れると感じられるのが、庭園内に漂う優雅で高尚な雰囲気である。すべての景物には細かい工夫が施され、そのなかにはさまざまな寓意も読み取ることができる。園内のいたるところで高い文学性をも発見できるだろう。

園内の東屋や高楼、お堂、橋梁、渡り廊下、透かし彫りの施された花窓やついたてなど、一つひとつの造りは精巧であり緻密である。そのうえ、それらの建築物は園内に巧妙に配置されており、借景の効果により、まるで庭園内にまた別の庭園があるかのように感じられる。一歩足を進めるごとに、それまでとはまったく違った別の景色に出合うことができ、興味の尽きることがない。

潜居鄔公祠(せんきょきょうこうし)に立つ文昌閣

余蔭山房
Ⓜ **P.35-B3**
住 番禺区南村鎮北大街
☎ 34822187
オ 8:00～18:00
※入場は閉門30分前まで
休 なし
料 18元
交 ①地下鉄7号線「板桥」。徒歩18分
②地下鉄7号線「板桥」。番30路バスに乗り換え終点(「余荫山房总站」)
U www.yuyinshanfang.com

玲瓏水榭

★　巨大な観音像で知られる景勝地

蓮花山風景区/莲花山风景区

れんかざんふうけいく　liánhuāshān fēngjǐngqū

蓮花山風景区は、珠江河口の獅子洋ほとりにある。海抜は108m、面積は2.33㎢。市区中心から約30km、番禺まで地下鉄が開業したことでアクセスは非常によくなった。2002年には広州市政府により「新世紀の広州八景」に選ばれた。

蓮花山には、前漢から2000年以上の歴史をもつ古い採石場遺跡があり、採掘の跡が残る洞窟や奇石群、断崖絶壁などは見る者を圧倒する。湖北省大冶の古銅鉱と並び、中国の二大鉱山遺跡のひとつと称されている。

蓮花山の頂上には、1612(明の万暦40)年に建てられた蓮花塔や、1664(清の康熙3)年に建てられた蓮花城などの古跡が残っており、広東省の保護文化財となっている。蓮花山観音像は40mの高さを誇り、金箔貼りの銅像としては目下世界最大規模のものである。古代建築形式を模倣して建てられた観音閣は4000㎡の大型楼閣で、その中には1体の千手観音像が鎮座し、その周りには1000体の観音像が置かれている。

蓮花山風景区
Ⓜ **P.35-B3**
住 番禺区石楼鎮西門路18号
☎ 84861599、84861298
オ 風景区入場24時間
蓮花城8:00～17:00
蓮花塔、蓮花禅寺8:30～16:30
休 なし
料 入場券＝54元、蓮花塔＝2元
※観光専用車(入場門～蓮花塔)＝片道10元
交 地下鉄4号線「石碁」。徒歩2分の所から番92、番93路バスで終点(「莲花山车站」)。徒歩6分
※「莲花山车站」からの最終は番92路が22:00発、番93長線が20:00発、番93短線が18:30発

剣門

★ 番禺区に残る古い街並み

沙湾古鎮/沙湾古镇
さわんこちん shāwān gǔzhèn

沙湾古鎮
Ⓜ P.35-B3
住 番禺区沙湾鎮
☎ 84736168
オ 古鎮24時間
古鎮内の見どころ
9:30～17:00
休 なし
料 40元（留耕堂、何炳林院士紀念館、三稔庁、沙湾広東音楽館、崖柏芸術館）
※ほかは無料
交 地下鉄3号線「市桥」。徒歩3分の「百越广场西门」から番67路バスで「沙湾南村」。徒歩3分
※「沙湾南村」からの最終は22:15発

沙湾古鎮は番禺区の中心から南西約6kmに位置し、嶺南文化の中核を担う広府文化を残す町で、祠堂（一族が祖先を祀る建物）や廟宇（神仏や歴史上の有名人を祀る建物）などの有形文化遺産、広東音楽や龍舞、獅子舞などの無形文化遺産が伝わっている。

町は南宋時代に生まれたといわれ800年以上の歴史があるが、現存する建築物は、明清時代から中華民国にかけてのものが多い。そのうち、留耕堂、何炳林院士紀念館、三稔庁、沙湾広東音楽館、観音堂、文峰塔、呂祖観などが一般公開を行っている。

このなかで最も有名なのが、1233（南宋の紹興6）年に創建された留耕堂。沙湾鎮の名士である何一族の祠堂で、小ぶりながら巧みな装飾が施された主殿、貝殻を貼り付けた外壁など嶺南地方の特色を色濃く残している。留耕堂の名称は、柱に残る「陰徳遠従宗祖種、心田留与子孫耕」と書かれた対句に由来する。

三稔庁

留耕堂外観

南沙区の見どころ

★★ 海の守り神、媽祖を祀る場所

南沙天后宮/南沙天后宫
なんさてんごうきゅう nánshā tiānhòugōng

南沙天后宮
Ⓜ P.43-B2
住 南沙区天后路88
☎ 84981223
オ 8:30～17:00
休 なし
料 20元
交 ①地下鉄4号線「南横」。徒歩4分の所から南4、南54路バスで「天后宫东门」
②地下鉄4号線「南沙客运港」。徒歩25分

中国、特に華南沿海部で、海の守り神として漁民の信仰を集める女神媽祖（まそ）を祀っている。南沙天后宮は、明代に珠江口沿いの大角山南麓に建立された天妃廟が前身。清の乾隆年間に再建された際には元君古廟となったが、日中戦争のとき日本軍の砲撃で壊された。1994年に再建を果たした際に、現在の名称となった。

いちばんの見どころは365ブロックの花崗岩で造られた、14.5mの高さをもつ天后聖像。北京の故宮の風格と南京の中山陵の迫力を併せもつとされる、独特の建築様式で建てられた社殿も一見の価値がある。

大角山の上からは絶景を観賞できる。

小山の上に立つ南沙天后宮

花都区の見どころ

★★ 太平天国の乱を率いた洪秀全の生家

洪秀全故居/洪秀全故居
こうしゅうぜんこきょ hóngxiùquán gùjū

太平天国の指導者で清に反乱を起こした洪秀全の故居。清代に軍隊によって焼き払われたが、1959年になり基礎部分と壁が発掘され、それをもとに復元が行われた。1998年の改修を経て、現在は一般に公開されている。

洪秀全故居は書房閣、洪氏祖廟、洪氏古井、客家民居および民族展覧館などで構成されており、洪秀全が書いた文献も多く展示されている。「原道救世歌」、「原道醒世訓」、「原道覚世訓」、「百正歌」などからは、農民の解放と人民の平等を目指した洪秀全の思想を知ることができる。故居にかかる表札は郭沫若(かくまつじゃく)の直筆。2015年より敷地内に彼の功績や太平天国の乱に関する展示を行う洪秀全紀念館が移設された。

洪秀全の暮らした家が再現されている

洪秀全故居
Ⓜ P.44-A1
住 花都区新華鎮大埗村官禄布
☎ 36966779
オ 9:00～17:00
※入場は閉門30分前まで
休 なし
料 13元
交 市バスターミナルから「花都」行きで終点(14元、所要1時間)。花21路バスで終点(「洪秀全故居」。2元、所要30分)
※「花都」からの最終は21:30発
※2018年11月現在、道路工事のため、花21路バスは花都バスターミナルに停車しないので、「实验中学」で降車(運転手に告げること)して花21路バスに乗り換える。広州への戻りも「实验中学」で乗り換える。乗車の際は手を挙げてバスを停めること

洪秀全記念館
Ⓜ P.44-A1
住 花都区新華鎮大埗村官禄布洪秀全故居内
休 月曜
料 無料

洪秀全紀念館

従化区の見どころ

★ 中国十大森林公園のひとつ

流渓河国家森林公園/流溪河国家森林公园
りゅうけいがこっかしんりんこうえん liúxīhé guójiā sēnlín gōngyuán

中国十大森林公園のひとつに数えられる、総面積約88㎢の自然豊かな公園。流渓河水庫に浮かぶ22の島々は、まるで宝石のような美しさだ。また、公園南東部には海抜1000m以上の峰が6つあり、散策や森林浴も楽しめる。

春には満開の花、夏には青々と茂る緑、秋には紅葉、冬には早咲きの梅といった、四季折々の風景を楽しめる景勝地である。その恵まれた自然環境には、絶滅の危機にある保護植物や保護動物も多く生息している。猿島、孔雀島、鹿園など、動物を間近に観察できる施設も充実している。1998年、当時の三重県山田村(現伊賀市)と共同で植林した「中日友好林」もある。

公園入場口

流渓河国家森林公園
Ⓜ P.35-C1
住 従化区良口鎮流溪河林場香雪大街48号
☎ 87843288
オ 8:00～17:00
休 なし
料 40元
交 市バスターミナルから「从化」行き直達バスで終点(24元、所要1時間10分)。従化12路バスに乗り換え「广州流溪河林场森林公园」(6:30～18:30の間30分に1便。4元、所要45分)
※「广州流溪河林场森林公园」からの戻りは18:30頃発
※「从化」からの最終は21:00発
U www.lxhpark.cn

ホテル

グランド ハイアット 廣州(こうしゅう)／广州富力君悦大酒店 guǎngzhōu fùlìjūnyuè dàjiǔdiàn

広州の新しい中心地である珠江新城に位置し、地下鉄3、5号線「珠江新城」駅まで徒歩約3分。広州東駅にも車で15分と近く、交通は非常に便利。ホテル内のステーキレストラン「G」は、味も雰囲気も最高クラスで駐在員の間で大人気。

M P.37-D2 ★★★★★
住 天河区珠江新城珠江西路12号
☎ 83961234
FAX 85508234
S 1100～1200元
T 1100～1200元
サ 15%　カ ADJMV
U www.hyatt.com
両替　ビジネスセンター　インターネット

チャイナ・ホテル・ア マリオット・ホテル広州(こうしゅう)
中国大酒店 zhōngguó dàjiǔdiàn

ホテル前に地下鉄2号線「越秀公園」駅があり便利。フィットネスセンター、サウナ、プールなどの施設も充実。
両替　ビジネスセンター　インターネット

M P.41-B2 ★★★★★
住 越秀区流花路122号
☎ 86666888　FAX 86677288
S 650～790元　T 650～890元
サ 10%+6%　カ ADJMV

広州(こうしゅう)ガーデンホテル
广州花园酒店 guǎngzhōu huāyuán jiǔdiàn

在広州日本国総領事館は敷地内のオフィスタワーの中にある。ホテル裏側から香港とマカオへの直通バスが運行されている。
両替　ビジネスセンター　インターネット　U www2.gardenhotel.com

M P.41-C2 ★★★★★
住 越秀区環市東路368号
☎ 83338989　FAX 83350467
S 1085元　T 1085元
サ なし　カ ADJMV

ザ・リッツ・カールトン広州(こうしゅう)
广州富力丽思卡尔顿酒店 guǎngzhōu fùlì lìsī kǎěrdùn jiǔdiàn

珠江北岸の広州の新しいビジネス街である珠江新城に立つ。近くに広州オペラハウスや広東省博物館新館などがある。
両替　ビジネスセンター　インターネット　U www.ritzcarlton.com/ja

M P.37-D2 ★★★★★
住 天河区珠江新城興安路3号
☎ 38136688　FAX 38136666
S 1400元　T 1400元
サ 10%+6%　カ ADJMV

ウェスティン広州(こうしゅう)
广州海航威斯汀酒店 guǎngzhōu hǎiháng wēisītīng jiǔdiàn

各部屋にはウェスティンが誇るヘブンリーベッド、ヘブンリーシャワー、ヘブンリーバスを完備しており、快適さは群を抜いている。
両替　ビジネスセンター　インターネット　U www.starwoodhotels.com

M P.42-A2 ★★★★★
住 天河区林和中路6号
☎ 28866868　FAX 28266886
S 900～1000元　T 900～1000元
サ 10%+6%　カ ADJMV

プルマン広州白雲空港(こうしゅうはくうんくうこう)
广州白云机场铂尔曼大酒店 guǎngzhōu báiyún jīchǎng bóěrmàn dàjiǔdiàn

空港ターミナル1の出発フロア12号門の正面にある。深夜・早朝の発着便利用の際に便利。バスタブは深く、ゆっくり湯船につかれる。
両替　ビジネスセンター　インターネット　U www.accorhotels.com

M P.35-A～B2 ★★★★★
住 花都区白雲機場空港酒店路1号
☎ 36068866　FAX 36068899
S 907元　T 907元
サ 10%+6%　カ ADJMV

東方賓館(とうほうひんかん)
东方宾馆 dōngfāng bīnguǎn

中央庭園を囲むように客室棟が立つ、敷地面積は広州最大級を誇る。中庭は広大な亜熱帯庭園になっている。
両替　ビジネスセンター　インターネット　U www.hoteldongfang.com

M P.41-A2 ★★★★★
住 越秀区流花路120号
☎ 86669900　FAX 86662775
S 581～625元　T 581～625元
サ なし　カ ADJMV

ホテル・ニッコー広州(こうしゅう)
广州日航酒店 guǎngzhōu rìháng jiǔdiàn

JALホテルズがオープンした日系ホテル。自然豊かな環境にありくつろげる。日本料理、広東料理など6つのレストラン&バーがある。
両替　ビジネスセンター　インターネット　U www.nikkogz.com

M P.37-F1 ★★★★★
住 天河区華観路1961号
☎ 66318888　FAX 66310011
S 800～900元　T 800～900元
サ 10%+6%　カ ADJMV

広州珠光地中海酒店(こうしゅうじゅこうちちゅうかいしゅてん)
广州珠光地中海酒店 guǎngzhōu zhūguāng dìzhōnghǎi jiǔdiàn

天河区ビジネスエリアに位置する。10月の広州交易会開催中は会場となる広州国際会議展覧中心行きのシャトルバスが運行される。
両替　ビジネスセンター　インターネット　U www.dzhgz.com

M P.37-D2 ★★★★★
住 天河区天河路518号
☎ 38788888　FAX 38788623
S 498～558元　T 498～558元
サ なし　カ ADJMV

グランド・パレス・ホテル
嘉逸豪庭酒店 jiāyì háotíng jiǔdiàn

18世紀ヨーロッパの城をイメージした外観と内部装飾は、豪華さのなかに落ち着きが感じられる。ホテル内にサウナもある。

両替 ビジネスセンター インターネット

★★★★
M P.42-B1
住 天河区林和中路148号
☎ 38840968 FAX 38840923
S 508～568元 T 548～568元
サ なし カ ADJMV

ローズデイル・ホテル
广州珀丽酒店 guǎngzhōu pòlì jiǔdiàn

珠江の南岸にあるため、市中心部とは距離があるが、地下鉄2、8号線「昌崗」駅が目の前なのでアクセスはよい。

両替 ビジネスセンター インターネット U guangzhou.rosedalehotels.com

★★★★
M P.36-C3
住 海珠区江南大道中348号
☎ 84418888 FAX 84429645
S 620～680元 T 620～680元
サ なし カ ADJMV

広東勝利賓館 カントンしょうりひんかん
广东胜利宾馆 guǎngdōng shènglì bīnguǎn

1895年に建てられたビクトリアホテルがその前身だが、内部は現代風の客室、設備に改修されている。客室は東楼と西楼に分かれている。

両替 ビジネスセンター インターネット U www.vhotel.com

★★★★
M P.38-B4
住 茘湾区沙面北街53号
☎ 81216688 FAX 81219889
S 518～798元 T 518～798元
サ なし カ ADJMV

流花賓館 りゅうかひんかん
流花宾馆 liúhuā bīnguǎn

広州駅前にある老舗ホテル。レストランには、広東料理やヤムチャを提供する文苑大酒楼と西洋料理を提供する花満軒がある。

両替 ビジネスセンター インターネット U www.lh.com.cn

★★★★
M P.41-A1
住 越秀区環市西路194号
☎ 86668800 FAX 86667828
S 463～493元 T 384～414元
サ なし カ ADJMV

番禺賓館 ばんぐうひんかん
番禺宾馆 pānyú bīnguǎn

日本人の利用も多いホテル。敷地内は緑が多く、落ち着いた雰囲気。ホテル内にジムや屋外プールなどもある。

両替 ビジネスセンター インターネット U www.panyuhotel.com

★★★★
M P.35-B3
住 番禺区市橋街大北路130号
☎ 84822127 FAX 84838268
S 488～648元 T 398～648元
サ なし カ ADJMV

ホリデイ・イン・シーフー広州 こうしゅう
广州十甫假日酒店 guǎngzhōu shífǔ jiàrì jiǔdiàn

広州有数の繁華街である上下九路の西に続く第十甫路に立つ4つ星ホテル。近くにヤムチャの名店が多くあり食事に便利。

両替 ビジネスセンター インターネット U www.holidayinn.com

★★★★
M P.38-C3
住 茘湾区第十甫路188号
☎ 81380088 FAX 81380038
S 650～770元 T 650～770元
サ 10%+6% カ ADJMV

広州賓館 こうしゅうひんかん
广州宾馆 guǎngzhōu bīnguǎn

珠江近くの海珠広場に面する老舗ホテル。珠江側の部屋からは珠江の夜景や川向こうの住宅地を一望できる。

両替 ビジネスセンター インターネット U www.gzhotel.com.cn

★★★
M P.39-F3
住 越秀区広州起義路2号
☎ 83338168 FAX 83191316
S 398～488元 T 368～458元
サ なし カ ADJMV

ガードフォード・インターナショナル・ホテル
嘉福国际大酒店 jiāfú guójì dàjiǔdiàn

客室には天然ミネラルを豊富に含む温泉の湯を引いている。NHKを含む海外放送も楽しめる。

両替 ビジネスセンター インターネット U www.gardfordhotel.com

M P.41-C2
住 越秀区環市東路418号
☎ 87771688 FAX 37806140
S 296～390元 T 296～390元
サ なし カ ADJMV

錦江之星 広州中山紀念堂酒店 きんこうしせい こうしゅうちゅうざんきねんどうしゅてん
锦江之星 广州中山纪念堂酒店 jǐnjiāngzhīxīng guǎngzhōu zhōngshān jìniàntáng jiǔdiàn

「経済型」チェーンホテル。設備は簡素だが清潔。地下鉄2号線「紀念堂」駅から徒歩5分と交通の便もよい。

両替 ビジネスセンター インターネット U www.jinjianginns.com

M P.41-B2
住 越秀区解放北路777号
☎ 83549088 FAX 83517366
S 329～369元 T 329～349元
サ なし カ 不可

雲品牌 - 広州上下九路派柏 . 雲酒店 うんひんはいこうしゅう じょうげきゅうろははくうんしゅてん
云品牌 - 广州上下九路派柏 . 云酒店 yúnpǐnpái guǎngzhōu shàngxiàjiǔlù pàibǎi yún jiǔdiàn

如家グループが運営する「経済型」チェーンホテル。広州有数の繁華街である上下九路に近い。

両替 ビジネスセンター インターネット U www.bthhotels.com

M P.39-D2
住 茘湾区長寿東路322号
☎ 28350288 FAX 28350299
S 189～249元 T 259～279元
サ なし カ 不可

ホテル

漢庭広州天河酒店 かんていこうしゅうてんがしゅてん
汉庭广州天河酒店 hàntíng guǎngzhōu tiānhé jiǔdiàn

地下鉄1、3号線「体育西路」駅が徒歩圏内にあり、交通の便がよい。部屋はこぢんまりとしているが清潔。掃除も毎日してくれる。

両替 ビジネスセンター インターネット U www.huazhu.com

M P.42-A3
住 天河区天河路97-99号
☎ 22132600 FAX 22132622
S 259～339元 T 339～359元
サ なし カ V

グルメ

稲香酒家 富邦店 とうこうしゅか ふほうてん
稻香酒家 富邦店 dàoxiāng jiǔjiā fùbāngdiàn

ヤムチャレストラン。日中は32%引きになるため大人気。ひとり当たりの予算の目安は60元。
※割引制度は変更もある

M P.39-D1
住 荔湾区中山七路51号富邦中心401号室 ☎ 31028200
オ 7:00～16:00、17:30～21:30
休 なし カ 不可

広州酒家 こうしゅうしゅか
广州酒家 guǎngzhōu jiǔjiā

広州三大酒家のひとつ。広東料理の老舗でヤムチャも美味。「食在広州（食は広州にあり）」の看板が掲げられており、市内に多くの支店もある。ひとり当たりの予算の目安は100元。

M P.38-C3
住 荔湾区文昌南路2号
☎ 81380388 オ 11:00～14:00、17:30～21:30 休 なし カ V
U www.gzr.com.cn

北園酒家 ほくえんしゅか
北园酒家 běiyuán jiǔjiā

広州三大酒家のひとつで「十大名菜」を作り出した店として知られる。ディナータイム以後の点心を食べる習慣「夜茶」がユニーク。ひとり当たりの予算の目安は100元。

M P.41-B2
住 越秀区小北路202号
☎ 83563365 オ 11:00～14:30、17:00～22:00 休 なし カ JMV
U www.beiyuancuisine.com

蓮香楼 れんこうろう
莲香楼 liánxiānglóu

上下九路に位置する広東料理レストラン。茶館として1889（清の光緒25）年に創業し、130年の歴史をもつ広州有数の老舗。ひとり当たりの予算の目安は50～60元。

M P.38-B3
住 荔湾区第十甫路67号
☎ 81392545 オ 7:00～22:00
休 なし カ 不可
U www.lianxianglou.com

陶陶居酒家 とうとうきょしゅか
陶陶居酒家 táotáojū jiǔjiā

上下九路にある大衆的な広東料理レストラン。かつては、魯迅や巴金ら文人が集まった店ということで有名。喫茶の営業時間は7:00～22:00。ひとり当たりの予算の目安は80元。

M P.38-B3
住 荔湾区第十甫路20号
☎ 81396111、81389632
オ 11:30～14:00、17:30～21:00
休 なし カ 不可

東海海鮮酒家 とうかいかいせんしゅか
东海海鲜酒家 dōnghǎi hǎixiān jiǔjiā

高級海鮮料理のレストラン。蟹や貝などの料理を試してみたい。また、お昼どきにはヤムチャも楽しめる。ひとり当たりの予算の目安は100元。

M P.41-A2
住 越秀区流花路109号達宝広場1階
☎ 86695528 オ 月～金曜11:30～15:00、17:30～22:00 土・日曜10:00～15:00、17:30～22:00 休 なし カ JMV

西貝蓧麺村 せいばいしょうめんそん
西贝莜面村 xībèi yóumiàncūn

中国西北料理レストラン。注文が入ってから手作りする新鮮な"石磨豆腐"は、素材の味がしっかりと感じられ絶品。ひとり当たりの予算の目安は80元。

M P.42-B3
住 天河区天河南二路34-2号
☎ 3888989
オ 10:30～21:00
休 なし カ 不可

旅行会社

北京新日国際旅行社 広州分公司／北京新日国际旅行社 广州分公司
ペキンしんにちこくさいりょこうしゃ こうしゅうぶんこうし
běijīng xīnrì guójì lǚxíngshè guǎngzhōu fēngōngsī

日本の旅行会社、H.I.S.の提携店。おもに広州在住の日本人に広州・香港発着の航空券およびパッケージツアー、香港・マカオのホテルを販売。また日本からの観光客やビジネス渡航客向けに広州市内のホテルや送迎手配も可能。

M P.42-A2
住 天河区天河北路233号中信広場2208室
☎ 22230218（日本語可）
FAX 22230213（日本語可）
オ 月～金曜9:30～18:30 土曜9:30～15:30
休 日曜、祝日
カ 不可

ヤムチャの本場、広州でヤムチャをおおいに楽しむ!

写真・文　浜井幸子

中国一食通の町、広州で本格派ヤムチャ(飲茶)を楽しみたいけれど、本場のヤムチャってどこに行けばできるの?　言葉ができないけど、注文はできるかな?　おいしい点心はどれ?　など、わからないことがいっぱい!　そんな心配もこれを読めば大丈夫!　地元っ子に交ざって熱々の点心をほおばろう!

❶ヤムチャはどこで、いつ楽しめる?

茶楼と呼ばれる広東料理を出すレストランで早茶、下午茶、夜茶と書かれた看板がある所ならどこでもOK!　また、ヤムチャをできる茶楼はどこも大型店で小さなお店ではできない。

ヤムチャをできる時間だが、早茶は7:00 ～ 8:00頃から11:00頃まで、下午茶は14:00 ～ 14:30頃から17:00まで、夜茶は21:00から。ただし夜茶をできる茶楼はかなり少ない。ヤムチャの点心がいちばん揃っているのは早茶。下午茶では広東人の好物、腸粉を出さない茶楼もある。早茶とほぼ同じ点心類を食べられるか、種類が減るかは茶楼によって異なるので、どうしても食べたい点心がある人は早茶に行くのがベスト。

上:ヤムチャをできる店の目印。ヤムチャの営業時間が書かれている　左:上下九路の蓮香楼(→P.62)。ツアーで利用されることも多い

❷お店に着いたら

平日の早い時間など、席が空いていれば自由に座ってもいいけれど、お客で混んでいるときは受付で人数を告げて番号札をもらい、自分の番号が呼ばれるまで待つ。このとき、「坐大卓可以吗?　zuò dà zhuō kě yǐ ma ?」と聞いてくれる茶楼もある。これは少人数で茶楼に行ったとき、「大きなテーブル席で相席になってもいいか?」という意味。週末や休日の有名茶楼はどこも混んでいて、30番待ちなんてこともよくあるので、2人席や4人席にこだわるとなかなか順番が回ってこない。また、相席は同じテーブルになった中国人の点心をまねして注文したり、ヤムチャのマナーなどを見よう見まねできたりと、何かと楽しいのでおすすめ!

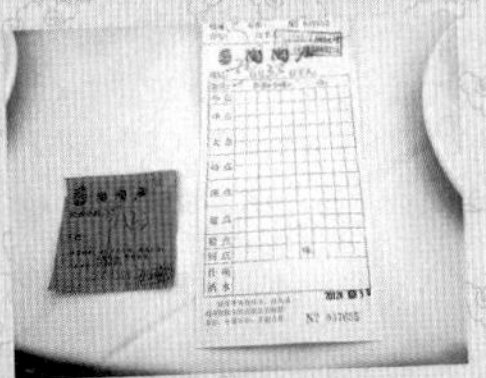

番号札と「点心記録咭」(カード)がセットになっている茶楼もある

❸お茶を選ぼう!

ヤムチャとはお茶を飲みながらおいしい点心を楽しむこと。席に着くと、最初に「你喝什么茶(何茶を飲みますか)?」と聞かれる。お茶はバスケットに入った鉄観音、プーアル茶、花(ジャスミン)茶などの小袋を選ぶ店と、注文したお茶っ葉を入れたきゅうすを持ってきてくれる店の2種類ある。

お茶は必ず人数分を注文するのが茶楼の決まり。したがって、4人で行ったとしてお茶っ葉はふたり分で十分だから2人前しか注文しないというのはできない。そこで、数名で行くなら何種類か違うお茶を注文してみるのがおすすめ!　余ったお茶っ葉の小袋は持ち帰ってもよい。

お湯のたっぷり入ったきゅうすがテーブルに置かれ、お茶の準備ができたら、周りの中国人を見てみよう。1杯目のお茶は飲まないで、湯飲み、お碗、はし、れんげなど食器を洗う「洗杯」をしている。茶楼の食器は十分清潔だけれど、洗杯は変わらない伝統でもあり、変えられない習慣みたいなもの。これもまねしたい。

また、茶楼では点心以外の広東料理も食べられるので、早茶や下午茶、夜茶以外の時間にお昼ご飯や夜ご飯を食べに行ってもいい。でも、そのときも必ずお茶を注文するのが茶楼の決まり。茶楼はあくまでお茶を楽しむ場所なのでお茶は絶対、外せない。

上:洗杯に使ったお茶はボウルに捨てる　下:固形燃料でお湯を沸かせるやかんがテーブルにあると便利

❹点心を注文しよう！

ヤムチャのお楽しみは本場の点心を思いっきり味わうこと！　“一盅两件（yī zhōng liǎng jiàn）”と呼ばれるお茶に点心2品がヤムチャの作法だけれど、私たちは心おきなく点心を注文したい！

点心類には小、中、大、特、精、超、頂などの種類がある。これは点心の値段を表すもので、店によって値段が異なる。いちばん安い小は7元ぐらい、いちばん高い表示は超、頂、精、美など店によって異なるが20元ぐらい。注文ごとに“点心记录咭（diǎn xīn jì lù jī）”というカードに数を記録する。

注文の方法はオーダーシート式とワゴン式。

オーダーシート式は、テーブルに置かれたメニュー兼オーダーシートを使って注文するタイプ。オーダーシートの点心名の横に食べたい数を書き入れたら、テーブル係に渡そう。注文が通るとオーダーシートと一緒に点心記録咭を返してくれる。あとは点心が来るのを待つだけ。

ワゴン式は、熱々の点心を載せたワゴンがテーブルの間を回ってくるので、実物を見てチョイスするタイプ。香港の庶民的な広東料理店に多く、広州では珍しい。第十甫路の老舗「陶陶居酒家」はワゴン式だが、ワゴンは一定の場所に停まっているので、お客が点心記録咭を持って点心を取りにいかなければならない。点心を選ぶとワゴン係がスタンプを押してくれる。

名前がわからない点心も指さすだけで注文できるワゴン式は便利だけれど、注文が入ってから点心を作るオーダーシート方式のほうができたての点心が食べられるので、今では主流になっている。

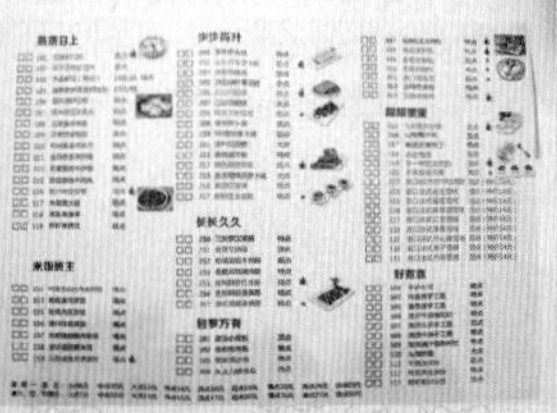

多くの店では、メニューとオーダーシート、点心記録咭（オーダーが出されたかどうかをチェックする）を兼ねた1枚紙を使って注文するスタイルを取っている

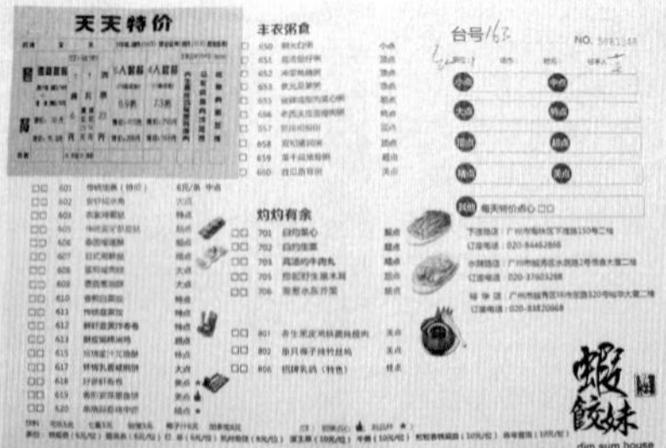

天天特价

主衣粥食

灼灼有余

台号

蝦餃妹

dim sum house

営業時間終了が近づくとワゴンの点心がなくなっていくのでお早めに

❺さあ、いただきます！

熱々の点心がテーブルに届いたら、さあ、いただきます！　広州人は素材そのものの味を生かした薄味好みなので、テーブルには中国北部や西北部では定番の酢、辛椒醤（唐辛子味噌）などの調味料はない。店によっては点心と一緒に酢を持ってきてくれる所もあるが、持ってきてくれない所も多い。そんなときはテーブル係にお願いすると、小皿に入れて持ってきてくれる。そしたら人さし指と中指の先でテーブルをコツコツとたたいて感謝の気持ちを表そう。これは会話を止めずに感謝の気持ちを表現する習慣。まねすると本場でヤムチャを満喫している気分も高まるのでぜひ、やってみたい！

蓮香楼の3階には、点心をひとつかふたつ注文してのんびりする常連さんが多い

❻お勘定はどうする？

おいしくいただいたら最後はお勘定。テーブル係に「埋単 máidān（買単 mǎidān）！」と言って声をかければOK！　混んでいて、気づいてもらえないときは手を挙げて「埋単！」と大きな声で言おう。伝わったらテーブル係が点心記録咭を持ってレジに行き、計算書を持ってきてくれる。注文していないものが入ってないか、しっかりチェックしてから代金を渡す。おつりがあってもなくても必ず精算書をくれるので、そのまま席に座って待っていよう。精算書をもらえば終了。チップの習慣はないので、チップは必要なし。

揚げたり焼いたりした点心は1皿3個が多い

意外とがっつり食べます！

地元っ子が注文する秘密の激うま点心！

日本人がイメージする点心とはほど遠いけれど、食べてみると納得のおいしさ！

※カタカナは前が普通話読み、後ろが広東語読み

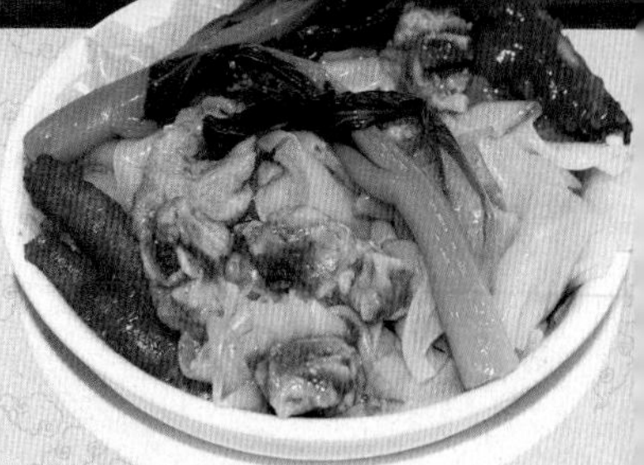

排骨凤爪陈村粉

パイグーフォンヂュワーチェンツンフェン／パイグワッフォンジャウチャンツンファン

超幅広米粉に鶏の足と豚スペアリブをのっけたもの。オイスターソース風味の醤油をかけて食べる

主食系

珍珠粉

チェンヂューフェン／ジャンジューファン

幅広の米粉を巻いた真珠粉に辣椒醬（唐辛子味噌）、ゴマなどのたれをかけて食べる

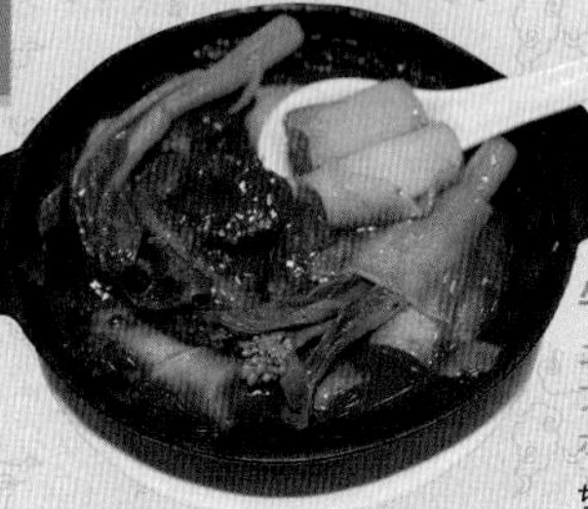

牛腩煲仔饭

ニュウナンバオズファン／ナウナームボーザイファン

ちょっと甘い豚バラ肉の煮汁で幅広の米粉を煮たもの

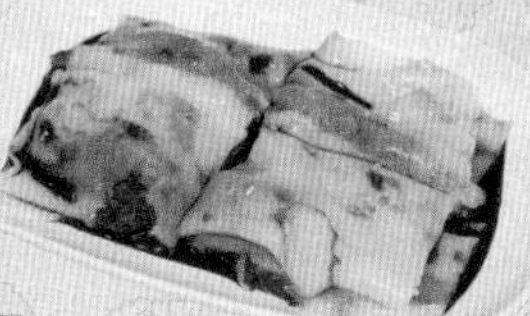

朝食系

生菜叉烧肠粉

ションツァイチャーシャオチャンフェン／サンチョイチャーシウチョンファン

米で作った蒸し春巻。レタスと叉焼入りは、具の種類が豊富な腸粉のなかでも定番中の定番

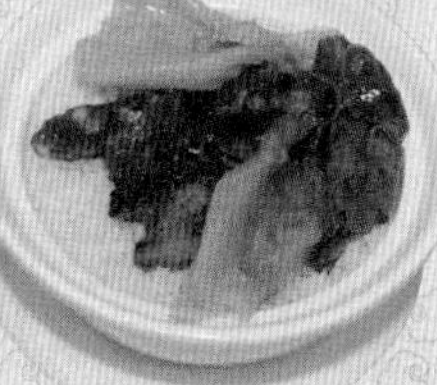

盅仔腊味饭

ジョンズラーウェイファン／ジョンザイラッメイファン

ちょっと甘い中国サラミをのっけて蒸したごはん。サラミのうま味がしみ込んだごはんは激うま！

肉系

濑粉

ライフェン／ライファン

米粉で作った中国版マカロニスープ。さっぱり味で日本人向き

萝卜牛腩

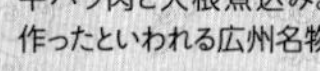

ルオボーニュウナン／ロッパナウナーム

牛バラ肉と大根煮込み。懐聖寺のムスリムが作ったといわれる広州名物

豉汁蒸凤爪

チージージョンフォンヂュワー／シージャップジンフォンジャウ

豆鼓とオイスターソースで味をつけた鶏の足を蒸したもの

南乳酱香猪手

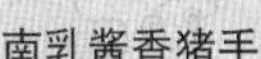

ナンルージャンシャンジューショウ／ナムイウジョンヒョンジューサウ

ちょっと甘い腐乳風味の豚足醤油蒸し

イチオシ！
ヤムチャ点心図鑑

メニュー（オーダーシート）をにらんで何を食べるか悩むときも楽しいヤムチャ。「一盅両件（お茶と点心ふたつ）」の作法は旅行者にはあてはまらない！　本場の点心をおなかがはちきれるまで味わいたい！

※カタカナは前が普通話読み、後ろが広東語読み

zhēng
蒸
蒸す

虾饺皇
シャージャオホワン／ハーガウウオン

タピオカ粉入りの半透明の皮で包んだエビ餃子。具は豪華に全部エビ！　ウサギの形をしたものもある（写真：上）！

猪润烧卖
ジュールンシャオマイ／ジューヨンシウマーイ

ちょっと甘い味つけの豚レバーとシューマイ

小笼包
シャオロンバオ／シウロンバウ

熱々スープ入りの小籠包。鶏肉入りや豚肉入りなど種類はいろいろ

豉汁蒸排骨
チージージョンパイグー／シージャップジンパイグワッ

豆鼓で味つけした豚のスペアリブ蒸し。中国人ならほぼ全員が注文する人気ナンバーワンの点心

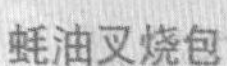

鲜竹牛肉球
シエンジューニュウロウチュウ／シンゾックナウヨッカウ

シャキシャキしたタケノコ入りの牛肉だんご

蚝油叉烧包
ハオヨウチャーシャオバオ／ホウヤウチャーシウバウ

オイスターソース風味のチャーシュー入り蒸しパン

奶皇包
ナイホワンバオ／ナイウオンバウ

あっさりした甘さのカスタードクリーム入りの蒸しまんじゅう

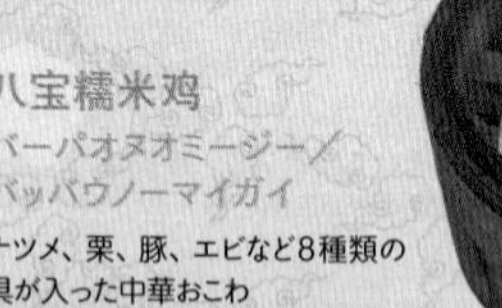

八宝糯米鸡
バーパオヌオミージー／バッバウノーマイガイ

ナツメ、栗、豚、エビなど8種類の具が入った中華おこわ

香茜饺
シャンシージャオ／ヒョンサイガウ

エビ、セリ、豚肉ミンチ入りの餃子。タピオカ粉入りの皮がもちもち！

咸水角

シエンシュウイジャオ／ハームソイゴッ

▼豚肉入り揚げ餅。ほどよい塩味の餅がおいしい

腊味萝卜糕

ラーウェイルオボーガオ／ラッメイロバゴオ

中華ハム入りの大根餅。ハムのうま味でこのまま食べてもOK

油条

ヨウテャオ／ヤウティウ

屋台や食堂の揚げパンとは異なるしっかり生地が人気の秘密

芋角蜂巣

ユイジャオフォンチャオ／ウーゴッフォンチャウ

サクサクの衣を蜂の巣に見立てた中国版コロッケ

叉烧局餐包

チャーシャオジーツアンバオ／チャーシウゴッチャンバウ

ちょっと甘いチャーシュー入りパン

马蹄糕

マーティガオ／マータイゴオ

クワイで作った中国版ういろう。上品な甘さともちもち感がたまらない！

jiān 煎 焼く zhá 炸 揚げる

叉烧挞

チャーシャオター／チャーシウダー

チャーシュー入りのサクサクタルト。ミートパイのような感じ

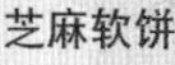

芝麻软饼

ジーマールアンビン／ジーマーユンベン

甘さ控えめのあんこ入りゴマ餅。中国茶にぴったり！

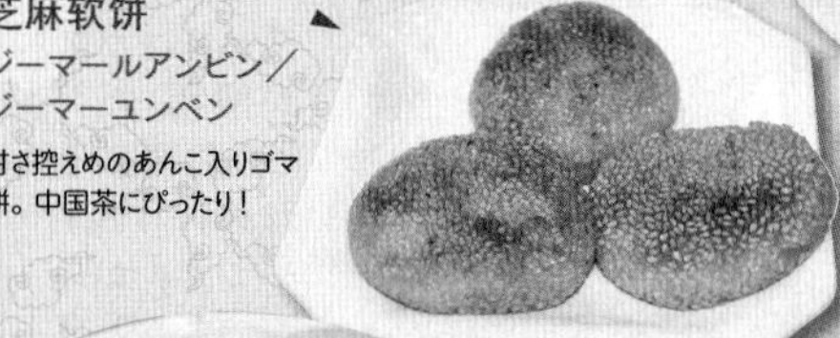

炸春卷

ジャーチュンジュエン／チャーチョンギュン

鶏肉、タケノコなどが入った揚げ春巻き

蛋挞

タンター／ダンダー

サクサクパイ生地のエッグタルト。トロッとプリンのような卵がおいしい

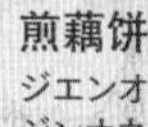

煎藕饼

ジエンオウビン／ジンナウベン

れんこんをすりおろして焼いたれんこん餅は、もちもち食感！

南国陶磁器の都

仏山

ぶつざん

佛山 Fó Shān　市外局番 **0757**

清暉園留芬楼（順徳区）

概要と歩き方

広州の西側に位置する仏山は、禅城区を中心に南海区、順徳区、三水区、高明区の5区で構成される地級市。このなかで注目を集めているのは順徳。広東グルメのルーツとして食通の間では広く知られており、華僑たちに親しまれているメニューはこの町の家庭料理がオリジナルといわれている。また、「家電の都」としても有名で、美的、万家楽、科龍といった中国メーカーの拠点がある。

町の歴史は晋代に始まるが、町の名が仏山となったのは、7世紀（唐代）に、小山で3体の仏像が見つかってから。明代には、窯業を中心に発展を遂げ、その繁栄ぶりは、景徳鎮（江西省）、漢口鎮（湖北省武漢市）、朱仙鎮（河南省）と合わせて「四大名鎮」とたたえられた。

町の名産品は陶磁器。禅城区の西南部石湾で作られる陶磁器は700年の伝統をもち、「南国陶磁器の都」と呼ばれるほどだ。また、粤劇（えつげき）などの民間芸術の発祥地で、伝統工芸の剪紙細工も有名。さらに、清末に活躍した伝説的武術家黄飛鴻（ウォンフェイフォン）や、映画『グランド・マスター』のモデルとなった武術家葉問（イップマン）の出身地としても知られている。

仏山へのアクセスはバスが便利。ただし、各区にそれぞれバスターミナルがあるので、乗車前に必ず目的地を確認すること。また、香港との間の移動手段に、直通列車や高速船などがある。

町の気象データ（→P.237）：「预报」>「广东」>「佛山」>区から選択

都市データ

仏山市
人口＝379万人
面積＝3875㎢
5区を管轄

市公安局出入境管理科
（市公安局出入境管理科）
M P.70-B3
住 禅城区魁奇一路瀾石国際金属交易中心行政服務中心3階
☎ 12345、内線で公安局出入境
オ 8:30～12:00、14:00～17:00
休 土・日曜、祝日
観光ビザを最長30日間延長可能。手数料は160元

市第一人民医院
（市第一人民医院）
M P.70-C3
住 禅城区嶺南大道北81号
☎ 83833633、83168316
オ 24時間
休 なし

●市内交通
【地下鉄】広仏線が営業。西朗駅で広州の1号線と、沙園駅で8号線と接続。運行時間や運賃は下記公式ウェブサイトで確認できる
広州地鉄→U www.gzmtr.com
【路線バス】運行時間の目安は6:30～22:00、禅城区内一律2元、区外行き2～10元
【タクシー】初乗り2km未満8元、2km以上1kmごとに2.8元加算

ACCESS

中国国内の移動 ➡ P.341　鉄道時刻表検索 ➡ P.30

飛行機 仏山市中心部の約50km北東にある広州白雲国際空港（CAN）を利用する。市内と空港とを結ぶエアポートバスもある。

国際線 広州：成田（7便）、羽田（28便）、関西（14便）。

国内線 広州：主要空港との間に運航便がある。

所要時間（目安） 広州：福州（FOC）／1時間30分　南昌（KHN）／1時間35分　長沙（CSX）／1時間20分　三亜（SYX）／1時間40分

鉄道 仏山駅（禅城区）や広珠城際軌道の順徳駅、容桂駅（ともに順徳区）を利用する。2017年には高速鉄道専用駅の仏山西駅が完成した。

所要時間（目安） **【仏山（fs）】**広州（gz）／特快：30分　深圳東（szd）／快速：2時間45分　肇慶（zq）／直達：1時間5分　香港紅磡／直達：3時間　**【仏山西（fsx）】**広州南（gzn）／動車：20分　肇慶東（zqd）／動車：20分　南寧東（nnd）／動車：3時間20分　桂林西（glx）／動車：2時間5分　**【順徳（sd）】**広州南（gzn）／城際：10分　**【容桂（rg）】**珠海（zh）／城際：50分

バス 旅行者にとって便利なのは仏山バスターミナルと順徳バスターミナル。両者間はバスで所要1時間45分と離れているので、仏山への移動時には注意。

所要時間（目安） 広州／1時間　中山／2時間　珠海／3時間　肇慶／1時間　深圳／2時間　香港国際空港／5時間

船 順徳港および高明区フェリーターミナルと、香港の中港城フェリーターミナルとを結ぶ航路がある。

所要時間（目安） 中港城フェリーターミナル／2時間

DATA

飛行機

■ **広州白雲国際空港**（广州白云国际机场）
Ⓜ **P.32-C2**　※データー→P.45

▶ **仏山瀾石候機楼**（佛山澜石候机楼）
Ⓜ **P.70-B3**　住 禅城区魁奇一路瀾石国際金属交易中心行政服務中心1階　☎ 88338833　オ 航空券販売＝8:30～18:00　休 なし　カ 不可
［移動手段］エアポートバス（仏山瀾石候機楼～広州白雲国際空港）／36元、所要1時間20分。空港→市内＝5:00、5:20、5:40発、6:00～20:30の間30分に1便　市内→空港＝4:30～20:30の間30分に1便　**タクシー**（仏山瀾石候機楼～祖廟）／20元、所要20分が目安　**路線バス**／103、118、171路「魁奇路行政服务大厅」

鉄道

■ **仏山駅**（佛山火车站）
Ⓜ **P.70-B1**　住 禅城区文昌西路12号
☎ 共通電話＝12306　オ 3:20～23:20
休 なし　カ 不可
［移動手段］タクシー（仏山駅～祖廟）／15元、所要15分が目安　**路線バス**／100、105、106、116、127、134路「佛山火车站」
2日以内の切符を販売。

■ **仏山西駅**（佛山火车西站）
Ⓜ **P.68-B2**　住 南海区獅山鎮西站西路
☎ 共通電話＝12306　オ 東側6:30～22:00、西側6:30～24:00　休 なし　カ 不可
［移動手段］タクシー（仏山西駅～祖廟）／55元、所要30分が目安　**路線バス**／G12、100、158路「佛山西站」
2日以内の切符を販売。

■ **仏山禅之旅切符売り場**（佛山禅之旅售票处）
Ⓜ **P.70-B2**　住 禅城区汾江中路118号クラウンプラザ仏山18号舗
☎ 83209872　オ 8:30～17:30　休 なし　カ 不可
［移動手段］タクシー（切符売り場～祖廟）／8元、所要5分が目安　**路線バス**／G14、113、127、138、152、158、160路「城门头南站」
28日以内の切符を販売。手数料は1枚5元。

バス

■ **仏山バスターミナル**（佛山汽车站）
Ⓜ **P.70-B1**　住 禅城区汾江中路5号
☎ 82232940　オ 6:00～20:45　休 なし　カ 不可
［移動手段］タクシー（仏山バスターミナル～祖廟）／13元、所要15分が目安　**路線バス**／K5、G12、G14、105、116、128、152路「汽车站」
7日以内の切符を販売。広州（流花：16便）、中山（24便）、珠海（拱北：15便）、肇慶（16便）、江門（28便）、深圳（羅湖：20便）、東莞（16便）、恵州（12便）など省内がメイン。行き先は「祖庙」と表示されることが多い。

■ **順徳バスターミナル**（顺德汽车站）
Ⓜ **P.70-A5**　住 順徳区大良鎮南国中路57号
☎ 22339637　オ 6:00～20:20　休 なし　カ 不可
［移動手段］タクシー（順徳バスターミナル～祖廟）／160元、所要1時間が目安　**バス**／城巴バスターミナルから禅順専線バスで終点。9元、所要1時間45分
4日以内の切符を販売。広州（省バスターミナル：

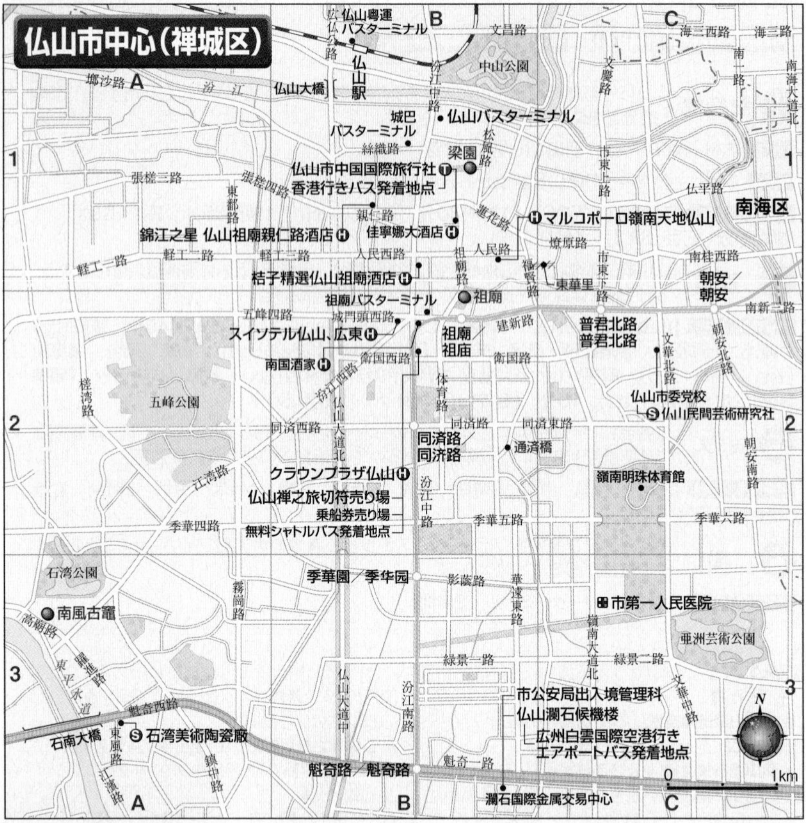

仏山市中心（禅城区）

仏山粤運バスターミナル
仏山大橋
仏山駅
城巴バスターミナル
仏山バスターミナル
梁園
仏山市中国国際旅行社
香港行きバス発着地点
マルコポーロ嶺南天地仏山
錦江之星 仏山祖廟親仁路酒店
佳寧娜大酒店
桔子精選仏山祖廟酒店
東華里
祖廟バスターミナル
祖廟
朝安／朝安
スイソテル仏山、広東
祖廟／祖庙
普君北路／普君北路
南国酒家
五峰公園
仏山市委党校
仏山民間芸術研究社
同済路／同济路
通済橋
クラウンプラザ仏山
嶺南明珠体育館
仏山禅之旅切符売り場
乗船券売り場
無料シャトルバス発着地点
季華園／季华园
石湾公園
南風古竈
市第一人民医院
亜洲芸術公園
市公安局出入境管理科
仏山瀾石候機楼
広州白雲国際空港行きエアポートバス発着地点
石南大橋
石湾美術陶瓷廠
魁奇路／魁奇路
瀾石国際金属交易中心
南海区

汾江、文昌路、中山公園、海三西路、海三路、文慶路、南一路、南海大道北、汾江中路、絲織路、松風路、市東上路、張槎三路、張槎四路、東鄙路、仏平路、親仁路、蓮花路、人民路、燎原路、軽工一路、軽工二路、軽工三路、人民西路、祖廟路、福賢路、南桂西路、市東下路、五峰四路、城門頭西路、建新路、南新三路、衛国西路、衛国路、文華北路、朝安北路、汾江西路、体育路、槎湾路、仏山大道北、同済西路、同済路、同済東路、朝安南路、江湾路、季華四路、季華五路、季華六路、霧崗路、影薩路、華遠東路、高廟路、嶺南大道北、東平水道、躍進路、緑景一路、緑景二路、汾江南路、仏山大道中、文華中路、魁奇西路、東風路、鎮中路、魁奇一路、江湾路

●見どころ　Ⓗホテル　Ⓖグルメ　Ⓢショップ　Ⓣ旅行会社　⊞病院　—・—区境界　高速道路　—○—広仏線

梁園（→P.71）。修復された日盛書屋の内部

逢簡水郷（→P.72）の明遠橋

36便、市バスターミナル：15便、天河：24便)、珠海（拱北：6便)、深圳（僑社：20便）など省内がメイン。行き先は「顺德」「大良」と表示されることが多い。

■ **香港行きバス**

Ⓜ **P.70-B1** 住 禅城区祖廟路14号1座佳寧娜大酒店傍

☎ 82629602 オ 6:15～18:00 休 なし カ 不可

［移動手段］**タクシー**（仏山市中国国際旅行社～祖廟）／8元、所要5分が目安 **路線バス**／G12、101、105、118、137路「旋宮酒店」

仏山市中国国際旅行社が運営するバス。香港市内まで90元、香港国際空港まで230元。

船

■ **順徳港**（顺德港）

Ⓜ **P.68-B2** 住 顺德区大良鎮徳勝東路五沙大橋側

☎ 22822013 オ 7:45～20:00 休 なし カ 不可

U www.sgky.com.cn

［移動手段］**タクシー**（順徳港～祖廟）／200元、所要1時間15分が目安

1ヵ月以内の乗船券を販売。航路は香港中港城(5便）のみ。クラウンプラザ仏山内に乗船券売り場があり、ホテルの前が無料シャトルバスの発着地点になっている（出発は出航1時間30分前が目安)。

広東省 仏山

仏山市中心（禅城区）マップ／順徳区マップ／アクセス／禅城区の見どころ

禅城区の見どころ

★★★ 長い歴史を誇る道教寺院 1時間

祖廟／祖庙

そびょう zǔmiào

仏山で最も歴史のある寺廟で、その起源は北宋の元豊年間（11世紀後期）まで遡ることができる。当初は精錬を司る神を祀っていたが、やがて道教の神である北方玄天大帝を祀ることとなり、北帝廟と呼ばれるようになった。元末の混乱で焼け落ちたが、1372（明の洪武5）年に再建。その後、仏山地区の経済が発展するにつれ、徐々に拡張されていった。1962年には広東省の重要文化財になり、仏山市祖廟博物館によって管理されている。

総面積3500㎡の敷地内には、粤劇の舞台である万福台、霊応牌坊（1451年創建)、錦香池、前殿、正殿、慶真楼などの建物がある。

また、敷地の北側には、仏山出身の武術家黄飛鴻に関する展示館、仏山黄飛鴻紀念館がある。

祖廟入口（西門)

祖廟

Ⓜ **P.70-B2**

住 禅城区祖廟路21号

☎ 82221680

オ 8:30～18:00

※入場は閉門30分前まで

休 なし 料 20元

交 ①地下鉄広仏線「祖庙」 ②G12、101、105、116、118、128、134、137路バス「祖庙」

U www.fszumiao.com

祖廟の中のいたるところで見事な装飾を目にする

紫霄宮内部の様子

★★ 広東四大名園のひとつ

梁園／梁园

りょうえん liángyuán

詩書画の名家として知られる梁家の梁藹如（りょうあいじょ）、梁九章、梁九華らによって、清の嘉慶・道光年間（18世紀末～19世紀中期）に建造された庭園。私邸や園林、十二石斎、寒香館、群星草堂などの建築物で構成され、それぞれの配置が巧妙で、古代から墓室など中国建築に用いられた画像磚（がぞうせん）と呼ばれる焼成れんがの彫刻などがすばらしい。

梁園

Ⓜ **P.70-B1**

住 禅城区松風路先鋒古道93号

☎ 82258995

オ 9:00～17:00

※入場は閉園20分前まで

休 陰暦の大晦日

料 10元

※土曜は無料

交 105、106、118、128、185C路バス「梁园」

U www.fsccmuseum.com

南風古竈
Ⓜ P.70-A3
住 禅城区石湾鎮高廟路5-6号
☎ 入場券売り場＝82786256
オ 8:30～17:30
※入場は閉門30分前まで
休 なし
料 25元
交 109、120、137、171、185C路バス「南风古灶」

南風古竈内にある龍窯

★★ 南国陶都の中心地

南風古竈/南风古灶
なんぷうこそう　nánfēng gǔzào

南風古竈は、明の正徳年間（16世紀初期）に禅城区南部の石湾に造られた龍窯（斜面を利用した窯）。現在でも使われており、その歴史は非常に長い。龍窯の周囲には明清代の古建築群や、仏山の守り神である北帝を祀った高廟偏庁などがあり、同時に見学できるよう整備されている。また、近くには陶磁器を販売する公仔街もあるので、足を延ばすのもよい。

郊外の見どころ

清暉園
Ⓜ P.70-A4
住 順徳区大良鎮清暉路23号
☎ 22226196
オ 8:00～17:30
※入場は閉門30分前まで
休 なし
料 15元
交 城巴バスターミナル（Ⓜ P.70-B1）から禅順専線バスで「清晖园」（9元、所要1時間45分）
U www.qinghuiyuan.com

集雲小筑

★★★ 中国十大庭園のひとつ　1時間

清暉園/清晖园
せいきえん　qīnghuīyuán

清暉園は仏山市南部の順徳区にある庭園。その美しさは、中国十大名園と嶺南四大名園（残りは東莞の可園、広州番禺の余蔭山房、仏山の梁園）に数えられる。

庭園はもともと明末に状元（官僚採用試験科挙（かきょ）のトップ合格者）となった黄士俊の邸宅黄氏花園（こうしかえん）で、その後、清の進士、龍応時が買い取り、代々引き継がれてきた。主要な建築物は清の嘉慶年間（1796～1820年）に造られた。

庭園は、嶺南建築様式と江南庭園様式を組み合わせたもので、「庭園の中に庭があり、景色の外に景観がある」と称されるほど美しい。また、装飾には大量の陶器、彫刻、詩書、石灰彫りなど、当時の嶺南文化の粋が集められた。

1996年、歴史的、芸術的価値が地元政府に評価されたのを受け、2万2000㎡に拡張された。これを機に整備が進み、非常にていねいに修復されており、清代の名士の生活をうかがい知ることができる。

逢簡水郷
Ⓜ P.68-B2
住 順徳区杏壇鎮逢簡水郷
☎ なし　オ 24時間
休 なし　料 無料
交 城巴バスターミナル（Ⓜ P.70-B1）から禅順専線バスで終点（9元、所要1時間45分）。順徳バスターミナルから378路バスで「杏坛镇政府」（3元、所要30分）。383路バスに乗り換え「逢简市场」（2元、所要15分）。徒歩10分

村を巡る水路は遊覧船で観光できる。40分で5人乗り150元、8人乗り250元が目安。乗船前に交渉が必要

★★ 嶺南古鎮の面持ちを今に残す

逢簡水郷/逢简水乡
おうかんすいごう　féngjiǎn shuǐxiāng

順徳区の西部を流れる錦鯉江ほとりに位置する村。四方を囲む川と、伝統的な嶺南村落の姿を残す100軒余りの家屋が造る景観は、「順徳の周荘」とたたえられる。商業化の波を受けることなく、古来より続く「桑基魚塘」（養蚕と養魚を組み合わせた）と呼ばれる循環型の農業を主産業としている。

見どころは明遠橋と巨済橋（宋代創建）、金鰲橋（清代創建）、寺廟、宗祠など。おいしい料理も多く、特に“蒸猪肉”が有名。

ホテル

スイソテル仏山、広東／佛山恒安瑞士大酒店
ぶつざん　カントン　fóshān héngān ruìshì dàjiǔdiàn

汾江路と城門頭路の交わる五差路にあるホテル。ホテル内にはレストランとバー、カフェが5つあり、イタリア料理や広東料理を堪能できる。また、宿泊客はタッチスパやジム、屋外プールなどを利用できる。

M P.70-B2 ★★★★★
住 禅城区城門頭西路1号
☎ 82362888 FAX 82362999
S 648元
T 648元
サ 10%＋6% カ ADJMV
U www.swissotel.com
両替 ビジネスセンター インターネット

マルコポーロ嶺南天地仏山／佛山岭南天地马哥孛罗酒店
れいなんてん ち ぶつざん　fóshān lǐngnán tiāndì mǎgē bóluó jiǔdiàn

祖廟の北約500mに位置する。客室はスーペリアルームでも42㎡の広さ。レストランはビュッフェ形式の「カフェ・マルコ」、軽食とビールやワインを提供する「ザ・デッキ」がある。1階にはショッピングモールもある。

M P.70-B1 ★★★★★
住 禅城区人民路97号
☎ 82501888
FAX 82501800
S 599～699元
T 599～699元
サ 10%＋6% カ ADJMV
U www.marcopolohotels.com
両替 ビジネスセンター インターネット

クラウンプラザ仏山
ぶつざん
佛山皇冠假日酒店 fóshān huángguān jiàrì jiǔdiàn

禅城区のメインストリート汾江中路に立つ5つ星ホテル。ジムやテニスコートなど施設が充実している。
両替 ビジネスセンター インターネット U www.ihg.com

M P.70-B2 ★★★★★
住 禅城区汾江中路118号
☎ 82368888 FAX 83322358
S 510～610元 T 510～610元
サ 10%＋6% カ ADJMV

仏山順徳新世界酒店
ぶつざんじゅんとく しんせかいしゅてん
佛山顺德新世界酒店 fóshān shùndé xīnshìjiè jiǔdiàn

清暉園の北側に位置する。ビジネスマン向けの設備が整っていると評判。また、サウナ、ジム、屋内プールなども完備。
両替 ビジネスセンター インターネット

M P.70-A4 ★★★★
住 順徳区大良鎮清暉路150号
☎ 22218333 FAX 22220583
S 432元 T 408元
サ なし カ ADJMV

桔子精選仏山祖廟酒店
きつしせいせんぶつざん そびょうしゅてん
桔子精选佛山祖庙酒店 júzǐ jīngxuǎn fóshān zǔmiào jiǔdiàn

禅城区中心部に位置するホテルで、ふたつの棟に分かれている。星なし渉外ホテルだが、設備は4つ星クラス。
両替 ビジネスセンター インターネット U www.huazhu.com

M P.70-B1
住 禅城区汾江中路76号
☎ 83637666 FAX 83633566
S 259～359元 T 359元
サ なし カ 不可

錦江之星 仏山祖廟親仁路酒店
きんこうしせい ぶつざんそびょう しんじんろしゅてん
锦江之星 佛山祖庙亲仁路酒店 jǐnjiāngzhīxīng fóshān zǔmiào qīnrénlù jiǔdiàn

「経済型」チェーンホテル。部屋は清潔で必要なものは揃っている。仏山駅や祖廟は徒歩圏内。
両替 ビジネスセンター インターネット U www.jinjianginns.com

M P.70-B1
住 禅城区親仁路30号
☎ 82281919 FAX 82281728
S 169～229元 T 229元
サ なし カ 不可

ショップ

石湾美術陶瓷廠
せきわんびじゅつ とうじしょう
石湾美术陶瓷厂 shíwān měishù táocíchǎng

陶器の町、石湾にある陶芸製造工場。大きな壺から表情豊かな人物像などここで作られた製品を見学でき、直売所で購入も可能。土を練るなどの体験もできる。U www.new-meitao.com

M P.70-A3
住 禅城区石湾鎮東風路17号
☎ 82272992 オ 月～金曜8:00～17:00 土・日曜、祝日9:30～17:00 休 なし カ 不可

旅行会社

仏山市中国国際旅行社
ぶつざんしちゅうごく こくさいりょこうしゃ
佛山市中国国际旅行社 fóshānshì zhōngguó guójì lǚxíngshè

仏山観光に関する情報提供や航空券の手配を行っている。日本語ガイドはいない。

M P.70-B1
住 禅城区祖廟路14号1座
☎ 82622036 FAX 82622031
オ 8:30～12:00、14:00～18:00
休 なし カ 不可

孫文西路文化旅游歩行街の夜景

近代中国の父孫文の故郷

中山（ちゅうざん）

中山 Zhōng Shān（ジョンシャン）　市外局番 0760

都市データ

中山市
人口＝152万人
面積＝1770㎢
市轄区はない

市公安局出入境管理処
（市公安局出入境管理处）
M P.76-C2
住 興中道26号
☎ 政府ホットライン＝12345
オ 8:30～12:00、14:30～17:30
休 土・日曜、祝日
観光ビザを最長30日間延長可能。手数料は160元

市人民医院（市人民医院）
M P.76-C1
住 孫文中路2号
☎ 88823566
オ 24時間
休 なし

●市内交通
【路線バス】 運行時間の目安は6:30～21:30、市区2元、郊外2～8元
【タクシー】 初乗り2km未満8元、2km以上1kmごとに2.72元（高級車は2.5元）加算

概要と歩き方

中山市は広州の南西約85kmに位置する町。町に多くの花が咲き誇ったことから、「香山」と呼ばれるようになった。

孫文紀念公園に立つ孫文像

古くから漁業と農業が盛んだったが、1152（南宋の紹興22）年に香山県が設置されてからは、珠江デルタの中核となった。1925年に中山県と改称され、1988年には仏山市から分離して中山市となった。

以前は香港向けに出荷する商品作物栽培を生業とする町だったが、珠江に臨む地理的条件と改革開放政策によって、ハイテク産業やバイオテクノロジー産業などの拠点が設けられた一大工業エリアへと変貌した。

この町出身の有名人は、中国革命の父と呼ばれる孫文（そんぶん）。彼は1866年11月12日、香山県翠亨村（すいきょうそん）（現在の中山市翠亨村）で生まれた。中国では、彼の号（ペンネームのようなもの）である中山（ちゅうざん）で呼ぶことが多く、1925年の改称は、彼の偉業をたたえるために行われたものだった。

町の中心は中山公園周辺から東西に延びる孫文中路～西路一帯で、特に孫文西路は大規模修復工事で、歴史的風情が感じられる歩行街としてよみがえり、町を代表する景観となった。見どころは郷土出身の偉人孫文に関連するものが中心。また、市の南東部には、中国最初のゴルフコース（M **P.80-B1**）をもつ中山温泉賓館などもある。いずれも交通の便はよく、中心部から公共交通機関で簡単に行くことができる。

岐江に架かる跳ね橋

町の気象データ（→P.237）：「预报」>「广东」>「中山」

ACCESS

中国国内の移動 ➡ P.341　鉄道時刻表検索 ➡ P.30

鉄道 広珠城際軌道交通の中山駅、中山北駅、古鎮駅、小欖駅などがあるが、市中心から最もアクセスのよいのは中山北駅。なお、始発列車はない。

所要時間（目安）【中山北（zsb）】広州南（gzn）／城際：35分　【小欖（xl）】広州南（gzn）／城際：20分　新会（xh）／城際：15分　珠海（zh）／城際：40分

バス ターミナルは市内に多数あるが、旅行者にとっては中山総合バスターミナルが便利。

所要時間（目安）広州省バスターミナル／2時間　仏山／2時間　珠海拱北／1時間　肇慶／3時間　深圳羅湖／3時間　江門／1時間

船 スカイピア（香港国際空港）、香港中港城フェリーターミナルなどとの間に定期航路がある。

所要時間（目安）スカイピア／1時間10分　香港中港城フェリーターミナル／1時間30分

DATA

鉄道

■ **中山北駅**（中山北站）
Ⓜ **地図外（P.76-B1上）**　㊟ 民盈西路1号
☎ 共通電話＝12306　㋔ 6:30～23:30
㊡ なし　㋕ 不可
［移動手段］**タクシー**（中山北駅～中天百貨）／20元、17分が目安　**路線バス**／K03、004、015、016、019、021、032、038、205路「城轨中山北站」
2日以内の切符を販売。

バス

■ **中山総合バスターミナル**（中山汽车总站）
Ⓜ **P.76-A1**　㊟ 富華道48号　☎ 88628771、88637423
㋔ 6:30～21:00　㊡ なし　㋕ 不可
［移動手段］**タクシー**（バスターミナル～中天百貨）／12元、所要10分が目安　**路線バス**／K11、002、006、010、012、018、019路「中山汽车总站」
3日以内の切符を販売。広州（省バスターミナル：15便）、仏山（24便）、珠海（拱北：12便）、肇慶（9便）、江門（20便）、深圳（羅湖：22便）など省内がメイン。

船

■ **中山港客運埠頭**（中山港客运码头）
Ⓜ **P.33-D3**　㊟ 沿江東一路1号中山港
☎ 中港客運聯営有限公司＝85596350
㋔ 7:00～19:50　㊡ なし　㋕ 不可
［移動手段］**タクシー**（中山港～中天百貨）／60元、所要45分が目安　**路線バス**／001、025路「中山港客运码头」
1ヵ月以内の乗船券を販売。スカイピア（4便）、中港城フェリーターミナル（7便）など。

見どころ

★★　革命の父孫文の生誕地

孫中山故居紀念館／孙中山故居纪念馆
そんちゅうざんこきょきねんかん　sūnzhōngshān gùjū jìniànguǎn

孫文は1866年、中山市の中心から南東に20kmほど行った翠亨村の客家（ハッカ）の次男として誕生した。アメリカ、香港、マカオ、日本、イギリスなどを渡り歩きながら西洋思想を学び、中国での革命を志した。1911年に辛亥革命が起こり清朝が滅ぶと、南京に中華民国が成立した。孫文は臨時大総統となったが、職を譲った袁世凱の独裁に反対して革命を継続。1919年中国国民党を創設したが、1925年志半ばで北京で死去した。

孫中山故居紀念館は、孫文が生まれ育った住居を中心に整備を進めたもので、孫文の業績と19世紀のこの村の暮らしぶりを紹介する施設となっている。

孫中山故居紀念館
Ⓜ P.33-D3
㊟ 南朗鎮翠亨村翠亨大道
☎ 85501691
㋔ 9:00～17:00
※入場は閉館30分前まで
㊡ なし
㊕ 無料
※入口で入場券を受け取る
㊇ 中山総合バスターミナル南側にある路線バスターミナルから12路バスで「孙中山故居」（6元、所要1時間）
Ⓤ www.sunyat-sen.org

入口右側奥にある孫中山旧居

孫文に関する充実した展示物が自慢の孫中山紀念館

中心となるのは旧居と記念館。旧居は、孫文が自ら設計して建てたもの。れんがと木材を用いた2階建ての建物で、外観が西洋風、内部が中国の伝統的な造りという折衷様式となっている。また、正門にかけられた対聯（対になったかけ物）は、孫文自らの作だと伝えられている。一方、孫中山紀念館は近代的な建築物で、内部には彼の業績や一族に関する資料が展示されている。

参観後、町に戻らず12路バス東側終点の「珠海下柵検査站」まで行けば、珠海に行ける（珠海市の10、66路バスに乗り換え）。

孫文西路文化旅游歩行街

Ⓜ **P.76-B1**

住 孫文西路
☎ 中山市博物館＝88840408
孫中山紀念堂＝88822037
オ 孫文西路＝24時間
香山商業文化博物館、中山市博物館、中山・中国収音機博物館＝9:00～17:00
孫中山紀念堂＝8:30～17:00
※いずれも入場は16:30まで
休 月曜
※孫中山紀念堂はなし
料 無料
交 001、002路バス「中山紀念堂」
U www.zsmuseum.cn（中山市博物館）

整備された町並み

★★　中華民国期の町並みを再現した通り

孫文西路文化旅游歩行街／孙文西路文化旅游步行街

そんぶんせいろぶんかりょゆうほこうがい

sūnwén xīlù wénhuà lǚyóu bùxíngjiē

清末から中華民国期にかけて、中山は広州とマカオ、香港を結ぶ商業路の要衝として栄えた。そのメインストリートが現在の孫文西路で、歩行者専用道として整備され、当時の雰囲気をもつ町並みが再現されている。夜はライトアップされ、旅情を誘う雰囲気を醸し出す。

また、孫文西路やその東の孫文中路には、当地出身の財界人を紹介した香山商業文化博物館や中山市博物館、ラジオを専門に展示する中山・中国収音機博物館、孫文を紹介する孫中山紀念堂など、無料で入場できる施設もある。

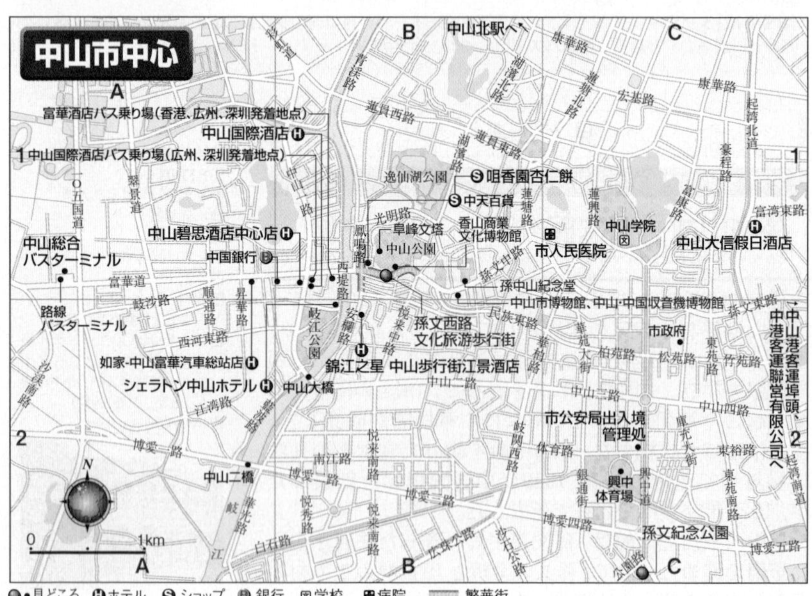

★ 中山市内を一望できる自然公園

孫文紀念公園/孙文纪念公园

そんぶんきねんこうえん　sūnwén jìniàn gōngyuán

中心部の南、香山の北麓に位置する緑豊かな公園。公園内は革命紀念区と遊覧総合区に分かれている。柏山、松園、梅園、竹園からなる革命紀念区には、郷土出身の偉人である孫文の大型彫像が立っており、この公園のシンボルとなっている（北側から公園に向かう際には遠くから目に入る）。

また、公園内の最高地点である香山山頂からは、中山市の中心部を一望できる。

孫文紀念公園北口

南側は緑の多い公園

孫文紀念公園
M P.76-C2
住 興中道
オ 24時間
休 なし
料 無料
交 B15、031、042、216路バス「孫文公園」

ホテル

中山国際酒店

ちゅうざんこくさいしゅてん
中山国际酒店 zhōngshān guójì jiǔdiàn

中山市の繁華街、孫文西路近くに立つ高級ホテル。施設が充実しており、日本食レストランもある。

両替　ビジネスセンター　インターネット

★★★★★
M P.76-B1
住 中山一路142号
☎ 88633388　FAX 88633368
S 478元　T 478元
サ なし　カ ADJMV

シェラトン中山ホテル

ちゅうざん
中山喜来登酒店 zhōngshān xǐláidēng jiǔdiàn

岐江のほとりに立つ高級ホテル。客室は広々としており、全室にバスタブあり。プールなど施設が充実している。

両替　ビジネスセンター　インターネット　U sheraton.marriott.com

★★★★★
M P.76-B2
住 西堤路28号
☎ 88228888　FAX 88888666
S 660〜760元　T 660〜760元
サ 10%+6%　カ ADJMV

中山大信假日酒店

ちゅうざんだいしんかじつしゅてん
中山大信假日酒店 zhōngshān dàxìn jiàrì jiǔdiàn

町の中心から少し離れた所に位置する。星なし渉外ホテルだが、設備は4つ星クラス。

両替　ビジネスセンター　インターネット　U www.ihg.com

M P.76-C1
住 起湾北道16号
☎ 88386888　FAX 88386666
S 395〜575元　T 395〜575元
サ なし　カ ADJMV

中山碧思酒店中心店

ちゅうざんへきししゅてんちゅうしんてん
中山碧思酒店中心店 zhōngshān bìsī jiǔdiàn zhōngxīndiàn

外資系「経済型」チェーンホテル。中山国際酒店のななめ前にある。客室は簡素だが清潔。宿泊料はリーズナブル。

両替　ビジネスセンター　インターネット

M P.76-B1
住 中山一路107号
☎ 89881118　FAX 89881116
S 199元　T 169元
サ なし　カ ADJMV

錦江之星 中山歩行街江景酒店

きんこうしせいちゅうざんほこうがいこうけいしゅてん
锦江之星 中山步行街江景酒店 jǐnjiāngzhīxīng zhōngshān bùxíngjiē jiāngjǐng jiǔdiàn

「経済型」チェーンホテル。設備は簡素だが清潔。ホテル前にバス停があり、アクセスはよい。

両替　ビジネスセンター　インターネット　U www.jinjianginns.com

M P.76-B2
住 安欄路7号
☎ 28161777　FAX 28160260
S 189〜249元　T 219〜289元
サ なし　カ 不可

ショップ

咀香園杏仁餅

そこうえんあんにんへい
咀香园杏仁饼 jǔxiāngyuán xìngrénbǐng

中山の名産菓子「杏仁餅」の老舗。杏仁餅は緑豆を使った硬めのビスケットで、マカオの店が有名だが、こちらのほうが歴史は古い。市内には支店も多い。

M P.76-B1
住 鳳鳴路2号中天百貨1階A8号
☎ 88832318　オ 9:00〜22:00
休 なし　カ 不可
U www.juxiangyuan.com

円明新園の西洋楼

マカオと境界を接する町

珠海（じゅかい）

珠海（ジューハイ） Zhū Hǎi　市外局番 **0756**

都市データ

珠海市
人口＝106万人
面積＝1696㎢
3区を管轄

市公安局外国人出入境管理処
（市公安局外国人出入境管理处）
Ⓜ **P.81-B1**
住 香洲区香華路493号
☎ 8640510、8640526
オ 8:30～12:00、14:30～17:30
休 土・日曜、祝日
観光ビザを最長30日間延長可能。手数料は160元

市人民医院（市人民医院）
Ⓜ **P.81-C1**
住 香洲区康寧路79号
☎ 2222569
オ 24時間　休 なし

●市内交通
【路線バス】 運行時間の目安は6:30～22:30、普通2～3元、空調付き2～3元
【タクシー】 普通車＝初乗り2.5km未満10元、2.5km以上1kmごとに2.6元加算。高級車＝初乗り2.5km未満12元、2.5km以上1kmごとに3元加算

緑のタクシーはおもに市内を走り、黄色は空港タクシー

概要と歩き方

珠江の河口西側に位置する珠海は、広東省の省都広州から約150km、南をマカオと接する町。珠江を挟んだ東岸には深圳や香港があり、天気がよければ香港のランタオ島も望める。町の名は、ここで珠江と南海（南シナ海）がぶつかることに由来している。また、南海に浮かぶ多くの島々が珠海市に属することから、百島之市とも呼ばれている。気候は亜熱帯に属し、年間を通じ温暖なことから、ゴルフ場やホテルなどの開発も進められている。

珠海は1152（南宋の紹興22）年に香山県（現在の中山市）管轄下に入った、漁業を生業とする田舎町だった。それが、1980年に深圳やスワトウ、アモイなどとともに中国初の経済特区に指定されてからは、急速に発展を遂げた。その結果、ヤシなどが植えられた美しい海岸道路を備え、計画的に区画された町並みをもつ近代都市に生まれ変わった。

珠海は大きく東西に分けられる。東側は珠江の河口に沿って広がる昔からの市街地で、西側は珠海金湾国際空港や珠海港、外資系工場が建ち並ぶ開発区エリアとなっている。繁華街は、マカオとのボーダーにある拱北出入境ゲート周辺とそこから北に延びる蓮花路、九洲城のある吉大地区、古くからの商業エリアである香洲地区の3ヵ所。それぞれは路線バスで結ばれている。

広珠城際軌道交通の開業により他都市からのアクセスがよくなり、さらに香港・マカオと結ぶ港珠澳大橋の完成により、珠江口対岸とのアクセスは格段によくなった。

拱北入出境ゲート。この向こうはもうマカオだ

町の気象データ（→P.237）：「预报」>「广东」>「珠海」>区から選択

ACCESS

中国国内の移動 ➡ P.341　鉄道時刻表検索 ➡ P.30

飛行機

市中心の西50kmにある珠海金湾国際空港（ZUH）を利用する。珠海駅から横琴を経由して空港とを結ぶ広珠城際軌道交通の延伸工事中。

国際線 日中間運航便はないので、上海で乗り継ぐとよい。なお、珠海周辺には日中間運航便のある広州、深圳、香港、マカオがあるので、それらを利用するのもよい。

国内線 主要空港との間に運航便があるが、便数の多い上海とのアクセスが便利。また、長沙、海口などの便もある。

所要時間（目安） 北京首都（PEK）／3時間15分　上海浦東（PVG）／2時間15分　海口（HAK）／1時間15分　長沙（CSX）／1時間20分　アモイ（XMN）／1時間20分　南昌（KHN）／1時間40分

鉄道

広州南駅と珠海駅とを結ぶ広珠城際軌道交通を利用する。珠海駅は拱北出入境ゲートのすぐ近く。珠海駅から珠海金湾国際空港までの延伸工事中で、2019年中に横琴までが開業予定。

所要時間（目安）【珠海（zh）】広州南（gzn）／動車：53分　中山（zs）／城際：23分

バス

繁華街である拱北と香洲にメインのターミナルがあるが、路線はほぼ同じなので、宿泊や移動を考えてターミナルを選ぶとよい。

所要時間（目安） 広州／2～3時間　仏山／3時間　深圳／3時間

船

深圳と香港の複数港の間に定期便がある。香港に向かう場合はパスポートを忘れずに。

所要時間（目安） 深圳（蛇口港）／1時間　スカイピア（香港国際空港）／1時間　中港城フェリーターミナル／1時間10分　香港マカオフェリーターミナル／1時間10分

DATA

飛行機

■ **珠海金湾国際空港**（珠海金湾国际机场）
M P.80-B2　住 金湾区三竈鎮金海中路
☎ 航空券売り場＝7773333
問い合わせ＝7771111
オ 始発便～最終便　休 なし　カ 不可
U www.zhairport.com
[移動手段] **エアポートバス**（空港～珠海空港航空券販売センター）／25元、所要1時間。空港→市内＝7:30～18:00の間15～30分に1便、以降最終便まで到着の状況を見て出発　市内→空港＝5:00発、6:00～22:00の間15～30分に1便　**タクシー**（空港～珠海空港航空券販売センター）／150元、所要1時間が目安

■ **珠海空港航空券販売センター**（珠海机场票务中心）
M P.81-B3　住 香洲区迎賓南路1018号中珠大廈内
☎ 8289986　オ 8:30～21:30　休 なし　カ 不可
[移動手段] **タクシー**（航空券販売センター～拱北出入境ゲート）／10元、所要8分が目安　**路線バス**／4、36、62、82、101路「新市花园」
3カ月以内の航空券を販売。エアポートバスの発着地点。

鉄道

■ **珠海駅**（珠海站）
M P.81-B3　住 香洲区昌盛路5号
☎ 共通電話＝12306
オ 6:00～23:10　休 なし　カ 不可
[移動手段] **タクシー**（珠海駅～九洲港フェリーターミナル）／20元、所要15分が目安　**路線バス**／K10、1、2、10、11、32、101路「城轨珠海站（拱北）」
2日以内の切符を販売。

マカオとのボーダーに接して立つ珠海駅。マカオに向かう場合は、駅舎を出て東側にある拱北出入境ゲートへ行く

バス

■ **岐関車路バスターミナル**（岐关车路有限公司）
M P.81-B3
住 香洲区迎賓路珠海口岸購物広場地下2階
☎ 8281003、8281009　オ 7:00～21:00
休 なし　カ 不可
[移動手段] **タクシー**（岐関車路バスターミナル～九洲港フェリーターミナル）／20元、所要15分が目安
路線バス／K1、K3、K5、8、9、99路「拱北口岸总站」
7日以内の切符を販売。広州（中国大酒店：11便）、中山（富業広場：12便）、深圳（羅湖：7便）など。

■ **拱北バスターミナル**（拱北汽车客运站）
M P.81-B3　住 香洲区蓮花路1号
☎ 8885218　オ 6:00～21:00　休 なし　カ 不可
[移動手段] **タクシー**（拱北バスターミナル～九洲港フェリーターミナル）／20元、所要15分が目安

路線バス／K1、K3、K5、8、9、99路「拱北口岸总站」

7日以内の切符を販売。広州（省バスターミナル：20便）、仏山（祖廟：15便）、中山（8便）、江門（24便）、肇慶（7便）など広東省内がメイン。

■ **香洲長距離バスターミナル**（香洲长途汽车客运站）

M **P.81-B1** 住 香洲区紫荊路142号

☎ 2116222 オ 5:30～22:00 休 なし カ 不可

[移動手段] タクシー（香洲長距離バスターミナル～拱北出入境ゲート）／30元、所要25分が目安 **路線バス**／K1、1、2、4、5、8、10、11、13、26、32、99路「香洲总站」

7日以内の切符を販売。広州（市バスターミナル：26便、省バスターミナル：20便）、江門（8便）など。

船

■ **九洲港フェリーターミナル**（九洲港客运站）

M **P.81-C2**

住 香洲区情侶南路599号九洲港客運大楼

☎ 3333359 オ 7:00～21:30

休 なし カ 不可 U www.zhjzg.com

[移動手段] タクシー（九洲港フェリーターミナル～拱北出入境ゲート）／20元、所要15分が目安

路線バス／3、3A、12、23、26、99路「九洲港」

28日以内の乗船券を販売。航路は深圳（蛇口：26便）、スカイピア（4便）、香港の中港城フェリーターミナル（6便）、香港マカオフェリーターミナル（8便）。

九洲港フェリーターミナル

■ **湾仔フェリーターミナル**（湾仔码头）

M **P.80-C2** 住 香洲区南湾南路湾仔碼頭

☎ 8822088 オ 9:00～20:30 休 なし カ 不可

[移動手段] タクシー（湾仔フェリーターミナル～拱北出入境ゲート）／25元、所要20分が目安

路線バス／5、14、60、61、62、86路「湾仔旅游码头」

マカオへの定期航路は運休中。マカオ遊覧船（☎ 8826288）が出ており、日中が9:30～17:30の間1時間に1便。110元、所要1時間。夜が19:00、19:45、20:30、21:30（7～8月のみ）発。130元、所要1時間。

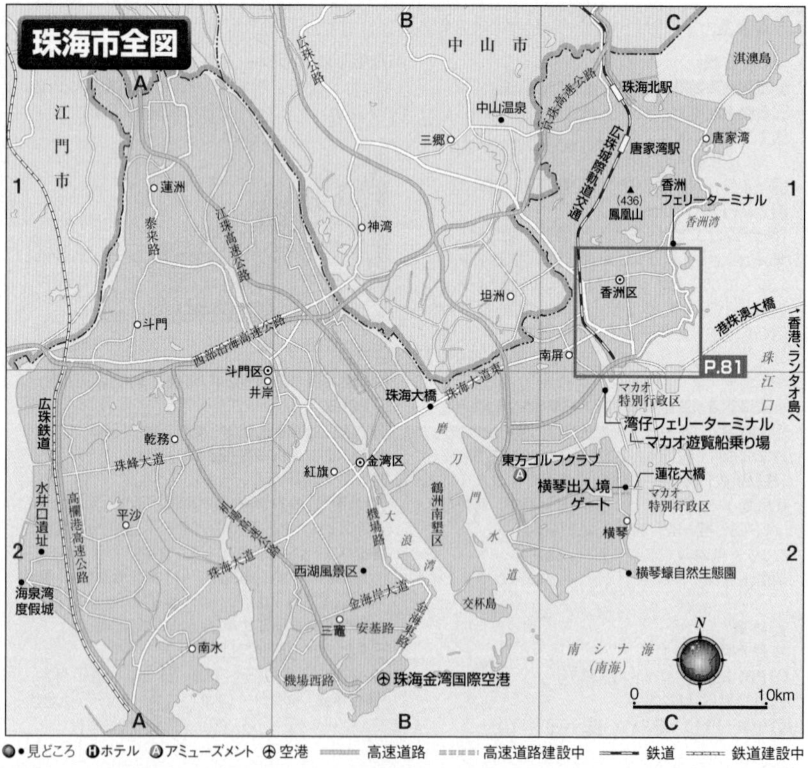

珠海市全図

中山市 江門市 珠海北駅 中山温泉 三郷 唐家湾駅 唐家湾 淇澳島 蓮洲 泰来路 江珠高速公路 広珠公路 京珠高速公路 広珠城際軌道交通 (436) 鳳凰山 香洲フェリーターミナル 香洲湾 神湾 坦洲 香洲区 港珠澳大橋 ↑香港、ランタオ島へ 斗門 西部沿海高速公路 南屏 P.81 珠江口 斗門区 井岸 珠海大橋 珠海大道東 マカオ特別行政区 湾仔フェリーターミナル マカオ遊覧船乗り場 広珠鉄道 乾務 珠峰大道 紅旗 金湾区 磨刀門水道 東方ゴルフクラブ 蓮花大橋 横琴出入境ゲート マカオ特別行政区 横琴 水井口遺址 高欄港高速公路 平沙 機場路 大浪湾 鶴洲南墾区 珠海大道 西湖風景区 横琴蠔自然生態園 海泉湾度假城 金海岸大道 交杯島 三竈 安基路 南水 南シナ海（南海） 機場西路 珠海金湾国際空港 0 10km

●• 見どころ Ⓗ ホテル Ⓐ アミューズメント ✈ 空港 高速道路 高速道路建設中 鉄道 鉄道建設中

見どころ

★★ かつての絢爛豪華な円明園を再現した

円明新園／圆明新园
えんめいしんえん　yuánmíng xīnyuán

円明園とは、清朝最盛期の皇帝、康熙帝により北京北西郊外に造営されたヨーロッパ風の豪華絢爛な離宮。1860年のアロー号戦争とも呼ばれる第2次アヘン戦争の終結のときに英仏連合軍に襲われ、大理石で造られた建物などは完全に破壊されてしまった。

円明新園は、円明園のかつての威容を実際の大きさで再現したテーマパークで、敷地内には正大光明、西洋楼、曲院風荷など多数の建築物が建てられている。湖に浮かぶ島、蓬島瑤台へはボートが出ている。また、湖畔にある金鐘山にロープウエイで上り、山頂から園内と背後のビル群を一望のもとにすることもできる。

このほか、園内にある中心劇場では、「夢回円明園」という約1時間のショーが上演されている。

円明新園
M P.81-A2
住 香洲区九洲大道蘭埔
☎ 8610388
オ 8:30～21:00
※入場は閉門1時間前まで
休 なし
料 入場＝無料
交 1、13、25、30、40、60、62、991、992路バス「圆明新园」
U www.zhymxy.com.cn

インフォメーション

夢回円明園
オ 17:00～18:00
休 水曜
料 85元

陳芳に下賜された牌坊は重厚な門

★ 清末富豪の邸宅跡に残る牌坊

梅溪牌坊/梅溪牌坊

ばいけいはいぼう　méixī páifāng

梅渓牌坊は、市区北西部梅渓村にある陳芳邸宅跡に残る3基(もとは4基)の牌坊を中心とした見どころ。牌坊とは、牌楼とも呼ばれ、建築物の前面や街路の大門として、また功績と顕彰し記念するために建てられた。

陳芳はハワイで巨万の富を築き、光緒帝によってハワイ領事に任命された人物で、牌坊は清末に珠江で発生した水害に多額の義援金を送ったことに対して光緒帝が彼とその家族に下賜したもの。入口から直進した所に並ぶ2基が有名。大きなほうは1886年陳芳に、小さなほうは1891年彼の子孫にそれぞれ下賜された。

梅渓牌坊
Ⓜ **P.81-A1**
住 香洲区前山鎮上冲梅渓村
☎ 8659577
オ 8:30～20:00
※入場券の販売は18:00まで
休 なし
料 65元
交 26、36、70路バス「梅渓牌坊」
U www.zhmx.com

★ 珠海のシンボル、珠海漁女の像がある公園

海濱公園/海滨公园

かいひんこうえん　hǎibīn gōngyuán

煙墩山の麓、香爐湾の海岸沿いにある公園。市街地の一画にありながら、都会の喧騒から離れられる休息地として市民の憩いの場となっている。

記念撮影をする人々でにぎわう

海から突き出るように巨石が並ぶ公園前の海岸には、珠海のシンボル的な存在の珠海漁女像があり、観光客の写真スポットとしてにぎわっている。

海濱公園
Ⓜ **P.81-C2**
住 香洲区海濱南路108号
オ 24時間
休 なし
料 無料
交 K3、2、3、3A、4、13、20、26、43、69路バス「海浜公园」。9、99路バス「珠海漁女」

★ 市街地の中心にある公園

石景山公園/石景山公园

せっけいざんこうえん　shíjǐngshān gōngyuán

海濱公園の西側に位置する石景山を中心とする公園。石景山は周辺にゾウやトラなどに似た二十数個の石があることからこう呼ばれている。

リフト山頂駅からスーパースライダーで下りることもできる

大門の近くから出ているリフトまたは徒歩で山を上ると、珠海漁女とその周辺のビーチや、遠くはマカオ、香港までも望むことができる。リフトの山頂駅から先へは遊歩道が整備されているので道なりに進んでみよう。やがてたどり着く山頂広場から巨大岩の多い山道を下ると、そこは子供向けの娯楽施設が多いエリア。翠湖の近くの龍門から出ることができる。

石景山公園
Ⓜ **P.81-C2**
住 香洲区海濱北路2号
☎ 2255476
オ 24時間
休 なし
料 入場＝無料
スーパースライダー＝35元
交 K3、2、3、3A、4、13、20、26、43、69路バス「海濱公园」

インフォメーション

石景山公園のリフト
☎ 2113058
オ 8:00～18:00
休 なし
料 片道＝35元、往復＝60元

ホテル

珠海度假村酒店
じゅかいどかそんしゅてん

珠海度假村酒店 zhūhǎi dùjiàcūn jiǔdiàn

★★★★★

広い敷地のリゾートホテルで、ヴィラタイプの部屋もある。珠海最大の屋外プールや、8つのレストランがあるなど施設が充実。

両替 ビジネスセンター インターネット U www.zhuhai-holitel.com

M P.81-C2
住 香洲区石花東路9号
☎ 3333838 FAX 3333311
S 588～628元 T 588～628元
サ なし カ ADJMV

ハーバー・ビュー・ホテルズ＆リゾート

怡景湾大酒店 yíjǐngwān dàjiǔdiàn

★★★★★

シーサイドの眺めが自慢のリゾートホテルで、ビーチは目の前。ホテル内には中国料理と西洋料理のふたつのレストランがある。

両替 ビジネスセンター インターネット U www.harbourviewhotel.com

M P.81-C2
住 香洲区情侶中路47号
☎ 3322888 FAX 3322385
S 560～660元 T 560～660元
サ なし カ ADJMV

グランド・ベイ・ビュー・ホテル

珠海海湾大酒店 zhūhǎi hǎiwān dàjiǔdiàn

★★★★★

海の近くに立つゴージャスなホテル。ふたつのレストランのほかにビアホールもある。プールとフィットネスセンターを完備。

両替 ビジネスセンター インターネット U www.gbvh.com

M P.81-B3
住 香洲区水湾路245号
☎ 8877998 FAX 8878998
S 898元 T 998元
サ なし カ ADJMV

銀都嘉柏大酒店
ぎんとかはくだいしゅてん

银都嘉柏大酒店 yíndū jiābǎi dàjiǔdiàn

★★★★★

拱北出入境ゲートから延びる繁華街に立つ。ここの上海料理レストランには定評がある。週末の料金は高くなる。

両替 ビジネスセンター インターネット

M P.81-B3
住 香洲区粤海東路1150号
☎ 8883388 FAX 8883311
S 500～750元 T 500～750元
サ なし カ ADJMV

珠海粤海酒店
じゅかいえつかいしゅてん

珠海粤海酒店 zhūhǎi yuèhǎi jiǔdiàn

★★★★

蓮花路の北端に立つホテル。29階に西洋料理の回転レストランがあるほか、日本料理レストランと湖南料理で有名な火宮殿がある。

両替 ビジネスセンター インターネット U www.gdhhotels.com

M P.81-B3
住 香洲区粤海東路1145号
☎ 8888128 FAX 8885063
S 428～498元 T 428～498元
サ なし カ ADJMV

7天珠海吉大免税商場店
しちてんじゅかいきちだいめんぜいしょうじょうてん

7天珠海吉大免税商场店 qītiān zhūhǎi jídà miǎnshuì shāngchǎngdiàn

「経済型」チェーンホテル。石景山公園近くにある。客室はコンパクトにまとまっており清潔。部屋はほとんどがダブルベッド。

両替 ビジネスセンター インターネット U www.plateno.com

M P.81-C2
住 香洲区吉大路149号吉大電脳城西側
☎ 3329977 FAX 3219933
S 277～299元 T 166～232元
サ なし カ 不可

如家 - 珠海拱北歩行街店
じょか じゅかいきょうほくほこうがいてん

如家 - 珠海拱北步行街店 rújiā zhūhǎi gǒngběi bùxíngjiēdiàn

「経済型」チェーンホテル。珠海空港航空券販売センターにほど近い。周辺には手頃な宿がいくつか集まっている。

両替 ビジネスセンター インターネット U www.homeinns.com

M P.81-B3
住 香洲区蓮花路293号6棟
☎ 8876111 FAX 8875222
S 169～239元 T 269元
サ なし カ 不可

グルメ

金悦軒海鮮火鍋酒家／金悦軒海鮮火鍋酒家
きんえつけんかいせんかかしゅか jīnyuèxuān hǎixiān huǒguō jiǔjiā

海沿いの情侶南路に面した広東料理レストラン。朝と昼はヤムチャも楽しめる。高級感があり、個室も完備しているので接待にも使える。地元の人に人気があり、いつも混雑しているので予約したほうがよい。予算は朝昼がひとり100元、夜が200～300元。

M P.81-B3
住 香洲区情侶南路265号日華花園商業広場B区1～3階
☎ 8133133
FAX 8181136
オ 8:00～14:30、17:00～21:30
休 なし
サ 10%
カ MV

旅行会社

拱北口岸中国旅行社
こうほくこうがんちゅうごくりょこうしゃ

拱北口岸中国旅行社 gǒngběi kǒuàn zhōngguó lǚxíngshè

日本語ガイドは1日800元、市内での車チャーターが1日800元。ガイドは外注するので、15日前までに予約が必要。

U www.ctszh.com

M P.81-B3
住 香洲区桂花北路81号
☎ 8899228 FAX 8122345
オ 9:00～18:00
休 土・日曜、祝日 カ 不可

地元の画家が描いた赤坎古鎮の街道

四邑の別称で知られる華僑のふるさと

江門（こうもん）

江门（ジアンメン）Jiāng Mén　市外局番 **0750**

都市データ

江門市
人口=391万人
面積=9554㎢
3区4県級市を管轄

市公安局出入境管理処
(市公安局出入境管理处)
Ⓜ **地図外(P.86-A5左)**
住 蓬江区環市二路22号
☎ 114
※つながった後、出入境管理処に回してもらう
オ 8:30～12:00、14:30～17:30
休 土・日曜、祝日
観光ビザを最長30日間延長可能。手数料は160元

市中心医院(市中心医院)
Ⓜ **P.86-C4**
住 蓬江区海傍街23号
☎ 3373123
オ 24時間　休 なし

●市内交通
【路線バス】 運行時間の目安は6:30～22:30、2～8元
【タクシー】 初乗り2km未満7元、2km以上1kmごとに2.7元加算

開平総合バスターミナル

概要と歩き方

江門は広東省中南部、珠江デルタの西部に位置する地級市で、四邑(しゆう)とも呼ばれる。邑とはその地方の中心であった「県城」のことで、四邑とは新会、開平、台山、恩平の4県城を指す。これに鶴山を加え、五邑と呼ぶ人もいる。この地域出身の著名人には、清末民国初期の思想家・政治家である梁啓超(りょうけいちょう)(新会茶抗村)などがいる。現在の江門市の中心は東端の蓬江区。

珠江が分流して海に注ぐ江門には、西江をはじめ16もの河川が流れている。また、沖合にはフランシスコ・ザビエル帰天の地、上川島がある。

元末明初に集落が形成され、17世紀に入ると珠江河口有数の商業地となり、住民はやがて海外に進出するようになった。ある資料によると、現在ではその子孫が世界107ヵ国に華人や華僑として400万人以上暮らしているという。また、現在の住民の半数は、海外からの帰国者またはその子孫が占めている。

江門が脚光を浴びるようになったのは、2007年に「開平楼閣と村落」がユネスコの世界遺産に登録されてから。この見事な建造物は中国に戻った華僑やその子孫が造り上げたものである。

自力村には数多くの楼閣が立つ

町の気象データ(→P.237):「预报」>「广东」>「江门」>区・市から選択

ACCESS

中国国内の移動 ➡ P.341　鉄道時刻表検索 ➡ P.30

鉄道 広珠城際線の江門東駅と新会駅のふたつの駅があるが、江門市中心部の蓬江区に近いのは江門東駅。なお、珠海とのアクセスには小欖での乗り換えが必要。

所要時間（目安）**【江門東（jmd）】**広州南（gzn）／城際：50分　新会（xh）／城際：6分　**【新会（xh）】**広州南（gzn）／城際：1時間

バス 市内には多くのバスターミナルがあるが、旅行者がよく使うのは江門総合バスターミナルと開平総合バスターミナル。以下は江門総合バスターミナルからの所要時間。開平総合バスターミナルからも同様の都市へのバスが出ている。

所要時間（目安）広州／2時間　深圳／2時間30分　肇慶／2時間　開平／1時間30分

船 市内3つの港と香港の間に定期航路がある。

所要時間（目安）香港中港城フェリーターミナル／1時間15分

※出入境手続きが必要なのでパスポートを忘れずに

DATA

鉄道

■ **江門東駅**（江门东站）
Ⓜ **P.86-C1**　住 江海区五邑路　☎ 共通電話＝12306
オ 6:40～23:10　休 なし　カ 不可
[移動手段] タクシー（江門東駅～堤中路）／15元、所要10分が目安　**路線バス**／8、12、54路「城轨江门站」
2日以内の切符を販売。江門駅新設のため江門東駅に改称。

バス

■ **江門総合バスターミナル**（江门汽车总站）
Ⓜ **P.86-C1**　住 蓬江区建設三路139号
☎ 3881888　オ 6:00～21:30　休 なし　カ 不可
[移動手段] タクシー（江門総合バスターミナル～堤中路）／25元、所要25分が目安　**路線バス**／12、22、24、27、32、39路「江门汽车总站」
5日以内の切符を販売。広州（省バスターミナル：49便、天河：20便）、仏山（28便）、深圳（羅湖：22便）、珠海拱北（25便）など広東省内便がメイン。

■ **開平総合バスターミナル**（开平汽车总站）
Ⓜ **P.87-B1**　住 開平市西郊路28号
☎ 2322591　オ 6:00～19:40　休 なし　カ 不可
7日以内の切符を販売。広州（省バスターミナル：28便）、江門（18便）、珠海（拱北：18便）、香港（市内：6便）などへのバスがある。

■ **勝利バスターミナル**（胜利路客运站）
Ⓜ **P.86-A5**　住 蓬江区勝利路38号　☎ 3334912、3318303　オ 6:30～20:30　休 なし　カ 不可
[移動手段] タクシー（勝利バスターミナル～堤中路）／7元、所要5分が目安　**路線バス**／3、4、9、13、22、101、102路「五邑城」
5日以内の切符を販売。香港（市内：13便）、珠海（拱北：20便）などに向かうバスが出ている。

船

■ **江門外海フェリーターミナル**（江门外海码头）
Ⓜ **P.86-C1**　住 江海区金甌路1号　☎ 3773290
オ 9:00～17:00（7～8月は8:00～）　休 なし　カ 不可
[移動手段] タクシー（江門外海フェリーターミナル～堤中路）／40元、所要20分が目安
1ヵ月以内の乗船券を販売。香港（中港城：1～2便）が出ている。

■ **香港国際空港江門候機楼**
（香港国际机场江门候机楼）
Ⓜ **P.86-B4**　住 蓬江区港口一路81号　☎ 3370082
オ 8:00～16:30　休 なし　カ 不可
[移動手段] タクシー（候機楼～堤中路）／10元、所要10分が目安　**路線バス**／2、5、6、19、27、29、54路「新港城」
1ヵ月以内の乗車券、乗船券を販売。江門外海フェリーターミナル行きの無料バスが7:30と14:00に発車。また、香港国際空港行きバス（5便。東莞の虎門で船に乗り換える）も出ている。

■ **鶴山港フェリーターミナル**（鹤山港码头）
Ⓜ **地図外（P.86-C1上）**　住 鶴山市沿江路2号
☎ 8820284　オ 9:00～16:30　休 なし　カ 不可
[移動手段] タクシー（鶴山港～堤中路）／100元、所要50分が目安
1ヵ月以内の乗船券を販売。香港（中港城：1便）が出ている。

切符売り場

■ **江門市白雲航空サービスセンター**
（江门市白云航空服务中心）
Ⓜ **P.86-B5**　住 蓬江区躍進路100号　☎ 航空券＝3273333　鉄道切符＝3273330　オ 航空券8:00～18:00　鉄道切符24時間　休 なし　カ 不可
[移動手段] タクシー（サービスセンター～堤中路）／7元、所要5分が目安　**路線バス**／2、6、8、12、13、22、112路「体育场」
3ヵ月以内の航空券、28日以内の鉄道切符を販売。鉄道切符の手数料は1枚5元。

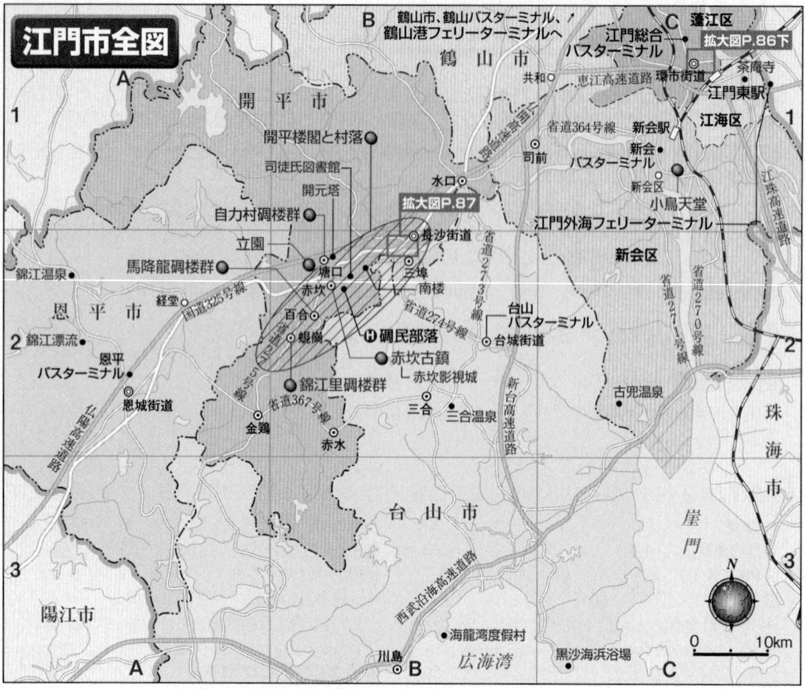

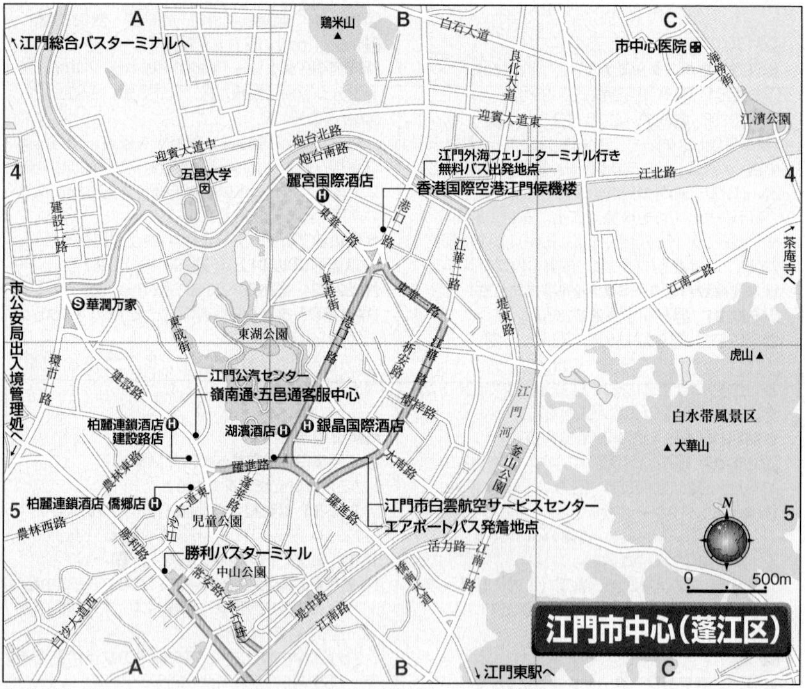

●•見どころ　Ⓗホテル　Ⓢショップ　学校　病院　繁華街　高速道路

見どころ

★★★ 中洋折衷の建築物が特徴の世界遺産　1日〜　世界遺産

開平楼閣と村落/开平碉楼与村落

かいへいろうかく　そんらく　kāipíng diāolóu yǔ cūnluò

四邑のひとつ開平は、江門市の中央部に位置する県級市。この町を出身とする華僑や華人、香港・マカオ住人は75万人を数える。

この町のいたるところで見られる石造りの建物は碉楼（ちょうろう）と呼ばれるが、その建設が始まったのは明末清初。四邑は地理的な要因によりたびたび自然災害に見舞われ、加えて当時この周囲が国家権力の空白地帯にあったことから盗賊が跋扈（ばっこ）し、住民は自分たちの力で生命や財産を守らなければならなかった。そこで堅牢な建物である碉楼が誕生したのだ。

赤坎古鎮の中州沿いに立つ関氏図書館

開平楼閣と村落
Ⓜ P.86-B2
☎ ホットライン＝2679788
料 共通券＝180元（2日間有効）
※立園、自力村碉楼群、馬降龍碉楼群、錦江里碉楼群、南楼紀念公園を見学可能
交 路線バスと無料観光バスを併用すれば、すべての碉楼を訪ねることができる（→P.90）。車をチャーターする場合は、往復で300元から
※待ち時間は運転手と要相談
※旅行会社で手配すると400〜500元が目安
Ⓤ www.kptour.com

内部には祖先を祀る祭壇が見られる（立園泮立楼）

開平市中心（長沙街道）

開平市バスターミナル（義祠站）へ
蒼江橋
幕橋西路
蒼江
幕沙橋
碉楼群行き613、617路バス停「金侨城（海旁）」
光明東路
威靈頓酒店
曙光西路
曙光東路
東興中路
維港酒店
小麦田
新世界大酒店
光明西路
幕沙路
東華街
東華路
開平総合バスターミナル
7洲商務酒店
米蘭酒店
僑園路
西郊路
沿江西路
運達鉄道切符発券カウンター
柏麗連鎖酒店 沿江店
中国銀行
長沙東路
沿江東路
文新路
立園、自力村碉楼群、馬降龍碉楼群、錦江里碉楼群、赤坎古鎮へ
祥龍橋
祥龍北路
中国銀行
潭江半島酒店
中銀路
富豪酒店
開平市中国旅行社
潭江大橋
潭江
潭江東路
大興街
祥獅路
祥龍南路
祥龍中路
明珠路
荻龍橋
荻新橋
新昌公園
新安路
新昌路
新市路
0　200m

●●見どころ　Ⓗホテル　Ⓖグルメ　Ⓣ旅行会社　Ⓑ銀行　バス停　繁華街

インフォメーション

無料観光バス

2018年11月現在、自力村碉楼群、立園、馬降龍碉楼群の間に無料観光バスが運行されている。

▼自力村碉楼→立園（所要15分）→馬降龍碉楼（所要20分）／10:00、11:30、13:00、14:30、16:00発。

▼馬降龍碉楼→立園（所要25分）→自力村碉楼（所要10分）／10:00、11:30、13:00、14:30、16:00発。

自力村碉楼群、立園、馬降龍碉楼群を結ぶ無料観光バスと路線バスを賢くつないで訪ねよう（→P.90）

高層階には回廊がある（立園洋立楼）

立園

M **P.86-B2**

住 開平市塘口鎮北義郷賡華村

☎ 2678888

オ 8:30～17:30

休 なし

料 100元

※2018年11月現在、内部見学できるのは毓培別墅（いくばいべっしゃ）、洋文楼、洋立楼、炯廬（けいろ）、明廬

交 開平市バスターミナル（義祠站）から617路バスで「立园路口」（6:15～18:50の間20分に1便。4元、所要25分）、徒歩5分。開平市中心部からだと幕沙橋のたもとのバス停「金侨城（海旁）」から乗ると便利

※「立园路口」からの最終バスは18:00頃発

楼内は中洋折衷の不思議なデザイン（立園洋立楼）

碉楼の建設が最盛期を迎えるのは、社会的な混乱期にあった19世紀末から20世紀始めにかけて。財をなした華僑は競って故郷に碉楼を建設したが、彼らは進出先で目にした建築様式を持ち込み、古代ギリシアやローマ、イスラム風などに加え中洋折衷の独自な建築様式を生み出した。それが評価され、2007年にユネスコの世界遺産に登録された。

開平には碉楼が1833棟現存するが、用途によって衆楼（473棟）、居楼（1149棟）、更楼（211棟）に分けられる。衆楼は村人が資金を出し合い建設したもので、防御に優れた建物。村落の奥にあることが多い。居楼は裕福な者が建てた個人用の建物で、防御性に加え居住性も高い。これも村落の奥にあることが多い。更楼は村の入口などに建てられた見張り台のような建物（＝灯楼）。

碉楼は開平市内に点在しており、開平市中心部からは距離があるので、見学に時間がかかる。あらかじめ訪れる場所を決めておいたほうがよいだろう。碉楼の代表的なものは次のとおり。

錦江里の瑞石楼には古代ローマ、ビザンチン、バロックなど多様な建築様式の結合が見られる

立園／立园［りつえん／lìyuán］

開平市の中心部から西に約15km。立園は1936（中華民国25）年アメリカ華僑の謝維立（しゃいりつ）によって10年の歳月をかけて建設された別荘で、中国の伝統的な園林と洋風建築を一体化させたもの。

園内は大花園と小花園、別荘区で構成されており、人造の小川や壁で仕切られている。別荘区には洋文楼（はんぶんろう）など6棟の別荘と1棟の碉楼がある。別荘の内部は美しい家具で飾られている。

敷地内に入ると洋立楼と炯廬、楽天楼、明廬が並んでいる

自力村碉楼群／自力村碉楼群

［じりきそんちょうろうぐん／zìlìcūn diāolóuqún］

開平市の中心部から西に約15km、立園からは約4km。中部に位置する自力村は安和里、合安里、永安里の3村が一緒になってできた村。四邑の例に漏れず、この村からも華僑が多く出ており、蓄財して帰国した者が1920年代以降、村に15棟の碉楼を築いた。当時、盗賊が横行し猛威をふるったため、鉄製の門や窓などを多用し非常に強固で籠城に適した造りとなっている。

葉生居廬（左）と銘石楼（右）

馬降龍碉楼群／马降龙碉楼群

［ばこうりゅうちょうろうぐん／mǎxiánglóng diāolóuqún］

開平市の中心部から南西に約20kmの所にある。永安、南安、河東、慶臨、龍江の5つがひとつになってできた村で、山麓にあり豊かな自然に囲まれている。村内には13棟の碉楼があるが、代表的なものは、1925年に29戸の村民が金を出し合い建てた鉄筋コンクリート造りの天禄楼（7階建て、高さ21m）。1960年代に3度発生した洪水のとき、村民は屋上に上り難を免れた。

今では密林の中に立つ馬降龍の碉楼群

錦江里碉楼群／锦江里碉楼群

［きんこうりちょうろうぐん／jǐnjiānglǐ diāolóuqún］

開平市の中心部から南西に約26kmの所にある碉楼群。村は清の光緒年間（1875～1908年）にできたが、碉楼の建設が始まったのは1918年以降。最初に造られたのは錦江楼（5階建て、高さ12m）。その後1925年に瑞石楼（9階建て、高さ25m）が、1928年に昇峰楼（6階建て、高さ17m）が建てられた。土手に面して一直線に民家が並び、その背後にこれら3つの碉楼が並んでいる。周囲は非常にのどかで緑豊か。

直線的に並ぶ民家の背後に瑞石楼や昇峰楼がある

自力村碉楼群
M P.86-B2
住 開平市塘口鎮自力村
☎ 2679078　オ 8:40～17:25
休 なし　料 78元
※2018年11月現在、内部見学できるのは葉生居廬、瀾生居廬、銘石楼、雲幻楼
交 開平市バスターミナル（義祠站）から617路バスで「自力村路口」（6:15～18:50の間20分に1便。4元、所要25分）、徒歩5分。開平市中心部からだと幕沙橋のたもとのバス停「金侨城（海旁）」から乗ると便利
※「自力村路口」からの最終バスは18:00頃発

馬降龍碉楼群
M P.86-B2
住 開平市百合鎮馬降龍村
☎ 2511338　オ 9:00～17:00
休 なし　料 60元
※2018年11月現在、内部見学できるのは駿廬と林廬
交 開平市バスターミナル（義祠站）から613路バスで「马降龙路口」（6:00～19:00の間15分に1便。7元、所要40分）、徒歩8分。開平市中心部からだと幕沙橋のたもとのバス停「金侨城（海旁）」から乗ると便利
※「马降龙路口」からの最終バスは19:00頃発

碉楼に住んだ一族の写真が飾られている（馬降龍碉楼群駿廬）

錦江里碉楼群
M P.86-B2
住 開平市蚬岗鎮錦江里村
☎ 2522588　オ 9:00～17:00
休 なし　料 50元
※2018年11月現在、内部見学できるのは錦江楼と昇峰楼。瑞石楼の見学希望者は住人と交渉し、別途20元ほど払う
交 開平市バスターミナル（義祠站）から613路バスで「蚬冈」（6:00～19:00の間15分に1便。8元、所要50分）、徒歩12分。開平市中心部からだと幕沙橋のたもとのバス停「金侨城（海旁）」から乗ると便利
※「蚬冈」からの最終バスは18:30頃発

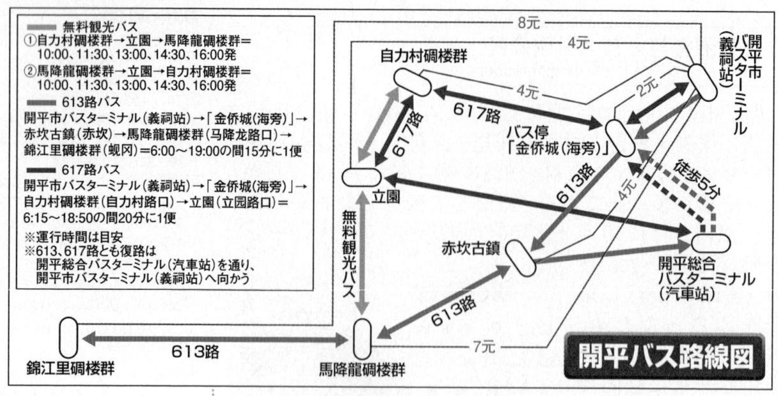

赤坎古鎮
Ⓜ **P.86-B2**
住 開平市赤坎鎮
☎ 2627888
オ 赤坎古鎮24時間
休 なし
料 無料
交 開平市バスターミナル（義祠站）から613路バスで「赤坎」（6:00～19:00の間15分に1便。4元、所要30分）、徒歩1分。開平市中心部からだと幕沙橋のたもとのバス停「金侨城（海旁）」から乗ると便利
※「赤坎」からの最終バスは19:00頃発

堤西路沿いにある司徒氏図書館の内部は公開されている（オ 10:30～15:00 休 土・日曜、祝日 料 無料）

赤坎古鎮／赤坎古镇 ［せきかんこちん／ chìkǎn gǔzhèn］

開平市区の南西12kmにある町で、その歴史は350年を超える。町を東西に横切る潭江に沿って（北岸が市鎮、南岸が郷村）、嶺南地方独特の建物「騎楼」が建ち並び、テレビや映画の撮影地としても使われている。建築物の代表として、関氏と司徒氏が建てた関氏図書館がある。

観光は町を歩きながらその町並みを楽しむこと。特に堤西路沿いの散策がおすすめ。ただし、2018年11月現在、赤坎古鎮の街道沿いの町並みは地元政府による再開発が進められており、近い将来、ニュータウンに変わってしまう可能性がある。

現在、住民はここには住んでいない

★ 鳥たちの楽園

小鳥天堂／小鸟天堂
しょうちょうてんどう　xiǎoniǎo tiāntáng

新会区中心の南10kmに位置する天馬村には天馬河が流れており、いくつもの砂州を形成している。ある砂州を覆うガジュマルは約1万㎡に及ぶが、これはたった1株が枝分かれし、まるで森のように巨大な姿となったものだ。小鳥天堂では入口で船に乗り、水上からその姿を眺めることが可能だ。中国を代表する作家である巴金は、1933年にこの地を訪れた。『鳥的天堂』という詩を書き記し、それ以来、この地は人々から小鳥天堂と呼ばれるようになった。

船に乗って水上から観光できる

小鳥天堂
Ⓜ **P.86-C1**
住 新会区銀湖大道中22号
☎ 6300788
オ 8:00～18:00
休 なし
料 入場料＝25元
入場＋船＝50元
交 江門公汽センター（Ⓜ **P.86-A5**）から103路バスで「小鳥天堂」（6:20～19:30の間20分に1便。4元、所要1時間）
※「小鳥天堂」からの最終バスは20:00頃発
U www.birds-paradise.com

ホテル

潭江半島酒店
たんこうはんとうしゅてん
潭江半岛酒店 tánjiāng bàndǎo jiǔdiàn

開平市の中心を流れる潭江の中州の突端にある高級ホテル。客室からの眺望は抜群で、娯楽施設も充実している。

両替 ビジネスセンター インターネット U www.pantower.com

★★★★★
M P.87-B2
住 開平市中銀路2号
☎ 2333333 FAX 2338333
S 388～450元 T 388～450元
サ なし カ ADJMV

麗宮国際酒店
れいぐうこくさいしゅてん
丽宫国际酒店 lìgōng guójì jiǔdiàn

規模が大きく、設備も充実したホテル。客室はA座とB座のふたつに分かれている。江門総合バスターミナルから車で南に5分。

両替 ビジネスセンター インターネット U www.palace-international.com

★★★★★
M P.86-B4
住 蓬江区東華二路18-28号
☎ 8233388 FAX 8233399
S 358～468元 T 358～468元
サ なし カ ADJMV

銀晶国際酒店
ぎんしょうこくさいしゅてん
银晶国际酒店 yínjīng guójì jiǔdiàn

東湖公園の向かいに立ち、眺めもよい。フィットネスセンターなど施設も充実。西洋料理、中国料理レストランもある。

両替 ビジネスセンター インターネット U www.celestepalacehotel.com

★★★★
M P.86-B5
住 蓬江区港口一路22号
☎ 3163888 FAX 3163999
S 290元 T 270～290元
サ なし カ ADJMV

米蘭酒店
べいらんしゅてん
米兰酒店 mǐlán jiǔdiàn

開平総合バスターミナルから徒歩3分。部屋は明るくとてもきれい。ドライヤーや電気ケトルなども揃っている。

両替 ビジネスセンター インターネット

M P.87-B1
住 開平市西郊路16号
☎ 2257777 FAX 2257773
S 138～158元 T 188元
サ なし カ 不可

7洲商務酒店
しちしゅうしょうむしゅてん
7洲商务酒店 qīzhōu shāngwù jiǔdiàn

開平総合バスターミナルに近く、観光に便利。建物は新しくはないが、部屋はきれいで快適に過ごせる。

両替 ビジネスセンター インターネット

M P.87-B1
住 開平市幕沙路4-6号
☎ 2228777 FAX 2206378
S 118元 T 138元
サ なし カ 不可

碉民部落／碉民部落
ちょうみんぶらく diāomín bùluò

地元出身の張小明さん夫妻が2010年に始めたゲストハウス。海外からのゲストも多く、開平の碉楼群をサイクリングで周遊する起点の宿として有名。バーやカフェもある。

U www.dmbl.cn

M P.86-B2
住 開平市赤坎鎮河南路126号
☎ 2616222
S 100元
サ なし
カ 不可

両替 ビジネスセンター インターネット

グルメ

小麦田／小麦田
しょうばくでん xiǎomàitián

きれいなファミリーレストラン風の店で、手頃な値段で食事ができる。ご飯とおかず、スープなどをセットにしたメニューがあり、ひとりでも利用しやすい。3階は今広東省で人気のグルメ「椰子鶏」鍋の専門店。

M P.87-B1
住 開平市幕沙路27号
☎ 2318028
オ 10:00～22:00
休 なし
カ 不可

旅行会社

開平市中国旅行社
かいへいしちゅうごくりょこうしゃ
开平市中国旅行社 kāipíngshì zhōngguó lǚxíngshè

富豪酒店1階にある旅行会社。1日ツアーは廃止したが、碉楼観光のための車手配は可能。1日400～500元。

M P.87-B2
住 開平市文新路1号
☎ 2233355 FAX 22212819
オ 8:30～18:00
休 土・日曜、祝日 カ 不可

端渓硯の産出地

肇慶（ちょうけい）

肇庆（ジャオチン） Zhào Qìng 市外局番 0758

かつて行政府の入口だった麗譙楼

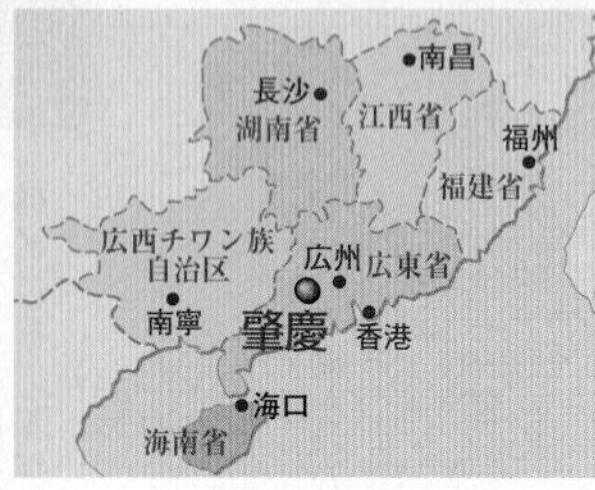

都市データ

肇慶市
人口＝427万人
面積＝1万5006㎢
3区1県級市4県を管轄

市公安局出入境管理科
（市公安局出入境管理科）
Ⓜ P.95-E3
㊟ 端州区前進中路3号
☎ 2962222
㋔ 8:30～12:00、14:30～17:30
㊡ 土・日曜、祝日
観光ビザを最長30日間延長可能。手数料は160元

市人民医院
（市人民医院）
Ⓜ 地図外（P.95-F1上）
㊟ 端州区東崗東路9号
☎ 2102104
㋔ 24時間
㊡ なし

●市内交通
【路線バス】 運行時間の目安は6:30～22:00、2～4元。市区と肇慶東駅とを結ぶ路線は5～6元
【タクシー】 初乗り2kmまで8元、以降416mごとに1元加算

概要と歩き方

肇慶市は広東省西部に位置する地級市。西を広西チワン族自治区と境界を接し、端州区、鼎湖区、高要区、四会市、広寧県、懐集県、封開県、徳慶県を管轄する。行政と経済の中心は珠江の支流西江の北岸にある端州区で、町は「西江明珠（西江の真珠）」という愛称で呼ばれる。北回帰線上に位置し、気候は1年を通じ暖かく、降水量も多いことから町は緑にあふれ、農林業も盛んだ。

肇慶の歴史は古く、漢朝の統治下に入った紀元前111（前漢の元鼎6）年に高要県が設置されたときに遡る。589（隋の開皇9）年に端州が設置された後は幾度か改名されたが、1118（北宋の重和元）年に肇慶府となってからは肇慶と呼ばれるようになった。このような歴史的背景をもつため、市内には300を超える文化遺跡が点在しており、1994年には歴史文化名城に認定されている。

また、肇慶は中国でも最高級の硯といわれる端渓硯の産地として有名で、日本で書道をたしなむ人にもよく知られている。町を歩けば、あちこちで「端硯」と看板を掲げた店を見かけるだろう。

端州区の中心は七星岩と西江との間に挟まれたエリア。繁華街は、七星岩風景区南側に建てられた七星岩牌坊から南に延びる天寧北路を中心としたエリア。ここにホテルやレストランが集中している。この通りの西側には城壁に囲まれた場所があるが、ここが肇慶の旧市街。今でも昔ながらの町並みが残っている。

見どころは七星岩風景区。石灰岩でできた7つの奇峰と、それらを取り囲む5つの湖から成る、「小桂林」とも呼ばれる風光明媚な場所だ。

肇慶市を流れる西江

町の気象データ（→P.237）：「预报」>「广东」>「肇庆」>区・市・県から選択

ACCESS

中国国内の移動 ➡ P.341　鉄道時刻表検索 ➡ P.30

鉄道

肇慶駅、高速鉄道駅である肇慶東駅を利用する。広湛線の途中駅のため、始発列車は少ない。

所要時間(目安)【肇慶(zq)】広州(gz)/城際:1時間10分　深圳西(szx)/快速:4時間50分　アモイ(xm)/快速:15時間20分　永定(yd)/快速:11時間30分　【肇慶東(zqd)】広州南(gzn)/動車:35分　深圳北(szb)/高鉄:1時間10分　南寧東(nnd)/動車:3時間　桂林西(glx)/高鉄:1時間45分

バス

肇慶には2ヵ所の主要なバスターミナルがあるが、立地条件から考えると肇慶総合バスターミナルが便利。

所要時間(目安) 広州/2時間　深圳/3時間30分　香港/4時間　マカオ/3時間30分

DATA

鉄道

■ **肇慶駅**(肇庆火车站)
Ⓜ **P.94-C1**　住 端州区站北路2号
☎ 共通電話=12306　オ 2:00〜24:00
休 なし　カ 不可
[移動手段] **タクシー**(肇慶駅〜七星岩牌坊)/20元、所要13分が目安　**路線バス**/1、K02、2、7、11路「火车站」
　2日以内の切符を販売。

■ **肇慶東駅**(肇庆火车东站)
Ⓜ **地図外(P.95-F1上)**　住 鼎湖区永安鎮西旺自然村
☎ 共通電話=12306　オ 7:00〜23:40
休 なし　カ 不可
[移動手段] **タクシー**(肇慶東駅〜七星岩牌坊)/130元、所要50分が目安　**路線バス**/K01、K02、204、205路「肇庆东站」 ※Kの所要時間は1時間(それぞれ1日2〜3往復)、それ以外は1時間30分
　2日以内の切符を販売。

バス

■ **肇慶総合バスターミナル**(肇庆粤运汽车总站)
Ⓜ **P.95-D2**　住 端州区端州四路17号
☎ 2235173　オ 6:00〜20:40　休 なし　カ 不可
[移動手段] **タクシー**(肇慶総合バスターミナル〜七星岩牌坊)/8元、所要3分が目安　**路線バス**/1、3、5A、8、10、12、16、21路「市车站」など
　15日以内の切符を販売。広州(省バスターミナル:23便、天河:18便)、深圳(福田:5便)など広東省内便がメイン。

■ **城東バスターミナル**(肇庆粤运汽车城东站)
Ⓜ **P.95-E2**　住 端州区端州三路13号
☎ 2718760　オ 6:00〜21:00　休 なし　カ 不可
[移動手段] **タクシー**(城東バスターミナル〜七星岩牌坊)/10元、所要10分が目安　**路線バス**/3、4、5A、9、22、24路「城东车场」など
　15日以内の切符を販売。仏山(16便)、江門(江門総合バスターミナル:14便)などの広東省内便がメイン。

■ **肇華大港澳直通快速バス切符販売センター**
(肇华大港澳直通快巴售票中心)
Ⓜ **P.95-D2**
住 端州区端州四路37号星湖大酒店大堂内
☎ 2226366　オ 7:00〜20:30　休 なし　カ 不可
[移動手段] **路線バス**/1、3、5A、8、12、16、21路「牌坊东」
　15日以内の切符を販売。香港(7便)、マカオ(2便)へ向かうバスが出ている。

見どころ

★★　水と奇峰が織りなす見事な景観

七星岩風景区/七星岩风景区
しちせいがんふうけいく　qīxīngyán fēngjǐngqū

町の中心部に位置する総面積649万㎡の景勝地。景観が湖に北斗七星が落ちたようだということから、このように呼ばれることとなった。桂林の奇岩と杭州の西湖を合わせたような美しさとたたえられ、古来多くの文人が訪れて489題もの石刻を残している。

太古の昔、この周辺は海岸の浅瀬だったが、地殻変動による隆起で石灰岩の小山がむき出しになった。それが

七星岩風景区
Ⓜ **P.94-C1〜95-E2**
住 端州区七星岩風景区
☎ 2302838、2302838
オ 7:00〜18:30
※入場は閉門1時間前まで
休 なし
料 入場料=78元(鼎湖山風景区との共通券140元、2日間有効)、龍岩洞遊覧船=20元、双源洞=20元、中心湖遊覧船=45元(約40分)、観光車30元(全行程約35分)
U www.xhglj.com.cn
※七星岩風景区のアクセス →P.94欄外

※七星岩風景区のデータ
→P.93欄外
交 西門＝19路バス「七星岩西门」
南門＝1、3、5A、8、12、16、21路バス「牌坊东」。徒歩15分
北門＝1路バス「七星岩北门」

長い年月を経て風雨の浸食を受け、今の姿となった。奇峰は閬風岩、玉屏岩、石室岩、天柱岩、阿坡岩、蟾蜍岩、仙掌岩の7つで、それを取り囲むように仙女湖、里湖、青蓮湖、中心湖、波海湖の5つの湖がある。景区内には龍岩洞などの見どころが点在している。

七星岩風景区では、時間によって風景の印象が違って見えるのも特徴。特に仙女湖の夕日の美しさは見逃せない。

ビューポイントの水月岩雲から見る石室岩

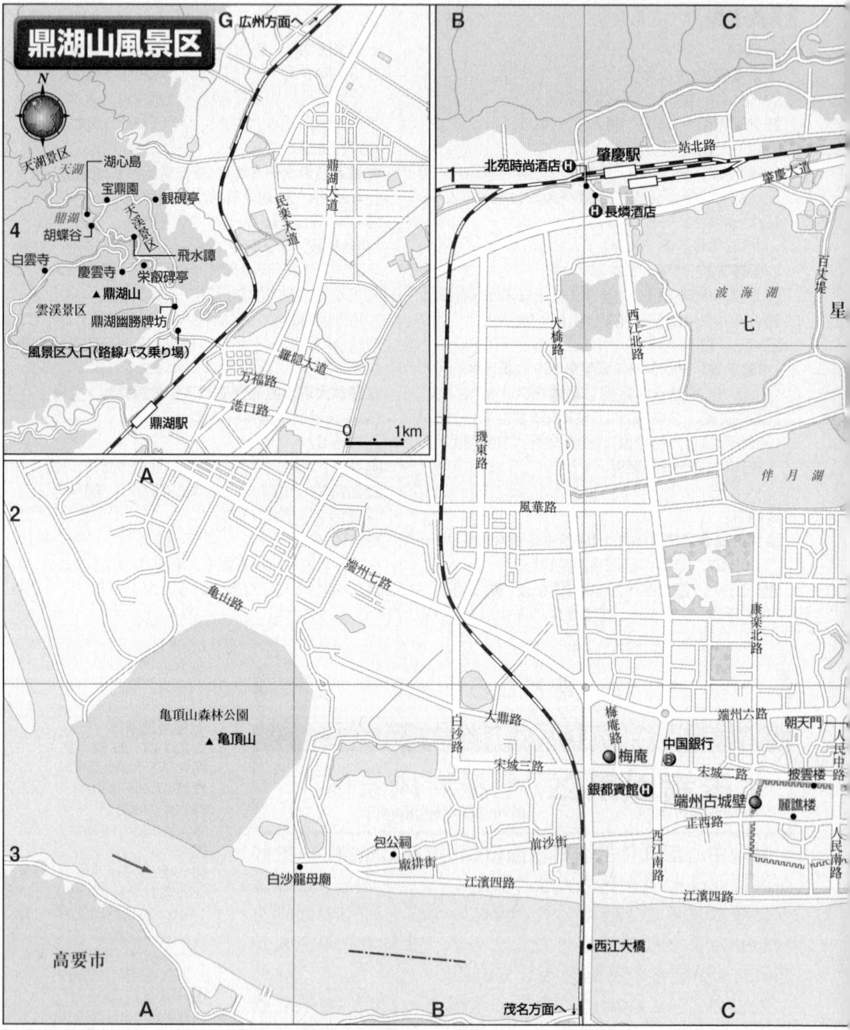

鼎湖山風景区

●見どころ　Ⓗホテル　Ⓖグルメ　Ⓑ銀行　郵便局　病院　繁華街　市境

★★ 北回帰線下に広がる景勝地

鼎湖山風景区／鼎湖山风景区

ていこざんふうけいく　dǐnghúshān fēngjǐngqū

鼎湖山風景区は、市区中心端州区の北東約20kmにある景勝地。総面積約40万㎡の森林には、170種以上の鳥類や30種以上の希少動物が生息しており、1956年に中国初の自然保護区となった。風景区の中心となるのは鼎湖山で、その名の由来には黄帝がこの地で鼎(かなえ)を鋳造したという故事や、山頂にある湖を3つの峰が支えているからといった説がある。

鼎湖山風景区
Ⓜ P.94-G4
㊟ 鼎湖区坑口鎮鼎湖山風景区
☎ 2621332、2623877
オ 6:00〜18:30
休 なし
料 入場料＝78元（七星岩風景区との共通券＝140元、2日間有効）、観光車＝20元、湖心島行き遊覧船＝35元
交 21路バス「鼎湖山」
U www.xhglj.com.cn

胡蝶谷からボートで湖心島へ

宝鼎園にある巨大な端渓硯

孫文が泳いだという飛水譚

鼎湖山は古来仏教や道教の修行地であり、山中には多くの仏閣や道観がある。なかでも有名なのが、禅宗六祖のひとり恵能の弟子智常禅師が建立した白雲寺(唐代創建)と、1636年(明の崇禎9年)創建の慶雲寺。

また、5度目の渡航に失敗した鑑真と、彼を招請した日本人僧侶栄叡(ようえい)もここを訪れている。栄叡はこの地で円寂し、慶雲寺の麓には彼の事跡を記した栄叡碑亭がある。

風景区内は非常に広いので、観光車の利用がおすすめ。観光車は最初に胡蝶谷へ行くので、そこからボートで湖心島へ渡る。森の中に延びる散策路を40分ほど歩くと宝鼎園に出る。そこから再度観光車に乗って慶雲寺へ行き、徒歩で山を下りるのが一般的な観光コース。

梅庵
Ⓜ **P.94-C3**
㊟ 端州区梅庵路15号
☎ 2833284
オ 8:30～16:00
休 なし
料 無料
交 4、5A、16、30路バス「梅庵」

大雄宝殿内には3体の仏像が安置されている

★ 観梅の名所として知られる古刹

梅庵/梅庵
ばいあん　méiān

梅庵は、禅宗六祖のひとり恵能(638～713年)が植えた梅の木の横に、彼の功徳をたたえるために建てられた仏教寺院で、996(北宋の至道2)年に知遠和尚によって建立された。広東省有数の古刹として知られ、周辺の人々のみならず香港の華僑たちも参拝に訪れる。現在では、肇慶市博物館として公開されている。

境内には山門、大雄宝殿、祖師殿、観音殿が残るが、なかでも大雄宝殿は唐宋時代の建築様式を色濃く残す。

端州古城壁
Ⓜ **P.94-C3～95-D3**
㊟ 端州区宋城一路
☎ 麗譙楼＝2833437
オ 24時間
披雲楼9:00～17:00
麗譙楼9:00～16:30
休 なし
料 無料
交 披雲楼＝1、2、18、30路「披云楼」
北門＝2、5A、9、10、12、30路「北门」

★ 広東省で最も状態のよい古城壁

端州古城壁/端州古城墙
たんしゅうこじょうへき　duānzhōu gǔchéngqiáng

天寧北路から西に延びる宋城路に沿って、11世紀中期に建設が開始された城壁が残っている。これは広東省内に現存する最大かつ最古の城壁で、高さは6.5～10m、幅は8～18m、れんがと土を固めて造られている。

城壁の北西部に立つのが披雲楼(ひうんろう)。現在の建物は1990年に再建されたものだが、江西省南昌の滕王閣(とうおうかく)、山西省万栄の飛雲楼、湖北省武漢の黄鶴楼(こうかくろう)などを融合した宋代建築様式の3層の楼閣で、創建当時の名残をとどめている。

麗譙楼(れいしょうろう)は、1118年に北宋第8代皇帝の徽宗(きそう)がこの地を興慶軍から肇慶府に昇格させた際、行政府の入口として創建されたもの。当初は御書楼と呼ばれ、明代に再建されたときに麗譙楼と改称された。

朝天門から遠くに望む披雲楼

ホテル

星湖大酒店／星湖大酒店
せいこだいしゅてん　xīnghú dàjiǔdiàn

町の中心部の便利なロケーションにある肇慶有数のホテル。ロビーにはいい香りが漂い、さすが高級ホテルといった感じ。29階に回転レストランがあり、七星岩風景区を眺めながら西洋料理を楽しめる。中国料理や日本料理レストランもある。

M P.95-D2 ★★★★★
住 端州区端州四路37号
☎ 2211888 FAX 2211666
S 538～638元 T 538～638元
サ なし
カ ADJMV
U www.starlakehotel-zq.com
両替 ビジネスセンター インターネット

松濤賓館／松涛宾馆
しょうとうひんかん　sōngtāo bīnguǎn

1984年に開業した3つ星ホテル。七星岩風景区の西門近くにあり、市区の中心部からは遠いが風景区の観光にはとても便利。近くの西門広場は19路バスの起点となっており、町の中心部へのアクセスはよい。

M P.95-D1 ★★★
住 端州区七星岩風景区西門
☎ 2302288
FAX 2302008
S 199元
T 239～339元
サ なし
カ 不可
両替 ビジネスセンター インターネット

名典商旅酒店／名典商旅酒店
めいてんしょうりょしゅてん　míngdiǎn shānglǚ jiǔdiàn

肇慶総合バスターミナルの東側に位置する中国のチェーンホテル。バスタブはなく、シャワーのみ。12階には西洋料理を提供するカフェがあり、コーヒーでも飲みながら七星岩風景区の眺望を堪能するのもよいだろう。

M P.95-D2
住 端州区端州四路13号雅図商業城中座
☎ 2293333 FAX 2293888
S 238～268元
T 238～268元
サ なし
カ 不可
両替 ビジネスセンター インターネット

7天肇慶端州区香江店
しちてんちょうけいたんしゅうくこうこうてん
7天肇庆端州区香江店 qītiān zhàoqìng duānzhōuqū xiāngjiāngdiàn

「経済型」チェーンホテル。レンタサイクルがあり、七星岩風景区を訪れるのに便利。

両替 ビジネスセンター インターネット U www.plateno.com

M P.95-D3
住 端州区建設三路40号
☎ 2271777
S 132～210元 T 166～232元
サ なし カ 不可

如家酒店・neo-肇慶七星岩牌坊店
じょかしゅてんネオちょうけいしちせいがんはいぼうてん
如家酒店・neo-肇庆七星岩牌坊店 rújiā jiǔdiàn zhàoqìng qīxīngyán páifángdiàn

「経済型」チェーンホテル。繁華街である天寧北路に位置し観光にも便利。

両替 ビジネスセンター インターネット U www.bthhotels.com

M P.95-D3
住 端州区天寧北路73号
☎ 2298318 FAX 2293599
S 149～189元 T 189元
サ なし カ 不可

グルメ

松濤賓館 湖光餐庁
しょうとうひんかんここうさんちょう
松涛宾馆 湖光餐厅 sōngtāo bīnguǎn húguāng cāntīng

七星岩風景区の西門近く、松濤賓館内にある広東料理レストラン。湖のすばらしい眺望を楽しみながら、家庭風広東料理や本格的ヤムチャを味わえる。

M P.95-D1
住 端州区七星岩風景区松濤賓館内 ☎ 2302138、2302288
オ 7:30～14:00、17:30～20:30
休 なし カ 不可

唐潮食府
とうちょうしょくふ
唐潮食府 tángcháo shífǔ

星湖大酒店の2階にある潮州料理と広東料理のレストラン。高級感漂う内装で優雅に食事を楽しめる。料理は1皿30～50元のものが多い。点心は7:00～14:00のみの提供で、ひとつ10～20元。

M P.95-D2 住 端州区端州四路37号星湖大酒店2階
☎ 2211888
オ 7:00～14:00、17:30～21:00
休 なし カ ADJMV

世界遺産である丹霞山にある陽元石

世界遺産と古刹で知られる町

韶関（しょうかん）

韶关（シャオグァン） Sháo Guān　市外局番 **0751**

都市データ

韶関市
人口＝326万人
面積＝1万8398㎢
3区2県級市4県1民族自治県を管轄

市公安局出入境管理処
（市公安局出入境管理处）
Ⓜ **地図外（P.98-A3左）**
㊟ 武江区西聯大道1号
☎ 8462783
㋔ 9:00～12:00、14:00～17:00
㊡ 土・日曜、祝日
観光ビザを最長30日間延長可能。手数料は160元

市第一人民医院
（市第一人民医院）
Ⓜ **P.98-B2**
㊟ 浈江区東堤南路3号
☎ 8877120
㋔ 24時間
㊡ なし

●市内交通
【路線バス】 運行時間の目安は6:30～21:00、2元
【タクシー】 初乗り2km未満7元、2km以上1kmごとに2.2元加算

概要と歩き方

韶関は広東省北部（粤北（えつほく））に位置する、広東省とそれ以北を結ぶ交通の要衝。265（呉の甘露元）年に始興郡が設置されてからは、粤北の文化的、政治的中心地となった。589（隋の開皇9）年に韶州となり、1670（清の康熙9）年に税関がおかれてから韶関と呼ばれるようになった。

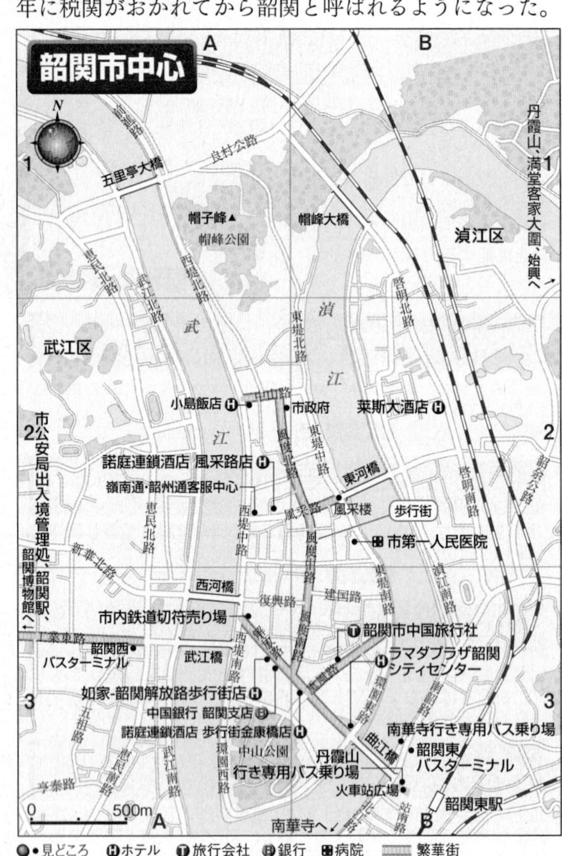

住民には客家が多く、ヤオ族やショオ族などの少数民族も暮らしている。

市区中心部は武江と滇江とに挟まれた中州にあり、風度中路と風度南路が歩行者天国（歩行街）になっている。ほかに武江区の工業東路もにぎやか。また、啓明北路（莱斯大酒店の向かい側）には小さいがこぎれいなレストランが集まっている。交通マナーはかなりひどく、道を渡るときにはバイクに注意が必要。

2010年に丹霞山が「中国丹霞」の一部として世界遺産に登録された。

観光の中心は、南華寺と丹霞山。いずれも郊外に位置するが、韶関東駅の駅前広場から専用バスが出ているので、それを利用するとよい。

	1月	2月	3月	4月	5月	6月	7月	8月	9月	10月	11月	12月
平均最高気温(℃)	15.0	15.8	19.0	24.5	28.7	31.7	34.1	33.8	31.5	27.8	22.5	17.9
平均最低気温(℃)	7.1	8.9	12.4	17.6	21.5	24.4	27.4	29.0	28.6	22.4	16.8	12.1
平均気温(℃)	10.2	11.8	15.1	20.5	24.4	27.4	29.0	28.6	26.4	22.4	16.8	12.1
平均降水量(mm)	66.0	108.2	175.2	230.3	253.2	217.4	158.0	131.5	93.1	60.5	44.9	45.2

町の気象データ（→P.237）：「预报」>「广东」>「韶关」>区・県から選択

町のランドマークの風采楼

高速鉄道専用駅の韶関駅。市区中心部からはかなり遠い

韶関東バスターミナル

ACCESS

中国国内の移動 ➡ P.341　鉄道時刻表検索 ➡ P.30

鉄道

京広線の韶関東駅と、武高旅客専線（高速鉄道専用）の韶関駅のふたつがある。両駅の間には22路バスが運行されている。

所要時間（目安）【韶関東（sgd）】広州（gz）／特快：2時間25分　長沙（cs）／直達：5時間20分　深圳（sz）／直達：4時間10分　【韶関（sg）】広州北（gzb）／高鉄：40分　広州南（gzn）／高鉄：1時間　長沙南（csn）／高鉄：1時間40分　深圳北（szb）／高鉄：1時間30分

バス

市内にはいくつかのバスターミナルがあるが、最も便利なのは韶関東バスターミナル。

所要時間（目安）広州／3時間30分　深圳／4時間30分

DATA

鉄道

■ **韶関東駅**（韶关火车东站）

Ⓜ **P.98-B3**　住 滇江区南韶路56号

☎ 6172222　オ 24時間　休 なし　カ 不可

[移動手段] タクシー（韶関東駅～風采楼）／10元、所要10分が目安　**路線バス**／3、5、9、12、22路「韶关东站」

2日以内の切符を販売。在来線（京広線）の駅。

■ **韶関駅**（韶关火车站）

Ⓜ **地図外（P.98-A3左）**

住 武江区西聯鎮赤水村濱江路1号

☎ 共通電話＝12306　オ 6:40～23:30

休 なし　カ 不可

[移動手段] タクシー（韶関駅～風采楼）／50元、所要30分が目安　**路線バス**／17、22路「韶关站」

2日以内の切符を販売。高速鉄道専用駅。

■ **市内鉄道切符売り場**（韶关火车票市内售票处）

Ⓜ **P.98-A3**　住 滇江区解放路81号　☎ 8914811

オ 8:00～20:00　休 なし　カ 不可

[移動手段] タクシー（市内鉄道切符売り場～風采楼）／7元、所要7分が目安　**路線バス**／3、5、9、11、22路「解放路」

28日以内の切符を販売。手数料は1枚5元。

バス

■ **韶関東バスターミナル**（韶关汽车客运东站）

Ⓜ **P.98-B3**　住 滇江区南韶路56号　☎ 6176602

オ 7:00～20:00　休 なし　カ 不可

[移動手段] タクシー（韶関東バスターミナル～風采楼）／10元、所要10分が目安　**路線バス**／3、5、9、12、22路「韶关东站」

10日以内の切符を販売。広州（省バスターミナル：6便）、東莞（総合バスターミナル：4便）、深圳（銀湖：2便）など。

南華寺
Ⓜ **P.33-D1、地図外（P.98-B3下）**
住 曲江区馬壩鎮東南7公里曹渓北岸
☎ 6501014　オ 7:30～17:30
休 なし　料 20元
交 韶関東駅前の路線バス乗り場から南華寺行き専用バス（韶関東駅～南華寺～松山学院）で「南华寺」（7:30～17:00の間30分に1便。5元、所要45分）
※「南华寺」からの最終バスは18:30頃
U www.nhcs.cn

丹霞山
Ⓜ **P.33-D1、地図外（P.98-B1右）**
住 仁化県丹霞山風景名勝区
☎ 6291630、6291330　オ 24時間
休 なし　料 100元（2日間有効。景区内の観光車を含む）
交 韶関東駅前の広場から丹霞山行き専用バス（韶関東駅～丹霞山～仁化）で「丹霞山」（5:30～20:00の間20～30分に1便。18元、所要1時間）
※「丹霞山」からの最終バスは19:00発
※見どころの陽元石は午前順光なので、朝に景区入口から観光車で陽元山景区へ向かい、その後リフトで山頂まで行き、翔龍湖を遊覧船で楽しみ、最後に長老峰景区を回って観光車で正門へ戻るのがおすすめコース
U www.danxiashan.org.cn

i インフォメーション

風景名勝区内の乗り物

●リフト
オ 4月1日～10月7日4:30～19:00
　10月8日～3月31日5:00～18:30
休 なし
料 片道40元、往復60元
　大型連休＝片道45元、往復70元

●観光車
オ 4:30～22:30（8:30～17:30＝15～20分に1便。それ以外は30～45分に1便）
休 なし
※景区入口～陽元山景区～游客センター～リフト乗り場～長老峰景区

●錦江遊覧船
オ 9:00～18:00　休 なし
料 120元
※1時間に1便が原則だが乗客数により変動

●いかだ下り
料 100元
※4人集まれば出発

●翔龍湖遊覧船
オ 8:30～17:30　休 なし
料 往復＝35元、片道＝20元

見どころ

★★　中国禅宗の「祖庭」といわれる古刹

南華寺/南华寺
なんかじ　huánánsì

市区の南18kmに位置する502（梁の天監元）年創建の古刹。当初は宝林寺といったが、968（北宋の開宝元）年に北宋の開祖趙匡胤から南華寺の名を賜り、現在にいたる。

中国禅宗（南宗）の第六祖である慧能はこの寺で説法を行い、やがて弟子たちが禅宗を発展させたことから、「南禅祖庭」とも称される。

慧能の即身仏が納められた祖殿

境内には宝林門、天王宝殿、大雄宝殿、霊照宝塔などがある。また、祖殿には慧能の即身仏があるが、これは現存する中国最古（唐中期）のミイラ。

★★　赤い岩肌が特徴の世界遺産　世界遺産

丹霞山/丹霞山
たんかざん　dānxiáshān

丹霞山は市区中心の北約30kmにある山で、主峰は標高618mの巴寨。鼎湖山（肇慶→P.95）、羅浮山（恵州→P.104）、西樵山（仏山）と合わせ、広東省四大名山のひとつに数えられる。

隆起した山が水によって浸食され、奇峰が織りなす景観を造り出した。山は赤い砂礫岩を中心に形成され、「色如渥丹、燦若明霞」と詠まれたことから丹霞山と呼ばれるようになった。また、1920年代に中国人地質学者が丹霞山を調査してからは、このような地形を丹霞地貌と総称することになった。2010年8月には、同様の景観をもつ福建省泰寧、湖南省崀山、江西省龍虎山、浙江省江郎山、貴州省赤水と合わせ、世界遺産に登録された。

丹霞山一帯は風景名勝区に指定されており、長老峰景区と陽元石景区、翔龍湖景区、錦江水上景区、巴寨景区などが整備されている。入口から陽元石景区や長老峰景区を回る無料の観光車がある。

陽元石と陰元石

翔龍湖の景観

★★ 広東省北部最大の客家建築

満堂客家大圍/满堂客家大围

まんどうハッカだいい　mǎntáng kèjiā dàwéi

満堂客家大圍は、1836(清の道光16)年に着工し、1860(清の咸豊10)年に完成した客家家屋。建築面積は1万4888㎡と、粤北(広東省北部)で最も大きい。

建物は石造りの要塞のような外観で、中心圍と上新圍、下新圍の3部分で構成されている。中心圍は高さ16.9mの4階建て。上新圍と下新圍は低く、古い中国船のような形状をしている。総部屋数は777室にも達する。現在でも住居として使用されているが、多くは老人と子供。

堅固な要塞のような満堂客家大圍

満堂客家大圍
M P.33-D1、地図外(P.98-B1右)
住 始興県隘子鎮　☎ 3206999
オ 8:00～17:00
休 なし　料 39元
交 韶関東バスターミナルから「始兴」行きで終点(6:50～19:40の間20分に1便。15元、所要1時間10分)。「隘子」行きバスに乗り換えて「隘子镇」(6:00～15:00の間1時間に1便、16:30、17:40発。14元、所要2時間30分)。徒歩40分
※「隘子镇」からの最終バスは17:30発、「始兴」からの最終バスは18:30発

内部は複雑な構造

ホテル

莱斯大酒店

らいしだいしゅてん
莱斯大酒店 láisī dàjiǔdiàn

韶関最高級クラスのホテル。レストランでは、広東、潮州、客家、四川、湖南などの中国各地の料理を堪能できる。

両替　ビジネスセンター　インターネット　U www.hotelroyce.cn

★★★★★
M P.98-B2
住 湞江区啓明北路19号
☎ 8198888　FAX 8192222
S 358～418元　T 358～418元
サ なし　カ ADJMV

ラマダプラザ韶関シティセンター

しょうかん
风度华美达广场酒店 fēngdù huáměidá guǎngchǎng jiǔdiàn

解放路の起点である曲江橋のすぐ近くにあり、橋を渡ると韶関東駅という便利な立地。

両替　ビジネスセンター　インターネット

M P.98-B3
住 湞江区解放路1号
☎ 8208888　FAX 8208668
S 530～690元　T 530～690元
サ なし　カ ADJMV

如家 - 韶関解放路歩行街店

じょか しょうかんかいほうろほこうがいてん
如家 - 韶关解放路步行街店 rújiā sháoguān jiěfànglù bùxíngjiēdiàn

「経済型」チェーンホテル。解放路沿いの中国銀行韶関支店の並びにある。1～8階はオフィスで、9～12階がホテル。

両替　ビジネスセンター　インターネット　U www.bthhotels.com

M P.98-A3
住 湞江区解放路40号
☎ 8197888　FAX 8867666
S 119～149元　T 129～139元
サ なし　カ 不可

諾庭連鎖酒店 風采路店

だくていれんさしゅてん ふうさいろてん
诺庭连锁酒店 风采路店 nuòtíng liánsuǒ jiǔdiàn fēngcǎilùdiàn

韶関一の繁華街まで徒歩3分と立地条件はよい。客室はかなり狭いが、リーズナブルな価格で設備も整っている。

両替　ビジネスセンター　インターネット　U www.ntinn.cn

M P.98-A2
住 湞江区風采路中華新街31号
☎ 8180666　FAX 8180789
S 130～170元　T 150～160元
サ なし　カ 不可

旅行会社

韶関市中国旅行社/韶关市中国旅行社

しょうかんしちゅうごくりょこうしゃ　sháoguānshì zhōngguó lǚxíngshè

日本語ガイドはいない。丹霞山や満堂客家大圍など、韶関の各観光地へのツアーを手配することができる。料金はコースなどを打ち合わせてから決定となる(やりとりは中国語)。

M P.98-B3
住 湞江区熏風路12号総合楼1～2階
☎ 8877747、8877758
FAX 8877749
オ 8:30～12:00、14:30～18:00
休 なし
カ 不可

東江西岸に立つ朝京門は明代の創建

客家の暮らす水と緑の豊かな町

恵州（けいしゅう）

恵州（ホイジョウ） Huì Zhōu　市外局番 **0752**

都市データ

恵州市
人口=341万人
面積=1万1159㎢
2区3県を管轄

市公安局出入境管理科
（市公安局出入境管理科）
Ⓜ P.105-B1
住 恵城区江北文華一路76号
☎ 2811277
オ 8:30～11:30、14:30～17:30
休 土・日曜、祝日
観光ビザを最長30日間延長可能。手数料は160元

市中心医院
（市中心医院）
Ⓜ P.105-A3
住 恵城区鷲嶺北路41号
☎ 2288120
オ 24時間　休 なし

●市内交通
【路線バス】 運行時間の目安は6:30～22:00、ワンマンバスは2元、車掌同乗バスは1.5～7.5元
【タクシー】 初乗り2kmまで7元、2km以降1kmごとに2.4元加算

惠州バスターミナル（→P.103）

概要と歩き方

恵州は珠江デルタ地帯の東北端に位置し、南は深圳市、西は東莞市や広州市増城に接しており、製造業を中心として発展を遂げてきた。気候的には亜熱帯に属し温暖で過ごしやすい。市は行政の中心である恵城区と恵陽区、恵東県、博羅県、龍門県によって構成されている。

恵州は長い歴史をもつ町として知られる。出土品の研究から新石器時代晩期にはすでに人々が生活していたことが証明されており、さらに1990年には恐竜の卵の化石が相次いで30個も発見され、注目を浴びた。

秦代には南海郡に属しており、隋の時代には循州（じゅんしゅう）、五代には禎州（ていしゅう）と呼ばれていた。しかし宋代になると、皇太子の忌み名により禎の字を恵に改めて恵州となり、それが現在まで続いている。

唐代から清朝末期までの1000年を超える年月の間に、多くの芸術家や文人がこの地を訪れた。なかでも有名な人物が宋代の著名な詩人であり書家であった蘇軾（そしょく）（蘇東坡（そとうば））。彼は1094（北宋の紹興元）年に朝廷の命によりこの地へ左遷され、3年余りここで過ごしたが、その間に多くの詩文を残した。

恵州は豊かな自然に恵まれ、市区中心にある恵州西湖のほか、市の北西部に位置する羅浮山や、その北の龍門南昆山国家森林公園、南シナ海に面した平海海亀自然保護区などの見どころがある。さらに、市区北東部にある湯泉は、必見の人気スポットとなっている。

平湖南西岸に立つ泗洲塔（恵州西湖）

	1月	2月	3月	4月	5月	6月	7月	8月	9月	10月	11月	12月
平均最高気温(℃)	18.6	19.3	22.2	26.1	29.3	31.3	32.7	32.5	31.2	28.6	24.2	20.4
平均最低気温(℃)	10.2	11.7	14.9	19.2	22.5	24.7	25.4	25.2	24.0	20.7	15.8	11.6
平均気温(℃)	13.7	14.6	18.0	22.1	25.3	27.3	28.4	28.1	26.9	24.0	19.4	15.2
平均降水量(mm)	37.3	62.8	87.0	202.0	226.7	323.6	255.1	276.1	173.9	66.6	28.2	33.4

町の気象データ（→P.237）：「预报」>「广东」>「惠州」>区・県から選択

ACCESS

中国国内の移動 ➡ P.341　鉄道時刻表検索 ➡ P.30

飛行機 市内に恵州平潭空港（HUZ）があるが、日中間運航便のある広州白雲国際空港（CAN）との間にエアポートバスがあるので、この空港を利用するとよい。

国際線 日中間運航便はないので、広州白雲国際空港を利用するとよい。
国内線 上海、杭州、海口などとの間に運航便がある。

所要時間（目安） 上海浦東（PVG）／2時間10分　杭州（HGH）／1時間50分　海口（HAK）／1時間20分

鉄道 京九線の途中駅である恵州駅と高速鉄道が走る廈深鉄路の途中駅である恵州南駅を利用する。このほか、2016年3月に開業した恵州と東莞を結ぶ都市鉄道の莞恵城際軌道（小金口駅～常平東駅。30分～1時間に1便。市区では地下を走る）もあるが、観光客にとって利用価値はあまりない。

所要時間（目安）【恵州（hz）】広州東（gzd）／快速：1時間45分　アモイ（xm）／快速：9時間25分　南昌西（ncx）／直達：8時間45分　【恵州南（hzn）】広州南（gzn）／高鉄：1時間10分　深圳北（szb）／高鉄：30分　福州南（fzn）／動車：4時間35分　アモイ北（xmb）／動車：3時間10分

バス バスターミナルは多数あるが、旅行者にとって便利なのは恵州バスターミナル。

所要時間（目安） 広州／2時間　深圳／1時間30分　珠海／3時間30分

DATA

飛行機

■ **広州白雲国際空港**（广州白云国际机场）
Ⓜ **P.32-C2**　※データ→P.45

■ **恵州平潭空港**（惠州平潭机场）
Ⓜ **P.33-D2**　㊟恵陽区平潭鎮機場路
☎5718114　㋔8:00～22:00　㊡なし　㋕不可
Ⓤwww.gdhzairport.com
[移動手段]**エアポートバス**（空港～恵州バスターミナル）／9元、所要1時間。空港→市内＝10:50、13:50、20:00、22:45発　市内→空港＝8:30、11:40、17:30、20:20発　**タクシー**（空港～西湖大酒店）／100元、所要45分が目安

▶ **広州白雲国際空港恵州候機楼**（广州白云国际机场惠州候机楼）
Ⓜ **P.105-B1**　㊟恵城区文明二路13号
☎2883666　㋔4:50～18:30　㊡なし　㋕不可
[移動手段] **タクシー**（広州白雲国際空港恵州候機楼～西湖大酒店）／20元、15分が目安　**路線バス**／39、48、49路「市房管局」
3ヵ月以内の航空券を販売。また、広州白雲国際空港とを結ぶエアポートバスの発着地点にもなっている。5:00～18:00の間1時間に1便、93元、所要2時間30分。

鉄道

■ **恵州駅**（惠州火车站）
Ⓜ **地図外（P.105-B1上）**
㊟恵城区恵州大道（小金口段）57号
☎共通電話＝12306　㋔24時間　㊡なし　㋕不可
[移動手段]**タクシー**（恵州駅～西湖大酒店）／30元、所要25分が目安　**路線バス**／5、11、13路「火车站」
2日以内の切符を販売。この駅は京九線の在来線列車のみ発着。高速鉄道の列車はないので注意。また、恵州大道側には莞恵城際軌道の小金口駅もある。

■ **恵州南駅**（惠州火车南站）
Ⓜ **P.33-D3**　㊟恵陽区淡水鎮大浦村愛民東路
☎共通電話＝12306　㋔6:30～22:20
㊡なし　㋕不可
[移動手段] **タクシー**（恵州南駅～西湖大酒店）／150元、所要1時間が目安　**路線バス**／K3路「惠州南站」
2日以内の切符を販売。高速鉄道専用駅。恵州バスターミナルとの間には「城际快线专线车」がある。6:30～18:30の間20～30分に1便。15元、所要1時間10分。

■ **恵州駅市内切符売り場**（惠州火车站市内售票处）
Ⓜ **P.105-A3**　㊟恵城区鷲嶺北路12号南方大酒店傍
☎2269999　㋔8:00～21:00　㊡なし　㋕不可
[移動手段] **タクシー**（切符売り場～西湖大酒店）／10元、所要10分が目安　**路線バス**／2、5、10、11、25路「汽车站」
28日以内の切符を販売。手数料は1枚5元。このほか、3ヵ月以内の航空券も販売している。

バス

■ **恵州バスターミナル**（惠州客运站）
Ⓜ **地図外（P.105-A3下）**　㊟恵城区鷲嶺南路71号
☎2383336　㋔6:00～21:00
㊡なし　㋕不可
[移動手段] **タクシー**（恵州バスターミナル～西湖大酒店）／15元、所要15分が目安　**路線バス**／5、11、25、26、27、33路「客运南站」
3日以内の切符を販売。広州（天河：6:15～21:00の間20～30分に1便）、中山（9便）、珠海（拱北：9便）、肇慶（4便）、江門（4便）、深圳（羅湖：6:00～21:00の間10～15分に1便）、東莞（24便）など省内がメイン。

惠州西湖
Ⓜ P.105-A～B2
㊟惠城区惠州西湖
☎2121326、2248116
㋔惠州西湖6:30～21:30
東坡園、宝塔山8:30～17:00
㊡なし ㊎無料
㊋東大門＝2、5、7、8、10、11路バス「平湖门」
豊渚園景区＝K2、29路バス「市中医院」
Ⓤwww.hzxihu.net

多くの観光客は船で湖上にこぎ出す

羅浮山
Ⓜ P.33-D2
㊟博羅県長寧鎮
☎6669977
㋔各見どころ7:00～18:00
リフト8:00～17:30
㊡なし
㊎入場料＝60元 リフト＝片道50元、往復95元
※リフトは片道21分
㊋惠州バスターミナルから「罗浮山」行きバスで終点（6:00～18:30の間30分に1便。25元、所要2時間）
※羅浮山専線乗り場の入口は惠州バスターミナルの東側
※「罗浮山」からの最終バスは18:00前後発

入口に立つ牌楼

東江民俗文物館
Ⓜ P.105-B2
㊟惠城区環城西二路36号
☎2660025 ㋔9:00～17:00
㊡月曜 ㊎無料
㊋2、5、7、8、10、11路バス「荔浦风清」

東江民俗文物館の展示

見どころ

★★ 緑と水が豊かな場所

惠州西湖/惠州西湖
けいしゅうせいこ huìzhōu xīhú

東江西岸に位置する総面積1.68㎢の湖で、周囲の山々からの水が流れ込んでできあがったもの。平湖、豊湖、南湖、菱湖、鱷湖の5つの湖と豊かな緑、それらに楼閣や橋を配置しており、その美しさを地元の人は杭州の西湖に勝ると考えている。

宋代の詩人蘇軾は、政争に巻き込まれて惠州に左遷されたが、この地の風景を愛し、多くの詩を詠んでいる。特に気に入っていたのが、平湖西南岸の宝塔山に立つ泗洲塔から眺める月だったといわれている。

★★ 道教との関わりが深い

羅浮山/罗浮山
らふさん luófúshān

羅浮山は惠州市区の北西約40kmに位置する山。東樵山とも呼ばれ、地元の人には仏山市西部にある西樵山とは姉妹ととらえられている。山は博羅県、龍門県、増城市にまたがる214㎢の広さをもち、主峰は海抜1296mの飛雲頂。

道教においては十大名山、十大洞天、七十二福地に数えられるほど重要な山で、伝説的な道士である葛洪や呂洞賓などもこの地を訪れたとされる。山中に残る道教寺院の冲虚古観は330年創建（現存する建物は19世紀後半の再建）。主要な見どころは朱明洞景区。

羅浮山の主峰飛雲頂。リフトの山頂駅から約5kmの所にある

★ 古建築を利用した博物館

東江民俗文物館/东江民俗文物馆
とうこうみんぞくぶんぶつかん dōngjiāng mínsú wénwùguǎn

黄氏の祠堂「黄氏書室」を利用して造られた博物館。1842（清の道光22）年に建てられたもので、嶺南地方の典型的な三開三進祠堂という建築様式をもつ。建物の各所に見られる精緻な彫刻や優美な壁画の保存状態は良好で、清代の芸術をそのままの形で今に伝えている。

館内には、古陶磁器、伝統家具、民間工芸品などの展示物が陳列されている。

ホテル

恵州康帝国際酒店 けいしゅうこうていこくさいしゅてん

恵州康帝国际酒店 huìzhōu kāngdì guójì jiǔdiàn

恵州西湖のほとりに立ち、抜群の眺めを誇るホテル。部屋は清潔で広々としており、朝食の評判もいい。

両替　ビジネスセンター　インターネット　U www.kandehotelhuizhou.com

★★★★★
M P.105-B2
住 恵城区環城西一路18号
☎ 2688888　FAX 2688688
S 757～797元　T 824～890元
サ 15%　カ ADJMV

天悦(嘉柏)大酒店 てんえつ（かはく）だいしゅてん

天悦(嘉柏)大酒店 tiānyuè (jiābǎi) dàjiǔdiàn

中心部の南側に位置し、中国銀行と接するホテルで設備は4つ星クラス。ホテル内にはジムやサウナ、潮州料理レストランもある。

両替　ビジネスセンター　インターネット　U noblejasperhuizhou.com

M P.105-B3
住 恵城区麦地路22号
☎ 2266288　FAX 2266933
S 328～428元　T 328～448元
サ なし　カ ADJMV

恵州億嘉盛酒店 けいしゅうおくかせいしゅてん

恵州亿嘉盛酒店 huìzhōu yìjiāshèng jiǔdiàn

設備は4つ星クラス。広東料理レストランはスッポンやウナギ料理が有名。2015年に「中国烹飪大師」の称号を受けた。

両替　ビジネスセンター　インターネット

M P.105-B1
住 恵城区江北三新南路32号
☎ 7800888　FAX 2660999
S 439～529元　T 439元
サ なし　カ ADJMV

旅行会社

恵州市中国旅行社 けいしゅうしちゅうごくりょこうしゃ

恵州市中国旅行社 huìzhōushì zhōngguó lǚxíngshè

中国人観光客への対応が主体のため日本語ガイドはいないが、車の手配などには対応可能。市内の車のチャーターは1日（8時間）800元が目安で、簡単に回るなら400元程度。

M P.105-A3
住 恵城区鷲嶺北路22号
☎ 2262114　FAX 2122613
オ 8:30～12:00、14:30～18:00
休 土・日曜、祝日　カ 不可

恵州市中心（恵城区）

●● 見どころ　H ホテル　T 旅行会社　B 銀行　病院　繁華街　莞恵城際軌道（地下を通行）

林則徐像（鴉片戦争博物館）

製造業を基盤に発展を遂げた町

東莞（とうかん）

东莞（ドングァン） Dōng Guǎn　市外局番 **0769**

概要と歩き方

東莞市は、広東省中南部、深圳市と広州市に挟まれた珠江河口東岸にある製造業の町。漢代には番禺県に属し、三国時代には東官（中国語の発音は東莞と同じ）と呼ばれていた。莞草という水草が多く自生していたことから、南朝の梁代（6世紀）以降、東莞と改称された。

1980年代以降、特に深圳が経済特区に指定されてからは、衣料、雑貨、電気、電子などの分野の外資企業が次々と委託加工や合弁法人設立などの形態を取って工場を設立した。しかし、リーマンショックの影響でかなりの打撃を受け、市は高付加価値産業への転換を図っている。

東莞市は、広州や深圳、香港などの町とバスを中心とした交通機関で結ばれており、移動は非常に便利だ。しかし、市を構成する4区28鎮にそれぞれバスターミナルがあるため、切符購入時や乗車時にバスの目的地を確認しなければならない。時間的効率を考えるとタクシーがおすすめだ。

町の気象データ（→P.237）：「预报」＞「广东」＞「东莞」

都市データ

東莞市
人口＝186万人
面積＝2512㎢

市公安局出入境管理科
（市公安局出入境管理科）
Ⓜ **P.107-C3**
㊟ 東城区東城西路191号
☎ 政府ホットライン＝12345
㋔ 8:30～12:00、14:00～17:30
㊡ 土・日曜、祝日
観光ビザを最長30日間延長可能。手数料は160元

市人民医院（市人民医院）
Ⓜ **地図外（P.107-A3左）**
㊟ 万江区新谷湧万道路南3号
☎ 28637333
㋔ 24時間
㊡ なし

●市内交通
【地下鉄】 2016年に2号線の東莞火車站～虎門火車站区間が営業を開始した。運行時間や運賃は公式ウェブサイトで確認できる。
東莞軌道交通
Ⓤ www.dggdjt.com
【路線バス】 運行時間の目安は英文字なし6:30～22:00、英文字付き（L2、C2など）6:30～21:00、莞城区内2元、ほかの鎮行き2～20元
【タクシー】 初乗り2km未満8元、2km以上1kmごとに2.6（黄色い車体は2.75）元加算

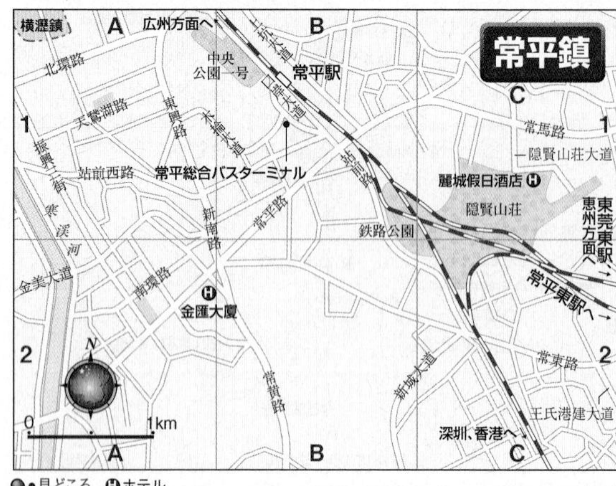

●見どころ　Ⓗホテル

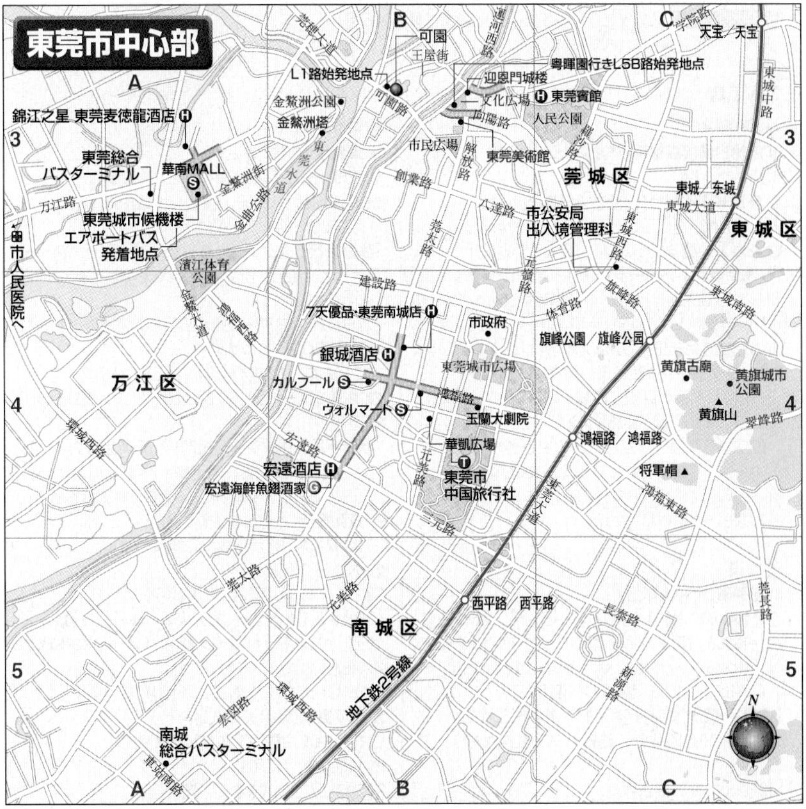

東莞市中心部

可園
王屋街
L1路始発地点
粤暉園行きL5B路始発地点
迎恩門城楼
文化広場
東莞賓館
人民公園
向陽路
金鰲洲公園
金鰲洲塔
東莞美術館
市民広場
解放路
創業路
莞城区
錦江之星 東莞麦徳龍酒店
東莞総合バスターミナル
華南MALL
万江路
東莞城市候機楼
エアポートバス発着地点
市人民医院へ
金鰲洲街
金曲公路
東莞水道
八達路
莞太路
市公安局出入境管理科
東城西路
東城中路
東城／东城
東城大道
東城区
天宝／天宝
学院路
運河西路
莞穂大道
羅沙路
滘江体育公園
建設路
元嶺路
体育路
旗峰路
東城南路
旗峰公園／旗峰公園
7天優品・東莞南城店
市政府
銀城酒店
東莞城市広場
カルフール
鴻福路
ウォルマート
玉蘭大劇院
華凱広場
黄旗古廟
黄旗城市公園
黄旗山
翠峰路
鴻福路／鴻福路
万江区
環城西路
金鰲大道
宏遠路
宏遠酒店
宏遠海鮮魚翅酒家
元美路
東莞市中国旅行社
将軍帽
鴻福東路
東莞大道
三元路
莞太路
元美路
西平路／西平路
南城区
長泰路
莞長路
新基路
地下鉄2号線
宏図路
環城西路
南城総合バスターミナル
車站南路
A
B
C
3
4
5

見どころ　ホテル　グルメ　ショップ　旅行会社　病院　繁華街　地下鉄2号線

ACCESS

中国国内の移動 ➡ P.341　鉄道時刻表検索 ➡ P.30

飛行機 東莞に空港はないが、広州白雲国際空港（CAN）との間にエアポートバスが頻繁に運行されている。深圳宝安国際空港との間にもバスがある。

国際線 広州：成田（7便）、羽田（28便）、関西（14便）。

国内線 広州：主要空港との間に運航便がある。

所要時間（目安） 広州：福州（FOC）／1時間30分　南昌（KHN）／1時間35分　長沙（CSX）／1時間20分　三亜（SYX）／1時間40分

鉄道 広九線、広深港高速鉄路、莞恵城際鉄路など多くの路線があり駅も多い。利用時にはどの駅かを必ず確認すること。

所要時間（目安） **【常平（cp）】**広州東（gzd）／動車：45分　深圳（sz）／城際：35分　**【常平東（cpd）】**小金口（xjk）／城際：55分　**【東莞（dg）】**肇慶（zq）／快速：3時間5分　韶関東（sgd）／快速：3時間25分　**【東莞東（dgd）】**肇慶（zq）／快速：3時間50分　恵州（hz）／特快：45分　**【虎門（hm）】**広州南（gzn）／高鉄：20分　深圳北（szb）／高鉄：20分　長沙南（csn）／高鉄：2時間50分　南昌西（ncx）／高鉄：4時間40分

バス 東莞市を構成する市内32の区と鎮にそれぞれ長距離バスターミナルがある。おもなバスターミナルは東莞総合、南城総合、虎門中心の3ヵ所。

所要時間（目安） 広州（省バスターミナル）／1時間20分　深圳／2時間　仏山／1時間30分

船 虎門鎮にある獅子洋飛航港澳フェリーターミナルと香港国際空港とを結ぶ高速フェリーが運航されている。

所要時間（目安） スカイピア（香港国際空港）／1時間10分

DATA

飛行機

■ **広州白雲国際空港**（广州白云国际机场）
※データ→P.45

▶ **東莞城市候機楼**（东莞城市候机楼）
Ⓜ **P.107-A3**　住 万江区華南MALL BC-3区1階
☎ 965222　オ 6:00～20:30　休 なし　カ 不可
[移動手段] エアポートバス（東莞城市候機楼～広州白雲国際空港）／61元、所要1時間30分。空港→市内＝5:50～17:10の間1時間～1時間10分に1便　市内→空港＝5:50～17:10の間1時間～1時間10分に1便　**タクシー**（東莞城市候機楼～文化広場）／15元、所要10分が目安　**路線バス**／LG1、L2、L3、K5、X7、X20、28、50路「华南摩尔」
航空券売り場で3ヵ月以内の航空券を販売。エアポートバスは深圳宝安国際空港との間にもある。このほか28日以内の鉄道切符も販売（オ 8:00～18:00）。手数料は1枚5元。

鉄道

■ **常平駅**（常平火车站）
Ⓜ **P.106-B1**　住 常平鎮口岸大道13号　☎ 共通電話＝12306　オ 香港直通車8:00～21:00　広深動車火～木曜6:10～23:40、金～月曜6:10～翌0:10　そのほか8:00～22:30　休 なし　カ 不可
[移動手段] タクシー（常平駅～麗城假日酒店）／12元、所要10分が目安　**路線バス**／公交快線3、12路「常平火车站」
2日以内の切符を販売。広九線の駅。常平駅～東莞東駅間は常平8路バスを利用。

■ **東莞駅**（东莞火车站）
Ⓜ **P.107-B1**　住 石龍鎮西湖区環湖西路
☎ 共通電話＝12306　オ 火～木曜5:50～23:50、金～月曜5:50～翌0:20　休 なし　カ 不可
[移動手段] タクシー（東莞駅～東莞総合バスターミナル）／70元、所要45分が目安　**地下鉄**／2号線「东莞火车站」
2日以内の切符を販売。広九線の途中駅。

■ **虎門駅**（虎门火车站）
Ⓜ **P.107-A2**　住 虎門鎮白沙社区站北路1号
☎ 共通電話＝12306　オ 7:00～23:10　休 なし　カ 不可
[移動手段] タクシー（虎門駅～豪門大飯店）／25元、所要20分が目安　**地下鉄**／2号線「虎门火车站」
2日以内の切符を販売。広深港高速鉄路の駅。

■ **東莞東駅**（东莞火车东站）
Ⓜ **P.107-C1**　住 常平鎮麦元郷常東路
☎ 共通電話＝12306
オ 2:30～22:30　休 なし　カ 不可
[移動手段] タクシー（東莞東駅～麗城假日酒店）／18元、所要15分が目安　**路線バス**／公交快線3、常平8路「东莞火车东站」
2日以内の切符を販売。京九線の途中駅。

■ **常平東駅**（常平火车东站）
Ⓜ **P.107-C1**　住 常平鎮麦元郷常東路
☎ 共通電話＝12306
オ 7:10～23:10　休 なし　カ 不可

［移動手段］**タクシー**（常平東駅～麗城假日酒店）／20元、所要20分が目安　**路線バス**／公交快線3路「东莞火车东站」

2日以内の切符を販売。莞恵城際鉄路の起終点（恵州側の起終点は小金口駅）。東莞東駅とは徒歩15分の距離にある。

バス

■ **東莞総合バスターミナル**（东莞客运总站）
Ⓜ **P.107-A3**　住 万江区万江路南9号
☎ 22701666　オ 6:00～21:00　休 なし　カ 不可
［移動手段］**タクシー**（東莞総合バスターミナル～文化広場）／20元、所要15分が目安　**路線バス**／公交快線3、K1、LG1、C2、L2、L3、L4、K5、X7、14、X20路「东莞汽车总站」

3日以内の切符を販売。広州（省バスターミナル：6:10～20:30の間10～20分に1便、市バスターミナル：16便）、仏山（24便）、深圳（羅湖：24便、福田：21便）、恵州（24便）、中山（12便）、珠海（拱北：16便）、肇慶（5便）、江門（10便）など省内便がメイン。

■ **南城総合バスターミナル**（南城汽车客运总站）
Ⓜ **P.107-A5**　住 南城区宏図路99号
☎ 22906613、22906632　オ 6:00～21:00
休 なし　カ 不可
［移動手段］**タクシー**（南城総合バスターミナル～文化広場）／35元、所要30分が目安　**路線バス**／公交快線3、C3、K4、K7、12、15、39、813路「南城汽车站」

7日以内の切符を販売。広州（省バスターミナル：34便）、仏山（8便）、深圳（羅湖：23便）、中山（9便）、珠海（拱北：7便）、江門（5便）、肇慶（6便）など省内便がメイン。

■ **虎門中心バスターミナル**（虎门中心客运站）
Ⓜ **P.109-C1**　住 虎門鎮連昇中路6号
☎ 85188222、85187222　オ 5:30～20:30
休 なし　カ 不可
［移動手段］**タクシー**（虎門中心バスターミナル～豪門大飯店）／8元、所要5分が目安　**路線バス**／虎門9路「虎门中心客运站」

2日以内の切符を販売。広州（省バスターミナル：5:30、6:00～19:00の間20分に1便、19:40、20:30発）、深圳（羅湖：5:40～20:30の間20～30分に1便）、珠海（拱北：11便）、中山（12便）、江門（6便）。

船

■ **獅子洋飛航港澳フェリーターミナル**
（狮子洋飞航港澳客运码头）
Ⓜ **P.109-B2**　住 虎門鎮長堤路84号
☎ 8519088　オ 7:00～19:30　休 なし　カ 不可
Ⓤ www.seasyoung.com
［移動手段］**タクシー**（獅子洋飛航港澳フェリーターミナル～豪門大飯店）／8元、所要7分が目安
路線バス／虎門2、虎門3B、虎門8、虎門12路「镇政府」

15日以内の乗船券を販売。スカイピア（5便）。

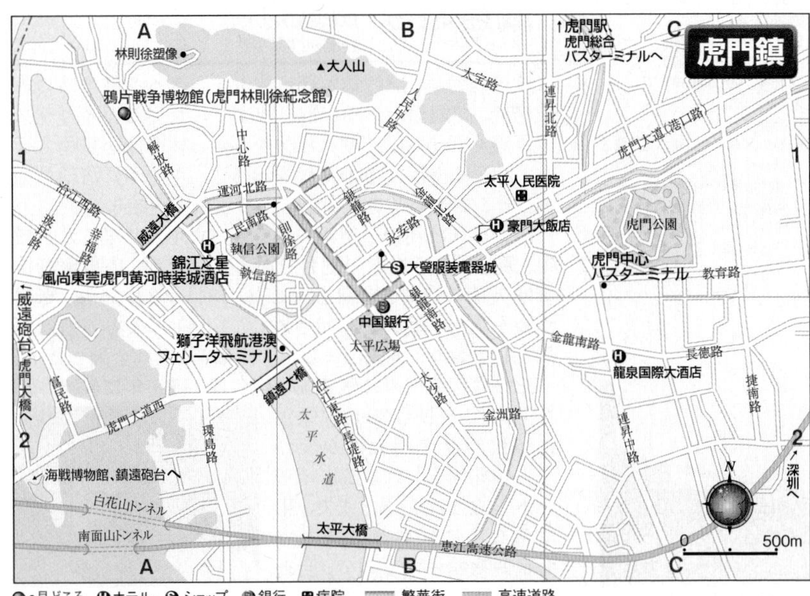

莞城区の見どころ

★★　東莞が誇る名園

可園/可园
かえん　kěyuán

広州番禺の余蔭山房（→P.57）、仏山禅城の梁園（→P.71）、仏山順徳の清暉園（→P.72）とともに広東四大名園に数えられる庭園。

現在の東莞市出身の官吏であった張敬修（書家としても有名）が罷免され、故郷に戻った後、1850（清の道光30）年から8年の歳月をかけて完成させたもの。名称は可軒や可堂など、敷地内に「可」のつく建物が多くあることに由来する。

庭園は2204㎡と小さいが、敷地内に楼閣や住宅、客庁などの建築物、花園、回廊、池などを見事に配置している。なかでも可園を代表する建物は、高さ17.5mの邀山閣。最上階に上って周辺や園内の景観を堪能することができる。

高台から見た可園

可園
Ⓜ P.107-B3
住 莞城区可園路32号
☎ 22223600
オ 9:00～17:30
※入場は閉園30分前まで
休 火曜
料 8元
交 L1、LG1、C2、4、7、L5A、20、X20、21路バス「可园」
U www.dgkeyuan.org

可園を代表する建築物、邀山閣（可堂楼）

可園を造った張敬修の座像

虎門鎮の見どころ

★★★ アヘン戦争の激戦地　1～2時間

威遠砲台/威远炮台
いえんほうだい　wēiyuǎn pàotái

威遠砲台は、虎門鎮西部に位置するアヘン戦争時の古戦場址。林則徐のアヘン取り締まりに反発したイギリスは軍艦を派遣し、清朝に圧力をかけ、林則徐を罷免させた。さらに香港などの割譲を迫ると、さすがに清朝は拒否。そこでイギリスは軍艦による攻撃を開始した。

清朝は珠江河口の川幅の狭くなった地点に早くから威遠、鎮遠、靖遠などの砲台を築いていたが、広東水師提督関天培に命じ、守備を任せた。1841年2月26日、軍艦が姿を現し、戦闘が開始された。しかし、火力の差は歴然としており、善戦むなしく守備隊200人は全滅した。

三日月状の河岸に残る威遠砲台は、1996年に修復されたもので全長は360m。頭上に現代的な虎門大橋が架かり、中国人に人気の撮影ポイントとなっている。また、東に道なりに10分ほど進むと海戦博物館に着くので、合わせて観光するとよいだろう。

往時の様子を再現している

威遠砲台
Ⓜ P.107-A2
住 虎門鎮威遠島南面社区環島路
☎ 85527154
オ 4～10月8:30～17:30
11～3月8:30～17:00
※入場は閉門30分前まで
休 なし
料 無料
交 莞城区乗車＝L1路バス「威远海战馆」。徒歩10分
虎門鎮乗車＝16路バス「威远海战馆」。徒歩10分
※莞城区からL1路で行く場合、所要1時間45分

威遠砲台から見える虎門大橋

★★★ 林則徐とアヘン戦争に関する記念館 1時間

鴉片戦争博物館(虎門林則徐紀念館)/
アヘンせんそうはくぶつかん (こもんりんそくじょきねんかん)

鸦片战争博物馆(虎门林则徐纪念馆)
yāpiànzhànzhēng bówùguǎn (hǔmén línzéxú jìniànguǎn)

19世紀中期の政治家林則徐の功績をたたえる展示館。虎門の市街地北側の銷煙池跡地に、1957年建設された。総面積約4万㎡の敷地内には、展示館のほかに、林則徐が没収したアヘンを廃棄した銷煙池跡、林則徐の銅像などもある。

清との貿易で輸入超過に悩んでいたイギリスは、その解決策としてインドで栽培製造したアヘンを密輸することを考え出した。この結果、中国にはアヘンが蔓延し、社会は退廃し、経済的にも問題を生じるようになっていった。1837年、湖広総督に任命された林則徐は、この状況に取り組み成果を挙げた。これを知った道光帝は彼を広東省に派遣し、アヘンの根絶を目指した。1838年、広東省に赴任した林則徐は早速改革に取り組み、翌年には外国商人に提出させた1188トンにも及ぶ密輸アヘンを銷煙池で処分した。これを契機にアヘン戦争が勃発、戦争に敗れた清朝はイギリスに屈服し、林則徐を罷免した。林則徐は左遷先でも善政を行い、いまも中国民衆の尊敬を受けている。

鴉片戦争博物館(虎門林則徐紀念館)
M P.109-A1
住 虎門鎮解放路113号
☎ 85512065
オ 4~10月8:30~17:30
11~3月8:30~17:00
※入場は閉館30分前まで
休 月曜
料 無料
交 3A路バス「则徐公园」
U www.ypzz.cn

鴉片戦争博物館の外観

鴉片戦争をテーマとした塑像

ホテル

銀城酒店
ぎんじょうしゅてん
银城酒店 yínchéng jiǔdiàn

南城区の繁華街に位置する高級ホテル。サウナ、ジム、プールなどを完備。
両替 ビジネスセンター インターネット

★★★★★
M P.107-B4
住 南城区莞太路48号
☎ 22828888 FAX 22818168
S 398~498元 T 398~498元
サ なし カ ADJMV

宏遠酒店
こうえんしゅてん
宏远酒店 hóngyuǎn jiǔdiàn

ホテル内には有名な海鮮料理レストランのほかに西洋料理レストランもある。
両替 ビジネスセンター インターネット U www.dghy.cn

★★★★
M P.107-B4
住 南城区宏遠路1号
☎ 22418888 FAX 22814630
S 597~689元 T 597~689元
サ なし カ ADJMV

錦江之星 東莞麦徳龍酒店
きんこうしせい とうかんばくとくりゅうしゅてん
锦江之星 东莞麦德龙酒店 jǐnjiāngzhīxīng dōngguǎn màidélóng jiǔdiàn

「経済型」チェーンホテル。東莞総合バスターミナルや華南MALLに近い。客室はシンプルだが、設備は充実。
両替 ビジネスセンター インターネット U www.jinjianginns.com

M P.107-A3
住 万江区金鰲大道北1号
☎ 22183258 FAX 22182558
S 219~239元 T 199~219元
サ なし カ 不可

錦江之星 風尚東莞虎門黄河時装城酒店
きんこうしせい ふうしょうとうかんこもんこうがじそうじょうしゅてん
锦江之星 风尚东莞虎门黄河时装城酒店 jǐnjiāngzhīxīng fēngshàngdōngguǎn hǔmén huánghé shízhuāng chéngjiǔ

「経済型」チェーンホテル。客室内は明るく清潔。近くに路線バスの停留所があり、見どころへの移動に便利。
両替 ビジネスセンター インターネット U www.jinjianginns.com

M P.109-A1
住 万江区金鰲大道北1号虎門鎮人民南路97号 ☎ 86093666
FAX 86090333 S 179~199元
T 169~189元 サ なし カ 不可

旅行会社

東莞市中国旅行社
とうかんしちゅうごくりょこうしゃ
东莞市中国旅行社 dōngguǎnshì zhōngguó lǚxíngshè

航空券の手配が可能。手数料は事前に問い合わせること。車のチャーター料は、東莞市が広いため目的地を事前に伝えて決める。日本語ガイドは予約が必須。U www.dgcts.com

M P.107-B4
住 南城区元美路華凱広場A座2階
☎ 22218288 FAX 21863777
オ 9:00~18:00
休 なし カ 不可

地王大廈から眺める深圳の夜景

発展し続ける経済特区

深圳（しんせん）

深圳（シェンジェン） Shēn Zhèn　市外局番 **0755**

都市データ

深圳市
人口＝299万人
面積＝2007㎢
8区を管轄

市公安局出入境管理処
（市公安局出入境管理处）
Ⓜ **P.117-A2**
住 羅湖区解放路4016号
☎ 84465490
オ 9:00～12:00、14:00～18:00
休 土・日曜、祝日
観光ビザを最長30日間延長可能。手数料は160元

市人民医院（市人民医院）
Ⓜ **P.115-F4**
住 羅湖区東門北路1017号
☎ 25533018
オ 24時間　休 なし

●市内交通
【地下鉄】 2018年11月現在、8路線が営業。詳しくは公式ウェブサイトで確認を
深圳地鉄
U www.szmc.net
路線図→P.346～347上
【路線バス】 運行時間の目安は6:00～23:00、市区2～6元。郊外行きが2～35元
【タクシー】 初乗り2㎞未満10元、2km以上1kmごとに2.6元加算。さらに燃油代1～3元加算（ガソリン価格の変動とリンク）

概要と歩き方

深圳の前身は宝安県。もともとは、2万人ほどの客家が暮らす小さな漁村に過ぎなかった。1979年に深圳市に昇格し、その翌年に中国初の経済特区となるや、1980年代の改革開放政策も追い風となり、数年で中国でも有数の近代的な都市に生まれ変わり、中国各地から人々が集まる都市となった。この結果、広東省では珍しく「普通話（共通語）」が話される場所となったのは興味深い。空港は市西部の大規模開発エリアにある。南側を香港特別行政区と接しており、往来にはパスポートが必須。陸路での出入境ゲートは、羅湖、皇崗、福田・落馬洲、深圳湾、沙頭角、文錦渡の6ヵ所（鉄道は香港で出入境手続きを行う）。鉄道や地下鉄、バスが整備されており、手軽に移動できる。

気候は亜熱帯に属しているが、冬の最低気温は1.4℃を記録したこともあるほどで意外に寒い。一方、夏（5～9月）は高温多湿で、台風の影響もよく受ける。

深圳の公共交通網はよく整備されているので行動しやすいだろう。特に地下鉄は8路線あり、市内の主要アクセスポイントを結んでいる。

繁華街は羅湖区の人民南路、春風路、東門南路、深南東路で囲まれたエリア。ビジネスマンや観光客の利用するホテルやショッピング施設がここに集まっている。見どころは、郊外のビーチリゾートや市の西部に造られたアミューズメント系の観光施設。これらは地下鉄や路線バスを使って比較的簡単に回ることができる。

蛇口港の海上世界は深圳の人気観光スポットだ

	1月	2月	3月	4月	5月	6月	7月	8月	9月	10月	11月	12月
平均最高気温(℃)	19.0	19.0	22.0	26.0	29.0	30.0	32.0	31.0	30.0	28.0	24.0	21.0
平均最低気温(℃)	10.0	12.0	15.0	19.0	22.0	24.0	25.0	25.0	23.0	20.0	16.0	12.0
平均気温(℃)	14.0	15.0	18.0	22.0	25.0	27.0	28.0	28.0	27.0	24.0	20.0	16.0
平均降水量(mm)	27	50	67	147	247	305	316	336	265	46	37	24

町の気象データ（→P.237）：「预报」>「广东」>「深圳」>区から選択

※新しくできた龍華区は「宝安」、坪山区は「龙岗」を選択

ACCESS

中国国内の移動 ➡ P.341　空港見取図 ➡ P.331　鉄道時刻表検索 ➡ P.30

飛行機

羅湖区の北西約30kmに位置する深圳宝安国際空港（SZX）を利用する。

国際線 成田（7便）、関西（12便）。

国内線 便数の多いアモイ、福州、南昌、海口、上海とのアクセスが便利。

所要時間（目安） 福州（FOC）／1時間30分　アモイ（XMN）／1時間10分　南寧（NNG）／1時間20分　南昌（KHN）／1時間45分　長沙（CSX）／1時間10分　張家界（DYG）／1時間45分　海口（HAK）／1時間15分　三亜（SYX）／1時間40分　上海浦東（PVG）／2時間25分

鉄道

深圳駅、深圳西駅、深圳北駅、福田駅を利用するが、深圳北駅と福田駅は高速鉄道専用駅。香港の紅磡駅発着を除きほとんどが始発。深圳へは主要都市からアクセス可能。なお、目的地によって利用する駅が変わるので注意が必要。

所要時間（目安）【**深圳（sz）**】広州東（gzd）／城際：1時間15分　広州（gz）／城際：1時間30分　韶関東（sgd）／直達：4時間10分　【**深圳西（szx）**】広州（gz）／快速：2時間10分　【**深圳北（szb）**】広州南（gzn）／高鉄：30分　韶関（sg）／高鉄：1時間25分　福州南（fzn）／動車：5時間10分　長沙南（csn）／高鉄：3時間　【**福田（ft）**】広州南（gzn）／高鉄：40分　韶関（sg）／高鉄：1時間55分

バス

市内には多くのバスターミナルがあるが、旅行者に便利なのは羅湖バスターミナルと福田バスターミナルのふたつ。広州や東莞、仏山、肇慶、恵州、マカオなどにアクセス可能。

所要時間（目安） 広州／2時間　仏山／2時間30分　恵州／1時間30分　マカオ／3時間

船

市内のふたつのフェリーターミナルと香港、マカオを結ぶ航路、珠海とを結ぶ航路がある。

所要時間（目安） スカイピア（香港国際空港）／30分　香港マカオフェリーターミナル／1時間　マカオフェリーターミナル／1時間　マカオタイパ臨時フェリーターミナル／1時間　珠海／1時間

DATA

飛行機

■ **深圳宝安国際空港**（深圳宝安国际机场）
Ⓜ **P.114-A2**　住 宝安区深圳宝安国際空港
☎ 23456789　オ 始発便～最終便
休 なし　カ 不可　U www.szairport.com
［移動手段］**エアポートバス**／路線多数あり。詳細→U www.szairport.comより「机场交通」>「机场大巴」　**タクシー**（空港～地下鉄老街駅）／120元、所要50分が目安　**地下鉄**／11号線「机场」
　航空券売り場で3カ月以内の航空券を販売。

■ **華聯大廈航空券鉄道切符売り場**
（华联大厦航空火车联合售票处）
Ⓜ **P.115-E4**　住 羅湖区深南中路2008号華聯大廈内
☎ 83668292　オ 9:00～18:00　休 なし　カ 不可
［移動手段］**タクシー**（華聯大廈航空券鉄道切符売り場～地下鉄老街駅）／15元、所要10分が目安　**地下鉄**／1号線「科学馆」
　3カ月以内の国内線航空券を販売。

鉄道

■ **深圳駅**（深圳火车站）
Ⓜ **P.117-B3**　住 羅湖区建設路1003号
☎ 共通電話＝12306　オ 6:30～翌0:20
休 なし　カ 不可
［移動手段］**タクシー**（深圳駅～地下鉄老街駅）／15元、所要10分が目安　**地下鉄**／1号線「罗湖」
　2日以内の切符を販売。

■ **深圳北駅**（深圳火车北站）
Ⓜ **P.114-A2**　住 龍華区民治街道民塘路
☎ 共通電話＝12306　オ 6:00～24:00
休 なし　カ 不可
［移動手段］**タクシー**（深圳北駅～地下鉄老街駅）／50元、所要35分が目安　**地下鉄**／4、5号線「深圳北站」
　2日以内の高速鉄道切符を販売。有人の切符売り場は南口の東側。「新深圳站」とも呼ばれる。

■ **深圳西駅**（深圳火车西站）
Ⓜ **P.116-A2**　住 南山区学府路と月亮湾大道の交差点　☎ 共通電話＝12306　オ 6:50～22:00
休 なし　カ 不可
［移動手段］**タクシー**（深圳西駅～地下鉄老街駅）／80元、所要1時間が目安　**路線バス**／36、58、229、234路「南头火车西站」
　2日以内の切符を販売。

■ **福田駅**（福田火车站）
Ⓜ **P.115-D4**　住 福田区益田路
☎ 共通電話＝12306　オ 6:30～23:10
休 なし　カ 不可
［移動手段］**タクシー**（福田駅～地下鉄老街駅）／22元、所要25分が目安　**地下鉄**／2、3、11号線「福田」。
　2日以内の切符を販売。高速鉄道専用駅。

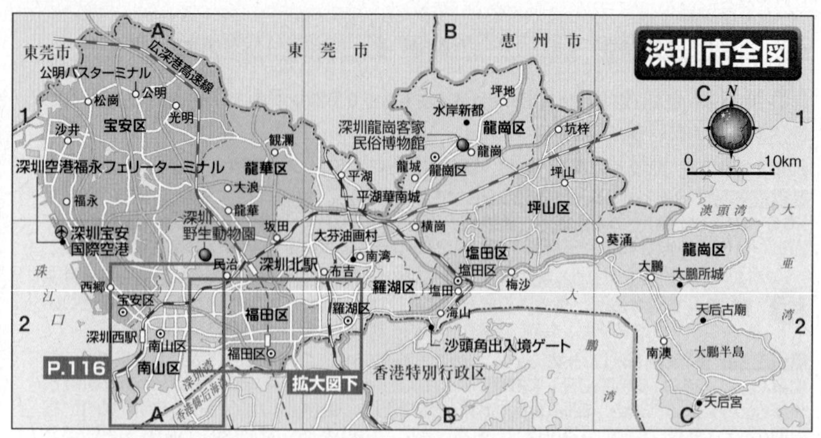

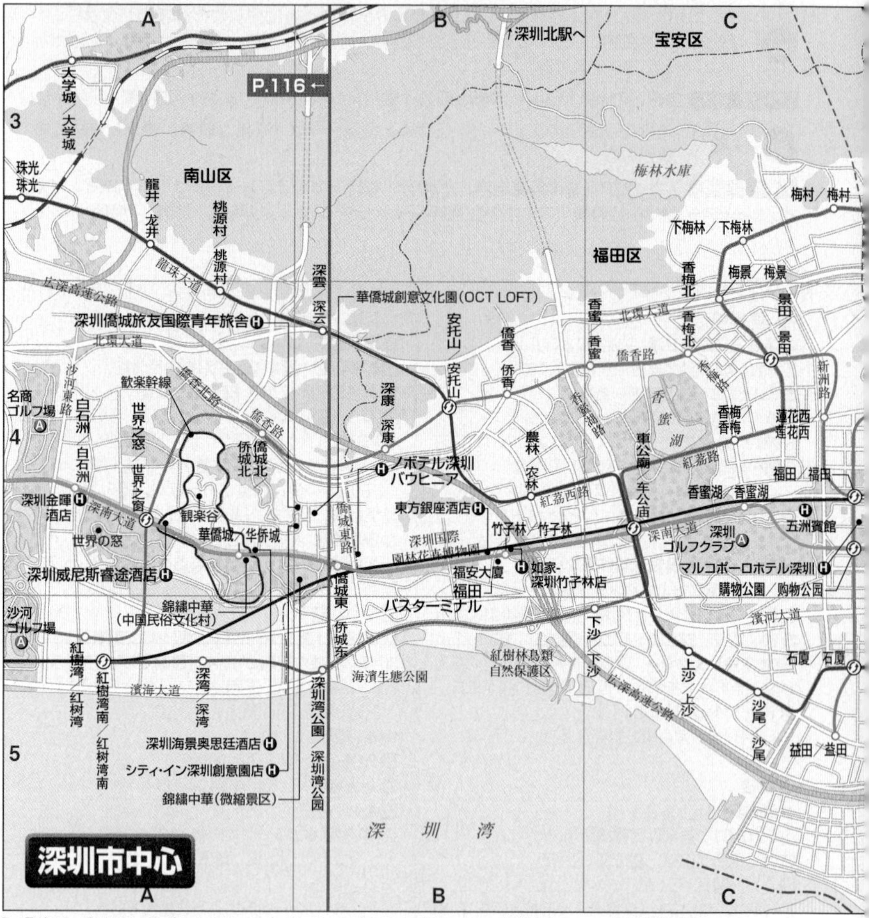

深圳市中心

深圳北駅へ
宝安区
P.116 ←
大学城／大学城
珠光／珠光
南山区
龍井／龙井
桃源村／桃源村
龍珠大道
広深高速公路
深雲／深云
華僑城創意文化園（OCT LOFT）
深圳僑城旅友国際青年旅舎
北環大道
梅林水庫
梅村／梅村
下梅林／下梅林
福田区
梅景／梅景
香梅北／香梅北
景田／景田
香蜜／香蜜
北環大道
安托山／安托山
僑香／侨香
僑香路
新洲路
名商ゴルフ場
沙河東路
白石洲／白石洲
歓楽幹線
世界之窓／世界之窗
僑香北路
僑香路
僑城北／侨城北
深康／深康
香蜜湖
香梅／香梅
蓮花西／莲花西
農林／农林
車公廟／车公庙
紅荔路
ノボテル深圳バウヒニア
深圳金暉酒店
深南大道
紅荔西路
福田／福田
香蜜湖／香蜜湖
観楽谷
世界の窓
華僑城／华侨城
東方銀座酒店
僑城東路
竹子林／竹子林
深圳国際園林花卉博物園
深南大道
深圳ゴルフクラブ
五洲賓館
マルコポーロホテル深圳
深圳威尼斯睿途酒店
福安大廈
福田
如家-深圳竹子林店
購物公園／购物公园
錦繡中華（中国民俗文化村）
僑城東／侨城东
バスターミナル
濱河大道
沙河ゴルフ場
下沙／下沙
紅樹湾／红树湾
紅樹湾南／红树湾南
深湾／深湾
濱海大道
深圳湾公園／深圳湾公园
海濱生態公園
紅樹林鳥類自然保護区
広深高速公路
上沙／上沙
沙尾／沙尾
石厦／石厦
益田／益田
深圳海景奥思廷酒店
シティ・イン深圳創意園店
錦繡中華（微縮景区）
深圳湾

●●見どころ　Ⓗホテル　Ⓖグルメ　Ⓢショップ　Ⓐアミューズメント　病院　高速道路　- - - 高速鉄道（地下）

バス

■ 羅湖バスターミナル（罗湖汽车客运站）
Ⓜ **P.117-B3**
住 羅湖区建設路火車站東広場羅湖商業城
☎ 82321670　オ 7:30～20:00　休 なし　カ 不可
[移動手段] タクシー（羅湖バスターミナル～地下鉄老街駅）／15元、所要10分が目安　**地下鉄**／1号線「罗湖」

3日以内の切符を販売。広州（省バスターミナル：50便）など広東省内各地、マカオに向かう長距離バスがメイン。

■ 福田バスターミナル（福田汽车站）
Ⓜ **P.114-B4**　住 福田区深南大道8001号福安大廈内
☎ 83587526　オ 3:30～21:00　休 なし　カ 不可
[移動手段] タクシー（福田バスターミナル～地下鉄老街駅）／40元、所要25分が目安　**地下鉄**／1号線「竹子林」

7日以内の切符を販売。広州（天河：10便、省バスターミナル：12便）など広東省内各地、香港に向かう長距離バスがメイン。

船

■ 蛇口郵輪母港（蛇口邮轮母港）
Ⓜ **P.116-A3**　住 南山区蛇口港湾一路1号客運大楼
☎ 香港、マカオ＝26691213　国内＝26695600
オ 7:00～21:00　休 なし　カ 不可
Ⓤ www.cmskchp.com
[移動手段] タクシー（蛇口フェリーターミナル～地下鉄老街駅）／80元、所要50分が目安　**地下鉄**／2号線「蛇口港」下車、乗り継ぎバスで所要1分、1元

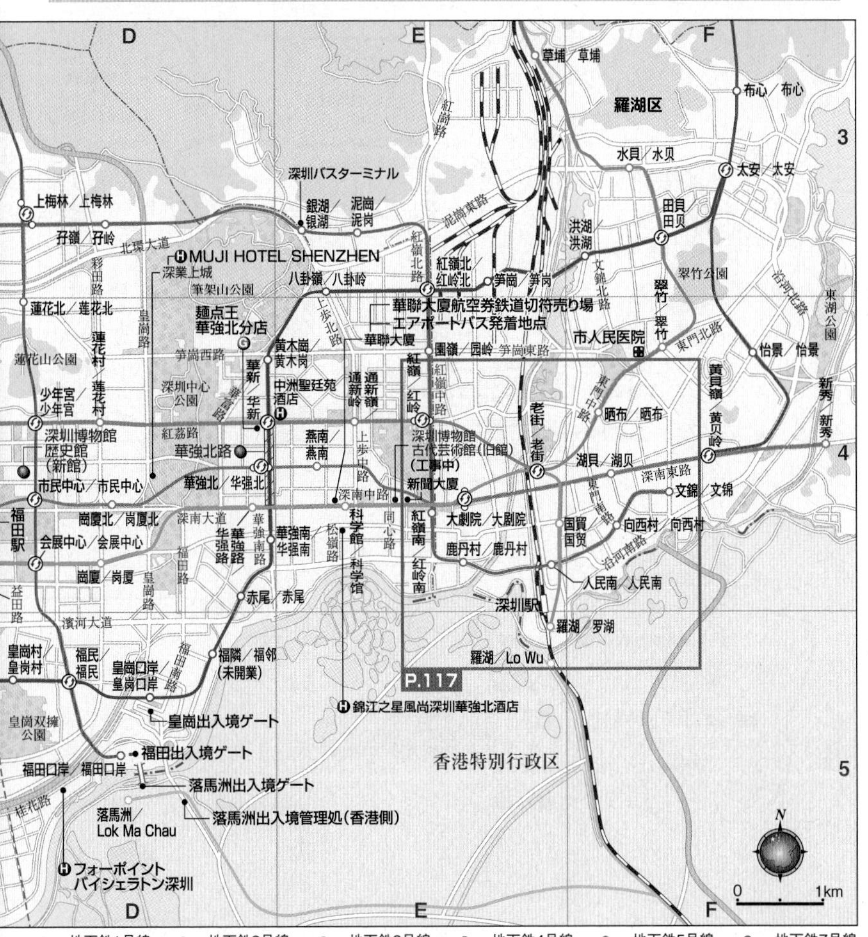

30日以内の乗船券を販売。航路はスカイピア(14便)、香港(香港マカオフェリーターミナル：8便)、マカオ（マカオフェリーターミナル：8便、タイパ臨時フェリーターミナル：12便)、珠海(26便)。

■ **深圳空港福永フェリーターミナル**
（深圳机场福永码头）

Ⓜ **P.114-A2** 住 宝安区宝安大道機場段西側
☎ 23455300、23455388 オ 7:30～18:30
休 なし カ 不可 U jcmt.szairport.com

[移動手段] タクシー（深圳空港福永フェリーターミナル～地下鉄老街駅）／120元、所要50分が目安
地下鉄／11号線「机场」 ※7:45～18:30の間、深圳宝安国際空港との間に無料のシャトルバスがある

5日以内の乗船券を販売。航路は香港（スカイピア：4便)、マカオ（マカオフェリーターミナル：4便)など。

中心部の見どころ

★★★ ベイサイドに生まれた新観光スポット　2～6時間

海上世界／海上世界

かいじょうせかい　hǎishàng shìjiè

深圳市南西部に位置する蛇口フェリーターミナルに隣接するベイサイドの開発エリアは、海上世界と呼ばれ、多くの文化施設やレストラン、ホテル、アミューズメント施設が集まっている。もともとこの地区は、1980年代に始まった中国の改革開放政策の前進基地で、海外企業の投資による工場群が集積し、「世界の工場」と呼ばれていた。2000年代以降はさらなる発展を遂げ、

「I Love SK（Shekou 蛇口）」のオブジェが立つ

海上世界
Ⓜ **P.116-B3**
住 南山区蛇口
オ 店舗による
交 地下鉄2号線「海上世界」
U seaworldchina.mxprint.com

蛇口郵輪母港からは香港やマカオ行きフェリーが出る

羅湖区中心

●見どころ　Ⓗホテル　Ⓖグルメ　Ⓢショップ　Ⓣ旅行会社　繁華街　高速道路
地下鉄1号線　地下鉄2号線　地下鉄3号線　地下鉄9号線　乗り換え駅

インフォメーション

中国改革開放蛇口博物館
Ⓜ P.116-B3
住 南山区蛇口望海路1187号 海上世界文化芸術中心
☎ なし　オ 10:00～20:30
休 月曜　料 無料
交 地下鉄2号線「海上世界」
U www.skmuseum.com

蛇口地区を中心に深圳の40年の発展の歴史を展示した博物館。初期には旧サンヨーや日立などの日本企業が進出し、工場群を形成していった過程がわかる。

社会主義の時代に忘れられていた「时间就是金钱（時は金なり）」が深圳のキャッチフレーズとなった

南海意庫のビルの壁面には今でも「SANYO」のロゴが残る

海上世界文化芸術中心
Ⓜ P.116-B3
住 南山区蛇口望海路1187号
☎ 26671187　オ 10:00～22:00
休 月曜　料 展示による
交 地下鉄2号線「海上世界」
U www.designsociety.cn/cn/index/about/SWCAC

中国新世代による手作りクラフトの作品展を開催

ヴィクトリア&アルバート博物館のテーマは社会のデザイン化とその未来にある

この地区にはリゾートホテルやレストラン、高級マンションがある

今日では中国を代表する先進企業である携帯電話のファーウェイやWeChat Payを開発したテンセント、電気自動車のＢＹＤなどの拠点となり、「中国のシリコンバレー」と呼ばれるほどになった。

その発展を支えたのが、中国全土から集まってきた若い人材と労働者だ。広東省にありながら、「来了就是深圳人（来ればあなたも深圳人）」という歌もあるほどで、海上世界文化芸術中心内にはその歴史を解説する中国改革開放蛇口博物館もある。

地下鉄駅に近い興華路にある旧サンヨーの工場跡周辺をリノベーションして生まれた南海意庫は、注目のスポットだ。デザイン事務所やカフェ、アパレルショップなどがテナントに入り、ビルの周囲にからみつくツタがエコでクリエイティブなイメージを喚起させる。

南海意庫ではテレビドラマや雑誌の撮影などもよく行われている

★★★ 深圳の未来に向けて生まれたデザインセンター　1～2時間

海上世界文化芸術中心/海上世界文化艺术中心

かいじょうせかいぶんかげいじゅつちゅうしん　hǎishàng shìjiè wénhuà yìshù zhōngxīn

2017年末に海上世界の海沿いの一画に誕生した複合文化センターで、4階建ての館内には、美術ギャラリーや中国改革開放蛇口歴史博物館、多目的ホール、アート教室、デザイン会社の展示スペース、カフェなど、デザイン都市を目指す深圳の未来を意識した文化施設が詰め込まれている。なかでも重要な施設が、美術工芸品と設計デザインの分野で世界的に名高いイギリスのヴィクトリア&アルバート博物館と提携した施設で、人々の生活をより豊かなものにするための新しい提案を行っている。同館の設計を担当したのは日本人建築家の槇文彦で、海と町、公園に開口した空間にドラマチックな空間を造り出している。

中国の若者に人気の日本アニメ「ワンピース展」は中国6都市を巡回中

★★ 深圳に関する展示を中心とする博物館

深圳博物館/深圳博物馆
しんせんはくぶつかん shēnzhèn bówùguǎn

深圳博物館は歴史館(新館)と古代芸術館(旧館)に分かれ、歴史や収蔵物の展示を行っている。

歴史館は福田区の新シンボル「市民中心」の東側の一画に、2008年12月オープン。「古代の深圳」、「近代の深圳」、「深圳の民俗文化」、「改革開放前の深圳」、「深圳改革開放史」のホールに分けて、深圳を中心とした広東省の歴史を豊富な出土品や写真、模型などで説明しており、展示品は非常に充実している。

深圳博物館歴史館(新館)
Ⓜ **P.115-D4**
住 福田区福中路市民中心A区
☎ 88125550
オ 9:00～18:00
※入場は閉館30分前まで
休 月曜
料 無料
交 ①地下鉄2、4号線「市民中心」
②38、41、64、123、235路バス「市民中心」

深圳博物館歴史館の建物

★ 展望台から市内の景観を楽しもう

地王大廈/地王大厦
ちおうたいか dìwáng dàshà

深圳有数の高層ビルでランドマーク的な存在。その高さは東京タワーより約50m高い384m。下層部はショッピング&グルメモール、上層部はオフィスフロアとサービスアパートメントになっている。

深圳書城側から見た地王大廈

300mの地点にある69階には「深港之窓」(深圳と香港の窓)と名づけられた展望ロビーが設置されている。深圳市繁華街の夜景や眺望が楽しめるほか、鄧小平(とうしょうへい)とサッチャー英国首相の香港返還会談場面の再現など、深圳と香港の足跡をたどる展示を観ることができる。

地王大廈
Ⓜ **P.117-A2**
住 羅湖区深南東路5002号信興広場商業中心
☎ 82462232
オ 8:30～23:00
※入場は閉館1時間前まで
休 なし 料 深港之窓=80元
交 ①地下鉄1、2号線「大劇院」
②25、29、103、104、113、204、215路バス「深圳书城」
U www.szmvc.com.cn

手前は羅湖の中国イミグレーション、背後に香港のマンション群の明かりが見える

1982年に鄧小平とサッチャー首相の間で行われた会談の場面を表すろう人形

★ 深圳が誇る電気街

華強北路/华强北路
かきょうほくろ huáqiáng běilù

福田区に位置する一大電気街。深圳在住の日本人の間では「深圳の秋葉原」とも呼ばれている。深南大道との交差点角にあるビル「賽格広場」には、プロユースの電子部品(例えばICチップなど)を売る小さな店舗がぎっしり入居している。

携帯電話のすべてを扱う店が集まるビルもあり、完成品のみならず、細かいパーツも売っている。この通りを歩くだけでも、深圳の電子産業の一部を垣間見ることができるので、興味のある人には非常におもしろい所だ。

華強北路
Ⓜ **P.115-D4**
住 福田区華強北路周辺
オ 電子部品関係の店舗
9:00～18:00が目安
休 店舗による
交 ①地下鉄1号線「华强路」。2、7号線「华强北」
②9、12、59、302路バス「华强北」

深圳野生動物園
Ⓜ P.116-C1
住 南山区西麗路4065号
☎ 26621798
オ 9:30～18:00
※入場は閉園1時間前まで
休 なし
料 240元（入場料＋海洋天地）
交 ①地下鉄7号線「西丽湖」
②101、104、226路バス「动物园」
U www.szzoo.net

間近で猛獣を見る機会もある

インフォメーション

おもなショーの上演時間
歓楽の海洋（海洋天地）
＝12:45、13:30、15:00、17:15
動物オールスター（大型表演広場）
＝11:00、16:20
鳥類ショー（鳥類表演館）
＝11:00、12:00、13:00、14:00、15:00
大象ショー（野象谷）
＝11:00、13:00、15:00
※天候によって中止になることがある

★ サファリパークエリアもある動物園

深圳野生動物園／深圳野生动物园

しんせんやせいどうぶつえん　shēnzhèn yěshēng dòngwùyuán

西麗湖の近くにある動物園。60万㎡以上ある広い敷地内で、中国内外から集められたさまざまな種類の動物が飼われている。中央部の猛獣谷は放し飼いエリアで、それを囲むようにして草食動物や鳥、爬虫類の檻や池、遊園地などが配されている。猛獣谷には高架通路が張り巡らされ、そこから下にいるライオン、トラ、クマ、オオカミなどを眺めることになる。車から動物を眺めたり、猛獣に餌をやったりと、サファリパークのような楽しみ方ができるのもここ。

動物のショーも人気で、ライオンやトラなどによるショーは迫力たっぷり。また、海洋天地ではイルカやアシカのショーが楽しめる。入場したらまずショーの時間と場所をチェックしてから回るとよい。

東門歩行街
Ⓜ P.117-B1～2
住 羅湖区深南東路、東門中路、新園路に囲まれたエリア
オ エリア内の店舗
11:00～20:00が目安
休 店舗による
交 ①地下鉄1、3号線「老街」
②1、3、7、29、103、113、203、351路バス「门诊部」

★ 深圳一の繁華街

東門歩行街／东门步行街

とうもんほこうがい　dōngmén bùxíngjiē

羅湖区にある繁華街で、安い服や靴の小売り店が多い。この一帯は明代後期からあった街で、古くは「老街」と呼ばれていた。経済特区の成立とともに成長し、深圳市内で最も早く発展した商業エリアである。西華宮購買広場にはファッション関連の卸売店舗が多く入居している。小売りも可能なので、値切ってショッピングしてみよう。

再開発が進む東門歩行街

深圳龍崗客家民俗博物館
Ⓜ P.114-B1
住 龍崗区龍崗街道南聯社区羅瑞合北街1号
☎ 84296258
オ 9:00～17:30
休 月曜
料 10元
交 ①地下鉄3号線「南联」。C1出口から出て、地下鉄の進行方向に沿って5分の場所にある龍崗歩行街で左へ曲がり、さらに徒歩5分
②309、329、351、366、380A、651路バス「龙岗街道办」。徒歩15分

郊外の見どころ

★★ 深圳最大級の客家住居

深圳龍崗客家民俗博物館／深圳龙岗客家民俗博物馆

しんせんりゅうこうハッカみんぞくはくぶつかん　shēnzhèn lónggǎng kèjiā mínsú bówùguǎn

広東省客家（ハッカ）の住居囲屋（ウェイウー）（土楼の一種）を紹介する博物館。現存する市内最大級の鶴湖新居（かくこしんきょ）の価値の高さから、1996年に博物館として保存することとなった。

鶴湖新居は、1817（清の嘉慶22）年に羅一族が3代にわたり、数十年の時間をかけて完成させた集合住宅で、敷

地面積は2万5000㎡にも及ぶ。祖先を祀る3つの祖堂を中心にして、「回」字形（二重囲み）に住居を配置している。外の住居は住居を守る城壁の役割を果たしており、要塞として成立した囲屋の特質をよく表している。

羅一族は、福建省寧化を原籍とする一族で、江西省・広東省興寧（梅州市の南西）を経由して18世紀中頃この地に移り住んだといわれている。囲屋は江西省南部に起源をもつ土楼であり、梅州はそれを発展させた囲龍屋の本場。羅氏は両者の優れたところを合わせ、鶴湖新居を生み出した。

300以上もの部屋数がある

ホテル

シャングリ・ラ ホテル 深圳 しんせん
深圳香格里拉大酒店 shēnzhèn xiānggélǐlā dàjiǔdiàn

空港までは車で40分で、香港特別行政区とのボーダーに隣接する便利な立地。快適なステイが楽しめる。

両替 ビジネスセンター インターネット U www.shangri-la.com/jp

★★★★★
M P.117-B3
住 羅湖区建設路1002号
☎ 82330888 FAX 82339878
S 890～970元 T 890～970元
サ 10%＋6% カ ADJMV

深圳威尼斯睿途酒店 しんせんヴェニスえいとしゅてん
深圳威尼斯睿途酒店 shēnzhèn wēinísī ruìtú jiǔdiàn

イタリア・ヴェニス（威尼斯）のテイストを設計に取り入れたホテル。館内はヨーロッパのような雰囲気で楽しい。

両替 ビジネスセンター インターネット U www.szvenicehotel.com

★★★★★
M P.114-A4
住 南山区深南大道9026号
☎ 26936888 FAX 26936999
S 848～1018元 T 848～1018元 サ 10%＋6% カ ADJMV

クラウンプラザ・ホテル＆スイーツ ランドマーク深圳 しんせん
深圳富苑皇冠假日套房酒店 shēnzhèn fùyuànhuángguān jiàrìtàofáng jiǔdiàn

深圳駅や羅湖出入境ゲートまで車で5分の立地で、全客室がスイートルーム。バトラーによる24時間体制のサービスもある。

両替 ビジネスセンター インターネット U www.szlandmark.com.cn

★★★★★
M P.117-B2
住 羅湖区南湖路3018号
☎ 82172288 FAX 82191118
S 938～1038元 T 938～1038元 サ 10%＋6% カ ADJMV

ノボテル深圳バウヒニア しんせん
博林诺富特酒店 bólín nuòfùtè jiǔdiàn

周囲を緑に囲まれた静かな環境にあるノボテルホテル。「錦繍中華」や「世界の窓」に近く、観光に便利。

両替 ビジネスセンター インターネット U www.accorhotels.com

★★★★
M P.114-B4
住 福田区僑城東路2002号
☎ 82829966 FAX 82829111
S 839～899元 T 839～899元
サ なし カ ADJMV

MUJI HOTEL SHENZHEN
むじほてるしんせん

中国で大人気の無印良品が始めたホテル第1号店は深圳に2018年1月オープンした。深業上城というショッピングモールの中にあり、無印良品のショップが隣接している。

M P.115-D4
住 福田区皇崗路5001号深業上城
☎ 23370000
S T 950元～
サ なし
カ ADJMV
U hotel.muji.com/shenzhen
両替 ビジネスセンター インターネット

深圳僑城旅友国際青年旅舎／深圳侨城旅友国际青年旅舍
しんせんきょうじょうりょゆうこくさいせいねんりょしゃ shēnzhèn qiáochéng lǚyǒu guójì qīngnián lǚshè

深圳で今最も若者に人気のある地区、OCT LOFTの中にあるユースホステル。ロビーにカフェがあり、雰囲気はいい。最寄り駅は地下鉄1号線「侨城东」A出口より徒歩5分。

M P.114-B4
住 南山区華僑城香山東街7号
☎ 86095773
S 250元～ T 250元～
D 75元～（3人部屋）
サ なし
カ 不可
U www.yhachina.com
両替 ビジネスセンター インターネット

グルメ

麺点王 華強北分店／面点王 华强北分店

めんてんおう かきょうほくぶんてん miàndiǎnwáng huáqiángběifēndiàn

点心や中華デザートなどのファストフードチェーン店。テーブルのオーダーカードを持ってカウンターに行き、オーダーする。店内は広々としていてきれい。

M P.115-D4
住 福田区華強北工業区101棟
☎ 83322953
オ 月～金曜7:30～22:00
土・日曜、祝日8:30～22:00
休 なし
カ 不可
U www.mdw.com.cn

旅行会社

深圳中国国際旅行社

しんせんちゅうごくこくさいりょこうしゃ

深圳中国国际旅行社 shēnzhèn zhōngguó guójì lǚxíngshè

国際線航空券と乗船券の手配は1枚30元。鉄道切符の手配は1枚30元。日本語ガイドは1日1万5000～2万元、市内での車のチャーターは1日500～800元。 ✉2850801512@qq.com

M P.117-B2 住 羅湖区嘉賓路4028号太平洋商貿大廈B座1909室
☎ 22190210 FAX 82477151
オ 9:00～12:00、14:00～18:00
休 土・日曜、祝日 カ 不可

コラム

新しい深圳の顔はOCT LOFTと深業上城

深圳は、工業都市から文化デザイン都市へと変貌しようとしているが、その姿を実感するふたつのスポットがある。ひとつが、かつて工場群と団地が集積した華僑城に2006年に生まれた華僑城創意文化園(OCT LOFT)。1980年代に建てられた倉庫やビル、団地が現代アートのギャラリーやライブハウス、しゃれたカフェやショップに生まれ変わっていて、中国全土から若い観光客が訪れている。イベントも豊富で、日本のミュージシャンも参加したジャズフェスティバルなども開催されている。

もうひとつは、巨大なショッピングモールの深業上城だ。テナントとして入店しているのは、よくある世界の有名ブランドではなく、中国の新進デザイン企業のショールーム兼ショップやアパレルメーカーだ。本のセレクトがユニークなブックカフェ「本来書店」も注目だ(この書店は華僑城創意文化園にもある)。MUJI HOTEL SHENZHEN(→P.121)に隣接した無印良品のショップでも、生活雑貨と一緒にデザイン関係の本が販売されているなど、このモールに来ると、今の中国人がどんな生活を求めているかよくわかる。

華僑城創意文化園(OCT LOFT)
M **P.114-B4**
住 南山区華僑城創意文化園(OCT LOFT)
☎ 店舗による オ 店舗による 交 地下鉄1号線「侨城东」A出口より徒歩5分 U www.octloft.cn

深業上城
M **P.115-D4**
住 福田区皇崗路5001号深業上城
☎ 店舗による オ 店舗による 交 地下鉄3号線「莲花村」下車、車で5分 U www.upperhills.com

1 南国らしく椰子の木や密林に覆われた華僑城創意文化園 2 古レコードや哲学書などを扱うブックカフェ「旧天堂書店」は和みのスポット(住 北区A5棟120号) 3 MUJI HOTEL SHENZHENはゴージャスさではなく、シンプルモダンを体現し、中国で注目されている 4 CEECはアメリカのショールーム兼販売モールのスタイルを持ち込んだ新タイプの商業施設

福建省（ふっけんしょう）

媽祖を祀る銀同天后宮。内部の装飾はきらびやか（福建省アモイ市）／写真:単 侃明

福建省マップ……124
福州……128　泉州……148　武夷山…162
アモイ…134　永定……154

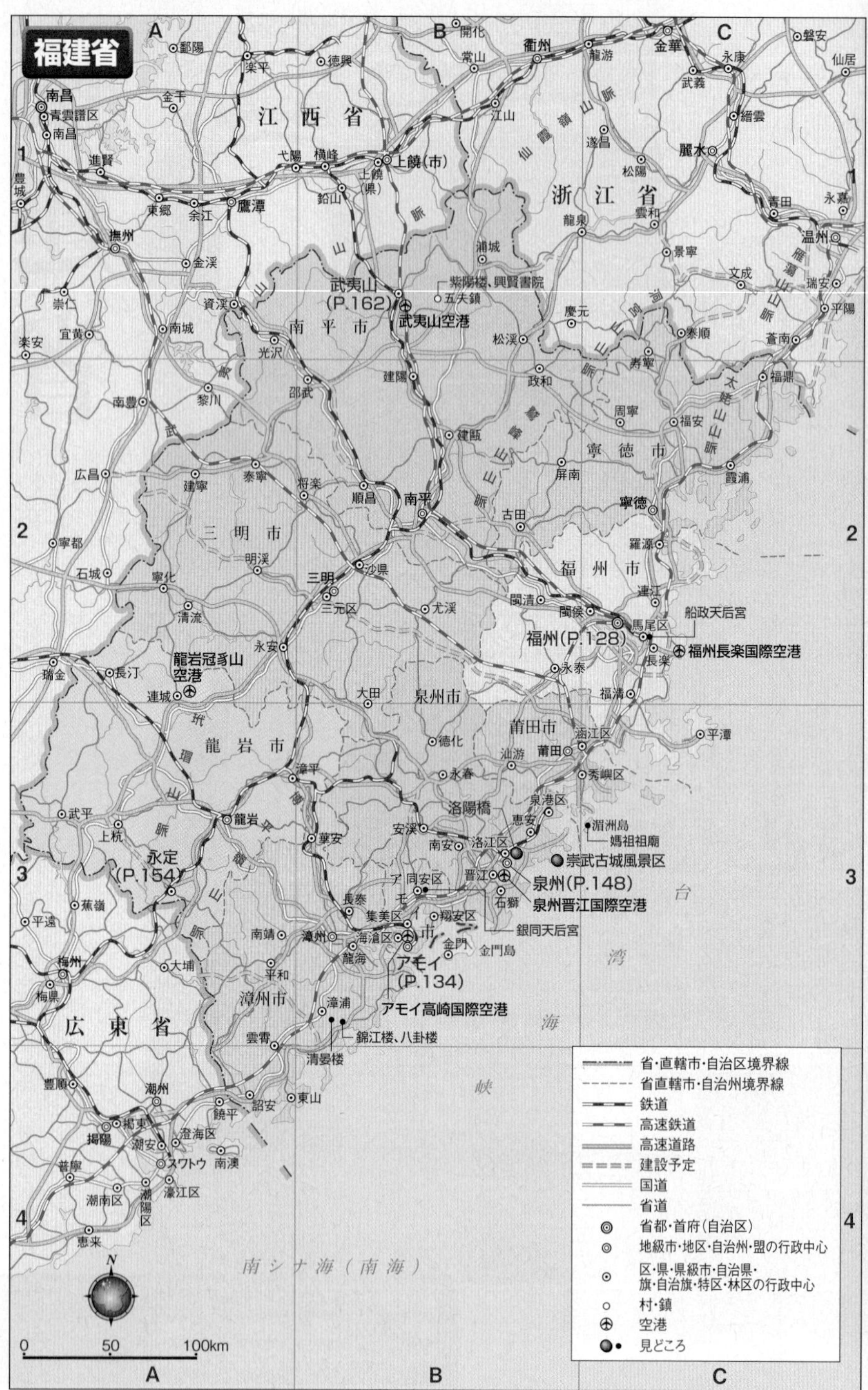
福建省
江西省
浙江省
広東省
南平市
寧徳市
三明市
福州市
泉州市
龍岩市
莆田市
漳州市
武夷山(P.162)
武夷山空港
福州(P.128)
福州長楽国際空港
龍岩冠豸山空港
永定(P.154)
泉州(P.148)
泉州晋江国際空港
アモイ(P.134)
アモイ高崎国際空港
崇武古城風景区
湄洲島
媽祖祖廟
船政天后宮
銀同天后宮
紫陽楼、興賢書院
錦江楼、八卦楼
清晏楼
洛陽橋
台湾海峡
南シナ海(南海)
省・直轄市・自治区境界線
省直轄市・自治州境界線
鉄道
高速鉄道
高速道路
建設予定
国道
省道
省都・首府(自治区)
地級市・地区・自治州・盟の行政中心
区・県・県級市・自治県・旗・自治旗・特区・林区の行政中心
村・鎮
空港
見どころ
0 50 100km

媽祖立像（莆田市秀嶼区湄洲島媽祖文化園）

福建省各地に聖母媽祖を訪ねる

いまだに多くの人の信仰を集める媽祖（莆田市秀嶼区湄洲島媽祖文化園）

媽祖祖廟山門（莆田市秀嶼区湄洲島）

媽祖の伝説

960（北宋の建隆元）年、福州市の南に位置する莆田湄洲島（現在の莆田市秀嶼区湄洲島）の林家に女の子が生まれた。その子は生まれてから1ヵ月間泣くことがなかったことから「林默」と名づけられ、人々からは「默娘」と呼ばれるようになった。

成長した默娘は天文気象に通じ、水泳にも長けていた。また、岩礁が多い島と本土の海峡にも明るく、漁民や商人に的確な指示を出せるようになった。さらに海難事故があれば救出に向かい、海上からの目印になるよう自宅を燃やすこともあった。

しかし、28歳のとき、海難事故の救出から戻ることはなく、亡くなってしまった。それを悲しんだ人々は、彼女は仙人として天に昇り、永遠に人々を守る航海の女神となったと信じることにした。以上が諸説伝わる媽祖伝説のひとつである。

媽祖信仰とその広がり

北宋代から彼女の神格化は始まったようで、歴代の皇帝から何度も褒めたたえられ、位を贈られ、神格も上がっていった。

それに呼応するように、信仰は莆田から福建省各地へ、さらに台湾や中国東南部沿岸へ、時代が下ると東南アジアから日本にまで広がっていき、2009年には世界無形文化遺産に登録された。

中国では、文化大革命期には、打破すべき迷信の代表格として徹底的に破壊されてしまったが、経済発展が進むにつれ、各地で再建され、再び多くの信者を集めるようになっている。

媽祖信仰が盛んな台湾は、各地に媽祖廟が建てられているが、廟の来歴から「湄洲媽」（莆田市秀嶼区）、「銀同媽」（アモイ市同安区）、「清渓媽」（泉州市安渓県）などの系譜に分けられている。

媽祖を祀る社は「媽祖廟」と呼ばれるが、清の第4代皇帝である康熙帝（1654〜1722年）から「天上聖母」「天后」の称号を賜って以降、「天后宮」と呼ばれることが多くなった。なお、媽祖とは現地の言葉で女性の祖先に対する尊称。

福建省各地の媽祖廟

①莆田市湄洲島

媽祖祖廟／妈祖祖庙

まそそびょう　māzǔ zǔmiào

林默の故郷である湄洲島に立つ媽祖を祀る社で、媽祖信仰の総本山ともいうべき場所。陰暦3月23日、陰暦9月9日などには、中国はもとより台湾など国内外から多くの信者が訪れる。

987（北宋の雍熙4）年の創建で、何度も修復や再建が行われた。長さ323m、幅99mのなかに、宋代の建築様式を備える寝殿（天后宮）、正殿、聖旨門などが立つ。

また、媽祖祖廟の周囲には1997年に造られた媽祖文化園があるので、興味があったら訪ねてみよう。いちばんの見どころである媽祖像は媽祖祖廟で最も高い朝天閣周辺から見ることができる。

【Data】

Ⓜ P.124-C3

住莆田市秀嶼区湄洲北大道988号

☎（0594）5094688

オ5:00～18:30　休なし

料無料

交1、2、3、6路バス「妈祖祖庙」

U www.mz-mazu.org.cn

【宿泊】

設備が整っているのは海景大酒店（島南端）と湄洲島国際大酒店（島中央）。ともに1泊300元前後（オンシーズンは400元前後）。このほか、港や媽祖廟の周辺に外国人の宿泊できるホテルがある。1泊150～200元（オンシーズンは200～300元）。

【シーズン】

5月、10月の大型連休、夏休み、陰暦3月23日前後、陰暦9月9日前後がオンシーズン。

宋代の建築様式を備える正殿

境内の様子

【湄洲島へのアクセス】

高速鉄道で「莆田」下車。駅舎南側で363路バスに乗り換え終点（「文甲码头」）。7:15～17:30の間20～30分に1便。9元、所要1時間。文甲埠頭（文甲码头）にある湄洲島旅游集散服務中心で入場券＋乗船券（往復）を購入し、船で湄洲島に向かう。

料普通船利用＝85元
　快速船利用＝105元

普通船：所要20分

4月16日～10月15日
7:00～18:00の間1時間に1便
10月16日～4月15日
7:30～17:30の間1時間に1便

快速船：所要10分

4月16日～10月15日
7:00～18:00の間20分に1便
10月16日～4月15日
7:30～17:30の間20分に1便

※スケジュールは文甲埠頭、湄洲島とも同様

正殿内に祀られる媽祖

②福州市

船政天后宮／船政天后宫

せんせいてんこうきゅう

chuánzhèng tiānhòugōng

清朝末期に活躍した洋務派官僚の左宗棠（さそうとう）が1866（清の同治5）年に設立した造船所「福州船政局（馬尾）」内に、1868（清の同治7）年に建立された媽祖廟。造船所に建てられたのは世界でひとつ。

文化大革命によって完全に破壊されたが、2008年に再建。その際には創建当初の姿を再現した。高さ12mの門楼、劇台、媽祖を祀る正殿と拝亭などがある。

【Data】

Ⓜ **P.124-C2**

住 福州市馬尾区沿山西路

オ 9:00～12:00、13:30～17:00

※入場は午前、午後ともに終了20分前まで

休 なし　料 無料

交 73路バス「马尾区委」。徒歩15分

【宿泊】→P.133

媽祖が祀られる拝亭（手前）と正殿（奥）

③アモイ市

銀同天后宮／银同天后宫

ぎんどうてんこうきゅう

yíntóng tiānhòugōng

同安県知県（県の長官）の王軾（おうしょく）によって、1145（南宋の紹興15）年から3年の歳月をかけて、同安県城の南門に創建された媽祖廟。完成当時、同安県城が東西に長く、南北に短い形状が銀錠（清朝まで流通していた銀貨）に似ていたことから銀同天后宮と呼ばれるようになった。

銀同天后宮の特徴は祀られている媽祖の顔が黒いこと。台湾にある同系列の媽祖廟でも黒面の媽祖像が祀られている。

銀同天后宮に祀られている媽祖は黒面

【Data】

Ⓜ **P.124-B3**

住 アモイ市同安区南門路と双渓路交差点東50m

オ 日中（7:00～19:00頃）

休 なし　料 無料

交 610、618、641路バス「南门」

【宿泊】→P.145

④泉州市

泉州天后宮／泉州天后宫

せんしゅうてんこうきゅう

quánzhōu tiānhòugōng

1196（南宋の慶元2）年創建の媽祖廟。泉州は宋から元にかけて、中国最大の貿易港であったため、航海の女神である媽祖を祀る廟の規模も大きく、現存する媽祖廟としては最大。山門、正殿、寝殿などで構成されており、一部には宋代や明清代の遺構も残っている。

【Data】

Ⓜ **P.150-B4**

住 泉州市鯉城区天后路1号

☎（0595）22203731

オ 8:00～17:30　休 なし　料 無料

交 27路バス「土地后」

【宿泊】→P.153

正殿には媽祖像が納められているが、撮影は不可

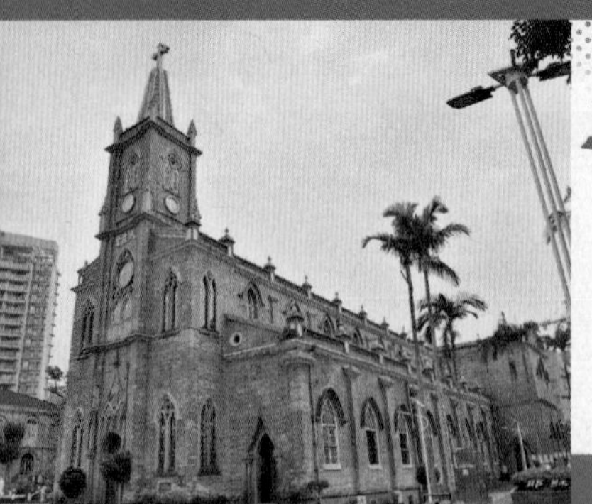

1933年竣工の泛船浦天主教堂（Ⓜ P.130-C4）

福建華僑の故郷

福州（ふくしゅう）

福州（フージョウ） Fú Zhōu

市外局番 **0591**

概要と歩き方

福州市は福建省東部閩江下流に位置し、亜熱帯性海洋気候のため四季を通じて温暖。降水量も多い。

紀元前202（前漢の高祖5）年に無諸が閩越王（びんえつおう）に封じられ、この地を閩越国の中心としたことから町の歴史は始まった。725（唐の開元13）年に福州都督府となり、それ以降は、ほぼこの名が使われている。

漢代から始まった海外貿易は、宋が中国を再統一した10世紀後期以降ますます盛んになり、明代には最高潮に達した。遠くアフリカまで航海した鄭和も途中福州を訪れている。さらには琉球国（現在の沖縄）の船もたびたび来航し、市内には関係者の墓も残されている。清代には造船地、軍港として重要な位置を占めるようになった。明清代には琉球との交流が盛んで、琉球館がおかれた。

福州は榕城とも呼ばれるが、これは町のいたるところに榕樹（ガジュマル）があることによる。

繁華街は、八一七北路、古田路、五一北路、東街で囲まれた地域と五一路から北に延びる五四路で、夜はいっそうにぎやかになる。

福州には、小山や湖に造られた自然景区や歴史ある寺院、古建築群などが数多く残っており、そのほとんどが無料で見学できる。また、見どころの多くは中心部にあるので、移動にあまり時間を取られず、観光に集中できる。

三坊七巻の町並み

	1月	2月	3月	4月	5月	6月	7月	8月	9月	10月	11月	12月
平均最高気温(℃)	15.5	15.9	18.7	23.5	27.4	30.7	34.5	33.8	30.5	26.7	22.5	17.9
平均最低気温(℃)	8.5	9.0	10.9	15.2	19.6	23.3	25.8	25.5	23.4	19.5	15.3	10.3
平均気温(℃)	11.2	11.6	14.0	18.5	22.7	26.2	29.2	28.8	26.2	22.4	18.2	13.4
平均降水量(mm)	50.1	85.5	142.8	154.9	188.9	199.9	124.4	167.7	154.8	47.7	41.0	34.0

町の気象データ（→P.237）：「预报」>「福建」>「福州」>区・市・県から選択

都市データ

福州市
人口＝656万人
面積＝1万1788㎢
6区1県級市6県を管轄

福建省
人口＝3579万人
面積＝約12万㎢
9地級市29区12県級市44県を管轄

市公安局出入境管理処（市公安局出入境管理处）
Ⓜ P.130-B1
住 鼓楼区北環中路109号
☎ 87821104
オ 8:30～12:00、14:30～18:00
休 土・日曜、祝日
観光ビザを最長30日間延長可能。手数料は160元

省立医院（省立医院）
Ⓜ P.130-B2
住 鼓楼区東街134号
☎ 87557768　オ 24時間　休 なし

●市内交通
【地下鉄】 2018年11月現在、1号線が営業。詳しくは公式ウェブサイトで確認を
福州地鉄
U www.fzmtr.com
路線図→P.348上
【路線バス】 運行時間の目安は6:00～22:00、市区1元、空調付き2元
【タクシー】 初乗り3km未満10元、3km以上1kmごとに2元加算

ACCESS

中国国内の移動 ➡ P.341　鉄道時刻表検索 ➡ P.30

飛行機

市区の南東55kmに位置する福州長楽国際空港（FOC）を利用する。日本との間には3路線運航がある。エアポートバスは錦頤大酒店線や三坊七巷線などがある。

国際線 成田（7便）、関西（7便）。

国内線 主要空港との間に運航便があるが、北京、上海とは比較的便数が多く便利。また、広州や重慶との間の便数も多い。

所要時間（目安） 北京首都（PEK）／2時間50分　上海浦東（PVG）／1時間25分　広州（CAN）／1時間45分　長沙（CSX）／1時間40分　香港（HKG）／1時間45分

鉄道

旅行者がおもに利用するのは福州駅と福州南駅。福州駅は峰福線の事実上の終点であるため列車は多く、すべてが始発となる。また福州南駅は高速鉄道の専用駅。

所要時間（目安） **【福州（fz）】**武夷山東（wysd）／高鉄：55分　広州南（gzn）／高鉄：5時間59分　南昌西（ncx）／高鉄：2時間52分　長沙南（csn）／高鉄：4時間35分　香港西九龍（xgxjl）／高鉄：5時間35分　**【福州南（fzn）】**アモイ北（xmb）／動車：1時間18分　泉州（qz）／動車：51分　龍岩（ly）／動車：2時間28分

バス

おもなターミナルはふたつ。福建省内を中心に長距離便もある。高速鉄道の開通により、便数は減少している。

所要時間（目安） アモイ／3時間30分　泉州／2時間30分

DATA

飛行機

■ **福州長楽国際空港**（福州长乐国际机场）
Ⓜ **P.124-C2**　住 長楽市漳港鎮
☎ 問い合わせ＝96363　航空券売り場＝28013088
オ 始発便～最終便（航空券売り場は5:30～20:30）
休 なし　カ 不可
[移動手段] エアポートバス（空港～錦頤大酒店）／26元、所要1時間が目安。空港→市内＝8:00～最終便到着の間15～30分に1便　市内→空港＝4:40～22:00の間25分に1便　**タクシー**（空港～三坊七巷）／150元、所要1時間が目安
　航空券売り場で3ヵ月以内の航空券を販売。

■ **中国民航福州航空券売り場**（中国民航福州售票处）
Ⓜ **P.130-B～C3**　住 台江区五一中路185号
☎ 83345988　オ 8:00～18:00　休 なし　カ 不可
[移動手段] タクシー（航空券売り場～三坊七巷）／15元、所要15分が目安　**路線バス**／K1、7、8、19、52、173、301、309路「汽车站（工贸中心）」
　3ヵ月以内の航空券を販売。

鉄道

■ **福州駅**（福州火车站）
Ⓜ **P.130-C1**　住 晋安区華林路502号
☎ 共通電話＝12306
オ 5:30～22:00　休 なし　カ 不可
[移動手段] タクシー（福州駅～三坊七巷）／20元、所要20分が目安　**地下鉄**／1号線「福州火车站」　**路線バス**／K1、K2、K3、2、5、18、20、22、51、69、75、106、121、133、159路「火车站北广场」
　28日以内の切符を販売。

■ **福州南駅**（福州火车南站）
Ⓜ **地図外（P.130-C4下）**
住 倉山区城門鎮臚雷村站前路1号
☎ 共通電話＝12306
オ 6:10～22:10　休 なし　カ 不可
[移動手段] タクシー（福州南駅～三坊七巷）／65元、所要50分が目安　**地下鉄**／1号線「福州火车南站」　**路線バス**／K2、124、167、309路「火车南站」
　28日以内の切符を販売。市区の南17kmに位置する高速鉄道の専用駅。

バス

■ **福州南バスターミナル**（福州汽车南站）
Ⓜ **P.130-B3**　住 台江区五一中路190号
☎ 福州バス統一インフォメーション＝96306
オ 5:45～21:00　休 なし　カ 不可
[移動手段] タクシー（福州南バスターミナル～三坊七巷）／15元、所要15分が目安　**路線バス**／K1、7、8、19、52、173、301、309路「汽车站（工贸中心）」
　15日以内の切符を販売。広東省や福建省南部行きの便がメイン。

■ **福州北バスターミナル**（福州汽车北站）
Ⓜ **P.130-C1**　住 鼓楼区華林路371号
☎ 福州バス統一インフォメーション＝96306
オ 6:00～20:00　休 なし　カ 不可
[移動手段] タクシー（福州北バスターミナル～三坊七巷）／15元、所要20分が目安　**路線バス**／K1、K2、2、5、18、20、22、51、55、106、121、335路「闽运汽车北站」
　15日以内の切符を販売。泉州（4便）、龍岩（1便）など省内がメイン。

福州市中心
福州駅
福州火車站／福州火车站
福州長楽国際空港へ
福州北バスターミナル
鼓楼区
市公安局出入境管理処
地下鉄1号線
斗門／斗门
樹兜／树兜
省政府
金鶏山公園
金鶏山
屏山／屏山
福州西湖大酒店
左海公園
福建博物館
西湖公園
福州動物園山珍館
福建省中国旅行社
福建閩江飯店
福建閩江飯店直通バスターミナル
開元寺
省立医院
三坊七巷
東街口／东街口
拡大図左下
晋安区
于山風景区
白玉蘭福州五一路三坊七巷酒店
白塔
于山
南門兜
南门兜
市政府
烏石山風景区
報恩塔
西禅寺
シャングリ・ラ ホテル 福州
漢庭 福州五一広場酒店
茶亭／茶亭
錦頤大酒店
エアポートバス錦頤大酒店線発着地点
中国民航福州航空券売り場
琉球館(柔遠驛)
市旅游集散中心
福州南バスターミナル
達道／达道
台江区
船政天后宮へ
閩江大橋
泛船浦天主教堂
解放大橋
三県洲大橋
上藤／上藤
福建師範大学
琉球墓園(非公開)
三叉街／三叉街
倉山区
福州南駅へ
三坊七巷
楊橋東路(楊橋巷)
厳復故居
林覚民・氷心故居
二梅書屋
王麒故居
水榭劇台
小黄楼
郭柏蔭故居
鄢家花庁
劉齊銜故居
林聡彝故居
尤氏故居
安泰楼
周哲文芸術館
謝家祠
劉家大院
安泰楼酒家
如家-福州三坊七巷東街口地鉄站店
エアポートバス三坊七巷線発着地点
林則徐紀念館
三坊七巷游客中心
林則徐墓
五鳳墓
●•見どころ Ⓗホテル Ⓖグルメ Ⓣ旅行会社 学校 病院 繁華街 高速道路 地下鉄1号線

見どころ

★★ 古い町並みが残るエリア

三坊七巷／三坊七巷
さんぼうしちこう　sānfāng qīxiàng

三坊七巷の水榭劇台の内部

旧市街を保存、修復したエリア。三坊とは、衣錦坊、文儒坊、光禄坊の3つの通り、七巷とは、楊橋巷、郎官巷、塔巷、黄巷、安民巷、宮巷、吉庇巷の7つの路地のことをいう。この三坊七巷の歴史は古く、唐代に形成され、現在でも明、清の時代の建造物がいくつも残っている。総面積は40ヘクタール、現存する古建築は200を超え、広大な建築博物館として注目されており、2009年には中国歴史文化名街のひとつに選ばれた。

北側一帯の修復は完了し、いくつかの旧家を見て回れる。建物内部にはアンティークの家具や骨董品、書画などが置かれ、当時の様子が忠実に再現されている。

三坊七巷
Ⓜ **P.130-B2**
住 鼓楼区三坊七巷
※三坊七巷游客中心は林則徐紀念館そばにある
☎ 87675791
オ 外観24時間
各見どころ8:30～17:00
※二梅書屋9:00～17:00
※各見どころへの入場は閉館30分前まで
休 なし
※二梅書屋は火曜
料 二梅書屋＝無料、名所（下記8ヵ所）共通券＝90元（2日間有効）
※個別に見学する場合の入場料は次のとおり。水榭劇台、小黄楼、林聡彝故居＝各20元、厳復故居、劉家大院＝各15元、郭柏蔭故居＝10元、謝家祠、劉斉衔故居＝各5元
交 北端＝
①地下鉄1号線「东街口」
② 1、5、18、22、27、61、66、75、301、317路バス「双抛桥（东方百货」「三坊七巷（侨雄）」
南端＝
①地下鉄1号線「南门兜」
②K3、97、106、173、312路バス「乌山路口」
※2018年11月現在、郭柏蔭故居と劉斉衔故居は修復中。再オープン時期は2019年夏頃の予定
U www.fzsfqx.com.cn

★★ 自然豊かな福州市民の憩いの場

于山風景区／于山风景区
うざんふうけいく　yúshān fēngjǐngqū

于山風景区の白塔

于山風景区は、町の小高い于山（旧名は九日山）を中心にした景勝エリア。福州市博物館のある大士殿や白塔寺など二十四景と称される旧跡や奇観がある。白塔寺境内にある白塔は、904（唐の天祐元）年に王審が亡母のために建立した八角7層の仏塔（清代に再建）。

于山風景区
Ⓜ **P.130-B2**
住 鼓楼区五一路于山頂1号
☎ 83355720、83306464
オ 外観24時間
白塔寺等見どころ
8:00～17:00
休 なし　料 無料
交 ①地下鉄1号線「南门兜」
② K3、8、16、86、88、97、101、103、106路バス「于山（协和医院）」
※2018年11月現在、大士殿は修復中。再オープンは2019年9月を予定
U www.fjyushan.com

★★ 四季折々の花が美しい

西湖公園／西湖公园
せいここうえん　xīhú gōngyuán

282（晋の太康3）年に灌漑用に造られ、1700年以上の歴史をもつ人造湖。現在は公園として整備され、無料で一般市民に開放されている。湖にはいくつかの島があり、橋が架けられ、季節の花が美しい庭園となっている。また、園内には開化寺、林則徐の書院、動物園などがあるほか、福建博物館のある左海公園が隣接している。

西湖公園
Ⓜ **P.130-A1～2**
住 鼓楼区湖濱路70号
☎ 83783767　オ 5:30～22:00
休 なし　料 無料
交 1、54、66、70、74、88、100路バス「西湖」

西禅寺
Ⓜ P.130-A3
住 鼓楼区工業路455号
☎ 83710418
オ 6:30〜17:00
※入場は閉館30分前まで
休 なし 料 20元
交 14、27、64、112、128、165、317路バス「西禅寺」

★★ 福州五大禅寺のひとつ

西禅寺/西禅寺

さいぜんじ xīchánsì

西禅寺は、867(唐の咸通8)年の創建。規模は壮大で大小36の建築物がある。報恩塔は1990年に建てられた高さ67m、15層もある仏塔。このほか、シンガポール華人(シンガポール国籍の中国人)が寄贈した2体の玉仏(座仏が高さ2.95m、臥仏が全長3.7m)を納めた玉仏楼などもある。

西禅寺の景観区

西禅寺の報恩塔

烏石山風景区
Ⓜ P.130-B3
住 鼓楼区道山路305号
☎ 87502236 オ 24時間
休 なし 料 無料
交 ①地下鉄1号線「南门兜」
②K3、97、106、173、312路バス「乌山路口」

崇妙保聖堅牢塔(烏塔)

★ 福州城内三山のひとつ

烏石山風景区/乌石山风景区

うせきざんふうけいく wūshíshān fēngjǐngqū

烏山、名道山とも呼ばれる烏石山を中心とする風景区で、総面積は11万9000㎡。見どころは、山中に残された烏石山摩崖題刻という石に彫り込まれた書画と古榕樹(ガジュマル)。最も高い所は香炉峰(桃李石)の86m。名前は漢代にここに登ってきた烏を射落としたことに由来する。また、烏石山は道教の修行場所としても有名で、かつては多くの道士がここで修行したという。頂上には道観(道教寺院)も残っている。

烏石山風景区の石刻

林則徐紀念館
Ⓜ P.130-E6
住 鼓楼区澳門路16号
☎ 87568854
オ 8:30〜17:30
※入場は閉館30分前まで(月曜のみ閉館1時間前まで)
休 なし
料 無料
交 ①地下鉄1号線「南门兜」
②K3、97、106、173、312路バス「乌山路口」
U www.linzexu.cn

★ 清末の高官をたたえる記念館

林則徐紀念館/林则徐纪念馆

りんそくじょきねんかん lín zéxú jìniànguǎn

アヘン戦争の戦端を開いた林則徐(福州出身の政治家)を祀って祠堂を囲むように造られた記念館。館内には遺品や貴重な文献を展示し、地方官から欽差大臣(皇帝から任命された特命全権大使)にまで上り詰め、中国のために尽力した林則徐の生涯を紹介している。

林則徐記念館の樹徳堂

ホテル

シャングリ・ラ ホテル 福州／福州香格里拉大酒店
ふくしゅう　fúzhōu xiānggélǐlā dàjiǔdiàn

市の中心、五一広場の西側に位置する。繁華街に近くて非常に便利。ホスピタリティ、アメニティともに抜群の心地よさを提供している。館内には中国料理、西洋料理レストラン、カフェなどがある。
U www.shangri-la.com/cn

M P.130-B3 ★★★★★
住 鼓楼区新権南路9号
☎ 87988888
FAX 87988222
S 700～1000元
T 700～1000元
サ 10%+6%　カ ADJMV
両替　ビジネスセンター　インターネット

福建閩江飯店／福建闽江饭店
ふっけんびんこうはんてん　fújiàn mǐnjiāng fàndiàn

福建省中国旅行社グループが経営するホテル。ホテル内で各種ツアーやチケットを手配可能。バスルームでは天然温泉水も出る。また、ホテル内にはサウナもある。

M P.130-B2 ★★★★
住 鼓楼区五四路130号
☎ 87557895
FAX 87551489
S 458～528元
T 458～528元
サ なし　カ ADJMV
U www.mjht.com.cn
両替　ビジネスセンター　インターネット

如家-福州三坊七巷東街口地鉄站店
じょか ふくしゅうさんぼうしちこうとうがいこうちてつたんてん
如家 福州三坊七巷东街口地铁站店 rújiā fúzhōu sānfāngqīxiàng dōngjiēkǒu dìtiězhàndiàn

「経済型」チェーンホテル。福州で有名なレストランである安泰楼酒家と同じ建物にある。
両替　ビジネスセンター　インターネット　U www.bthhotels.com

M P.130-E6
住 鼓楼区吉庇路39号安泰楼
☎ 88870777　FAX 88955888
S 229～279元　T 209～289元
サ なし　カ 不可

白玉蘭福州五一路三坊七巷酒店
はくぎょくらんふくしゅうごいちろさんぼうしちこうしゅてん
白玉兰福州五一路三坊七巷酒店 báiyùlán fúzhōu wǔyīlù sānfāngqīxiàng jiǔdiàn

「経済型」チェーンホテル。客室は簡素ながらひととおりのものは揃っている。于山風景区の北側に位置する。
両替　ビジネスセンター　インターネット　U www.jinjianginns.com

M P.130-B2
住 鼓楼区五一北路110号
☎ 83799898　FAX 87593379
S 332～379元　T 332～370元
サ なし　カ 不可

漢庭福州五一広場酒店
かんてい ふくしゅうごいちこうじょうしゅてん
汉庭福州五一广场酒店 hàntíng fúzhōu wǔyī guǎngchǎng jiǔdiàn

「経済型」チェーンホテル。客室は簡素ながらひととおりのものは揃っている。エアポートバス発着地点まで約500m。
両替　ビジネスセンター　インターネット　U www.huazhu.com/Hanting

M P.130-B3
住 鼓楼区五一中路115号
☎ 83340808　FAX 83342828
S 219～279元　T 259～279元
サ なし　カ 不可

グルメ

安泰楼酒家／安泰楼酒家
あんたいろうしゅか　āntàilóu jiǔjiā

三坊七巷に隣接する福建料理レストラン。2階は地元の人や旅行者を対象にするフロアで、福建の伝統的なシャオチーを中心に100種類以上の料理を提供している。"太平燕"38元、"佛跳墙"78～188元、"肉燕"20元。3階は宴席用で価格は高めになる。

M P.130-E6
住 鼓楼区吉庇路39号安泰楼
☎ 87543557
オ 2階：
9:30～14:30、16:30～22:00
3階：
10:30～14:00、17:00～21:00
休 なし
カ 不可

旅行会社

福建省中国旅行社
ふっけんしょうちゅうごくりょこうしゃ
福建省中国旅行社 fújiànshěng zhōngguó lǚxíngshè

日本語ガイドは800～1000元、市内の車のチャーター1日800元、列車の切符手配は1枚20元。U www.ctsfj.com

M P.130-B2
住 鼓楼区湖東路171号
☎ 87615762　FAX 87553983
オ 8:30～12:00、14:00～17:30
休 土・日曜、祝日　カ 不可

日光岩を望むコロンス島の風景

租界時代の異国情緒あふれる建物が残る

アモイ

厦门 Xià Mén　市外局番 **0592**

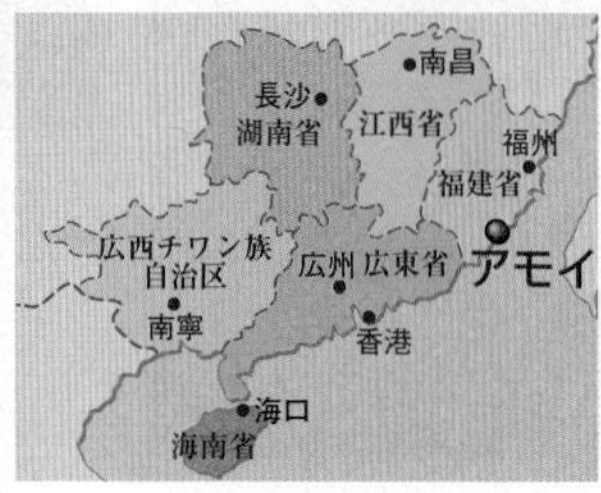

都市データ

アモイ市
人口＝191万人
面積＝1516㎢
6区を管轄

市公安局出入境管理処
（市公安局出入境管理处）
Ⓜ **P.138-A3**
住 思明区鎮海路64号-1鎮海大厦傍厦門辦証中心大楼
☎ 2262203
オ 月～金曜
8:00～12:00、14:30～17:30
※5月中旬～9月の期間、午後は15:00～18:00
土曜9:00～16:00
休 日曜、祝日
観光ビザを最長30日間延長可能。手数料は160元

アモイ大学付属中山医院
（厦门大学附属中山医院）
Ⓜ **P.138-B2**
住 思明区湖濱南路201-209号
☎ 2292104　オ 24時間　休 なし

概要と歩き方

アモイは福建省の南東部、九龍江の河口に位置する港湾都市で、対岸は台湾。中心となるのは東西13km、南北14kmのアモイ島。「アモイ」は厦門を地元の言葉の閩南語（福建省南部で話される言語）読みしたもので、国際的にも通用している。

アモイには白サギが多く生息していたことから、鷺島、鷺門という名でも呼ばれた。そのため現在でも特産品や地名に「鷺」の字が使われているものが多い。

史料によれば、アモイは唐の天宝年間（8世紀半ば）に福安と漳州から薛氏と陳氏が島に移住したときに始まったとされる。宋代に行政に組み込まれ、明の洪武年間（14世紀後期）に城が築かれて「祖国大廈之門」（祖国の大きな家の門）と呼ばれたため「廈門」の名がついた。明末清初には、鄭成功がアモイや台湾を拠点に清への抵抗運動を続けた。

また、アモイ港は水深が12m以上あり、かつ周囲の陸地や島が防波堤の役割を果たしている天然の良港のため、明の正徳年間（16世紀前期）以降は中国有数の茶葉輸出港として繁栄。アヘン戦争の講和条約である南京条約（1842年）により開港され、コロンス島（鼓浪嶼）に洋館が建設された。

日光岩から望むアモイ市街

アモイは1980年に経済特区に指定され、1984年にコロンス島を含むアモイ全島が経済特区となった。華僑資本を中心とした外資が多数進出し、

	1月	2月	3月	4月	5月	6月	7月	8月	9月	10月	11月	12月
平均最高気温(℃)	17.0	16.6	18.8	23.1	26.6	29.5	32.0	31.8	30.0	27.4	23.6	19.2
平均最低気温(℃)	9.7	9.8	11.8	15.9	19.9	23.3	25.0	24.8	23.3	20.3	16.2	11.7
平均気温(℃)	12.5	12.4	14.6	18.7	22.6	25.8	27.8	27.6	26.0	23.0	19.2	14.6
平均降水量(mm)	34.2	99.4	125.2	157.0	161.8	187.2	138.4	209.0	141.4	36.2	31.1	28.2

町の気象データ（→P.237）：「预报」＞「福建」＞「厦门」＞区から選択

日本企業も多い。

繁華街は島南部の中山路と思明南路の中山路寄りの部分。中山路は2階以上を歩道の上まで延ばす、華南地方特有の騎楼という建築様式をもつ。このエリアは観光にも便利だが、宿泊代は総じて高い。予算がかぎられている場合はアモイ駅周辺などの安いホテルを利用するとよい。

アモイ最大の観光スポットは古い洋館が建ち並ぶコロンス島。島にもいくつかのホテルがあり、アモイ島より静かな環境が魅力。風情ある町並みが美しく、国内でも有名な観光地となっている。多くの観光客が訪れる一方で、のんびりと島内で生活を続けている市民がいる。ここは1日かけてじっくりと回りたい。また、コロンス島や胡里山砲台のあるアモイ大学近くには雰囲気のよいビーチがあり、散策にもよい。

海上明珠観光塔

●市内交通

【地下鉄】 2018年11月現在、1号線が営業。詳しくは公式ウェブサイトで確認を

廈門地鉄

Ⓤwww.xmgdjt.net

路線図→P.348下

【路線バス】 運行時間の目安は6:00～22:00、アモイ島内1元、アモイ島外を結ぶ路線2元

【タクシー】 初乗り3km未満10元、3km以上1kmごとに2元加算

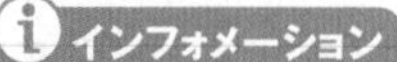

海上明珠観光塔

狐尾山公園の気象局敷地内にある展望タワー。

Ⓜ **P.138-A2**

㊟思明区気象台路85号

㋔8:00～22:00 ㊡なし

㊕15元

㊋4、11、22、26、43、84、135、139、655、841路バス「东渡」。徒歩25分

アモイ市南部

岩内／岩内
廈門北站／厦门北站
アモイ北駅
↑銀同天后宮へ
天水路／天水路
集美大道／集美大道
同安区
集美軟件園／集美软件园
誠毅広場／诚毅广场
集美区
翔安区
官任／官任
陳嘉庚故居
陳嘉庚紀念館
陳嘉庚紀念勝地
杏錦路／杏锦路
集美鰲園（陳嘉庚陵墓）、嘉庚公園
杏林村／杏林村
集美学村／集美学村
集美大橋
園博苑／園博苑
帰来園
帰来堂
杏林大橋
廈門大橋
アモイ高崎国際空港
五縁大橋
翔安隧道
アモイ高崎駅
高崎／高崎
環島大橋
五通客運埠頭
└エアポートバス発着地点
殿前／殿前
枋湖バスセンター
成功大道
湖里区
海滄区
金湖路
雲頂北路
翔安大道
環島東路
仙岳路
海滄大橋
アモイ島
雲頂中路
呂嶺路
アモイ建発国際旅行社
建発国際大廈
蓮前西路
蓮前東路
国際会議中心
雲頂岩
思明区
雲頂南路
金門県
小金門島
コロンス島
環東南路
P.138
P.141
0 5km

●•見どころ Ⓣ旅行会社 鉄道 高速道路 幹線道路 一般道 地下鉄1号線 ✈空港

ACCESS

中国国内の移動 ➡ P.341　空港見取図 ➡ P.332　鉄道時刻表検索 ➡ P.30

飛行機

アモイ島北部にあるアモイ高崎国際空港（XMN）を利用する。日中間には2路線運航がある。エアポートバスは5路線ある（梧村長距離バスターミナル、アモイ北駅、輪渡埠頭、五通客運埠頭、海滄嵩嶼埠頭。6～15元）。

国際線 成田（11便）、関西（7便）、中部（7便）。

国内線 便数の多い上海、広州、北京、深圳、南昌とのアクセスが便利。

所要時間（目安） 武夷山（WUS）／1時間　北京首都（PEK）／3時間　上海浦東（PVG）／2時間5分　広州（CAN）／1時間40分　南昌（KHN）／1時間25分　長沙（CSX）／1時間40分

鉄道

鷹廈線の起終点であるアモイ駅と福廈線（高速鉄道中心）のアモイ北駅がある。ともに幹線につながっているため、中国国内の主要都市からアクセスが可能。始発は多く、切符の入手は比較的容易。

所要時間（目安） **【アモイ北（xmb）】**福州南（fzn）／動車：1時間24分　泉州（qz）／動車：25分　龍岩（ly）／動車：57分　武夷山東（wysd）／高鉄：2時間25分　深圳北（szb）／動車：3時間13分　南昌西（ncx）／動車：4時間33分　婺源（wy）／高鉄：3時間50分　長沙南（csn）／高鉄：6時間17分
【アモイ（xm）】永定（yd）／快速：3時間54分

バス

市内には多くのバスターミナルがあるが、旅行者がよく利用するのは梧村長距離バスターミナルと枋湖バスセンター。福州や泉州など福建省各地、広州、深圳などとアクセス可能。

所要時間（目安） 龍岩／3時間　永定／3時間30分　永定土楼／3時間30分　華安／3時間

船

五通客運埠頭と台湾の金門島とを結ぶ航路がある。

所要時間（目安） 金門島／30分
※出入境手続きが必要なので、パスポートを忘れずに

DATA

飛行機

■ **アモイ高崎国際空港**（厦门高崎国际机场）
Ⓜ **P.135-B2** 住 湖里区翔雲一路121号
☎ 96363 オ 始発便～最終便 休 なし カ 不可
Ⓤ www.xiamenairport.com.cn
[移動手段] エアポートバス（空港～輪渡埠頭）／12元、所要40分が目安。空港→市内＝8:00～21:00の間20分に1便。21:00～最終便＝到着便に合わせて運行　市内→空港＝5:30～21:00の間30分に1便。21:00～22:00の間20分に1便
タクシー（空港～輪渡埠頭）／45元、所要35分が目安

■ **全日空アモイ支店**（全日空厦门支店）
Ⓜ **P.138-A3** 住 思明区鎮海路12-8号ミレニアムハーバービューホテルアモイ3階305号
☎ 4008-82-8888（中国サービスセンター）
オ 9:00～17:00 休 土・日曜、祝日 カ ADJMV
[移動手段] タクシー（全日空アモイ支店～輪渡埠頭）／10元、所要10分が目安　**地下鉄**／1号線「镇海路」　**路線バス**／1、3、8、10、21、22、48、122路「中华城」

■ **廈門航空航空券売り場**（厦门航空售票处）
Ⓜ **P.138-B2** 住 思明区湖濱南路99号金雁酒店内
☎ 2238888、95557 オ 8:00～21:30 休 なし カ 不可
[移動手段] タクシー（廈門航空航空券売り場～輪渡埠頭）／15元、所要15分が目安　**地下鉄**／1号線「文灶」、徒歩15分　**路線バス**／10、20、30、43、45、122路「非矿」。
3ヵ月以内の航空券を販売。

鉄道

■ **アモイ駅**（厦门火车站）
Ⓜ **P.138-C3** 住 湖里区廈禾路900号
☎ 共通電話＝12306 オ 6:00～24:00
休 なし カ 不可
[移動手段] タクシー（アモイ駅～輪渡埠頭）／20元、所要20分が目安　**地下鉄**／1号線「湖滨东路」、徒歩15分　**路線バス**／北側＝BRTK1路、1、3、42、52、96、113、116、122、659、857路「火车站」。南側＝1路「火车站南广场」

■ **アモイ北駅**（厦门火车北站）
Ⓜ **P.135-A1** 住 集美区后渓鎮岩内村　☎ 共通電話＝12306 オ 6:30～22:40 休 なし カ 不可
[移動手段] タクシー（アモイ北駅～輪渡埠頭）／100元、所要45分が目安　**地下鉄**／1号線「厦门北站」
28日以内の切符を販売。

バス

■ **梧村長距離バスターミナル**（梧村长途汽车站）
Ⓜ **P.138-C2** 住 思明区廈禾路923号　☎ 共通電話

=968828　オ6:00～21:30　休なし　カ不可
[移動手段] タクシー（梧村長距離バスターミナル～輪渡埠頭）／20元、所要20分が目安　**地下鉄**／1号線「湖滨东路」、徒歩11分　**路線バス**／1、3、19、21、26、93、96、116、122、127、133、659、952路「梧村车站」
5日以内の切符を販売。泉州（13便）、漳州（24便）など省内各地がメイン。

■ **枋湖バスセンター**（枋湖客运中心）
M **P.135-B2**　住 湖里区金湖路5号
☎ 共通電話＝968828　オ6:00～21:30
休なし　カ不可
[移動手段] タクシー（枋湖バスセンター～輪渡埠頭）／35元、所要25分が目安　**路線バス**／49、81、82、85、118、132路「枋湖客运中心」
5日以内の切符を販売。永定土楼（3便）、永定下洋（1便）、華安仙都（1便）、崇武（7便）など省内各地がメイン。

船

■ **五通客運埠頭**（五通客运码头）
M **P.135-C2**　住 湖里区環島東路2500号
☎ 3216666　オ7:00～19:00　休なし　カ不可
[移動手段] タクシー（五通客運埠頭～輪渡埠頭）／60元、所要35分が目安　**路線バス**／6、82路「五通客运码头」
台湾の金門島行きフェリーが出ている。8:00～18:30の間30分に1便。139～169元、所要約30分。

インフォメーション

アモイ観光情報

遊覧船で観光

①コロンス島海浜体験クルーズ／环鼓浪屿滨海体验游

国際郵輪中心から出発し、コロンス島を周遊するクルーズ。途中、鄭成功の彫像、菽荘花園、日光岩などを経由し、最後はコロンス島の三丘田埠頭で下船する。所要時間は約1時間。コロンス島からアモイ島へ帰る船の無料チケット付き。
乗船場所／国際郵輪中心　（M **P.138-A2**）
運航スケジュール／9:10、11:10、13:10発
料 158元

②鷺江ナイトクルーズ／鹭江夜游

夜間、約1時間40分かけてアモイ島やライトアップされたコロンス島の周囲を回り、アモイ島の夜景を観賞する遊覧ツアー。コロンス島の有名な建物や日光岩がライトアップされ、さらにレーザー光線がぐるぐると回る夜景はなかなかの美しさ。このほか、アモイ大学付近の海上を走る立体交差道路（演武大橋）や、アモイ島と中国大陸とを結ぶ大きなつり橋である海滄大橋のイルミネーションも印象的。
なお、料金に飲食代は含まれていない。
乗船場所／和平埠頭　（M **P.138-A3**）
運航スケジュール／19:40、20:10発　料 136元

③金廈海域クルーズ／金厦海域游

コロンス島や胡里山砲台を海から眺めながら、台湾が実効支配している島の海域ぎりぎりの地点までを往復するツアー。所要時間は1時間40分が目安。
台湾本土からの飛行機も飛んでいる金門島はアモイの東約11kmの海上に浮かんでいる。ツアーでは、その手前にある大担島の姿を見て戻ってくる。ただし、アモイから金門島までのフェリーが運航されているので、外国人にとってはそれほどおもしろいものではないかもしれない。
乗船場所／和平埠頭　（M **P.138-A3**）
運航スケジュール／8:30～15:30の間9便　料 136元

▶②③の連絡先
波賽東海上旅游有限公司
☎ 2040118、2053095
U www.bsdhsy.com

土楼観光　都市紹介→P.154

世界文化遺産に登録された土楼を観光する1日ツアーがある（3路線）。時間がない人にはおすすめ。前日までに申し込み、連絡先電話番号や宿泊しているホテルを伝える。当日は宿泊先が市中心部なら、ホテルまで迎えに来てくれる。ツアーはいずれも6:00～7:00に出発し18:00～18:30に戻ってくる。連絡先、コース、料金などは下記のとおり。

▶アモイ旅游集散センター湖濱営業部
（厦门旅游集散中心湖滨营业部）
M **P.138-A3**
住 思明区湖濱南路57号金源大廈1階　☎ 2215533
オ8:00～16:40　休なし　カ不可
コースと料金
Aコース：南靖田螺坑土楼群ツアー　料 208元
Bコース：永定高北土楼群ツアー　料 158元
Cコース：永定土楼民俗文化村ツアー　料 178元

アモイ市中心
(アモイ島西部)
アモイ高崎国際空港へ
アモイ北駅、集美学村、集美祭園へ
アモイ北駅へ
アモイ悦華酒店
火炬園／火炬园
湖里区
枋湖バスセンターへ
塘辺／塘边
松柏山
シェラトン厦門ホテル
仙洞山
烏石浦／乌石浦
仙岳公園
仙岳山
京閩中心酒店
五通客運埠頭へ
海滄大橋
橋梁博物館
アモイ市青少年天文気象館
海上明珠観光塔
(市気象局レーダータワー)
東渡郵輪中心埠頭
(観光客用コロンス島行きフェリー乗り場)
呂厝／吕厝
好清香大酒楼
ラマダホテルアモイ
国際郵輪中心
海運大廈
蓮花路口／莲花路口
厦門航空航空券売り場
金雁酒店
市政府
パンパシフィック厦門
アモイ人民会堂
カルフール
湖濱東路
湖滨东路
蓮坂
莲坂
マルコポーロ厦門
アモイ大学付属中山医院
閩南大酒店
聚祥春茗茶
アモイ建発国際旅行社へ
梧村長距離バスターミナル
2階:アモイ旅游集散センター梧村営業所
アモイ駅
金源大廈
アモイ旅游集散センター湖濱営業部
文竈／文灶
如家商旅(金標)
アモイ湖濱南路白鷺洲公園店
梅記
輪渡埠頭
(日中はアモイ市民のみ利用可)
紫竹林寺
海峡茶都
将軍祠／将军祠
エアポートバス発着地点
中山公園／中山公园
アモイ賓館
西姑北山
陽台山
アモイ園林植物園
御屏山
市公安局出入境管理処
天界寺
東宅山
甘露寺
鷺江賓館
漫心アモイ中山路輪渡酒店
鴻山公園
白鹿洞
五老山
思明区
華厳寺
華僑博物院
アモイ国際青年旅舍
南普陀寺
コロンス島
南普陀素菜館
7天優品・アモイ中山路歩行街店
大南校門
アモイ大学魯迅紀念館
アモイ大学集美楼
アモイ大学
ミレニアムハーバービューホテルアモイ
群賢校門
全日空アモイ支店
錦江之星アモイ大学中山路酒店
胡里山砲台
アモイ港
0 1 2km
●・見どころ Ⓗホテル Ⓖグルメ Ⓢショップ Ⓣ旅行会社 ⊠学校 ⊞病院 繁華街 地下鉄1号線

中心部の見どころ

★★★ 1000年以上の歴史を誇る名刹　1～2時間

南普陀寺／南普陀寺
なんふだじ　nánpǔtuósì

南普陀寺は、唐代に建設された仏教寺院。初名を泗州寺というが、浙江省にある普陀山の南に位置することからこう呼ばれるようになった。1000年以上の歴史を誇る寺院だが、たび重なる破壊に遭い再建を繰り返している。敷地面積は3万㎡以上あり、天王殿、大雄宝殿、大悲殿、蔵経閣などが並んでいる。天王殿の入口前には池がふたつあり、その池の間に仏像が安置されている。大雄宝殿内には過去、現在、未来を表す三世尊仏が祀られている。

南普陀寺全景

1925年には国内で最も早期の仏教学府閩南仏学院が創設され、1934年には弘一、和今のふたりの高僧により仏教養老院も建てられた。十数年の間に200人以上の僧侶を育て、そのなかにはマレーシア、シンガポール、フィリピンなど東南アジア諸国に貢献した者も少なくない。

寺院後方の五老山には遊歩道が整備されており、そこの展望台から見える南普陀寺と海の景色がすばらしい。五老山はアモイ園林植物園から行くこともできる。

南普陀寺
M P.138-B4
住 思明区思明南路515号
☎ 2086586
オ 4:30～20:00
※閉堂は17:30
休 なし
料 無料
交 1、21、45、751路バス「厦大」
U www.nanputuo.com

南普陀寺入口

仏字岩

天王殿

★★ ドイツ製の巨大大砲が残る

胡里山砲台／胡里山炮台
こりさんほうだい　húlǐshān pàotái

アモイ島の南海岸、胡里山に位置する。胡里山砲台の望帰台からは、台湾領に属する大担島、二担島を見ることができる。砲台は、1891（清の光緒17）年から建設が始まり5年後に完成した。現在でも数多くの大砲が残っており、なかでもドイツから購入した大砲が有名。砲口直径は28cm、砲身全長は13.9m、射程距離が約16km。この大砲1門の金額は6万テールに達し、支払いには約2.2トンの銀が用意された。

ドイツ製の28cmクルップ砲

胡里山砲台
M P.138-B4
住 思明区曾厝安路2号
☎ 2088313
オ 5～10月8:00～18:00
11～4月8:00～17:30
※入場は閉門15分前まで
休 なし
料 25元
交 2、20、22、29、48、86、87、96、122、135路バス「胡里山」
U www.xmhlspt.com

作戦指揮所内部

アモイ園林植物園
Ⓜ P.138-B3
㊟ 思明区虎園路25号
☎ 2024785
㋔ 6:30～18:00
※入場は閉門30分前まで
㊡ なし
㊎ 入場料＝40元
観光専用車＝10元
㊇ ①地下鉄1号線「中山公园」
②87路バス「植物园」。3、17、21、659路バス「一中」
Ⓤ www.xiamenbg.com

★ アジア最大規模の屋外サボテン園がある

アモイ園林植物園/厦门园林植物园

えんりんしょくぶつえん　xiàmén yuánlín zhíwùyuán

アモイ園林植物園は、万石植物園とも呼ばれる。広大な園内には6000種以上の亜熱帯および熱帯の植物が植えられている。園内は熱帯雨林を模した雨林世界、アジア最大の屋外サボテン園である「多肉植物館サボテン区」、松杉園、薬用植物園などに分かれている。植物園を含めた一帯は万石山景区となっており、天界寺や白鹿洞などの観光スポットがある。

多肉植物館サボテン区

アモイ大学魯迅紀念館
Ⓜ P.138-B4
㊟ 思明区思明南路422号アモイ大学集美楼2階
☎ 人文学院＝2181932
㋔ 8:30～17:00
※詳細については下記インフォメーションを参照
㊡ 月曜　㊎ 無料
㊇ 西門＝2、20、22、29、47、48、87、96路バス「厦大西村」
大南校門＝1、21、45、751路バス「厦大」
Ⓤ www.xmu.edu.cn

インフォメーション

予約方法と入場制限

大学内に入るには予約が必須。大南校門、群賢校門で、ウィチャット(微信)アプリで専用QRコードを読み込む方法か、職員に直接申し込む(パスポート番号が必要)。4日以内の予約が可能。入場人数には制限があり、月～金曜12:30～14:00＝1000人、土・日曜、祝日、夏・冬期休暇8:00～18:00＝5000人。

★ 魯迅のアモイでの教師生活がうかがえる

アモイ大学魯迅紀念館/厦门大学鲁迅纪念馆

だいがくろじんきねんかん　xiàmén dàxué lǔxùn jìniànguǎn

南普陀寺の南側、アモイ大学の集美楼2階にある。魯迅は1926年9月から翌年1月までアモイ大学で教鞭を執っていた。1952年に彼が使用していた部屋を利用し、この記念館が創設された。館内には5つの展示室があり、青少年時代、アモイ大学時代、広州時代、上海時代などの直筆原稿や写真を通して魯迅の業績を紹介している。また、彼が使用していた部屋には、ベッド、机、椅子、書棚、ロッカーなどが当時の様子のまま置かれてあり、その質素な暮らしぶりを見ることができる。入場には予約が必須となるので注意が必要。

魯迅紀念館外観

華僑博物院
Ⓜ P.138-A4
㊟ 思明区思明南路493号
☎ 2085345
㋔ 9:30～16:30
※入場は閉館30分前まで
㊡ 月曜　㊎ 無料
㊇ 1、2、20、21、22、29、45、48、96、122、135、659、841路バス「华侨博物馆」
Ⓤ www.hqbwy.org.cn

★ 福建華僑についての詳しい展示

華僑博物院/华侨博物院

かきょうはくぶついん　huáqiáo bówùyuàn

華僑博物院は、華僑の陳嘉庚によって1959年に創建された。1、2階では華僑の社会の歴史と現在の姿を豊富な資料を使って詳しく紹介している。世界中のあらゆる所に存在する中華街の写真などが、世界各国の比較で展示されているのも興味深い。3階には陳嘉庚が保有していた美術品のコレクションが展示されている。

郊外の見どころ

★★★ 異国情緒あふれる洋館が今も残る　1～2日

コロンス島／鼓浪屿

とう　gŭlàngyŭ

アモイ島の西南に位置し、もとの名を圜沙州といったが、明代にコロンス島（鼓浪嶼）と改名。面積1.78㎢の楕円形の小島で、島内の住民は2万3000人。

コロンス島の浜辺

美しい景観から「海上明珠」、「海上花園」、また、ピアノの普及率が高く、有名なピアニストを輩出しているため、「ピアノ島」とも呼ばれる。

島の名前は、西南側にある2枚の岩の真ん中に、長年の浸食による穴が開いていて、満潮時に波がたたきつけるとまるで太鼓の響きのように聞こえたことから、つけられたといわれている。

南京条約（1842年）によるアモイ港の開港後、1902年にコロンス島は共同租界地に定められ、イギリス、アメリカ、フランス、日本、ドイツ、スペイン、ポルトガル、

コロンス島
M P.135-A3、P.141
住 思明区鼓浪嶼
☎ 鼓浪嶼旅游中心=2060777
料 無料
※コロンス島への上陸は1日5万人に制限されている
交 P.142欄外インフォメーション参照

インフォメーション

お得な共通入場券

コロンス島内にある5つの見どころ（日光岩、菽荘花園、皓月園、コロンス島風琴博物館、国際刻字芸術館）の共通入場券が90元で販売されている。個々に買うより20元安い（有効期間は1日）。各見どころの入場券売り場で購入可能。

コロンス島観光電動カート

三丘田埠頭西側からコロンス島観光用の電動カートが出ている。
☎ 2069886
オ 9:00～17:30　休 なし
料 コロンス島1周＝50元
内厝澳埠頭＝20元、鼓浪嶼別墅＝30元、菽荘花園＝40元（以上片道）

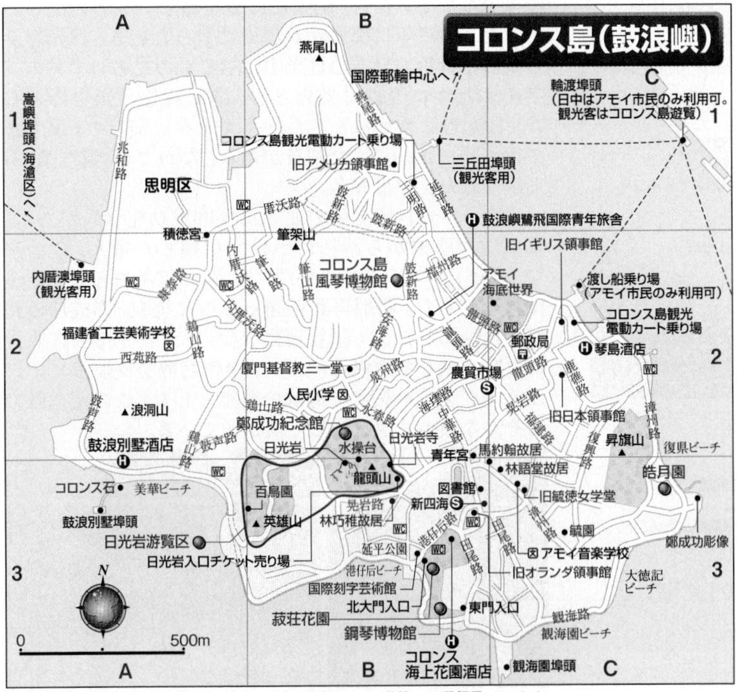

コロンス島（鼓浪嶼）

●見どころ　Ⓗホテル　Ⓖグルメ　Ⓢショップ　Ⓑ銀行　学校　郵便局　WCトイレ

インフォメーション

コロンス島への渡し船

2014年より、日中の輪渡埠頭利用はアモイ市民限定となった。コロンス島遊覧などは国際郵輪中心が発着地点。

利用時の注意

5月初旬や10月初旬の大型連休などの期間は、多くの人がアモイを訪れるため非常に混雑し、午前に並んでも午後便しか買えないほど。できるだけ早く行動するしか対策はない。

国際郵輪中心

Ⓜ P.138-A2
住 湖里区東港路2号101
オ 三丘田埠頭行き＝
6～9月7:10～18:30、
10～5月＝7:10～17:30
内厝澳埠頭行き＝
6～9月7:10～18:40、
10～5月＝7:10～17:40
※運航の目安は20分に1便
料 三丘田埠頭＝35元、内厝澳埠頭＝35元、50元
※ともに往復
※18:50（冬季17:50）～23:45は輪渡埠頭～三丘田埠頭のみ（20～30分に1便）。往復35元
交 51、87路バス「邮轮中心码头」。4、11、22、26、43、84、135、139、655、841路バス「东渡」

オランダなどの国が次々に領事館、商社、教会、学校、病院などを設立。一方で華僑もまた住宅や別荘を建て、電気や水道のインフラも整備された。1942年12月に日本軍により占領されたが、1949年の中華人民共和国建国にともなって、90年近く続いた外国統治の歴史を終えた。

コロンス島の夕景

島には今も租界時代の面影が残り、あちらこちらに雰囲気のよい洋館がある。一般市民が普通に暮らしている建物もあるが、おしゃれなレストランやカフェに改装されているものもあり、優雅な気分に浸れる。

島内では環境保護と安全のため車の使用が制限されているが、渡し船埠頭付近から観光客向け電動カートが反時計回りに島を一周している（約6km）。ただ、コロンス島はそれほど広くはないので、天気がよければ歩いて回るのがおすすめ。

日光岩游覧区／日光岩游览区 [にっこうがんゆうらんく／rìguāngyán yóulǎnqū]

日光岩游覧区

Ⓜ P.141-B2～3
住 思明区鼓浪嶼晃岩路62号
☎ 2067284
オ 5:30～21:00
休 なし　料 50元

日光岩頂上からアモイ市街を望む

日光岩はコロンス島の最高峰（92.68m）で、また島内最大の観光スポット。もとの名は晃岩。俗称で岩仔山と呼ばれている。以前、山腹には蓮花庵という名の尼寺があった。1647年に鄭成功が晃岩に登ったとき、日光岩から眺める景色が日本の日光山に勝るものだとして晃の文字をふたつに分け日光岩とし、蓮花庵を日光岩寺とした。日光岩はちょっとしたハイキングも楽しめ、頂上まで行く間にさまざまな刻石があり、なかでも「鷺江第一」と彫られた文字は有名。

また、日光岩游覧区の北側には鄭成功紀念館がある。鄭成功は明末から清初にかけて活躍した軍人、政治家で、母は日本人。長崎の平戸に生まれ、7歳のときに福建に移り住んだ。明朝再興を図って清に抗戦。鄭成功の父が清に帰順した後も抵抗運動を続けた。南京での大敗後は再起を期して台湾に向かい、当時台湾を支配していたオランダを追い払って抵抗の拠点とした。この紀念館ではそんな彼の一生を詳しく紹介している。

鄭成功紀念館

Ⓜ P.141-B2
住 思明区鼓浪嶼永春路73号
☎ 2061921
オ 8:30～17:00
※入場は閉館15分前まで
休 月曜
料 なし

見事な刻石

日光岩寺

菽莊花園／菽庄花园 ［しゅくしょうかえん／shūzhuāng huāyuán］

菽庄花園内の風景

菽莊花園は1913年に台湾の富豪林爾嘉によって造られた庭園。その名称は彼の名「叔臧」の発音に近い当て字に由来する。自然の地形を巧妙に利用して設計されており、「蔵海園」と「補山園」に区分される。それぞれ、庭園と風景の調和に優れた5つのビューポイントがあり、特に渡月亭から見る海岸は非常に美しい。

また、園内には中国唯一のピアノを専門に展示する鋼琴（ピアノ）博物館がある。音楽家であり、ピアノの収集家でもあったコロンス島出身の胡友義氏が提供したピアノを中心に、ピアノの歴史がひとめでわかるよう展示されている。特に19世紀のドイツ製やオーストリア製のピアノがすばらしい。

皓月園／皓月园 ［こうげつえん／hàoyuèyuán］

鄭成功像とアモイ市街を望む

コロンス島の南東に位置し、中華民族の英雄である鄭成功を記念するために造られた彫刻公園。海岸には高さ15.7m、重さ1617トンの花崗岩でできた鄭成功の巨大な彫像がある。この像は中国の歴史上の人物彫像のなかで最大規模を誇る。彫像のすぐそばまで行ってしまうと全体像をつかみにくいので、まずは遠くから眺めて観賞し、それから近づくのがよい。

コロンス島風琴博物館／鼓浪屿风琴博物馆
［コロンスとうふうきんはくぶつかん／gǔlàngyǔ fēngqín bówùguǎn］

風琴博物館外観

2005年にオープンした中国唯一かつ世界最大のオルガン博物館。ここに展示されているオルガン（風琴）も鋼琴博物館と同じく、胡友義氏の寄贈によるもの。入口正面にある高さ6mの巨大なパイプオルガンは1909年イギリス製で、20世紀に製造されたパイプオルガンの傑作といわれている。このほか、自動演奏オルガンや、燭台付きオルガン、鏡付きオルガンなどの珍しいものが観られる。

なお、風琴博物館はコロンス島を代表する洋館「八卦楼」内にある。オルガンだけではなく、建物そのものにも注意して観てみるとさらに楽しみが増す。

菽莊花園
Ⓜ **P.141-B3**
住 思明区鼓浪嶼港仔后路7号
☎ 2063680
オ 5:30～21:00
※入場は閉館30分前まで
休 なし
料 30元

鋼琴博物館
Ⓜ **P.141-B3**
住 思明区鼓浪嶼港仔后路7号 菽荘花園内
☎ 2060238
オ 6～9月8:15～18:15
10月～5月8:15～17:45
※入場は閉館30分前まで
休 なし
料 菽荘花園入場料に含まれる

鋼琴博物館の内部

皓月園
Ⓜ **P.141-C3**
住 思明区鼓浪嶼漳州路3号
☎ 2067284
オ 5:30～21:00
※入場は閉館30分前まで
休 なし　料 10元
※2018年11月現在、彫像の真下へ行ける遊歩道は改修中。再開時期は2019年夏頃の予定

皓月園入口

コロンス島風琴博物館
Ⓜ **P.141-B2**
住 思明区鼓浪嶼港鼓新路43号（八卦楼）
☎ 2063226
オ 6～9月8:15～18:15
10～5月8:15～17:45
※入場は閉館30分前まで
休 なし
料 15元

風琴博物館内部の展示物

陳嘉庚紀念勝地
Ⓜ P.135-B1
住 集美区嘉庚路149号
☎ 共通問い合わせ=6681600
料 なし
※入場可能なのは陳嘉庚紀念館、鰲園、陳嘉庚故居、嘉庚公園、帰来堂、嘉庚文化広場の6カ所
交 ①地下鉄1号線「集美学村」
②655、954、959路バス「集美学村」。陳嘉庚故居まで徒歩15分、鰲園まで徒歩20分
Ⓤ www.chenjiagengjnsd.com

陳嘉庚故居

鰲園入口

陳嘉庚紀念館
Ⓜ P.135-B1
住 集美区潯江路8号
☎ 共通問い合わせ=6681600
オ 9:00～17:00
※入場は閉館30分前まで
休 月曜
Ⓤ www.tankahkee.cn

帰来堂

集美鰲園
Ⓜ P.135-B1
住 集美区鰲園路24号
☎ 共通問い合わせ=6681600
オ 6～9月8:00～18:00
10～5月8:00～17:30
※入場は閉館30分前まで
休 なし

陳嘉庚故居
Ⓜ P.135-B1
住 集美区嘉庚路149号
☎ 共通問い合わせ=6681600
オ 6～9月8:00～18:00
10～5月8:00～17:30
※入場は閉館30分前まで
休 なし

★★ 教育に半生を捧げた陳嘉庚が眠る

陳嘉庚紀念勝地／陈嘉庚纪念胜地

ちんかこうきねんしょうち　chén jiāgēng jìniàn shèng dì

アモイ島の北対岸、集美地区に位置する陳嘉庚紀念勝地は、集美の出身者でこの地の解放戦争および教育に多大な貢献をした陳嘉庚の功績をたたえて造られた公園。

陳嘉庚は1874年アモイの集美村に生まれ、17歳でシンガポールに渡り、苦労の末ゴム事業で成功を収めた。ゴム王としてその名を知られ、最盛時には世界各地に支店をもち、日本にも彼の支店があった。その一方で、彼は教育こそが国の基礎を築くという信念をもち、1913年に彼が中心となって集美小学を創建し、その後も中学、高校、大学とその規模を広げて集美学村の建設と発展に生涯にわたり心血を注いだ。

陳嘉庚紀念勝地は陳嘉庚紀念館、鰲(ごう)園、陳嘉庚故居、嘉庚公園、帰来堂、嘉庚文化広場からなり、総面積は17万㎡に及ぶ。周辺には独特の反り返った軒をもつ閩南様式と呼ばれるスタイルと洋風建築様式の折衷が美しい、集美中学南薫楼や道南楼がある。

陳嘉庚紀念館／陈嘉庚纪念馆 [ちんかこうきねんかん／chén jiāgēng jìniànguǎn]

陳嘉庚紀念館の外観

2008年に開館した陳嘉庚の功績をたたえる記念館。4つの展示室があり、彼の生い立ちから企業家としての成功、日本のアジア侵略による事業の終結、そして、教育家としての集美学村への多大な貢献、同時に祖国を憂い民族の自立を目指した活動等を豊富な展示物で詳細に説明している。

集美鰲園／集美鳌园 [しゅうびごうえん／jíměi áoyuán]

陳嘉庚陵墓

陳嘉庚紀念館の南に位置し、陳嘉庚がアモイ解放を記念して、1951年から建造に着手した公園。1961年に彼が亡くなると遺言に従い、ここに埋葬された。鰲園は回楼、解放紀念碑、陳嘉庚陵墓から構成され、高さ28mの解放紀念碑は遠くからでもひときわ目立つ。

陳嘉庚故居／陈嘉庚故居 [ちんかこうこきょ／chén jiāgēng gùjū]

かつての集美学校と陳嘉庚の住居があった場所。以前の建物は日本軍により破壊され、現在見られるのは1955年に復元されたもので、2階には当時の事務室、食堂、会議室の様子が再現されている。

シェラトン厦門(アモイ)ホテル／厦门喜来登酒店
xiàmén xǐláidēng jiǔdiàn

市中心部、新ビジネス街にあり仕事にも観光にも便利。深いバスタブのある広いバスルームと独立したシャワールームを完備しており、全室ベッドはゆったりとしたシェラトンスイートスリーパーベッドとなっている。スパ、フィットネスセンターなど施設も充実している。

Ⓜ P.138-C2 ★★★★★
住 思明区嘉禾路386-1号
☎ 5525888
FAX 5539088
Ⓢ 680～740元
Ⓣ 680～740元
サ 10%＋6% 力 ADJMV
Ⓤ www.sheraton.com/xiamen
両替 ビジネスセンター インターネット

パンパシフィック厦門(アモイ)／厦门泛太平洋大酒店
xiàmén fàntàipíngyáng dàjiǔdiàn

市政府やアモイ人民会堂に近く、アモイの経済・政治の中心地に位置する。ホテル内には、中国料理（福建料理や広東料理）と西洋料理を提供するレストランがある。このほか、卓球室やサウナなどの施設もある。

Ⓜ P.138-A2 ★★★★★
住 思明区湖濱北路19号
☎ 5078888 FAX 5078899
Ⓢ 700～800元
Ⓣ 700～800元
サ 10%＋6% 力 ADJMV
Ⓤ www.panpacific.com/xiamen
両替 ビジネスセンター インターネット

マルコポーロ厦門(アモイ)／厦门马哥孛罗东方大酒店
xiàmén măgē bóluó dōngfāng dàjiǔdiàn

市内中心部の篔簹湖北岸に位置する。近隣には飲食店も多くあり、抜群のロケーションにある。ホテル内には日本料理レストラン「将軍」をはじめ4つのカフェ＆レストランがあり、ルイ・ヴィトンのショップ、屋外プール、ジムなどの施設も充実している。

Ⓜ P.138-A2 ★★★★★
住 思明区湖濱建業路8号
☎ 5091888 FAX 5092888
Ⓢ 630～710元 Ⓣ 630～710元
サ 10%＋6% 力 ADJMV
Ⓤ www.marcopolohotels.com
両替 ビジネスセンター インターネット

アモイ悦華酒店(えつかしゅてん)／厦门悦华酒店
xiàmén yuèhuá jiǔdiàn

以前の市政府迎賓館で、広大な庭園様式が特徴の5つ星ホテル。敷地内には日本様式の戸建てヴィラもあり、家族でゆったりと滞在することも可能。マンダリンホテルという名でも知られている。

Ⓜ P.138-B1 ★★★★★
住 湖里区悦華路101号
☎ 6023333
FAX 6021431
Ⓢ 538～624元
Ⓣ 538～624元
サ なし 力 ADJMV
Ⓤ www.xmmandarin.com
両替 ビジネスセンター インターネット

ミレニアムハーバービューホテルアモイ／厦门海景千禧大酒店
xiàmén hǎijǐng qiānxǐ dàjiǔdiàn

繁華街の中山路、思明南路に近く、観光にもビジネスにも便利。スイミングプール、スポーツジムがあり、日本料理レストラン「さくら」が入っていて、3階には全日空アモイ支店のオフィスがある。

Ⓜ P.138-A3 ★★★★★
住 思明区鎮海路12-8号
☎ 2023333
FAX 2036666
Ⓢ 680～780元
Ⓣ 680～780元
サ なし 力 ADJMV
Ⓤ www.millenniumxiamen.com
両替 ビジネスセンター インターネット

ホテル

コロンス海上花園酒店／鼓浪屿海上花园酒店

かいじょうかえんしゅてん　gŭlàngyŭ hăishàng huāyuán jiŭdiàn

コロンス島南部に位置するガーデンホテル。北には日光岩、南には菽荘花園、西には港仔后ビーチという好立地。予約をすれば埠頭まで電動カートで迎えに来てくれる。

Ⓜ P.141-B3
住 思明区鼓浪嶼田尾路27号
☎ 2062688
FAX 2062588
Ⓢ 750元
Ⓣ 750元
サ なし
カ ADJMV

両替　ビジネスセンター　インターネット

鼓浪別墅酒店／鼓浪别墅酒店

ころうべっしょしゅてん　gŭlàng biéshù jiŭdiàn

風光明媚なコロンス島の西部に位置するリゾートホテル。星なし渉外ホテルだが設備は3つ星クラス。目の前にビーチがあり、ホテル内のレストランでは新鮮なシーフードをリーズナブルな価格で食べられる。

Ⓜ P.141-A3
住 思明区鼓浪嶼鼓声路14号
☎ 2063280
FAX 2060165
Ⓢ 608～888元
Ⓣ 608～888元
サ なし
カ ADJMV

両替　ビジネスセンター　インターネット

鷺江賓館／鹭江宾馆

ろこうひんかん　lùjiāng bīnguăn

アモイ島の南西端、コロンス島と対峙する場所に立つ4つ星ホテル。アモイの代表的な繁華街である中山路のそばにあり、エアポートバスの発着地点や輪渡埠頭にも近く立地条件は非常によい。コロンス島を一望できる部屋は高くなる。

Ⓜ P.138-A3　★★★★
住 思明区鷺江道54号
☎ 2022922
FAX 2024644
Ⓢ 525～795元
Ⓣ 525～795元
サ なし　カ ADJMV

両替　ビジネスセンター　インターネット

如家商旅(金標)アモイ湖濱南路白鷺洲公園店

じょかしょうりょ（きんひょう）アモイこひんなんろはくろすこうえん

如家商旅(金标)厦门湖滨南路白鹭洲公园店　rújiā shānglǚ(jīnbiāo)xiàmén húbīnnánlù báilùzhōu gōngyuándiàn

「経済型」チェーンホテル。永定土楼行きツアーの出るアモイ旅游集散中心センターまで徒歩5分ほど。

両替　ビジネスセンター　インターネット　Ⓤ www.bthhotels.com

Ⓜ P.138-B3
住 思明区湖濱南路86号
☎ 3502777　FAX 3502779
Ⓢ 299～399元　Ⓣ 339～369元
サ なし　カ 不可

漫心アモイ中山路輪渡酒店

まんしんアモイちゅうざんろりんとしゅてん

漫心厦门中山路轮渡酒店　mànxīn xiàmén zhōngshānlù lúndù jiŭdiàn

ホテルは海に面し輪渡埠頭に近い。にぎやかな繁華街に位置し、飲食店、バス停などへのアクセスがよい。

両替　ビジネスセンター　インターネット　Ⓤ www.huazhu.com

Ⓜ P.138-A3
住 思明区海后路36-40号
☎ 2665558　FAX 2071665
Ⓢ 389～469元　Ⓣ 429～469元
サ なし　カ 不可

アモイ国際青年旅舎／厦门国际青年旅舍

アモイこくさいせいねんりょしゃ　xiàmén guójì qīngnián lǚshè

南普陀寺近くの小さな路地に位置する3階建てのユースホステルで、ユース会員には割引が適用される。大通りから離れているため、静かで落ち着いた環境にある。また、トラベル・インフォメーション・センターがあり、旅行の情報や相談に乗ってくれる。

Ⓜ P.138-B4
住 思明区南華路41号
☎ 2082345　FAX なし
Ⓢ 278元　Ⓣ 288元
③ 408元　④ 438元
Ⓓ 85元(4人部屋)
サ なし　カ 不可
Ⓤ www.yhachina.com

両替　ビジネスセンター　インターネット

ホテル

錦江之星 アモイ大学中山路酒店 きんこうしせいアモイだいがくちゅうざんろしゅてん

錦江之星 厦门大学中山路酒店 jǐnjiāngzhīxīng xiàmén dàxué zhōngshānlù jiǔdiàn

「経済型」チェーンホテル。シンプルで機能的な設備が人気。華僑博物院とは至近距離にある。

両替　ビジネスセンター　インターネット　U www.jinjianginns.com

M P.138-A4
住 思明区蜂巣山路5号
☎ 2522666　FAX 2522688
S 199～289元　T 259～289元
サ なし　カ 不可

7天優品・アモイ中山路歩行街店 しちてんゆうひん アモイちゅうざんろほこうがいてん

7天优品・厦门中山路步行街店 qītiān yōupǐn xiàmén zhōngshānlù bùxíngjiēdiàn

「経済型」チェーンホテル。7天連鎖酒店の上級ブランド。繁華街中山路の南側にあり、町歩きには便利。

両替　ビジネスセンター　インターネット　U www.plateno.com

M P.138-A3
住 思明区定安路69号
☎ 2980177　FAX なし
S 166～199元　T 266～277元
サ なし　カ 不可

グルメ

南普陀素菜館／南普陀素菜馆

なんふだそさいかん　nánpǔtuó sùcàiguǎn

南普陀寺の中にある中国式精進料理レストラン。季節の野菜を使い健康に留意して調理された本格的精進料理を楽しむことができる。南普陀寺が20:00に閉門となるため、その前にレストランに入っておくことが望ましい。

M P.138-B4
住 思明区思明南路515号 南普陀寺内
☎ 2085908
オ 海会楼11:00～16:00 普照楼11:00～14:00、17:00～21:00
休 なし　カ 不可
U www.nptveg.com

好清香大酒楼／好清香大酒楼

こうせいこうだいしゅろう　hǎoqīngxiāng dàjiǔlóu

アモイ市民にも人気の高い、新鮮なシーフードを使った地元料理店。おすすめは"蟹肉粥（カニ入りおかゆ）"128元、"海蛎煎（カキの卵とじ炒め）"58元、"白灼章鱼（タコを軽くあぶったもの）"58元、"土笋冻（煮こごり）"8元など。

M P.138-B2
住 思明区体育路95号文化芸術中心南西側
☎ 6113777
オ 10:30～13:30、17:15～20:30
休 なし
カ 不可

ショップ

聚祥春茗茶／聚祥春茗茶

しゅうしょうしゅんめいちゃ　jùxiángchūn míngchá

全国にチェーン展開する茶葉専門店。手頃な価格のものから高価なものまで、幅広い品揃えを誇る。特に高級鉄観音茶の品質には定評がある。茶器も多数取り揃えており、好みのものを購入することができる。

M P.138-B2
住 思明区湖濱南路一里26号 閩南大酒店1階
☎ 13806058167（携帯）
オ 9:00～21:00
休 なし
カ 不可

旅行会社

アモイ建発国際旅行社／厦门建发国际旅行社

けんぱつこくさいりょこうしゃ　xiàmén jiànfā guójì lǚxíngshè

福建省で最大の旅行会社。日本部もあり日本語での対応も可能。日本語ガイド1日600元から。市内の車チャーター1日1100元。永定土楼までの日帰り観光の場合、車チャーター代1800元。田螺坑土楼群景区は1800元。

M P.135-C3
住 思明区環島東路1699号建発国際大廈10階
☎ 日本部＝2263845、2263531
FAX 日本部＝2110294
オ 8:30～12:00、14:00～17:30
休 土・日曜、祝日
カ 不可

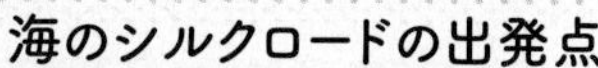

海のシルクロードの出発点

泉州(せんしゅう)

泉州(チュエンジョウ) Quán Zhōu　市外局番 **0595**

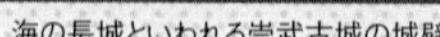
海の長城といわれる崇武古城の城壁

都市データ

泉州市
人口=693万人
面積=1万864㎢
4区3県級市5県を管轄

市公安局出入境管理処
(市公安局出入境管理处)
Ⓜ **地図外(P.150-C4右)**
㊟ 豊沢区府東路と海星街交差点北東側東海大廈三楼
☎ 22180323
オ 8:00〜12:00、15:00〜18:00
休 土・日曜、祝日
観光ビザを最長30日間延長可能。手数料は160元

市第一医院(市第一医院)
Ⓜ **P.150-B3**
㊟ 鯉城区東街250号
☎ 22277300
オ 24時間
休 なし

●市内交通
【路線バス】 運行時間の目安は6:50〜22:00、市区は1〜2元。郊外は2〜5元
【タクシー】 初乗り3km未満9元、3km以上1kmごとに2元加算
【旅游専用バス】 運行時間の目安は6:00〜22:00、古城区内の見どころと繁華街のみひとり1乗車2元

概要と歩き方

福建省の東南沿岸部に位置する港湾都市である泉州。亜熱帯性気候で年間平均気温は18℃。海の近くまで山が迫るため、町は全体的に山がちだ。気候的には1年を通して暖かく過ごしやすい。華人や華僑と呼ばれる海外居住者が多いことで知られ、現在、1600万人を超える泉州出身者が、香港、マカオ、台湾を含む中国本土以外の国や地域で暮らしている。

泉州市は福建省のなかで最も経済が発展している都市のひとつだ。産業としては磁器や靴製造業のほか、安渓県のウーロン茶は全国的に知られている。

泉州はまた、海のシルクロードの起点としても有名で、7〜14世紀にはアラビアやインドなど世界中から貿易商人が集まっていた。立派なモスクや清浄寺などがあるのも、当時、数多くのイスラム教徒が泉州に住んでいたため。貿易港として栄えていた頃の泉州はザイトンと呼ばれ、中国で最も有名な都市のひとつだった。

町の中心は中山路周辺で、ホテルやレストランは、このあたりに集中している。開元寺周辺には古い建物もまだ残っており、東西塔よりも高い建築物の建造は禁止されているので昔の雰囲気を味わえる。時間が許すのであれば歩いて見て回るのもおもしろい。

また、中心部は狭い路地が多く、一方通行も多いので、タクシーに乗った場合は回り道をすることがたびたびある。そんなときは、自転車を改造した三輪リキシャを利用するのもよいだろう。泉州のそれはこぎ手の横に座席があるタイプで、ふたりまで乗ることができる。もちろん、料金は交渉制なので、目的地を告げるときにきちんと交渉しておくこと。

	1月	2月	3月	4月	5月	6月	7月	8月	9月	10月	11月	12月
平均最高気温(℃)	14.8	14.4	16.3	20.5	24.4	27.6	29.8	30.2	29.1	25.8	21.6	17.3
平均最低気温(℃)	9.7	9.5	11.2	15.3	19.7	23.5	25.2	25.3	23.9	20.7	16.5	12.1
平均気温(℃)	11.9	11.5	13.5	17.6	21.8	25.3	27.3	27.4	26.3	22.9	18.8	14.3
平均降水量(mm)	33.9	73.6	104.8	132.5	151.6	196.6	91.4	129.5	83.1	43.7	32.7	27.9

町の気象データ(→P.237):「预报」>「福建」>「泉州」>区・市・県から選択

ACCESS

中国国内の移動 ➡ P.341　鉄道時刻表検索 ➡ P.30

飛行機 市の南約25kmの所にある泉州晋江国際空港(JJN)を利用する。

国際線 日中間運航便はないので、上海や広州で乗り継ぐとよい。

国内線 上海、広州、深圳とのアクセスが便利。

所要時間(目安) 広州(CAN)/1時間40分　上海浦東(PVG)/1時間50分　長沙(CSX)/1時間30分　マカオ(MFM)/1時間30分

鉄道 泉州駅を利用する。

所要時間(目安)【泉州(qz)】福州南(fzn)/動車:53分　福州(fz)/高鉄:1時間7分　アモイ北(xmb)/動車:25分　武夷山東(wysd)/高鉄:2時間19分　龍岩(ly)/動車:1時間26分　深圳北(szb)/高鉄:3時間37分　長沙南(csn)/高鉄:5時間50分　婺源(wy)/高鉄:3時間17分

バス 市内には3つのバスターミナルがあるが、旅行者がよく利用するのは泉州バスターミナル。

所要時間(目安) 福州/2時間30分　アモイ/1時間30分

DATA

飛行機

■ **泉州晋江国際空港**(泉州晋江国际机场)
Ⓜ **P.124-B3**　住 晋江市和平路118号
☎ 85628988　オ 6:00~最終便　休 なし　カ 不可
[移動手段] **タクシー**(空港~府文廟)/45元、所要30分が目安　**路線バス**/K602、K603路「晋江机场」
航空券売り場で3ヵ月以内の航空券を販売。K602、K603路バスで市中心まで4元、所要1時間。

鉄道

■ **泉州駅**(泉州火车站)
Ⓜ **地図外(P.150-B1上)**　住 豊沢区普賢路
☎ 共通電話=12306　オ 6:20~22:30
休 なし　カ 不可
[移動手段] **タクシー**(泉州駅~府文廟)/30元、所要20分が目安　**路線バス**/K1、2、3、17、33、201、202、203、602路「福厦高铁泉州站」
28日以内の切符を販売。市中心から北へ8kmの所にある高速鉄道専用の駅。

■ **温陵南路鉄道市内切符売り場**
(温陵南路火车站市内售票处)
Ⓜ **P.150-B3**　住 鯉城区温陵南路166号
☎ なし　オ 8:00~19:00　休 なし　カ 不可
[移動手段] **タクシー**(鉄道市内切符売り場~府文廟)/9元、所要8分が目安　**路線バス**/K202、K203、4、6、15、19、23、33、601路「海关大楼」
28日以内の切符を販売。手数料は1枚5元。

バス

■ **泉州バスセンター**(泉州客运中心汽车站)
Ⓜ **P.150-C4**
住 豊沢区坪山路と泉秀路交差点北西角
☎ 共通電話=968856　オ 6:00~19:30
休 なし　カ 不可
[移動手段] **タクシー**(泉州バスセンター~府文廟)/15元、所要15分が目安　**路線バス**/K1、1、4、8、15、21、22、40、42、K201、601、K702路「客运中心站」
4日以内の切符を販売。通称「中心站」。福州(4便)、アモイ(16便)、武夷山(1便)、崇武(6:20~18:30の間10~15分に1便)など省内各地に向かうバスがメイン。

■ **泉州バスターミナル**(泉州汽车站)
Ⓜ **P.150-B4**　住 豊沢区温陵南路186号環島南側
☎ 共通電話=968856　オ 6:00~20:00
休 なし　カ 不可
[移動手段] **タクシー**(泉州バスターミナル~府文廟)/9元、所要10分が目安　**路線バス**/K201、K702、2、4、15、17、19、21、601路「泉州汽车站」
4日以内の切符を販売。通称「新站」。福州(7便)、アモイ(16便)など省内各地に向かうバスがメイン。

■ **泉州中旅バスターミナル**(泉州中旅站)
Ⓜ **P.150-B3**　住 鯉城区百源路1号華僑大廈北側
☎ 22287157、22287158
オ 9:00~18:30　休 なし　カ 不可
[移動手段] **タクシー**(泉州中旅バスターミナル~泉州バスターミナル)/10元、所要10分が目安
路線バス/7、8、21、K202、K603路「百源路」
10日以内の切符を販売。広州(1便)や深圳(1便)、珠海(1便)などがある。

泉州バスターミナル

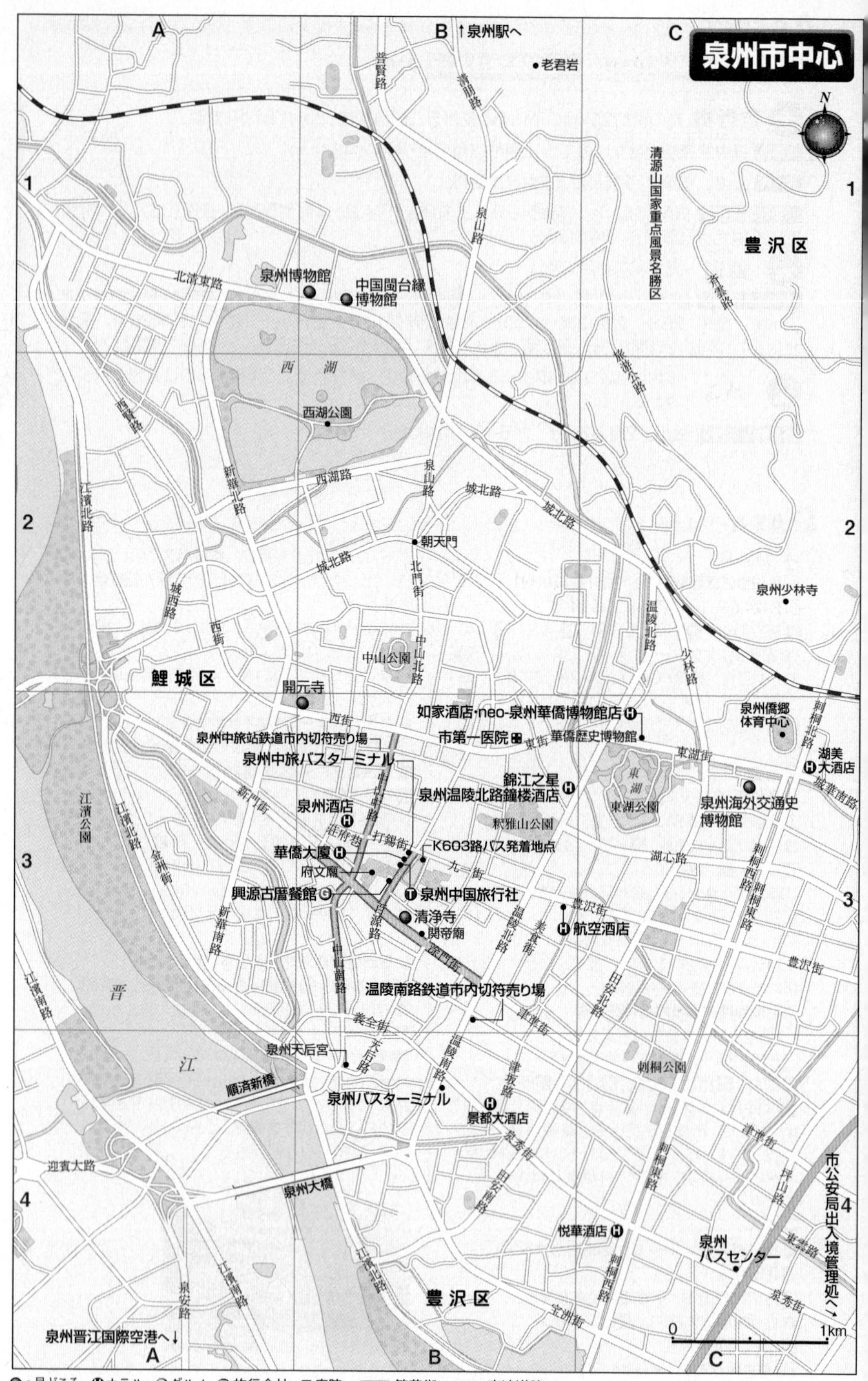
泉州市中心
↑泉州駅へ
老君岩
清源山国家重点風景名勝区
豊沢区
泉州博物館
中国閩台縁博物館
西湖
西湖公園
朝天門
泉州少林寺
中山公園
鯉城区
開元寺
如家酒店·neo-泉州華僑博物館店
市第一医院
華僑歴史博物館
泉州僑郷体育中心
湖美大酒店
泉州中旅站鉄道市内切符売り場
泉州中旅バスターミナル
錦江之星 泉州温陵北路鐘楼酒店
泉州海外交通史博物館
東湖公園
泉州酒店
釈雅山公園
華僑大厦
K603路バス発着地点
府文廟
興源古厝餐館
泉州中国旅行社
清浄寺
関帝廟
航空酒店
温陵南路鉄道市内切符売り場
泉州天后宮
刺桐公園
順済新橋
泉州バスターミナル
景都大酒店
泉州大橋
市公安局出入境管理処へ
悦華酒店
泉州バスセンター
豊沢区
泉州晋江国際空港へ↓
江濱公園
晋江
迎賓大路
●•見どころ Ⓗホテル Ⓖグルメ Ⓣ旅行会社 病院 繁華街 高速道路

中心部の見どころ

★★ 1300年の歴史がある仏教寺院

開元寺／开元寺
かいげんじ kāiyuánsì

開元寺の南大門

686（唐の垂拱2）年に創建され、並んで立つ鎮国塔と仁寿塔が有名な名刹。東側の鎮国塔は高さ48.27mで、865（唐の咸通6）年に、西側の仁寿塔は高さが45.06mで、916（後梁の貞明2）年に建てられたもの。ふたつ合わせて東西塔と呼ばれている。いずれも最初は八角5層の木造仏塔として建立されたが、後にれんが造り、13世紀の改修で花崗岩造りの仏塔となった。

約7万8000m²の敷地には、大雄宝殿、甘露戒壇、蔵経閣、麒麟壁など貴重な建築物がある。

開元寺
M P.150-B3
住 鯉城区西街176号
☎ 22383036
オ 7:30～18:00
休 なし 料 無料
交 6、26、41、601、K602路「开元寺西门」
U www.qzdkys.com

仁寿塔（西塔）

★★ 泉州の歴史がよくわかる

泉州博物館／泉州博物馆
せんしゅうはくぶつかん quánzhōu bówùguǎn

外観は福建省に多く見られる建築様式

西湖の北側、清源山の南麓に閩南（びんなん）地方の建築スタイルを生かして2005年に建てられた総合博物館。

泉州の歴史文化、泉州の南音（現地の音楽を指す）と戯曲の芸術陳列を常設展示とし、さらに泉州古代書道作品の展示、骨董品を集めた泉州民間所蔵品の展示がある。東隣には福建と台湾との関係を展示した中国閩（びん）台縁博物館もあるので、合わせて見学するとさらに理解が深まるだろう。

泉州博物館
M P.150-B1
住 豊沢区北清東路268号西湖公園北側
☎ 22757518、22757512
オ 9:00～17:00
※入場は閉館30分前まで
休 なし 料 無料
交 37、201、203、K204、K205、601路バス「泉州博物馆」
U www.qzmuseum.net

中国閩台縁博物館
M P.150-B1
住 豊沢区北清東路西湖公園北側
☎ 22751800
オ 9:00～17:00
※入場は閉館30分前まで
休 月曜 料 無料
交 37、46、201、203、601路バス「闽台缘博物馆」
U www.mtybwg.org.cn

★ 海上交通専門の中国唯一の博物館

泉州海外交通史博物館／泉州海外交通史博物馆
せんしゅうかいがいこうつうしはくぶつかん quánzhōu hǎiwàijiāotōngshǐ bówùguǎn

海のシルクロードの起点、泉州ならではといえる古代中国における海上交通史をテーマにした博物館。1959年に開設された。元代の国際貿易や鄭和の大航海、華僑出国史、外国商人により泉州に伝えられた宗教に関する解説、13世紀に建造されたジャンク船などが展示されている。また、敷地内には泉州イスラム文化陳列館も併設。

泉州海外交通史博物館
M P.150-C3
住 豊沢区東湖街425号
☎ 22100561
オ 5～9月8:30～17:30
10～4月8:30～17:00
※入場は閉館30分前まで
休 月曜 料 無料
交 7、19、22、25、32、44、202、203、K502路バス「侨乡体育馆」

海外との交易で繁栄した泉州ならではの展示

清浄寺
Ⓜ**P.150-B3**
住 鯉城区涂門街中段108号
☎ 22193553
オ 9:00～17:30
※入場は閉門15分前まで
休 なし
料 3元
交 4、6、7、8、14、49、K603路バス「关帝庙」

清浄寺は中国で最古のグループに属するイスラム建築

★ 歴史あるイスラム寺院

清浄寺/清净寺
せいじょうじ qīngjìngsì

中国を代表するイスラム建築のひとつで、1009（北宋の大中祥符2）年、シリアのダマスカスにあるイスラム礼拝堂をモデルに建立された。おもな建築物である大門楼、奉天壇、明善堂のほか、壁にアラビア語で書かれたコーランや、ラマダンの日時を知るための展望台が残る。また祝聖亭の中にある1350年、1407年、1609年に建てられた石碑は中国におけるイスラム文化の足跡を知るうえで貴重な史料になっている。

礼拝堂跡の奉天壇

郊外の見どころ

崇武古城風景区
Ⓜ**P.124-B3**
住 恵安県崇武鎮海門村海馬巷41号
☎ 87683297
オ 8:00～18:00
休 なし
料 45元
※恵女民俗風情公演は無料。土・日曜10:30と15:00開演。公演時間は約30分
交 泉州バスセンターから「崇武」行きで終点。海濱路沿いに徒歩10分
※「崇武」からの最終は18:10頃発

戚継光の彫像

崇武古城風景区の城壁は手入れが行き届いているとは言いがたいが、かえって魅力にもなっている

景区は海岸沿いにある

★★ 倭寇の攻撃に対抗した城塞都市

崇武古城風景区/崇武古城风景区
すうぶこじょうふうけいく chóngwǔ gǔchéng fēngjǐngqū

泉州市から東へ約43kmの崇武鎮に位置する。崇武古城は、倭寇の攻撃に対抗し、明王朝が山東省の登莱から広東省の崖海までの海岸沿いに築いた「海の長城」ともいわれた防御施設の一部。ほぼ完全な形で残る城壁は、1387（明の洪武20）年に造られたもの。花崗岩を材料に、4つの丘を結ぶように築かれており、基礎の幅約5m、高さ約7m、全長2455m。東西南北、4つの城門があり、城壁には見張りのときに横たわれる石棚が26、身を隠して攻撃するための城壁上部の狭間が1304に加え、烽火台などがある。また、城内には馬の走路も整備されており、防御設備として優れた機能を有していたことが専門家により指摘されている。

城壁の東南角あたりに入場券売り場があり、そこから壁沿いに歩き南門から城内に入ることができる。今もなお城壁内には、昔ながらの素朴な人々の暮らしが残っており、石で築かれた古い民家や、宋、明、清代に建立された寺院などを見ることができる。ただし、城内の路地は入り組んでいてわかりにくいので注意が必要。なお、崇武鎮のバスターミナル付近では、バイクタクシーが古城裏から入場し城内をガイドすると誘ってくるが、トラブルの原因となるので避けたほうがよい。

崇武古城風景区には古建築が数多く残る

★ 中国四大古橋のひとつ

洛陽橋/洛阳桥

らくようきょう　luòyángqiáo

泉州市中心の北東約10km、洛陽江河口に架かる長さ834m、幅7mの橋。創建当初は万安橋と呼ばれた。河口に架かる橋では中国最古とされる。11世紀中期（北宋の皇祐5年から嘉祐4年）に泉州知事であった蔡襄(さいじょう)が当時の最高技術を投入して建設したといわれている。

現在の橋は1996年に竣工したもので、橋のたもとには石像2体、石塔5基などが設置されている。

残念ながら現在の洛陽橋は再建されたもの

洛陽橋
Ⓜ **P.124-B3**
住 洛江区東郊洛陽江上
オ 24時間
休 なし
料 無料
交 K502路バス「洛阳桥桥南」、徒歩10分。K702「洛阳三角牌」、徒歩15分

洛陽橋を渡る地元の人々

ホテル

泉州酒店

せんしゅうしゅてん

泉州酒店 quánzhōu jiǔdiàn

3つの建物で構成されている5つ星ホテル。旧市街に位置し市内観光に便利な立地。

両替　ビジネスセンター　インターネット　U www.quanzhouhotel.com

Ⓜ P.150-B3　★★★★★
住 鯉城区荘府巷22号
☎ 22289958　FAX 22182128
S 568～658元　T 568～658元
サ なし　カ ADJMV

華僑大厦

かきょうたいか

华侨大厦 huáqiáo dàshà

繁華街の百源路に立つ。1984年開業のホテルで2003年に改修。隣には泉州中旅バスターミナル、泉州中国旅行社があり便利。

両替　ビジネスセンター　インターネット

Ⓜ P.150-B3　★★★★
住 鯉城区百源路1号
☎ 22282192　FAX 22284612
S 408元　T 378～408元
サ なし　カ ADJMV

航空酒店

こうくうしゅてん

航空酒店 hángkōng jiǔdiàn

歩いて3分の美食街にはレストランや屋台が多く食事には困らない。1階には廈門航空航空券売り場が入る。

両替　ビジネスセンター　インターネット　U www.qzair-hotel.com

Ⓜ P.150-B3　★★★★
住 豊沢区豊沢街339号
☎ 22164888　FAX 22164777
S 410～455元　T 350～455元
サ なし　カ ADJMV

錦江之星 泉州温陵北路鐘楼酒店

きんこうしせい せんしゅうおんりょうほくろしょうろうしゅてん

锦江之星 泉州温陵北路钟楼酒店 jǐnjiāng zhīxīng quánzhōu wēnlíng běilù zhōngloóu jiǔdiàn

「経済型」チェーンホテル。客室の設備は簡素ながら清潔。ホテル内に「星連心茶餐庁」というレストランがある。

両替　ビジネスセンター　インターネット　U www.jinjianginns.com

Ⓜ P.150-B3
住 鯉城区温陵北路359号
☎ 28156355　FAX 28156568
S 209～239元　T 159～199元
サ なし　カ 不可

如家酒店・neo-泉州華僑博物館店

じょかしゅてんネオ せんしゅうかきょうはくぶつかんてん

如家酒店・neo-泉州华侨博物馆店 rújiā jiǔdiàn quánzhōu huáqiáo bówùguǎndiàn

「経済型」チェーンホテル。東湖公園の北側にある。大通りから少し入った所にあるので静か。

両替　ビジネスセンター　インターネット　U www.bthhotels.com

Ⓜ P.150-C3　住 豊沢区東湖街華僑歴史博物館内　☎ 28275333
FAX 28156568　S 219～249元
T 189～239元　サ なし
カ 不可

グルメ

興源古厝餐館

こうげんこさくさんかん

兴源古厝餐馆 xīngyuán gǔcuò cānguǎn

新鮮なシーフードを楽しめる、地元で人気の閩南料理店。新鮮な素材をその場で選べるのがよい。おすすめ料理は"清蒸双耳卷（蒸し小イカのセロリあえ）"25～65元、"海蛎煎（カキの卵焼き）"25～55元。

Ⓜ P.150-B3
住 鯉城区百源路3号
☎ 22280970
オ 11:00～13:30、17:00～21:30
休 なし　カ 不可

旅行会社

泉州中国旅行社

せんしゅうちゅうごくりょこうしゃ

泉州中国旅行社 quánzhōu zhōngguó lǚxíngshè

市内の車（小型）チャーターは1日500元～。崇武古城風景区へ行く場合は100元追加。日本語ガイドはいない。

Ⓜ P.150-B3
住 鯉城区百源路1号華僑大廈大門南
☎ 22985940　FAX 22282366
オ 8:30～11:30、14:30～18:00
休 土・日曜、祝日　カ 不可

世界遺産に登録された客家の土楼群

えいてい
永定

ヨンディン
永定 Yǒng Dìng　市外局番 **0597**

初溪土楼群景区

概要と歩き方

南渓土楼群の環極楼

永定区は龍岩市の南端に位置し、広東省と境界を接する小さなエリアだが、土楼という土造りの巨大な住居が集中する場所として広く知られている。区内には円楼が約360、方楼が4000余り立っている。土楼は永定だけでなく、隣の漳州市や広東省にまで分布している。

2008年には、福建省にある6土楼群および4棟が「福建土楼」としてユネスコの世界遺産に登録された。内訳は、永定区の洪坑、初渓、高北の各土楼群と振福楼、衍香楼。漳州市南靖県の田螺坑、河坑の各土楼群と和貴楼、懐遠楼。そして漳州市華安県の大地土楼群。

これらを全部回るとしたら、車をチャーターしても3、4日はかかるので、訪れる場所を絞り込まなくてはならない。最も人気のある場所は永定土楼民俗文化村とも呼ばれる洪坑土楼群。永定や龍岩からはもちろん、アモイからもバスが運行されており、アクセスも比較的よい。豪華なホテルはないが、簡単な宿泊施設は整っているので、ここを拠点にして車やバイクをチャーターしほかの土楼群を見て回るのもいいだろう。ただし、大地土楼群だけはほかの場所から離れているため、別に日程を組む必要がある。いくつかの土楼へは、アモイから中国人向けの団体日帰りツアーが組まれているのでそれを利用す

	1月	2月	3月	4月	5月	6月	7月	8月	9月	10月	11月	12月
平均最高気温(℃)	17.2	17.8	20.8	24.8	28.0	30.1	33.0	32.7	30.8	27.3	22.8	19.1
平均最低気温(℃)	7.1	9.2	12.5	16.5	20.0	22.2	23.3	23.0	21.4	17.2	12.5	8.2
平均気温(℃)	12.2	13.5	16.7	20.7	24.0	26.2	28.2	27.9	26.1	22.2	17.7	13.6
平均降水量(mm)	詳細データなし											

町の気象データ(→P.237):「预报」>「福建」>「龙岩」>「永定」

都市データ

永定区
人口=49万人
面積=2224㎢
永定は龍岩市管轄下の区

市公安局出入境管理処
(市公安局出入境管理处)
Ⓜ P.156-B2
住 龍岩市新羅区龍岩大道118号
☎ 2032333
オ 8:30～12:00、14:30～17:30
休 土・日曜、祝日
観光ビザを最長30日間延長可能。手数料は160元

市第一医院(市第一医院)
Ⓜ P.156-C1
住 龍岩市新羅区九一北路105号
☎ 2259595　オ 24時間　休 なし

●市内交通
▼龍岩市
【路線バス】 運行時間の目安は6:30～19:00、1元
【タクシー】 初乗り2km未満8元、2km以上1kmごとに1.8元加算
▼永定区鳳城鎮
【路線バス】 運行時間の目安は6:30～19:00、1元
【オート三輪】 1乗車1人3～5元
▼永定バスターミナル～龍岩バスセンター
K2路バスの利用が便利。永定バスターミナル発:6:20～19:00、龍岩バスセンター発:6:20～20:00。運行間隔は20分に1便。一律10元、所要1時間20分

るという手もある(→P.137)。
　また、土楼に泊まることもできる。洪坑、初渓、高北、田螺坑、大地土楼群には土楼内の部屋を改造した簡単な設備の宿がある。

初渓土楼群景区の余慶楼

ACCESS

中国国内の移動 ➡ P.341　鉄道時刻表検索 ➡ P.30

飛行機 龍岩市の北端にある龍岩冠豸山空港(LCX)を利用する。ただし、便数が少ないので、アモイなどの空港利用がおすすめ。

国際線 日中間運航便はないので、上海や杭州で乗り継ぐとよい。

国内線 上海、杭州、深圳、桂林、成都との間に運航便がある。

所要時間(目安) 上海虹橋(SHA)／1時間50分　杭州(HGH)／1時間20分

鉄道 龍岩には市中心に位置する龍岩駅と永定区鳳城鎮の永定駅があるが、発着列車の多い龍岩駅の利用が便利。龍岩と漳州を結ぶ高速鉄道、龍漳線の始発駅であり、アモイ、福州、寧波、上海方面への高速列車が出ている。

所要時間(目安) **【龍岩(ly)】**広州(gz)／快速：9時間12分　アモイ北(xmb)／動車：58分　福州南(fzn)／動車：2時間32分　泉州(qz)／動車：1時間27分　深圳北(szb)／動車：3時間53分

バス 龍岩と永定それぞれにバスターミナルがある。龍岩は省内各地との路線があるが、永定は近隣の町との路線がメイン。

所要時間(目安) 福州／5時間30分　アモイ／2時間30分　泉州／3時間30分　永定／1時間40分

DATA

飛行機

■ **龍岩冠豸山空港**(龙岩冠豸山机场)
Ⓜ **P.124-A2**　住 龍岩市連城県蓮峰鎮江坊村
☎ 8918820　オ 7:30～21:30　休 なし　カ 不可
Ⓤ www.longyanairport.com.cn
[移動手段] **エアポートバス**(空港～蓮南路国際美食城)／30元、所要1時間30分が目安。空港→市内＝到着便に合わせて発車。市内→空港＝出発便の3時間前を目安に発車　**タクシー**(空港～西興橋)／120元、所要1時間30分が目安
※エアポートバスの詳細は☎2508366で確認するとよい
　航空券売り場で3ヵ月以内の航空券を販売。

鉄道

■ **龍岩駅**(龙岩火车站)
Ⓜ **P.156-A1**　住 龍岩市新羅区人民西路
☎ 共通電話＝12306　オ 6:10～23:30
休 なし　カ 不可
[移動手段] **タクシー**(龍岩駅～西興橋)／10元、所要10分が目安　**路線バス**／2、4、7、22、30、33、35路バス「火车站北广场」
　28日以内の切符を販売。

バス

■ **龍岩バスセンター**(龙岩汽车客运中心站)
Ⓜ **P.156-A1**　住 龍岩市新羅区羅龍西路269号
☎ 3100033　オ 6:00～19:00　休 なし　カ 不可
[移動手段] **タクシー**(龍岩バスセンター～西興橋)／15元、所要15分が目安　**路線バス**／13、19、20、30路バス「客运中心」
　7日以内の切符を販売。武夷山(2日に1便)、漳州(2便)、連城(13便)などがある。

■ **龍岩バスターミナル**(龙岩汽车站)
Ⓜ **P.156-B1**　住 龍岩市新羅区人民東路1号
☎ 3100013　オ 6:00～18:30　休 なし　カ 不可
[移動手段] **路線バス**／19、22、25、27、32路バス「汽车站」
　7日以内の切符を販売。連城(6:10～18:20の間14便)、土楼バスターミナル(7:00～17:00の間12便)、高頭(7:10～16:30の間5便)、下洋(7:35～17:40の間13便)など。

■ **永定バスターミナル**(永定汽车站)
Ⓜ **P.156-D5**　住 永定区鳳城鎮台辺路1号
☎ 3151008　オ 5:45～19:30　休 なし　カ 不可
[移動手段] **タクシー**(永定バスターミナル～洪坑土楼群景区)／150元、所要50分が目安
　7日以内の切符を販売。高頭(7:20～16:40の間8便)、実佳(9:30、15:00発)、下洋(6:20～17:00の間18便)など。
※高頭行きは洪坑土楼群と高北土楼群を経由する。下洋行きは下洋鎮までで、土楼に行くにはバイクタクシーなどに乗り換える

インフォメーション

客家の土楼

土楼の成立とその様式

土楼は、江西省南東部、福建省南西部、広東省北東部に客家が造り出した建築様式のひとつ。客家はもともと黄河中下流域の中原に暮らしていた豪族。西晋末期に発生した永嘉の乱（307～312年）以降、戦乱を避けるため、一族で南へと逃れてきたと考えられており、その移動は断続的に続き、居住地区は広範囲に及んだ。辺鄙な土地に暮らさねばならなかったため、自然災害や強盗、野生動物から身を守るために土楼が造られたといわれている。

土楼はその外観からおおまかに五鳳楼、方楼、円楼の3つに区分できる。現在までの研究で、時代的には漢代の建築様式を色濃く残す五鳳楼が最も古く、その後に方楼が登場し、より強固な円楼に発展したと考えられている。

土楼の共通点には、建物の名前の少なくとも一文字は祖先が残した家訓から取る、建物内に門と向き合う形で祭祀や婚礼などを行う祖堂をおく、1階が厨房で2階が倉庫、といったことが挙げられる。

アモイからの土楼日帰りツアー

代表的な土楼を見学できればよい、と考えている人におすすめなのがアモイ発着の土楼ツアー。手軽に申し込め、1日でアモイに戻ってこられる。ただ、中国人観光客に向けたツアーなので、やりとりが中国語となる点は注意が必要。

【申し込み地点】

アモイ旅游集散センター

データ→P.137

【ツアーコース＆料金】

・Aコース：南靖田螺坑土楼群ツアー 料 208元
・Bコース：永定高北土楼群ツアー 料 158元
・Cコース：永定土楼民俗文化村（洪坑土楼群景区）ツアー 料 178元

※料金は1人分。ガイド料金（中国語）、交通費、入場料、昼食代を含む

永定区の見どころ

★★★ 土楼観光の拠点　2〜5時間　世界遺産

福建土楼客家民俗文化村（洪坑土楼群景区）／

ふっけんどろうはっかみんぞくぶんかむら（こうこうどろうぐんけいく）

福建土楼客家民俗文化村（洪坑土楼群景区）

fújiàn tǔlóu kèjiā mínsú wénhuàcūn(hóngkēng tǔlóuqún jǐngqū)

永定区南東部の湖坑鎮洪坑村にある土楼群で、永定土楼民俗文化村とも呼ばれる。比較的狭い範囲に振成楼、朝陽楼、福裕楼、奎聚楼、如升楼など、明清代に築かれた46もの土楼がある。周辺には宿もあり、土楼観光の拠点とするとよい。景区の門の向かい側には小さなバス発着所があり、そこで車やバイクをチャーターできる。

振成楼／振成楼 ［しんせいろう／zhènchénglóu］

洪坑土楼群を代表する大きな円楼で、「八卦楼」とも呼ばれる。この土楼は福裕楼の楼主であった林上堅の孫に当たる林鴻超により、1912年から1917年にかけて築かれた。

振成楼の大きさは入口から察してもわかる

4階建ての二重円楼でその直径は57.2m、高さは16m、敷地面積は5000㎡。八卦思想に基づく一庁二井三門四梯の建築構造をもつ。二重円楼の外側は主楼と呼ばれ、八卦思想に沿って8等分されている。この8等分された1ブロック（卦と呼ぶ）に部屋が6室あり、各階に48室、内側の楼と合わせると全部で222室にもなる。卦と卦の間には防火壁が造られており、火災が発生しても建物全体には火は及ばない。なお、観光客が宿泊することもできる。

福裕楼／福裕楼 ［ふくゆうろう／fúyùlóu］

1880（清の光緒6）年、林上堅とその3人の息子によって建てられた。福裕楼は、総面積7000㎡を誇る永定県最大の府第式方楼で、3つの門と格子状に仕切られた部屋をもち、それぞれに兄弟が暮らしていた。後方の主楼は5層構造と最も高く、土楼内部には大小合わせて広間が21、部屋が168室、浴室が6室、井戸が2ヵ所ある。

奎聚楼／奎聚楼 ［けいじゅろう／kuíjùlóu］

1834（清の道光14）年に建てられた宮殿式方楼を代表する建築物。建物の総面積は6000㎡で、後方が高く4層構造、前方が少し低い3層構造になっており、内側にさらに祖堂が立つという複雑な構造だ。

福建土楼客家民俗文化村（洪坑土楼群景区）
M **P.156-D5**
住 永定区湖坑鎮洪坑村
☎ 4006615222、3259519
オ 8:00〜19:30が目安
休 なし
料 入場料＝90元
電動カート＝入場券売り場→景区6元、景区→入場券売り場10元
※高北土楼群景区との共通券は98元
交 ①龍岩バスターミナルまたは永定バスターミナルから「土楼汽车站」行きバスで「游客中心」（龍岩＝13元、1時間 永定＝22元、2時間）
※「游客中心」下車後、福建土楼客家民俗文化村のメインゲートから入場し、帰路はサブゲートから出場し、「土楼汽车站」からバスに乗車するとよい
※「土楼汽车站」からの最終バスは龍岩バスターミナル行き16:30発、永定バスターミナル行き16:05発
②アモイからツアーに参加する（→P.137、156）

インフォメーション

▶洪坑土楼群からのチャーター料金の目安（往復1台）
高北／40元、**南渓**／100元、**初渓**／150元、**田螺坑**／120元

福裕楼。一時は廃墟のようになっていたがかなり修復された

奎聚楼は福裕楼とともに方型の土楼だが、洪坑土楼群では少数派

小川のほとりに立つ如升楼

高北土楼群景区
Ⓜ P.156-D5
住 永定区高頭郷高北村
☎ 4006615222、3252703
オ 8:00～19:30が目安
休 なし　料 50元
交 ①龍岩バスターミナルまたは永定バスターミナルから「高头」行きバスで「高头汽车站」(龍岩＝22元、所要1時間　永定＝15元、所要1時間)
※「高头汽车站」からの最終バスはともに16:00頃発
②アモイからツアーに参加する(→P.137、156)
※福建土楼客家民俗文化村(洪坑土楼群景区)との共通券は98元

世沢楼も四角型の方楼

承啓楼の内部。長屋が円形になったようだ。

承啓楼の建設には80年以上の時間が費やされた

南渓土楼群
Ⓜ P.156-D5
住 永定区湖坑鎮西片村
☎ 4006615222
オ 8:00～19:30が目安
休 なし
料 環極楼＝15元、衍香楼＝50元、振福楼＝50元
交 ①龍岩バスターミナルまたは永定バスターミナルから「土楼汽车站」行きバスで終点。地元のバイクタクシーに乗り換える
②龍岩やアモイの旅行会社で車をチャーターする

如升楼／如升楼 [じょしょうろう／ rúshēnglóu]

永定県内で確認された土楼のなかで最小。3階建てながら直径はわずか17m、部屋数も16に過ぎない。如升楼は、1901年に林高林が自分で壁土を練って造り始め、3年で完成させた。名前の由来は外観が米を計量するときに使う米升というマスに似ていたため。

★★　福建最大の土楼がある　世界遺産

高北土楼群景区／高北土楼群景区
こうほくどろうぐんけいく　gāoběi tǔlóuqún jǐngqū

洪坑土楼群景区から東北東へ5kmほど行った高頭郷高北村に位置する。福建省を代表する土楼である承啓楼の周囲に僑福楼、世沢楼、五雲楼などがある。これらの土楼群は江氏一族によって建てられた。五雲楼は明代に建てられた古い方楼。僑福楼の内部には土楼に関する物品や客家の使う民具などが展示されている。

承啓楼／承启楼 [しょうけいろう／ chéngqǐlóu]

敷地面積は5376㎡、高さ16.4m、直径73m、外壁の外周229mにも達する巨大な円楼。その規模と美しさから土楼王とも称され、1986年には中国の切手のデザインに採用された。

承啓楼は、江集成によって1709(清の康熙48)年に着工され、外側の主楼の内側には、さらに三重に円楼があり、その中心に祖堂が配置されている。

主楼は4階建てで各階に72室、2番目の円楼は2階建てで各階に40室、3番目の円楼は平屋で32室、4番目は屋根付き通路で、合計すると400室という巨大な建築物。主楼の1階は台所で、2階が倉庫、3階と4階が居間と寝室となっている。最も多いときには80余戸、600人以上がここに暮らしていたという。なお、この土楼内にも民宿があり1泊40元前後で宿泊することができる。

★★　100を超える土楼が並ぶ　世界遺産

南渓土楼群／南溪土楼群
なんけいどろうぐん　nánxī tǔlóuqún

湖坑鎮から南東に数km行くと、山あいを流れる南渓に沿って100を超える土楼が10km余りにわたり点在している。なかでも有名なのが振福楼、衍香楼、環極楼など。衍香楼のさらに先の実佳村には展望台があり、山間部に連なる土楼の景色を見ることができる。

振福楼／振福楼 ［しんふくろう／zhènfúlóu］

湖坑鎮の南東約3kmに位置する円楼。1913年にたばこの商売により富を築いた蘇振泰によって建てられた。中心に祖堂を配する二重円楼で、直径は42m、敷地面積は約4000㎡。外側は3階建てで、内側は平屋の円楼となっており、計96室がある。土楼の傍らには南渓が流れ、周辺の農村風景との調和が美しい。

衍香楼／衍香楼 ［えんこうろう／yǎnxiānglóu］

振福楼から南へ約3kmの新南村にある。1842（清の道光22）年、蘇氏によって建てられた。4階建ての円楼で、その直径は40m、敷地面積は4300㎡、部屋数は136室となっている。中心に配された祖堂が円形ではなく、方形になっているのが特徴。

環極楼／环极楼 ［かんきょくろう／huánjílóu］

衍香楼からさらに南へ約1kmの南中村にある。1693（清の康熙32）年に建てられた4階建ての二重円楼で、高さは20m、直径は43.2m。内側の円楼は平屋で、中心に祖堂が配置されていないのが特徴。円楼の中心に立ち、手をたたくと、反響音を聞くことができる。また、1918年に永定で発生したマグニチュード7の地震では、揺れの最中に大きな亀裂を生じたが倒壊することはなく、振動がやんだあとには復元したという、堅牢な土楼としても有名。

小ぶりなためか、環極楼にはどっしりとした重量感がある

★★ 山水風景と土楼との調和が美しい　世界遺産

初渓土楼群景区／初溪土楼群景区
しょけいどろうぐんけいく　chūxī tǔlóuqún jǐngqū

永定県南部の下洋鎮から南東へ山道を約15km進んだ初渓村に位置する。なだらかな斜面に円楼と方楼が集まっているさまを向かいの山の展望台から見渡すことができる。村の手前には渓流が流れ、山水と一体となった土楼の風景が特徴。ただし、アクセスはあまりよくないので龍岩や永定、洪坑土楼群から車をチャーターするのがよいだろう。

展望台から初渓土楼群景区を望む

振福楼。中心にあるのは祖先を祀る祖堂

インフォメーション

衍香楼
2018年11月現在、修復中。公開再開時期は未定。

内部から見た環極楼。曲線がとても美しい

環極楼の中心には祖堂はなく、小さな空間になっている

初渓土楼群景区
Ⓜ P.156-D5
住 永定区下洋鎮初渓村
☎ 4006615222、5586601、5586550
オ 日中
休 なし
料 70元
※2018年11月現在、集慶楼修復中のため55元
交 ①龍岩やアモイの旅行会社で車をチャーターする
②龍岩バスターミナルまたは永定バスターミナルから「下洋」行きバスで終点。（龍岩＝22元、所要2時間。永定＝10元、所要1時間）。下車後、バイクタクシーで「初渓土楼群景区」（往復60～70元）
※初渓土楼群景区発のバイクタクシーは少ないため、往路利用時に復路の予定時間を運転手へ伝え、迎えに来てもらうとよい
※「下洋」からの最終バスは、龍岩行き15:40発、永定行き16:10発
※景区内の余慶楼は外国人も宿泊できる施設がある。1部屋100元～

集慶楼／集庆楼 [しゅうけいろう／jíqìnglóu]

初渓村にある最大の円楼で、明の永楽年間（15世紀前半）に徐氏により建てられ、現在まで590年もの歴史がある。集慶楼は二重円楼構造で、外円の直径は66m。外側の円楼が4階建てで各階56部屋、内側の円楼は平屋となっており、中心に方形の祖堂を配置している。各階は18ブロックに分かれ、それぞれ1階から4階までの専用の階段をもつことが特徴。現在は住人はおらず、客家の歴史や文化および土楼に関する展示がされている。

区外の見どころ

★★★ 梅の花にたとえられる山中の土楼群　3～6時間　世界遺産

田螺坑土楼群景区／田螺坑土楼群景区

でんらこうどろうぐんけいく　tiánluókēng tǔlóuqún jǐngqū

展望台から望む田螺坑土楼群景区

永定区の東に隣接する南靖県書洋鎮山中に位置する。アモイあるいは永定県の洪坑土楼群からも日帰り観光が可能。エリア内には田螺坑土楼群、裕昌楼、塔下村の3つの観光スポットがあり、それぞれ離れているため景区専用観光バスが周回している。付近には懐遠楼、和貴楼や河坑土楼群もあるので、時間に余裕がある人は訪れてみるのもいいだろう。

田螺坑土楼群／田螺坑土楼群

[でんらこうどろうぐん／tiánluókēng tǔlóuqún]

書洋鎮側入口から山道を約12km進んだ山中に位置し、5つの土楼が梅の花のように寄り添っているさまが有名。中央に位置する方楼が歩雲楼で、その周りを円形の和昌楼、振昌楼、瑞雲楼と、楕円形の文昌楼が囲んでいる。いずれも3階建てで、5楼合計すると世帯数は39になる。このうち歩雲楼と和昌楼は1936年の火災により焼失し、現在見られるのは1953年に再建されたもの。

裕昌楼／裕昌楼 [ゆうしょうろう／yùchānglóu]

田螺坑土楼群から北西へ約5km、下版寮村に位置する5階建ての古い円楼。裕昌楼は劉、羅、張、唐、範の5氏の協力により1308年に建てられた。各階には54の部屋があり、それを姓ごと5ブロックに分け、各ブロックにはそれぞれ1階から5階までを結ぶ階段がある。ここは土楼の柱が左右に傾いていることでも有名で、最大の箇所では傾きが15度にも達する。

高台に立つ集慶楼

インフォメーション

集慶楼
2018年11月現在、集慶楼は修復中。公開再開は2019年夏頃の予定。

田螺坑土楼群景区
Ⓜ P.156-D5
住 漳州市南靖県書洋鎮
☎ (0596)7880111
オ 7:30～18:30が目安
休 なし
料 90元
交 ①高速鉄道で「南靖」。1路または2路バスに乗り換えて「南靖汽车站」（3元、所要30分）。南靖バスターミナルから6路バス（土楼専線）で「土楼接待中心」（7:00～18:20の間20～30分に1便、10元、所要1時間）。「土楼接待中心」から景区専用観光バス（→下記インフォメーション参照）利用
※「土楼接待中心」からの最終バスは18:00発
※南靖バスターミナルへは漳州西バスターミナルからも601路バスがある。7:30～19:30（10～4月の最終バスは19:10）の間20～30分に1便、7元。所要1時間。南靖バスターミナルからの最終バスは18:30（10～4月は18:10）発
②アモイからツアーに参加する（→P.137、156）

インフォメーション

景区専用観光バス
料 1人15元
※8:30～17:00の間30～40分に1便が目安。経路は、書洋鎮游客中心→田螺坑→裕昌楼→塔下村→書洋鎮游客中心で、各観光スポットでは下車して観光でき、次以降の便に乗ることもできる。全行程の所要は約3～4時間

田螺坑土楼群景区の専用バス

★★　円楼の至宝、二宜楼が見られる　世界遺産

大地土楼群景区／大地土楼群景区

だいちどろうぐんけいく　dàdì tǔlóuqún jǐngqū

漳州市北部の華安県仙都鎮大地村に位置する。アモイから車で約3時間。のどかな田園風景のなかに、円楼の至宝と称される二宜楼をはじめ、1810年代に建てられた3階建て円楼の南陽楼や方形の東陽楼などがある。

二宜楼／二宜楼 [にぎろう／èryílóu]

承启楼と双璧をなす二宜楼

この巨大な円楼は、蒋氏により1740（清の乾隆5）年から1770（清の乾隆35）年まで、約30年かけて建造された。外側は高さ16mの4階建て、内側は平屋建ての二重円楼構造で、直径は73.4m、面積は約9300㎡。各階は48室で、合計192室ある。

一般的な円楼の壁の底部は厚さ1.1～1.5mだが、二宜楼の場合は花崗岩を使用しているため、その厚さは2.5mにもなる。4階には外壁と部屋の間に隠し通路があり一周できるというほかには見られない堅固な構造。また、装飾の点においても優れ、清末から中華民国時代に描かれた226幅もの壁画や、精巧に彫られた彫刻が土楼内部の美しさを引き立てている。

大地土楼群景区
Ⓜ P.156-E4
住 漳州市華安県仙都鎮大地村
☎ (0596)7013020、7368566
オ 8:00～17:30
休 なし
料 90元
交 ①高速鉄道で「漳州」。28路バスに乗り換え「漳州客运中心站」（2元、所要30分）。漳州バスセンターから「仙都客运站」（7:50～17:45の間1時間に1便、24元。所要2時間）。下車後バイクタクシーで景区に向かう。料金は片道10元が目安
※華安～二宜楼間のバスも仙都バスターミナルの前を通る（7:00～18:00の間1時間に1便。2元、所要10分）
②アモイの旅行会社で車をチャーターする
※大地土楼群景区発のバイクタクシーは少ないため、往路利用時に復路の予定時間を運転手へ伝え、迎えに来てもらうとよい

ホテル

恒宝大酒店　こうほうだいしゅてん
恒宝大酒店 héngbǎo dàjiǔdiàn

龍岩市の中心部にあり龍岩バスターミナルまで約600mと比較的便利。

両替　ビジネスセンター　インターネット

Ⓜ P.156-B2 ★★★★
住 龍岩市新羅区西安南路121号
☎ 2263888 FAX 2263999
S 328～368元 T 328～368元
サ なし カ 不可

豪斯頓精品酒店　ごうしとんせいひんしゅてん
豪斯顿精品酒店 háosīdùn jīngpǐn jiǔdiàn

洪坑土楼群行きバスが発車する龍岩バスターミナルのすぐ北側に位置する。設備は3つ星クラス。

両替　ビジネスセンター　インターネット

Ⓜ P.156-B1
住 龍岩市新羅区西安北路14号
☎ 2236666 FAX 2233798
S 248～388元 T 248～388元
サ なし カ 不可

錦江之星 龍岩中山路歩行街酒店　きんこうしせい りゅうがんちゅうざんろほこうがいしゅてん
锦江之星 龙岩中山路步行街酒店 jǐnjiāngzhīxīng lóngyán zhōngshānlù bùxíngjiē jiǔdiàn

「経済型」チェーンホテル。機能的な客室は簡素ながら清潔。

両替　ビジネスセンター　インターネット

Ⓜ P.156-C1
住 龍岩市新羅区渓畔路15号
☎ 5306666 FAX 5309666
S 189元 T 199元
サ なし カ 不可

客家土楼王子大酒店　ハッカどろうおうじだいしゅてん
客家土楼王子大酒店 kèjiā tǔlóu wángzǐ dàjiǔdiàn

有料で各景区への送迎サービスも行っている。

両替　ビジネスセンター　インターネット

Ⓜ P.156-D5
住 永定区湖坑鎮新街村田河
☎ 5205555 FAX 5209396
S 458元 T 358元
サ なし カ JMV

漳州大酒店　しょうしゅうだいしゅてん
漳州大酒店 zhāngzhōu dàjiǔdiàn

漳州駅と漳州バスセンターとを結ぶ漳州29路バスの停留所がホテルの前にあり、二宜楼観光に便利。

両替　ビジネスセンター　インターネット

Ⓜ P.156-E5
住 漳州市勝利街2号
☎ (0596)2036889 FAX (0596)2029687 S 400元 T 360元
サ なし カ ADJMV

天游峰から九曲渓を望む

銘茶を産する世界遺産の地

武夷山（ぶいさん）

武夷山（ウーイーシャン） Wǔ Yí Shān　市外局番 **0599**

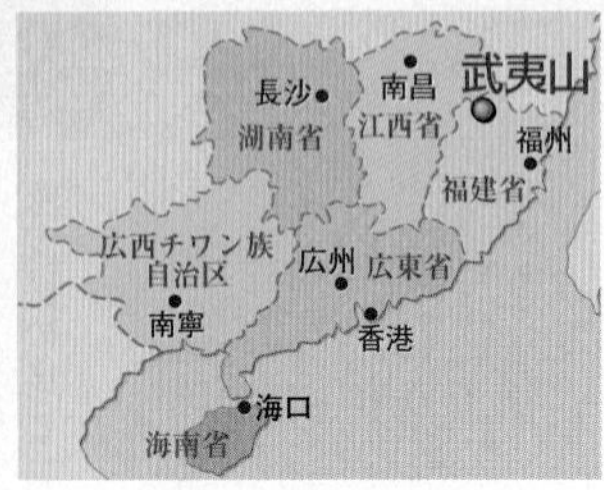

概要と歩き方

武夷山市は、ユネスコの世界遺産（文化と自然の複合遺産）に登録されている武夷山があることで世界的に知られている。もともと崇安県といったが、世界遺産登録によって観光産業が発展したおかげで、1989年8月に武夷山市に昇格した。

武夷山がある武夷山風景区は市区の南約15kmに位置

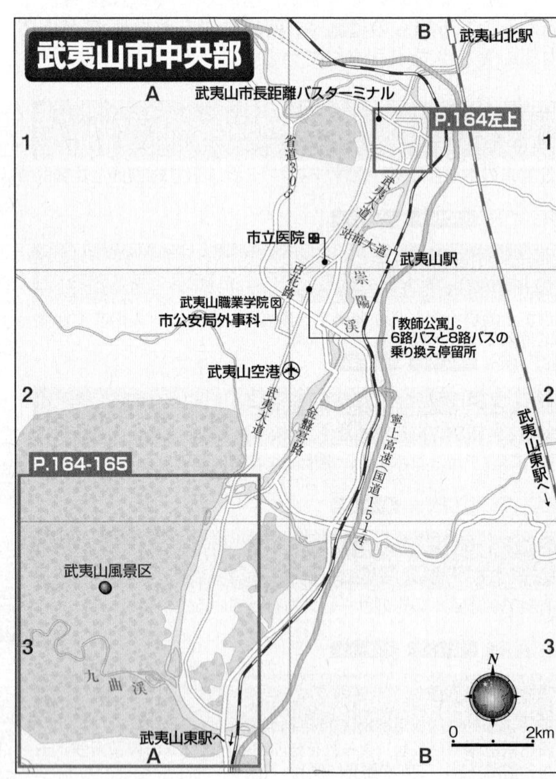

●見どころ　⊗学校　⊞病院　鉄道　高速鉄道　高速道路　✈空港

都市データ

武夷山市
人口＝23万人
面積＝2814㎢
武夷山市は南平市管轄下の県級市

市公安局外事科（市公安局外事科）
Ⓜ P.162-A2
㊟武夷大道36号武夷山職業学院内
☎出入境大庁＝5314880
㋔8:00～12:00、14:30～17:30
㊡土・日曜、祝日
観光ビザの延長は不可

市立医院（市立医院）
Ⓜ P.162-B1
㊟武夷大道18号
☎5316255
㋔24時間
㊡なし

天游峰景区行きの観光専用車（武夷山風景区）

するため、風景区のすぐそばにある武夷山旅游度假区が武夷山観光の拠点となる。武夷山空港や武夷山駅は、市区と旅游度假区の中間にあるので、観光目的ならば市区ではなく、直接旅游度假区に向かうべきだろう。旅游度假区を南北に走る三姑街を中心にホテルやレストラン、みやげもの屋が軒を並べており、夜遅くまで観光客でにぎわいを見せる。

渓流沿いには奇観が続く（九曲渓下り）

武夷山風景区は広大で、かつ徒歩でしか行けないエリアも多くあるので、全部を見て回ると1週間以上かかる。

おもな見どころは武夷山の奇峰を一望できる天游峰、山水画の風景を楽しめる九曲渓のいかだ下り、茶樹の大紅袍などがある。

水簾洞と大紅袍とを結ぶ登山道脇に広がる茶畑

武夷山は茶の産地として内外に広く知られる。武夷山の茶のなかでも、特に山の上の岩地で栽培されたものは武夷岩茶と呼ばれ、薬として飲まれていたほど効能が高く、その最高級品は大紅袍から採れる茶葉。現在も母樹と呼ばれる6本の茶樹から作られる茶は一般には出回らない特別のものだが、その枝を挿し木して育てた茶木がたくさんあり、それらの茶葉は比較的安価に購入できる。ただし、その偽物が数多く出回っているので注意が必要。

武夷山にゆかりのある人物として、藤原惺窩や新井白石など日本の思想家にも多大な影響を与えた朱子学の創始者である朱熹という南宋代の思想家がいる。朱熹は、約40年間武夷山に身を置き学に励んだという。旅游度假区から約50km東に朱熹が暮らした五夫鎮という町があり、朱熹文化景区として朱熹の住居、書院などが保存されている。

町の気象データ（→P.237）：「预报」>「福建」>「南平」>「武夷山」

●市内交通

【路線バス】 7路線運行されているが、観光客が利用するのは6路と8路。この2路線の運行時間の目安は6:00～22:00、1～3元。これらは「教师公寓」で乗り換え可能

※6路バスには終点が「三姑度假区」（武夷山宝島会展中心大酒店前）と「南次入口」（景区南門）がある。フロントガラスにどちら行きか表示があるので注意

【タクシー】 初乗り3km未満10元、3km以上1kmごとに2元加算。ただし、旅游度假区内では一般的にメーターを使用せず、乗車時に要相談

【オート三輪】 旅游度假区内のみ。1人1乗車5元

九曲渓から大王峰を見上げる

人気の霊洞の通り抜け（一線天景区）

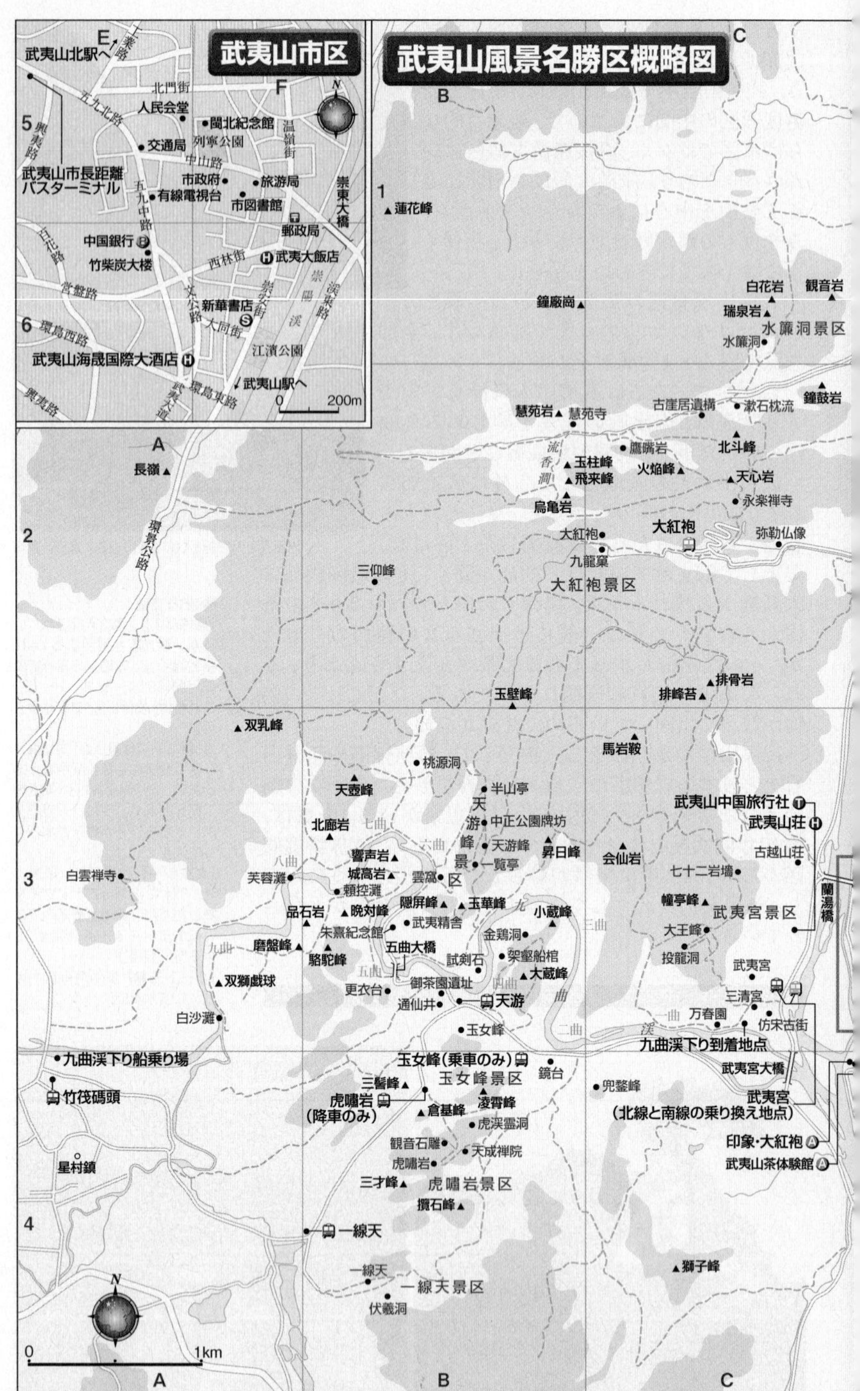

●●見どころ　Ⓗホテル　Ⓢショップ　Ⓐアミューズメント　Ⓑ銀行　Ⓣ旅行会社　〒郵便局　病院　高速道路　遊歩道
観光専用車南線停留所　観光専用車北線停留所

D
市公安局外事科、
市立医院、
武夷山空港、
武夷山北駅へ
1
景区北門
景区北門
武夷大道
水簾洞
旗山
曼陀峰
梅溪路
濱江路
崇陽溪
2
武夷広場
武夷山風景ゴルフクラブ
高爾夫路
大王峰路
三仰峰路
天游峰路
3
P.167
玉女峰路
公館路
仙凡界路
濱江路
4
景区南門停車場
上浦大橋
景区南門
景区南門
武夷山東駅へ
D

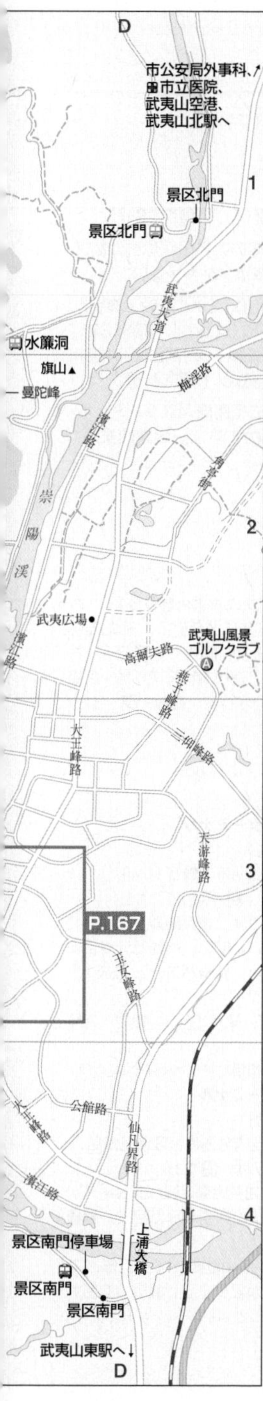

武夷山観光専用車路線図

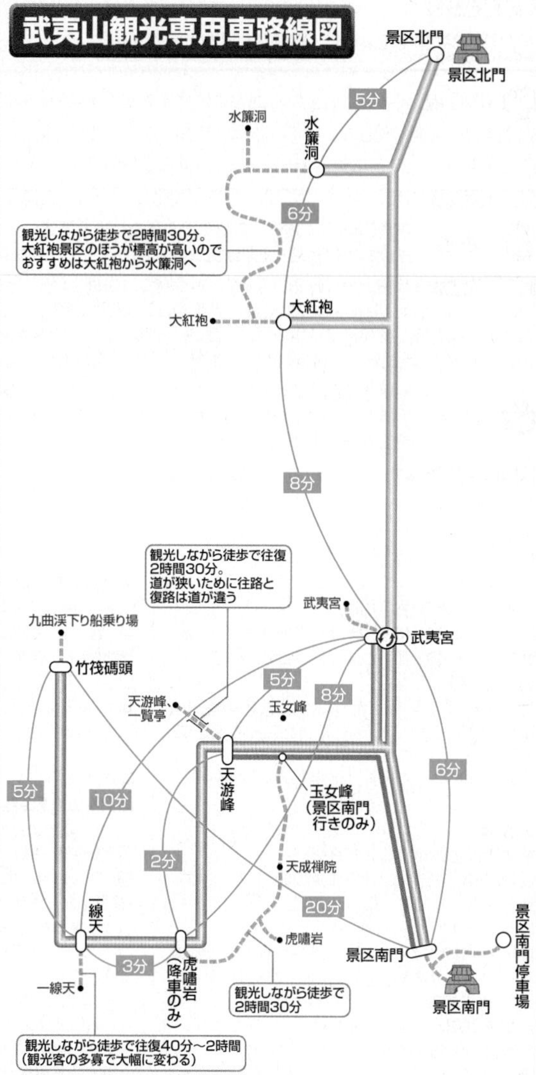
景区北門
景区北門
5分
水簾洞
水簾洞
6分
観光しながら徒歩で2時間30分。
大紅袍景区のほうが標高が高いので
おすすめは大紅袍から水簾洞へ
大紅袍
大紅袍
8分
観光しながら徒歩で往復
2時間30分。
道が狭いために往路と
復路は道が違う
武夷宮
武夷宮
九曲渓下り船乗り場
竹筏碼頭
5分
8分
天游峰、
一覧亭
玉女峰
天游峰
玉女峰
(景区南門
行きのみ)
6分
5分
10分
2分
天成禅院
20分
一線天
3分
虎嘯岩
(降車のみ)
虎嘯岩
一線天
景区南門
景区南門停車場
景区南門
観光しながら徒歩で
2時間30分
観光しながら徒歩で往復40分～2時間
(観光客の多寡で大幅に変わる)

北線

景区北門⇔水簾洞⇔大紅袍⇔武夷宮

南線

❶ 景区南門⇔武夷宮⇔竹筏碼頭、景区南門⇔竹筏碼頭

❷ 景区南門⇒天游峰（SL型バス。直通）

南線は2路線

※各停留所には係員がおり、観光客が行く先を告げると乗車すべきバスに割り振ってくれる。中国語のできない人は紙に書いて知らせるとよい

※景区南門⇒天游峰を結ぶSL型バス以外はマイクロバス

徒歩　○停留所　乗り換え　5分 観光専用車での所要時間

※図中の所要時間は目安

ACCESS

中国国内の移動 ➡ P.341　鉄道時刻表検索 ➡ P.30

飛行機 武夷山度假区の北7kmに位置する武夷山空港(WUS)を利用する。

国際線 日中間運航便はないので、上海や広州、アモイで乗り継ぐとよい。

国内線 北京、上海、広州、深圳、アモイとの間に運航便がある。

所要時間(目安) 広州(CAN)/2時間　アモイ(XMN)/55分　上海虹橋(SHA)/1時間25分

鉄道 2015年6月に福州と合肥を結ぶ高速鉄道が開業し、在来線の武夷山駅以外に高速鉄道専用の武夷山北駅と武夷山東駅ができた。在来線列車は本数が少ない。

所要時間(目安) **【武夷山北(wysb)】**福州(fz)/高鉄:1時間21分　アモイ北(xmb)/高鉄:3時間14分　泉州(qz)/高鉄:2時間30分　婺源(wy)/高鉄:48分　上海虹橋(shhq)/高鉄:3時間15分　**【武夷山東(wysd)】**福州(fz)/高鉄:58分　アモイ北(xmb)/高鉄:2時間28分　泉州(qz)/動車:2時間21分　婺源(wy)/高鉄:55分　景徳鎮北(jdzb)/高鉄:1時間25分

バス 市区と度假区のふたつのバスターミナルがある。武夷山市長距離バスターミナルを出たバスは30分後に武夷山度假区バスターミナルを経由する。一定数の乗車券を武夷山度假区バスターミナルでも販売している。

所要時間(目安) 福州/5時間　泉州/6時間　アモイ/8時間

DATA

飛行機

■武夷山空港(武夷山机场)

Ⓜ **P.162-A~B2**　住 武夷大道83号赤石村

☎5118063　オ 8:00~21:00(または最終便)

休 なし　カ 不可

[移動手段] **タクシー**(空港~度假区三姑環島)/30~40元、所要15分が目安(メーターは使用しない)　**路線バス**/6、7、9路「机场」

航空券売り場で3ヵ月以内の航空券を販売。

鉄道

■武夷山北駅(武夷山火车北站)

Ⓜ **P.162-B1**　住 武夷山北郊工業路崩埂村

☎共通電話=12306　オ 6:45~21:55

休 なし　カ 不可

[移動手段] **タクシー**(武夷山北駅~度假区三姑環島)/90元、所要35分が目安(メーターは使用しない)　**路線バス**/2、7、8、9路「高铁北站」

■武夷山東駅(武夷山火车东站)

Ⓜ **地図外(P.162-B2右)**

住 南平市建陽区将口鎮洋墩村　☎共通電話=12306

オ 7:00~21:40　休 なし　カ 不可

[移動手段] **タクシー**(武夷山東駅~度假区三姑環島)/150元、所要45分が目安(メーターは使用しない)　**路線バス**/K1路「高铁武夷山东站」

28日以内の切符を販売。

■武夷山駅(武夷山火车站)

Ⓜ **P.162-B1**　住 站前大道　☎共通電話=12306

オ 24時間　休 なし　カ 不可

[移動手段] **タクシー**(武夷山駅~度假区三姑環島)/50元、所要25分が目安(メーターは使用しない)

路線バス/2、8路「火车站」

28日以内の切符を販売。

■鉄道市内切符売り場(火车票市内售票处)

Ⓜ **P.167-B1**　住 武夷山国家旅游度假区大王峰路8-3号　☎なし　オ 8:00~19:30　休 なし　カ 不可

[移動手段] **タクシー**(鉄道市内切符売り場~武夷山駅)/50元、所要15分が目安　**路線バス**/6、7路「三姑环岛」

28日以内の切符を販売。

バス

■武夷山市長距離バスターミナル

(武夷山市长途汽车站)

Ⓜ **P.164-E5**　住 五九北路64号　☎5311446

オ 6:00~17:30　休 なし　カ 不可

[移動手段] **タクシー**(武夷山市長距離バスターミナル~度假区三姑環島)/50元、所要25分が目安(メーターは使用しない)　**路線バス**/2、8路「汽车站」

7日以内の切符を販売。泉州(1便)、龍岩(1便)など省内便がメイン。

※高速鉄道開業により、福州とアモイ行きは廃止

■武夷山度假区バスターミナル

(武夷山度假区汽车站)

Ⓜ **P.167-A2**　住 武夷山国家旅游度假区大王峰路

☎5251516　オ 7:00~17:00　休 なし

[移動手段] **タクシー**(武夷山度假区バスターミナル~武夷山空港)/30元、所要10分が目安　**路線バス**/K1、6、7路「太阳城」

7日以内の切符を販売。武夷山市長距離バスターミナル発着のバスが経由する。武夷山を訪れる際にはここで下車するとよい。

見どころ

★★★ 自然が織りなす奇観　2日～　世界遺産

武夷山風景区/武夷山风景区
ぶいさんふうけいく　wǔyíshān fēngjǐngqū

武夷山風景区は武夷山脈北段の南麓に広がる面積約1000㎢にも及ぶ景勝エリア。その中核となる部分は、市区の南約15kmに位置する東西約5km、南北約12kmの範囲。その見事な眺めは「奇秀於東南（奇観にして秀逸な風景は中国東南部で一番）」と称される。

武夷山には36の山、72の洞窟、99の奇岩があるといわれており、それらが織りなす風景は碧水丹山（へきすいたんざん）（青い水と赤い山）とたたえられる。さらに、豊かな自然のなかに珍しい動植物が生息しており、風景区全体が天然の博物館のような存在になっている。

2018年11月現在、観光が許されているのは、天游峰景区、武夷宮景区、一線天景区、虎嘯（こしょう）岩景区（以上南区）、水簾洞景区、大紅袍景区（以上北区）の6ヵ所。このすべてを回るには最低2日は必要になるだろう。滞在日数に合わせた無理のない観光をおすすめする。

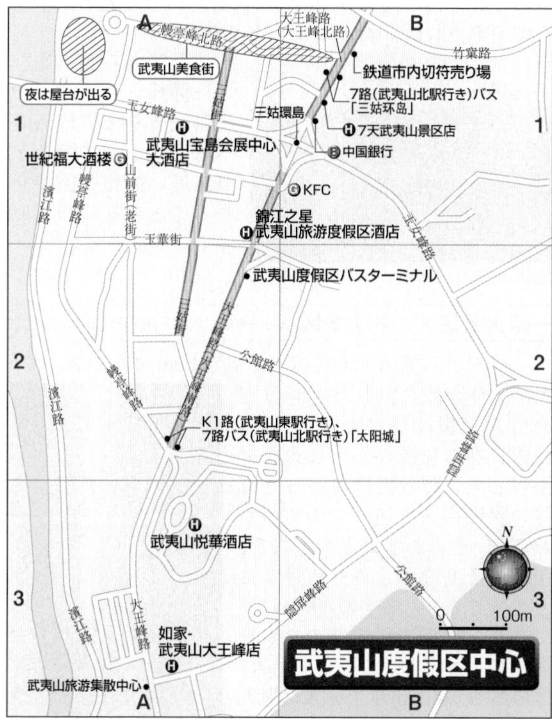

武夷山風景区
M P.164～165
住 上埔6号武夷山風景区
☎ 5135110、5134110、5252884
オ 4～10月6:20～18:00
11～3月6:40～17:00
休 なし
料 3～11月=140元
12～2月=120元
※有効期間は3日間
交 景区南門＝K1、6、7路バス「景区南入口（南次入口）」
景区北門=6、7、9路バス「北次入口」
U w.wyschina.com

インフォメーション

観光専用車　※P.165図参照

武夷山風景区内はタクシーや三輪リキシャの乗り入れが禁止されているため、観光専用車を利用することになる。路線は大きく北区と南区に分かれる。

なお、大半の観光客は景区南門から入場するため、路線も多い。

オ 4～10月6:20～18:00
11～3月6:40～17:00
休 なし
料 1日券＝70元、2日券＝85元、3日券＝95元

▶北線
景区北門⇄水簾洞⇄大紅袍⇄武夷宮
※武夷宮で南線と接続

▶南線
①景区南門⇄武夷宮
②武夷宮→天游→虎嘯岩（降車のみ）→一線天→竹筏碼頭
③竹筏碼頭→一線天→天游→玉女峰（乗車のみ）→武夷宮
④景区南門停車場→天游→竹筏碼頭
⑤景区南門停車場→武夷宮→虎嘯岩（降車のみ）→一線天

インフォメーション

九曲渓下り

星村の乗船地点から武夷宮までいかだで下る。出発時間は6:40、7:10、7:30、8:30、9:10、9:30、12:20、12:50、13:10、14:10、14:40、15:00で、所要約1時間30分。一艘は5～6人乗り。

平時であれば、第1便以外は出発の1時間前に列に並んでいればほぼ乗れるが、オンシーズンとなると、前日にチケットを購入しておかないと乗船できないこともある。

料 130元
※船代以外に、1人20元ほどのチップを渡す習慣になっている

九曲渓下り
Ⓜ P.164-A～C3
※乗船時間は季節や人数によって変動する

九曲渓の両岸に広がる景色

九曲渓下り／九曲溪漂流［きゅうきょくけいくだり／jiǔqūxī piāoliú］

武夷山観光の目玉のひとつで、九曲渓という川沿いに広がる景勝区を竹のいかだに乗って下ることができる。出発点の星村から終点の武夷宮までは9.5km、そのなかで9度変化するといわれる武夷山の奇観を眺めながら、1時間30分ほどの時間をかけて、のんびりとした川下りを楽しめる。

5～6人でいかだに乗り九曲渓を下る

天游峰景区
Ⓜ P.164-B3

雲窩の断崖を見上げる

武夷精舎の牌楼

天游峰景区／天游峰景区［てんゆうほうけいく／tiānyóufēng jǐngqū］

天游峰を中心とした景勝区。天游峰からの眺めは武夷山で最も美しいとされ、奇峰と清流の織りなす眺望は一幅の水墨画そのもの。この眺めを明代の旅行探検家であり文学家である徐霞客（じょかかく）もたたえた。

ほかにも見どころは雲窩、武夷精舎、桃源洞などがある。ルートとしては雲窩から一覧亭、天游峰へ登り、そのあと桃源洞へ向かう場合は、天游峰にある廟の裏手から山道を下れば30分ほどでたどり着ける。

天游峰の登山路からの景色

桃源洞から北へ進むと三仰峰という武夷山風景区最高峰（717.7m）へ行くことができるが4km近い複雑な山道を登ることになるのでガイドが必要。

一線天景区
Ⓜ P.164-B4
※景区内の観光は徒歩で40分～2時間。道幅が狭いため、混雑時は通り抜けに時間がかかる
※天景区内は左右に分かれており、絶壁間が最小幅30cmになる箇所は右側にある

岩の間の狭い階段を抜けていく

一線天景区／一线天景区［いっせんてんけいく／yīxiàntiān jǐngqū］

一線天は名霊山とも呼ばれる高さ60m余りの岩山で、上部全体が縦に割れ、幅1mほどの巨大な裂け目ができている。山腹にある霊洞から中に入り見上げると、岩の裂け目から一直線の陽光が入り込んでいるのがわかる。そのわずかな裂け目を、階段を登りながら外へ抜けることができるが、最小幅30cmにまで狭まる絶壁の圧迫感のなかを進んでいくため、心臓の弱い人、体の厚さが50cm以上の人は進入禁止となっている。

裂け目から入り込む陽光

水簾洞景区／水帘洞景区 ［すいれんどうけいく／shuǐliándòng jǐngqū］

水簾洞は武夷山最大の洞窟がある大絶壁。迫ってくるようにせり出した断崖絶壁は圧巻で、以前は崖の上に泉が湧いており滝となって流れ落ちていた。泉は枯れてしまい雨水頼りになっている。3～5月の雨季、それ以外は降水量の多い雨のあとでしか滝を見ることはできない。

水簾洞からは、徒歩2時間30分ほどで大紅袍へ行くことができる（上りになるので逆ルートがおすすめ）が、このエリアには最も武夷山らしい独特の風景が広がっている。

大紅袍景区／大红袍景区 ［だいこうぼうけいく／dàhóngpáo jǐngqū］

鷹の形にたとえられる鷹嘴岩

このエリアには、大紅袍茶樹、鷹の形をした鷹嘴岩、永楽禅寺などの見どころがある。大紅袍は武夷山の岩肌の狭い所に生えた茶樹。その名の由来は諸説あるが、苦しんでいた貴人の病がこの茶で癒えたため、位の高い者にしか許されない紅色の衣がこの茶樹に贈られたためとする説が有力。この茶葉で作られた茶は皇帝への献上品とされていた。今も、この母樹から作られた茶はかぎられた人の口にしか入らない最高級品。一般に売られている「大紅袍」も高級品ではあるが、これは接ぎ木した茶樹の葉で作られたもの。

武夷宮景区／武夷宫景区 ［ぶいきゅうけいく／wǔyígōng jǐngqū］

大王峰や幔亭峰などの自然と武夷宮、朱熹紀念館などの歴史的建造物で構成されたエリア。

その中核である武夷宮は、武夷山の山神である武夷君（武夷顕道真君とも呼ばれる）を祀る道観で、創建は唐の天宝年間（742～755年）まで遡り、武夷山で最古。以来、多くの皇帝が武夷君に対する祭祀を執り行ったが、特に宋代には六大名観のひとつとして重視された。

なお、武夷宮は九曲渓いかだ下りの終着点になっており、いかだを降りて清代の町並みを再現した仿宋古街という通りを抜けた所に武夷宮がある。

虎嘯岩景区／虎啸岩景区 ［こしょうがんけいく／hǔxiàoyán jǐngqū］

一線天景区の北東に位置する虎嘯岩や天成禅院、虎嘯八景などで構成された約17km²の範囲で、切り立つ峰々が織りなす風景が特徴。虎嘯八景（白蓮渡、集雲関、坡仙帯、普門兜（ふもんとう）、法雨懸河、語児泉、不浪舟、賓曦洞（ひんぎどう））は、「虎渓霊洞」と刻まれた岸壁の周辺にある。

洞窟を吹き抜ける風の音が虎のうなり声のように聞こえることから虎嘯岩と呼ばれるようになった。

水簾洞景区
M P.164-C1

壮観な水簾洞の絶壁

大紅袍景区
M P.164-B～C2

沿道の両脇には岩肌が迫る

武夷宮の門楼

武夷宮景区
M P.164-C3

虎嘯岩と玉女峰とを結ぶ登山道の景色

虎嘯岩景区
M P.164-B4

※虎嘯岩からは、徒歩2時間～2時間半ほどで玉女峰へ行くことができる。逆ルートは上りが多くなる

ホテル

武夷山悦華酒店
ぶいさんえつかしゅてん

武夷山悦华酒店 wǔyíshān yuèhuá jiǔdiàn

屋内プールやフィットネスセンターはもちろん、スパも備えた、武夷山きっての高級ホテル。金・土曜と繁忙期は約150元加算。

両替 ビジネスセンター インターネット U www.cndhotels.com

★★★★★
M P.167-A3
住 武夷山国家旅游度假区
☎ 5238999 FAX 5238555
S 830元 T 710～770元
サ なし カ ADJMV

武夷山宝島会展中心大酒店
ぶいさんほうとうかいてんちゅうしんだいしゅてん

武夷山宝岛会展中心大酒 wǔyíshān bǎodǎohuìzhǎnzhōngxīn dàjiǔdiàn

武夷山度假区の中心に位置する武夷山を代表する高級ホテル。

両替 ビジネスセンター インターネット

M P.167-A1
住 武夷山国家旅游度假区玉女峰路8号
☎ 5234567 FAX なし
S 198～238元 T 198～238元
サ なし カ ADJMV

武夷山荘
ぶいさんそう

武夷山庄 wǔyí shānzhuāng

1984年に開業した武夷山では老舗のホテル。2棟の建物があり、別荘風の造り。金・土曜と繁忙期は100元加算。

両替 ビジネスセンター インターネット U www.513villa.com

★★★★
M P.164-C3
住 武夷山国家旅游度假区武夷宮景区
☎ 5251888 FAX 5252567
S 498～598元 T 498～598元
サ なし カ ADJMV

武夷山海晟国際大酒店
ぶいさんかいせいこくさいだいしゅてん

武夷山海晟国际大酒店 wǔyíshān hǎishèng guójì dàjiǔdiàn

館内の施設は非常によい。特にフードコートや会議場が自慢。

両替 ビジネスセンター インターネット

★★★★
M P.164-E6
住 文公路58号
☎ 5322888 FAX 5322126
S 349～399元 T 349～399元
サ なし カ MV

如家-武夷山大王峰店
じょかぶいさんだいおうほうてん

如家-武夷山大王峰店 rújiā wǔyíshān dàwángfēngdiàn

「経済型」チェーンホテル。大王峰路を挟んだ西側には武夷山旅游集散中心があり、武夷山や印象・大紅袍の入場券を購入できる。

両替 ビジネスセンター インターネット U www.bthhotels.com

M P.167-A3
住 武夷山国家旅游度假区隠屏峰路18号
☎ 5237888 FAX 5237878
S 139～169元 T 139～169元
サ なし カ 不可

錦江之星 武夷山旅游度假区酒店
きんこうしせいぶいさんりょゆうとかくしゅてん

锦江之星 武夷山旅游度假区酒店 jǐnjiāngzhīxīng wǔyíshān lǚyóu dùjiàqū jiǔdiàn

「経済型」チェーンホテル。レストランが並ぶ武夷山美食街や武夷山度假区バスターミナルにも近く便利。

両替 ビジネスセンター インターネット U www.jinjianginns.com

M P.167-A1
住 武夷山国家旅游度假区大王峰南路10号
☎ 5173999 FAX 5117099
S 169～229元 T 209～249元
サ なし カ 不可

グルメ

世紀福大酒楼
せいきふくだいしゅろう

世纪福大酒楼 shìjìfú dàjiǔlóu

ずらりと並んだ食材のなかから、自分で好きなものを籠に取り、好みの方法で調理してもらえる。武夷山ならではの、山菜やキノコなどがおすすめ。予算はひとり50～60元。

M P.167-A1
住 武夷山国家旅游度假区老街2号
☎ 5239222
オ 9:30～14:30、16:00～20:30
休 なし カ 不可

アミューズメント

印象・大紅袍／印象・大红袍
いんしょう　だいこうほう　yìnxiàng dàhóngpáo

中国を代表する映画監督張芸謀（チャン・イーモウ）がプロデュースしたショー。武夷山を背景に総延長距離1.2kmという世界最長の舞台が造られ、大紅袍にまつわる故事をもとにした歌舞が壮大に演じられる。上演時間は1時間10分。

U www.yx-dhp.com

M P.164-C4
住 武夷山国家旅游度假区三姑度假区環島南路16号
☎ チケットオフィス＝5208888
オ 5～9月20:00～21:10
10～4月19:30～20:40
※繁忙期は回数が増えることもある
休 農暦12月と春節当日
料 238元、298元、688元 カ 不可

旅行会社

武夷山中国旅行社
ぶいさんちゅうごくりょこうしゃ

武夷山中国旅行社 wǔyíshān zhōngguó lǚxíngshè

日本語ガイドは1日600元。武夷山市内での車チャーターは1日200元が目安（武夷山風景区内に車は入れない）。

M P.164-C3
住 武夷山国家旅游度假区武夷山荘内
☎ 5252990 FAX 5255818
オ 8:30～12:00、14:00～17:30
休 土・日曜、祝日 カ 不可

広西チワン族自治区

建築平寨鼓楼はトン族の伝統な建築(柳州市三江トン族自治県程陽八寨景区)/写真:単 侃明

広西チワン族自治区マップ……172
南寧……………… 174　桂林……………… 184

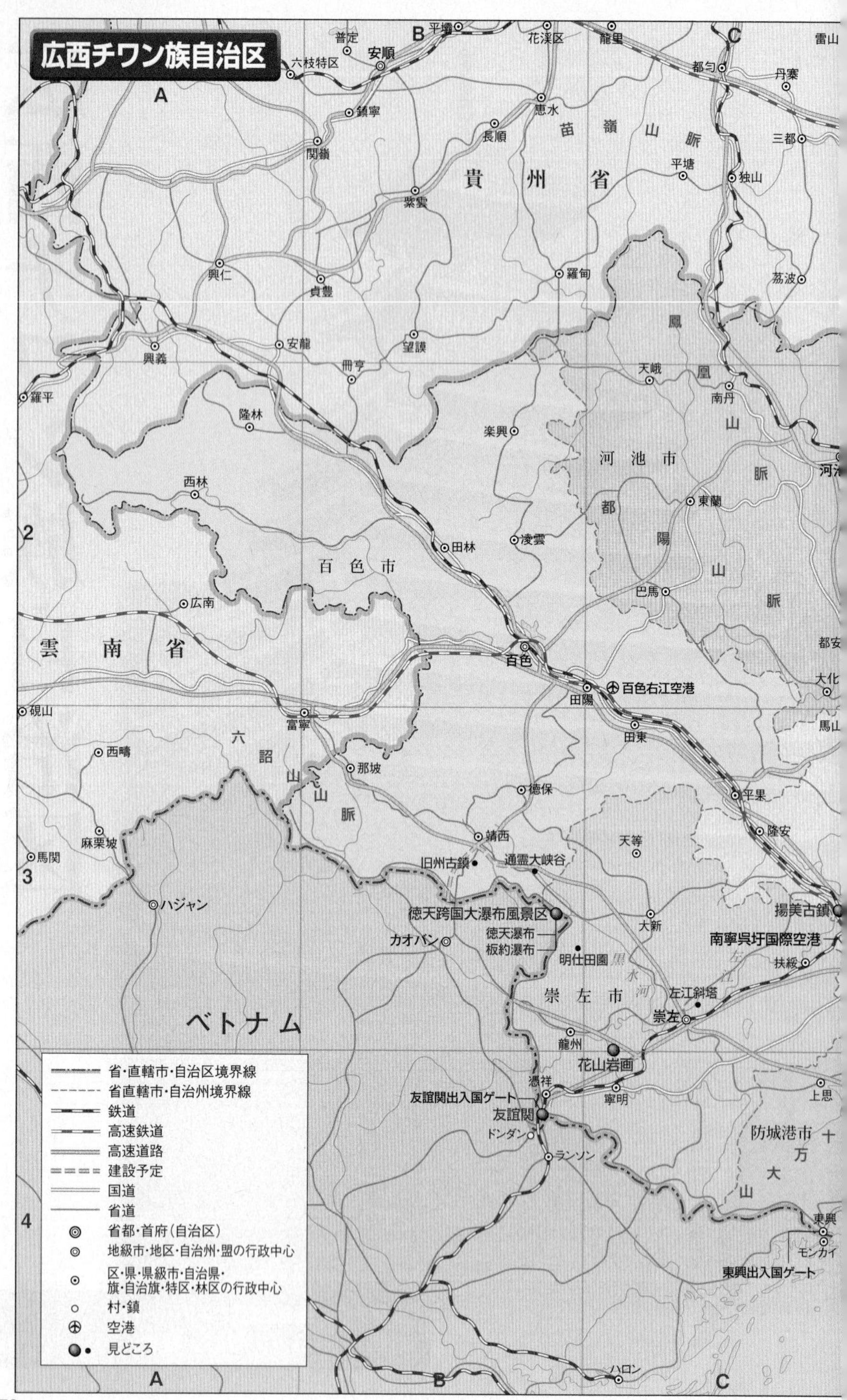

広西チワン族自治区
貴州省
雲南省
ベトナム
百色市
河池市
崇左市
防城港市
苗嶺山脈
鳳凰山脈
都陽山脈
六詔山脈
十万大山
安順
六枝特区
普定
平壩
花渓区
龍里
都匀
丹寨
雷山
三都
独山
平塘
恵水
長順
鎮寧
関嶺
紫雲
興仁
貞豊
羅甸
荔波
興義
安龍
望謨
冊亨
羅平
隆林
天峨
南丹
楽興
西林
東蘭
凌雲
田林
巴馬
広南
都安
百色
百色右江空港
田陽
大化
硯山
富寧
田東
馬山
西疇
那坡
徳保
平果
隆安
麻栗坡
靖西
天等
馬関
旧州古鎮
通霊大峡谷
ハジャン
徳天跨国大瀑布風景区
徳天瀑布
板約瀑布
大新
揚美古鎮
南寧呉圩国際空港
カオバン
明仕田園
扶綏
黒水河
左江
左江斜塔
崇左
龍州
花山岩画
憑祥
寧明
上思
友誼関出入国ゲート
友誼関
ドンダン
ランソン
東興
モンカイ
東興出入国ゲート
ハロン
省・直轄市・自治区境界線
省直轄市・自治州境界線
鉄道
高速鉄道
高速道路
建設予定
国道
省道
省都・首府（自治区）
地級市・地区・自治州・盟の行政中心
区・県・県級市・自治県・旗・自治旗・特区・林区の行政中心
村・鎮
空港
見どころ

広西チワン族自治区マップ

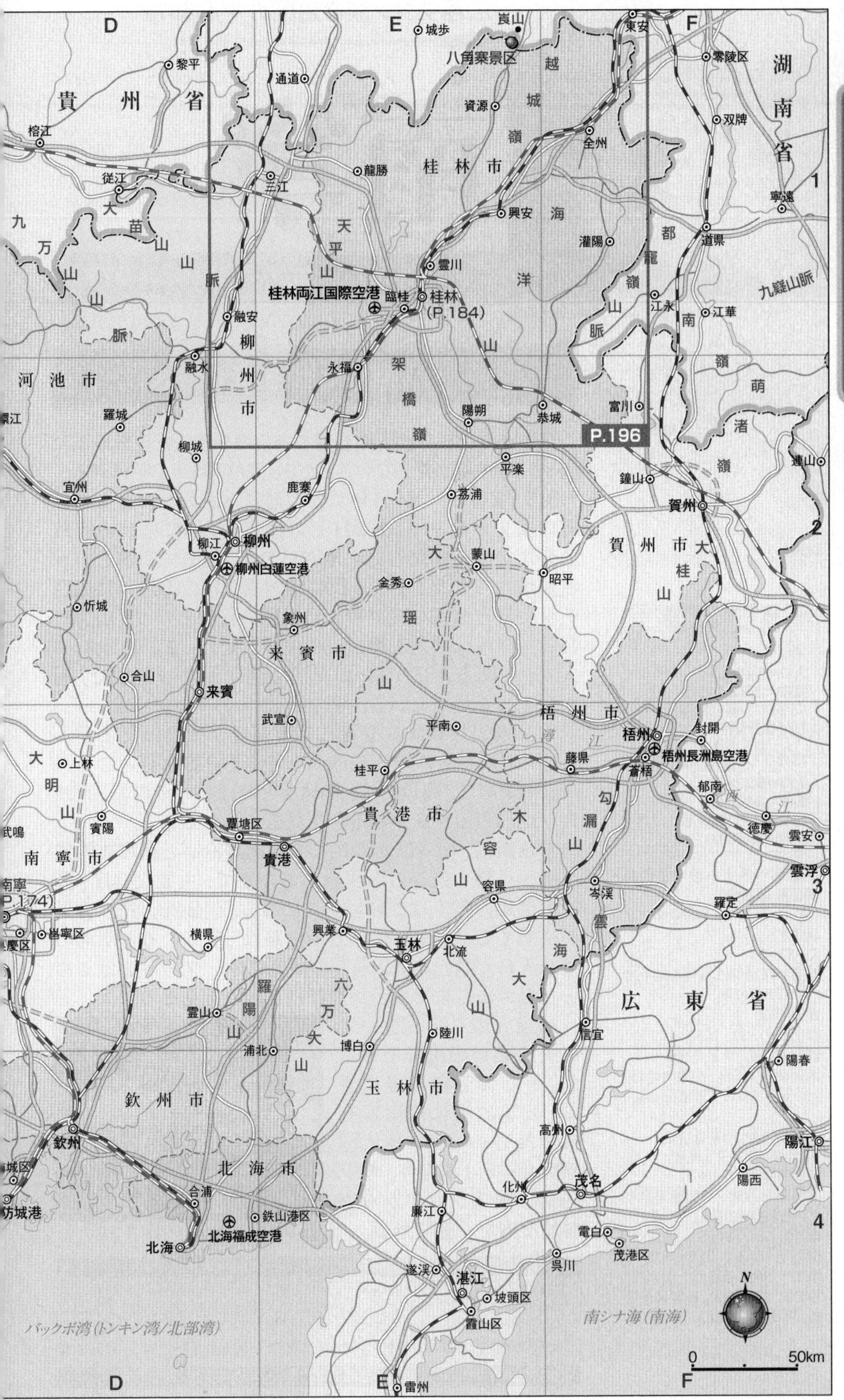

ベトナム国境に位置する巨大な滝、徳天瀑布

広西チワン族自治区の中心都市

南寧（なんねい）

南宁（ナンニン） Nán Níng

市外局番 **0771**

都市データ

南寧市
人口＝714万人
面積＝2万2341㎢
広西チワン族自治区の首府。7区5県を管轄

広西チワン族自治区
人口＝5378万人
面積＝24万㎢
14地級市40区7県級市52県12自治県を管轄

駐南寧ベトナム社会主義共和国総領事館
（越南社会主义共和国驻南宁总领事馆）
Ⓜ **P.177-D3**
㊟ 青秀区金湖路55号亜航財富中心大廈27階
☎ 5510560
オ 8:30～12:30、14:30～17:30
休 土・日曜、両国の祝日
観光ビザ（30日）申請料は450元、受け取りまで3業務日必要

市公安局出入境管理処
（市公安局出入境管理处）
Ⓜ **地図外（P.177-D4下）**
㊟ 良慶区玉洞大道33号南寧市民中心A座辦公楼
☎ 2891260、2891580
オ 9:00～12:00、13:00～16:30
休 土・日曜、祝日
観光ビザを最長30日間延長可能。手数料は160元

概要と歩き方

広西チワン族自治区の首府である南寧市。亜熱帯地域に属し、1年中緑が絶えないことから、緑色明珠とも呼ばれる。

318（東晋の大興元）年にこの地に州がおかれたことに町の歴史が始まる。1324（元の泰定元）年に当時の行政区分により南寧路という地域ができ、初めて南寧という名が用いられた。中華人民共和国成立後、1958年に広西チワン族自治区の成立時に自治区の首府となり、田舎町だった南寧は一大工業都市に生まれ変わった。21世紀に入り、中国とASEANとの交流活発化が進むなかで、新たな発展を見せている。

中華人民共和国成立後に都市開発が始まったことから、南寧は町並みが比較的新しく、歴史的な見どころは少ない。ただ、周辺には、桂林ほどではないものの、カルスト地形の山が広がる景色を見ることができる。

繁華街は、南寧駅から始まる朝陽路沿いと南寧市人民公園から南へ延びる新民路のあたりで、主要な官庁、高級ホテルの多くはこのエリアにある。朝陽路と民族大道が交差する先、南へ延びる中山路は、夜になると車両の乗り入れが禁止され、通りの両側にシーフードをはじめとしたさまざまな屋台が並びにぎわいを見せる。

民族大道を東へ進むと市民の憩いの場である南湖、そして五象広場に着く。五象広場には南寧有数の高さのビル「地王国際商会中心」があり、地上59階の展望フロアから有料で市内を一望できる。

屋台が並ぶ中山路夜市

	1月	2月	3月	4月	5月	6月	7月	8月	9月	10月	11月	12月
平均最高気温(℃)	16.9	18.0	21.5	26.6	30.4	32.1	32.9	32.7	31.6	28.4	24.1	20.2
平均最低気温(℃)	10.0	11.5	15.0	19.6	22.8	24.9	25.4	25.2	23.6	20.2	15.3	11.3
平均気温(℃)	12.9	14.1	17.7	22.5	25.9	27.9	28.4	28.2	26.9	23.5	18.9	14.9
平均降水量(mm)	35.3	42.6	59.4	97.1	185.6	207.1	218.8	205.3	128.3	65.5	40.3	24.5

町の気象データ（→P.237）：「预报」>「广西」>「南宁」>区・県から選択

ACCESS

中国国内の移動 ➡ P.341　鉄道時刻表検索 ➡ P.30

飛行機

市区中心部の南34kmに位置する南寧呉圩国際空港（NNG）を利用する。エアポートバスは4路線ある。

国内線 広州をはじめとする華南エリアおよび全国主要都市間に運航便がある。

所要時間（目安） 広州（CAN）／1時間15分　アモイ（XMN）／2時間　長沙（CSX）／1時間35分　南昌（KHN）／1時間40分　三亜（SYX）／1時間10分　上海浦東（PVG）／2時間30分

鉄道

南寧では多くの路線が交差しており、アクセスはよい。観光客がおもに利用するのは南寧駅と高速鉄道専用駅の南寧東駅。

所要時間（目安） **【南寧（nn）】**広州南（gzn）／動車：4時間15分　桂林（gl）／動車：2時間35分　憑祥（px）／特快：4時間5分　**【南寧東（nnd）】**広州南（gzn）／動車：3時間15分　深圳北（szb）／高鉄：4時間　桂林（gl）／高鉄：2時間15分　長沙南（csn）／高鉄：5時間40分

バス

長距離路線は4つのバスターミナルに分かれているが、おもに利用するのは埌東バスターミナル。このほか観光路線をメインとする南寧国際旅游集散中心もある。切符は主要バスターミナルでいずれの路線も購入できる。

所要時間（目安） 桂林／5時間　憑祥／3時間　広州／8時間30分　徳天瀑布／4時間

DATA

飛行機

■南寧呉圩国際空港（南宁吴圩国际机场）
M P.172-C3　住 邕寧県呉圩鎮
☎ 96365　オ 始発便～最終便
休 なし　カ 不可
[移動手段] **エアポートバス**／4路線ともに20元、所要1時間が目安。1号線（空港～南寧民航飯店）：空港→市内＝始発便～最終便の間30分に1便。市内→空港＝5:30～22:30の間30分に1便　**タクシー**（空港～朝陽広場）／120元、所要50分が目安

■民航航空券売り場（民航售票处）
M P.176-C3
住 青秀区民族大道88号広西沃頓国際大酒店内
☎ 国内線＝5381888　国際線＝2428418
オ 国内線8:00～20:30　国際線9:00～18:00
休 なし　カ 不可
[移動手段] **タクシー**（航空券売り場～朝陽広場）／17元、所要15分が目安　**地下鉄**／1号線「南湖」　**路線バス**／6、B17、29、34、39、87路「湖滨广场」
　3ヵ月以内の航空券を販売。近くにエアポートバス2号線の発着地点がある。

鉄道

■南寧駅（南宁火车站）
M P.176-B2、P.177-G5　住 西郷塘区中華路82号
☎ 共通電話＝12306　オ 24時間
休 なし　カ 不可
[移動手段] **タクシー**（南寧駅～朝陽広場）／12元、所要10分が目安　**地下鉄**／1、2号線「火车站」　**路線バス**／B01、9、21路「火车站」
　3日以内の切符を販売。

■南寧東駅（南宁火车东站）
M P.177-F2　住 青秀区長虹路66号
☎ 共通電話＝12306　オ 6:00～22:10
休 なし　カ 不可
[移動手段] **タクシー**（南寧東駅～朝陽広場）／50元、所要40分が目安　**地下鉄**／1号線「火车东站」　**路線バス**／B01、B17、B37路「南宁火车东站」。南広場＝K6、29、56、105、106路「南宁火车东站南」。北広場＝BK4路「南宁火车东站北」
　3日以内の切符を販売。高速鉄道の専用駅。

バス

■埌東バスターミナル（埌东汽车站）
M P.177-F3　住 青秀区民族大道186号
☎ 5508333　オ 6:30～22:30
休 なし　カ 不可
[移動手段] **タクシー**（埌東バスターミナル～朝陽広場）／30元、所要30分が目安　**地下鉄**／1号線「埌东客运站」　**路線バス**／6、25、39、52、76、B206、603、704路「埌东客运站」
　30日以内の切符を販売。桂林（5便）、憑祥（16便）、徳天瀑布（2便）など。

■南寧国際旅游集散中心（南宁国际旅游集散中心）
M P.177-H5　住 興寧区友愛南路10号
☎ 2102431、2102445　オ 7:00～20:00
休 なし　カ 不可
U www.yunde.net
[移動手段] **タクシー**（南寧国際旅游集散中心～朝陽広場）／10元、所要5分が目安　**地下鉄**／1、2号線「火车站」。徒歩15分　**路線バス**／52、62、72、211路「友爱南棉路口」
　30日以内の切符を販売。観光用のバスツアーがメイン。徳天瀑布1日ツアー（ひとり230元）など。

■ベトナム行きのバス
　埌東バスターミナルや南寧国際旅游集散中心からハノイやハイフォン行きが出ている。

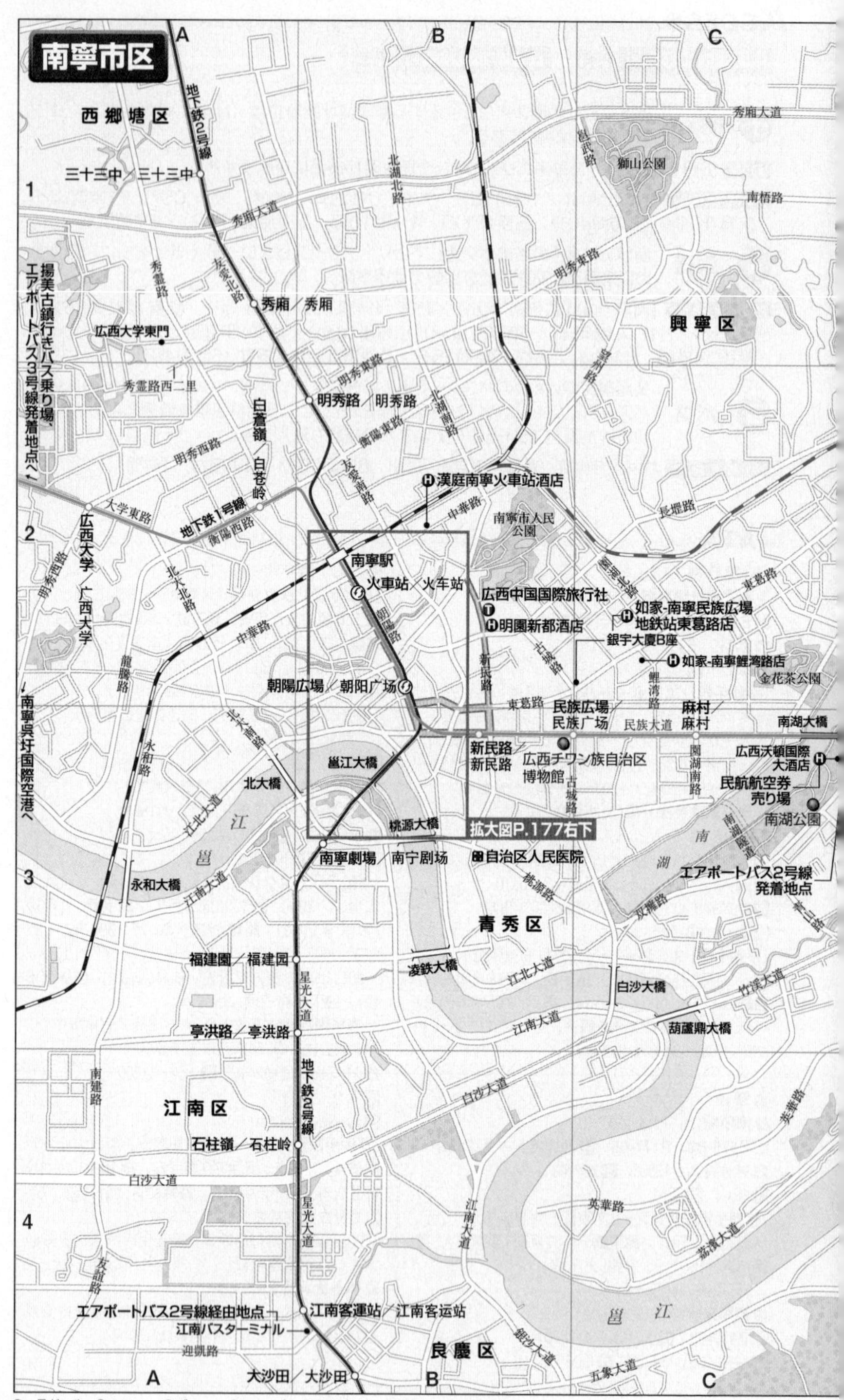
南寧市区
西郷塘区
興寧区
青秀区
江南区
良慶区
地下鉄2号線
地下鉄1号線
三十三中／三十三中
秀厢／秀厢
明秀路／明秀路
白蒼嶺／白苍岭
広西大学／广西大学
南寧駅
火車站／火车站
朝陽広場／朝阳广场
新民路／新民路
民族広場／民族广场
麻村／麻村
南湖大橋
南寧劇場／南宁剧场
福建園／福建园
亭洪路／亭洪路
石柱嶺／石柱岭
江南客運站／江南客运站
大沙田／大沙田
漢庭南寧火車站酒店
広西中国国際旅行社
明園新都酒店
如家-南寧民族広場地鉄站東葛路店
銀宇大廈B座
如家-南寧鯉湾路店
広西チワン族自治区博物館
広西沃頓国際大酒店
民航航空券売り場
南湖公園
エアポートバス2号線発着地点
自治区人民医院
拡大図P.177右下
広西大学東門
獅山公園
南寧市人民公園
金花茶公園
揚美古鎮行きバス乗り場、エアポートバス3号線発着地点へ
南寧呉圩国際空港へ
エアポートバス2号線経由地点
江南バスターミナル
邕江大橋
北大橋
桃源大橋
永和大橋
凌鉄大橋
白沙大橋
葫蘆鼎大橋
秀厢大道
南梧路
明秀東路
明秀西路
大学東路
衡陽東路
衡陽西路
中華路
朝陽路
北湖北路
北湖南路
友愛北路
友愛南路
秀霊路
秀霊路西二里
北大北路
北大南路
龍勝路
明秀西路
永和路
江北大道
江南大道
白沙大道
星光大道
南建路
友誼路
迎凱路
長堽路
東葛路
民族大道
新民路
古城路
鯉湾路
園湖南路
南湖隧道
双擁路
桃源路
竹溪大道
英華路
銀沙大道
五象大道
邕武路
邕江
南湖
1
2
3
4
A
B
C
●•見どころ
Ⓗホテル
Ⓖグルメ
Ⓢショップ
Ⓣ旅行会社
病院
繁華街

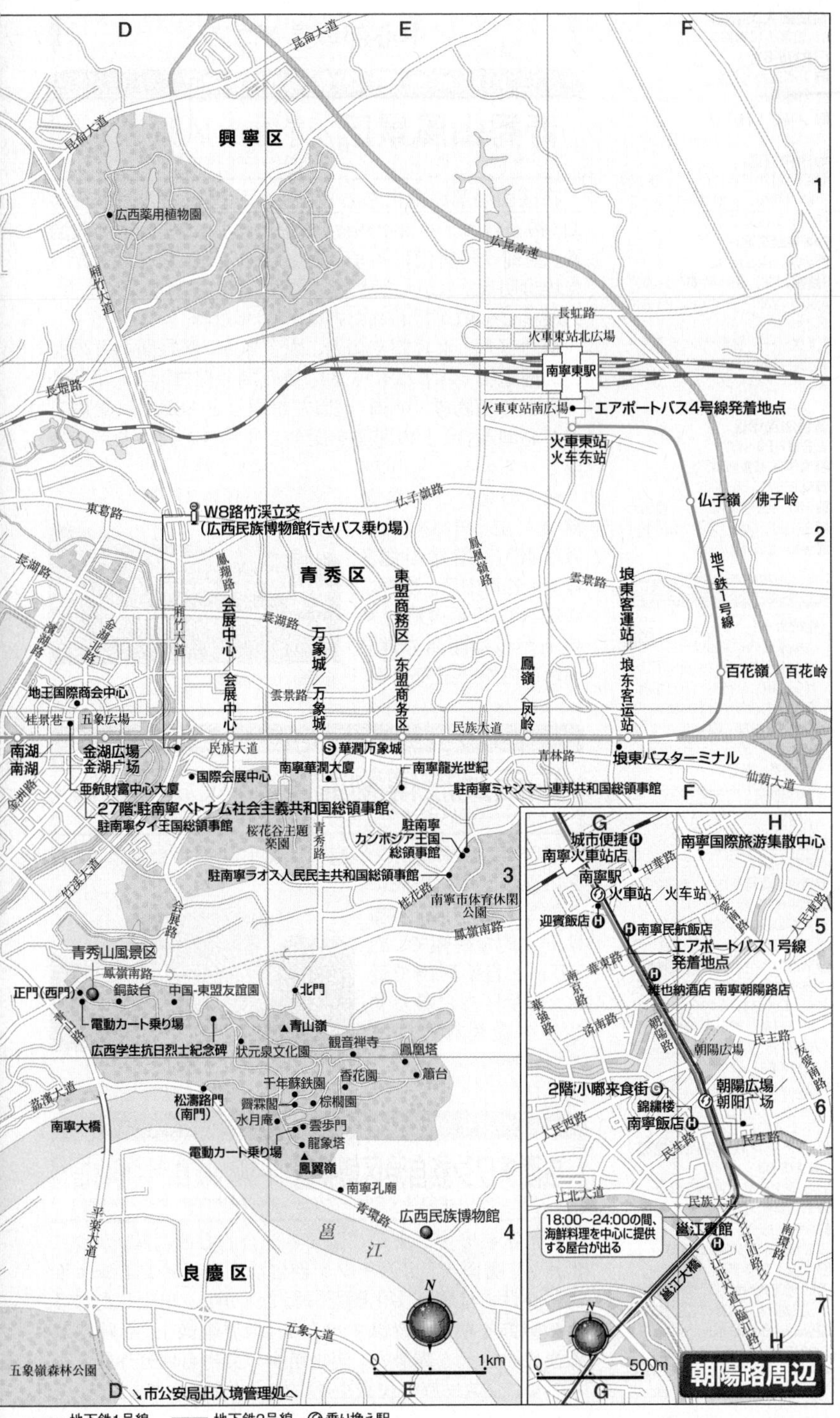
興寧区
青秀区
良慶区
広西薬用植物園
南寧東駅
火車東站北広場
火車東站南広場
エアポートバス4号線発着地点
火車東站／火车东站
仏子嶺／佛子岭
W8路竹渓立交
（広西民族博物館行きバス乗り場）
会展中心／会展中心
万象城／万象城
東盟商務区／东盟商务区
鳳嶺／凤岭
埌東客運站／埌东客运站
百花嶺／百花岭
地下鉄1号線
地王国際商会中心
五象広場
南湖／南湖
金湖広場／金湖广场
華潤万象城
埌東バスターミナル
国際会展中心
南寧華潤大厦
南寧龍光世紀
亜航財富中心大厦
27階:駐南寧ベトナム社会主義共和国総領事館、
駐南寧タイ王国総領事館
駐南寧ミャンマー連邦共和国総領事館
駐南寧カンボジア王国総領事館
駐南寧ラオス人民民主共和国総領事館
桜花谷主題楽園
南寧市体育休閑公園
青秀山風景区
正門（西門）
銅鼓台
中国-東盟友誼園
北門
電動カート乗り場
青山嶺
広西学生抗日烈士紀念碑
状元泉文化園
観音禅寺
鳳凰塔
香花園
簫台
千年蘇鉄園
松濤路門（南門）
霽霖閣
棕櫚園
水月庵
雲歩門
龍象塔
電動カート乗り場
鳳翼嶺
南寧孔廟
広西民族博物館
南寧大橋
五象嶺森林公園
市公安局出入境管理処へ
崑崙大道
広昆高速
長虹路
長堽路
東葛路
長湖路
厢竹大道
民族大道
青林路
仙葫大道
雲景路
鳳翔路
鳳凰嶺路
仏子嶺路
桂花路
鳳嶺南路
会展路
竹渓大道
青環路
五象大道
平楽大道
邕江
桂景巷
0 1km
朝陽路周辺
城市便捷 南寧火車站店
南寧国際旅游集散中心
南寧駅
火車站／火车站
迎賓飯店
南寧民航飯店
エアポートバス1号線発着地点
维也納酒店 南寧朝陽路店
朝陽広場
2階:小嘟来食街
錦繍楼
朝陽広場／朝阳广场
南寧飯店
18:00～24:00の間、海鮮料理を中心に提供する屋台が出る
邕江賓館
邕江大橋
中華路
華東路
南京路
済南路
朝陽路
民主路
民生路
人民西路
江北大道
民族大道
0 500m
地下鉄1号線
地下鉄2号線
乗り換え駅

中心部の見どころ

★★ 邕江北岸に位置する緑豊かな景勝エリア

青秀山風景区/青秀山风景区
せいしゅうざんふうけいく qīngxiùshān fēngjǐngqū

市区中心部の南にある青山嶺や鳳凰嶺など大小18の山（最高峰はわずか289m）を中心にした約4km²の景勝地。整備は隋唐代に始まったと伝わるが、最も盛んだったのは明代。しかし、清末には誰も顧みる者はなくなり、大規模な整備が行われたのは1986年以降。

風景区は、水月庵や簫台、観音禅寺、霽霖閣などの歴史的建造物（いずれも再建）、香花園や棕櫚園、千年蘇鉄園などの植物園、中国-東盟友誼園などASEAN（東南アジア諸国連合）との関連を記念し造営されたエリアで構成されている。

最大の見どころは、鳳翼嶺に立つ1618（明の万暦46）年創建の龍象塔（別名青山塔。現存する塔は1986年再建）。塔の上からは開発の進む南寧市内を一望できる。

池の奥に立つ霽霖閣

★ 少数民族の文化や風習を紹介する博物館

広西民族博物館/广西民族博物馆
こうせいみんぞくはくぶつかん guǎngxī mínzú bówùguǎn

2008年、広西チワン族自治区誕生50周年を記念し、青秀山風景区の南東側に開館した博物館。建物は近代的な外観で、約3万m²と自治区内で最大。自治区内に暮らす12の少数民族に関する展示を行っている。

特徴的な外観の広西民族博物館

★ 豊富な古代銅鼓の展示

広西チワン族自治区博物館/广西壮族自治区博物馆
こうせい ぞくじちくはくぶつかん guǎngxī zhuàngzú zìzhìqū bówùguǎn

自治区の歴史と文化に関する総合的な博物館。かつて貴州省、雲南省、広西チワン族自治区からインドシナ半島にかけては銅鼓文化圏だったことから、出土した数多くの銅鼓を収蔵。特筆すべきは「世界銅鼓王」と呼ばれる漢代の巨大な銅鼓だ。博物館裏の文物苑は野外展示エリアで、少数民族の民家や風雨橋が再現されている。

自治区人民医院
（自治区人民医院）
M P.176-B3
住 青秀区桃源路6号
☎ 2186300
オ 24時間 休 なし

●市内交通
【地下鉄】2018年11月、1号線と2号線が開業。詳細は公式ウェブサイトで確認できる
南寧軌道交通
U www.nngdjt.com
【路線バス】運行時間の目安は6:30～22:00、普通1元、空調付き2元
【タクシー】初乗り2km未満9～11元、2km以上1kmごとに2元加算

青秀山風景区
M P.177-D3～E4
住 青秀区風嶺南路6号
☎ 5689693、5560662
オ 6:00～翌1:00 休 なし 料 20元
交 B10、32、72路バス「青秀山北门」
U www.qxslyfjq.com

i インフォメーション
電動カート
風景区内に電動カートが3路線走っている。山頂までこれを利用し、徒歩で下りながら観光するのがおすすめ。
オ 8:00～18:00 休 なし
料 1回券＝5元、2回券＝9元、1日券＝34元

広西民族博物館
M P.177-E4
住 青秀区青環路11号 ☎ 2024599
オ 9:30～16:30
※入場は閉館の30分前まで
休 月曜 料 無料
交 W8路バス「广西民族博物馆」
※運行時間は7:00～19:00の間、平日が45分～1時間に1便、土・日曜、祝日が30分に1便。発着地点は竹渓立交（M P.177-D3）
U www.gxmn.org

広西チワン族自治区博物館
M P.176-B3
住 青秀区民族大道34号
☎ 2707025、2707027
オ 9:00～17:00
※入場は閉館1時間前まで
休 月曜 料 無料
交 ①地下鉄1号線「民族广场」
②B23、30、34路バス「文物苑」
U www.gxmuseum.cn
※2018年11月現在改装のためクローズ。再開は2020年秋の予定

★　市民が憩う湖の美しい公園

南湖公園/南湖公园

なんここうえん　nánhú gōngyuán

南湖公園は南寧市区の中央部にあり、亜熱帯植物が南湖沿いに植えられている美しい公園。湖の広さは93万㎡で、長さは3kmほどに及ぶ。湖はかつて邕江とつながっていたが、川が洪水になるとこの湖から水があふれ周辺の田畑が水浸しになったため、唐代に民衆を集め、堤防を築いて川から仕切られた。現在では南寧市民の憩いの場となり、のんびりと散歩したりジョギングしたりする人の姿をよく見かける。

南湖公園
Ⓜ P.176-C3
住 青秀区双擁路
☎ 5324932　オ 24時間
休 なし　料 無料
交 ①地下鉄1号線「南湖」
②B3、8、B11、33、51、80路バス「南湖公园」

南湖に架かる九拱橋

郊外の見どころ

★★★ ベトナム国境に位置する見事な滝　1〜2日

徳天跨国大瀑布風景区/徳天跨国大瀑布风景区

とくてんここくだいばくふふうけいく　détiān kuàguó dàpùbù fēngjǐngqū

広西チワン族自治区南西部、ベトナム国境沿いにある徳天瀑布を中心とした田園風景が広がる景勝エリア。徳天瀑布は幅100m(横を流れ落ちるベトナム側の滝と合わせると200m)。3段に分かれて流れ落ち、落差の合計は70mに達する。国境をまたぐ滝としては、世界有数の規模をもつ。

水量の多い7〜10月が最も観光に適したシーズンだといわれているが、気象条件に左右されやすいので、事前に状況を確認しておいたほうが無難。

周囲には宿泊施設もあるので、時間が許すならば1泊することをおすすめする。

高台から壮大な景観を楽しめる。右が徳天瀑布、左がベトナム側の板約瀑布

徳天跨国大瀑布風景区
Ⓜ P.172-B3
住 崇左市大新県碩龍鎮徳天村
☎ 3690199、3627088
オ 7:30〜18:30
休 なし
料 入場料＝80元、景区内バス(往復)＝35元、いかだ＝30元
交 ①南寧国際旅游集散中心で1日ツアーに参加する。出発は7:00、戻りは21:00頃。1人230元
②埌東バスターミナルから「徳天瀑布」行きバスで終点。(8:30、9:30発。75元、所要4時間)
※バスは游客中心に到着するので、入場券を購入し、景区内を走るバスに乗り換える。滝まで所要15分。「徳天瀑布」からの戻りのバスは14:30、17:00発

インフォメーション

帰路の別ルート

南寧から日帰りする場合、帰路に埌東バスターミナル行きバスが混んでいたら、別ルートを検討してみよう。

それは大新経由で南寧に帰るルート。出発は同じ停車場。大新行きのバスの最終は快速(15元、所要1時間30分)が17:00発、普通(10元、所要2時間30分)が17:30発。大新から南寧行きの最後の2便は19:30、20:30発(52元、所要3時間)。

★★　中越の国境ゲート

友誼関/友谊关

ゆうぎかん　yǒuyìguān

憑祥市の南18kmの所にある国境ゲート。その創建は

友誼関
※データ→P.180欄外

欧風建築物の法式楼

漢代に遡るが、当時の名称は雍鶏関。界首関、南大関、鶏陵関と改称され、清代に鎮南関となった。19世紀後半から20世紀前半にかけては、フランスや日本に占領されたこともあった。1953年に睦南関とされた後、最終的に1965年に友誼関となった。なお、現存する高さ22mの楼閣は1957年に再建されたもの。

友誼関
Ⓜ **P.172-B4**
住 崇左市凭祥市南大路83号
☎ 5973057
オ 8:00〜17:30
休 なし
料 42元
交 埌東バスターミナルから「凭祥」行きで終点（所要3時間）。下車後、タクシーに乗り換える。片道30元が目安
※入場地点でパスポートチェックがあるので忘れずに携帯すること。「凭祥」からの最終は20:00発

★★ 少数民族の描いたユニークな壁画

世界遺産

花山岩画/花山岩画
かざんがんが　huāshān yánhuà

花山岩画は、寧明県中心部の北25km、左江と明江の岩壁に描かれた壁画。横約170m、縦50mの範囲に、人を中心とした1800以上の図案が描かれている。制作者はチワン族の祖先といわれる駱越人で、最も古いものは2500年以上も前（春秋戦国時代）に描かれた。赤い塗料を使い描かれた壁画は、現在でも鮮やかだ。2016年に世界遺産に登録された。

鮮やかな人物画

2018年11月現在、花山岩画は遊覧船の上から眺めるしかない。毎日2便運航（11:30と14:30発）、遊覧時間は約2時間30分。

花山岩画
Ⓜ **P.172-C3**
住 崇左市寧明県駄龍鎮左江岸
☎ 8620718、8625036
オ 日中　休 なし
料 82元（往復の乗船料含む）
交 ①南寧の旅行会社で車をチャーターする
②江南バスターミナル（Ⓜ **P.176-B4**）などから「宁明」行きバスで終点（7:30〜20:20の間20便。75元、所要2時間）。寧明バスターミナルから路線バス「百货大楼」行きに乗り換え終点（1元、所要15分）。さらに「山寨」行きに乗り換え「珠连游客服务中心」（7:30〜18:30の間45分〜1時間に1便。3元、所要30分）
※「宁明」からの最終は19:20発

★ 明・清代の民家が残る古い村

揚美古鎮/扬美古镇
ようびこちん　yángměi gŭzhèn

南寧の西36kmに位置する古鎮で、宋代に羅、劉、陸、李の4氏が移り住んだことに始まる。その後水上交通の要衝となり、水運の発達とともにさらに発展した。1000年以上もの歴史がある古い村で、村内には明・清代の古い民家や、1736（清の乾隆元）年に建てられた楼閣「魁星楼」、清代に商売により財をなした黄氏の邸宅、黄氏荘園などがある。

中国語が話せるなら、村内の見どころを見逃さないように村の公認ガイドを雇うこともできる。村内を効率よく案内してくれるし、各見どころには中国語と英語で書かれた説明ボードが設置してあるので、内容はだいたい理解できるだろう。南寧からは直通バスが運行されていて、朝出発すれば昼過ぎに戻ってくることも可能。

金馬街の入口に立つ門楼

揚美古鎮
Ⓜ **P.172-C3**
住 江南区江西鎮揚美
☎ 2795009、13807810923
オ 24時間
休 なし　料 10元
交 大学東路51号（Ⓜ **地図外**／**P.176-A2左**）から「扬美古镇」行きバスで終点（8:40〜18:00の間40〜50分に1便。17元、所要1時間30分）
※南寧の乗車地点は、地下鉄1号線「鲁班路」。または4、B10、34、58、76路バス「大学鲁班路口」。魯班路と大学東路の交差点南西コーナー
※「扬美」からの最終は16:30発
U www.ymgz.org

ホテル

邕江賓館／邕江宾馆
ようこうひんかん　yōngjiāng bīnguǎn

邕江沿いに立つ南寧でも歴史のあるホテル。繁華街や、夜になるとシーフード屋台の並ぶ中山路に近く便利。1階のフードコートには日本料理レストランが入っている。

M P.177-H7 ★★★★★
住 青秀区臨江路1号
☎ 2180888
FAX 2808938
S 378～448元
T 378～448元
サ なし
カ ADJMV
両替　ビジネスセンター　インターネット

明園新都酒店
めいえんしんとしゅてん
明园新都酒店 míngyuán xīndū jiǔdiàn

フィットネスセンターやサウナ、プールなどの施設が充実しており、宿泊者は無料で利用できる。
両替　ビジネスセンター　インターネット　U www.nnmyxd.com

M P.176-B2 ★★★★
住 興寧区新民路38号
☎ 2118988　FAX 2830811
S 350元　T 300元
サ なし　カ ADJMV

南寧飯店
なんねいはんてん
南宁饭店 nánníng fàndiàn

南寧の繁華街中心部に位置する星なし渉外ホテルで、5つ星クラスの設備を誇る。
両替　ビジネスセンター　インターネット

M P.177-H6
住 興寧区民生路38号
☎ 2103888　FAX 2622980
S 338～560元　T 338～560元
サ なし　カ ADJMV

漢庭南寧火車站酒店
かんていなんねいかしゃたんしゅてん
汉庭南宁火车站酒店 hàntíng nánníng huǒchēzhàn jiǔdiàn

「経済型」チェーンホテル。南寧駅から徒歩15分の場所にある。部屋は広々としており清潔。
両替　ビジネスセンター　インターネット

M P.176-B2
住 興寧区中華路48号
☎ 2088088　FAX 2088188
S 176元　T 166元
サ なし　カ 不可

如家-南寧民族広場地鉄站東葛路店
じょか なんねいみんぞくこうじょうちてつたんとうかつろてん
如家-南宁民族广场地铁站东葛路店 rújiā nánníng mínzú guǎngchǎng dìtiězhàn dōnggélùdiàn

「経済型」チェーンホテルの南寧支店。シンプルで清潔な部屋。近くの鯉湾路にも支店がある。
両替　ビジネスセンター　インターネット　U www.bthhotels.com

M P.177-C2
住 青秀区東葛路27号銀宇大廈B座
☎ 5888585　FAX 5858833
S 169～199元　T 199元
サ なし　カ 不可

城市便捷南寧火車站店
じょうしべんしょうなんねいかしゃたんてん
城市便捷南宁火车站店 chéngshì biànjié nánníng huǒchēzhàndiàn

「経済型」チェーンホテル。南寧駅の東側にある。近くには路線バスの停留所も多く、非常に便利。
両替　ビジネスセンター　インターネット　　U www.dongchenghotels.com

M P.177-G5
住 興寧区中華路76号
☎ 5796882　FAX 5796880
S 243～288元　T 243～288元
サ なし　カ 不可

グルメ

小嘟来食街／小嘟来食街
しょうとらいしょくがい　xiǎodūlái shíjiē

南寧飯店にあるフードコート。南寧の代表的麺である老友麺やチワン族料理をはじめとする各種のメニューを取り揃え、その数は200種類を超える。屋台のような雰囲気を気軽に楽しめる。ひとり当たりの予算の目安は50元。

M P.177-H6
住 興寧区民生路38号南寧飯店錦繍楼2階
☎ 2103980
オ 11:00～14:00、17:00～22:00
休 なし
カ 不可

旅行会社

広西中国国際旅行社
こうせいちゅうごくこくさいりょこうしゃ
广西中国国际旅行社 guǎngxī zhōngguó guójì lǚxíngshè

車のチャーターは市内1日700元、揚美古鎮が1日800元。日本語ガイドの手配は比較的困難で、事前の予約が必須。1日800～1000元。

M P.176-B2
住 興寧区新民路40号
☎ 2822514　FAX 2822514
オ 8:30～12:00、14:30～17:30
休 土・日曜、祝日　カ 不可

ややあまい広東風味つけの牛腩粉

「騎楼博物館」と呼ばれる町並みが残る

広西チワン族自治区、梧州の旧市街へ出かけよう！

写真・文 浜井幸子

騎楼とは、1階が店舗と通路、2階以上が通路の上までせり出した住居になっている建築物。19世紀半ばに登場し、アジア建築様式と洋風建築様式をミックスしたコロニアルな雰囲気がある

西江、桂江、潯江が交わる場所にある梧州の歴史は古く、紀元前183（前漢の高后5）年に蒼梧王城が築かれたのが始まり。「騎楼博物館」と呼ばれる旧市街は、鴛江橋の向こう側に広がっている

繁栄の歴史が垣間見える梧州の旧市街

広東省広州市から高速鉄道で約2時間、広西チワン族自治区東部にある梧州は、1897（清の光緒22）年に広西で最初に開港した町。香港や東南アジアとの貿易によって、かつてないほど繁栄した。

騎楼建築は、開港後に商社がこぞって建てたもの。その後、水上交通の経路が変わり、梧州の繁栄は過去のものになってしまった。しかし、騎楼建築が作り出すコロニアルな町並みは、今もかつての繁栄を留めている。

1936年に建設された新西旅店は当時の最高級ホテルで、バロック様式を取り入れた騎楼となっている。2013年に全国重点文物保護単位の認定を受けたが、修理が決定したのは2018年夏

中国で初めての電報が打たれたといわれる大東郵局（大東上路55号）

珠山公園の中にある英国領事館旧址。梧州が開港した1897年に建設された

大中路と南環路の交差点に立つ騎楼。梧州には22本もの騎楼が並ぶ通りがある。最長は2.5km、総延長7kmもあるので騎楼城と呼ばれている。これほど騎楼が残っているのは、中国南部でも非常に珍しい

最盛期には、1500棟もの騎楼建築があった。騎楼博物館と呼ばれるだけあって、ゴージャスなバロック式の騎楼も多く見られる

梧州旧市街には、広州の中山六路付近に多い低層の騎楼もある

ライトアップされた旧市街

梧州は嶺南文化の発祥地のひとつ

広西チワン族自治区は、五嶺と呼ばれる山脈の南側に位置し、言語、建築、飲食、宗教などは広東省と同じ嶺南文化に属している。梧州は、その嶺南文化の発祥地のひとつ。政治上でも明代には、広西と広東を統括する両広総督府が置かれた場所でもある。梧州に行くと、人々が広東語を話し、広東料理を食べていることに気がつくが、それは決して不思議なことではない。梧州では、嶺南文化に触れてみるとともに名物の亀ゼリーをぜひ、食べてみよう。

大東上路は、梧州中心部のいちばんにぎやかな所。騎楼建築の商店街になっている

周恩来が泊まったこともある大同酒店旧址。かつての高級ホテルも現在は安アパート（大同路35号付近）

コロニアル風の時計台

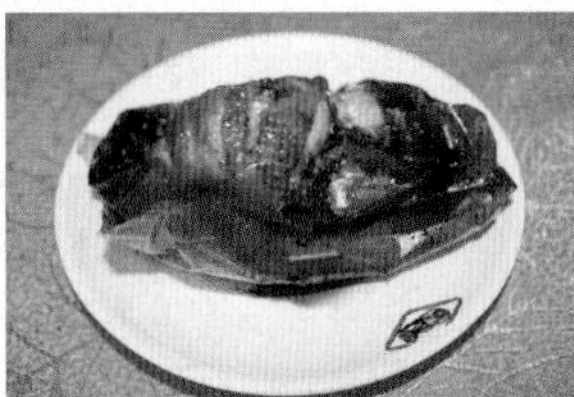

梧州名物「紙包鶏」。甘い醤油味で、広東料理のひとつ

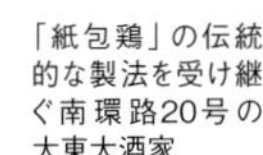

「紙包鶏」の伝統的な製法を受け継ぐ南環路20号の大東大酒家

梧州名物の亀ゼリー。西江路5号にある「双銭亀苓膏」に行ってみよう！

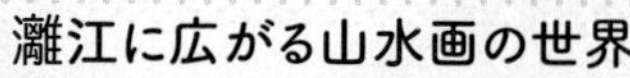

灕江に広がる山水画の世界

桂林（けいりん）

桂林（グイリン） Guì Lín　市外局番 **0773**

畳彩山山頂から見た夕暮れ時の風景

都市データ

桂林市
人口＝522万人
面積＝2万7809k㎡
6区9県2民族自治県を管轄

市公安局出入境管理処
（市公安局出入境管理处）
Ⓜ **P.187-C3**
住 七星区施家園路16号
☎ 5829930
オ 5～9月8:30～12:00、15:00～18:00
10～4月8:30～12:00、14:30～17:30
休 土・日曜、祝日
観光ビザを最長30日間延長可能。手数料は160元

市人民医院
（市人民医院）
Ⓜ **P.187-B2**
住 象山区文明路12号
☎ 2827626
オ 24時間
休 なし

●市内交通
【路線バス】 運行時間の目安は6:30～22:00、市内1～2元
【タクシー】 初乗り2km未満9元、2km以上1kmごとに1.9元加算

概要と歩き方

桂林は広西チワン族自治区の北東部に位置する山に囲まれた町。石灰岩の山が雨水で浸食されたカルスト地形と、市内を流れる灕江（りこう）が生み出す景観は、まさに山水画を見るようであり、内外から多くの観光客を集めている。2014年には華南カルストの一部として世界遺産に追加登録された。また、桂林は秦代に桂林郡がおかれて以来2000年以上の歴史をもつ古い町なので、碑文や書画など国宝クラスの文化財も多数ある。岩肌や崖に刻まれた詩文などは桂林碑林として称賛されている。

桂林の観光でいちばんのハイライトは灕江だろう。ベストシーズンは水量が多い4月から10月にかけてで、さまざまなタイプの観光船が出ている。川を下って陽朔（→P.198）あたりまで行き、帰りはバスで桂林市内まで戻るコースが一般的だ。スケジュールに余裕があれば陽朔に滞在したり、龍勝や資源といった郊外の小さな町を訪ねてみたりするのもおもしろい。観光化が進んでいるとはいえ、農村らしい落ち着いた景観が楽しめることだろう。

桂林市内のメインストリートは南北に延びる中山北・中・南路。特に、桂林駅から解放東・西路にかけてのエリアにはホテルが多く、中山中路には夜市も立つ。中心広場を囲む正陽路歩行街や依仁路周辺には若者向けのおしゃれなレストランやバーなどが集まる。

桂林名物は米線というビーフン。平たい麺や丸い断面の麺、汁あり汁なしと種類は豊富。ほかに桂花（キンモクセイ）で香りをつけた桂花茶や桂花陳酒、辣椒醤（唐辛子味噌）や三花酒という焼酎、沖縄の豆腐ようのルーツともいわれる調味料、豆腐乳も桂林名物だ。

	1月	2月	3月	4月	5月	6月	7月	8月	9月	10月	11月	12月
平均最高気温(℃)	11.8	12.5	16.7	22.4	27.2	30.5	32.8	32.9	30.6	25.7	20.0	14.7
平均最低気温(℃)	5.1	6.5	10.4	15.5	20.1	23.2	24.9	24.3	21.9	17.1	11.8	6.8
平均気温(℃)	8.1	9.1	13.1	18.5	23.2	26.3	28.2	27.7	25.7	20.9	15.2	10.1
平均降水量(mm)	49.7	86.1	126.8	262.2	358.6	352.9	225.1	179.6	76.5	86.4	68.3	48.0

町の気象データ（→P.237）：「预报」＞「广西」＞「桂林」＞区・県から選択

ACCESS

中国国内の移動 ➡ P.341　鉄道時刻表検索 ➡ P.30

飛行機 中心部の西約30kmにある桂林両江国際空港（KWL）を利用する。

国際線 日中間運航便はないので、広州や上海、香港などで乗り継ぐとよい。

国内線 北京、成都、重慶、上海、西安などとの間に運航便があるが、便数の多い上海とのアクセスが便利。

所要時間（目安） 福州（FOC）／1時間45分　アモイ（XMN）／1時間30分　海口（HAK）／1時間20分　香港（HKG）／1時間30分　上海浦東（PVG）／2時間15分

鉄道 南寧と長沙を結ぶ湘桂高速鉄路の途中駅である桂林駅、衡陽と柳州を結ぶ衡柳鉄路の途中駅である桂林北駅、貴陽と広州を結ぶ貴広高鉄線の途中駅である桂林西駅などがある。列車によって発着駅が異なるので注意すること。

所要時間（目安） **【桂林（gl）】**南寧東（nnd）／動車：2時間15分　広州南（gzn）／動車：3時間10分　南昌西（ncx）／高鉄：5時間10分　長沙南（csn）／高鉄：3時間20分　**【桂林北（glb）】**南寧東（nnd）／動車：2時間20分　広州（gz）／動車：2時間50分　広州南（gzn）／高鉄：2時間30分　深圳北（szb）／高鉄：3時間5分　南昌（nc）／快速：12時間20分　長沙（cs）／直達：5時間　**【桂林西（glx）】**広州南（gzn）／動車：2時間30分

バス 長距離バスがメインの桂林南バスターミナルと、龍勝や三江方面など比較的近距離を結ぶバスがメインの桂林琴潭バスターミナル、桂林北バスターミナルがある。

所要時間（目安） 南寧／5時間　陽朔／1時間30分　柳州／2時間30分　資源／1時間30分～2時間30分

DATA

飛行機

■ **桂林両江国際空港**（桂林两江国际机场）
M P.173-E1、P.196-A2　住 臨桂県両江鎮
☎ インフォメーション＝2845359
航空券売り場＝2845297
オ 始発便～最終便　休 なし　カ 不可
U www.airport-gl.com.cn
［移動手段］**エアポートバス**（空港～桂林民航航空券売り場）／20元、所要50分が目安。空港→市内＝始発便～最終便の間30分に1便　市内→空港＝6:00～21:30の間30分に1便　**タクシー**（空港～中心広場）／100元、所要50分が目安
航空券売り場では3カ月以内の航空券を販売。

市区西部に位置する桂林両江国際空港

■ **桂林民航航空券売り場**
（桂林民航广西客运销售服务中心）
M P.187-B3　住 象山区上海路18号桂林民航大廈
☎ 国内線＝3890000　国際線＝3847252
オ 国内線8:30～21:00、国際線8:30～18:00
休 なし　カ 不可
［移動手段］**タクシー**（航空券売り場～中心広場）／13元、所要15分が目安　**路線バス**／16、23、85、100路「安新小区」
3カ月以内の航空券を販売。

鉄道

■ **桂林駅**（桂林火车站）
M P.187-A3　住 象山区中山南路39号
☎ 共通電話＝12306　オ 24時間　休 なし　カ 不可
［移動手段］**タクシー**（桂林駅～中心広場）／13元、所要15分が目安　**路線バス**／3、10、11、16、22、91、99、100路「桂林站」
3日以内の切符を販売。

■ **桂林北駅**（桂林火车北站）
M P.186-B1　住 畳彩区站前路6号　☎ 共通電話＝12306　オ 24時間　休 なし　カ 不可
［移動手段］**タクシー**（桂林北駅～中心広場）／25元、所要20分が目安　**路線バス**／1、100、303路「桂林北站」
3日以内の切符を販売。

■ **桂林西駅**（桂林火车西站）
M P.196-A2　住 霊川県定江鎮江村荘上村
☎ 共通電話＝12306　オ 9:10～21:30
休 なし　カ 不可
［移動手段］**タクシー**（桂林西駅～中心広場）／45元、所要35分が目安　**路線バス**／22、303路「桂林西站」（ともに30分に1便）
3日以内の切符を販売。

高速鉄道専用駅の桂林西駅

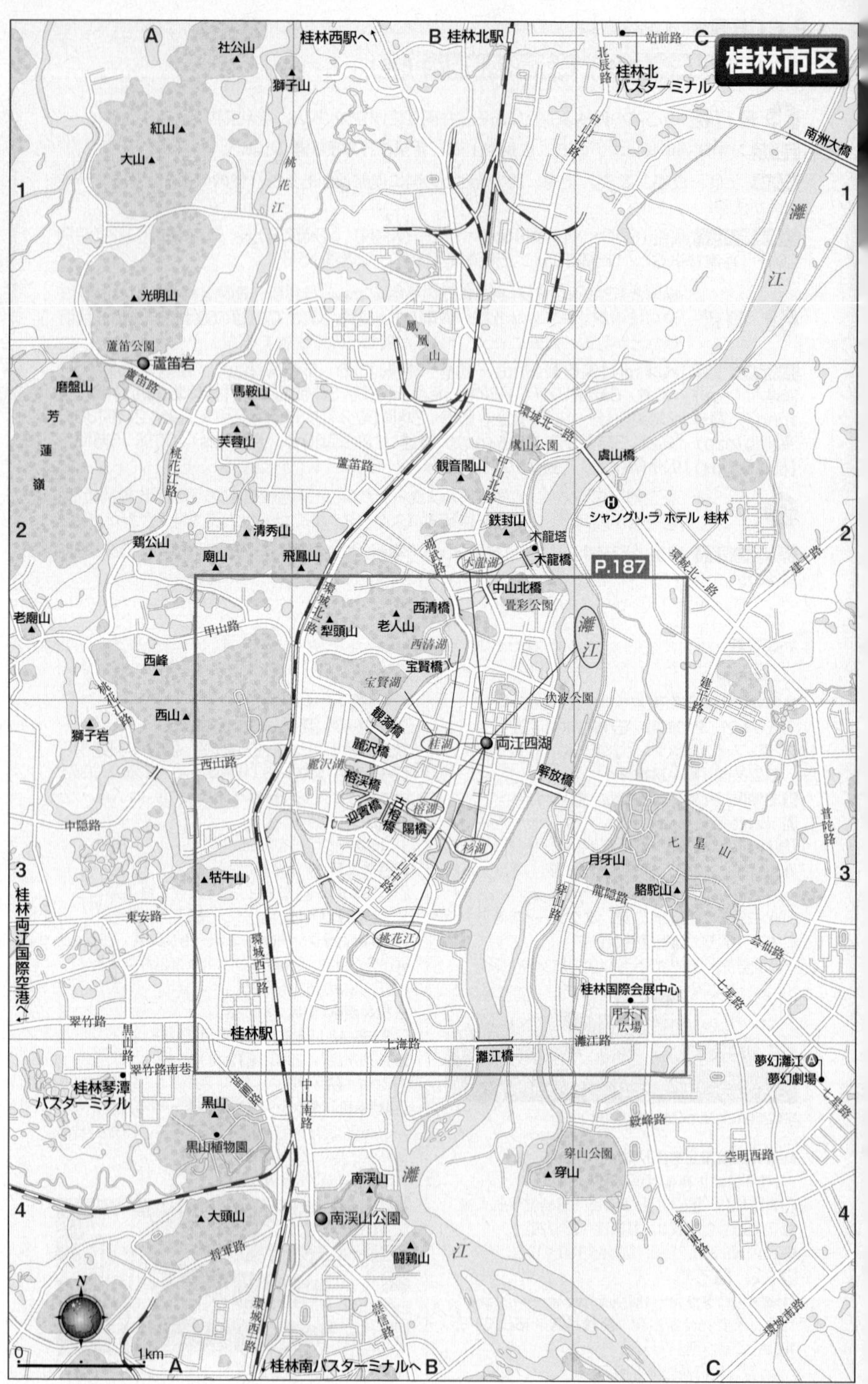

●•見どころ　Ⓗホテル　Ⓢショップ　Ⓐアミューズメント

🚌 **バス**

■ **桂林南バスターミナル**（桂林汽车客运南站）

Ⓜ **地図外（P.186-A4下）** 住 象山区凱風路西側茶店西路 ☎ 3862358、3862368 オ 6:00～21:00 休 なし カ 不可

［移動手段］**タクシー**（桂林南バスターミナル～中心広場）／45元、所要35分が目安 **路線バス**／12、28、96、K99路「汽车客运南站」

10日以内の切符を販売。南寧（1便）、陽朔（6:20～20:30の間10～20分に1便）、広州（2便）、珠海（2便）など。桂林駅の9kmほど南にある。

■ **桂林琴潭バスターミナル**（桂林琴潭汽车客运站）

Ⓜ **P.186-A4** 住 象山区翠竹路31号

☎ 3832703 オ 6:00～20:00 休 なし カ 不可

［移動手段］**タクシー**（桂林琴潭バスターミナル～中心広場）20元、所要20分が目安 **路線バス**／1、23路「琴潭客运站」

5日以内の切符を販売。龍勝（6:10～17:50の間15～20分に1便）、柳川（4便）など。

※龍勝行きはノンストップ便と普通便がある。普通便だと龍脊梯田入口の和平郷に停車するので、普通便乗車がおすすめ

近郊便が中心の桂林琴潭バスターミナル

■ **桂林北バスターミナル**（桂林汽车客运北站）

Ⓜ **P.186-C1** 住 畳彩区北辰路76号 ☎ 8998500

オ 6:00～20:00 休 なし カ 不可

［移動手段］**タクシー**（桂林北バスターミナル～中心広場）／25元、所要20分が目安 **路線バス**／1、18、99、100路「桂林北站路口」

10日以内の切符を販売。資源（6:40～19:00の間31便）など近郊便がメイン。

桂林市中心部

●・見どころ Ⓗホテル Ⓖグルメ Ⓢショップ Ⓣ旅行会社 ⊗学校 ⊞病院 ▥ 繁華街

中心部の見どころ

濰江下り
Ⓜ P.190
住 桂林市郊外

★★★ 灕江を見ずして桂林は語れない ⏲4～6時間

灕江下り/漓江游
りこうくだ　líjiāng yóu

桂林観光のハイライトである灕江下りは、4時間30分ほどのクルーズ。桂林を北から南に流れる灕江と、それに沿ってカルスト地形特有の山々が連なる、水墨画そのままの風景を存分に堪能できる。

出発地点は磨盤山埠頭と竹江埠頭、到着地点は陽朔にある龍頭山埠頭と水東門埠頭。出港は一般的に9:00～10:30の間となっている。したがって、乗船券購入時に自分の乗る船がどの埠頭発着なのか、出港時間は何時なのかをしっかり確認しておく必要がある。

船上から見た黄布倒影。このあたりは最も桂林らしい景観

桂林市内から埠頭までは、朝の交通ラッシュとかち合うため、タクシーで50分(料金は100元が目安)ほどかかる。早めの行動を心がけよう。

クルーズは陽朔到着をもって解散となる。陽朔に滞在する人は宿泊先へ、桂林に戻る人は陽朔観光終了後、陽朔バスターミナル(Ⓜ **P.199-C3**)へ移動する。

インフォメーション
灕江下りインフォメーション

乗船券について

乗船券は下記地点で購入する。

桂林市灕江風景名勝区市場拓展処
Ⓜ **P.187-B1**
住 畳彩区中山北路23号　☎2825502、2826484
オ 翌日の乗船券販売　8:30～19:30
休 なし　料 3つ星船＝215元
U www.lijiangriver.com.cn

船のクラスについて

漓江下りの船には普通船の3つ星と、豪華船の4つ星のふたつがあり、3つ星船は磨盤山埠頭から、4つ星船は竹江埠頭から出航する上記の乗船券売り場で販売しているのは3つ星船のみ。4つ星船は数が少なく、旅行会社が団体客のためにおさえてしまうケースが多い。入手には4つ星船の管理者に電話をかけ(莫さん☎13978395109　中国語のみ)。空きがある場合のみ購入可能。料金は360元。このほか、手数料を支払い旅行会社に手配を依頼する方法もある。

陽朔では、3つ星船は龍頭山埠頭に、4つ星船はそこから750mほど離れた繁華街に近い水東門埠頭に到着する。

渇水期

渇水期(おもに冬季)は到着地が変更(楊堤埠頭)となったり、欠航となったりすることもある。

灕江下りの乗船券を販売する桂林市灕江風景名勝区市場拓展処

灕江下りの主要スポット

●蝙蝠山／蝙蝠山

[こうもりさん／biānfúshān]

中国で幸福の象徴とされるコウモリが2羽、その羽を広げて見る人を歓迎しているように見えることからこう呼ばれている。

コウモリが羽を広げた姿に見える

●九龍戯水／九龙戯水

[きゅうりゅうぎすい／jiŭlóng xìshuĭ]

岸壁天帝からせり出しているコケが、龍が水と戯れている姿に見えることからこの名がついた。この龍は、天帝から桂花(キンモクセイ)を摘んでくるように命令された使いの龍だとの言い伝えがある。桂林の名は桂花がたくさんあることに由来している。

●冠岩幽洞／冠岩幽洞

[かんがんゆうどう／guānyán yōudòng]

岩の形が古代の皇帝の冠に似ていることからこう呼ばれる。岸壁にある穴の中は鍾乳洞になっていて、そこを抜けると桃源郷に行くことができるという伝説がある。小船やトロッコで見学できる。桂林市内からも1日ツアーがある。

●楊堤風光／杨堤风光

[ようていふうこう／yángdī fēngguāng]

最も桂林らしい景色を楽しめる灕江下りの注目ポイント。両岸の竹が鳳凰の尾羽のように見えるとされる。羊の蹄のような形の峰があり、天帝の皇女が迷った羊を追ってここに着き、船乗りの少年の吹く笛の音に魅せられて住み着いたという伝説がある。名前の由来はこ

岸辺の竹は葉も多く、緑の堤防のよう

蝙蝠山
M P.190-B2

青蛙過江(上下とも)。上の写真中央にある小さなふたつの岩が蛙のように見える(下は部分拡大したもの)

九龍戯水
M P.190-B2

写真左の水面近くが九龍戯水。言い伝えのようには見えない

冠岩幽洞
M P.190-B2

中央に突き出た岩が冠岩

楊堤風光
M P.190-B2

楊堤埠頭で客待ちするいかだ

早朝の磨盤山埠頭は乗船客でごった返す

埠頭にずらりと並ぶ遊覧船。乗る船は事前に確認しておくこと!

遊覧船内部の様子。一般的にはこの船(3つ星船)を利用する

外国人ツアー客に提供される4つ星船。数は非常に少ない

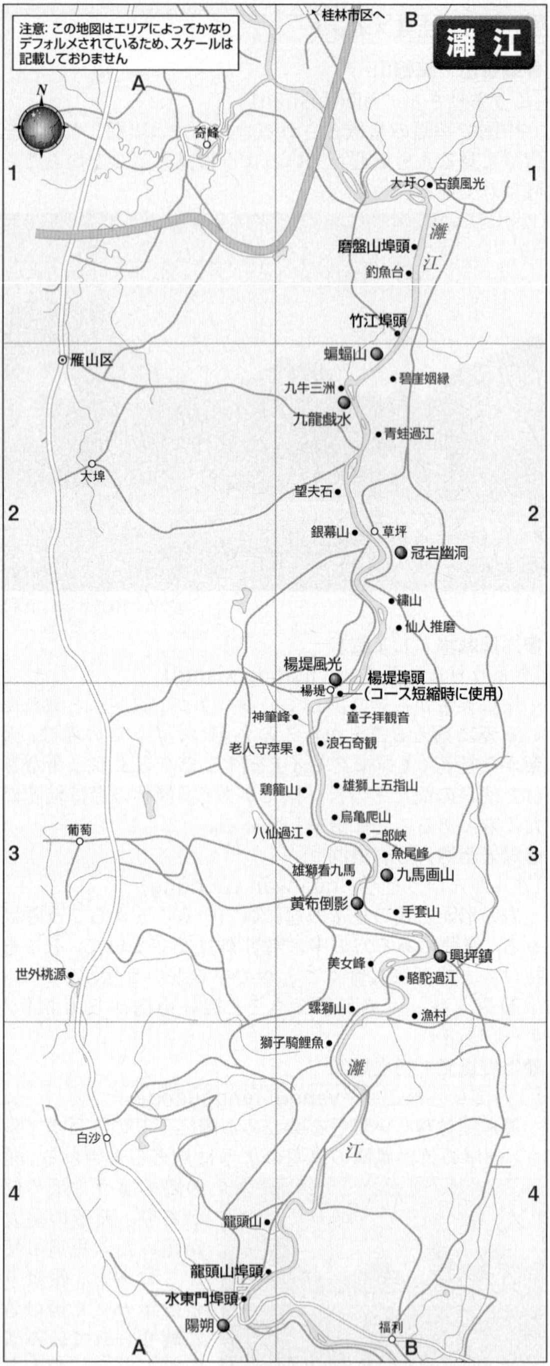

灕江

注意: この地図はエリアによってかなりデフォルメされているため、スケールは記載しておりません

桂林市区へ
A
B
N
1
奇峰
大圩
古鎮風光
灕
江
磨盤山埠頭
釣魚台
竹江埠頭
2
雁山区
蝙蝠山
碧崖姻緑
九牛三洲
九龍戯水
青蛙過江
大埠
望夫石
銀幕山
草坪
冠岩幽洞
鐮山
仙人推磨
楊堤風光
楊堤埠頭
楊堤
(コース短縮時に使用)
童子拝観音
神筆峰
老人守萍果
浪石奇観
鶏籠山
雄獅上五指山
烏亀爬山
3
葡萄
八仙過江
二郎峡
魚尾峰
雄獅看九馬
九馬画山
黄布倒影
手套山
興坪鎮
美女峰
世外桃源
駱駝過江
螺獅山
漁村
獅子騎鯉魚
灕
白沙
江
4
龍頭山
龍頭山埠頭
水東門埠頭
陽朔
福利
A
B

●見どころ　高速道路

の伝説「羊蹄(yángtí)」の音から転じて「楊堤(yángdī)」が当てられたともいわれている。

●九馬画山／九马画山

[きゅうばがざん／jiǔmǎ huàshān]

岸壁の岩肌と木々の緑が織りなす色の濃淡が大きな壁画のようで、そこには9頭の馬の姿が隠れているといわれる。

●黄布倒影／黄布倒影

[こうふとうえい／huángbù dǎoyǐng]

川底の黄色い石が透けて黄色の布を水にさらしているように見えることからこの名がある。20元札の裏面の絵の題材となった風景。興坪(→P.200)からの小船ツアーでのいちばんの見どころ。

九馬画山
M P.190-B3

黄布倒影
M P.190-B3

到着地となる水東門埠頭。ここを上がったらすぐに陽朔の町が広がっている

九馬画山の絶景

20元札が手元にあったら、黄布倒影で見比べてみよう

インフォメーション

乗り物利用時の持ち込み荷物

①列車車内への持ち込み禁止品目が増加

2016年1月に法令が改正され、鉄道の列車車内への持ち込み禁止品目が増加し、個数制限が厳しくなった。代表的な禁止、制限品目を紹介する。

・中華包丁やアーミーナイフ、食事用ナイフなどの刃物類、護身具、モデルガン

※果物ナイフを含め全面禁止

・ライター

※従来5個までOKだったが2個までとなった。ちなみに航空機は国際線、国内線ともに全面持ち込み禁止

・スプレー缶類

※従来600㎖までOKだったが、120㎖までとなった

・臭いのきつい物品類

※臭豆腐やドリアンなど

・生き物

※盲導犬を除く

そのほか、一般の鉄道以外でも北京など一部都市の地下鉄では、2ℓ以上の度数の高い酒類や折りたたみ式自転車などの大型荷物は持ち込み禁止なので要注意。

②リチウムイオン電池の容量表示に注意

中国では、デジタルカメラやモバイルバッテリーなどに使われているリチウムイオン電池の機内持ち込みは、ワット時定格量が160Wh以下で、ひとつ当たり100Wh未満と定められている。多くの空港では安全検査(セキュリティチェック)の際に容量を確認しており、表示のないものは任意放棄(没収)となる。古いものや並行輸入品などには表示のないもの、Wh表示ではないものがある。

なお、mAh表示をWhに換算するには、電圧(通常3.7か3.6)を掛けて1000で割る。6000mAhだと6000×3.7÷1000で22.2Whとなる。

U jp.bcia.com.cn/server/notice/safe.shtml

※関連事項→P.339

両江四湖
Ⓜ P.186-B2～3

両江四湖チケットオフィス
Ⓜ P.187-B2
住 秀峰区正陽路西巷3号桂林電影院傍
☎ 2837666 オ 8:00～21:30
休 なし U www.glljsh.com

インフォメーション

両江四湖クルーズ
クルーズは3コース設けられている。
①「夜游两江四湖」(ナイトクルーズ90分コース)
オ 19:00～21:30の間15～30分に1便
料 185、200元
※出発は文昌橋埠頭と象山漁人埠頭
②「夜游四湖」(ナイトクルーズ60分コース)
オ 19:30、20:40
料 150、175元
※出発は日月湾埠頭。伝統楽器の演奏と、鵜飼いのパフォーマンスつき
③「白日游览」(デイクルーズ70分コース)
オ 8:00、9:30、10:45、11:00発、13:30～16:30の間30分に1便
料 110、130元
※出発は象山漁人埠頭と日月湾埠頭

出発地点
▶文昌橋埠頭
Ⓜ P.187-B3 住 象山区民主路29号 ☎ 3893777
▶日月湾埠頭
Ⓜ P.187-B2 住 秀峰区杉湖北路1号 ☎ 2858822
▶象山漁人埠頭
Ⓜ P.187-B2
住 象山区濱江路漓江6号象山公園3号門入口傍
☎ 5634666

注意事項
各クルーズの予定は参加人数や天候に応じて変更されるので、電話などで事前に確認しておくとよい。

象山公園
Ⓜ P.187-B3
住 象山区濱江路1号
☎ 2206800
オ 4～10月6:30～18:30
11～3月7:00～18:00
※入場はいずれも閉門30分前まで
休 なし 料 55元
交 1号門＝2路バス「象山公园」
U www.glxbs.com

★★ 桂林市内を船で遊覧

両江四湖/两江四湖
りょうこうしこ liǎngjiāng sìhú

桂林市は水の都ともいわれ、山水が織りなす景色の美しさで知られる。市内には灕江、桃花江のふたつの川と榕湖、杉湖、桂湖、木龍湖の4つの湖があり、これらを合わせて両江四湖と呼ぶ。なお、桂湖とは、宝賢湖、西清湖、麗沢湖の総称。四湖はもともといずれも天然の湖だが、木龍湖は過去に埋め立てられて工業団地になっていたことがあった。しかし、桂林をかつての姿に戻そうという計画が実現し、これらのすべてを移転させ、湖に戻すという大がかりな事業の末、1999年に現在の形となった。

この両江四湖は船で遊覧することができ、桂林の美しい景色を堪能できる。特に人気があるのがナイトクルーズ。杉湖にある日月塔と呼ばれるふたつの塔や、コースのあちこちに架けられた、世界各地の有名な橋を模した19の橋がライトアップされ美しい。乗船券は桂林映画館横ほか、市内各所で買える。

夜になるとライトアップされる杉湖の日月塔

★★ ゾウの形の巨大な岩を中心とした公園

象山公園/象山公园
ぞうざんこうえん xiàngshān gōngyuán

桂林の市街地にある象山公園は灕江と桃花江の合流地点にあり、敷地内に象鼻山、普賢塔、雲峰寺などがある。中心となっているのは公園の名前の由来にもなっている象鼻山。その形は、象が灕江に鼻を入れて水を飲んでいる姿に見える。山頂に登ることができ、市内を見渡すこともできる。また「愛情島」では、約30分のショーが毎日2回上演される。

象の腹に当たる部分に洞窟があり、桂林の名産品として名高い三花酒という米焼酎の貯蔵庫となっている。三花酒の名前の由来は、醸造時にアルコール度数を高めるために三度蒸留し、そのときに無数の泡が浮かび上がり花のように見えるためといわれている。

ゾウが鼻を伸ばし川の水を飲むような姿の象鼻山

★★　桂林最大の鍾乳洞

蘆笛岩/芦笛岩
ろてきがん　lúdíyán

蘆笛岩は、中心広場の北西約3kmにある光明山内部にできた桂林最大の鍾乳洞。昔、山の斜面に小さな洞窟があり、そこを抜ける風の音が葦笛の音に似ていたことからこの名前がついた。

入口の獅峰朝霞から出口の雄獅送客まで長さはおよそ500m、最も高い所で18m。地下水が豊富なため、内部には多彩な鍾乳洞が形成され、水晶宮や原始森林など見どころは30を超える。

桂林を訪れた世界各国の国賓も必ずここを訪れるという。

蘆笛岩
Ⓜ **P.186-A1～2**
住 秀峰区蘆笛路1号
☎ 2210889
オ 4～10月7:30～18:00
11～3月8:00～17:30
※入場は閉門40分前まで
休 なし
料 90元
交 3路バス「芦笛岩」
U www.glludiyan.com

カルスト地形が造り出す一面の鍾乳洞

中国的センスでライトアップされた地底湖

★★　市内の最高峰から眺めを楽しむ

独秀峰/独秀峰
どくしゅうほう　dúxiùfēng

独秀峰は桂林市の中心部にそびえる山で、南宋の詩人顔延之が町なかにあって切り立った峰をもつ姿をたたえて「未若独秀者、峨峨郛邑間」と詠んだことからこの名がついた。独秀峰の頂上にある独秀亭からは、奇峰に囲まれた桂林の町を一望できる。

独秀峰は明代の靖江王の居城である靖江王府がおかれた場所で、広西地方最大の科挙試験会場跡などがあり、桂林の歴史で重要な意味をもつ。麓にある靖江王府博物館ではその歴史を詳しく知ることができる。また、五百羅漢が納められた千仏岩と呼ばれる洞窟などがある。

山上展望台からの眺め

独秀峰
Ⓜ **P.187-B1**
住 秀峰区文教街王城1号広西師範大学内
☎ 2851941
オ 3～4月、10月8日～12月7日7:30～18:00
5月1日～10月7日7:30～18:30
12月8日～2月末日8:00～18:00
※独秀峰に上れるのは夏季18:40まで、冬季18:10まで
休 なし
料 100元
交 1、2、18、K99、100路バス「乐群路口」。徒歩3分
※入場券購入後、ガイドが引率する。その際札を渡されるのでなくさないように
U www.glwangcheng.com

靖江王府の承運門

七星公園
Ⓜ P.187-C2
㊟ 七星区七星路1号
☎ 5815050、5814343
㋔ 七星公園6:30～21:30
※入場は閉門30分前まで
七星岩8:00～17:00
※8:30～17:00の間30分に1回ガイドが引率して洞窟に入る
㊡ なし
㊕ 七星公園＝55元
七星岩＝45元
㊋ 10、11、14、18路バス「七星公园」

ラクダのような駱駝山

桂海碑林近くに立つ清代創建の牌坊

★★　桂林市内最大の公園

七星公園/七星公园

しちせいこうえん　qīxīng gōngyuán

山の並びが北斗七星に似ていることからこの名前がついた。桂林最大規模の公園として、地元の人でにぎわっている。公園の入口は4つあり、正門は西側の花橋大門。また、六合路にある栖霞大門を入った所に栖霞禅寺があり、国内最大級の唐代建築寺院といわれている。

園内は広いので、ゆっくり回るとまる1日はかかってしまう。おもな見どころは、七星岩にある長さ約1kmの鍾乳洞や、「壁にもとの石はない」といわれるほど洞窟の壁一面に碑文が刻まれた桂海碑林、ラクダが座っているように見える駱駝山など。駱駝山は、この山を背に元アメリカ大統領のクリントン氏が環境保護の演説を行ったことでも有名。公園の隣には動物園も併設されており、園内には2頭のパンダがいる。

洞窟一面に文字が彫られた桂海碑林

畳彩山
Ⓜ P.187-B1
㊟ 畳彩区龍珠路2号
☎ 2100660、2100683
㋔ 4～10月6:30～18:30
11～3月7:00～18:00
※入場はいずれも閉門30分前まで
㊡ なし
㊕ 25元
㊋ 2路バス「叠彩山」
※畳彩山と伏波山の管理所は同一

★★　眼下に絶景の広がる名勝地

畳彩山/叠彩山

じょうさいざん　diécǎishān

畳彩山は市区中心部の北東部、灕江畔の畳彩公園内にあり、四望山、于越山、明月峰、白鶴峰で構成されている。桂林市内には頂上に登れる山がいくつかあるが、明月峰から望む景色は特に美しいといわれている。

また、山腹に掘られた洞窟には漢詩が刻まれ、19の石窟には小さなものから大きなものまで、80体を超える仏像が彫られている。

「江山会景処」と称される明月峰からの眺め

畳彩山明月峰の展望台

★ 灕江のほとりにそびえる奇峰

伏波山/伏波山

ふくはざん fúbōshān

独秀峰の東、灕江の西岸にそびえる奇峰。頂上に登り桂林市内を見渡すことができる。

また、山の地下に開いた洞窟をくぐり、灕江を望める東側へ抜けることもできる。洞窟内には、仏像が彫り込まれている還珠洞などの見どころがある。

名の由来は、後漢の伏波将軍、馬援が南征の途中でこの地を訪れたという伝説による。

伏波山全景。山は小さめ

伏波山
Ⓜ **P.187-C1**
㊟ 畳彩区濱江路
☎ 2100660、2100683
オ 4～10月6:30～18:30
11～3月7:00～18:00
※入場はいずれも閉門30分前まで
㊡ なし
㊑ 22元
㊋ 2路バス「伏波山」

伏波将軍が試し切りをしたという試剣石

★ 唐代の石刻碑文が残る公園

南渓山公園/南溪山公园

なんけいさんこうえん nánxīshān gōngyuán

南渓山公園は、桂林駅の南約2kmの所にある南渓山を囲むように整備された美しい公園。敷地内には桜花園や白龍泉、白龍洞などの見どころがあり、白龍洞は内部に入れる。南渓山に登ることもでき、頂上の龍脊亭からは桂林の町並みを見ることができる。

白龍洞入口

南渓山公園
Ⓜ **P.186-B4**
㊟ 象山区中山南路2号
☎ 3813399
オ 南渓山公園7:30～22:00
白龍洞7:30～18:00
㊡ なし
㊑ 南渓山公園＝25元
白龍洞＝20元
㊋ 3路バス「南溪公园」
Ⓤ www.nxsjq.com

公園の名の由来となった南渓山

★ 西湖湖岸に位置する公園

西山公園/西山公园

せいざんこうえん xīshān gōngyuán

市街西部にある自然公園。西湖を取り囲むようにそびえる西山と隠山の奇観を楽しめる。また、西山は唐代には仏教の聖地であったため、多くの石窟が開削された。北牖洞、朝陽洞、白雀洞、嘉蓮洞、南華洞、夕陽洞の6つの洞窟は中に入ることができる。このほか、公園の南東部には博物館があり、無料で一般開放されている。

隠山石刻と呼ばれる碑林

西山公園
Ⓜ **P.187-A1**
㊟ 秀峰区西山路2号
☎ 2897987
オ 西山公園7:30～22:00
桂林博物館8:30～17:00
※入場は閉館30分前まで
㊡ なし
㊑ 西山公園＝55元
桂林博物館＝無料
※6つの洞窟に入る場合は、入場券購入時にスタッフにその旨を伝えると、ガイド（中国語のみ）が洞窟入口の鍵を開けてくれる。
㊋ 14、209路バス「西山公园」

西山公園内西湖の景観

龍勝の見どころ

日本人に人気の高い観光地である桂林だが、郊外にも陽朔、資源、三江といった魅力的な見どころがある。なかでも特に人気があるのが龍勝。棚田で有名な龍勝は、桂林の北西約90kmにある少数民族の自治県。正式名称は龍勝各族自治県といい、ここにはミャオ族、ヤオ族、トン族、チワン族などの少数民族が暮らしている。

龍勝鎮には見どころがないので、バスターミナルでそれぞれの見どころへ向かうバスに乗り換える。ただし、バスの便数にかぎりがあるので、桂林から車をチャーターするか、ツアーに参加したほうがよい。

★★★ 見事な棚田が広がる　1日

龍脊梯田/龙脊梯田
りゅうせきていでん　lóngjǐ tītián

龍脊梯田
M P.196-A1
住 龍勝各族自治県和平郷
☎ 7583188、7583088
オ 24時間
休 なし
料 80元（龍脊古状梯田、金坑大寨紅ヤオ梯田、平安チワン族梯田の3ヵ所）
交 下記インフォメーション参照
U longjitour.com

インフォメーション

龍勝の見どころ間の移動

①桂林～龍勝の移動

桂林琴潭バスターミナルから「龙胜」行きで終点。6:10～17:50の間15～20分に1便。40元（途中の「和平乡龙脊梯田入口处」までは31元）、所要2時間30分（和平郷龍脊梯田入口まで2時間）。

バスにはノンストップの「快车」と、「和平乡龙脊梯田入口处」を経由する「慢车」があるが、棚田観光の場合は後者がおすすめ。

「和平乡龙脊梯田入口处」から徒歩5分のチケット売り場で入場券を購入し、棚田との間を結ぶバスに乗り換える。

龍勝から桂林への最終便は18:00発。この便は18:30～18:40に「和平乡龙脊梯田入口处」を経由する。

②棚田間の移動

和平郷龍脊梯田入口（以下、和平郷）と金坑大寨紅ヤオ梯田、平安チワン族梯田の間にはバスが運行されている。乗車券は往復のみ販売。

▶和平郷～金坑大寨紅ヤオ梯田：所要1時間、30元。
金坑大寨紅ヤオ梯田発／8:00、8:30～17:00の間1時間に1便。

※金坑大寨紅ヤオ梯田へ行くバスは龍勝始発で、出発時間は上記と同じ。30～35分後に和平郷を経由する

▶和平郷～平安チワン族梯田：所要50分、20元。
平安チワン族梯田発／7:40、9:00、11:00、13:00、15:00、17:00。

※平安チワン族梯田へ行くバスは龍勝始発で、出発時間は上記と同じ。30～35分後に和平郷を経由する

和平郷一帯の山の斜面を開墾して造られた棚田が龍脊梯田。標高300mから1000mの間に分布しており、最大傾斜は50度にも達する。このため、田んぼ1面の面積は狭く、「カエルが跳ねると3枚の田んぼを跳び越える」とたとえられる。この

金坑大寨紅ヤオ梯田入口

棚田の開墾は、元代(1271～1368年)に始まり、ほぼ現在の姿になったのは清代初期といわれている。

龍脊梯田における主要観光地は、金坑大寨紅ヤオ梯田と平安チワン族梯田。

金坑大寨紅ヤオ梯田は、和平郷の北東、金仏頂を中心に広がる約10㎢の棚田群。観光的には後発だが、その規模の壮大さから人気。ロープウエイの完成によってアクセスも楽になり、今後も多くの観光客を集めるだろう。平安チワン族梯田は最も早く観光面の整備が進んだ所であり、宿泊施設はエリア最高水準。龍脊古状梯田は交通の便も悪く、訪れる人は少ない。

ロープウエイ

金坑大寨紅ヤオ梯田で麓と山頂とを20分で結ぶ。4人乗り。

オ 9:00～17:00
休 なし
料 片道=60元、往復=110元

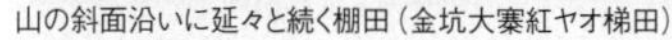

山の斜面沿いに延々と続く棚田(金坑大寨紅ヤオ梯田)

棚田と民家(平安チワン族梯田)

★ 少数民族が暮らす山あいの小村

黄洛ヤオ寨長髪村／黄洛瑶寨长发村

こうらく さいちょうはつむら huángluò yáozhài chángfàcūn

龍脊梯田の山麓にあるヤオ族の村。濃いピンクと黒を基調とした民族衣装を着ていることから彼らは紅ヤオ族と呼ばれる。女性は長い黒髪が特徴で、140cm以上の長い髪をもつ女性が60人以上いることによりギネス記録を打ち立てた。女性たちは一生に一度、成人になる18歳のときしか髪を切らず、このときに切った髪は束ねて地毛とともに結い上げる。髪形は未婚女性と既婚で子供をもつ女性では異なる。残念ながら出稼ぎのためか、村に残るのは老人と子供ばかりとなっている。

ヤオ族の女性

黄洛ヤオ寨長髪村

M P.196-A1
住 龍勝各族自治県和平郷金江村黄落
☎ なし
オ 24時間
休 なし
料 無料
※人が集まるとひとり80元で民族歌舞ショーを催行する。ただ、ここに立ち寄る観光客は非常に少ないため、ツアー客が訪れた際にようやく見学できる程度
交 各棚田を結ぶバスで途中下車する(和平郷から20～25分ほどの位置)

★ 桂林が誇る保養地

龍勝温泉／龙胜温泉

りゅうしょうおんせん lóngshèng wēnquán

龍勝鎮の北東約30kmの所にある温泉。5つ星クラスのホテルもある。温泉はすべて水着着用の露天風呂で、温度別、薬草風呂、フィッシュセラピー可能な足湯など種類が豊富。温泉施設の傍らを流れる渓流沿いには遊歩道が設けられており山を散策できる。

龍勝温泉

M P.196-A1
住 龍勝各族自治県龍勝温泉
☎ 7482888
オ 7:00～24:00
休 なし
料 100元
交 桂林琴潭バスターミナルから「龙胜」行きバスで終点。「江底」行きバスに乗り換え「龙胜温泉」(7:30～17:30の間30分に1便。10元、所要1時間)
※「龙胜」から桂林への最終は18:00発
U www.ls-wq.com

陽朔の見どころ

陽朔は、桂林の南約70kmに位置する奇峰に囲まれた小さな町だが、すでに1400年以上の歴史がある、灕江下り（→P.188）の到着地として知られる。

桂林と同じような風景だが、素朴な雰囲気が外国人に気に入られ、徐々に有名な観光地となり、現在では桂林をしのぐほどの人気を博すようになり、1年中観光客であふれ返るほどになった。

町は灕江西岸蟠桃路以北のエリアが中心。メインストリートの西街は昼夜を問わずにぎわいを見せる。その周囲にはオープンカフェやバーも多く、宿はこのあたりで探すと観光に便利（非常に騒がしいが）。宿に静かな環境を望むのであれば、抗戦路や城西路、さらに郊外の村で探す手もある。

見どころは郊外に集中しているが、道は整備されているので、サイクリングがてら観光して回るとよい。

遇龍河沿いには灕江のミニ版ともいえる風景が広がる

> **インフォメーション**
>
> **桂林～陽朔間の移動**
>
> 桂林→陽朔
>
> ①桂林南バスターミナル（→P.187）から「阳朔」行きバスで終点。6:20～20:30の間10～20分に1便。25元、所要1時間30分。
>
> ②桂林两江国際空港から「阳朔」行きエアポートバスで終点。1日8便。50元、所要1時間30分。
>
> 陽朔→桂林
>
> ①陽朔バスターミナル（Ⓜ P.199-C3）から「桂林」行きバスで終点。6:45～20:30の間33便。27元、所要1時間30分。
>
> ②陽朔バスターミナルから「桂林机场」行きエアポートバスで終点。1日8便、50元、所要1時間30分。

> **インフォメーション**
>
> **陽朔の観光バス**
>
> 陽朔とその周辺の見どころを結ぶ観光バスがある。全部で3路線あり、陽朔バスターミナルの700m南にある鳳鳴観光案内センターでチケットを購入する。当日のみ有効で、1日のうち何度でも乗車可能。各路線のルートは以下のとおりで、往復とも同じ。
>
> **鳳鳴観光案内センター**
> （凤鸣游客咨询中心）
> Ⓜ P.198-F5
> ☎ 8811989
> オ 7:00～19:00の間15～20分に1便運行
> 休 なし　料 60元
> 交 801路バス「阳朔汽车站」
>
> ▶十里画廊線
> 鳳鳴観光案内センター～工農橋～大榕樹景区～月亮山
> ▶遇龍河旅游専線A線
> 工農橋～水厄底埠頭～驤馬埠頭～驤馬バス停
> ▶遇龍河旅游専線B線
> 驤馬バス停～旧県埠頭～旧県バス停

★★ 月のような穴のある山

月亮山／月亮山

げつりょうさん　yuèliàngshān

陽朔の南約6kmの高田鎮近辺にある月亮山。山腹に大きな丸い穴が開いており、眺める場所によって形が変わって見えるため、この穴を月に見立ててこの名前がついた。山腹の穴までは登ることができ、田園地帯に奇峰がそびえる独特の景観を一望できる。

バスもあるが、自転車を借りて訪れてみるのもよい。陽朔から月亮山までの区間は、道は舗装されており、景色も美しく、途中には大榕樹景区、遇龍河などの見どころがあり、陽朔からの主要なサイクリングコースとなっている。自転車で陽朔から片道約30分。

村から見た月亮山

月亮山
M P.198-F5
住 高田鎮鳳楼村
☎ 3229288
オ 8:00～18:30
休 なし
料 11元
交 陽朔観光バス「月亮山景区」

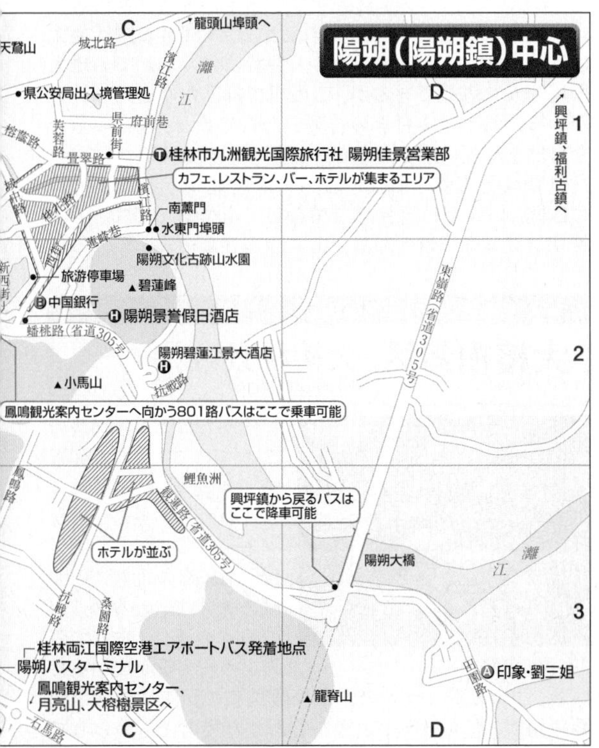

病院　高速道路

インフォメーション

陽朔の旅行会社

日本語ガイドはいないが、「印象・劉三姐」（→P.205）のチケット手配や車のチャーターはできる。

桂林市九洲観光国際旅行社陽朔佳景営業部
（桂林市九洲观光国际旅行社阳朔佳景营业部）
M P.199-C1
住 陽朔鎮県前街22号
☎ 8815598
オ 8:00～22:30　休 なし
カ 不可

桂林市九洲観光国際旅行社陽朔佳景営業部

インフォメーション

陽朔の乗り物

タクシー／1乗車につき15元が目安。
※現状は、町の中心部で乗車はできず、郊外へ行く場合、メーターは使用せず乗車前に要相談となっている
レンタサイクル／デポジット（保証金）200～300元、1日15～20元。

町の様子（西街）

興坪鎮
Ⓜ P.190-B3
㊟ 興坪鎮
㊋ 陽朔バスターミナルから「兴坪镇」行きバスで終点（7:00～18:00の間15分に1便。10元、所要45分）

展望台から見た黄布倒影

★★ 景色の美しい小さな村

興坪鎮/兴坪镇
こうへいちん　xīngpíngzhèn

興坪は陽朔郊外にある小さな漁村。ここは灕江下りのなかでも特に美しい景観が集中する所で、現在流通している中国の20元紙幣の裏面に描かれた風景が見られることでも有名だ。

灕江下りのハイライトスポットだけであれば、陽朔から陸路で興坪へ来て、小船で1時間ほどの川下りで十分楽しめる。日没前後に乗船すれば、夕日に浮かぶ奇峰群の美しいシルエットを見ることもできる。

船上から見た興坪鎮周辺の景観

遇龍河遊覧
Ⓜ P.198-E～F4
㋔ いかだ下り＝8:00～17:00
㊡ 遇龍遊覧公司＝8883118
㊖ 金龍橋～旧県＝225元
旧県～驤馬＝160元
驤馬～万景（工農橋）＝320元
水苊底～万景（工農橋）＝160元
㊋ 驤馬埠頭＝陽朔観光バス「骧马码头」
旧県埠頭＝陽朔観光バス「旧县码头」
金龍橋埠頭＝陽朔バスターミナルで「金宝」方向バスに乗り「龙桥码头」（7:00～17:00の間循回。8元、所要約30分）
※万景埠頭からは観光バスで陽朔に戻れる

金宝方面行きのバス

★★ 陽朔らしい風景が楽しめる

遇龍河遊覧/遇龙河游覧
ぐうりゅうがゆうらん　yùlónghé yóulǎn

遇龍河は小灕江とも呼ばれる全長43.5kmの灕江最大の支流。本流である灕江では大型船に乗り込んでの雄大な川下りを堪能できるが、この川ではふたり掛けの椅子がのったパラソル付きの竹製いかだに乗り、陽朔の豊かな自然を身近に感じながらの川下りが楽しめる。

遊覧は金龍橋～旧県～驤馬～水苊底～万景（工農橋）の区間。いかだに自転車を積むこともできるので、サイクリングコースの一部に加えてみるとよい。

大榕樹景区
Ⓜ P.198-F5
㊟ 高田鎮穿岩村
☎ 3229288
㋔ 8:00～18:30
㊡ なし
㊖ 15元
㊋ 陽朔観光バス「大榕树景区」

★ 村を見守るガジュマルの巨木

大榕樹景区/大榕树景区
だいようじゅけいく　dàróngshù jǐngqū

ガジュマルの巨木

榕樹とはガジュマルのことで、ここでは樹齢1000年を超えるガジュマルの巨木を見ることができる。周囲7m、高さ17m、木陰の面積約100㎡の大木で、わずか1本の樹木の下に、まるで森のように木陰が広がっている。このガジュマルの木は少数民族の伝説に残る歌仙劉三姐が、恋人の阿牛と愛を交わした場所ともいわれている。

資源の見どころ

桂林の東北に位置し、湖南省に接するのが資源県。ここでは奇峰の連なる独特の風景が魅力的な八角寨景区や、山々の間をぬうように流れる資江と呼ばれる河をボートで下るなど、自然の美しさを満喫できる。

県城双龍風雨橋

資源の町も観光地として開発が進んでいるが、交通が不便なので桂林の旅行会社でツアーをアレンジしてもらうのがおすすめ。

インフォメーション

桂林～資源間の移動
桂林→資源
桂林北バスターミナル（→P.187）から「資源」行きで終点。6:40～19:00の間31便。33～43元、所要1時間30分～2時間30分。
資源→桂林
資源総合バスターミナルから「桂林」行きで終点。6:00～18:00の間30分に1便。33～43元、所要2時間30分。

★★ 独特の景観が魅力

八角寨景区／八角寨景区

はっかくさいけいく bājiǎozhài jǐngqū

広西チワン族自治区と湖南省の境界線をまたぐ崀山にある、八角寨を中心とする景勝地。八角寨は標高818mの山で、主峰に8つのヒレのようなとがった岩があることからこう呼ばれるようになった。八角寨は雲台山とも呼ばれ、赤い山肌の丹霞地層は、丹霞山（→P.100）や武夷山（→P.162）と同じ地質。

主峰の東西南の三方は断崖絶壁だが、北側から山頂に行くことができ、八角寨の雄大な奇観を望むことができる。ほかにも、奇岩の側面に造られた幽谷桟道などの見どころがある。全行程3時間～3時間30分。

八角寨景区
Ⓜ P.196-B1
住 資源県梅渓鎮
☎ 資江旅游服務中心＝4311548、4485508
オ 7:00～18:00
休 なし
料 30元
交 資源総合バスターミナルからタクシーを利用する。往復250元が目安（待ち時間含む。片道所要1時間）
※2018年11月現在、工事のためクローズ。再開は2019年5月の予定

1

2

3

4

1山頂から見た八角寨景区の眺め 2不思議な形をした山が連なる 3湖南省側の景観。切り立った岩に造られた桟道が見える 4山頂に立つ雲台寺

インフォメーション

桂林～三江間の移動
桂林→三江
鉄道／桂林と三江南駅の間に高速鉄道（動車）がある。桂林駅発9便、所要1時間。桂林西駅発10便、所要35分。桂林北駅発1便、所要40分。
三江→桂林
鉄道／桂林駅行き8便、桂林西駅行き8便。所要31～35分。

インフォメーション

三江内のアクセス
バス／4路バスが三江南駅と河東バスターミナルを結んでいる（多耶広場経由）。7:40～20:30の間30～40分に1便、3元、所要25分。
タクシー／初乗り1km未満5元、以降1kmにつき1.9元加算となっているが、ほぼメーターを使用しない。乗車前に要交渉。多耶広場～三江南駅で30元が目安。

三江の見どころ

三江は、桂林市の西、柳州市北部の木造建築物で有名なトン族の村で、中心は古宜鎮。

★★★ トン族最大の風雨橋がある村　3時間

程陽八寨景区/程阳八寨景区

ていようはちさいけいく　chéngyáng bāzhài jǐngqū

古宜鎮から北東に18kmほど行った所にある。程陽八寨景区は、馬鞍寨、平寨、岩寨、東寨、平埔寨、吉昌寨、平坦寨、大寨の8つのトン族の村で構成される。集落内にはトン族を代表する伝統的木造建築物である風雨橋と鼓楼がある。風雨橋とは屋根付きの橋で、鼓楼とは村の中心にそびえるトン族特有の楼閣。村長が太鼓を鳴らすと村人が集まった。現在では太鼓はつるされていないが、今も村のシンボル的存在となっている。

程陽の最大の見どころは、馬鞍寨にある程陽永済橋（程陽風雨橋）だ。1912年に建造された全長77.6mの風雨橋で、その規模も最大でありトン族を代表する建築物となっている。古宜鎮からバスまたは乗合タクシーで訪れる場合、この橋の手前で下車することになる。ゲストハウスがあるのもこの橋の周辺。

集落内には遊歩道が整備され、分岐には案内板もあるので安心して散策できる。入場チケット販売所の付近から丘へ上っていく遊歩道は見晴らし台へ続く。見晴らし台は2ヵ所あり、ふたつ目の高いほうから見下ろす集落の全景が美しい。ゆっくり歩いて往復45分ほど。

毎日10:30と15:30、馬鞍寨にある馬鞍鼓楼前の広場でトン族の民族ショーが約20分上演される。見学は無料だが、終盤に振る舞われる歓迎のお酒を飲むときは、お盆にいくばくかのお金を置くようにしよう。

●•見どころ　Ⓗホテル　Ⓑ銀行　Ⓣ旅行会社　〒郵便局　病院

岩寨鼓楼。内部にある非物質文化遺産展示館は非公開

1景区で最も有名な木造建築物、程陽永済橋（程陽風雨橋） 2頻安橋 3景区内には住居を改造した宿泊施設も多くある（程陽客桟）。三江での観光は無理せずどこかで宿泊したほうが充実したものになる

★ 最も高いトン族鼓楼

三江鼓楼/三江鼓楼

さんこうころう　sānjiāng gǔlóu

古宜鎮の東岸にそびえる鼓楼。三江トン族自治県の50周年を記念して2002年に建築された。高さ42.6m、27層のこの鼓楼を支えているのは4本の巨大杉。最も古いものは樹齢208年にもなる。建築を指揮したのは、数多くの有名な風雨橋や鼓楼の修復や建築に携わってきたトン族伝統建築家の楊似玉氏で、この巨大鼓楼もすべて丸太を組み合わせただけというのだから驚きだ。

★ 三江でも名高いトン族鼓楼

馬胖鼓楼/马胖鼓楼

ばはんころう　mǎpàng gǔlóu

馬胖鼓楼は古宜鎮から北に28kmほど行った八江郷馬胖寨にある。現存する建物は1943年に再建されたもので、高さ13m、幅13mの9層構造。馬胖鼓楼も程陽永済橋と同様に三江産の杉を使用し、釘は1本も使われていない。

2008年9月より一般公開され、鼓楼内部の階段を上って最上部近くまで上がれる。ただし、高所恐怖症の人は上らないほうがよいかもしれない。

馬胖鼓楼はトン族が誇る木造建築

程陽八寨景区

M P.196-A1

住 柳州市三江トン族自治県林溪郷程陽

☎ (0772) 8581676

オ 24時間　休 なし　料 60元

交 ①河西バスターミナル前の通りから5路バスで「程阳八寨」(7:00～18:30の間20～30分に1便。3元、所要35分)。徒歩10分。バスのフロントガラスに「风雨桥」の表示がある

※5路バスは全行程（終点は「林溪」）で停留所がなく、運転手に降車地点を伝える方式。乗車時に必ず「风雨桥」で降車したいと伝えること

※「程阳八寨」(风雨桥) からの最終は17:00頃通過

②タクシーをチャーターする。馬胖鼓楼と合わせて300～400元が目安（待ち時間が長くなると要加算）

三江鼓楼

M P.202-B2

住 柳州市三江トン族自治県古宜鎮河東区多耶広場

☎ (0772) 8581288

オ 8:00～18:00

休 なし

料 15元

交 河東バスターミナルから徒歩10分

トン族の建築技術の高さに感嘆

馬胖鼓楼

M P.196-A1

住 柳州市三江トン族自治県八江郷馬胖寨

☎ なし　オ 24時間

休 なし　料 無料

交 ①河東バスターミナルから「八江」行きバス (7:00～18:00の間20～30分に1便。4元、所要50分) で終点。「马胖村」行き乗合タクシー(5元、所要30分)に乗り換え終点

②河西バスターミナル前の通りから「八江」行き乗合タクシー(7元、所要40分)で終点。「马胖村」行き乗合タクシーに乗り換え終点

※「马胖村」からの最終は16:30～17:00頃、「八江」からの最終は17:30～18:00頃

シェラトン桂林ホテル／桂林喜来登饭店

けいりん guìlín xǐláidēng fàndiàn

世界的なホテルグループが管理、運営する高級ホテル。灕江沿いにあり、周囲の環境はよい。屋外プールやフィットネスなどの施設も整っている。また、レンタサイクルも行っている。

Ⓜ P.187-B2 ★★★★★
住 秀峰区濱江路15号
☎ 2825588
FAX 2825598
Ⓢ 633～719元 Ⓣ 564～719元
サ 10%＋6% カ ADJMV
Ⓤ www.marriott.co.jp

両替 ビジネスセンター インターネット

桂林灕江大瀑布飯店

けいりんりこうだいばくふはんてん
桂林漓江大瀑布饭店 guìlín lìjiāng dàpùbù fàndiàn

杉湖に面して立つ高級ホテル。東に灕江、南に象山公園を望むなど、周囲の景観もすばらしい。また中山路にも近く便利。

両替 ビジネスセンター インターネット Ⓤ www.waterfallguilin.com

Ⓜ P.187-B2 ★★★★★
住 秀峰区杉湖北路1号
☎ 2822881 FAX 2822891
Ⓢ 700～900元 Ⓣ 700～900元
サ なし カ ADJMV

桂林桂湖飯店

けいりんけいこはんてん
桂林桂湖饭店 guìlín guìhú fàndiàn

中心部の北に位置する老人山の麓、桂湖西岸に立つホテル。客室の種類は多く、ジムやサウナ、屋外プールなどを完備している。

両替 ビジネスセンター インターネット Ⓤ www.parkhtl.com

Ⓜ P.187-B1 ★★★★
住 畳彩区螺螄山路1号
☎ 2558899 FAX 2822296
Ⓢ 450元 Ⓣ 450元
サ なし カ ADJMV

桂林賓館

けいりんひんかん
桂林宾馆 guìlín bīnguǎn

中心部に位置する風光明媚な榕湖に面して立つホテル。湖の周りには遊歩道があり散策するにも便利。

両替 ビジネスセンター インターネット Ⓤ www.glbravohotel.com

Ⓜ P.187-A2 ★★★★
住 秀峰区榕湖南路14号
☎ 2898888 FAX 2893999
Ⓢ 480元 Ⓣ 480元
サ なし カ ADJMV

陽朔新西街国際大酒店

ようさくしんせいがいこくさいだいしゅてん
阳朔新西街国际大酒店 yángshuò xīnxījiē guójì dàjiǔdiàn

陽朔のホテル。中心広場近くにあり、西街に近く、観光や食事にはとても便利。

両替 ビジネスセンター インターネット Ⓤ www.nwshotel.com

Ⓜ P.198-B2 ★★★★
住 陽朔鎮蟠桃路131号
☎ 8818888 FAX 8882226
Ⓢ 269～369元 Ⓣ 269～369元
サ なし カ ADJMV

桂林四季春天酒店

けいりんしきしゅんてんしゅてん
桂林四季春天酒店 guìlín sìjì chūntiān jiǔdiàn

中級チェーンホテルの支店。灕江のほとりにあり、桂林一の繁華街である正陽路歩行街へは徒歩数分と便利な立地。

両替 ビジネスセンター インターネット

Ⓜ P.187-B2 ★★★
住 秀峰区濱江路66号
☎ 2830666 FAX 2800292
Ⓢ 318元 Ⓣ 298元
サ なし カ ADJMV

陽朔景誉假日酒店

ようさくけいよかじつひんかん
阳朔景誉假日酒店 yángshuò jǐngyù jiàrì jiǔdiàn

陽朔のホテル。西街の南端、蟠桃路のT字路に位置しており、観光の拠点として非常に便利。

両替 ビジネスセンター インターネット

Ⓜ P.199-C2 ★★★
住 陽朔鎮西街125号
☎ 8817198 FAX 8817199
Ⓢ 308元 Ⓣ 308元
サ なし カ 不可

喆琲桂林観光酒店

てつはいけいりんかんこうしゅてん
喆啡桂林观光酒店 zhéfēi guìlín guānguāng jiǔdiàn

星なし渉外ホテルだが設備は4つ星相当。桂林駅から真っすぐ東へ行った灕江路にあり、駅から車で5分ほど。

両替 ビジネスセンター インターネット Ⓤ www.plateno.com

Ⓜ P.187-C3
住 七星区灕江路20号
☎ 5882688 FAX 5813323
Ⓢ 538～588元 Ⓣ 538～588元
サ なし カ 不可

桔子精選桂林站酒店

きつしせいせんけいりんたんしゅてん
桔子精选桂林站酒店 jiézǐ jīngxuǎn guìlín zhànjiǔdiàn

桂林駅の西側、桂林市内から空港へ向かう翠竹路に面する。エアポートバスはこのホテルを経由するので便利。

両替 ビジネスセンター インターネット Ⓤ www.huazhu.com

Ⓜ P.187-A3
住 象山区翠竹路5号
☎ 3810999 FAX 3852889
Ⓢ 169～289元 Ⓣ 169～229元
サ なし カ 不可

ホテル

城市便捷桂林火車站店 じょうしびんしょうけいりんかしゃたんてん
城市便捷桂林火车站店 chéngshì biànjié guìlín huǒchēzhàndiàn

「経済型」チェーンホテル。桂林駅に近く交通の便がよい。客室は明るく清潔。

両替 ビジネスセンター インターネット U www.dossen.com

M P.187-A3
住 象山区中山南路51号
☎ 3136000 FAX 3136222
S 232～254元 T 243～266元
サ なし カ 不可

漢庭桂林伏波山公園酒店 かんていけいりんふくはざんこうえんしゅてん
汉庭桂林伏波山公园酒店 hàntíng guìlín fúbōshān gōngyuán jiǔdiàn

「経済型」チェーンホテル。伏波山近くに位置する。中心部に近いわりに交通量が少なく静かな環境にある。設備は簡素だが清潔。

両替 ビジネスセンター インターネット U www.huazhu.com

M P.187-C1
住 畳彩区濱江路伏合巷1号14棟
☎ 2101111 FAX 2178777
S 139～149元 T 149～179元
サ なし カ 不可

桂林木犀旅舍 けいりんもくせいりょしゃ
桂林木犀旅舍 guìlín mùxīlǚshè

シェラトン桂林ホテルの近くにあるユースホステル。若者が集まる正陽路歩行街に近く、食事や買い物に便利。

両替 ビジネスセンター インターネット

M P.187-B2
住 秀峰区人民路3号
☎ 2819936 FAX なし S 180元
T 180元 D 50～55元（4、6人部屋） サ なし カ 不可

龍勝温泉中心酒店 りゅうしょうおんせんちゅうしんしゅてん
龙胜温泉中心酒店 lóngshèng wēnquán zhōngxīn jiǔdiàn

龍勝温泉にあるホテル。山あいの静かな環境にあり、設備もきれいで整っている。宿泊料には温泉利用代が含まれる。

両替 ビジネスセンター インターネット U www.ls-wq.com

M P.196-A1
住 龍勝各族自治県江底郷温泉度假中心 ☎ 7482888
FAX 7482243 S 480元
T 480元 サ なし カ 不可

平安酒店 へいあんしゅてん
平安酒店 píng'ān jiǔdiàn

桂林郊外の人気観光地、龍脊梯田の平安村にあるホテル。平安村入口から20分ほど山を登った山腹にある。

両替 ビジネスセンター インターネット

M P.196-A1
住 龍勝各族自治県龍脊梯田景区平安村七星望月付近 ☎ 7583198
FAX 7583458 S 320～580元
T 320～580元 サ なし カ 不可

宜家三江大酒店 ぎかさんこうだいしゅてん
宜家三江大酒店 yíjiā sānjiāng dàjiǔdiàn

三江のホテル。星はないが、設備は3つ星クラス。河東バスターミナルから徒歩10分と便利。

両替 ビジネスセンター インターネット

M P.202-B2
住 柳州市三江県古宜鎮侗郷大道7号 ☎ (0772) 8751666
FAX (0772) 8751668 S 238～268元
T 198～268元 サ なし カ 不可

程陽山荘 ていようさんそう
程阳山庄 chéngyáng shānzhuāng

三江のホテル。程陽永済橋のすぐ近くにあるゲストハウス。オーナーが1階でトン族料理や簡単な西洋料理を作ってくれる。

両替 ビジネスセンター インターネット

M P.196-A1
住 柳州市三江県林渓郷程陽八寨景区内 ☎ 18172232621
FAX なし S 80元 T 80元
サ なし カ 不可

グルメ

崇善米粉店 すうぜんビーフンてん
崇善米粉店 chóngshàn mǐfěn diàn

桂林名物のビーフンを手軽に味わえる店。"崇善米粉（汁なしビーフン）"に"辣酱豆腐皮（味付け湯葉）"などをトッピングできる。ビーフン各種5～7元、ビーフンセット20元。

M P.187-B2
住 秀峰区依仁路5号
☎ 2826036
オ 7:00～23:00
休 なし カ 不可

アミューズメント

印象・劉三姐 いんしょう リュウサンジェ
印象・刘三姐 yìnxiàng liúsānjiě

張芸謀（チャン・イーモウ）がプロデュースするショー。灕江の上で繰り広げられる超大型舞台。ショーは基本的に20:00開演の1回。観客の多いときのみ21:35から追加あり。

M P.199-D3 住 陽朔鎮田園路1号
☎ 8811982 オ ショー20:00～21:00、21:35～22:35 チケット販売9:30～開演直前 休 なし
料 190～680元 カ 不可

旅行会社

桂林市天元国際旅行社 けいりんしてんげんこくさいりょこうしゃ
桂林市天元国际旅行社 guìlínshì tiānyuán guójì lǚxíngshè

日本語での対応が可能な旅行会社。日本語ガイドは桂林と陽朔が1日350元、龍勝や三江など桂林郊外が1日450元。市内の車チャーターは1日600元。U www.chinatrip.jp

M P.187-C3 住 七星区灕江路26号国展購物公園写字楼5-10室
☎ 5808092（日本部） FAX 5817771（日本部） オ 9:00～12:00、13:30～17:30 休 なし カ 不可

桂林から足を延ばして！　龍脊梯田田頭寨への1泊旅行

龍脊梯田に行くのは20年ぶり！

大寨の山上にある田頭寨の宿で「ここに1996年頃に一度来たことがあります」と言うと、「違うよ。その頃、ここは道がなくて開放されてなかった。あなたが行ったのは平安だよ」と言われた。現在、平安は団体旅行客専用の村になっており、桂林からの直通バスは大寨に到着する。今回、私が大寨に到着したとき、ゲート付近には、20年前と同じくヤオ族のおばさんたちが待ち構えており、「私の家でごはんを食べて行かない？」「荷物を持つよ」などと声をかけてきた。この勧誘をすりぬけ、石畳の山道を登ること約40分で田頭寨に到着。1、2号展望台は田頭寨から徒歩圏だ。確かに20年前、こんな高い場所に登った記憶はない。

到着日はあいにくの雨だったが、若々しい緑が美しい梯田と静かな山の夜を楽しめた。桂林から龍脊梯田への交通は比べようもないほどよくなった。行きは桂林からの直通バス、帰りは龍勝温泉からのバスに乗れば、余裕で日帰りできるが、1泊するのがおすすめだ。　（浜井幸子）

「千層梯田」は金坑大寨紅ヤオ梯田の見どころのひとつ。2号展望台があり、曲がりくねった梯田を一望できる。夕焼けのスポットとしても知られている

1 山上に見えるのが田頭寨。田頭寨はゲストハウスの集まる村になっている　2「千層梯田」の中にある2号展望台。「西山韶楽」にある1号展望台に比べ、道がわかりにくいので道に迷わないように

3 田頭寨周辺の景色。世界遺産に登録された雲南省の元陽梯田でも見られない、丸く盛り上がった所のある梯田が見られる　4 刺繍をするヤオ族のおばさんの姿が目につく。黒い帽子の後ろに小さくてかわいい刺繍が入っているので要チェック！

江西省

155mの落差がある三畳泉瀑布（九江市廬山風景区）　写真:単 侃明

江西省マップ …… 208
南昌 …… 210
九江 …… 216
景徳鎮 …… 224
婺源 …… 230

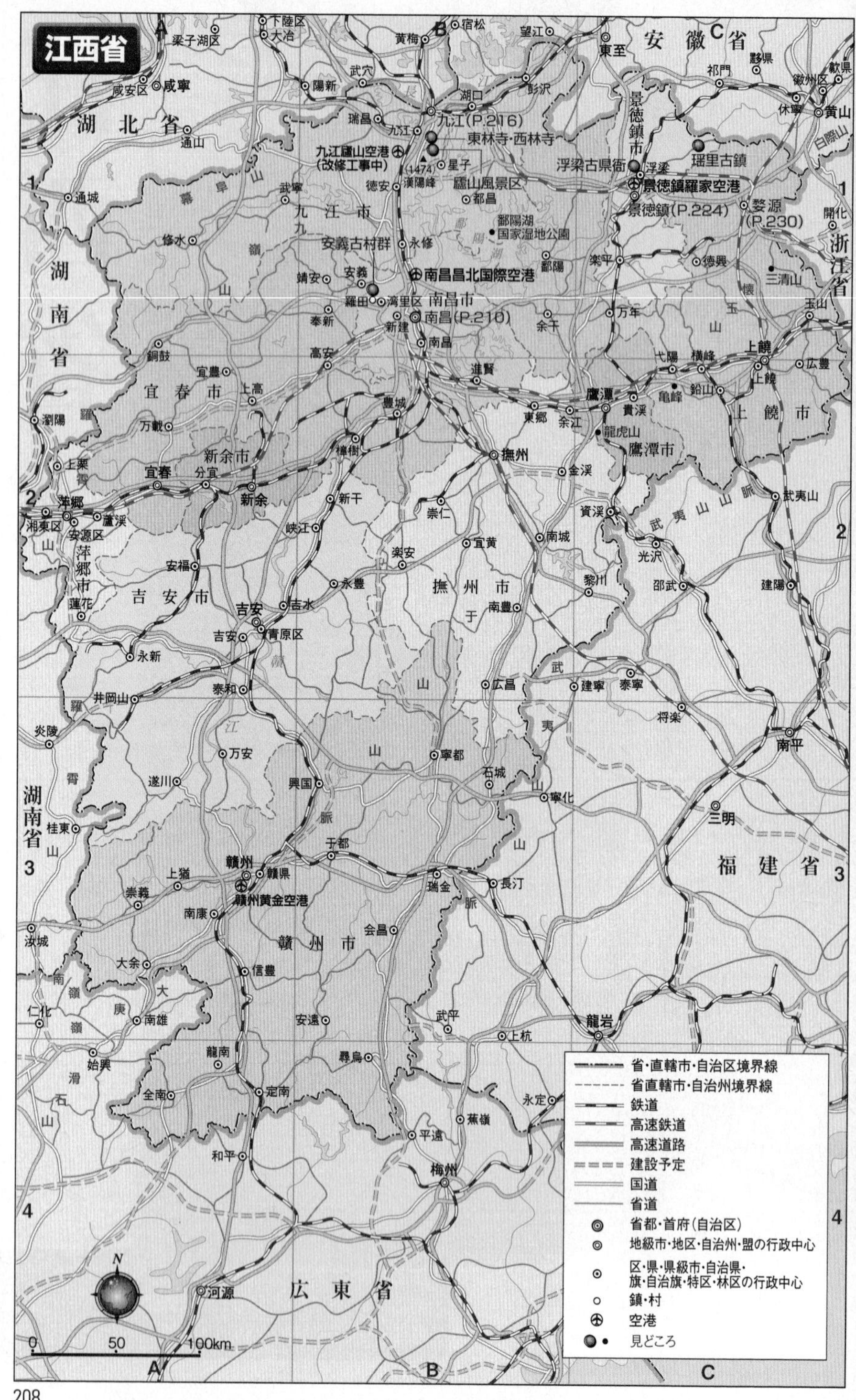
江西省
安徽省
湖北省
湖南省
浙江省
福建省
広東省
九江市
南昌市
宜春市
新余市
萍郷市
吉安市
撫州市
鷹潭市
上饒市
贛州市
九江(P.216)
東林寺・西林寺
九江廬山空港
(改修工事中)
星子
廬山風景区
景徳鎮市
浮梁古県衙
瑶里古鎮
景徳鎮羅家空港
景徳鎮(P.224)
婺源
(P.230)
鄱陽湖
国家湿地公園
安義古村群
南昌昌北国際空港
南昌(P.210)
三清山
龍虎山
贛州黄金空港
黄山
省・直轄市・自治区境界線
省直轄市・自治州境界線
鉄道
高速鉄道
高速道路
建設予定
国道
省道
省都・首府(自治区)
地級市・地区・自治州・盟の行政中心
区・県・県級市・自治県・
旗・自治旗・特区・林区の行政中心
鎮・村
空港
見どころ
0
50
100km

地球の歩き方 ホームページの使い方

海外旅行の最新情報満載の「地球の歩き方ホームページ」！ガイドブックの更新情報はもちろん、各国の基本情報、海外旅行の手続きと準備、海外航空券、海外ツアー、現地ツアー、ホテル、鉄道チケット、Wi-Fiレンタルサービスなどもご紹介。旅先の疑問などを解決するためのQ&A・旅仲間募集掲示板や現地特派員ブログもあります。

URL http://www.arukikata.co.jp/

■ 多彩なサービスであなたの海外旅行をサポートします！

「地球の歩き方」の電子掲示板（BBS）

「地球の歩き方」の源流ともいえる旅行者投稿。世界中を歩き回った数万人の旅行者があなたの質問を待っています。目からウロコの新発見も多く、やりとりを読んでいるだけでも楽しい旅行情報の宝庫です。

URL http://bbs.arukikata.co.jp/

国内外の旅に関するニュースやレポート満載

地球の歩き方 ニュース&レポート

国内外の観光、グルメ、イベント情報、地球の歩き方ユーザーアンケートによるランキング、編集部の取材レポートなど、ほかでは読むことのできない、世界各地の「今」を伝えるコーナーです。

URL http://news.arukikata.co.jp/

航空券の手配がオンラインで可能

地球の歩き方 arukikata.com

航空券のオンライン予約なら「アルキカタ・ドット・コム」。成田・羽田他、全国各地ポート発着の航空券が手配できます。期間限定の大特価バーゲンコーナーは必見。また、出張用の航空券も手配可能です。

URL http://www.arukikata.com/

現地発着オプショナルツアー

地球の歩き方 Travel

効率よく旅を楽しむツアーや宿泊付きのランドパッケージなど、世界各地のオプショナルツアーを取り揃えてるのは地球の歩き方ならでは。観光以外にも快適な旅のオプションとして、空港とホテルの送迎や、空港ラウンジ利用も人気です。

URL http://op.arukikata.com/

ホテルの手配がオンラインで可能

地球の歩き方 Travel 海外ホテル予約

「地球の歩き方ホテル予約」では、世界各地の格安から高級ホテルまでをオンラインで予約できるサービスです。クチコミなども参考に評判のホテルを探しましょう。

URL http://hotels.arukikata.com/

海外WiFiレンタル料金比較

地球の歩き方 Travel 海外WiFiレンタル

スマホなどによる海外ネット接続で利用者が増えている「WiFi ルーター」のレンタル。渡航先やサービス提供会社で異なる料金プランなどを比較し、予約も可能です。

URL http://www.arukikata.co.jp/wifi/

LAのディズニーリゾートやユニバーサルスタジオ入場券の手配

地球の歩き方 Travel オンラインショップ

現地でチケットブースに並ばずに入場できるアナハイムのディズニー・リゾートやハリウッドのユニバーサル・スタジオの入場券の手配をオンラインで取り扱っています。

URL http://parts.arukikata.com/

ヨーロッパ鉄道チケットがWebで購入できる「ヨーロッパ鉄道の旅」

ヨーロッパ鉄道の旅 Travelling by Train

地球の歩き方トラベルのヨーロッパ鉄道チケット販売サイト。オンラインで鉄道パスや乗車券、座席指定券などを購入いただけます。利用区間や日程がお決まりの方にお勧めです。

URL http://rail.arukikata.com/

海外旅行の最新で最大級の情報源はここに！ 地球の歩き方 

中国共産党ゆかりの地

南昌（なんしょう）

南昌（ナンチャン） Nán Chāng　市外局番 0791

南昌を代表する建築物の滕王閣

概要と歩き方

江西省の省都である南昌は政治、経済、文化の中心地。市内には鄱陽湖に注ぐ贛江が流れ、気候は温暖で四季がはっきりしている。

紀元前202年、漢の高祖の命により築城されたのが町の起源とされ、翌年にはこの地に南昌県が設置された。この南昌が広く世間に知られるようになったのは、1927年の八一南昌起義という中国共産党による武装蜂起事件。これによって、南昌は英雄城としてたたえられるようになった。また、この事件を中国人民解放軍の誕生ととらえ、以後、現在にいたるまで、事件の起きた8月1日を建軍節と定め、盛大に祝うようになった南昌は、1986年に国家歴史文化都市に認定された。

南昌の町は贛江によって南北に分けられる。南側は古くからあった老区、北側は新たに開発された新区。旅行に関連する施設は老区のほうに集中しているので、宿泊もそちらを選ぶとよい。繁華街は八一広場（Ⓜ **P.211-B2**）を中心に延びる大通り。中山路は最もにぎやかで勝利路は歩行街、広場北路はファッションストリートとして南昌の女の子に人気。孺子路から北の珠宝街はフードストリートして有名で、規模の小さいレストランが集中している。

南昌有数の繁華街である勝利路

町には多くのバイクが走っているが、交通ルールを無視する者も少なくない。道路横断の際には十分な注意が必要。

	1月	2月	3月	4月	5月	6月	7月	8月	9月	10月	11月	12月
平均最高気温(℃)	8.8	11.2	15.2	21.7	26.9	29.6	33.7	33.1	29.1	24.1	17.9	11.9
平均最低気温(℃)	3.0	5.2	8.7	14.6	19.7	23.0	26.1	25.8	22.2	16.8	10.6	4.9
平均気温(℃)	5.5	7.7	11.4	17.7	22.8	25.9	29.5	28.9	25.1	19.9	13.7	7.9
平均降水量(mm)	79.0	104.8	176.9	220.4	222.9	299.1	139.4	124.6	70.4	55.7	76.4	44.1

気象データ（→P.273）：「预报」>「江西」>「南昌」>区・県から選択

都市データ

南昌市
人口＝507万人
面積＝7402㎢
江西省の省都
6区3県を管轄

江西省
人口＝4804万人
面積＝約17万㎢
11地級市25区11県級市64県を管轄

市公安局出入境
（市公安局出入境）
Ⓜ **P.211-A1**
住 青山湖区鳳凰中大道1866号
☎ 88892558
オ 9:00～12:00、13:30～17:00
休 土・日曜、祝日
観光ビザを最長30日間延長可能。手数料は160元

省南昌大学第一付属医院
（省南昌大学第一附属医院）
Ⓜ **P.211-B2**
住 東湖区永外正街17号
☎ 88692796
オ 24時間　休 なし

南昌八一起義紀念館内部のモニュメント

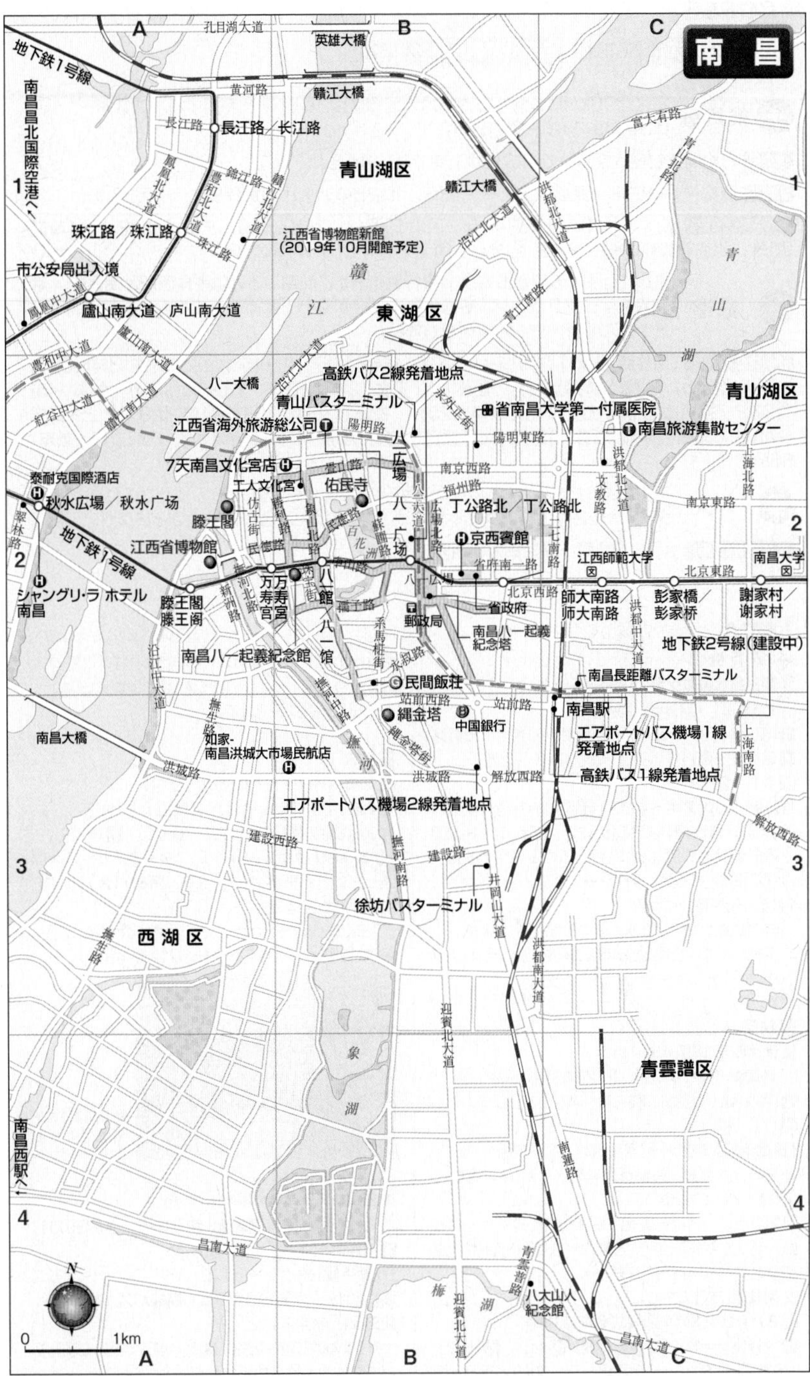
南昌
地下鉄1号線
南昌昌北国際空港へ
英雄大橋
贛江大橋
長江路／长江路
青山湖区
江西省博物館新館
(2019年10月開館予定)
珠江路／珠江路
市公安局出入境
廬山南大道／庐山南大道
東湖区
八一大橋
高鉄バス2線発着地点
青山バスターミナル
江西省海外旅游総公司
省南昌大学第一付属医院
南昌旅游集散センター
青山湖区
7天南昌文化宮店
工人文化宮
佑民寺
泰耐克国際酒店
秋水広場／秋水广场
滕王閣
丁公路北／丁公路北
京西賓館
江西省博物館
江西師範大学
南昌大学
シャングリ・ラ ホテル
南昌
滕王閣／滕王阁
万寿宮／万寿宫
八一館／八一馆
八一広場／八一广场
省政府
師大南路／师大南路
彭家橋／彭家桥
謝家村／谢家村
郵政局
南昌八一起義紀念塔
地下鉄2号線(建設中)
南昌八一起義紀念館
民間飯荘
南昌長距離バスターミナル
縄金塔
中国銀行
南昌駅
エアポートバス機場1線発着地点
南昌大橋
如家-南昌洪城大市場民航店
高鉄バス1線発着地点
エアポートバス機場2線発着地点
徐坊バスターミナル
西湖区
青雲譜区
南昌西駅へ
八大山人紀念館
1km
●●見どころ　Ⓗホテル　Ⓖグルメ　Ⓢショップ　Ⓑ銀行　Ⓣ旅行会社　文学校　〒郵便局　病院　繁華街
地下鉄1号線　地下鉄建設中

ACCESS

中国国内の移動 ➡ P.341　鉄道時刻表検索 ➡ P.30

飛行機 市区北26kmに位置する南昌昌北国際空港（KHN）を利用する。エアポートバスは3路線ある（料一律15元）。

国際線 日中間運航便はないので、広州か上海で乗り継ぐとよい。

国内線 便数の多い広州、深圳、アモイ、上海、北京とのアクセスが便利。

所要時間（目安） 広州（CAN）／1時間40分　深圳（SZX）／1時間55分　アモイ（XMN）／1時間25分　北京首都（PEK）／2時間35分　上海浦東（PVG）／1時間35分

鉄道 市内には多くの駅があるが、旅行者がおもに利用するのは南昌西駅と南昌駅。京九線をはじめ多くの主要路線と高速鉄道が交わる要衝であるため、全国各地からアクセス可能。また始発列車も多い。

所要時間（目安） **【南昌西（ncx）】**婺源（wy）／高鉄：1時間47分　広州南（gzn）／高鉄：3時間57分　深圳北（szb）／高鉄：4時間31分　福州（fz）／高鉄：2時間50分　アモイ北（xmb）／動車：4時間27分　武夷山北（wysb）／高鉄：1時間25分　長沙南（csn）／高鉄：1時間20分　上海虹橋（shhq）／高鉄：3時間12分　**【南昌（nc）】**景徳鎮北（jdzb）／動車：2時間17分　九江(jj)／動車：56分

バス 市内にあったターミナルは4つに集約された。旅行者にとって便利なのは徐坊バスターミナルと青山バスターミナル。江西省の九江や景徳鎮などからアクセス可能。

所要時間（目安） 九江／2時間　景徳鎮／3時間30分

DATA

飛行機

■ **南昌昌北国際空港**（南昌昌北国际机场）

M **P.208-B1**　住 新建区機場大道

☎ 問い合わせ＝87652114　航空券売り場＝87653333

オ 始発便～最終便（航空券販売は6:00～22:00）

休 なし　カ 不可

[移動手段] **エアポートバス**（機場1線＝空港～南昌駅西広場）／15元、所要1時間が目安。空港→市内＝8:00～最終便到着の間20分に1便　市内→空港＝5:40～21:00の間20分に1便　**タクシー**（空港～八一広場）／100元、所要45分が目安

航空券売り場では3ヵ月以内の航空券を販売。エアポートバスは全路線乗車時に運賃を支払うが、ワンマンのためつり銭がでないので注意。

鉄道

■ **南昌西駅**（南昌火车西站）

M **地図外（P.211-A4左）**　住 新建区西站大街

☎ 共通電話＝12306　オ 5:30～24:00

休 なし　カ 不可

[移動手段] **タクシー**（南昌西駅～八一広場）／55元、所要40分が目安　**路線バス**／高鉄定制1線、高鉄バス1線、2線「高铁西客站」

28日以内の切符を販売。高速鉄道をメインとする駅。高鉄定制1線（10元）と高鉄バス1線（5元）が南昌西駅と南昌駅南広場とを結ぶ。

■ **南昌駅**（南昌火车站）

M **P.211-C3**　住 西湖区二七南路213号

☎ 共通電話＝12306　オ 24時間　休 なし　カ 不可

[移動手段] **タクシー**（南昌駅～八一広場）／13元、所要10分が目安　**路線バス**／高鉄定制1線、高鉄バス1線「火车站南」。5、9、10、22、29、52路「火车站」

28日以内の切符を販売。

バス

■ **徐坊バスターミナル**（徐坊客运站）

M **P.211-B3**　住 青雲譜区井岡山大道848号

☎ 86226000　オ 6:00～19:30　休 なし　カ 不可

[移動手段] **タクシー**（徐坊バスターミナル～八一広場）／22元、所要12分が目安　**路線バス**／1、88、212路「徐坊客运站」

7日以内の切符を販売。九江（3便）、景徳鎮（12便）、鄱陽（16便）など江西省内を結ぶバスがメイン。

景徳鎮便などが発着する徐坊バスターミナル

■ **青山バスターミナル**（青山客运站）

M **P.211-B2**　住 東湖区青山南路19号　☎ 88697769

オ 6:00～18:00　休 なし　カ 不可

[移動手段] **タクシー**（青山バスターミナル～八一広場）／11元、所要10分が目安　**路線バス**／1、8、18、88路「青山南路口」など

7日以内の切符を販売。廬山（1便）、婺源（2便）など江西省内を結ぶバスがメイン。

見どころ

★★★ 共産党武装蜂起の司令部跡 30分〜1時間

南昌八一起義紀念館／南昌八一起义纪念馆

なんしょうはちいちきぎきねんかん nánchāng bāyī qǐyì jìniànguǎn

1927年7月下旬、賀龍率いる先発隊は南昌に入り、江西大旅社の全室（96室）を借り上げ、ここを総司令部とした。そして、8月1日には周恩来や朱徳などが指導する共産革命軍が武装蜂起を起こし、国民党に対する反撃を開始した。後に中華人民共和国が成立すると、1957年には南昌八一起義紀念館とされ、8月1日は中国人民解放軍の誕生した日となった。

南昌八一起義紀念館外観

現在では、南昌八一起義旧址（旧江西大旅社）とその隣に立つ南昌八一起義紀念館陳列大楼を中心にして、事件に関する貴重な資料を展示している。

★★ 江南三大楼閣のひとつ

滕王閣／滕王阁

とうおうかく téngwánggé

八一大橋南側の贛江畔に立つ楼閣。黄鶴楼（湖北省武漢市）、岳陽楼（湖南省岳陽市）と合わせ、江南三大楼閣のひとつに数えられるが、初唐の詩人王勃（おうぼつ）が作った『滕王閣序』によって最も早く知られるようになったといわれている。

唐の高祖李淵の子である李元嬰が洪州（現在の南昌）都督であった653（唐の永徽4）年に創建された。李元嬰が以前、山東省滕州に封じられていたことから、滕王と呼ばれており、完成した楼閣は滕王閣と命名された。

江南三大楼閣の筆頭、滕王閣

その後、何度も再建されており、現在の建物は1989年に再建されたもので、29代目に当たる。

★★ 郊外に位置する古い村落

安義古村群／安义古村群

あんぎこそんぐん ānyì gǔcūnqún

南昌の北西約30km、安義県梅嶺の麓に残る羅田、水

●市内交通

【地下鉄】 2018年11月現在、2路線が営業。詳しくは公式ウェブサイトで確認を

南昌地鉄

Ⓤwww.ncmtr.com

路線図→P.349

【路線バス】 運行時間の目安は5:30〜22:00、市区では2元

【タクシー】 初乗り2km未満8元。2km以上1kmごとに2.1元加算。最後に燃油費1元加算

南昌八一起義紀念館

Ⓜ **P.211-B2**

㊟西湖区中山路380号

☎86613806

㋔9:00〜17:00

※入場は閉館1時間前まで

※2018年11月現在、11:30〜13:00の間は入場券の配布を行わないので、この時間に訪れても入場できない

㊡月曜

㊕無料

※窓口で入場券を受け取る

㊋①地下鉄1号線「八一馆」②2、5、25路バス「瓦子角」

Ⓤwww.81-china.com

滕王閣

Ⓜ **P.211-A2**

㊟東湖区仿古街58号

☎市場部＝86702036

㋔4月1日〜12月7日8:00〜18:30 12月8日〜3月1日 8:00〜18:00

※入場は閉門45分前まで

㊡なし

㊕2〜11月＝50元 12〜1月＝45元

㊋①地下鉄1号線「万寿宫」②26、38、52路バス「滕王阁」

Ⓤwww.cntwg.com

安義古村群

Ⓜ **P.208-B1**

㊟安義県石鼻鎮 ☎83347893

㋔古村落24時間 古村落内の各見どころ8:30〜18:00

㊡なし ㊕40元

㊋南昌バスターミナル（Ⓜ **P.211-C3**）から「石鼻」行きバスで「安义古村村口」（6:30、7:15、9:00、11:00、13:30、15:20、17:30発。20元、所要1時間45分

※「石鼻」からのバスは7:00、8:10、9:30、11:00、13:20、15:00、16:00、17:00発。「安义古村」には5〜10分後に到着

古村群門楼。現在は安義古村の出口として利用されている

南、京台の3村が「安義古村群」という南昌の観光スポットとして脚光を浴びている。古村群の歴史は、618(唐の武徳元)年に京台村が開かれたことに始まり、その後、唐末に羅田村が、さらに1369(明の洪武7)年に水南村がつくられた。それぞれの村には、古い町並みや民居、牌坊が残っており、特に羅田村に集中している。

それぞれの村は1kmほど離れているが、長寿大道、祈福古道、豊禄大道で結ばれており、徒歩でも十分観光可能。

★★　約1500年の歴史を誇る古刹

佑民寺/佑民寺

ゆうみんじ　yòumínsì

八一公園の北側に立つ寺院。その創建は、梁の天監年間(502 ～ 519年)で、すでに1500年の歴史をもつ。創建当初の名は大仏寺と伝わる。唐代には開元寺と改称され、高僧の馬祖道一を招き、江南における仏教の中心寺院となった。その後、幾度も改称され、佑民寺となったのは1926年。

銅仏殿には高さ9.8m、重さ18トンの銅製仏像が納められている。ただし、もとの仏像は文化大革命で破壊され、現存するのは1995年に鋳造されたもの。

祐民寺旧山門

佑民寺
Ⓜ **P.211-B2**
住 東湖区民徳路181号
☎ 接客部門＝86221355
オ 7:00～17:00
休 なし
料 2元
交 33、230路バス「佑民寺」

銅仏殿内に立つ銅製仏像

★　南昌が誇る仏塔

縄金塔/绳金塔

じょうきんとう　shéngjīntǎ

唐の天佑年間(904 ～ 907年)に創建された八角7層の仏塔で、その高さは58.7m、基底部の周囲は33.8m。創建時、金の鎖で装飾を施した箱に、剣3本と舎利300粒を納めて地下に埋めたという伝説から縄金塔と呼ばれるようになった。

その後、何度も倒壊と再建を繰り返し、現存する仏塔は、2000年6月に再建されたもの。

縄金塔
Ⓜ **P.211-B3**
住 西湖区縄金塔街1号
☎ 縄金塔街道事務所＝86381450
オ 8:00～17:00
休 なし
料 無料
交 5、18、32、221、230路バス「绳金塔」
※縄金塔には上がれない

縄金塔の西側に続く縄金塔美食街。観光の後、ここで食事を取るのもよい

唐代の風格を備える縄金塔

★ 陶磁器をメインに展示する博物館

江西省博物館／江西省博物馆
こうせいしょうはくぶつかん jiāngxīshěng bówùguǎn

新館の完成までは若干寂しい展示となっている

江西省博物館は贛江と撫河の合流地点に立つ大型の博物館。2019年10月1日の開館を目指し、贛江西岸に新館を建設中。それまでは旧館の「西漢海昏侯墓」から出土した文化財のみの展示となっている。

江西省博物館
M P.211-A2
住 東湖区新洲路2号
☎ 86525780、86592509
オ 9:00～17:00
※入場は閉館1時間前まで
休 月曜 料 無料
交 ①地下鉄1号線「滕王阁」
②5、12、18、25、26路バス「中山桥」
U www.jxmuseum.cn

インフォメーション

新館の所在地とアクセス
M P.211-A1
住 青山湖区贛江北大道398号
交 地下鉄1号線「珠江路」

ホテル

シャングリ・ラ ホテル 南昌
なんしょう
南昌香格里拉大酒店 nánchāng xiānggélǐlā dàjiǔdiàn

地下鉄1号線「秋水広場」駅の南側に位置する高級ラグジュアリーホテル。ジム、サウナ、屋内プールなどの施設も充実。
両替 ビジネスセンター インターネット U www.shangri-la.com/jp

M P.211-A2 ★★★★★
住 東湖区紅谷灘翠林路669号
☎ 82222888 FAX 82088888
S 650～750元 T 650～750元
サ 10%＋6% カ ADJMV

京西賓館
けいせいひんかん
京西宾馆 jīngxī bīnguǎn

省政府の敷地内にあるホテル。周囲の雰囲気は非常に静か。繁華街である八一広場まで3分と立地条件もよい。
両替 ビジネスセンター インターネット

M P.211-B2 ★★★★
住 東湖区省府南一路9号
☎ 88850666 FAX 88850222
S 488元 T 388元
サ なし カ 不可

7天南昌文化宮店
しちてん なんしょうぶんかきゅうてん
7天南昌文化宫店 qītiān nánchāng wénhuàgōngdiàn

「経済型」チェーンホテル。工人文化宮の中にある。周囲は繁華街で、滕王閣まで徒歩15分。客室は簡素ながら清潔。
両替 ビジネスセンター インターネット U www.plateno.com

M P.211-B2
住 東湖区象山北路222号工人文化宮内
☎ 82222238 FAX なし
S 121～143元 T 166元
サ なし カ 不可

グルメ

民間飯荘
みんかんはんそう
民间饭庄 mínjiān fànzhuāng

地元で有名な江西料理レストラン。江西料理を代表する"瓦罐汤"(肉などを壺で煮込んだ料理)がおすすめ。小さい壺で20～88元といったところ。U www.mjwgwt.com

M P.211-B2
住 西湖区永叔路74号
☎ 86221288
オ 11:00～13:30、17:00～20:30
休 なし カ 不可

旅行会社

南昌旅游集散センター／南昌旅游集散中心
なんしょうりょゆうしゅうさん nánchāng lǚyóu jísàn zhōngxīn

南昌周辺の観光地に向かうツアーを催行。ガイドは中国語のみ。鄱陽湖国家湿地公園1日ツアーは土・日曜出発(10～2月催行)でひとり168元(入場料、車代、昼食含む)、三清山2日ツアー(月・水・金曜催行)はひとり470元(入場料、車代、食事、宿泊を含む)、婺源2日ツアー(土曜催行。4月はほぼ毎日)はひとり458元(入場料、車代、食事、宿泊)。

M P.211-C2
住 東湖区南京西路580号
☎ 88511811、88511288
FAX 88511811
オ 8:30～17:30
休 なし
カ 不可

江西省海外旅游総公司
こうせいしょうかいがいりょゆうそうこうし
江西省海外旅游总公司 jiāngxīshěng hǎiwài lǚyóu zǒnggōngsī

日本語ガイドは1日640元、市内の車のチャーターは1日600元。三清山ツアーの手配も可能(2泊4000元が目安)。料金やコースは事前に相談のうえ決定する。✉otcjxjp@hotmail.com

M P.211-B2 住 東湖区蘇圃路187号外旅大廈4階
☎ 86239191 FAX 86301581
オ 8:00～12:00、14:00～18:00
休 土・日曜、祝日 カ 不可

緑に囲まれた廬山会議旧址（→P.222）

中国有数の景勝地、廬山がある町

九江（きゅうこう）

九江 Jiǔ Jiāng（ジウジアン）　市外局番 0792

概要と歩き方

九江は江西省の北端に位置し、北に長江、東に鄱陽湖を望む。町の名の由来が、「多く（＝九）の川（＝江）が集まる場所」にあることからもわかるように、古くから水運で栄えてきた。そのため、軍事拠点としても重要で、三国時代の赤壁の戦いや清代の太平天国の乱でも、戦争の勝敗を分ける決戦の地となった。かつてに比べ水運は勢いをなくしつつあるが、北京と香港を結ぶ鉄道京九線が通るなど、その位置づけは変わりない。

町の歴史は古く、春秋時代には呉国と楚国の境界であったことから「呉頭楚尾の地」と称された。また、東晋末から南宋にかけて活躍した文学者陶淵明（とうえんめい）の出身地としても知られている。九江市となったのは1980年。

九江の町は小さく、徒歩だけでも十分観光ができる。繁華街は長江南岸から甘棠湖を中心としたあたり。このエリアは古くからの繁華街で、九江を訪れる観光客の多くはここに宿泊する。大中路は衣料関係の店舗が並ぶ、女性に人気の通り。それと並行する潯陽路は最も人通りの多いショッピングストリート。また、環城路は地元住民でにぎわう娯楽の中心。

九江観光のメインは市区の南に位置する廬山（ろざん）。古くから有名な景勝地として知られる山だ。宿泊施設も充実しているので、じっくり観光するなら、廬山に宿泊するのもよい。

潯陽楼から眺めた長江

	1月	2月	3月	4月	5月	6月	7月	8月	9月	10月	11月	12月
平均最高気温(℃)	7.0	10.0	15.0	21.0	24.0	30.0	34.0	32.0	27.0	22.0	16.0	10.0
平均最低気温(℃)	0.6	2.0	7.0	12.0	17.0	22.0	26.0	25.0	21.0	13.0	8.0	3.0
平均気温(℃)	3.0	6.0	11.0	16.0	20.0	26.0	30.0	28.0	24.0	17.0	12.0	6.0
平均降水量(mm)	58.9	86.6	138.5	178.9	185.1	224.1	139.2	121.6	84.3	82.9	66.6	44.4

町の気象データ（→P.237）：「预报」>「江西」>「九江」>区・市・県から選択

都市データ

九江市
人口＝528万人
面積＝1万8823㎢
3区3県級市7県を管轄

市公安局出入境管理処
（市公安局出入境管理处）
Ⓜ **P.218-B2**
住 潯陽区長虹大道212号
☎ 8278223
オ 9:00～12:00、13:30～17:00
休 土・日曜、祝日
観光ビザを最長30日間延長可能。手数料は160元

市第一人民医院
（市第一人民医院）
Ⓜ **P.218-B2**
住 潯陽区塔嶺南路48号
☎ 8553116、8553120
オ 24時間
休 なし

●市内交通
【路線バス】 運行時間の目安は6:30～18:30、市区では普通車＝1元、空調付き＝2元
※駅とバスターミナルに行く路線は21:00～22:30頃まで運行
【タクシー】 初乗り2km未満7元、以降1kmごとに2元加算

ACCESS

中国国内の移動 ➡ P.341　鉄道時刻表検索 ➡ P.30

飛行機 2018年11月現在、九江廬山空港は改修工事中（再開時期は未定）。南昌昌北国際空港(→P.212)を利用するとよい。

国際線 南昌：日中間運航便はないので、広州か上海で乗り継ぐとよい。

国内線 南昌：便数の多い広州、深圳、アモイ、上海、北京とのアクセスが便利。

所要時間（目安） 北京首都(PEK)／2時間35分　上海浦東(PVG)／1時間40分　広州(CAN)／1時間40分　深圳(SZX)／1時間45分　アモイ(XMN)／1時間25分

鉄道 京九線などの途中駅である九江駅を利用する。南昌と九江を結ぶ高速鉄道の昌九城際線により、南昌とのアクセスが特に便利。

所要時間（目安）【九江（jj）】南昌（nc）／動車：56分　南昌西（ncx）／高鉄：1時間　景徳鎮北(jdzb)／動車：1時間　婺源(wy)／動車：1時間36分　広州南(gzn)／高鉄：5時間58分　深圳北(szb)／高鉄：6時間37分　福州(fz)／高鉄：4時間2分　アモイ北(xmb)／動車：5時間57分　泉州(qz)／動車：5時間30分　武夷山東(wysd)／高鉄：2時間45分　桂林北(glb)／快速：12時間53分　上海虹橋(shhq)／高鉄：5時間5分

バス 九江市内では九江中心総合バスターミナルを、廬山では廬山バスターミナルを利用する。前者には都市間を結ぶ路線のほか、南昌や九江の空港とを結ぶエアポートバスもある。後者は九江～廬山便がメイン。

所要時間（目安） 廬山／1時間　南昌／2時間　南昌昌北国際空港／1時間40分　景徳鎮／2時間30分

DATA

鉄道

■ 九江駅（九江火车站）

Ⓜ **P.218-B3**　住 浔陽区長虹大道236号

☎ 共通電話＝12306　オ 24時間　休 なし　カ 不可

［移動手段］**タクシー**（九江駅～太平洋購物広場）／15元、所要15分が目安　**路線バス**／5、15、101、103、105、108路「火车站」

28日以内の切符を販売。

九江駅。駅前広場の改修工事は2019年2月完了予定

バス

■ 九江中心総合バスターミナル

（九江公路客运中心汽车总站）

Ⓜ **P.218-B3**　住 濂渓区浔南大道99号　☎ 8392222

オ 5:00～20:00　休 なし　カ 不可

［移動手段］**タクシー**（九江中心総合バスターミナル～太平洋購物広場）／15元、所要15分が目安

路線バス／15、102、104、106路「汽车总站」

10日以内の切符を販売。南昌（10:00、14:00発）、南昌昌北国際空港（5:35～19:00の間32便）、景徳鎮（7:15～18:30の間8便）、廬山（7:50、8:50、9:40、11:00、13:40、14:40、15:40、16:30発）など。

※廬山行きには14人乗り小型バスもあり、6:00～17:30の間、満席を待って出発

九江中心総合バスターミナル。高速鉄道の乗り入れによって減便傾向にある

■ 廬山バスターミナル（庐山汽车站）

Ⓜ **P.220-A2**

住 廬山市廬山風景区牯嶺鎮3号街心公園

☎ 8281099　オ 7:00～17:00　休 なし　カ 不可

［移動手段］**タクシー**（廬山バスターミナル～牯嶺路）／10元、所要10分が目安

当日の切符のみ販売。九江（8:20、9:30、10:30、13:40、14:40、15:30、16:30発）。14人乗り小型バスもあり、6:30～19:00の間、満席を待って出発。

廬山バスターミナルは非常に小さい

中心部の見どころ

★★★ 水滸伝に登場する有名な楼閣　1時間

潯陽楼/浔阳楼
じんようろう　xúnyánglóu

長江南岸の九華門外に立つ潯陽楼は唐代に開業した酒場。宋代に再建され、蘇軾（蘇東坡）に店の名を書いてもらったという伝説が残る。その後廃れていたが、1986年に高さ21mの4階建て（外観は3階建て）の建物として再建された。店の名は、九江の古い呼び名「潯陽」にちなんだもの。

堂々たる姿の潯陽楼

白居易の詩『題潯陽楼』にも情景を詠まれているが、全国的に有名なのは、明末に生まれた中国四大奇書のひとつ『水滸伝』に登場するため。

潯陽楼
M P.218-B1
住 潯陽区濱江路908号
☎ 8578752
オ 9:00〜17:00
休 なし
料 20元
交 5路バス「浔阳楼」

潯陽楼の入口

内部には水滸伝の登場人物の人形も展示されている

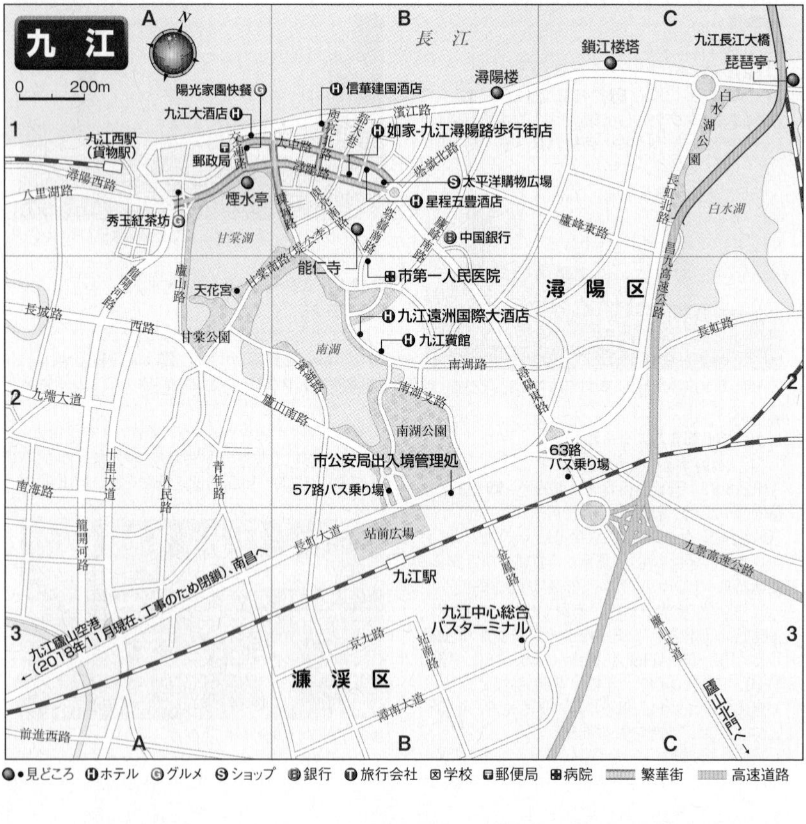

九江

0　200m

長江
鎖江楼塔
九江長江大橋
琵琶亭
潯陽楼
陽光家園快餐
信華建国酒店
九江大酒店
濱江路
如家-九江潯陽路歩行街店
九江西駅（貨物駅）
郵政局
大中路
潯陽路
塔嶺北路
太平洋購物広場
星程五豊酒店
潯陽西路
八里湖路
煙水亭
秀玉紅茶坊
甘棠湖
中国銀行
廬峰東路
白水湖公園
白水湖
長虹北路
能仁寺
市第一人民医院
天花宮
甘棠南路（莲公亭）
廬山路
潯陽区
昌九高速公路
九江遠洲国際大酒店
長城路
西路
甘棠公園
九江賓館
南湖
長虹路
南湖路
九端大道
濱湖路
南湖支路
廬山南路
潯陽東路
南湖公園
市公安局出入境管理処
63路バス乗り場
南海路
十里大道
人民路
青年路
57路バス乗り場
站前広場
龍開河路
長虹大道
九江駅
九景高速公路
九江廬山空港（2018年11月現在、工事のため閉鎖）、南昌へ
九江中心総合バスターミナル
京九路
站前路
廬山大道
濂渓区
潯南大道
廬山北門へ
前進西路

●•見どころ　Ⓗホテル　Ⓖグルメ　Ⓢショップ　Ⓑ銀行　Ⓣ旅行会社　⊗学校　〒郵便局　⊞病院　繁華街　高速道路

★★ 九江のランドマーク

鎖江楼塔/锁江楼塔

さこうろうとう　cuǒjiānglóutǎ

文峰塔と再建された鎮水鉄牛像

鎖江楼塔は、鎖江楼と文峰塔からなる、長江沿いに立つ九江を代表する建築物。鎖江楼の創建は1586（明の万暦14）年、九江の知事であった呉秀が水害防止祈願のために建立したもの（文峰塔はそのあとに造られた）。文峰塔の傍らにある鎮水鉄牛像は、創建に合わせ設置された（太平天国の乱で破壊され、その後再建）。

鎖江楼は、1608（明の万暦36）年に発生した地震で倒壊（文峰塔は無事）したのを皮切りに幾度か再建された。1938年には、日本軍と国民党軍の戦闘中、文峰塔の3ヵ所に砲弾が命中し、塔は長江方面に傾斜してしまった。その後、1986年と1998年に大規模な補修工事が行われている。

★★ 九江を代表する古刹

能仁寺/能仁寺

のうにんじ　néngrénsì

能仁寺は502～549年（梁の武帝年間）に創建された寺院で、古称は承天院。766（唐の大暦元）年に白雲法師が訪れた際、資金を募って大雄宝殿と大勝宝塔（六角7層）を建立。その後、幾度か戦火に見舞われ、現存する大半の建築物は1870（清の同治9）年に再建された。

寺の中核をなす大雄宝殿

見どころは能仁八景と称される、大勝宝塔、石船、雨穿石、双陽橋、誨爾泉（かいじせん）、鉄仏、氷山、雪洞。また、大雄宝殿には三尊像や十八羅漢が納められている。

★★ 名将や有名詩人と縁深い古建築

煙水亭/烟水亭

えんすいてい　yānshuǐtíng

煙水亭は甘棠湖の北岸に位置する建物。この地には三国時代の呉の名将周瑜（しゅうゆ）が指揮所をおいたといわれており、その後、唐代の詩人白居易がこの地に左遷されたと

鎖江楼塔
Ⓜ P.218-C1
住 潯陽区濱江路947号
☎ 8575787
オ 9:00～17:00
休 なし
料 20元
交 5路バス「锁江楼」

何度も再建された鎖江楼

長江南岸に寄り添うように立つ文筆塔

能仁寺
Ⓜ P.218-B1
住 潯陽区庾亮南路168号
☎ 8225211
オ 7:00～17:00
休 なし　料 無料
交 21、29路バス「航空宾馆」。

高さ43mの大勝宝塔は1864年の再建

煙水亭
Ⓜ P.218-A1
住 潯陽区潯陽路1号
☎ 8223190
オ 9:00～17:00
休 なし
料 20元
交 2、15、29、101、102、103、104、105、108路バス「烟水亭」

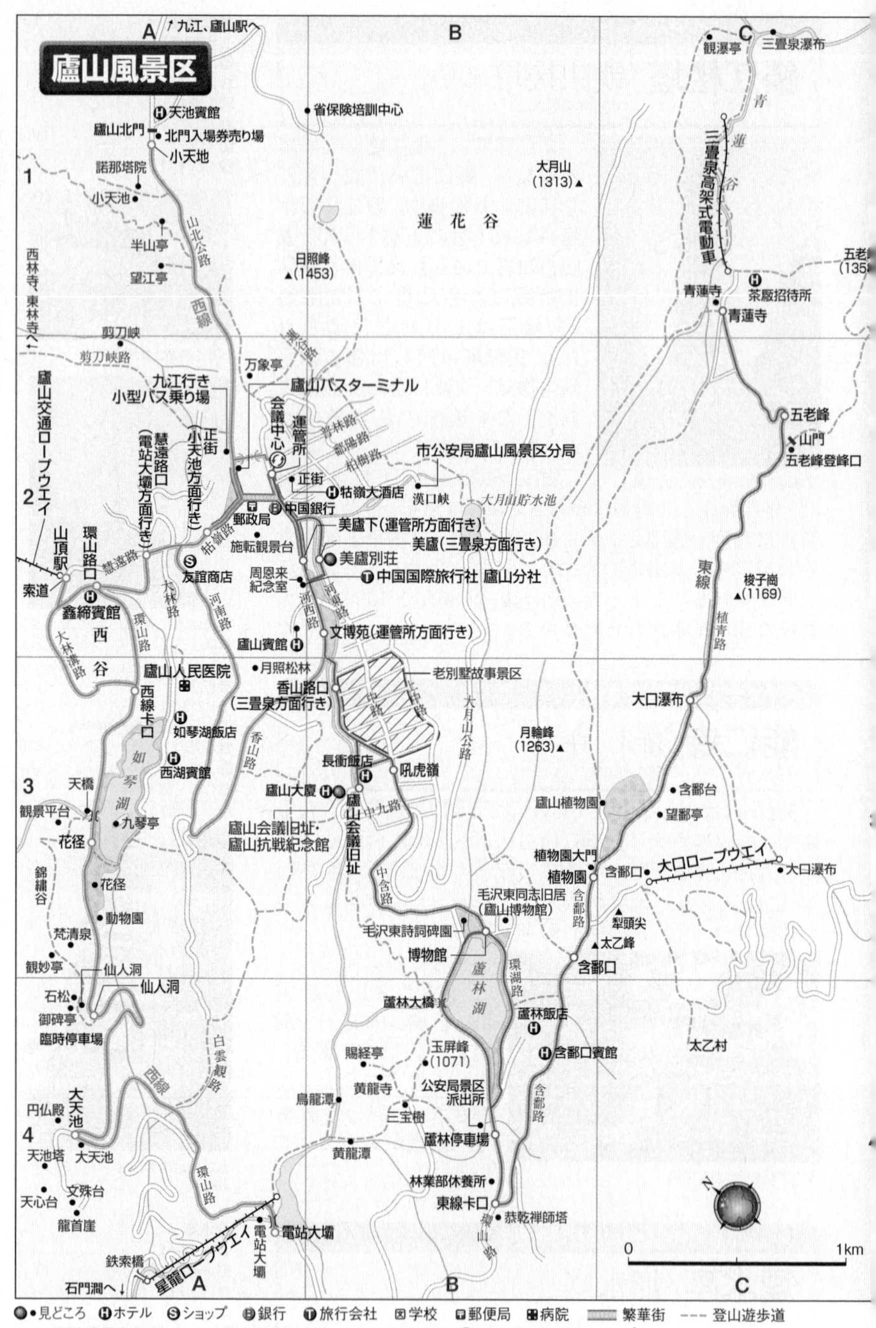
廬山風景区
九江、廬山駅へ
天池賓館
廬山北門
北門入場券売り場
小天地
諾那塔院
小天池
半山亭
望江亭
省保険培訓中心
大月山
(1313)
蓮花谷
日照峰
(1453)
西林寺、東林寺へ
剪刀峡
剪刀峡路
万象亭
九江行き小型バス乗り場
廬山バスターミナル
会議中心
運管所
正街
市公安局廬山風景区分局
枯嶺大酒店
漢口峡
大月山貯水池
中国銀行
郵政局
美廬下(運管所方面行き)
美廬(三畳泉方面行き)
美廬別荘
中国国際旅行社 廬山分社
周恩来紀念室
施転観景台
友誼商店
廬山交通ロープウエイ
山頂駅
索道
環山路口
鑫締賓館
西谷
慧遠路口(電站大壩方面行き)
正街(小天池方面行き)
廬山賓館
文博苑(運管所方面行き)
月照松林
老別墅故事景区
香山路口(三畳泉方面行き)
廬山人民医院
西線卡口
如琴湖飯店
西湖賓館
如琴湖
月輪峰
(1263)
長衝飯店
吼虎嶺
廬山大廈
廬山会議旧址
廬山会議旧址・廬山抗戦紀念館
天橋
観景平台
花径
九琴亭
錦繍谷
動物園
梵清泉
観妙亭
仙人洞
石松
御碑亭
臨時停車場
廬山植物園
植物園大門
植物園
含鄱口
大口ロープウエイ
大口瀑布
含鄱台
望鄱亭
梨頭尖
太乙峰
太乙村
毛沢東同志旧居(廬山博物館)
毛沢東詩詞碑園
博物館
蘆林湖
蘆林大橋
蘆林飯店
含鄱口賓館
賜経亭
黄龍寺
玉屏峰
(1071)
公安局景区派出所
烏龍潭
三宝樹
蘆林停車場
黄龍潭
林業部休養所
東線卡口
恭乾禅師塔
円仏殿
大天池
天池塔
天心台
文殊台
龍首崖
電站大壩
星龍ロープウエイ
鉄索橋
石門澗へ
観瀑亭
三畳泉瀑布
三畳泉高架式電動車
青蓮谷
青蓮寺
茶豚招待所
五老峰
山門
五老峰登峰口
棲子崗
(1169)
大口瀑布
0
1km
見どころ
ホテル
ショップ
銀行
旅行会社
学校
郵便局
病院
繁華街
登山遊歩道
観光専用車 西線
観光専用車 東線
※○○は停留所
は乗り換え停留所

きに再建したといわれる。このとき、彼の詠んだ詩『琵琶行』の一句「別時茫茫江浸月（別るるとき、茫茫として江は月を浸せり）」から浸月亭と名づけられた。

北宋時代には、周寿来が甘棠湖の堤防に別の亭を建て、「山頭水色薄籠煙（山頭の水色は薄く、霧の籠る）」と詩を詠んだことから煙水亭と名づけられた。

明代にはともに壊れてしまい、1593（明の万暦21）年に浸月亭のあった場所に亭を再建した際に煙水亭とした。その後、幾度か再建され、現在の規模になったのは清の光緒年間（1875〜1908年）。そして、中華人民共和国成立後には、九曲橋を造り、湖岸とつなげた。

★ 白居易を記念して建立された亭

琵琶亭/琵琶亭

びわてい　pípátíng

中国を代表する詩人白居易は、815（唐の元和10）年、ある事件に関連して九江に左遷された。翌年の秋、客人を潯陽江に送った際、船上から琵琶の音を聞き、『琵琶行』という有名な詩を詠んだ。後の人がこれを記念して建てたのが琵琶亭（唐代）。その後、明代に再建された際、老鸛塘に移築された。現在の琵琶亭は1987年再建のもの。

郊外の見どころ

★★★ 中国を代表する避暑地　1〜2日　世界遺産

廬山風景区/庐山风景区

ろざんふうけいく　lúshān fēngjǐngqū

廬山風景区は九江市区の南に位置する、廬山を中心とした山岳景勝地区。風景区全体は約302km²、うち山岳地区は282km²。最高峰の漢陽峰（標高1474m）をはじめ、90以上の峰があり、その壮観な眺めは「匡廬奇秀甲天下」と称賛され、風景区内には12の景区、400ヵ所以上の見どころがある。

廬山は「三山五岳」の「三山」のひとつに数えられる。五岳とは泰山（山東省）、華山（陝西省）、恒山（山西省）、嵩山（河南省）、衡山（湖南省）を指し、三山の残るふたつは黄山（安徽省）と雁蕩山（浙江省）をいう。特に「三山」は古くは神々や仙人が暮らす山と考えられていた。仏教が中国に伝わったとされる1世紀にはすでに仏教の中心地となり、6〜8世紀には道教の修行場にもなった。また、古くから景勝地として知られており、白居易や李白など有名な文人も多くこの地を訪れ、そのすばらしさを詩や絵、書に記している。このような背景もあり、1996年に「廬山国立公園」として、ユネスコの世界遺産に登録された。

廬山風景区は、九江に宿泊して日帰りでも観光は可能だ

煙水亭の全景

琵琶亭
Ⓜ **P.218-C1**
㊟ 潯陽区濱江東路1号
☎ なし
オ 9:00〜17:00
休 なし
料 30元
交 5路バス「琵琶亭」

琵琶亭と白居易像

廬山風景区
Ⓜ **P.208-B1、P.220**
㊟ 廬山市牯嶺鎮
☎ サービスセンター＝8296565
オ 24時間
休 なし
料 160元（中国人のみ）
※2018年9〜12月は外国人観光客を無料で入山させていたが、苦情も寄せられているようで今後も継続されるかは不明
交 九江中心総合バスターミナルから「庐山」行きバスで終点。観光専用車に乗り換え、各見どころに向かう
U www.china-lushan.com

秋を迎えた蘆林湖

インフォメーション

57路バス利用時の注意

57路バスの運行間隔は25〜40分。加えて座席数分の18人しか乗車できない。このため、帰路利用時は少なくとも16:00までにバス停に到着し、並んでおくこと。廬山交通ロープウエイ麓駅の周囲には何もないため、最終便を逃すとどうしようもなくなる。可能なかぎり往路だけの利用にとどめよう。

インフォメーション

廬山の交通

●施設

市公安局廬山風景区分局
(市公安局庐山风景区分局)
Ⓜ **P.220-B2** 住 廬山風景区漢口峡路3号
☎ 8282153
オ 9:00〜12:00、13:30〜17:00
休 土・日曜、祝日
観光ビザの延長は不可

廬山人民医院(庐山人民医院)
Ⓜ **P.220-A3** 住 廬山市廬山風景区大林路680号 ☎ 8282958 オ 24時間 休 なし

●交通・乗り物

タクシー/牯嶺街内は1乗車10元。7:00〜19:00の間、タクシーで観光地を訪れることは禁止。

観光専用車/東線と西線がある。
☎ 8296666
オ 4〜10月7:00〜19:00
　11〜3月7:30〜18:00
料 牯嶺鎮で購入=70元、廬山北門で購入=90元(牯嶺鎮会議中心までの往復運賃含む)
※7日以内であれば何度でも乗降可能
※観光専用車の切符購入時に指紋登録(右手親指)をする。乗車時は乗り場横にあるボックスで係員に行き先を告げ、指紋認証機に指をタッチして乗車する

廬山交通ロープウエイ/片道所要7〜10分
Ⓜ **P.220-A2**
オ 7:30〜20:30(11〜4月は18:30まで)
休 なし
料 上り=80元、下り=70元、往復=130元(往復券は1ヵ月有効)
※2月は10〜14日間運休となる
※山頂駅からは、エレベーターで慧遠路に出て、観光専用車に乗り換える(料 70元)
※九江駅から廬山交通ロープウエイへ行く57路バスがある(注意事項→P.221欄外インフォメーション)。「索道站」下車、麓駅まで徒歩7分。2元、所要45分。市内→廬山6:40〜17:20、廬山→市内7:20〜18:40(11〜4月は18:10まで)。タクシーだと70〜80元、所要40分。

大口ロープウエイ/片道所要10分。
Ⓜ **P.220-C3** ☎ 8294105
オ 8:00〜17:00(9〜4月は8:30から。切符の販売は16:00まで)
休 なし 料 片道=30元、往復=50元
※12〜1月は運休となる

星龍ロープウエイ/片道所要10分。
Ⓜ **P.220-A4** ☎ 8285531
オ 8:00〜17:00(9〜4月は8:30から。切符の販売は16:00まで)
休 なし 料 片道=30元、往復=50元
※冬季は天候により運休となることもある

三畳泉高架式電動車/片道所要10分。
Ⓜ **P.220-C1**
オ 5月〜10月上旬8:00〜17:00
　10月中旬〜4月9:00〜17:00 休 なし
料 上り=55元、下り=35元、往復=80元

緑豊かな廬山(花径〜仙人洞の間)

が、時間が許すなら風景区内に1泊はしたいところ。

廬山会議旧址・廬山抗戦紀念館/庐山会议旧址 庐山抗战纪念馆

[ろざんかいぎきゅうし・ろざんこうせんきねんかん/lúshān huìyì jiùzhǐ·lúshān kàngzhàn jìniànguǎn]

もとは蒋介石が創出した軍官訓練団の将校用の宿舎として1937年に竣工した廬山大礼堂で、中華人民共和国成立後に人民劇院と改称された。1959年、1961年、1970年の3回にわたり、毛沢東を中心とした重要な会議が開かれた。

廬山会議旧址
Ⓜ **P.220-B3**
住 廬山市廬山風景区長冲橋横
☎ 8282584
オ 3月16日〜10月14日
　8:30〜17:00
　10月15日〜3月15日
　8:30〜16:30
休 第1・第3火曜
料 廬山風景区入場料に含まれる

美廬別荘/美庐别墅 [びろべっそう/měilú biéshù]

19世紀末に建てられたイギリス風の洋館で、国民党総

統の蒋介石が夫人である宋美齢と暮らした夏の官邸。「美廬」は夫人の名から「美」を、廬山から「廬」を取って命名したといわれている。1937年夏には、蒋介石と周恩来が会談を行い、国共合作宣言が協議された。後年、毛沢東も別荘として使用している。

美廬別荘
M P.220-B2
住 廬山市廬山風景区河東路
☎ 8281855
オ 3月16日～10月14日
8:30～17:00
10月15日～3月15日
8:30～16:30
休 第1・第3水曜
料 廬山風景区入場料に含まれる

三畳泉瀑布／三叠泉瀑布

［さんじょうせんばくふ／ sāndiéquán pùbù］

廬山風景区東部に位置する九畳谷にある落差155mの滝。一帯は険しい奇峰も多く、観光客には人気の見どころとなっている。

ヒマラヤ造山運動と燕山造山運動によって地表は隆起と沈下を繰り返し、非常に珍しい地形が造り出された。

三畳泉瀑布
M P.220-C1
住 廬山市廬山風景区東門
☎ 8792557 オ 24時間 休 なし
料 廬山風景区入場料に含まれるが、入場時に入場カードを渡される。（デポジット／保証金2元。観光後カードをかざして返金を受ける）
※海会鎮から徒歩で山を登り観光する場合は63元
交 まず青蓮寺に向かい、そこで三畳泉高架式電動車に乗る

★★ 廬山慧遠が長く暮らした名刹

東林寺・西林寺／东林寺・西林寺

とうりんじ せいりんじ dōnglínsì xīlínsì

東林寺は384（東晋の大元9）年に慧遠が創建した寺院。彼はここで30年以上住職を務め、中国における浄土教の基礎を作り上げた。やがて、彼の教えは日本にも伝えられ、浄土宗にも影響を与えた。

東林寺の西約1kmにあるのが、366（東晋の太和2）年に陶范によって建立された西林寺。この寺は山西省出身で「廬山の慧遠」で知られる高僧慧遠が修行したことで知られる古刹。寺院奥には唐代に建立された千仏塔がある（清の咸豊年間に再建）。

東林寺・西林寺
M P.208-B1
住 廬山市廬山風景区廬山西麓
☎ 8900217 オ 8:00～17:00
休 なし 料 無料
交 ①タクシーを利用する。片道60～70元が目安
②104、105路バス「公交浔南停车场」「赛阳」行きに乗り換え「东林寺路口」（6:00～17:00の間20～30分に1便。2元、所要20分）。東林寺～西林寺は徒歩6～8分
U www.donglin.org

ホテル

九江遠洲国際大酒店

きゅうこうえんしゅうこくさいだいしゅてん
九江远洲国际大酒店 jiǔjiāng yuǎnzhōu guójì dàjiǔdiàn

26階建てで九江でも数少ない5つ星ホテル。南湖に面しており繁華街から少し離れているので、周囲の環境は非常に静か。

両替 ビジネスセンター インターネット U www.yuanzhou.com.cn

M P.218-B2 ★★★★★
住 潯陽区南湖路116号
☎ 8888888 FAX 8778000
S 429～529元 T 339～529元
サ なし カ ADJMV

鑫締賓館

しんていひんかん
鑫缔宾馆 xīndìbīnguǎn

廬山風景区内にあるホテル。設備は比較的新しい。中国の連休時期には料金が2倍程度に、週末には50～100元値上がりする。

両替 ビジネスセンター インターネット

M P.220-A2 ★★★
住 廬山市廬山風景区牯嶺鎮環山路1号 ☎ 8288858 FAX 8288857
S 300元 T 300元
サ なし カ 不可

如家-九江潯陽路歩行街店

じょか きゅうこうじんようろほこうがいてん
如家-九江浔阳路步行街店 rújiā jiǔjiāng xúnyánglù bùxíngjiēdiàn

「経済型」チェーンホテル。九江の繁華街に位置する。客室は価格のわりに快適。設備もひととおり揃っている。

両替 ビジネスセンター インターネット U www.bthhotels.com

M P.218-B1
住 潯陽区潯陽路294号
☎ 2176666 FAX 2153333
S 129～159元 T 159元
サ なし カ 不可

旅行会社

中国国際旅行社 廬山分社

ちゅうごくこくさいりょこうしゃ ろざんぶんしゃ
中国国际旅行社 庐山分社 zhōngguó guójì lǚxíngshè lúshān fēnshè

九江と廬山風景区の間の車のチャーターは片道350～400元。日本語ガイドはいない。廬山風景区内は観光専用車があるので、旅行会社で手配できるチャーター車はない。夏季は休みなし。

M P.220-A2 住 廬山市廬山風景区河西路48号
☎ 8282497 FAX 8282428
オ 8:30～11:30、14:30～17:00
休 土・日曜、祝日 カ 不可

清代獅子窯（景徳鎮古窯民俗博覧区清園）

陶磁器の都

景徳鎮（けいとくちん）

景徳镇（ジンダージェン） Jǐng Dé Zhèn　市外局番 **0798**

都市データ

景徳鎮市
人口＝168万人
面積＝5270㎢
2区1県級市1県を管轄

市公安局出入境管理処
（市公安局出入境管理处）
Ⓜ **P.226-B2**
住 昌江区瓷都大道966号
☎ 8567115
オ 9:00～12:00、14:00～16:30
休 土・日曜、祝日
観光ビザを最長30日間延長可能。手数料は160元

市第一人民医院
（市第一人民医院）
Ⓜ **P.226-B1**
住 珠山区中華北路317号
☎ 8560150
オ 24時間
休 なし

●市内交通
【路線バス】 運行時間の目安は6:30～20:00、普通車1元、空調付き2元
【タクシー】 初乗り2km未満7元、以降1kmごとに2元加算
※市内～空港間で利用する場合、ほとんどの運転手はメーターを使用しない。運賃の目安は40～50元

概要と歩き方

景徳鎮は、かつては仏山（広東省）、漢口（湖北省）、朱仙鎮（河南省）と合わせ、中国四大名鎮（明清代に中国でにぎわいを見せた4つの町）に数えられた。東晋（317～420年）のときに新平鎮、その後は昌南鎮、浮梁県と改称された。1004（北宋の景徳元）年に皇帝真宗から当時の元号をもらい、景徳鎮と改称された。

景徳鎮は、古くから陶磁器の一大生産地として世界中に知られている。陶器の製造は漢代から、磁器の製造は東晋時代から始まったといわれる。北宋から南宋にかけて青白磁が生まれ、元以降、「青花」という染め付けが人気を博しヨーロッパや中東にも広まった。しかし、18世紀以降はさまざまな要因によって、斜陽期を迎えてしまった。その後現代にいたるまで陶磁器製造の復興は徐々に進み、名産地としての輝きを再び取り戻している。

景徳鎮の繁華街は珠山中路。また、中山北路は歩行街になっており、龍珠閣あたりまでは古い建築様式をまねた町並みになっている。陶磁器の町だけあって、いたるところに焼き物の店がある。大きな所では金昌利瓷貿大廈内の陶瓷大市場、個人店舗であれば、蓮社北路・南路などがわかりやすい。ただし、外国人と見るとかなり高い金額を言ってくるので、言い値を信じず、必ず価格交渉をしよう。

見どころは、陶磁器に関連する遺跡が中心。多くは町の中心部にある。そのほか、近郊には明清代の町並みを残す古鎮も多くあるので、時間があれば足を延ばしてみよう。

龍珠閣から見た夕暮れ時の町並み

	1月	2月	3月	4月	5月	6月	7月	8月	9月	10月	11月	12月
平均最高気温(℃)	10.1	11.8	15.9	22.3	26.9	29.9	33.6	33.7	29.7	24.8	18.7	13.4
平均最低気温(℃)	1.9	3.8	7.7	13.3	18.0	21.9	24.7	24.3	20.4	14.9	8.5	3.2
平均気温(℃)	5.3	7.1	11.1	17.2	21.9	25.4	28.7	28.3	24.2	19.0	12.7	7.4
平均降水量(mm)	81.0	116.8	179.1	239.9	269.2	312.7	189.3	133.3	72.1	71.3	63.4	49.2

町の気象データ（→P.237）：「预报」>「江西」>区・市・県から選択

ACCESS

中国国内の移動 ➡ P.341　鉄道時刻表検索 ➡ P.30

飛行機 中心部の北西8kmに位置する景徳鎮羅家空港（JDZ）を利用する。

国際線 日中間運航便はないので、広州か上海で乗り継ぐとよい。
国内線 広州、深圳、上海などとの間に便があるが、ローカル空港のため便数は少ない。

所要時間（目安） 北京首都（PEK）／2時間20分　上海虹橋（SHA）／1時間15分　広州（CAN）／2時間　深圳（SZX）／2時間5分　アモイ（XMN）／1時間15分

鉄道 景徳鎮北駅、景徳鎮駅を利用する。全体に列車本数が少なめなので、南昌や九江など比較的近距離の都市への移動はバスのほうが便利。

所要時間（目安）**【景徳鎮北（jdzb）】**南昌西（ncx）／高鉄：2時間11分　九江（jj）／高鉄：1時間6分　婺源（wy）／動車：26分　福州（fz）／高鉄：2時間45分　武夷山東（wysd）／高鉄：1時間28分　上海虹橋（shhq）／動車：4時間40分　**【景徳鎮（jdz）】**広州（gz）／特快：14時間27分

バス 長距離路線は景徳鎮バスターミナルをおもに利用する。ほかに近隣の町へのバスが発着する小さなバスターミナルがいくつかある。

所要時間（目安） 南昌／3時間30分　瑶里古鎮／1時間30分　婺源／1時間30分

DATA

飛行機

■**景徳鎮羅家空港**（景德镇罗家机场）
Ⓜ **P.208-C1** 住 浮梁県洪源鎮羅家村金嶺大道
☎8569656 オ 8:00～最終便 休 なし
[移動手段] **エアポートバス**（空港～景徳鎮駅）／10元、所要30分が目安。空港→市区＝到着便に合わせて運行 ※市内から空港への便はない **タクシー**（空港～人民広場）／40～50元、所要25分が目安

鉄道

■**景徳鎮北駅**（景德镇火车北站）
Ⓜ **地図外（P.227-C1上）** 住 珠山区竟成鎮洋湖村高鉄大道 ☎共通電話＝12306 オ 7:00～23:00
休 なし カ 不可
[移動手段] **タクシー**（景徳鎮北駅～人民広場）／25元、所要20分が目安 **路線バス**／901、902、903路「景德镇北站（高铁）」
28日以内の切符を販売。2017年末に開業した高速鉄道メインの駅。

■**景徳鎮駅**（景德镇火车站）
Ⓜ **P.227-C2** 住 珠山区通站路32号 ☎共通電話＝12306 オ 24時間 休 なし カ 不可
[移動手段] **タクシー**（景徳鎮駅～人民広場）／8元、所要8分が目安 **路線バス**／8、15、25、28、33、903路「火车站」
58日以内の切符を販売。

バス

■**景徳鎮バスターミナル**（景德镇汽车站）
Ⓜ **P.226-B1** 住 昌江区迎賓大道1号
☎8569000 オ 7:00～19:00 休 なし カ 不可
[移動手段] **タクシー**（景徳鎮バスターミナル～人民広場）／15元、所要15分が目安 **路線バス**／15、35路「西客站」
7日以内の切符を販売。南昌（12便）、九江（8便）、婺源（4便）、黄山（2便）など。

■**景徳鎮東バスターミナル**（景德镇汽车东站）
Ⓜ **P.227-C2** 住 珠山区通站路47号 ☎82080156
オ 6:30～19:00 休 なし カ 不可
[移動手段] **タクシー**（景徳鎮東バスターミナル～人民広場）／8元、所要8分が目安 **路線バス**／8、15、25、28、33、903路「火车站」
7日以内の切符を販売。瑶里古鎮（8:00発）など江西省内便がメイン。

中心部の見どころ

★★★ 景徳鎮陶磁器の歴史がよくわかる　1時間30分～

景徳鎮古窯民俗博覧区／景德镇古窑民俗博览区
けいとくちんこようみんぞくはくらんく　jǐngdézhèn gǔyáo mínsú bólǎnqū

昌江の西岸に位置する楓樹山蟠龍崗（はんりゅうこう）にある、古窯と陶磁民俗博覧館で構成される展示エリア。ここで景徳鎮の陶磁器に関する歴史や文化を理解できる。

景徳鎮古窯民俗博覧区
Ⓜ **P.226-A2**
住 昌江区瓷都大道古窯路1号
☎服務センター＝8534444
オ 8:00～17:30
※入場は閉門30分前まで
休 なし
料 95元
交 1、2、3、7、10、17、33路バス「枫树山」
U www.chinaguyao.com

インフォメーション

演奏会

景徳鎮古窯民俗博覧区では、月～金曜は1日6回、土・日曜、祝日は7回、陶磁器製楽器の演奏会を園内の「瓷音水榭」で開いている。1回20分で、演目は4曲程度。

オ 9:30 ～ 9:50、10:20 ～ 10:40、11:10 ～ 11:30、14:00 ～ 14:20、14:50 ～ 15:10、15:40～16:00

※土・日曜、祝日は16:30～16:50もあり

清園の公開時間

オ 9:00～16:30

休 月曜

景徳鎮古窯民俗博覧区入口

清代鎮窯外観

風火仙師廟（古窯景区）

景徳鎮御窯遺址

M P.226-B1

住 珠山区珠山中路187号

☎ 8201378

オ 8:00～17:30

※入場は閉門30分前まで

休 なし

料 60元

交 1、3、4、25、35路バス「景徳商厦（医药公司）」

U www.jdzyuyao.com

一部再建中

2018年11月現在、御窯博物館と珠山南麓遺址区は再建工事中。2019年夏完成予定。

展示エリア内には、古代制瓷作坊、鎮窯、致美軒、宮廷御瓷、四大伝統名瓷、瓷行、陶瓷民俗陳列、玉華堂、古窯群、天后宮、祖師廟、瓷碑長廊、瓷楽演奏、大夫第、明閭など50以上の見どころがある。なかでも清の乾隆年間初期に造られた鎮窯は必見。これは中国の伝統的な焼き窯の最高水準のものといわれ、保存状態も非常によい。

博覧区内に陶磁器を販売する店舗があり、品質は保証されている。ここで発送業務も受け付けている。

★★ 宮廷専用の焼き窯跡

景徳鎮御窯遺址／景德镇御窑遗址

けいとくちんぎょよういし　jǐngdézhèn yùyáo yízhǐ

1004（北宋の景徳元）年から1911年までのおよそ900年間、景徳鎮には宮廷専用の焼き窯「御窯」がおかれており、景徳鎮御窯遺址は明清代の「御窯」があった場所。1369（明の洪武2）年、明の初代皇帝である朱元璋が元朝の浮梁瓷局を基礎に御器廠を造ったのが始まりで、清の成立後も御窯廠と改称され、1911年まで宮廷専用の磁器製造工場として活動を続けた。その期間は500年を超え、中国で最長、規模

景徳鎮御窯遺址の入口

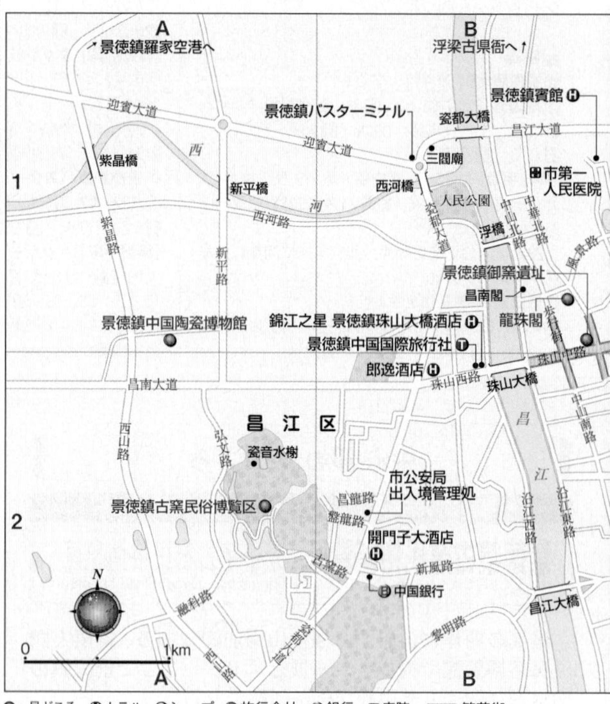

●・見どころ　Ⓗホテル　Ⓢショップ　Ⓣ旅行会社　Ⓑ銀行　病院　繁華街

としても最大の「御窯」であった。景徳鎮の陶磁器は海外でも人気だが、ここで作られたものは特に評価が高い。

現在は景徳鎮御窯遺址景区として整備され、遺跡や御窯工芸博物館などを見学できる。以前、景徳鎮官窯博物館だった龍珠閣は、この景徳鎮御窯遺址に統合された。

発掘された明代の工房跡（明代制瓷作坊遺址区）

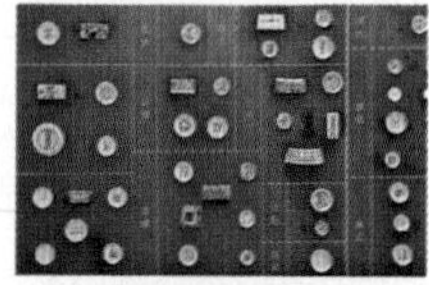
御窯工芸博物館内の展示

龍珠閣／龙珠阁 〔りゅうじゅかく／lóngzhūgé〕

景徳鎮市内を一望できるランドマーク的存在の伝統楼閣。楼閣が立つ敷地は明清代の御窯があった場所。内部では景徳鎮御窯遺址から出土した陶磁器のレプリカなどを展示している。

景徳鎮を代表する建築物、龍珠閣

★ 景徳鎮の陶磁器を展示する博物館

景徳鎮中国陶瓷博物館／景德镇中国陶瓷博物馆

けいとくちんちゅうごくとうじはくぶつかん jǐngdézhèn zhōngguó táocí bówùguǎn

1954年に開館した景徳鎮陶瓷館を前身とする、陶磁器を専門に展示する博物館。新石器時代から元代までの「序庁」、明代から清代までの「展庁二」、中華民国期の「展庁三」、中華民国から中華人民共和国の「展庁四」、中華人民共和国期の「展庁五」、現代の作品の「展庁六」の6つが常設展示室。このほか臨時展示室などもある。

景徳鎮中国陶瓷博物館
Ⓜ **P.226-A1**
住 昌江区昌南大道紫晶路1号
☎ 8253701、8253702
オ 9:00～17:00
※入場は閉館30分前まで
休 月曜
料 無料
交 901、902路バス「五中」

景徳鎮中国陶瓷博物館の外観

景徳鎮中国陶瓷博物館が誇る「青花纏枝牡丹紋梅瓶」（元代）

インフォメーション

景徳鎮民窯博物館

2018年11月現在、博物館と湖田古窯遺址文物保護区は再建工事中。2019年夏完了予定。

浮梁古県衙

Ⓜ P.208-C1
住 浮梁県旧城県衙路
☎ 2621155
オ 8:00～17:30
休 なし
料 50元
交 39路バス「古县衙」。6:30～18:30の間40～50分に1便

浮梁古県衙入口

瑶里古鎮

Ⓜ P.208-C1
住 浮梁県瑶里鎮
☎ 2601909
オ 古鎮外観＝24時間、各見どころ＝8:00～17:00
休 なし
料 共通券＝110元、陳毅故居＋程氏宗祠＋獅岡攬勝＝30元、繞南古制瓷遺址景区＝20元、高嶺国家鉱山公園＝15元、東埠古碼頭＝15元、汪湖生態游覧区＝50元
交 ①景徳鎮でタクシーをチャーターする。往復400元が目安。観光地点や待ち時間で料金は変わるので、しっかり相談すること。
②景徳鎮東バスターミナルから「瑶里古镇」行きで終点(8:00発、20元、所要1時間30分)
※「瑶里」からのバスは15:30発

インフォメーション

瑶里観光

一般的な観光は瑶里古鎮と繞南古制瓷遺址景区の2ヵ所。自然景観は特別なものではないので行く必要はない。観光する場合は村でバンをチャーターすることになるが往復100～120元が目安。

また、瑶里古鎮と繞南古制瓷遺址景区は約3.5km離れているので、バス利用者は時間に注意が必要。

郊外の見どころ

★★★ 保存状態のよい役所跡 1時間

浮梁古県衙/浮梁古县衙

ふりょうこけんが fúliáng gǔxiànyá

浮梁古県衙は江南地区に残る唯一の清代の役所跡。その保存状態は非常によく、中国全土でも珍しい。

浮梁県は816(唐の元和11)年に設置された行政区画で、当時の景徳鎮(昌南鎮)はその管轄下にあった。浮梁県衙が水害によって現在の場所に移設されてからは、宋から清の各王朝を経て、1915(中華民国4)年まで1100年もの間、県の行政的中心であった。現存する建物は清の道光年間(1821～1850年)に建てられたもの。敷地面積は約6万5000㎡、敷地の中央線上に照壁、頭門、儀門、衙院、大堂、二堂、三堂と並び、ほぼ創建時の姿をとどめている。清代の裁判を模した劇が毎日4回(10:00、11:00、14:00、15:00)上演される(7分ほど)。

浮梁古県衙の傍らには、宋代創建の仏塔である紅塔(高さ37.8m)がある。別名を西塔といい、夕日を浴びる姿は「西塔夕照」と称賛される。

創建から1000年以上の歴史をもつ紅塔

裁判劇が上演される親民堂

★★ 明清代の町並みが残る古鎮

瑶里古鎮/瑶里古镇

ようりこちん yáolǐ gǔzhèn

瑶里古鎮は市区北東約60kmに位置する町。前漢末に町は生まれたと伝わる。町の中央を流れる瑶河の両岸には、古い建築物が100以上残っており、その大部分が安徽地方独自の建築様式を備える明清代の建物。代表格は程氏宗祠と進士第。

川沿いにのんびりとした風景が広がる

1号龍窯遺址（繞南古制瓷遺址景区）

また、この町は古名を窯里といい、景徳鎮陶磁器の発祥地で、唐中期以降多くの窯がここに造られた。繞南古制瓷遺址景区では、発掘された宋代から明代にかけての窯跡を見学することができる。

瑶里古鎮入口

ホテル

開門子大酒店／开门子大酒店
かいもんしだいしゅてん　kāiménzǐ dàjiǔdiàn

高級ホテルの少ない景徳鎮では最高級クラスのホテル。景徳鎮古窯民俗博覧区まで徒歩10分と観光には便利。施設は幾分古いが、プールやフィットネスクラブなどを完備。

Ⓜ P.226-B2 ★★★★
住 昌江区瓷都大道1055号
☎ 8577777
FAX 8560166
Ⓢ 300～440元　Ⓣ 300～440元
サ なし
カ JMV

両替　ビジネスセンター　インターネット

朗逸酒店／朗逸酒店
ろういつしゅてん　lǎngyì jiǔdiàn

香港朗逸集団が運営する4つ星ホテル。客室は3階から9階にあり、2階には中国料理レストランがある。そのほか、フィットネスクラブやサウナなどの施設も完備。また、珠山大橋を渡れば繁華街があり、立地条件もよい。

Ⓜ P.226-B2 ★★★★
住 昌江区珠山西路5号
☎ 8388888
FAX 8526666
Ⓢ 398元　Ⓣ 398元
サ なし
カ 不可
Ⓤ www.largos.com.cn

両替　ビジネスセンター　インターネット

如家-景徳鎮人民広場店
じょか けいとくちんじんみんこうじょうてん
如家-景德镇人民广场店 rújiā jǐngdézhèn rénmín guǎngchǎngdiàn

「経済型」チェーンホテル。人民広場に隣接し、近くには陶磁器を販売する多くの店がある。

両替　ビジネスセンター　インターネット　Ⓤ www.bthhotels.com

Ⓜ P.227-C1
住 珠山区蓮社北路名仕金座内
☎ 8206666　FAX 8277555
Ⓢ 159～189元　Ⓣ 179～189元
サ なし　カ 不可

錦江之星 景徳鎮珠山大橋酒店
きんこうしせい けいとくちん しゅざんだいきょうしゅてん
锦江之星 景德镇珠山大桥酒店 jǐnjiāng zhīxīng jǐngdézhèn zhūshān dàqiáo jiǔdiàn

「経済型」チェーンホテル。橋を渡れば珠山中路で、非常に便利。客室は清潔で必要最小限の設備は整っている。

両替　ビジネスセンター　インターネット　Ⓤ www.jinjianginns.com

Ⓜ P.226-B2
住 昌江区珠山西路1号
☎ 8571111　FAX 8571234
Ⓢ 179～219元　Ⓣ 159～189元
サ なし　カ 不可

維也納酒店 景徳鎮人民広場店
ヴィエンナしゅてん けいとくちんじんみんこうじょうてん
维也纳酒店 景德镇人民广场店 wéiyěnà jiǔdiàn jǐngdézhèn rénmín guǎngchǎngdiàn

「経済型」の上のクラスの設備を提供する中級チェーンホテル。路線バスの多くが通る人民広場に近く、便利な立地。

両替　ビジネスセンター　インターネット　Ⓤ www.wyn88.com

Ⓜ P.227-C2
住 珠山区広場南路1号
☎ 8235555　FAX 8579666
Ⓢ 248～348元　Ⓣ 268～318元
サ なし　カ 不可

旅行会社

景徳鎮中国国際旅行社
けいとくちんちゅうごくこくさいりょこうしゃ
景德镇中国国际旅行社 jǐngdézhèn zhōngguó guójì lǚxíngshè

日本語ガイドは1日800元、瑶里古鎮と浮梁古県衙1日ツアーはひとり188元（中国語ガイド）。三清山2日ツアーはひとり4000元～。
Ⓤ www.jdzcits.com

Ⓜ P.226-B2　住 昌江区珠山西路1号錦江之星 景徳鎮珠山大橋酒店傍　☎ 8515111　FAX 8511699
オ 9:00～17:30
休 土・日曜、祝日　カ 不可

霞に包まれた江嶺の景観

菜の花と古鎮で有名な町

婺源（ぶげん）

婺源（ウーユエン） Wù Yuán　市外局番 0793

都市データ

婺源県
人口＝36万人
面積＝2947㎢
上饒市管轄下の県

県公安局出入境辦証大庁
（县公安局出入境办证大厅）
M P.231-B2
住 紫陽鎮環城北路2号
☎ 7360771
オ 8:30～12:00、14:00～17:00
休 土・日曜、祝日
ビザ延長手続きは行っていない。手続きは南昌などで行う

県人民医院
（县人民医院）
M P.231-B1
住 紫陽鎮文公南路17号
☎ 7348264
オ 24時間
休 なし

●市内交通
【路線バス】 2018年11月現在、3路線のみ。運行時間の目安は6:30～17:30、普通車1元、エアコン付き2元
【タクシー】 紫陽鎮中心部では一律10元。婺源駅と婺源バスターミナルまで15元。基本的に観光地へのアクセスに利用。チャーターした場合は1日300～400元が目安

概要と歩き方

婺源は上饒市の北部、西を景徳鎮、北を安徽省黄山市、東を浙江省衢州市に囲まれた所にある。初めて婺源の名が用いられたのは、この地に行政機関が開設された740（唐の開元28）年まで遡る。

1934（中華民国23）年に江西省に編入されたが、古くから徽州（現在の黄山市を中心としたエリア）の管轄下にあったため、彼の地の影響は現在でも色濃く残っている。住居は明清時代に建てられた古い白い漆喰造りが特徴で、世界遺産に登録された安徽省の西逓・宏村と共通の文化がある。

この古い町並みにも増して有名なのが、春に盛りを迎える菜の花。開花の時期（3月中旬～4月上旬）には全国各地から多くの人が撮影に訪れる。婺源観光の魅力はこの時期を逃すと半減してしまうので、訪れるならぜひこの季節を選ぼう。

アクセス面での中心は、鉄道駅やバスターミナルがあり、観光バスの発着地点である紫陽鎮。菜の花観光であれば、ここから撮影地に移動し、そこで宿泊施設を探すとよい。それ以外の季節であれば、紫陽鎮を拠点に古鎮巡りを楽しむとよい。

春の婺源は色彩豊か

町の気象データ（→P.237）：「预报」＞「江西」＞「上饶」＞「婺源」

ACCESS

中国国内の移動 ➡ P.341　鉄道時刻表検索 ➡ P.30

鉄道

2015年に開業した合福客運専線（合肥と福州を結ぶ高速鉄道）、九景衢鉄路（九江、景徳鎮、浙江省衢州、上海を結ぶ路線）の途中駅である婺源駅を利用する。前者の便は多いが、後者の便は1日5便のみ。

所要時間（目安） 合肥南（hfn）／高鉄：2時間10分　福州（fz）／高鉄：2時間5分　アモイ北（xmb）／高鉄：4時間　泉州（qz）／高鉄：3時間30分　武夷山東（wysd）／高鉄：50分　上海虹橋（shhq）／高鉄：3時間45分　黄山北（hsb）／高鉄：25分

バス

都市間の移動には婺源バスターミナルを利用し、近郊の町との移動には婺源北バスターミナルを利用する。

所要時間（目安） 南昌／3時間30分　九江／2時間40分　景徳鎮／1時間30分

DATA

鉄道

■ **婺源駅**（婺源火车站）
M P.231-C2　住 紫陽鎮江湾大道

詹天佑像と婺源駅。詹天佑は20世紀初頭に活躍した、婺源と関連のある鉄道技師

☎ 共通電話＝12306
オ 8:00～19:45　休 なし　カ 不可
[移動手段] **路線バス**／1、2路「火车站」
28日以内の切符を販売。

バス

■ **婺源バスターミナル**（婺源汽车站）
M P.231-A1　住 紫陽鎮才士大道12号
☎ 7214948　オ 6:50～17:00　休 なし　カ 不可
[移動手段] **路線バス**／1路「婺源汽车站」
7日以内の切符を販売。南昌（2便）、景徳鎮（6便）など省内便がメイン。

婺源（紫陽鎮）

A　B　C
1
2
文化広場
儒林路
源頭路
星江河
東升路
文公北路
婺源北バスターミナル
東線、西線観光バス発着地点
涼笠山路
江湾大道
婺源清華婺国際酒店
婺源バスターミナル
茶郷西路
県人民医院
茶郷東路
才士大道
婺源鄱陽湖大酒店
文公南路
婺源景悦陽光大酒店
錦屏路
派拉朦百貨
7天婺源天佑路高鉄站店
天佑西路
県公安局出入境辦証大庁
環城北路
環城東路
蚺城路
婺源賓館
太子太保牌坊
環城西路
環城南路
文公闕里牌坊
文博路
婺女廟
朱子歩行街
城南路
婺源駅
N
0　500m

●•見どころ　Ⓗホテル　Ⓢショップ　⊞病院　繁華街

他都市への移動の際に利用する婺源バスターミナル

■ **婺源北バスターミナル**（婺源汽车北站）
Ⓜ **P.231-B1** 住 紫陽鎮文公北路
☎ なし オ 6:30～17:00 休 なし カ 不可
［移動手段］**路線バス**／1、2、3路「短途换乘站」
切符は乗車後に購入する。清華や篁嶺など近郊便がメイン。また、郊外の見どころとを結ぶ観光バスの発着地点でもある。観光バス路線などについては、P.232、P.234の路線図を参照。短途乗換ターミナル（短途换乘站）とも呼ばれる。

婺源北バスターミナルから各見どころに向かう観光バス

婺源
Ⓜ **P.233**
住 上饒市婺源県
☎ 7410999
オ 景区＝24時間
休 なし
※菜の花は3月中旬～4月上旬
料 共通券＝210元（12景区）
※5日間有効
※12景区は李坑、汪口、江湾、暁起、江嶺、思渓延村景区、彩虹橋, 厳田景区、石城、臥龍谷、霊岩洞、文公山
※単独で購入すると各見どころ60元
交 すべて婺源北バスターミナル発着となる。各バス路線図参照

見どころ

婺源の見どころは春に咲き誇る菜の花と古鎮。紫陽鎮内にこれといった見どころはなく、主要な景勝地は郊外の農村部に点在している。

観光バスの路線は東線と西線（方角的には北）、南線に分かれているが、東線と西線をおさえておけば十分。

★★★ 春の絶景がおすすめ 🕐1～3日

東線（とうせん）/东线（dōngxiàn）

東線は、山の斜面に造られた菜の花畑が広がる江嶺南部や篁嶺を中心とするエリア。春先には、菜の花の黄色、山の新緑、空の青と鮮やかな色彩の景観が眼前に迫る。畑の近くには設備の整った宿もある。時間に余裕があれば、気に入ったポイントに宿泊し、山歩きでもしながら景観を楽しむとよい。なお、このエリアは、菜の花の開花時期を外すと訪れるほどの意味はない。

江嶺や篁嶺へ行く途中には、安徽省南部と共通する伝統的な家屋が残る古鎮が点在している。

李坑は李姓の人々が移り住み造り上げた村。周囲を山に囲まれ、静かな雰囲気が漂う。

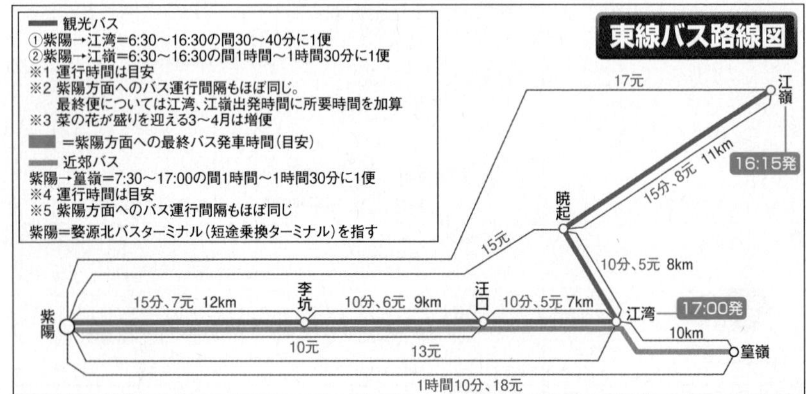

汪口は川の合流点に位置する。その地理的利点を生かし明清代には水運で栄え、多くの商家が並んだといわれる。現在でも徽州古建築様式の民家が多い。

江湾は隋末唐初に造られた村で、江西と浙江、安徽を結ぶ交通の要衝として発展を遂げた。宋代以降は多くの高級官僚を輩出し、その邸宅が今に残る。

のどかな田舎の風景は心を落ち着かせる（李坑）

暁起は段莘水と暁起水の合流点にある小村。787年に造られ、1000本を超えるクスノキの古木と古民家に囲まれた景観が魅力。

李坑
Ⓜ P.233-B1

汪口
Ⓜ P.233-C1

江湾
Ⓜ P.233-C1

江嶺
Ⓜ P.233-C1

暁起
Ⓜ P.233-C1

白い漆喰の壁が印象的な古民家と牌坊（江湾）

★★ 廊橋と古鎮がメイン

西線（さいせん）/西线（xīxiàn）

紫陽鎮の北側に点在する景勝エリア。その中心となるのは彩虹橋と思渓延村景区。

彩虹橋は清華鎮の北側に架かる橋。南宋代に造られた廊橋で、800年以上の歴史をもつ。長さ140m、幅7m。石造りの橋脚に廊下のような建物を載せた外観はとても特徴的。近くには川に石を並べただけの石凳橋（せきとうきょう）もあるが、渡る際には足元に注意。

紫陽鎮と清華鎮の間に位置する思渓延村景区は、思渓と延村の2村で構成された景勝地。村は兪氏によって

彩虹橋
Ⓜ P.233-B1

思渓延村景区
Ⓜ P.233-B1

池のほとりに立つ民家（思渓村）

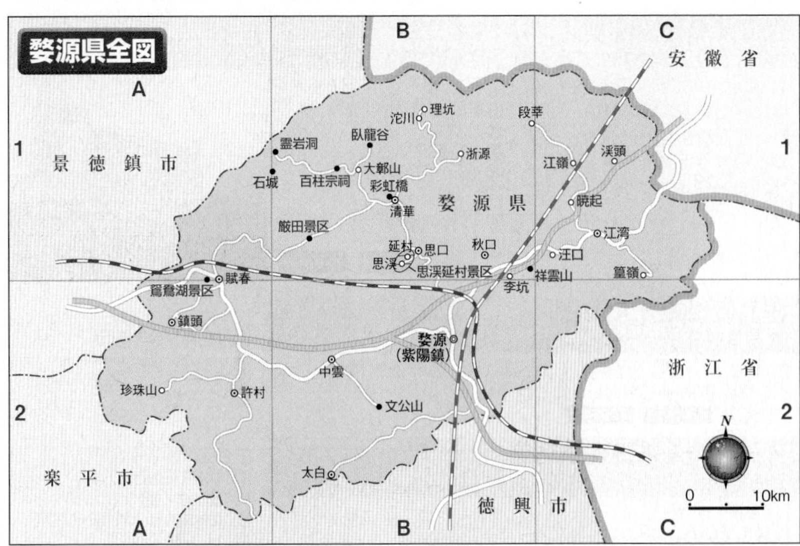

のんびりした景色に溶け込む彩虹橋

1199年に造られ、その後、木材や茶葉、塩業などの商売で発展を遂げた。

清華鎮の先（北と西）に進むと、共通券に含まれる厳田景区、霊岩洞、石城、臥龍谷などの見どころもあるが、アクセスの不便さもあっておすすめしない。

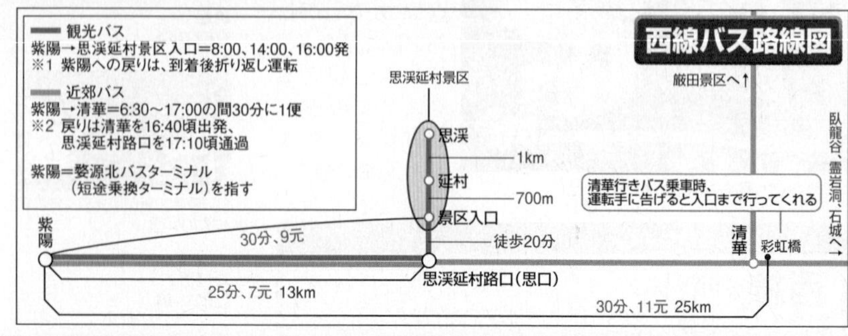

婺源賓館／婺源宾馆

ぶげんひんかん　wùyuán bīnguǎn

1962年に開業し、多くの政府高官や海外の要人を受け入れてきたホテル。2014年に大幅な改修を終え、安徽省の建築様式を取り入れたものとなった。近くには婺源いちばんの繁華街、朱子歩行街がある。

Ⓜ P.231-B2　★★★★
住 紫陽鎮蚺城路24号
☎ 7298888
FAX 7290000
Ⓢ 428～528元　Ⓣ 368～498元
サ なし
カ 不可
Ⓤ www.jxwyhotel.com
両替　ビジネスセンター　インターネット

婺源清華婺国際酒店／婺源清华婺国际酒店

ぶげんせいかぶこくさいしゅてん　wùyuán qīnghuáwù guójì jiǔdiàn

4つ星ホテルだが、設備は少々古い。近くを1路バスが通っており、婺源駅や婺源バスターミナルへのアクセスも簡単。婺源北バスターミナルは北に1kmほどの所。

Ⓜ P.231-B1　★★★★
住 紫陽鎮茶郷東路202号
☎ 7392888
FAX 7345999
Ⓢ 288元　Ⓣ 288元
サ なし
カ 不可
両替　ビジネスセンター　インターネット

婺源景悦陽光大酒店

ぶげんけいえつようこうだいしゅてん

婺源景悦阳光大酒店 wùyuán jǐngyuè yángguāng dàjiǔdiàn

2014年にオープンした星なし渉外ホテル。設備は3つ星相当。近くを1路バスが通っており、移動は便利。

両替　ビジネスセンター　インターネット

Ⓜ P.231-B1
住 紫陽鎮文公南路2号
☎ 7399999　FAX 7399666
Ⓢ 258～288元　Ⓣ 268～298元
サ なし　カ 不可

7天婺源天佑路高鉄站店

しちてんぶげんてんゆうろこうてつたんてん

7天婺源天佑路高铁站店 qītiān wùyuán tiānyòulù gāotiězhàndiàn

「経済型」チェーンホテル。客室は簡素ながらひととおりの設備は備えている。隣には大型のスーパーがある。

両替　ビジネスセンター　インターネット　Ⓤ www.plateno.com

Ⓜ P.231-B1
住 紫陽鎮天佑西路2号
☎ 7366667　FAX なし
Ⓢ 143～199元　Ⓣ 166～232元
サ なし　カ 不可

湖南省

商代(日本では殷)後期に登場した「豕尊」は酒を貯める青銅製の容器。
この豕尊には13ℓの酒が貯められる(長沙市湖南省博物館)
／写真:オフィス カラムス(碓井正人)

湖南省マップ…… 236
長沙…………… 238
鳳凰…………… 246
張家界………… 250

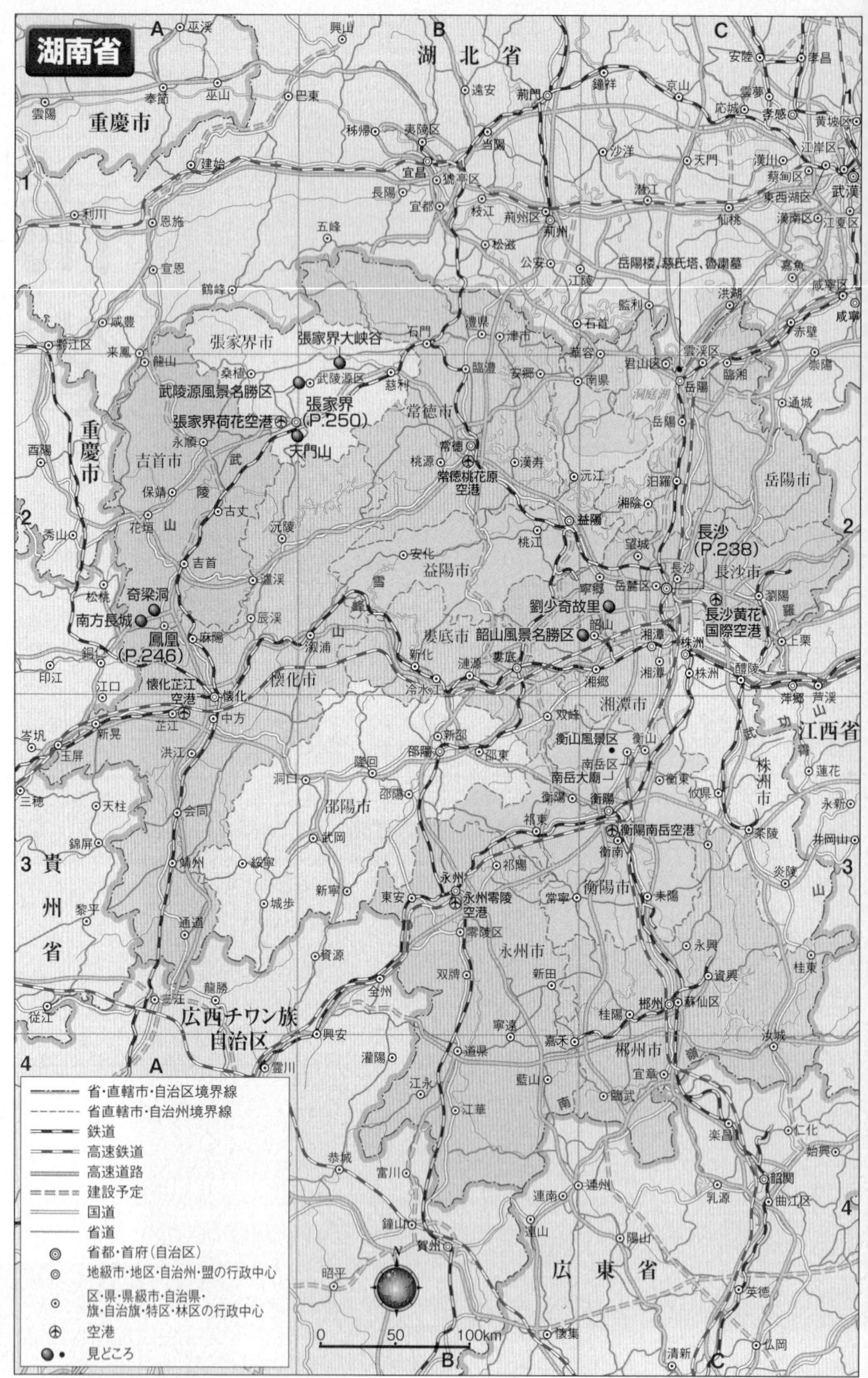

湖南省
湖北省
重慶市
張家界市
常徳市
岳陽市
吉首市
益陽市
長沙市
婁底市
懐化市
湘潭市
江西省
株洲市
邵陽市
衡陽市
貴州省
永州市
広西チワン族自治区
郴州市
広東省
張家界大峡谷
武陵源風景名勝区
張家界(P.250)
張家界荷花空港
天門山
常徳桃花原空港
岳陽楼、慈氏塔、魯粛墓
長沙(P.238)
長沙黄花国際空港
劉少奇故里
韶山風景名勝区
奇梁洞
南方長城
鳳凰(P.246)
懐化芷江空港
衡山風景区
南岳大廟
衡陽南岳空港
永州零陵空港
省・直轄市・自治区境界線
省直轄市・自治州境界線
鉄道
高速鉄道
高速道路
建設予定
国道
省道
省都・首府(自治区)
地級市・地区・自治州・盟の行政中心
区・県・県級市・自治県・旗・自治旗・特区・林区の行政中心
空港
見どころ
0 50 100km

インフォメーション

中国の天気を調べる

インターネットを利用すれば、中国各地における天気予報（最長40日間）などのチェックが可能！

ただし、中国の天気予報はよく外れるので、参考資料として利用する程度にしておいたほうが無難。

※ウェブブラウザやそのバージョンによっては閲覧できないこともある

（情報は2018年11月現在）

中国天気網（中国語・英語）

U www.weather.com.cn

中国気象局が提供する気象情報をチェックできるウェブサイト。運営は中国気象局所属の中国気象局公共気象服務中心が行っている。ここではその利用法を簡単に説明する。

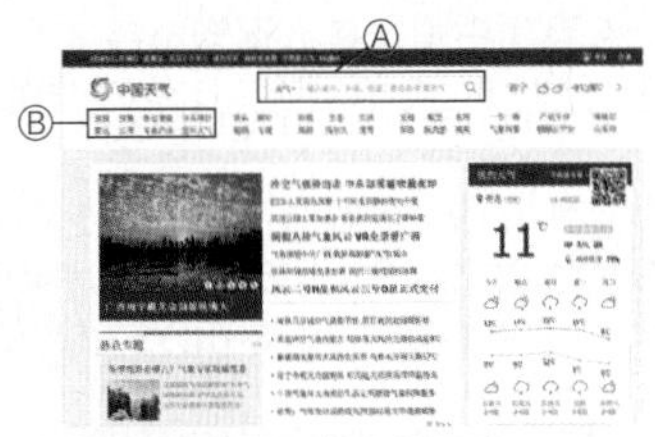

図1 中国天気網トップ画面（中国語）

①中国語を使える方

中国天気網トップ画面最上部に「输入城市，乡镇，街道，景点名称 查天气」（図1のⒶ部）に知りたい町や見どころの名称を入力またはコピー＆ペースト、右端の検索マークをクリックすると、該当地のトップページが開く。また、入力、コピー＆ペーストせずにクリックすると、「正在热搜」「本地周边」などの候補一覧が表示される。

中国語ができなくても、インターネットの翻訳サービス（→P.309）などを使い、見どころの名称や都市名を中国漢字にすることができれば簡単に利用できる。

②中国語を使えない方

中国天気網トップ画面左上にあるロゴの下にある「预报」（図1のⒷ部）をクリックすると、「国内天气预报」という中国全図が表示される（図2）ので、該当する町の所属する行政区分の上にポイント（虫眼鏡で表示される）を移動させクリックする。クリックのたびに拡大図が表示されるが、順序は「直轄市・省・自治区」→「地級市・地区・自治州」→「区（中心部を示す城区も含む）・県級市・県」。

すると、ポップアップ画面が出てくるので地名の下にある「实况」（左）または「今天白天/今天夜间」（右）をクリックする。

図2「预报」をクリックすると表示される画面

見どころの気象情報は、まず所在地画面（図3）を開き、右（Ⓒ部）にある「周边景点」から選択すれば確認できる。

気象データ

町のページは上部に天気予報、下部（画面が小さい場合はスクロールが必要）に気象データのグラフがあるので必要なデータを選択すればよい。

天気予報には「今日」「7天」「8-15天」「40天」があり、気象データグラフには24時間以内の「温度」「风力」がある。

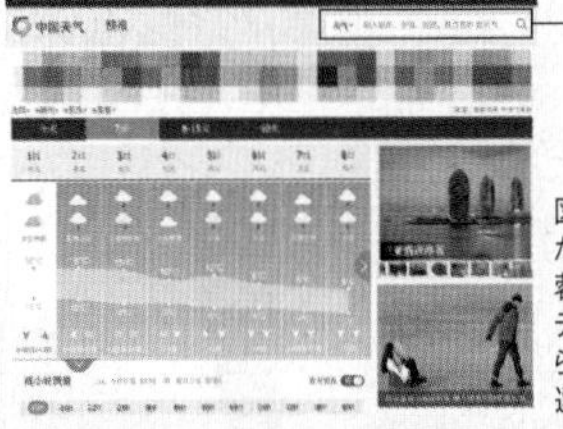

図3 表示された長沙市芙蓉区の気象データ。Ⓒから見どころも選択できる

具体的検索手順：長沙市内の場合

①U www.weather.com.cn にアクセス
②トップページのメニューバーから「预报」を選択
③地図で「湖南」を選択
④地図で「长沙」を選択
⑤地図で「芙蓉」を選択

（「地球の歩き方」編集室）

湘江と橘子洲

悠久の歴史を誇る中国南部の古都

長沙（ちょうさ）

长沙 Cháng Shā（チャンシャー）　市外局番 **0731**

概要と歩き方

長沙は長江や洞庭湖の南岸に位置する湖南省（芙蓉国とも呼ばれる）の中心地で、南北に流れる湘江に沿ってひらかれた町だ。春秋戦国期に楚の領地となってから開発が進み、明代以降は中国有数の穀倉地帯となった。さらに、清朝末期から中華民国期にかけては、多くの人材を輩出した。なかでも現代中国に最も影響を与えた人物が、中華人民共和国を建国した毛沢東（長沙の南西、韶山の出身）だ。

町の中心は長沙駅前から西に延びる五一大道を中心としたエリア。駅からは軌道交通（地下鉄）2号線が東西に延び、エアポートバスの発着地点である山水時尚酒店も近い。長沙の町歩きの出発点だ。

五一大道の西側エリアは、軌道交通1号線が南北に走り、大型百貨店が建ち並ぶ有数のショッピング街。高級ホテルや有名なレストランも多い。黄興南路は解放西路から西湖路までの部分が歩行者天国になっている。周辺には、美食街として知られる南門口や坡子街があり、中国八大料理にも数えられる湖南料理や長沙の名物シャオチーを楽しむ人々でにぎわう。

歩行者天国となっている坡子街

長沙のおもな見どころは湘江の西岸や郊外にあるため、案外移動に時間がかかってしまう。スムーズな移動に自信のない人は旅行会社でツアーをアレンジしてもらうとよい。

	1月	2月	3月	4月	5月	6月	7月	8月	9月	10月	11月	12月
平均最高気温（℃）	8.3	9.5	14.6	21.2	26.2	30.2	34.1	33.7	28.9	23.3	17.0	10.8
平均最低気温（℃）	1.8	3.4	7.7	13.6	18.7	22.6	25.6	25.2	20.9	15.0	9.2	3.7
平均気温（℃）	4.7	6.2	10.9	17.1	22.1	26.0	29.4	28.9	24.4	18.7	12.6	6.9
平均降水量（mm）	55.3	94.6	137.6	176.7	212.1	206.7	111.6	112.3	66.5	81.3	71.0	45.3

町の気象データ（→P.237）：「预报」>「湖南」>「长沙」>区・市・県から選択

都市データ

長沙市
人口＝661万人
面積＝1万1816㎢
湖南省の省都。6区2県級市1県を管轄

湖南省
人口＝7132万人
面積＝約21万㎢
13地級市1自治州35区17県級市63県7自治県を管轄

市公安局外管処
（市公安局外管处）
Ⓜ**地図外（P.241-F3下）**
住雨花区圭塘路280号
☎82290001　オ9:00～12:00、13:00～17:00　休土・日曜、祝日
観光ビザを最長30日間延長可能。手数料は160元

省人民医院（省人民医院）
Ⓜ**P.241-D2**
住芙蓉区解放西路61号　☎救急＝82278120　オ24時間　休なし

●市内交通
【地下鉄】2018年11月現在、3路線（リニアモーターカー含む）が営業。詳しくは公式ウェブサイトで確認を
長沙市軌道交通
Ⓤwww.hncsmtr.com
路線図→P.350
【路線バス】運行時間の目安は6:00～22:00、1～3元
【タクシー】初乗り2km未満8元、以降1kmごとに2元加算

ACCESS

中国国内の移動 ➡ P.341　鉄道時刻表検索 ➡ P.30

飛行機 市区中心の東30kmに位置する長沙黄花国際空港（CSX）を利用する。

国際線 成田（2便）、関西（2便）。

国内線 上海や広州、アモイ、海口、三亜などとの便がある。

所要時間（目安） 北京首都（PEK）／2時間15分　上海浦東（PVG）／1時間55分　広州（CAN）／1時間25分　アモイ（XMN）／1時間25分　三亜（SYX）／2時間5分

鉄道 京広線の長沙駅、京広高速線武広区間の長沙南駅などを利用する。ともに主要路線のため、鉄道での移動は非常に楽。長沙駅は在来線専用、高速鉄道は長沙南駅を利用する。

所要時間（目安） **【長沙南（csn）】**岳陽東（yyd）／高鉄：33分　衡山西（hsx）／高鉄：29分　広州南（gzn）／高鉄：2時間20分　福田（ft）／高鉄：3時間34分　香港西九龍（xgxjl）／高鉄：3時間17分　福州（fz）／高鉄：4時間35分　南昌西（ncx）／高鉄：1時間19分　**【長沙（cs）】**張家界（zjj）／特快：4時間25分　広州（gz）／直達：7時間21分

バス 湖南省各地からアクセス可能だが、乗車前に到着地点を確認しておくこと。いくつかあるバスターミナルのうち、使い勝手がよいのは長沙駅西側にある長株潭バスターミナル。

所要時間（目安） 張家界／4時間　岳陽／2時間　鳳凰／5時間30分　韶山／1時間

DATA

飛行機

■長沙黄花国際空港（长沙黄花国际机场）
Ⓜ **P.236-C2**　㊟長沙県黄花鎮
☎問い合わせ＝96777　㋔6:00～最終便
㊡なし　㋕不可　Ⓤcsa.hnjcjt.com
［移動手段］**エアポートバス**（空港～山水時尚酒店）／15.5元、所要45分が目安。空港→市内＝7:30～最終便の間15～20分に1便　市内→空港＝5:00～22:30の間15～20分に1便　**磁浮快線**（空港～長沙南駅）／20元、所要20分が目安　**タクシー**（空港～五一広場）／100元、所要45分が目安
　航空券売り場で3ヵ月以内の航空券を販売。

鉄道

■長沙南駅（长沙火车南站）
Ⓜ **地図外（P.241-F3右）**　㊟雨花区花侯路
☎共通電話＝12306　㋔6:10～翌0:10
㊡なし　㋕不可
［移動手段］**タクシー**（長沙南駅～五一広場）／45元、所要40分が目安　**地下鉄**／2号線「长沙火车南站」
　28日以内の切符を販売。高速鉄道の専用駅。
　長沙南駅には地下鉄2号線でアクセスできる。

長沙南駅の駅舎は巨大な駅舎

■長沙駅（长沙火车站）
Ⓜ **P.241-F2**　㊟芙蓉区五一大道車站中路406号
☎共通電話＝12306　㋔24時間　㊡なし　㋕不可
［移動手段］**タクシー**（長沙駅～五一広場）／15元、所要15分が目安　**地下鉄**／2号線「长沙火车站」
　28日以内の切符を販売。

バス

■長株潭バスターミナル（长株潭汽车站）
Ⓜ **P.241-F2**　㊟芙蓉区車站中路339号
☎共通電話＝96228　㋔6:00～20:00
㊡なし　㋕不可
［移動手段］**タクシー**（長株潭バスターミナル～五一広場）／15元、所要15分が目安　**地下鉄**／2号線「长沙火车站」
　10日以内の切符を販売。張家界（10便）、岳陽（14便）、鳳凰（4便）など省内便がメイン。

■長沙南バスターミナル過渡站
（长沙汽车南站过渡站）
Ⓜ **地図外（P.241-E3下）**
㊟雨花区中意一路811号　☎共通電話＝96228
㋔6:00～20:00　㊡なし　㋕不可
［移動手段］**タクシー**（長沙南バスターミナル過渡站～五一広場）／40元、所要40分が目安　**路線バス**／7、16、17、107、502路「汽车南站过渡站」
　7日以内の切符を販売。韶山（4便）、衡山南岳（10便）、鳳凰（11便）など省内便がメイン。

■長沙西バスターミナル（长沙汽车西站）
Ⓜ **地図外（P.240-A1左）**
㊟岳麓区楓林三路53号　☎共通電話＝96228
㋔6:00～20:00　㊡なし　㋕不可
［移動手段］**タクシー**（長沙西バスターミナル～五一広場）／25元、所要20分が目安　**地下鉄**／2号線「望城坡」
　10日以内の切符を販売。張家界（13便）、武陵源（3便）、鳳凰（4便）、岳陽（2便）、韶山（13便）、花明楼（11便）など省内便がメイン。

書を収めるための御書楼

岳麓書院
Ⓜ **P.240-B3**
住 岳麓区麓山南路2号湖南大学内
☎ 88823764
オ 5月～10月上旬7:30～18:00
10月中旬～4月8:00～17:30
休 なし　料 50元
交 立珊専線、5、132路バス「桃子湖」、徒歩12分
※後門から岳麓山エリアに直接出入りできる

中心部の見どころ

★★★ 中国最古の最高学府　🕒30分～1時間

岳麓書院/岳麓书院

がくろくしょいん　yuèlù shūyuàn

岳麓山の東麓に位置する岳麓書院は、中国四大書院のひとつ。976（北宋の開宝9）年に時の潭洲太守朱洞が創建した学問機関で、千年学府と呼ばれている。南宋の理学者張拭（ちょうしょく）と朱熹がここで講義を行ったことは有名だ。

敷地内には講堂、御書楼、大成殿など、明清代に建立された建物が多い。大門には「惟楚有材、於斯為盛」という対聯があるが、そのとおり、多くの人材を輩出している。特に清末には、曽国藩（そうこくはん）、左宗棠（さそうとう）、陳天華など中国近代史に足跡を残した人物が登場した。

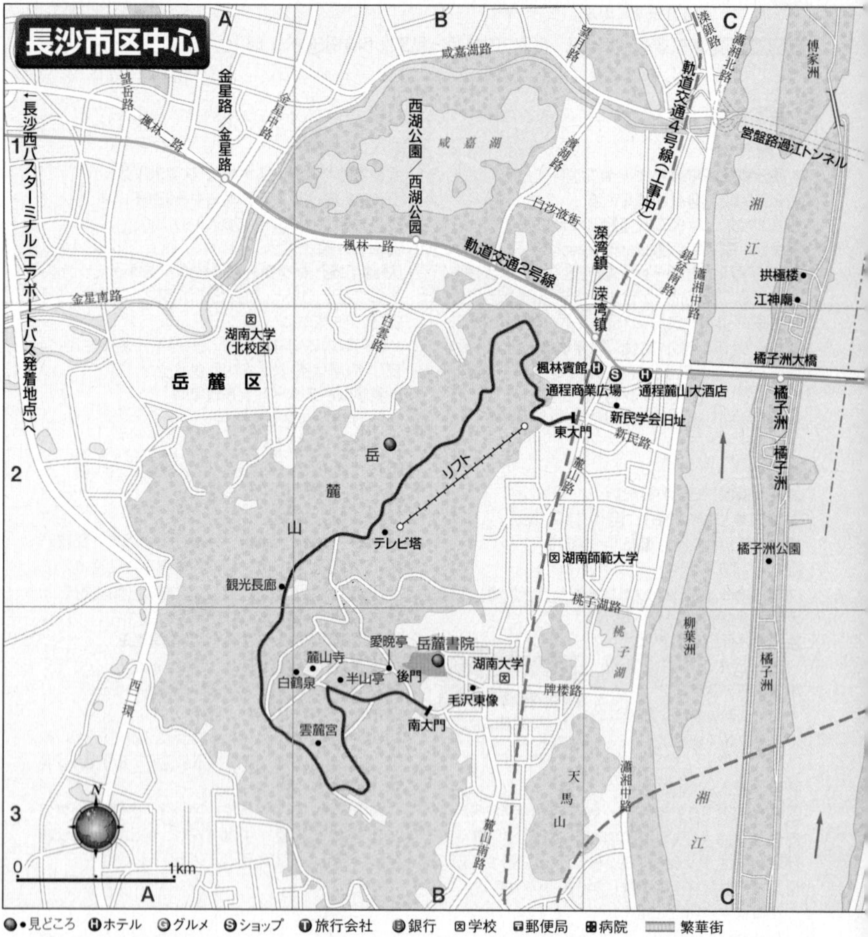

長沙市区中心

●見どころ　Ⓗホテル　Ⓖグルメ　Ⓢショップ　Ⓣ旅行会社　Ⓑ銀行　図学校　〒郵便局　⊞病院　▭繁華街

★★★ 長沙市街を見渡す緑豊かな山　2～4時間

岳麓山（がくろくさん）／岳麓山 yuèlùshān

岳麓山は、湘江の西岸に広がる景勝エリア。中国五岳のひとつ衡山（南岳）の山麓という意味で岳麓と呼ばれるようになった。最高地点は300.8m。緑が多く、近くに市街地があるとは思えないほど静かだ。

岳麓山最大の特徴は、中国を代表する宗教である儒教、道教、仏教が共存しているということ。麓には儒教関連の岳麓

雲麓宮から長沙市中心部を眺める

岳麓山
Ⓜ **P.240-A2～B3**
㊓ 岳麓区麓山路58号
☎ 88825011
㋔ 岳麓山7:00～23:00
麓山寺、雲麓宮8:00～17:00
㊡ なし　㊕ 無料
㊋ 東大門＝地下鉄2号線「溁湾镇」
南大門＝立珊専線、5、132路バス「桃子湖」
Ⓤ www.hnyls.com

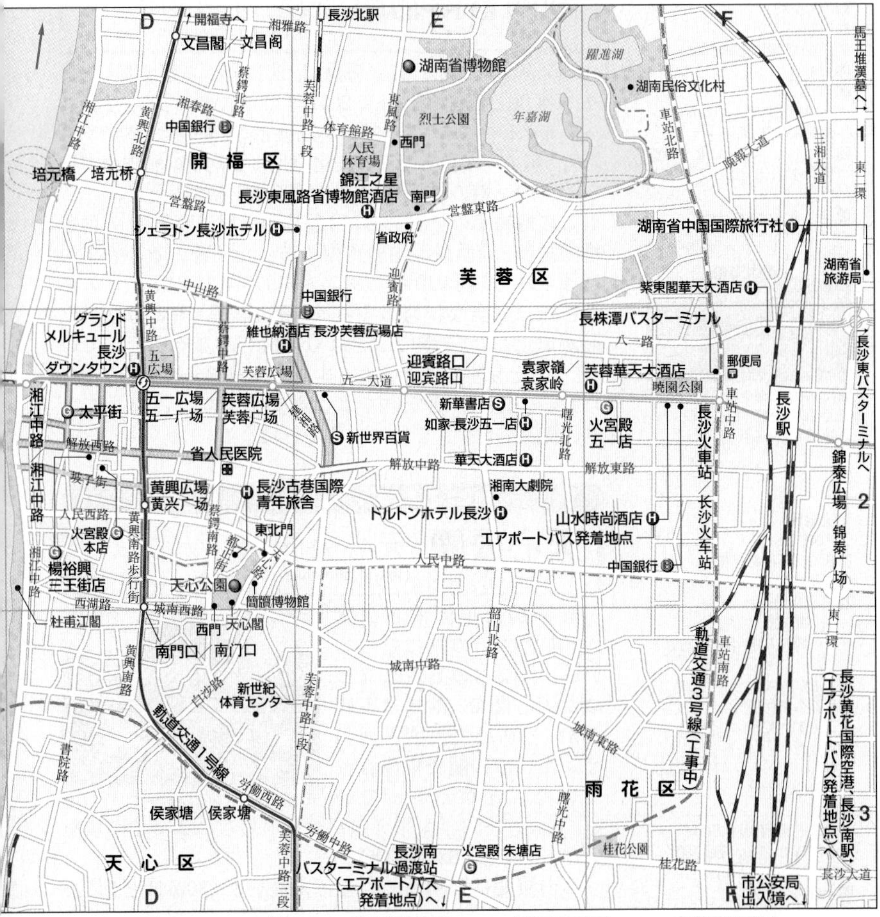

D E F
↑開福寺へ　長沙北駅　湘雅路
文昌閣／文昌阁
湖南省博物館
躍進湖
湖南民俗文化村
馬王堆漢墓へ
蔡锷北路　芙蓉中路一段　東風路　湘春路　黄興北路　湘江中路
中国銀行　体育館路　烈士公園　年嘉湖　車站北路　晩報大道　三湘大道　東二環
人民体育場　西門
開福区
培元橋／培元桥
錦江之星 長沙東風路省博物館酒店　南門
営盤路　営盤東路
シェラトン長沙ホテル　省政府
湖南省中国国際旅行社
湖南省旅游局
中山路　迎賓路
芙蓉区
中国銀行
紫東閣華天大酒店
グランドメルキュール長沙ダウンタウン
黄興中路　蔡锷中路
維也納酒店 長沙芙蓉広場店
長株潭バスターミナル
八一路
→長沙東バスターミナルへ
五一広場　芙蓉広場
迎賓路口／迎宾路口
袁家嶺／袁家岭
芙蓉華天大酒店
郵便局
五一大道
晓園公園
長沙駅
湘江中路
太平街
五一広場／五一广场
芙蓉広場／芙蓉广场
新華書店
如家-長沙五一店
火宮殿 五一店
曙光北路
車站中路
長沙火車站／长沙火车站
解放西路
新世界百貨
錦泰広場／锦泰广场
省人民医院
解放中路
華天大酒店
解放東路
坡子街
黄興広場／黄兴广场
長沙古巷国際青年旅舎
湖南大劇院
人民西路
火宮殿 本店
黄興南路歩行街
蔡锷南路
都正街
東北門
ドルトンホテル長沙
山水時尚酒店
エアポートバス発着地点
楊裕興 三王街店
天心公園
人民中路
中国銀行
湘江中路
西湖路
筒牘博物館
杜甫江閣
城南西路
西門　天心閣
南門口／南门口
韶山北路
車站南路
城南中路
黄興南路
白沙路
新世紀体育センター
芙蓉中路二段
軌道交通1号線
城南東路
軌道交通3号線（工事中）
長沙黄花国際空港、長沙南駅（エアポートバス発着地点）へ
書院路
労働西路
侯家塘／侯家塘
雨花区
曙光中路
労働中路
天心区
芙蓉中路三段
長沙南バスターミナル過渡站（エアポートバス発着地点）へ
火宮殿 朱塘店
桂花公園
桂花路
市公安局出入境へ
長沙大道
1 2 3

—— 山上遊覧バス　－・－ 区境　—○— 軌道交通1号線　—○— 軌道交通2号線　－ － 軌道交通建設中

書院（北宋代創建）、山腹には仏教寺院である麓山寺（西晋代創建）、山頂には道教寺院の雲麓宮（明代創建）といった具合。また、中国四大名亭のひとつに挙げられる愛晩亭も有名。亭上にある扁額の愛晩亭の金文字は、青年時代にここで激論を戦わせた毛沢東の直筆だ。

岳麓山を巡るルートはいくつかあるが、おすすめは地下鉄駅から徒歩10分ほどで行ける東大門から、リフトまたは遊覧バスに乗る方法。リフトならテレビ塔に、遊覧バスならその600mほど先の観光長廊に着く。ここからは愛晩亭まで下る別の遊覧バスが出ているので利用してもいいし、徒歩で下りつつ雲麓宮や麓山寺を見学してもいい。愛晩亭の近くには岳麓書院の後門があり、ここから岳麓書院に入ることも可能だ。

インフォメーション

岳麓山のリフト
Ⓜ P.240-B2
オ 9:00～17:00　休 なし
料 上り＝30元、下り＝25元、往復＝50元

山上の遊覧バス
A線（東大門～観光長廊）とB線（愛晩亭～観光長廊）があり、通しでのチケット購入も可能。
オ 8:00～17:00　休 なし
料 片道＝20元、往復または通し＝30元

★★　貴重な出土品が展示されている

湖南省博物館／湖南省博物馆
こなんしょうはくぶつかん　húnánshěng bówùguǎn

1956年に開館した省立博物館。2012年から建て直しとなり、5年以上の歳月をかけ、2017年11月に竣工した。展示スペースは1 ～ 3階で、1階が特別展示（開催時は1階のみ有料）、2階の「湖南人 － 三湘文化陳列」（湖南省の歴史や文化を紹介）と3階の「長沙馬王堆漢墓陳列」が常設展示。

この博物館の見どころは「長沙馬王堆漢墓陳列」。馬王堆漢墓は、前漢長沙国の丞相であった利蒼とその家族が埋葬された3基の墳墓。1972 ～ 1975年の発掘で、1号墓からほぼ完全な状態のミイラ（妻の辛追）や貴重な文化財が出土した。3階ではそれらを惜しみなく展示している。3階を見学したあとは、エスカレーターで下りるが、1号墓の中に下りていくようなレイアウトになっており、最後にミイラを目にすることになる。

湖南省博物館
Ⓜ P.241-E1
住 開福区東風路50号
☎ 84415833
オ 9:00～17:00
※入場は閉館1時間前まで
休 月曜
料 無料
※入口でパスポートを提示し、整理券を受け取る
交 3、112、113、136、146、150、203、358路バス「省博物馆」
Ⓤ www.hnmuseum.com

新しい湖南省博物館。入場時は正面にある整理券配布窓口でパスポートを提示する

★　市街地にある眺望ポイント

天心公園／天心公园
てんしんこうえん　tiānxīn gōngyuán

繁華街に位置する公園で、市民憩いの場になっている。公園内の高台に立つのが天心閣で、創建は不明だが、当初は文昌閣と合わせふたつの楼閣で構成されていたことがわかっている。また、1852年太平天国軍の長沙侵攻によって破壊を受けている（1983年再建）。

天心閣と太平天国軍の像

この楼閣は繁華街でいちばん高い所（30mほど）にあるので、楼閣の上からは長沙の繁華街を見渡せる。

天心公園
Ⓜ P.241-D2
住 天心区天心路17号
☎ 85563262
オ 天心公園6:00～23:00
天心閣8:00～17:30
※天心閣の入場は閉館30分前まで
休 なし
料 天心公園＝無料
天心閣＝32元
交 東北門：
122、130、167、171、803路バス「天心阁」
西門：
①地下鉄1号線「南门口」
②2、143、145、358、804、901路バス「天心阁西门」
Ⓤ www.hntxg.cn

郊外の見どころ

★★★ 毛沢東生誕の家が残る景勝地 半日～1日

韶山風景名勝区/韶山风景名胜区

しょうざんふうけいめいしょうく　sháoshān fēngjǐng míngshèngqū

長沙市の南西約100kmの所にある緑豊かな丘陵地帯が韶山。韶山冲という場所には、中華人民共和国建国の立役者で初代主席の毛沢東の生家があり、彼に関する見どころが点在する観光地となっている。

毛沢東同志故居外観

風景名勝区は清渓景区、故居景区、滴水洞景区、韶峰景区に分かれているが、必見は故居景区にある毛沢東同志故居。1893年12月26日に生まれた毛沢東は、勉学のためにこの地を離れるまでの17年間をここ韶山で過ごした。故居は土壁の農家だが、部屋が13室もあるかなり大きな家で、内部は毛沢東が当時住んでいたそのままの配置に復元され、家財道具もほとんどが本物だ。

故居景区にはほかに毛沢東の銅像が立つ毛沢東広場があり、その近くに彼の業績をたたえる毛沢東同志紀念館と毛氏宗祠が並んでいる。少し離れた所には毛沢東紀念園がある。

滴水洞景区にある滴水洞は32年ぶりに韶山に帰った毛沢東が気に入った場所で、文化大革命の頃には防空壕や指揮所も設けられ、活動拠点となった。滴水堂一号楼の毛沢東の寝室には、睡眠前の読書を好んだ毛沢東のために、片側が高くなるように特別に設計された木製のベッドがある。

韶峰景区には標高520mの韶峰がそびえ、リフトで上れる。山頂にある韶峰寺からの眺めは360度全方位。山麓には毛沢東が生涯に詠んだ詩50首を刻んだ大理石が林立する毛沢東詩詞碑林がある。

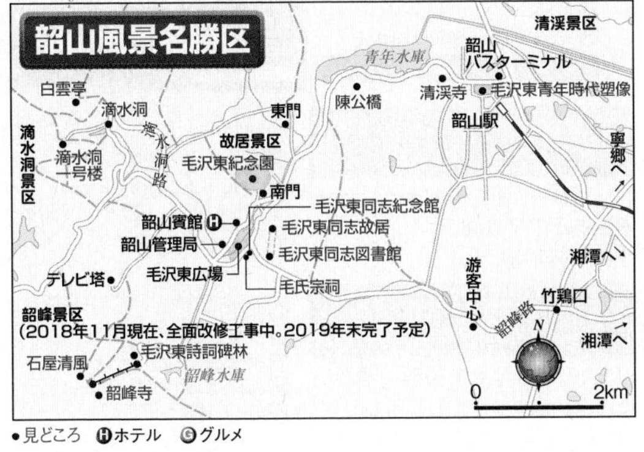

●見どころ　Ⓗホテル　Ⓖグルメ

韶山風景名勝区
Ⓜ **P.236-C2、P.243**
住 韶山市韶山冲村
☎ 55685157、55650095
オ 5月～10月上旬8:00～17:30
10月中旬～4月8:30～17:00
※入場は閉園1時間前まで
休 毛沢東同志紀念館＝月曜
料 毛沢東紀念園＝60元、滴水洞景区＝50元
交 長沙南駅から高鉄で「韶山南」(30.5元、所要30分)。専用バスに乗り換え「韶山景区游客中心」(8:00～17:30の間1時間に1～2便。3元、所要20分)
※「游客中心」からの最終バスは18:30発
U www.txssw.com

インフォメーション

韶峰景区
2018年11月現在、韶峰景区は全面改修中(リフトを含む)で入場できない。工事完了は2019年末を予定。

游客中心からのバス
游客中心を出て韶山風景名勝区内を走るバスは次の2路線。係員の指示に従い乗車する。
▶大循環線：乗換中心～広場東～広場北～紀念園東門～滴水洞～広場西～乗換中心
▶小循環線：乗換中心～広場東～韶山賓館～広場西～乗換中心
オ 5月～10月上旬7:00～18:00の間15分に1便。10月中旬～4月7:30～17:30の間15分に1便
休 なし
料 20元
※当日であれば何度でも乗車可能

観光勧誘には応じないこと
韶山南駅や韶山景区游客中心付近で観光客に入場券をすすめてくる人がいるが無視すること。その多くは毛沢東紀念園と韶峰景区(工事中!)の共通券であり、実質的に高くなってしまう。また、商店にも連れて行かれ、時間も浪費してしまう。

劉少奇故里
M P.236-C2
住 寧郷県花明楼鎮炭子冲村
☎ 87094299、87094027
オ 9:00～17:00
※入場は閉門30分前まで
休 なし　料 無料
交 長沙西バスターミナルから「花明楼」行きバスで終点
※「花明楼」からの最終バスは16:20発。それ以降は901路バスで「宁乡」(9元、所要50分。最終は17:30発)。寧郷バスターミナルから「长沙南」行きバスで終点(12元、所要1時間)
※「宁乡」からの最終バスは19:00発
U www.shaoqiguli.com

★★　中国建国に尽力した劉少奇のふるさと

劉少奇故里/刘少奇故里
りゅうしょうきこり　liúshǎoqí gùlǐ

劉少奇故里は長沙の南西郊外に位置する観光地で、国家副主席だった劉少奇ゆかりの土地。彼は18歳までの青年時代を花明楼で過ごした。

1961年、劉少奇は夫人とともに農村状況の調査でこの地に戻り、多くの農村を訪ね歩いて農民と話をした。そのときに、彼は長年過ごした実家に1週間ほど滞在して昔を懐かしんだ。見どころとしては、彼が青年時代を過ごした劉少奇同志故居や劉少奇同志紀念館、劉少奇文物館、劉少奇同志銅像広場、花明楼などがある。

毛沢東同志故居に似た趣の劉少奇同志故居

ホテル

シェラトン長沙ホテル/长沙运达喜来登酒店
ちょうさ　chángshā yùndá xǐláidēng jiǔdiàn

三角柱の形が印象的なツインタワー、総合ショッピングモールの長沙運達国際広場に入る最高級ホテル。中国料理レストランのほか、イタリア料理や日本食も楽しめるレストランが入店。フィットネスジムやプール、サウナも完備している。

M P.241-E1　★★★★★
住 開福区芙蓉中路一段478号運達国際広場
☎ 84888888　FAX 84888889
S 821～1071元　T 821～1071元
サ 10%+6%
カ ADJMV
U www.marriott.com
両替　ビジネスセンター　インターネット

ドルトンホテル長沙/通程国际大酒店
ちょうさ　tōngchéng guójì dàjiǔdiàn

湖南省で初めて認可された5つ星高層ホテル。51階建ての建物は遠くからでもよく目立つ。ロビーの天井も高く、豪華な造り。館内にはプールやジム、広東料理と西洋料理レストラン、カフェなどがある。

M P.241-E2　★★★★★
住 芙蓉区韶山北路159号
☎ 84168888
FAX 84169999
S 519元　T 509元
サ なし
カ ADJMV
U www.dolton-hotels.com
両替　ビジネスセンター　インターネット

芙蓉華天大酒店
ふようかてんだいしゅてん
芙蓉华天大酒店 fúróng huátiān dàjiǔdiàn

館内にはヘアサロンやジム、カフェバー、美食街がある。市内には名称に華天のつくホテルが複数あるので注意。
両替　ビジネスセンター　インターネット　U www.chhtg.com

M P.241-F2　★★★★
住 芙蓉区五一大道176号
☎ 84401888　FAX 84401889
S 358～458元　T 358～458元
サ なし　カ ADJMV

山水時尚酒店
さんすいじしょうしゅてん
山水时尚酒店 shānshuǐ shíshàng jiǔdiàn

長沙駅から徒歩5分、エアポートバスの発着地点で交通の便がいい。近くに中国銀行がある。
両替　ビジネスセンター　インターネット

M P.241-F2
住 芙蓉区五一大道47号
☎ 84506888　FAX 84506888
S 268～318元　T 268～318元
サ なし　カ 不可

ホテル

錦江之星 長沙東風路省博物館酒店

きんこうしせい　ちょうさとうふうろしょうはくぶつかんしゅてん

锦江之星 长沙东风路省博物馆酒店 jǐnjiāngzhīxīng chángshā dōngfēnglù shěngbówùguǎn jiǔdiàn

「経済型」チェーンホテル。烈士公園の近くにある。部屋には液晶テレビ完備。ファクスやコピーサービスもあり、国際電話も可能。

両替　ビジネスセンター　インターネット　U www.jinjianginns.com

M P.241-E1
住 開福区東風路1号
☎ 88281888　FAX 88281128
S 219～259元　T 229～249元
サ なし　カ 不可

長沙古巷国際青年旅舎

ちょうさここうこくさいせいねんりょしゃ

长沙古巷国际青年旅舍 chángshā gǔxiàng guójì qīngnián lǚshè

天心公園近く、レトロな町並みの都正街にある。個室は小さいがタオルやドライヤー、エアコンがあり快適。周囲に飲食店が多い。

両替　ビジネスセンター　インターネット

M P.241-D2
住 天心区人民西路都正街56号
☎ 82253500　FAX なし　S 120～180元　T 120元　D 40元（8人部屋）　サ なし　カ 不可

グルメ

火宮殿 五一店／火宮殿 五一分店

かきゅうでん ごいちてん　huógōngdiàn wǔyīfēndiàn

1747年に「乾元宮」という名前で開業した由緒あるレストランで、坡子街の本店（M P.241-D2）には毛沢東もよく通ったという。臭豆腐の揚げ物“油炸臭豆腐”は10元（小）、もち米の粉を揚げた“糖油粑粑”は3個6元。

M P.241-F2
住 芙蓉区五一大道93号
☎ 84120580
オ 11:00～14:30、17:00～翌0:30
休 なし
カ 不可
U www.huogongdian.com

楊裕興 三王街店／杨裕兴 三王街店

ようゆうきょう さんおうがいてん　yángyùxīng sānwángjiēdiàn

1893年創業の麺料理の老舗で、なかでも米粉の麺で有名。入口近くのカウンターで注文して支払いをし、レシートを店員に渡す。麺は小麦麺の“面”または米麺の“粉”のどちらかを選んで注文。卵や青菜のトッピングも可能。市内各地に支店がある。

M P.241-D2
住 芙蓉区三王街三王麗都大廈1階
☎ 82288192
オ 6:30～翌2:00
休 なし
カ 不可

太平街／太平街

たいへいがい　tàipíngjiē

黒い臭豆腐などの長沙名物を売る店が多い、食べ歩きが楽しいストリート。カフェやレストランも多く、ここにあるスターバックス（星巴克咖啡）はレトロでおしゃれ。衣料品やみやげものも手に入る。

M P.241-D2
住 天心区五一大道太平街口
オ 10:00～24:00頃
※店によって異なる
休 なし

旅行会社

湖南省中国国際旅行社／湖南省中国国际旅行社

こなんしょうちゅうごくこくさいりょこうしゃ　húnánshěng zhōngguó guójì lǚxíngshè

日本語ガイドは1日500元、市内での車チャーターは1日600元～。韶山1日ツアーなどの手配旅行は要相談。

U www.hnguolv.com

M P.241-F1
住 芙蓉区東二環二段36号湖南省旅游局第三辦公楼1階
☎ 日本部＝82280437
FAX 日本部＝82280445
オ 9:00～12:00、14:00～17:00
休 土・日曜、祝日
カ 不可
✉ 370937246@qq.com（日本部）

町の中央を流れる沱江

中国でもよく知られる古鎮のひとつ

鳳凰（ほうおう）

凤凰（フォンホアン） Fèng Huáng　市外局番 **0743**

概要と歩き方

鳳凰は、貴州省と境界を接する湖南省西部山間部の盆地に位置する小さな町。ミャオ族などの少数民族と中央政権が境界を接する要衝であったが、明代に軍の駐屯地として整備され、近辺には長城の建設が開始された。その後、1700（清の康熙39）年に県に昇格した。

明清代の建物が残る鳳凰は、沈従文（しんじゅうぶん）の小説『辺城』で広く知られるようになり、中国有数の「古鎮」として有名になった。経済発展にともない、多くの観光客が訪れるようになると、観光的な整備もいっそう進んだ。

鳳凰とほかの町を結ぶ公共の交通手段は長距離バスのみ。日本からは、鉄道や飛行機を利用して湖南省の張家界（→P.250）や吉首、懐化、貴州省銅仁を経由することになる。宿泊については、沱江両岸一帯に「客桟」「旅館」と名乗る多くの安宿があり、平常時なら200～300元で宿泊できる。古城内の散策時には、杵でついて作るお菓子の木錘酥や、生姜飴の姜糖、木の葉に包まれたお餅、桐叶粑粑などの鳳凰名物を味わいたい。

町の気象データ（→P.237）：「预报」>「湖南」>「湘西」>「凤凰」

都市データ

鳳凰県
人口＝42万人
面積＝1734㎢
鳳凰県は湘西トウチャ族ミャオ族自治州管轄下の県。行政の中心は沱江鎮

県公安局出入境管理処
（县公安局出入境管理处）
Ⓜ **P.246-B1**
住 沱江鎮虹橋東路と豹子湾路交差点の東約150m政府政務服務中心
☎ 3502245
オ 8:00～12:00、14:30～18:00
休 土・日曜、祝日
観光ビザの延長は不可

県人民医院
（县人民医院）
Ⓜ **P.246-A2**
住 沱江鎮虹橋西路
☎ 3221199
オ 24時間　休 なし

●市内交通
【路線バス】 2018年11月現在、6路線のみ。運行時間の目安は6:30～20:00。1元
【タクシー】 初乗り2km未満5元、2km以上1kmごとに2.25元加算。ただし、メーターを使う運転手は少なく、交渉が必要。鳳凰大橋から鳳凰総合バスターミナルまで片道10元、奇梁洞まで片道30元、南方長城まで片道50元が目安

●•見どころ　Ⓗホテル　病院

ACCESS

中国国内の移動 ➡ P.341

バス 鳳凰唯一の公共交通機関。バスターミナルは鳳凰古城の約2km北西の沱江北岸にある。

所要時間（目安） 長沙／5時間30分　張家界／4時間　銅仁／1時間10分

DATA

バス

■ 鳳凰総合バスターミナル（凤凰汽车客运总站）

M **P.246-A1**　住 沱江鎮鳳凰北路

☎ 2151858　オ 7:00～18:30　休 なし　カ 不可

[移動手段] **路線バス**／1、1A路「凤凰汽车客运总站」

タクシー（バスターミナル～鳳凰大橋）／10元、所要5分が目安

3日以内の切符を販売。長沙(14便)、張家界(8便)、武陵源（2便）、銅仁（7:00～16:00の間30～45分に1便）など湖南省内を結ぶ長距離バスがメイン。

バスターミナルは赤い建物が目印

切符売り場

■ 乗車券航空券販売処（火车飞机汽车票预售处）

M **P.247-C3**　住 沱江鎮虹橋中路虹橋橋頭

☎ 3222410、3226410　オ 8:30～20:30　休 なし　カ 不可

[移動手段] **徒歩**（乗車券航空券販売処～文化広場）／10分が目安

3ヵ月以内の航空券（国際線のみ）、28日以内の鉄道切符、3日以内のバスの切符を販売。鉄道切符のみ1枚5元の手数料が必要。

中にはふたつの窓口があり、航空券、鉄道切符、バスの切符すべてを販売している

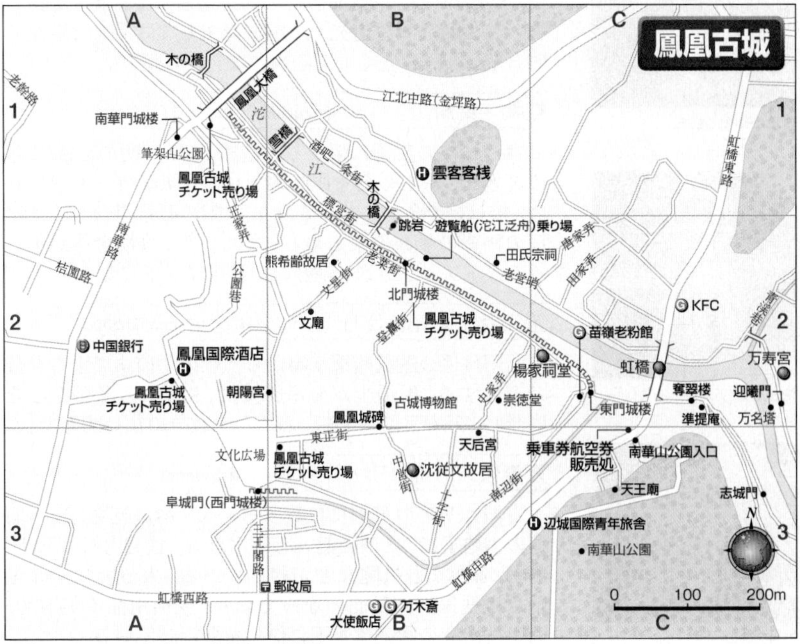

鳳凰古城

木の橋　鳳凰大橋　雪橋　沱江　南華門城楼　筆架山公園　鳳凰古城チケット売り場　江北中路（金坪路）　雲客客栈　酒吧一条街　木の橋　跳岩　遊覧船（沱江泛舟）乗り場　田氏宗祠　熊希齢故居　北門城楼　文廟　鳳凰古城チケット売り場　KFC　苗嶺老粉館　中国銀行　鳳凰国際酒店　楊家祠堂　虹橋　万寿宮　鳳凰古城チケット売り場　朝陽宮　古城博物館　崇徳堂　東門城楼　奪翠楼　迎曦門　準提庵　万名塔　鳳凰城碑　天后宮　乗車券航空券販売処　南華山公園入口　文化広場　鳳凰古城チケット売り場　沈従文故居　阜城門（西門城楼）　天王廟　志城門　辺城国際青年旅舎　南華山公園　郵政局　万木斎　大使飯店　虹橋中路　虹橋西路　虹橋東路　老営哨　東正街　南華路　桂園路　公園巷　王家弄　文星街　老菜街　登瀛街　中営街　十字街　南辺街　三王閣路　史家弄　唐家弄　田家弄　老砕路

●見どころ　Ⓗホテル　Ⓖグルメ　Ⓑ銀行　〒郵便局

鳳凰古城
Ⓜ **P.247**
㊟沱江鎮鳳凰古城
☎3223315、3502059
㋔古城24時間
古城内の見どころ
5〜10月7:30〜18:00
11〜4月8:00〜17:30
㊡なし
㊕古城＝無料
見どころ＝148元
※チケットは2日間有効
※見学可能な見どころは、沈従文故居、熊希齢故居、古城博物館、崇徳堂、楊家祠堂、虹橋、沱江泛舟、東門城楼、万寿宮の9カ所
㊋徒歩で行ける

沈従文故居

沱江から眺める虹橋

沱江泛舟と万名塔

万寿宮入口

見どころ

★★★ 華南を代表する「古鎮」 4〜5時間

鳳凰古城／凤凰古城
ほうおうこじょう　fènghuáng gǔchéng

沱江沿いに広がる町には、明清代の古民居が多数残っており、これが鳳凰の最大の見どころ。趣ある町なので、目的もなく散策するだけでも十分に楽しい。町は沱江を境に北と南に分かれており、南側は鳳凰県城がおかれた古城エリア。東門、北門、南華門、阜城門で囲まれた東西約700m、南北約450mの範囲に城壁の一部や古建築、地元出身の有名人の生家などが残されている。各見どころに入るにはチケットが必要。

沈従文故居／沈从文故居［しんじゅうぶんこきょ／shěn cóngwén gùjū］

沈従文（1902〜1988年）は鳳凰出身の歴史家・作家で、祖母はミャオ族、母はトゥチャ族、父は漢族。1936年に発表した小説『辺城』で1920年代の鳳凰の様子を生きいきと描写し、中国人に鳳凰を知らしめたが、この作品はこの家で書かれた。現在では、遺稿など彼に縁のある品々が展示されている。

楊家祠堂／杨家祠堂［ようけしどう／yángjiā cítáng］

楊家祠堂は、北側の城壁沿いに立つ鳳凰24祠堂のひとつ。楊氏が一族の祖先を祀る集会場として、資金を持ち寄って1836（清の道光16）年に着工した木造の2階建て四合院。入口の近くにある劇台は見事な造り。

虹橋／虹桥［こうきょう／hóngqiáo］

東門城楼の東側に架かる建造物。1374（明の洪武7）年の創建で、もとの名を臥虹橋といい、風雨橋とも呼ばれる。橋は3階建てになっており、2階の観景陽台からは沱江の両岸の景観を楽しめる。また、夜には橋全体が美しくライトアップされ、絶好の撮影ポイントになる。

沱江泛舟／沱江泛舟［だこうはんしゅう／tuójiāng fànzhōu］

北門付近の遊覧船乗り場から風橋の手前まで手こぎ舟で遊覧する。船の上から吊脚楼群、虹橋、万名塔などを堪能し、万寿宮前で下船。わずか十数分の短い船旅だ。

万寿宮／万寿宫［まんじゅきゅう／wànshòugōng］

古城エリアの東側に位置する1755（清の乾隆20）年創建の古建築で、江西会館とも呼ばれる。敷地内には三門、劇台、正殿、遐昌閣などが残っている。入ってすぐの正殿は鳳凰民俗博物館となっており、生活用品や美術品、湖南省出身の画家黄永玉の作品を展示している。

★★ ライトアップされた鍾乳洞

奇梁洞/奇梁洞
きりょうどう qíliángdòng

鳳凰古城の北7kmの所に位置する長さ約6kmの鍾乳洞。5つの景区に分かれているが、なかでも見応えがあるのは龍宮、天堂、十里画廊の3つ。特に十里画廊（約2800m）では、滝や石筍、石柱など自然が生み出した見事な造形を満喫できる。また、洞窟には、南宋末期ミャオ族を中心とした反乱軍が全滅したという伝説があり、それにまつわる見どころもある。

奇梁洞
Ⓜ **地図外（P.246-A1左）、P.236-A2**
住 沱江鎮奇梁橋郷
☎ 3570001
オ 5～10月7:30～18:00
11～4月8:00～17:30
休 なし 料 60元
交 1A路バス「奇梁洞景区」

鍾乳洞内はガイドとともに回る。所要約2時間

郊外の見どころ

★ 中国で最も南にある長城

南方長城/南方长城
なんぽうちょうじょう nánfāng chǎngchéng

ミャオ族を中心とする少数民族の侵入を防ぐために築かれた長城で、苗疆辺墻とも呼ばれる。着工は1554（明の嘉靖33）年、完成は1622（明の天啓3）年。

再建整備された南方長城

全長は南の亭子関（鳳凰と銅仁の境界）と北の喜鵲営（吉首）を結ぶ約190km。整備されているのは、沱江鎮の西約15kmの地点で、城門や楼閣、砲台などが設置されている。

南方長城
Ⓜ **地図外（P.246-A2下）、P.236-A2**
住 沱江鎮拉毫村
☎ 3771309
オ 5～10月7:30～18:00
11～4月8:00～17:30
休 なし
料 45元
交 路線バス2、2A路で終点「土桥垅」。「阿拉」方面に向かうバスに乗り換え「南方长城门口」（6:30～19:00。5元、所要30分）
※「南方长城门口」からの最終バスは18:30頃発

ホテル

天下鳳凰大酒店
てんかほうおうだいしゅてん
天下凤凰大酒店 tiānxià fènghuáng dàjiǔdiàn

沱江鎮で最高級の設備とサービスを誇るホテル。古城からは少々離れているが、沱江河畔にあり景観もよい。
両替 ビジネスセンター インターネット U www.txfhdjd.com

★★★★
Ⓜ P.246-A1
住 沱江鎮鳳凰路1号
☎ 3502999 FAX 3502998
S 599～699元 T 499～599元
サ なし カ ADJMV

鳳凰国際酒店
ほうおうこくさいしゅてん
凤凰国际酒店 fènghuáng guójì jiǔdiàn

鳳凰で最も早く外国人受け入れを始めたホテルで、以前は政府賓館といった。中国伝統様式の建物で、湖南料理レストランを併設。
両替 ビジネスセンター インターネット

★★★
Ⓜ P.247-A2
住 沱江鎮西門坡5号
☎ 2134666 FAX 3502598
S 328～388元 T 328～388元
サ なし カ V

鳳天国際大酒店
ほうてんこくさいだいしゅてん
凤天国际大酒店 fèngtiān guójì dàjiǔdiàn

沱江鎮の商業エリアに立つホテルで、阜城門まで徒歩10分ほど。星はないが、設備は4つ星クラス。
両替 ビジネスセンター インターネット

Ⓜ P.246-A2
住 沱江鎮鳳凰路蘭経大世界
☎ 3777777 FAX 3222006
S 428元 T 398元
サ なし カ 不可

雲客客桟
うんきゃくきゃくさん
云客客栈 yúnkè kèzhàn

リーズナブルなうえに、鳳凰古城へとつながる跳岩へは徒歩3分。各部屋のベランダからは鳳凰の古い町並みを一望できる。
両替 ビジネスセンター インターネット

Ⓜ P.247-B1
住 沱江鎮老営哨56号
☎ 3261188 FAX なし
S 150元 T 150元
サ なし カ 不可

浸食でできた鋭い峰が独特の奇観を造り出す（黄石寨景区）

世界遺産の武陵源がある景勝地

張家界

张家界 Zhāng Jiā Jiè　市外局番 **0744**

都市データ

張家界市
人口＝169万人
面積＝9534㎢
2区2県を管轄

市公安局出入境管理処（市公安局出入境管理处）
Ⓜ **P.253-B2**
㊟永定区南荘路32号張家界旅游局傍
☎8248169、8248129
オ8:00～12:00、14:30～16:30
休土・日曜、祝日
観光ビザを最長30日間延長可能。手数料は160元

市人民医院（市人民医院）
Ⓜ **P.253-C1**
㊟永定区古庸路192号
☎8224213
オ24時間
休なし

●市内交通
【路線バス】運行時間の目安は6:00～21:00、1～2元
【タクシー】初乗り1.6km未満5元、1.6km以上300mごとに0.5元加算

概要と歩き方

張家界は湖南省の北西部、湖北省と境界を接する風光明媚な所。市の中心部にある武陵源が1992年にユネスコの世界遺産に登録されてから知名度が上がった。5～10月の観光シーズンには多くの観光客が訪れている。

張家界の名前の由来にはこんな伝説がある。前漢建国の功臣である張良は、皇帝となった劉邦が次々と仲間を粛清するのを見て、次は自分の番だと怖れて南に逃れ、この地で不老不死の仙人になったという。それを知った村人が、この地を張家界と呼ぶようになったというもの。実際のところは、彼は紀元前186年に死亡しており、水繞四門の近くには張良墓がある。ただし張良墓といわれるものは国内に10以上あり、これが本物である可能性は低そうだ。

張家界市の中心は武陵源から約30km南の永定区で、鉄道駅がありバスの便も多いため、ほとんどの旅行者はここに到着する。武陵源風景名勝区の入口は5ヵ所あるが、張家界からバスで行くことができるのは2ヵ所。入口のひとつ、武陵源ゲートの周りは武陵源区と呼ばれる市街地になっており、ホテルやレストランも多数あるので、ここをベースに回るのもいい。もうひとつの入口は南の森林公園ゲートだ。

武陵源風景名

武陵源区の渓布街にはレストランやバー、みやげ物店が集まり、観光シーズンには多くの人でにぎわう

	1月	2月	3月	4月	5月	6月	7月	8月	9月	10月	11月	12月
平均最高気温(℃)	8.8	10.1	15.2	21.5	25.6	29.2	32.4	32.5	27.7	22.1	16.2	11.0
平均最低気温(℃)	1.8	3.0	7.3	12.5	17.0	20.6	23.4	22.9	19.0	13.9	8.9	3.9
平均気温(℃)	5.3	6.6	11.2	17.0	21.3	24.9	27.9	27.7	23.4	18.0	3.9	7.4
平均降水量(mm)	詳細データなし											

町の気象データ（→P.237）：「预报」>「湖南」>「张家界」>区・県から選択

勝区は広い。自力でバスを利用して行く場合、どういったルートで観光するかを事前に決めておくとよい。
　ツアーに参加する場合はホテルのフロントや張家界駅周辺、旅行会社で申し込む。武陵源は広いエリアに見どころが点在しているので、費用に何が含まれるのか、どこを観光するのかをしっかり確認すること。

張家界はトゥチャ族が多い地域。トゥチャ料理を出すレストランが並ぶ

ACCESS

中国国内の移動 ➡ P.341　鉄道時刻表検索 ➡ P.30

飛行機 張家界中心部の西5kmに位置する張家界荷花空港（DYG）を利用する。

国際線 日中間運航便はないので、上海や広州などで乗り継ぐとよい。

国内線 各地との間に便があるが、上海や広州とのアクセスが便利。

所要時間（目安） 北京首都（PEK）／2時間25分　上海浦東（PVG）／1時間50分　広州（CAN）／1時間40分　成都（CTU）／1時間20分

鉄道 焦柳線の途中駅である張家界駅を利用する。各都市とを結ぶ列車があるが、始発列車は少ないので、長距離移動の場合はまず長沙に移動するとよい。なお、高速鉄道駅の張家界西駅を建設中。

所要時間（目安） 広州（gz）／快速：13時間30分　深圳西（szx）／快速：18時間5分　長沙（cs）／快速：4時間50分　南寧（nn）／快速：15時間30分　北京（bj）／快速：24時間15分　上海南（shn）／快速：20時間15分

バス 張家界中心バスターミナルと武陵源長距離バスターミナルがあり、おもに省内便が発着する。このほか、両方のバスターミナルを結ぶバスもある。

所要時間（目安） 長沙／4時間～4時間30分　長沙東／4時間30分　鳳凰／4時間

DATA

飛行機

■ **張家界荷花空港**（张家界荷花机场）
M **P.236-A2**　住 永定区机場路
☎ 問い合わせ＝8238417　航空券売り場＝8238465
オ 始発便～最終便　休 なし　カ 不可
［移動手段］**タクシー**（空港～大庸府商場）／30元、所要15分が目安　**路線バス**／401、402路「机场派出所」。徒歩5分
※エアポートバスはない

鉄道

■ **張家界駅**（张家界火车站）
M **地図外（P.253-C2下）**
住 永定区官黎坪郷車站広場　☎ 共通電話＝12306
オ 2:30～21:00　休 なし　カ 不可
［移動手段］**タクシー**（張家界駅～大庸府商場）／10元、所要10分が目安　**路線バス**／5路「中心汽车站」、9路「人造板厂」、1、6、101、102路「张家界火车站」
　28日以内の切符を販売。

バス

■ **張家界中心バスターミナル**（张家界中心汽车站）
M **地図外（P.253-C2下）**　住 永定区官黎坪郷車站広場張家界站西側
☎ 8305599　オ 6:30～19:00　休 なし　カ 不可
［移動手段］**タクシー**（張家界中心バスターミナル～大庸府商場）／10元、所要10分が目安　**路線バス**／5路「中心汽车站」、9路「人造板厂」、1、6、101、102路「张家界火车站」
　3日以内の切符を販売。森林公園ゲート（7:00～17:00の間巡環）、武陵源長距離バスターミナル（6:00～19:00の間15分に1便）、長沙（西バスターミナル：14便、長株潭バスターミナル：10便）、鳳凰（8便）など省内便がメイン。

■ **武陵源長距離バスターミナル**（武陵源长途汽车站）
M **P.256-B1**　住 武陵源区桂花路
☎ 5615611　オ 6:30～17:30　休 なし　カ 不可
［移動手段］**徒歩**／武陵源ゲートから15分　**路線バス**／武陵源1、2路「汽车站」
　長沙行きと鳳凰行きのみ3日以内の切符を販売。他路線は当日の切符のみ販売。張家界（中心バスターミナル：6:00～19:00の間15分に1便）、長沙（西バスターミナル：8:20、13:20、15:00発）、鳳凰（8:30、14:30発）など。

森林公園ゲートや張家界大峡谷行きバスも出る

天門山
Ⓜ **P.236-A～B2**
住 永定区官黎坪
☎ 8366666、8369999
オ 4月下旬～10月上旬6:30～16:00
3月～4月中旬、
10月中旬～11月7:00～16:00
12～2月7:30～16:00
休 なし　料 261元
※入山料、天門山ロープウエイ代、環境保護車代、穿山エスカレーター(洞口～山頂)代含む
※穿山エスカレーター運休の期間は241元
交 1、13、101、102路バス「天门山索道站」
U www.tianmenshan.com.cn

インフォメーション

天門山ロープウエイ（山麓駅～山頂駅）と、環境保護車（山門～天門洞前広場）の運行開始時間は、天門山入場開始時間の30分後。それぞれの下りの最終便は天候により変動するが、基本的に以下のようになる。
4月下旬～10月上旬　18:30～19:00
3月～4月中旬、10月中旬～11月末日　18:00～18:30
12～2月　17:30～18:00
※天門山ロープウエイは毎年冬（多くは12～1月）にメンテナンスを行うため10日前後運休となる

穿山エスカレーター
（広場～洞口区間）
料 上り＝32元、下り＝無料
休 10月下旬～4月
※安全を考慮し、天門洞開景区は12～2月頃閉鎖される。それに合わせて穿山エスカレーターも運休となる

山頂森林観光リフト
オ 夏季7:30～17:30
冬季8:30～16:30
料 片道＝25元
※毎年冬（多くは12～1月）にメンテナンスを行うため10日前後運休となる

中心部の見どころ

★★★ 張家界を見下ろす天上の箱庭　6時間～1日

天門山/天门山
てんもんさん　tiānménshān

天門山は張家界市永定区の南8kmに位置する標高1518.6m（雲夢仙頂）の山。古くは雲夢山、嵩梁山とも呼ばれ、住民からは聖山としてあがめられてきた。名の由来は、山腹にある巨大な洞門（縦131.5m、横50m強）である天門洞。山はカルスト地形のため、長年にわたる風雨の浸食で山頂部は台地状となり、そこには原生林や石筍の特異な景観が広がっている。1992年7月に国家森林公園に指定された。

断崖に造られた鬼谷桟道（覓仙奇境景区）

天門山の観光エリアは山頂部にある天界仏国景区、覓仙（べきせん）奇境景区、碧野瑶台景区、中腹部にある天門洞開景区などで構成されている。天界仏国景区には、清代の建築様式をもつ天門山寺（創建は唐代）、覓仙奇境景区には全長1.6kmの鬼谷桟道や強化ガラス製の玻璃桟道（谷底から400mの高さ）などの見どころがある。2015年には碧野瑶台景区にも玻璃桟道が完成した。山頂部には西線と東線のルートが設けられ、歩いて見学できるようになっている。中腹部の天門洞開景区には、天門洞や99ものカーブを備える通天大道（正式名称は盤山公路）などがある。

麓と山頂部は全長約7.5km（高低差約1279m）の天門山ロープウエイで結ばれており、これを利用して観光することになる。このほか天門洞開景区には、岩山をくりぬいて造られた穿山エスカレーター（広場～洞口～山頂）がある。非常に長く、天門洞前広場から山頂まで行くのに30分ほどかかる。

天門洞（天門洞開景区）

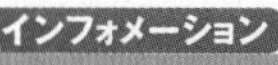

天門山観光ルート

アクセス方法が異なる3コース

天門山の観光シーズンには、混雑回避のために行きまたは帰りのどちらかのみロープウエイを利用するコースが設定されている。A線は行きがロープウエイ、帰りはバスを利用、B線はその逆となる。夏季のピークシーズンには、さらに行きも帰りもバス移動のC線しか選択肢がないこともある。

おすすめモデルルート

ここではA線を利用した場合の一般的な見学ルートを紹介する。

①山麓駅から天門山ロープウエイを利用して山頂駅まで上がる。

②ロープウエイを下りたら西線へ。玻璃桟道を渡って断崖絶壁に設けられた鬼谷桟道を歩き、約1時間で天門山寺に到着。

③天門山寺を見学後、山頂森林観光リフトで雲夢仙頂へ。展望を楽しみ、エレベーターでロープウエイ山頂駅へ下る。ここから徒歩で穿山エスカレーター乗り場へ。もしくは天門山寺見学後にリフトに乗らず、東線を歩くことも可能。こちらにも断崖の道や玻璃桟道があり、エスカレーター乗り場まで1時間程度。

④穿山エスカレーターで下ると天門洞の穴の真下の洞口に着く。さらにそこからエスカレーターまたは階段で天門洞前広場へ。

⑤天門洞前広場からは、環境保護車に乗って通天大道を下り、山門へ（所要約20分）。山門からはさらに別の無料バスに乗り換えて、市街地にある山麓駅へ戻る（所要約10分）ことができる。

★★　繁華街に位置する古刹

普光禅寺／普光禅寺
ふこうぜんじ　pǔguāng chánsì

1413（明の永楽11）年創建の臨済宗に属する禅宗寺院。境内には文昌祠、武廟、城隍廟、崧梁書院（すうりょうしょいん）など優れた古建築群があったが、兵火や火災によって倒壊し、現存するのは大雄宝殿や文昌祠（孔子を祀る）、武廟（関羽を祀る）くらい。しかし、大雄宝殿の反り庇や盤龍柱をはじめ、残された建物は独特の造形美をもっている。

普光禅寺
Ⓜ P.253-C1
住 永定区解放路70号
☎ 8255801
オ 8:00～17:00
休 なし
料 20元
交 6、7、9路バス「普光禅寺」
※2018年 11月現在、改修工事中。2019年春に再開の予定

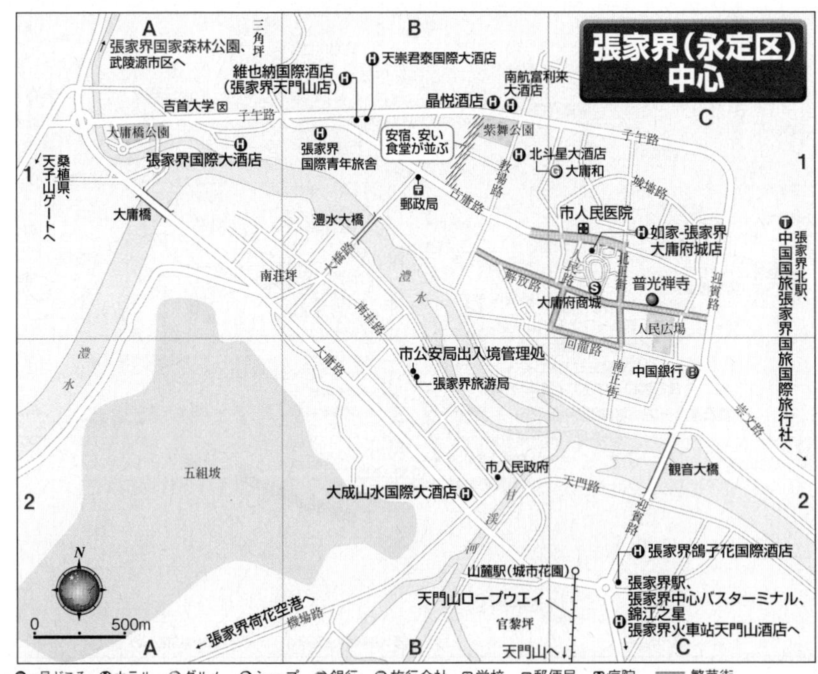

●見どころ　Ⓗホテル　Ⓖグルメ　Ⓢショップ　Ⓑ銀行　Ⓣ旅行会社　文学校　〒郵便局　病院　繁華街

郊外の見どころ

★★★ 自然が生み出した絶景 2〜3日

武陵源風景名勝区/武陵源风景名胜区

ぶりょうげんふうけいめいしょうく　wǔlíngyuán fēngjǐng míngshèngqū

武陵源風景名勝区は張家界市のほぼ中央に広がる景勝エリア。その景観は、古生代以降の地殻変動の連続で造り出された台地が、長い年月をかけて風雨の浸食を受けできたもので、世界でも類を見ない。総面積は264km²、最高峰は1334m。張家界国家森林公園、天子山自然保護区、索渓峪自然保護区、楊家界景区の4つの景勝地区を中心に構成され、1992年12月にユネスコの世界遺産に登録された。なお、武陵源とは、唐代の詩人王維(おうい)が詠んだ七言絶句に登場する美しい地域の代名詞で、1984年に画家の黄永玉がすばらしい風景のこの地を武陵源と呼ぶよう提言して採用されたといういきさつがある。

武陵源風景名勝区
Ⓜ P.254〜255
住 張家界武陵源風景名勝区
☎ 管理処＝5712330
切符売り場＝5718833
オ 24時間
※切符売り場は6:45〜18:00
休 なし
料 3〜11月＝225元
12〜2月＝115元
※有効期間は4日
※張家界国家森林公園、天子山自然保護区、索渓峪自然保護区、楊家界景区の入場料、景区内の観光専用バス代などを含む
交 森林公園ゲート＝張家界中心バスターミナルから「张家界森林公园」行きで終点(7:00〜17:00の間巡環。15元、所要50分)

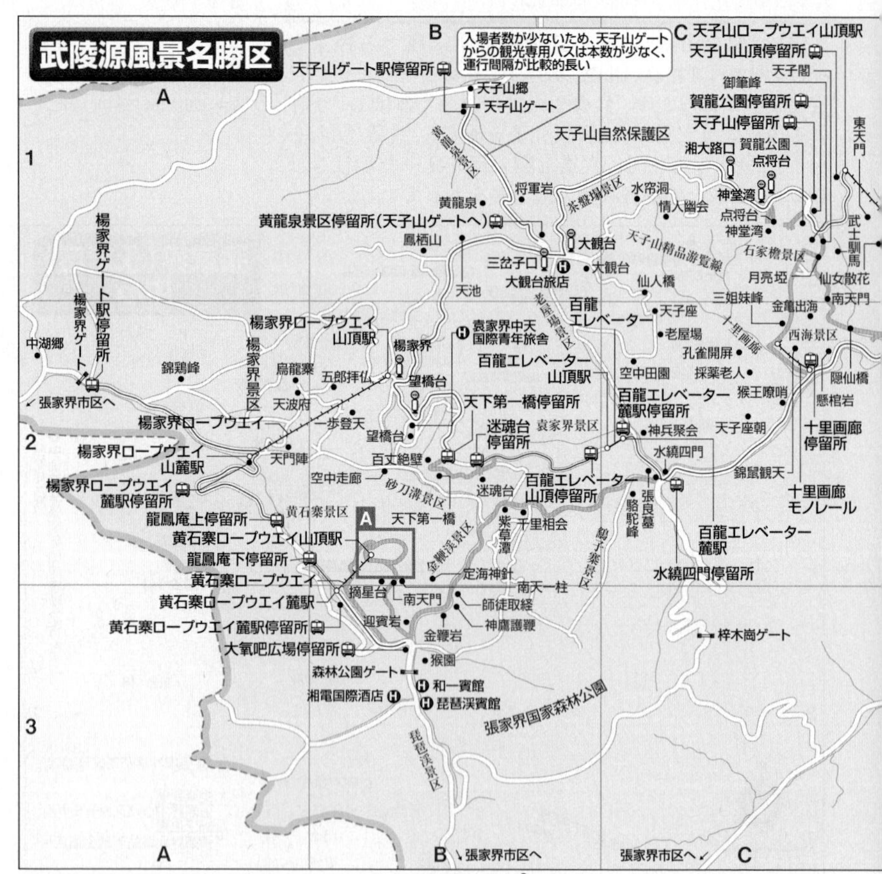

武陵源風景名勝区は広い。ICカード式の入場券は4日間有効で、期間内なら入場は何度でも可能。山麓と山上との間はロープウエイやエレベーターを使うか、山道を上り下りするかとなり、お金または時間がかかる。入場前にある程度ルートを決めておいて効率よく回ろう。なお、索渓峪自然保護区の見どころのうち、宝峰湖と黄龍洞はゲート外で、いずれも別料金。

武陵源風景名勝区には全部で5つのゲートがある。そのうち森林公園ゲート（Ⓜ**P.254-B3**）と武陵源ゲート（Ⓜ**P.255-D2、P.256-A1**）の2ヵ所が主要なゲート。天子山ゲート（Ⓜ**P.254-B1**）からの道は土砂崩れの危険があるため、大雨などの悪天候時には閉鎖される。

標志門とも呼ばれる武陵源ゲート

※「张家界森林公园」からの最終バスは19:30発
武陵源ゲート＝張家界中心バスターミナルから「武陵源」行きで終点（6:00～19:00の間15分に1便。20元、所要1時間10分）。武陵源2路バスに乗り換え「标志门」
※「武陵源」からの最終バスは19:30発
Ⓤ www.zjjpark.com

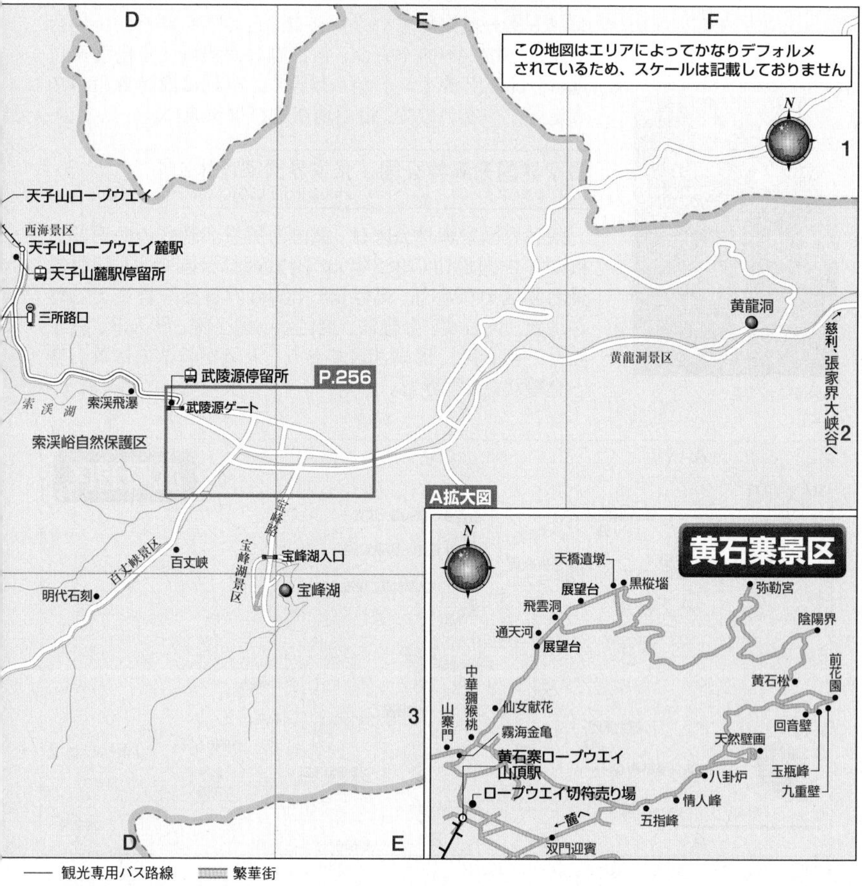

D E F
この地図はエリアによってかなりデフォルメされているため、スケールは記載しておりません
N
1
天子山ロープウエイ
西海景区
天子山ロープウエイ麓駅
天子山麓駅停留所
三所路口
黄龍洞
黄龍洞景区
↗慈利、張家界大峡谷へ
2
武陵源停留所
P.256
索渓飛瀑
索渓湖
武陵源ゲート
索渓峪自然保護区
宝峰路
A拡大図
百丈峡景区
百丈峡
宝峰湖景区
宝峰湖入口
宝峰湖
明代石刻
3
D E

黄石寨景区
N
天橋遺墩
展望台
黒樅垴
弥勒宮
飛雲洞
陰陽界
通天河
展望台
前花園
中華獼猴桃
黄石松
山寨門
仙女献花
回音壁
霧海金亀
天然壁画
黄石寨ロープウエイ山頂駅
八卦炉
玉瓶峰
ロープウエイ切符売り場
情人峰
九重壁
五指峰
←麓へ
双門迎賓

── 観光専用バス路線　▥ 繁華街

黄石寨に近い森林公園ゲート

張家界中心バスターミナルから武陵源へは、森林公園ゲートと武陵源区の両方へのバスがある。武陵源区に滞在すれば、武陵源ゲートへは徒歩でも行ける。数日間にわたって入場するなら、張家界よりも武陵源区に滞在するほうがいい。なお、武陵源区のバスターミナルからは、森林公園ゲート行きのバスもある。

景区内に入ると、ゲートからおもな見どころまで観光専用バスが走っている。なかでも武陵源ゲートからは行き先がいくつかに分かれているので、目的地をあらかじめ決めておきスムーズに乗降できるようにしたい。

宿泊施設は張家界（永定区）が最も多く、安宿から高級ホテルまで揃っていて料金も比較的安い。武陵源ゲート周辺の武陵源区の中心に多数、森林公園ゲート付近にもかなりの数のホテルがある。このほか、山上にも小規模な宿泊施設が点在している。早朝はロープウエイやエレベーターは動いていないので、日の出を拝みたい場合は山上宿泊がベストだが、宿泊施設が集中する烏龍寨付近は、日の出ポイントからは遠い。早朝は観光専用バスも走っていないので、宿泊地点選びは慎重に。

インフォメーション

観光専用バス

環境保護のため、景区内は一般車両の乗り入れが禁止されており、無料の観光専用バスを利用することとなる。朝夕は混雑するので要注意。

オ 5～10月7:00～19:00
11～4月7:30～18:00
※運行時間は入場者の数や季節などにより多少異なる

景区内を走る観光専用バス

黄石寨ロープウエイ

張家界国家森林公園／张家界国家森林公园

［ちょうかかいこっかしんりんこうえん／ zhāngjiājiè guójiā sēnlíngōngyuán］

張家界国家森林公園は、武陵源風景名勝区の西南部に広がる中国最初（1982年）の国家森林公園で、武陵源風景名勝区の核心部。高さ50～300mの石英砂岩による峰林地質。黄石寨、金鞭渓、琵琶渓、鷂子寨（ようしさい）、砂刀溝、袁家界などの景区で構成されており、人気があるのは黄石寨と金鞭渓、袁家界だ。

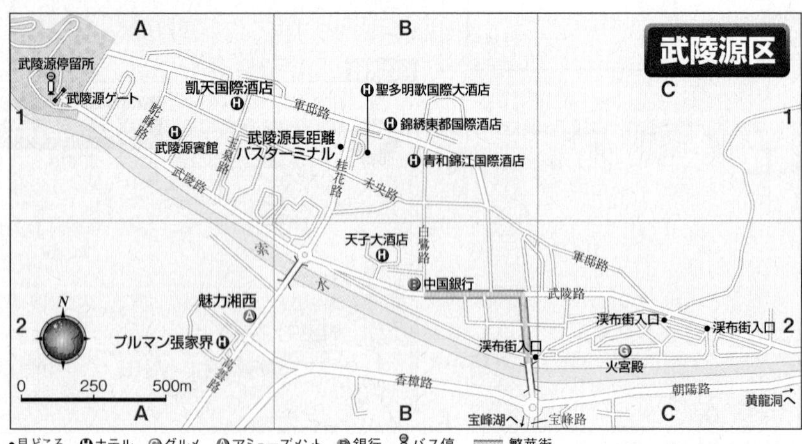

●見どころ Ⓗホテル Ⓖグルメ Ⓐアミューズメント Ⓑ銀行 バス停 繁華街

●黄石寨景区／黄石寨景区
［こうせきさいけいく／ huángshízhài jǐngqū］

黄石寨景区は武陵源観光のハイライトのひとつ。標高1092mの山頂には1.6kmの環状游覧道路が整備され、五指峰など周囲に広がる雄大な景観を堪能できる。ロープウエイで上り下りできるが、急勾配の石段を下山する人が多い。上りは約3時間、下りは約1時間30分。ルートはふたつある。山頂にはレストランはあるが宿泊施設はない。なお、ツアーに参加した場合、麓の大氧吧広場が集合地点となることが多い。

指のような形をした五指峰

黄石寨景区
M P.254-A～B2、P.255右下

インフォメーション
黄石寨ロープウエイ
オ 5～10月7:00～18:00
11～4月7:30～18:00
休 なし
料 片道＝65元、往復＝118元
※観光客の少ない冬（1～2月）はメンテナンスのため、1週間ほど運行を停止する

●金鞭渓景区／金鞭溪景区
［きんべんけいけいく／ jīnbiānxī jǐngqū］

金鞭渓景区は全長約6kmの静謐な散策コースで、大氧吧広場から北東に延びている。遊歩道は木々に覆われた金鞭渓沿いに造られており、高低差が少なく歩きやすい。途中から鷂子寨景区に入り大氧吧広場に戻ることもできるが、そのまま東に進み水繞四門（すいぎょうしもん）に行く人が多い。水繞四門まで歩いて約2時間。

金鞭渓沿いに遊歩道が続く

金鞭渓景区
M P.254-B2～3

遊歩道から見上げる金鞭岩

●袁家界景区／袁家界景区
［えんかかいけいく／ yuánjiājiè jǐngqū］

水繞四門の北には、絶壁に沿って造られたエレベーター、百龍エレベーター（百龍天梯）がある。このエレベーターで昇ったあと、観光専用バスに乗ると袁家界景区の迷魂台停留所に着く。袁家界の見どころは、幅3m、厚さ5m、長さ50m、地面からの高さ400mの天然の橋、天下第一橋。迷魂台と天下第一橋との間は遊歩道になっており、天下第一橋停留所からは観光専用バスで楊家界景区や天子山自然保護区に移動できるほか、迷魂台や望橋台から砂刀溝に沿って金鞭渓まで下ることができる。

天下第一橋

袁家界景区
M P.254-B2

インフォメーション
百龍エレベーター
オ 5～10月7:00～19:00
11～4月7:30～18:00
休 なし
料 片道＝72元、往復＝144元

百龍エレベーター

天子山自然保護区
Ⓜ P.254-B～C1

インフォメーション

天子山ロープウエイ
オ 5～10月7:30～18:30
11～4月8:00～17:30
休 なし
料 片道=72元、往復=144元
※観光客の少ない冬（1～2月）にメンテナンスのため、1週間ほど運行を停止する

天子山ロープウエイ

茶盤塌景区・黄龍泉景区
Ⓜ P.254-B1～C2

天子座からの眺め

インフォメーション

空中田園への電動カート
三岔子口と空中田園の間を往復する電動カートが、8:00～16:00の間30分に1便運行している。
料 片道=25元、往復=50元
※三岔子口から空中田園まで徒歩で行く場合は片道1時間

天子山自然保護区／天子山自然保护区
［てんしざんしぜんほごく／ tiānzǐshān zìránbǎohùqū］

天子山自然保護区は、武陵源風景名勝区の北西部に位置するエリアで、石家檐、黄龍泉、茶盤塌（ちゃばんとう）、老屋場などの景区で構成されている。最高峰は1262.5mの天子峰で、尾根に沿った道路から周囲の奇観を楽しめる。

麓からは徒歩でも行けるが、坂がきついのでロープウエイを利用しよう。ロープウエイからの眺めもすばらしい。天子山自然保護区の特徴は、視界が広く、日の出や日の入り、雲海などでさまざまな姿を見せる景観を存分に堪能できることだ。

●天子山精品游覧線／天子山精品游览线
［てんしざんせいひんゆうらんせん／ tiānzishān jīngpǐn yóulǎnxiàn］

天子山ロープウエイ山頂駅から観光専用バスに乗ると、賀龍公園を中心にしたエリアに着く。ここは黄石寨と並ぶ武陵源のハイライトだ。南に索渓峪自然保護区の西海景区を望むことができ、付近一帯の遊歩道と、ここから十里画廊へと下りる山道を含めて天子山精品游覧線と呼ばれる。

賀龍公園は、中華人民共和国成立に尽力した賀龍元帥がこの地を転戦したことを記念した公園。ここにある賀龍銅像は高さ6.5m、重さ約9トンと中国でも最大級。また、公園の周囲には展望台が多数あり、天子山の景観を眺望できるようになっている。

御筆峰（ぎょひつほう）は石家檐北部にある見どころ。天に向かって延びる細い岩の頭に松が生えている様子が、毛を上に立てた筆のように見えることから名づけられた。

仙女散花は石家檐景区東部に位置する奇岩。その姿が花籠を持った女性のように見えるため、こう呼ばれている。

細い岩が並び立つ御筆峰

十里画廊へ下る山道は、天子閣の裏側から続いている。途中の月亮垭からは、南天門をくぐり三所路口へ抜ける道が分岐している。

●茶盤塌景区・黄龍泉景区／茶盘塌景区・黄龙泉景区
［ちゃばんとうけいく・こうりゅうせんけいく／ chápántā jǐngqū•huánglóngquán jǐngqū］

茶盤塌景区は賀龍公園と袁家界景区の中間に位置し、武陵源最高峰の天子山にも近いエリア。大観台を中心として、断崖絶壁に張り出した崖の上に、天子座をはじめいくつもの展望台が設けられている。展望台を巡る遊歩道のアップダウンは激しいが、たどり着いた先からの眺望は息をのむほどだ。

また、大観台の近くからは天子山ゲートに下る道路が分岐している。道路沿いが黄龍泉景区となっており、つづら折りの坂道を上り下りするバスからも雄大な絶景が見られる。

索渓峪自然保護区／索溪峪自然保护区

［さくけいよくしぜんほごく／suǒxīyù zìránbǎohùqū］

武陵源の山麓に位置する。エリアは十里画廊、宝峰湖、百丈峡、黄龍洞などの景区で構成され、武陵源区を囲んで西、南、東に広がっている。

●十里画廊／十里画廊［じゅうりがろう／shílǐhuàláng］

天子山ロープウエイ乗り場から水繞四門に向かう途中にある全長5kmの景勝地。天子山にある賀龍公園からの下山ルートの一部だ。1.5kmほどあるモノレールや徒歩で移動しながら、左右に広がる奇峰と緑を楽しめる。

●宝峰湖／宝峰湖［ほうほうこ／bǎofēnghú］

武陵源区から南へ2kmの山中にある。静かな谷間に穏やかな湖面が広がり、秘境らしい雰囲気にあふれている。

●黄龍洞／黄龙洞［こうりゅうどう／huánglóngdòng］

黄龍洞は中国でも著名な鍾乳洞のひとつで、武陵源の東7kmに位置し、宝峰湖と同様に武陵源風景名勝区の入場料で入れるエリアの外にある。石灰石が地下水に浸食されてできた典型的な鍾乳洞だ。総延長7.5kmの洞内は、水洞と陸洞が縦横に入り組んだらせん状の形態で、高低差は140mもあり、まるで迷路のようだ。文化大革命中に毛沢東が「深く穴を掘り、広く食料を貯え、覇を称さず」と呼びかけたときに偶然発見された。龍舞庁や、響水河、天仙水、天柱街、迷宮など約2時間のルートに次から次へと見どころが現れる。

スケールの大きな鍾乳洞

十里画廊
M P.254-C2

 インフォメーション

十里画廊モノレール
オ 5～10月7:40～18:00
11～4月8:00～17:00
休 なし
料 片道＝38元、往復＝76元
※12～2月は春節期間を除き、片道＝30元、往復＝60元

宝峰湖
M P.255-E3
住 武陵源区索渓鎮宝峰路8号
☎ 5618836、5616843
オ 7:30～18:00
※入場は閉門1時間前まで
休 なし
料 入場料＝96元
景区内のバス＝25元
※12～2月は春節期間を除き、入場料＝77元、観光車＝20元
交 武陵源ゲートや武陵源長距離バスターミナルで2路バスに乗り「宝峰湖」

黄龍洞
M P.255-F2
住 武陵源区索渓鎮河口村黄龍洞
☎ 5612132
オ 4月～10月上旬7:00～18:00
10月中旬～11月8:00～17:00
12～3月8:30～16:30
休 なし
料 100元
※12～2月は春節期間を除き、80元
交 武陵源ゲートや武陵源長距離バスターミナルで1路バスに乗り「黄龙洞」

インフォメーション

武陵源風景名勝区のモデルルート

武陵源区に滞在したと想定し、2日間で巡るコースの一例を紹介する。このほかに張家界大峡谷と黄龍洞も訪れるなら、武陵源で2日半～3日はみておきたい。1日目が早く終了したら黄龍洞を加えてもいい。

1日目　武陵源長距離バスターミナルからバスで森林公園ゲートへ（約30分）。大氧吧広場から観光専用バスで黄石寨ロープウエイ麓駅へ行き、山上へ。環状游覧道路を1周（約1時間）して景色を楽しみ、ロープウエイまたは徒歩（約1時間30分）で下山する。続いて金鞭渓景区を散策して（約2時間）、水繞四門からバスで武陵源ゲートへ。

2日目　武陵源ゲートから入り、観光専用バスで百龍エレベーター麓駅へ。エレベーターで山上に着いたら、再度バスで迷魂台停留所へ向かう。袁家界景区を散策し、天下第一橋を見たら天下第一橋停留所へ（約1時間）。ここからバスで楊家界へ行き、徒歩で烏龍寨を往復（約1時間30分）。再びバスで天子山へ向かう。まだ時間が早ければ、大観台で途中下車して天子座まで往復（約1時間30分）してもいい。天子山停留所まで行き賀龍公園周辺を見学したら、徒歩で山を下って十里画廊まで行く（約1時間30分）か、バスで天子山ロープウエイ山頂駅に移動してロープウエイで山を下る。出口は武陵源ゲートとなる。

楊家界景区
Ⓜ P.254-A～B2

インフォメーション

楊家界ロープウエイ
オ 5～10月7:30～18:00
11～4月8:00～18:00
休 なし
料 片道＝76元、往復＝152元
※観光客の少ない冬（1～2月）にメンテナンスのため、1週間ほど運行を停止する

烏龍寨からの眺め

張家界大峡谷
Ⓜ 地図外（P.255-F2右）、P.236-B2
住 慈利県三官寺郷
☎ 8363888、3559999
オ 4月中旬～10月7:00～18:00
11月～4月上旬8:00～17:00
料 入場＝118元、玻璃橋＝138元、エレベーター＝35元、すべり台＝22元
交 武陵源長距離バスターミナルから「慈利」行きで「大峡谷路口」（6:30～17:00の間30分に1便。15元、所要40分）。500m離れた駐車場で無料のシャトルバスに乗り（約15分）、チケット売り場へ
※張家界大峡谷のチケット売り場近くから武陵源行きのバスが出ている。張家界（永定区）へ戻る場合は黄龍洞近くで乗り換えが必要。最終バスは夏が18:30頃、冬が17:30頃
U www.zjjdaxiagu.com
※夏休み、とくに8月は混雑するため、入場チケットの入手が困難なこともある。旅行会社に依頼するなどしよう

一線天の階段を下る

楊家界景区／杨家界景区
［ようかかいけいく／yángjiājiè jǐngqū］

武陵源風景名勝区の西端に位置する楊家界景区は、1992年にほかの3つの景区に追加された比較的新しいエリア。標高1130mの一歩登天をはじめ、深い森に覆われた急峻な山々がそびえる。2014年には楊家界ロープウエイが運行を開始した。

数ある見どころのなかでもおすすめは、標高1122mにある烏龍寨。清末から中華民国期にかけて盗賊の根拠地として築かれた村で、外界とは1mほどの細い道でつながるのみの天然の要塞だ。楊家界バス停から30分ほどの場所にあり、約1時間30分で往復できる。

森林公園ゲートから楊家界景区に行く場合は、観光専用バスでまず龍鳳庵まで行き、森の中を通る桟道を15分ほど歩く。再びバスに乗ると、楊家界ロープウエイの麓駅にいたる。

崖に造られた細い道を歩く

★★★ 世界最長のガラスのつり橋がある　3～4時間

張家界大峡谷/张家界大峡谷
ちょうかかいだいきょうこく　zhāngjiājiè dàxiágǔ

武陵源区の約25km北東に位置する張家界大峡谷は、深い峡谷を中心とする全長3.5kmの風景区。豊かな水と緑、ダイナミックな地形が織りなす風景を楽しめる。

2016年8月にオープンした玻璃橋は、全長430m、谷底までの距離300mで、世界一の高さと長さを誇るガラスのつり橋として注目を集めている。

見学ルートはほぼ決まっている。高台にある西大門から入場し、玻璃橋を見学してから一線天へ。谷が落ち込む場所に階段が設けられており、下りきるまでに40～50分かかる。途中にすべり台があるのでチャレンジしてみるのもいい。

下りきった所からは神泉渓に沿った遊歩道を30分ほど歩く。緑多い峡谷の中、ぼうっと光を放つように見える神泉渓と、断崖から流れ落ちる滝を眺めながらの、気持ちのいい散策コースだ。

ボートで神泉湖の対岸に渡ると、そこが出口の北大門だ。

神泉渓に沿って続く遊歩道

プルマン張家界／张家界京武铂尔曼酒店
ちょうかかい　zhāngjiājiè jīngwǔ bóěrmàn jiǔdiàn

武陵源区の入口に位置するホテルで、張家界では最高級のホテルのひとつ。客室はすべて38㎡以上の広さ。屋内・屋外プール、サウナ、ジムなどの館内施設やレストラン、バーも充実。ルームサービスも24時間可能。

M P.256-A2 ★★★★★
住 武陵源区高雲路188号
☎ 8888888
FAX 5666168
S 650～850元 T 650～850元
サ なし
カ ADJMV
U www.accorhotels.com
両替 ビジネスセンター インターネット

張家界国際大酒店／张家界国际大酒店
ちょうかかいこくさいだいしゅてん　zhāngjiājiè guójì dàjiǔdiàn

張家界市区の北西部に位置する。客室はスタンダードルームでも十分広い。西洋料理レストランのほか、中国料理とトゥチャ族料理（土家菜）を出すレストランがある。

M P.253-A1 ★★★★
住 永定区三角坪42号
☎ 8222888
FAX 8303019
S 448～548元 T 448～548元
サ なし
カ ADJMV
U www.zjjihotel.com
両替 ビジネスセンター インターネット

大成山水国際大酒店／大成山水国际大酒店
だいせいさんすいこくさいだいしゅてん　dàchéng shānshuǐ guójì dàjiǔdiàn

張家界市区にある最大規模のホテル。星なし渉外ホテルだが、設備とサービスは5つ星クラス。ホテル内にはテニスコートやジム、マッサージなどの施設もあり、ふたつのレストランでは西洋料理と広州料理、四川料理を食べられる。

M P.253-B2
住 永定区大庸路
☎ 8889999 FAX 8889988
S 388元
T 388元
サ なし
カ ADJMV
U www.zjjdc.com
両替 ビジネスセンター インターネット

凱天国際酒店／凯天国际酒店
がいてんこくさいしゅてん　kǎitiān guójì jiǔdiàn

武陵源区の中心にあるホテルで設備は4つ星相当。武陵源長距離バスターミナルと武陵源ゲートの中間に位置し、外国人ツアーの利用も多い。客室やロビーは中国の標準スタイル。レストランでは湖南料理やトゥチャ族料理を楽しめる。

M P.256-A1
住 武陵源区軍邸路と玉泉路の交差点南西角
☎ 5666666
FAX 5622222
S 260～320元 T 260～320元
サ なし
カ 不可
両替 ビジネスセンター インターネット

晶悦酒店／晶悦酒店
しょうえつしゅてん　jīngyuè jiǔdiàn

張家界の子午路にある4つ星クラスのホテルで、どことなく日本の温泉地にありそうな外観が印象的。設備とサービスは貧弱だが、清潔で料金は手頃。2軒隣は南方航空オフィスのある南航富利来大酒店。

M P.253-B1
住 永定区子午路392号
☎ 2819999 FAX 2816999
S 168～198元
T 168～198元
サ なし
カ 不可
両替 ビジネスセンター インターネット

ホテル

維也納国際酒店（張家界天門山店）／维也纳国际酒店（张家界天门山店）

ヴィエンナこくさいしゅてん（ちょうかかいてんもんさんてん） wéiyěnà guójì jiǔdiàn (zhāngjiājiè tiānménshāndiàn)

張家界にある4つ星クラスの設備をもつホテル。かつては閩南国際酒店といった。建物は古びているが客室は広めでシーツは清潔。

M P.253-B1
住 永定区子午路18号
☎ 8228888
FAX 8229888
S 298～338元 T 308～358元
サ なし
カ 不可
U www.wyn88.com
両替 ビジネスセンター インターネット

張家界鴿子花国際酒店／张家界鸽子花国际酒店

ちょうかかいこうしかこくさいしゅてん zhāngjiājiè gēzihuā guójì jiǔdiàn

張家界にある星なし渉外ホテル。設備は3つ星クラス。張家界駅まで徒歩5分、西側向かいに天門山ロープウエイの麓駅がある。

M P.253-C2
住 永定区迎賓路1号
☎ 8358888
FAX 8369666
S 240～380元
T 260元
サ なし
カ 不可
両替 ビジネスセンター インターネット

錦江之星 張家界火車站天門山酒店

きんこうしせい ちょうかかいかしゃたんてんもんざんしゅてん

锦江之星 张家界火车站天门山酒店 jǐnjiāngzhīxīng zhāngjiājiè huǒchēzhàn tiānménshān jiǔdiàn

「経済型」チェーンホテル。張家界駅の西側に位置し、移動に便利。客室内の設備は簡素ながら清潔で機能的。

両替 ビジネスセンター インターネット U www.jinjianginns.com

M 地図外（P.253-C2下）
住 永定区官黎路1号張家界中心汽車站傍 ☎8296888
FAX 8865999 S 209～289元
T 239～299元 サ なし カ 不可

如家-張家界大庸府城店

じょか ちょうかかいだいようふじょうてん

如家-张家界大庸府城店 rújiā zhāngjiājiè dàyōng fǔchéngdiàn

「経済型」チェーンホテル。張家界市区の繁華街に位置する。客室内の設備は簡素ながら清潔で機能的。

両替 ビジネスセンター インターネット U www.bthhotels.com

M P.253-C1
住 永定区解放路大庸府商城内
☎ 8209111 FAX 8209333
S 139～179元 T 129～169元
サ なし カ 不可

アミューズメント

魅力湘西／魅力湘西

みりょくしょうせい mèilì xiāngxī

武陵源区の専用劇場で上演される少数民族の舞踊ショー。演目は5つに分かれ、湖南省に暮らすトゥチャ族、ペー族、ミャオ族、トン族、ヤオ族の生活風俗や結婚式などを舞踊で表現する。1時間は劇場内で、残り20分は広場で篝火をたいて上演する。

M P.256-A2
住 武陵源区高雲路
☎ 5667777、5668095
オ 19:30～21:00（ハイシーズンは21:00～の回もある）
休 なし
料 228～308元
カ 不可
U www.meilixiangxi.cn

旅行会社

中国国旅張家界国旅国際旅行社／中国国旅张家界国旅国际旅行社

ちゅうごくこくりょちょうかかいこくりょこくさいりょこうしゃ zhōngguó guólǚ zhāngjiājiè guólǚ guójì lǚxíngshè

日本語ガイド1日700元。おすすめのツアー（2人以上で催行）は天門山1日ツアー（1人680元）、武陵源袁家界1日ツアー（1人1120元）、張家界大峡谷1日ツアー（1人980元）など（ツアー代には日本語ガイド、車代、食事代、主要スポットの入場券、ケーブルカー代を含む）。

M 地図外（P.253-C2右）
住 永定区西渓坪永定大道都市金苑A2-203室
☎ 8288222（日本語）
FAX 8566066
オ 9:00～18:00
休 土・日曜、祝日 カ 不可
U www.cits-tours.com（日本語）
✉ anna.sy@foxmail.com（日本語可）

海南省

蘇東坡立像（儋州市中和鎮東坡書院）／写真：単 侃明

海南省マップ…… 264
海口………… 266　三亜………… 274

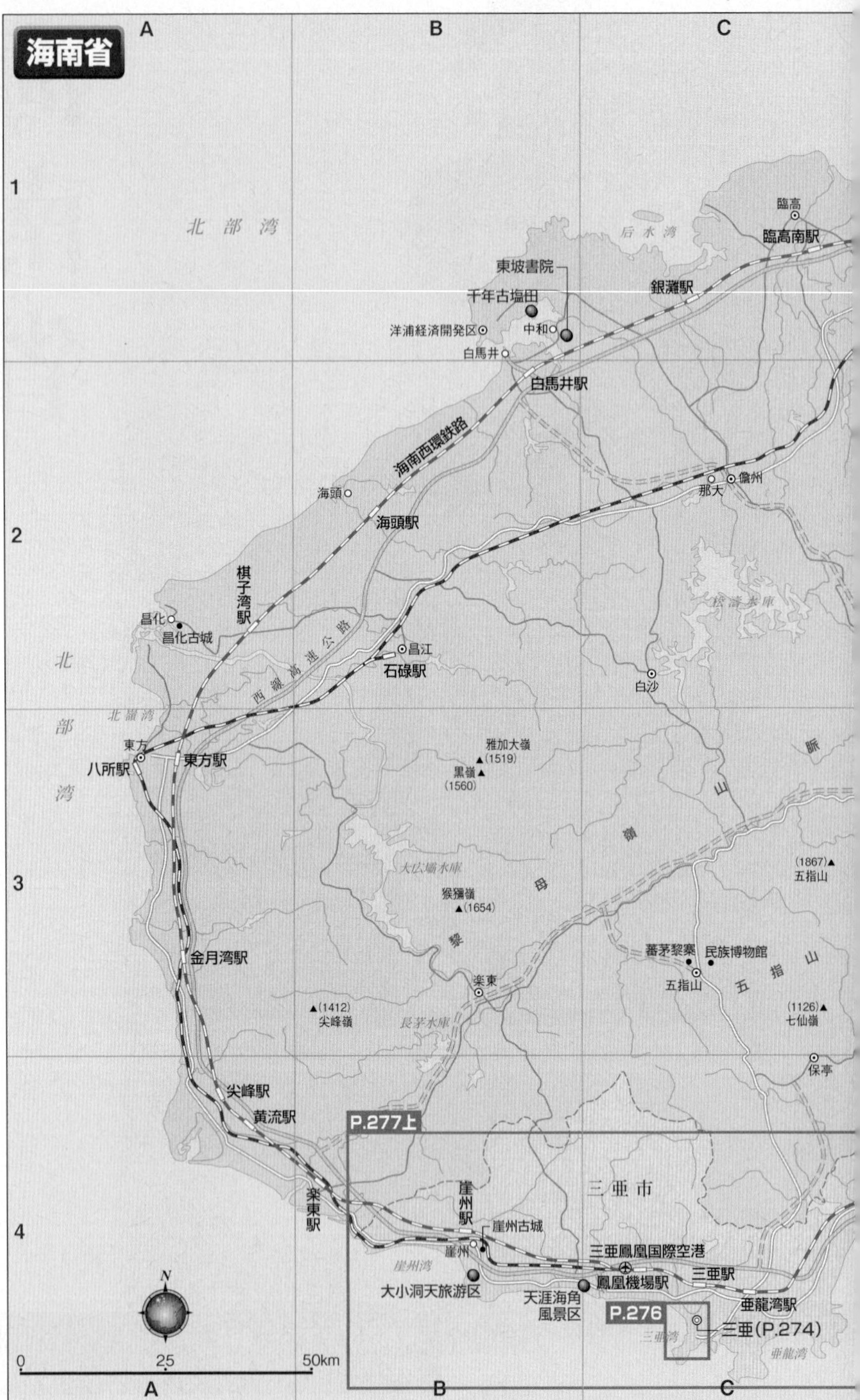
海南省
北部湾
東坡書院
千年古塩田
洋浦経済開発区
中和
白馬井
白馬井駅
銀灘駅
臨高
臨高南駅
後水湾
海南西環鉄路
海頭
海頭駅
那大
儋州
棋子湾駅
昌化
昌化古城
昌江
石碌駅
西線高速公路
白沙
北黎湾
東方
八所駅
東方駅
雅加大嶺
(1519)
黒嶺
(1560)
黎母嶺山脈
大広壩水庫
猴猕嶺
(1654)
(1867)
五指山
蕃茅黎寨
民族博物館
五指山
楽東
(1412)
尖峰嶺
長茅水庫
(1126)
七仙嶺
保亭
金月湾駅
尖峰駅
黄流駅
P.277上
三亜市
楽東駅
崖州駅
崖州古城
崖州
崖州湾
三亜鳳凰国際空港
大小洞天旅游区
鳳凰機場駅
三亜駅
天涯海角
風景区
亜龍湾駅
P.276
三亜(P.274)
三亜湾
亜龍湾
0
25
50km

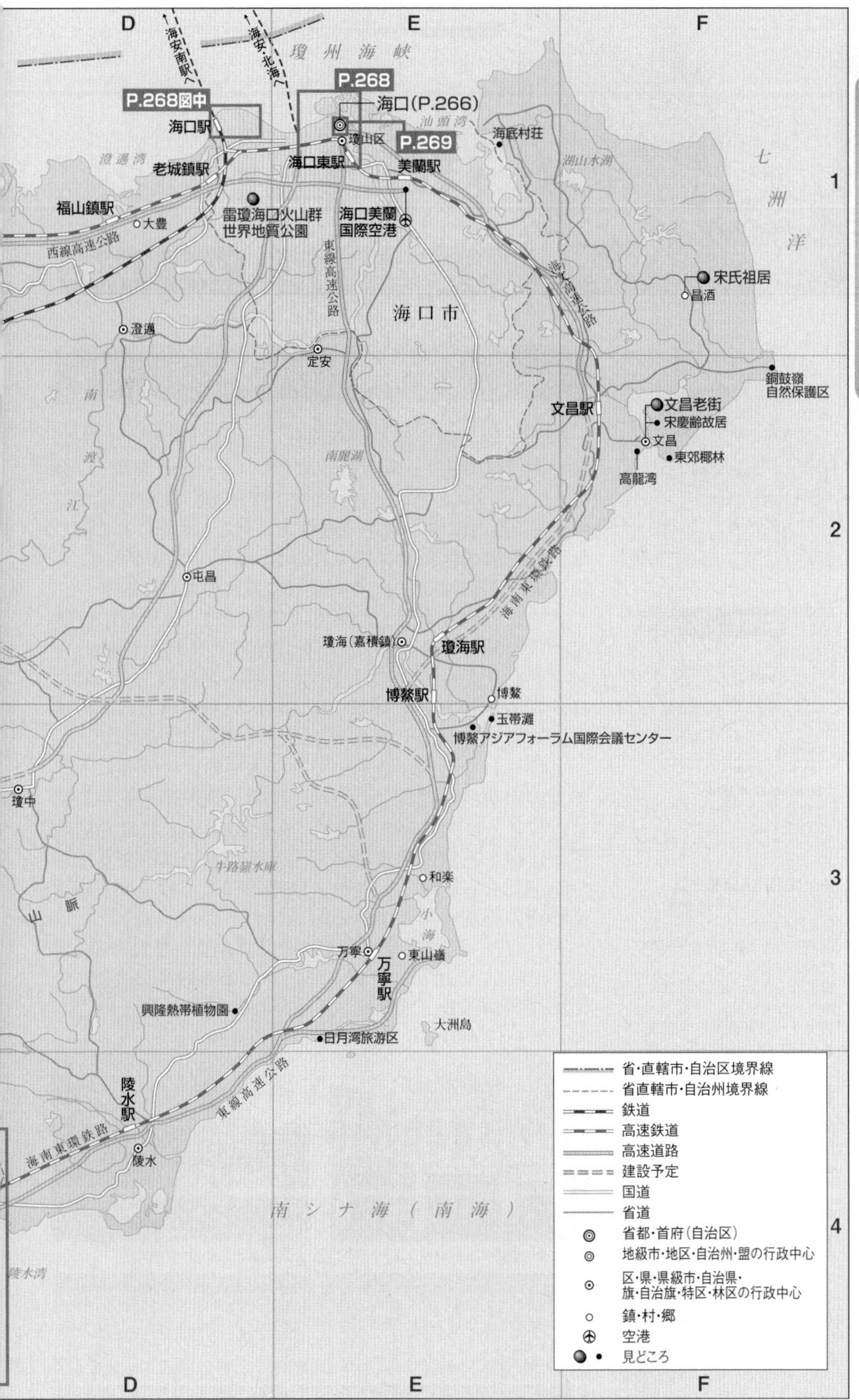

P.268図中
P.268
P.269
海口(P.266)
海口駅
海口東駅
老城鎮駅
美蘭駅
福山鎮駅
雷瓊海口火山群世界地質公園
海口美蘭国際空港
瓊山区
海底村荘
大豊
西線高速公路
東線高速公路
海口市
宋氏祖居
昌洒
澄邁
定安
銅鼓嶺自然保護区
文昌駅
文昌老街
宋慶齢故居
文昌
東郊椰林
高龍湾
屯昌
瓊海(嘉積鎮)
瓊海駅
博鰲駅
博鰲
玉帯灘
博鰲アジアフォーラム国際会議センター
瓊中
和楽
万寧
東山嶺
万寧駅
興隆熱帯植物園
大洲島
日月湾旅游区
陵水駅
陵水
海南東環鉄路
南シナ海（南海）
瓊州海峡
七洲洋
省・直轄市・自治区境界線
省直轄市・自治州境界線
鉄道
高速鉄道
高速道路
建設予定
国道
省道
省都・首府(自治区)
地級市・地区・自治州・盟の行政中心
区・県・県級市・自治県・旗・自治旗・特区・林区の行政中心
鎮・村・郷
空港
見どころ

古くからの商家が残る中山路

海南島の玄関口

海口（かいこう）

海口（ハイコウ） Hǎi Kǒu　市外局番 **0898**

概要と歩き方

中国大陸の南に浮かぶ海南島。この島が中国で最も新しい省、海南省だ。略称は「瓊(けい)」、簡体字では「琼(qióng)」と書く。その省都である海口市は、島の北端に位置する。島の南側が熱帯気候なのに対し、北側にある海口は亜熱帯海洋性気候に属するので、温暖で四季があり、高温多湿、夏場から秋口にかけては台風の襲来もある。

古来より海南島は、最果ての流刑地で、11世紀の官吏で詩人の蘇軾（そしょく）（蘇東坡（そとうば））は死を覚悟しこの地に赴任したほどだ。中華人民共和国成立後は開発が進み、1984年には深圳や珠海などと同様、経済特区に指定され、その後1988年に広東省から分離される形で海南省となった。

省都として発展する海口では、1990年代に郊外に海口美蘭国際空港が開港、2005年には粤海鉄道連絡船が就航し、本土とのアクセスを改善。また2010年末には高速鉄道が海口～三亜間の東回りで、2015年末には西回りでも営業開始し、島内のアクセスは格段によくなった。高速道路網の整備も進んでいる。

そうした一方で、昔と変わらぬたたずまいを見せる「老街」もある。旧市街のランドマークである鐘楼の南側、中山路や得勝沙路、新華路、博愛路一帯には騎楼というバルコニー付きの古い商店建築が数多く残る。

装飾に趣向を凝らした騎楼が並ぶ

バイクの洪水は東南アジアのよう

	1月	2月	3月	4月	5月	6月	7月	8月	9月	10月	11月	12月
平均最高気温(℃)	20.6	22.1	25.6	29.6	32.2	32.9	33.2	33.2	30.7	28.3	25.2	22.1
平均最低気温(℃)	14.7	15.8	18.5	21.9	24.2	25.2	25.1	24.9	24.3	22.2	19.4	16.2
平均気温(℃)	17.5	18.5	21.4	24.8	27.4	28.3	28.5	27.9	27.1	25.0	22.1	19.0
平均降水量(mm)	22.8	32.2	46.2	96.9	177.3	209.8	200.5	211.6	278.4	178.1	90.2	41.8

町の気象データ（→P.237）：「预报」>「海南」>「海口」>区から選択

都市データ

海口市
人口＝163万人
面積＝2315㎢
海南省の省都。4区を管轄

海南省
人口＝902万人
面積＝約3.4万㎢
3地級市8区6県級市4県6自治県を管轄

市公安局出入境管理処
（市公安局出入境管理处）
Ⓜ **P.268-A4**
住 秀英区長濱路長濱東三街7号
☎ 68590746
オ 8:30～12:00、13:30～17:00
休 土・日曜、祝日
観光ビザを最長30日間延長可能。手数料は160元

省人民医院
（省人民医院）
Ⓜ **P.268-A3**
住 秀英区秀華路19号
☎ 66226666　オ 24時間　休 なし

●市内交通
【路線バス】 運行時間の目安は6:30～22:30、中心部1～2元、鉄道駅や空港などに向かう郊外行き3～6元
【タクシー】 初乗り3km未満10元、3km以上1kmごとに2.1元加算

ACCESS

中国国内の移動 ➡ P.341　鉄道時刻表検索 ➡ P.30

飛行機 中心部の南東約25kmに位置する海口美蘭国際空港（HAK）を利用する。

国際線 日中間運航便はないので、広州や深圳、香港で乗り継ぐとよい。
国内線 上海、北京、長沙などとの間に運航便があるが、便数の多い広州とのアクセスが便利。

所要時間（目安） 広州（CAN）／1時間10分　深圳（SZX）／1時間15分　福州（FOC）／1時間55分　アモイ（XMN）／1時間45分　南寧（NNG）／1時間　長沙（CSX）／2時間　香港（HKG）／1時間20分

鉄道 大陸本土と海南島を結ぶ列車は海口駅を利用する。CRH高速鉄道は西回り路線が開業し、循環運転の列車もあるが、三亜へは海口東駅から東回り線の利用が便数が多くて便利。

所要時間（目安）【海口（hk）】広州（gz）／直達：11時間5分　文昌（wc）／動車：50分　東方（df）／動車：1時間40分　三亜（sy）／動車：1時間45分　【海口東（hkd）】文昌（wc）／動車：30分　東方（df）／動車：1時間35分　三亜（sy）／動車：1時間30分

バス 市内にバスターミナルは4ヵ所あり、広州や東莞など本土からの便のほか、三亜、万寧、文昌など島内各地からの便がある。

所要時間（目安） 万寧／2時間　五指山／4時間　三亜／4時間　文昌／1時間

船 海口と大陸の海安、北海を結ぶフェリーは秀英フェリーターミナルから出ている。

所要時間（目安） 海安／2時間　北海／11時間

DATA

飛行機

■ **海口美蘭国際空港**（海口美兰国际机场）
Ⓜ **P.265-E1** 住 美蘭区美蘭国際機場
☎ インフォメーション＝65760114
航空券売り場＝65751535
オ 4:30～最終便 休 なし カ 不可
U www.mlairport.com
[移動手段] **エアポートバス**（空港～民航海南省管理局航空券センター）／20元、所要40分が目安。空港→市内＝6:00～最終便の間30分に1便　市内→空港＝5:30～21:30の間30分に1便　**タクシー**（空港～海口公園）／70元、所要40分が目安　**CRH高速鉄道**／「美兰」　**路線バス**／21、41路「美兰机场」

■ **民航海南省管理局航空券センター**
（民航海南省管理局售票中心）
Ⓜ **P.269-A1**
住 龍華区海秀東路9号海南民航賓館
☎ 66668355 カ 不可
[移動手段] **タクシー**（航空券センター～海口公園）／10元、所要5分が目安　**路線バス**／1、4、8、10、13、16、28、29、38、40、41、60路「明珠广场」
航空券の販売はしていない。

■ **海南航空**（海南航空股份有限公司）
Ⓜ **P.269-A2**
住 美蘭区国興大道7号新海航大廈 ☎ 66710274
オ 8:00～20:00 休 なし カ 不可
[移動手段] **タクシー**（海南航空～海口公園）／12元、所要10分が目安　**路線バス**／64、89路「新海航大厦」
3ヵ月以内の航空券を販売。

鉄道

■ **海口駅**（海口火车站）
Ⓜ **P.268-A4** 住 秀英区粤海大道 ☎ 共通電話＝12306 オ 5:10～24:00 休 なし カ 不可
[移動手段] **タクシー**（海口駅～海口公園）／70元、所要40分が目安　**路線バス**／35、37、40路「火车站」
28日以内の切符を販売。

■ **海口東駅**（海口火车东站）
Ⓜ **P.268-B3** 住 龍華区迎賓大道
☎ 共通電話＝12306 オ 5:50～翌0:15
休 なし カ 不可
[移動手段] **タクシー**（海口東駅～海口公園）／25元、所要20分が目安　**路線バス**／11、35、38、49、53、56路「海口高铁东站」
28日以内の切符を販売。高速鉄道専用駅。海口では単に「东站」と言った場合、海口東バスターミナルを指すので注意。

バス

■ **海口総合バスターミナル**（海口汽车客运总站）
Ⓜ **P.268-B3** 住 瓊山区迎賓大道海口火車東站南側
☎ 共通電話＝66668855
オ 7:00～20:30 休 なし カ 不可
[移動手段] **タクシー**（海口総合バスターミナル～海口公園）／25元、所要20分が目安　**路線バス**／11、38、49、53、56路「海口高铁东站」
3日以内の切符を販売。万寧（6:50～20:00の間34便）、五指山（7:15～18:30の間21便）など海南省内便がメイン。

■ **海口東バスターミナル**（海口汽车东站）

Ⓜ **P.269-B2** 住 瓊山区海府路148号

☎ 共通電話＝66668855、インフォメーション＝65230337 オ 7:00～20:30 休 なし カ 不可

［移動手段］タクシー（海口東バスターミナル～海口公園）／15元、所要15分が目安 **路線バス**／1、4、11、14、37、38、41、45路「海口汽车东站」

3日以内の切符を販売。三亜（22便）、文昌（6:15～20:30の間15～20分に1便）、昌酒（22便）など省内便がメイン。路線バスで「东站」と略称されるバス停は、この海口東バスターミナルを指す。タクシーで行き先を告げるときは、バスか鉄道かをはっきりと伝えること。

■ **海口省際総合バスターミナル**（海口省际总站）

Ⓜ **P.268-A3** 住 秀英区海秀西路156号

☎ 共通電話＝66668855、インフォメーション＝68658128 オ 6:00～20:30 休 なし カ 不可

［移動手段］タクシー（総合バスターミナル～海口公園）／25元、所要20分が目安 **路線バス**／1、2、3、16、24、30、35、39、41路「海口汽车西站」

3日以内の切符を販売。広州（3便）や儋州那大（42便）、洋浦（30便）など省内西部行きがメイン。

船

■ **秀英フェリーターミナル**（秀英港客运站）

Ⓜ **P.268-A2** 住 秀英区濱海大道102号

☎ 海南港ホットライン＝9693666 オ 6:30～24:00 休 なし カ 不可

［移動手段］タクシー（フェリーターミナル～海口公園）／25元、所要20分が目安 **路線バス**／6、7、28、35、37、39路「海口港」

北海行きは3日以内の乗船券を販売。海安行きは当日の乗船券のみ販売。北海行きは1日1便。海安行きは8:30～22:30の間90分に1便。

海口港客运站

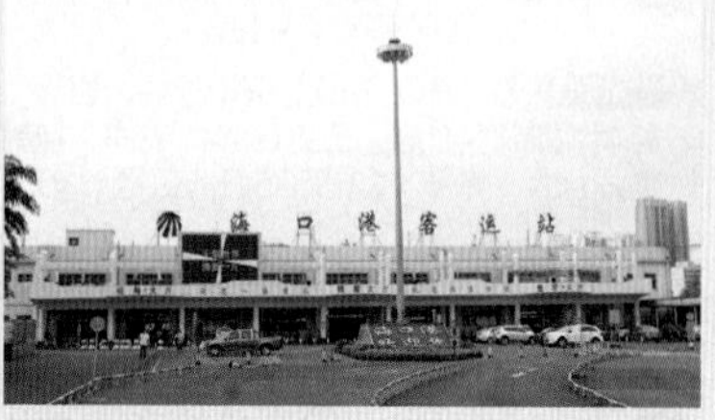

秀英フェリーターミナル。建物には「海口港」と掲げられているが、海口には港が複数あるので、タクシーに乗車するときなどは正式名を伝えたほうがよい

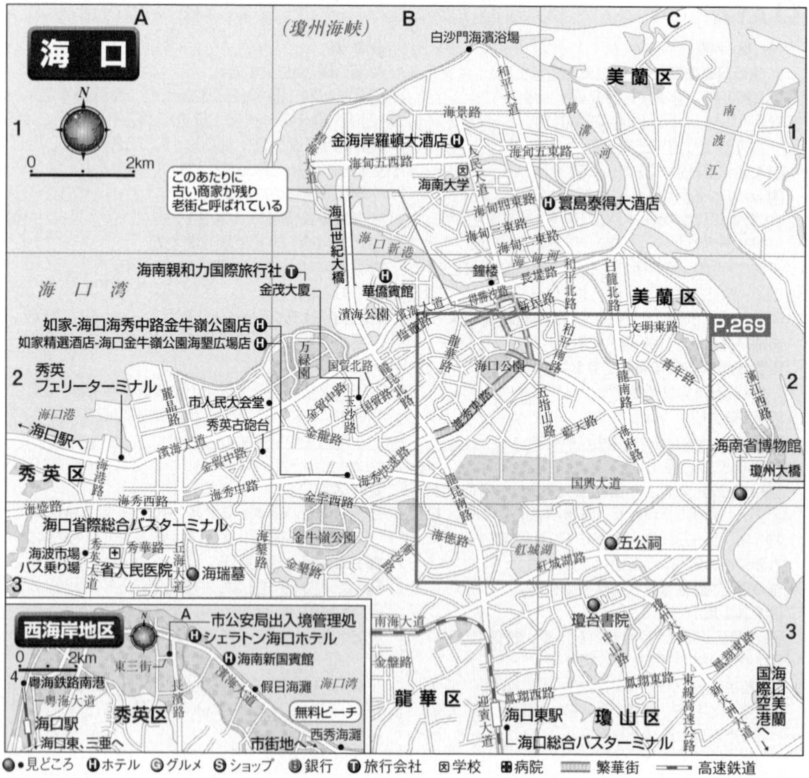

海口
A
B
C
1
2
3
0
2km
（瓊州海峡）
白沙門海濱浴場
美蘭区
海口湾
秀英区
龍華区
瓊山区
このあたりに古い商家が残り老街と呼ばれている
金海岸羅頓大酒店
海南大学
寰島泰得大酒店
海南親和力国際旅行社
金茂大廈
華僑賓館
鐘楼
如家-海口海秀中路金牛嶺公園店
如家精選酒店-海口金牛嶺公園海墾広場店
秀英フェリーターミナル
海口港
←海口駅へ
市人民大会堂
秀英古砲台
海口公園
P.269
海南省博物館
瓊州大橋
五公祠
海口省際総合バスターミナル
海波市場バス乗り場
省人民医院
海瑞墓
金牛嶺公園
瓊台書院
海口東駅
海口総合バスターミナル
海口美蘭国際空港へ
和平大道
人民大道
海甸五東路
海甸五西路
海甸四東路
海甸三東路
海甸二東路
長堤路
得勝沙路
新民路
和平北路
白龍北路
文明東路
青年路
和平南路
白龍南路
濱江西路
海府路
藍天路
五指山路
国興大道
濱海大道
龍華路
龍昆北路
龍昆南路
国貿北路
国貿路
金貿中路
玉沙路
金龍路
海秀中路
海秀東路
海秀西路
金宇西路
海盛路
秀華路
海港路
丘海大道
海墾路
金墾路
海徳路
紅城湖
紅城湖路
南海大道
金盤路
中山路
鳳翔東路
鳳翔西路
迎賓大道
瓊州大道
新大洲大道
東線高速公路
海口世紀大橋
海口新港
横溝河
南渡江
万緑園
西海岸地区
市公安局出入境管理処
シェラトン海口ホテル
海南新国賓館
東三街
假日海灘
無料ビーチ
粤海鉄路南港
粤海大道
海口駅
海口東、三亜へ
長濱路
市街地へ
西秀海灘
●見どころ Ⓗホテル Ⓖグルメ Ⓢショップ Ⓑ銀行 Ⓣ旅行会社 ⊗学校 ⊞病院 繁華街 高速鉄道

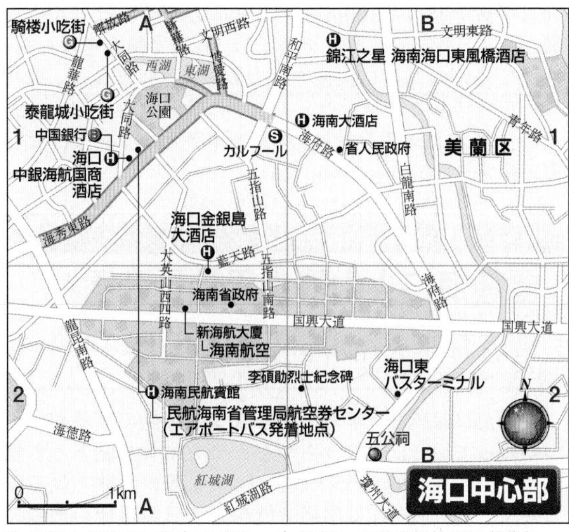

●●見どころ Ⓗホテル Ⓖグルメ Ⓢショップ Ⓑ銀行 Ⓣ旅行会社 繁華街

大陸への列車と西回り高鉄の一部が発着する海口駅

海口駅の北にある海口南港では鉄道連絡船への客車積載作業が見られる

島内西部行きバスが発着する海口省際総合バスターミナル

見どころ

★★ 唐宋代の重臣を祀る祠堂

五公祠／五公祠
ごこうし wǔgōngcí

蘇東坡が発見したという浮粟泉

五公祠は、蘇軾（蘇東坡）がこの地に左遷されていた1097（北宋の紹聖4）年に建てられた。唐宋期（7～13世紀）、当時の政権抗争に敗れ、失脚して海南島へ流刑となった5人の高官、李徳裕（唐代）、趙鼎、李光、胡銓、李綱（以上宋代）が祀られている。

五公祠
Ⓜ P.268-C3、P.269-B2
住 瓊山区海府路169号
☎ 65855653
オ 8:00～18:00
※入場は閉門30分前まで
休 なし
料 5～9月17元、10～4月20元
交 1、4、11、12、14、37、38、41、45路バス「五公祠」

五公祠の中心的存在「海南第一楼」

★★ 明代の名臣が眠る墓所

海瑞墓／海瑞墓
かいずいぼ hǎiruìmù

明代中期の有名な政治家で、この地の出身である海瑞（1514～1587年）の陵墓。

正門には粤東正気の文字が刻まれた石牌坊が立ち、花

中央の丸い石積みが墓本体

海瑞墓
Ⓜ P.268-A3
住 龍華区丘海大道39号
☎ 68966823
オ 8:00～18:00
休 なし
料 15元
交 1、3、17、39路バス「秀英区政府」、2、17、58路「海瑞桥」

「粤東正気」と刻まれた正門

崗岩を敷き詰めた100mほどの墓道の両脇には石人や石獣が並ぶ。海瑞は地方官を歴任し、各地で善政を行った。やがて皇帝の側近に抜擢されたが、態度は変えず、皇帝に死を覚悟した諫言を行った。この清廉潔白な人柄は民衆から絶大な支持を受け、海青天（青天は清廉潔白な官吏を指す）とも呼ばれていた。

★★ 2万年前の噴火の様子がわかる

雷瓊海口火山群世界地質公園/雷琼海口火山群世界地质公园

らいけいかいこうかざんぐんせかいちしつこうえん

léiqióng hǎikǒu huǒshānqún shìjiè dìzhì gōngyuán

海南島には約2万年前に起きた火山爆発の痕跡がいくつか残っている。そのうちのひとつを地質公園として整備したもので、溶岩流の跡や、巨大な噴火口跡を見ることができる。園内には溶岩を壁材とする島伝統の民家なども復元されている。

溶岩流の跡。多くの中国人にとっては珍しい

雷瓊海口火山群世界地質公園
Ⓜ P.265-D1
住 秀英区石山鎮
☎ 65469666、65469668
オ 8:00～18:00
休 なし
料 5～9月＝50元、10～4月＝60元
交 7、16、24路「海玻市场」。「石山」行きバスに乗り換え「海口火山群世界地质公园」(4元、所要30分)
※市内方面へ戻る最終便は18:30発

サトウキビ搾りの道具と石積みの家

★★ 海南省一の規模を誇る総合博物館

海南省博物館/海南省博物馆

かいなんしょうはくぶつかん　hǎinánshěng bówùguǎn

常設展示は「海南館蔵文物陳列」「海南歴史陳列」「海南少数民族陳列」「海南非物質文化遺産陳列」の4つに分かれている。山間部に今も暮らす少数民族関連の展示や、伝統生活の再現は外国人にも興味深い。

大きな建物の海南省博物館

少数民族関連の展示が充実

海南省博物館
Ⓜ P.268-C2
住 瓊山区国興大道68号
☎ 65238891
オ 9:00～17:00
※入場は閉館30分前まで
休 月曜
料 無料
交 12、27、43、51、52、56路「海南广场」
U www.hainanmuseum.org

実感的な等身大の展示

★ 清朝時代の海南島最高学府

瓊台書院／琼台书院

けいだいしょいん qióngtáishūyuàn

瓊台書院の入口

広東巡撫のときに海南島で学問を奨励した焦映漢により、1705（清の康熙40）年に創建された学校。メインの奎星楼は2階建てで1753（乾隆18）年の建築。今も当時の面影を残す。

瓊台書院
Ⓜ **P.268-C3**
住 瓊山区府城中山路8号
☎ 65872309
オ 8:30～17:30 休 なし 料 4元
交 1、4、44、58、201路バス「琼台师范」
※2018年11月現在、改修工事中。2019年夏に再開の予定

メインの奎星楼

郊外の見どころ

★★ 多くの華僑を輩出した「海南鶏飯」の町

文昌老街／文昌老街

ぶんしょうろうがい wénchāng lǎojiē

島の東海岸にある文昌は各地へ華僑を送り出した町として知られ、彼らがシンガポールなどで広めた「海南鶏飯」は世界的に有名。文昌老街は旧市街に残る騎楼商店街を整備したもの。

文昌老街の騎楼

文昌老街
Ⓜ **P.265-F2**
住 文昌市文南路
☎ なし オ 24時間 休 なし
料 無料
交 海口東バスターミナルから「文昌」行きバスで終点。6路バスに乗り換え「中医院」または「恒兴超市」

素朴な文昌鶏飯

★ 宋氏三姉妹のルーツ

宋氏祖居／宋氏祖居

そうしそきょ sòngshì zǔjū

宋耀如像と宋慶齢紀念館

宋氏三姉妹の父で、孫文のパトロンでもあった宋耀如の生家で、1985年に整備された。内部は展示室になっており、宋慶齢関連の展示が多い。近現代史に興味ある人向けの施設。

宋氏祖居
Ⓜ **P.265-F1**
住 文昌市昌酒鎮古路園村
☎ 63222672
オ 8:00～18:00 休 なし
料 5～9月＝13元、10～4月＝15元
交 海口東バスターミナルから「昌酒」行きバスで「宋氏祖居路口」(22元、所要1時間30分)
※「宋氏祖居路口」バス停から約3km。バイクタクシーは15元が目安。「宋氏祖居」経由便は1日1便。9:20発。「宋氏祖居」発は11:00

★ 蘇東坡がここで学んだという

東坡書院／东坡书院

とうはしょいん dōngpō shūyuàn

蘇東坡が海南島で流浪生活を送った際にここで学び、かつ大陸の文化を庶民に伝えたとされる。1097（北宋の紹聖4）年に載酒堂として創建され、明代に東坡書院と改称した。

東坡書院の入口

東坡書院
Ⓜ **P.264-B1**
住 儋州市中和鎮東郊
☎ 23572579
オ 8:00～17:00 休 なし
料 5～9月＝21元、10～4月＝31元
交 海口省際総合バスターミナルから「儋州那大」行きバスで終点。バイクタクシーに乗り換えて「军屯车站」。「中和镇」行きバスで「东波书院」
※バス停はないので、運転手に東坡書院で下車する旨伝える。「中和镇」からの最終バスは17:50発

千年古塩田
Ⓜ P.264-B1
住 儋州市三都鎮洋浦経済開発区塩田村半島
☎ なし
オ 24時間
休 なし
料 無料
交 ①海口東駅から高速鉄道で「白马井」(1等72元、2等45元、所要1時間)。3路バスに乗り換え「国税局」。徒歩8分
②海口省際総合バスターミナルから「洋浦」行きバスで終点
③海口省際総合バスターミナルから「儋州那大」行きバスで終点。「洋浦」行きに乗り換えて終点。
※「洋浦」から塩田までは徒歩5分の「洋浦医院」から1路バスで「新立花园」。徒歩12分。「洋浦」から海口行き最終便は18:30、「儋州那大」行き最終便は17:00

★ 太古の昔から続く原始的な塩田

千年古塩田/千年古盐田

せんねんこえんでん qiānnián gǔyántián

多孔質の火山岩を平らに削り、さらに浅いくぼみを作る。その中に、あらかじめ濃度を高めた海水を入れて天日干しし、塩の結晶を得るという珍しい製法の塩田。史跡であると同時に、今も30戸程度がこの製法で味のよい天然塩を作り続けている。海辺に平らな石が点在するさまは奇観だ。

海岸に並ぶ平らに削った岩

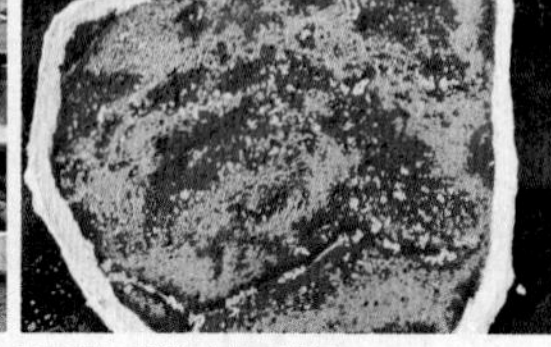
天日干しで現れた塩の結晶

ホテル

シェラトン海口ホテル/海口喜来登酒店

かいこう hǎikǒu xǐláidēng jiǔdiàn

世界最大のホテルチェーン、マリオット・インターナショナルが運営する海口の高級リゾートホテル。高級ホテルが集まる市内西部にある。敷地内にはヤシの木が茂り、南国情緒満点。屋外プールやスパ、フィットネスなどの施設が充実している。

Ⓜ P.268-A4 ★★★★★
住 秀英区濱海大道136号
☎ 68708888 FAX 68706975
S 541～611元 T 541～611元
サ 10%+6%
カ ADJMV
U www.marriott.co.jp

両替 ビジネスセンター インターネット

海口中銀海航国商酒店/海口中银海航国商酒店

かいこうちゅうぎんかいこうこくしょうしゅてん hǎikǒu zhōngyín hǎiháng guóshāng jiǔdiàn

繁華街に位置する。入口のすぐ北側に中国銀行があり、とても便利。また、ホテル内にある潮州レストラン「佳寧娜」では、海南省名物の「海南鶏飯」も食べられる。

Ⓜ P.269-A1 ★★★★
住 龍華区大同路38号
☎ 66796999
FAX 66749484
S 449～579元 T 449～579元
サ なし
カ ADJMV
U www.hnahotel.com

両替 ビジネスセンター インターネット

海口金銀島大酒店/海口金银岛大酒店

かいこうきんぎんとうだいしゅてん hǎikǒu jīnyíndǎo dàjiǔdiàn

商業エリアに位置する17階建てのホテル。繁華街である海秀東路から少し外れており、比較的静かな環境にある。ホテル内に海南料理やヤムチャを楽しめるレストランがあるが、繁華街は徒歩圏内で、食事には困らない。

Ⓜ P.269-A2 ★★★★
住 美蘭区藍天路16号
☎ 66763388 FAX 66715251
S 398～468元 T 368～468元
サ なし
カ ADJMV
U www.treasureisland-hotel.com

両替 ビジネスセンター インターネット

金海岸羅頓大酒店
きんかいがんらとんだいしゅてん
金海岸罗顿大酒店 jīnhǎiàn luódùn dàjiǔdiàn

市街地北部の海甸島に位置する4つ星級の高級ホテル。英語ではゴールデンコーストロートンホテル。

両替 ビジネスセンター インターネット U www.golden.com.cn

M P.268-B1
住 美蘭区人民大道68号
☎ 66259888 FAX 66258889
S 440〜700元 T 440〜700元
サ なし カ ADJMV

寰島泰得大酒店
かんとうタイドだいしゅてん
寰岛泰得大酒店 huándǎo tàidé dàjiǔdiàn

香港のホテルが海口で運営する23階建ての高級ホテル。海甸島に位置し、敷地内には緑が多く、落ち着いた雰囲気をもつ。

両替 ビジネスセンター インターネット U www.huandaotide.com

M P.268-C1
住 美蘭区和平大道18号
☎ 66268888 FAX 66265588
S 380元 T 380元
サ なし カ ADJMV

錦江之星 海南海口東風橋酒店
きんこうしせいかいなん かいこうとうふうきょうしゅてん
锦江之星 海南海口东风桥酒店 jǐnjiāngzhīxīng hǎinán hǎikǒu dōngfēngqiáojiǔdiàn

「経済型」チェーンホテル。「錦江之星」の海南省1号店。客室はシンプルだが、シャワーやエアコンなどが完備されている。

両替 ビジネスセンター インターネット U www.jinjianginns.com

M P.269-B1
住 美蘭区文明東路36号
☎ 36371388 FAX 36351388
S 209〜239元 T 199〜229元
サ なし カ 不可

如家-海口海秀中路金牛嶺公園店
じょかかいこうかいしゅうちゅうろきんぎゅうれいこうえんてん
如家-海口海秀中路金牛岭公园店 rújiā hǎikǒu hǎixiùzhōnglù jīnniúlǐng gōngyuándiàn

「経済型」チェーンホテル。同じ場所にややグレードの高い「如家精選酒店-海口金牛嶺公園海墾広場店」もある。

両替 ビジネスセンター インターネット U www.bthhotels.com

M P.268-B2
住 龍華区海秀中路69号
☎ 66708600 FAX なし
S 169〜170元 T 179元
サ なし カ 不可

騎楼小吃街／骑楼小吃街
きろうシャオチーがい qílóu xiǎochījiē

海南島の郷土料理のほか、各地のシャオチーが1品10〜30元で楽しめるフードコート。レジで専用カードにチャージしてブースで注文し、残額はレジで返金してもらう。早じまいの店もあるので19:30までに行くのがよい。

M P.269-A1
住 龍華区大同路2号
☎ 66220966
オ 7:00〜22:00
休 なし
カ 不可

泰龍城小吃街／泰龙城小吃街
たいりゅうじょうシャオチーがい tàilóngchéng xiǎochījiē

大屋根の下に小さな屋台が多数集まったようなフードコート。テーブルや椅子のない店がほとんどで、立ち食いが基本。1品10〜30元で、各種のシャオチーが楽しめ、行列のできる人気店もある。

M P.269-A1
住 龍華区大同路4号
☎ なし
オ 9:00〜22:00
休 なし
カ 不可

海南親和力国際旅行社／海南亲和力国际旅行社
かいなんしんわりょくこくさいりょこうしゃ hǎinán qīnhélì guójì lǚxíngshè

海南遠通国際旅行社から改称。優秀な日本語ガイドがいる。日本語ガイドが1日600元、車のチャーター（市内）が1日600元。鉄道と船のチケット手配は1枚50元。日本語メールで相談を。

M P.268-B2
住 龍華区国貿北路26号金茂大廈2504室
☎ 66742111（日本語可）
FAX 66568912（日本語可）
オ 9:00〜12:00、14:00〜18:00
休 土・日曜、祝日
カ 不可
✉ hnhpit@21cn.net

海南省 海口
郊外の見どころ／ホテル／グルメ／旅行会社

南国らしい光景の天涯海角風景区

熱帯の景観と海が美しい

三亜（さんあ）

三亚（サンヤー） Sān Yà　市外局番 **0898**

都市データ

三亜市
人口＝69万人
面積＝1918㎢
4区を管轄

市公安局出入境管理処（市公安局出入境管理处）
Ⓜ P.276-C1
住 吉陽区鳳凰路162号
☎ 88869150、88869903
オ 8:00〜12:00、15:00〜18:00
休 土・日曜、祝日
観光ビザを最長30日間延長可能。手数料は160元

市人民医院（市人民医院）
Ⓜ P.276-B2
住 天涯区解放三路588号
☎ 88259997
オ 24時間　休 なし

●市内交通
【路線バス】 運行時間の目安は6:30〜19:00、中心部は2〜7元
※三亜駅へ行く路線は6:30〜23:00
観光に便利な路線は、亜龍湾海底世界〜天涯海角〜南山〜大小洞天を結ぶ25路で、運行時間の目安は7:30〜18:00、2〜17元
【タクシー】 初乗り2.5km未満11元、2.5km以上1kmごとに2.2元加算

概要と歩き方

マリンスポーツが盛んな亜龍湾公共ビーチ

三亜は海南島の最南端に位置する海南省第二の町で、リー族、ミャオ族、回族などの少数民族も多く住んでいる。

海南島は長らく罪人の流刑地とされ、特に三亜は、この世の果てを意味する「天涯海角」と呼ばれる土地だった。しかし、冬でも20℃を下回らない気候を生かし今は国際的ビーチリゾート地として整備が進む。

三亜のビーチは、3つの有名なエリアに分かれている。まずは三亜東部に位置する亜龍湾。このエリアには、国際水準のリゾートホテルが並び、まさに東洋のハワイと呼ばれるにふさわしい雰囲気。ふたつ目の大東海は、古くからのビーチリゾートで市街地に最も近い。3つ目は、市区西側に長く延びる三亜湾。ホテルは海岸通りの陸側に位置しており、浜辺に向かうにはとても便利。

町から山に入ると、リー族などの少数民族が昔から暮らす村が点在している。観光客向けの民俗村が開かれているスポットもあるので、彼らの暮らしに触れてみるのもよいだろう。車のチャーターが必要になる。

三亜の観光は、9月末の中秋節、10月の国慶節（中国の建国記念日）連休から翌5月連休までがシーズン。特に春節（毎年変動。1月末〜2月中旬）の混雑は激しく、宿泊料が高騰し、空室を探すのに苦労することがある。

鹿回頭公園から俯瞰した三亜市街の夜景

町の気象データ（→P.237）：「预报」>「海南」>「三亚」

ACCESS

中国国内の移動 ➡ P.341　鉄道時刻表検索 ➡ P.30

飛行機

中心部の西北11kmに位置する三亜鳳凰国際空港（SYX）を利用する。エアポートバスは1路線あり、市内に向かう便は使いやすいが、空港行きは発車時間や発車地点が明確でなく、観光客には使いにくい。

国際線 関西（7便）。

国内線 広州、上海、北京、長沙、杭州、西安などとの間に運航便があるが、便数の多い広州や上海浦東とのアクセスが便利。

所要時間（目安） 北京首都（PEK）／4時間20分　上海浦東（PVG）／3時間10分　広州（CAN）／1時間30分　福州（FOC）／2時間25分　長沙（CSX）／2時間10分　香港（HKG）／1時間50分

鉄道

東回り路線の高速鉄道と、西回り路線の高速鉄道、西回り在来列車ともに郊外の三亜駅を利用する。

所要時間（目安） 海口東（hkd）／動車：1時間28分　文昌（wc）／動車：1時間11分　東方（df）／動車：1時間3分　広州（gz）／直達：14時間28分　長沙（cs）／直達：22時間42分

バス

市内にバスターミナルは3ヵ所あるが、中心部にある三亜バスターミナルの利用が便利。五指山、万寧、文昌など島内各地からの便がある。海を越えた華南各地からの直行便もあるが便数は少ない。

所要時間（目安） 海口／4時間　万寧／2時間30分　五指山／2時間30分　文昌／3時間30分

DATA

飛行機

■三亜鳳凰国際空港（三亚凤凰国际机场）

Ⓜ **P.277-B2**　㊓天涯区羊欄鎮鳳凰村

☎インフォメーション＝88289575
　航空券売り場＝88289135

㋔4:30～最終便　㊡なし　㋕不可

Ⓤ www.sanyaairport.com

[移動手段] エアポートバス（空港～大東海広場～亜龍湾の各ホテル）／大東海広場発着は15元、所要50分、各ホテル発着は25元、所要1時間20分が目安　※宿泊ホテルを運転手に告げておくと近くに停車してくれる。空港→市内＝到着便に合わせて運行　市内→空港＝電話予約（☎38253315）するとホテルに回ってくれる　**タクシー**（空港～解放路・新風街）／50元、所要35分が目安　**CRH高速鉄道**／「凤凰机场」　**路線バス**／8、24、27、36路「凤凰机场」

　航空券売り場では3ヵ月以内の航空券を販売。

■中国南方航空三亜航空券売り場
（南方航空公司三亚售票处）

Ⓜ **P.276-B1**

㊓吉陽区迎賓路360-2号中信南航大厦4階

☎88679660　㋔8:30～11:40、14:30～17:30

㊡なし　㋕不可

[移動手段] タクシー（航空券売り場～解放路・新風街）／15元、所要15分が目安　**路線バス**／9、36、53路「警察公寓」

　3ヵ月以内の航空券を販売。

鉄道

■三亜駅（三亚火车站）

Ⓜ **P.277-B2**　㊓吉陽区育秀路10号

☎共通電話＝12306　㋔5:30～翌0:30

㊡なし　㋕不可

[移動手段] タクシー（三亜駅～解放路・新風街）／30元、所要25分が目安　**路線バス**／4、10、15、35、36、54、55路「三亚火车站」

　28日以内の切符を販売。

木を多用した三亜駅

バス

■三亜バスターミナル（三亚汽车站）

Ⓜ **P.276-B3**　㊓天涯区解放二路443号

☎共通電話＝66668855、88252656

㋔7:00～20:00　㊡なし　㋕不可

[移動手段] タクシー（三亜バスターミナル～三亜駅）／30元、所要25分が目安　**路線バス**／1、2、8、16、50、54、57路バス「汽车总站」

　7日以内の切符を販売。海口（東バスターミナル：18便）、万寧（8便）、五指山（7:10～20:00の間18便）、文昌（3便）など。

町の中心部に位置する三亜バスターミナル

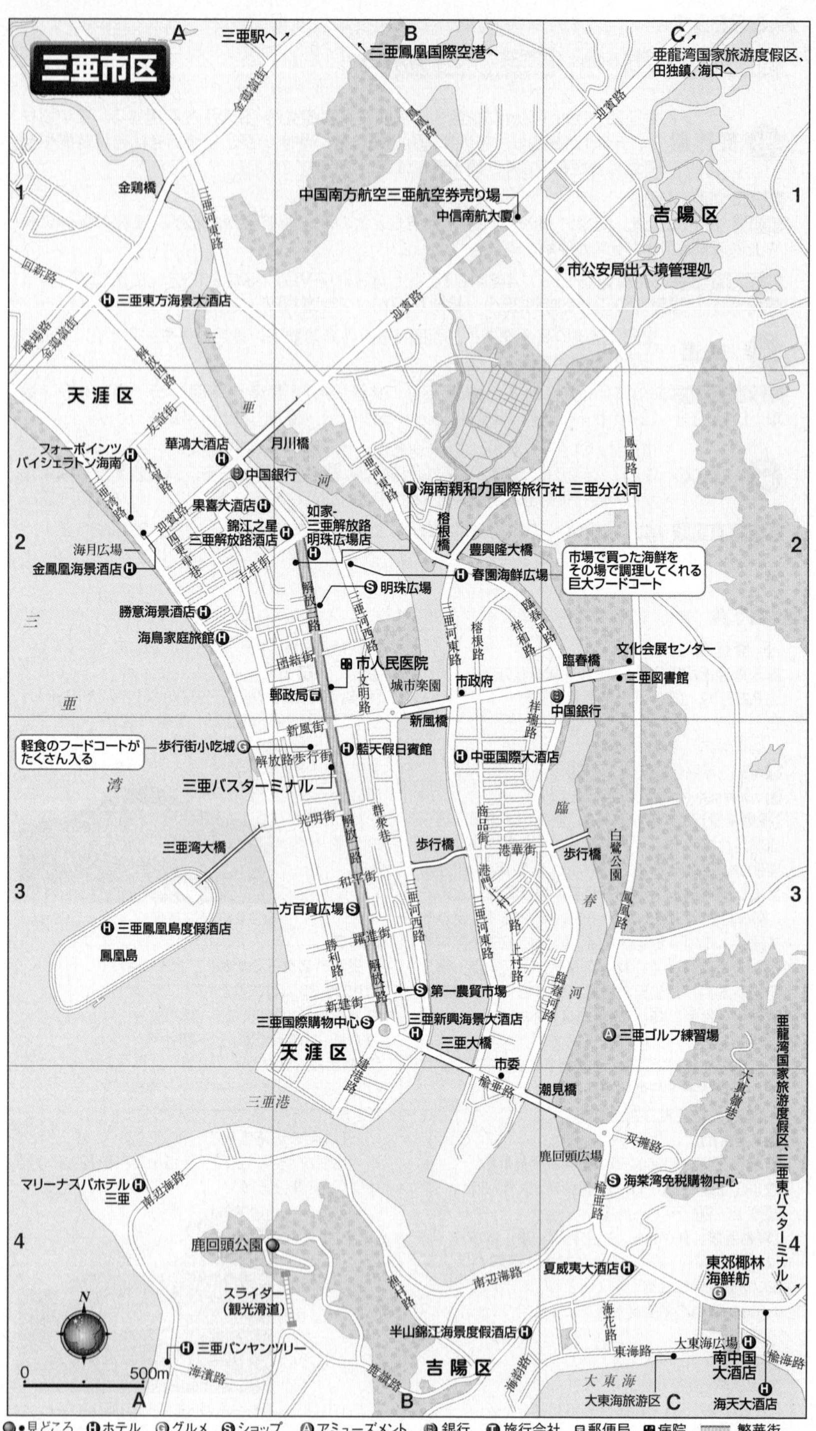
三亜市区
三亜駅へ
三亜鳳凰国際空港へ
亜龍湾国家旅游度假区、田独鎮、海口へ
中国南方航空三亜航空券売り場
中信南航大厦
吉陽区
市公安局出入境管理処
金鶏橋
三亜東方海景大酒店
天涯区
フォーポインツバイシェラトン海南
華鴻大酒店
月川橋
中国銀行
海南親和力国際旅行社 三亜分公司
果喜大酒店
錦江之星三亜解放路酒店
如家-三亜解放路明珠広場店
榕根橋
豊興隆大橋
市場で買った海鮮をその場で調理してくれる巨大フードコート
春園海鮮広場
海月広場
金鳳凰海景酒店
明珠広場
勝意海景酒店
海鳥家庭旅館
文化会展センター
臨春橋
三亜図書館
市人民医院
城市楽園
市政府
郵政局
中国銀行
新風橋
軽食のフードコートがたくさん入る
歩行街小吃城
藍天假日賓館
中亜国際大酒店
三亜バスターミナル
三亜湾大橋
歩行橋
歩行橋
一方百貨広場
三亜鳳凰島度假酒店
鳳凰島
第一農貿市場
三亜国際購物中心
三亜新興海景大酒店
三亜大橋
天涯区
三亜ゴルフ練習場
市委
潮見橋
亜龍湾国家旅游度假区、三亜東バスターミナルへ
鹿回頭広場
海棠湾免税購物中心
マリーナスパホテル三亜
鹿回頭公園
夏威夷大酒店
東郊椰林海鮮舫
スライダー（観光滑道）
半山錦江海景度假酒店
三亜パンヤンツリー
大東海広場
南中国大酒店
吉陽区
大東海旅游区
海天大酒店
0 500m
見どころ ホテル グルメ ショップ アミューズメント 銀行 旅行会社 郵便局 病院 繁華街

三亜市全図
楽東リー族自治県
保亭リー族ミャオ族自治県
西郎嶺 (441)
牛拉嶺 (655)
雅林嶺 (904)
雅亮
育才
抱龍
尖嶺 (1019)
天涯区
尖風嶺 (858)
中間嶺 (913)
什披嶺 (705)
六大嶺 (578)
三道
龍頭嶺 (187)
崖城区
崖城駅
崖州古城
崖城
立才一区
過嶺 (536)
抱前
台楼
ハワード ジョンソン リゾート 三亜ベイ
南林郷
珠江南田温泉度假区
海棠区
海棠湾
后海ダイビングスポット
海棠湾 (后海)
海南環線高速
崖州湾
荔枝嶺 (374)
三亜鳳凰国際空港
鳳凰機場駅
高嶺 (477)
楽筆洞
亜龍湾駅
大茅
東鑼島
西鼓島
三亜市熱帯蘭花園
南海龍王別院
大小洞天旅游区
南山嶺 (478)
紅塘
天涯
小魚温泉
三亜駅
牛奇洲
三亜南山文化旅游区
天涯海角風景区
南天一柱、天涯、海角
海上観音像
鳳凰
回新
田独
鉄炉
藤海
藤海海景公園
三亜湾
三亜海航度假酒店
P.276
亜龍湾国家旅游度假区 (拡大図は下)
南シナ海
西島 (西瑁洲)
東島 (東瑁洲)
三亜万嘉度假酒店
吉陽区
牙龍嶺 (360)
グランド ソリュクス ホテル&リゾート三亜
大東海
六道村
野猪島
亜龍湾
鹿回頭公園
楡林湾
三亜湾旅游度假区
三亜東バスターミナル
大東海旅游区
坎秧湾
0 10km

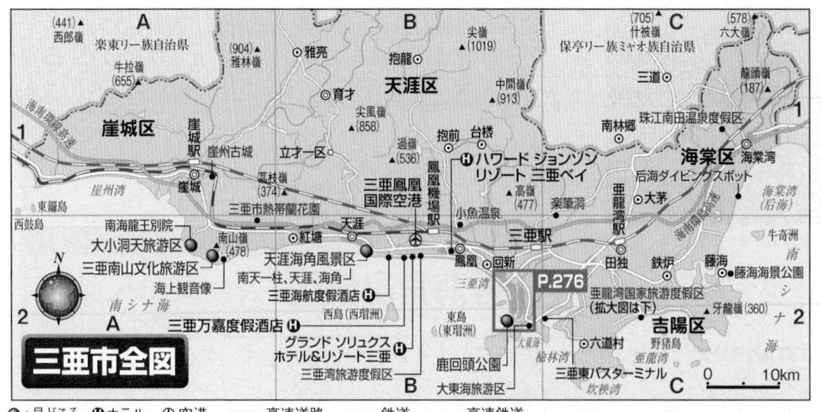

●●見どころ　Ⓗホテル　✈空港　高速道路　鉄道　高速鉄道

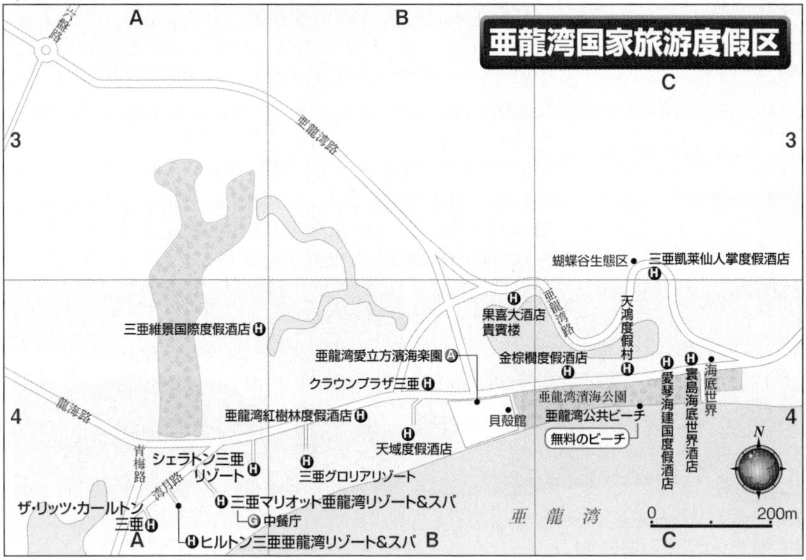

亜龍湾国家旅游度假区
六鎮路
亜龍湾路
蝴蝶谷生態区
三亜凱莱仙人掌度假酒店
天鴻度假村
果喜大酒店 貴賓楼
三亜維景国際度假酒店
亜龍湾愛立方濱海楽園
金棕櫚度假酒店
愛琴海建国度假酒店
寰島海底世界酒店
海底世界
クラウンプラザ三亜
亜龍湾濱海公園
龍海路
亜龍湾紅樹林度假酒店
貝殻館
亜龍湾公共ビーチ
無料のビーチ
天域度假酒店
青梅路
シェラトン三亜リゾート
三亜グロリアリゾート
湾月路
三亜マリオット亜龍湾リゾート&スパ
中餐庁
ザ・リッツ・カールトン三亜
ヒルトン三亜亜龍湾リゾート&スパ
亜龍湾
0 200m

●●見どころ　Ⓗホテル　Ⓖグルメ　Ⓐアミューズメント

見どころ

★★　リー族の伝説をテーマとする公園

鹿回頭公園／鹿回头公园
ろくかいとうこうえん　lùhuítóu gōngyuán

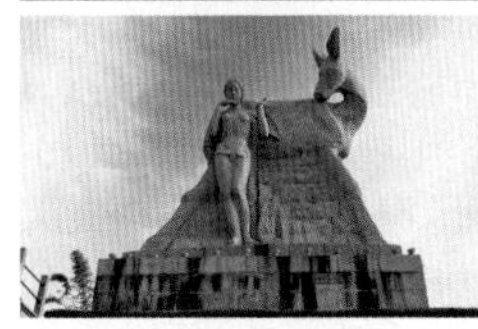

山頂にあるシカと少女、少年像

鹿回頭公園は中心部の南約3kmの小山にある公園。山頂にはリー族の伝説に登場するシカと少女、少年の巨大な像が立っている。また、ここからは三亜の市街地を一望できる。ただ、時間帯によって、写真を撮りたい方向が逆光となるの

鹿回頭公園
Ⓜ **P.276-A～B4**
㊟ 吉陽区鹿嶺路鹿回頭景区
☎ 88213740
㋔ 7:30～22:30
※入場は閉園1時間30分前まで
㊡ なし
㊕ 5～9月＝35元
10～4月＝42元
※麓から山頂までの電動カート＝往復15元、運行時間は7:30～22:00
㊋ ①26、54、55路バス「鹿回头公园」
②タクシーで三亜バスターミナルから25元が目安

鹿回頭公園から見た夜景

で注意が必要だ(市街地の場合、正午頃がよい)。

バス下車後、山頂まではかなりの上り坂なので、山頂までの電動カートを利用すると便利。夜景が美しいことでも有名。

郊外の見どころ

★★ 最果ての地とうたわれた海岸

天涯海角風景区/天涯海角风景区

てんがいかいかくふうけいく tiānyá hǎijiǎo fēngjǐngqū

天涯海角風景区は中心部の西約30km、天涯鎮東郊外、馬嶺山の迫る海岸沿いにある景勝エリア。総面積約10㎢。

日の出や日の入りの光景が美しい所だが、ここが人々に知られるのは、入場して1kmほど歩いた海岸に姿を現す岩々。それぞれに「南天一柱」、「天涯」、「海角」といった文字が彫られており、「南天一柱」は第4套2元札(経済事情の変化により、2元札の必要性が低下したため、2018年5月1日に2角札とともに発行停止)の裏のデザインに使われたほど有名。また、「天涯」の文字は、清の雍正年間(17世紀前期)に崖州知府(崖州は現在の崖城鎮、知府とは当時の官職名)の程哲が記したものとされている。

天涯海角風景区
Ⓜ P.277-B2
㊟ 天涯区天涯海角風景区
☎ 88910131
㋔ 7:30~19:30
※入場は閉門1時間30分前まで
㊡ なし
㊕ 5~9月=68元
10~4月=81元
※景区内を一周する電動カート=15元
㋮ 16、25、26、55路バス「天涯海角」
Ⓤ www.aitianya.cn

記念撮影ポイントのひとつ「南天一柱」

海岸沿いの巨岩には「天涯」の文字が刻まれている

★★ 鑑真和上が漂着した海岸

大小洞天旅游区/大小洞天旅游区

だいしょうどうてんりょゆうく dàxiǎodòngtiān lǚyóuqū

三亜市街地の西約40kmにある景勝エリア。この地は、5回目の渡日に失敗した鑑真和上が難破してたどり着いた地点として知られる。天涯海角と同様、海岸に巨大な岩が転がる奇景。道士が修行したといわれる岩穴の小洞天、海岸沿いの大小洞天などがあるほか、この地に漂着した鑑真和上をたたえた群像も建てられている。

「大小洞天」の入口。この岩の中の洞窟で道士が修行したという

大小洞天旅游区
Ⓜ P.277-A2
㊟ 崖城区大小洞天旅游区
☎ 88830188
㋔ 7:30~18:00
㊡ なし
㊕ 5~9月=75元
10~4月=90元
※景区内を一周する電動カート=15元
㋮ 25路バス「大小洞天」
Ⓤ www.sanyapark.com

海岸沿いにはまさに南国といった景観が広がる

龍を祀る南海龍王別院

★ 中国仏教のテーマパーク

三亜南山文化旅游区／三亚南山文化旅游区
さんあなんざんぶんかりょゆうく　sānyà nánshān wénhuà lǚyóuqū

南山寺を中心とした仏教文化テーマパーク。いちばん人気は、海上に立つ高さ108mの大観音像で、エレベーターで足元の蓮花台まで行ける（オ8:00〜17:00）。

高さ108mの海上観音像

三亜南山文化旅游区
M P.277-A2
住 崖城区南山村三亜南山文化旅游区
☎ 88837888
オ 7:30〜18:30
休 なし
料 5〜9月＝105元
10〜4月＝129元
※景区内を一周する電動カート＝30元
交 16、25、55路バス「南山」
U www.nanshan.com

ホテル

シェラトン三亜リゾート／三亚喜来登度假酒店
さんあ　sānyà xǐláidēng dùjià jiǔdiàn

東南アジア風の開放的インテリアが好評。ホテルの南側にはプライベートビーチをもち、さまざまなマリンアクティビティを堪能できる。もちろんスパなども充実しており、くつろぎのひとときを過ごせる。

M P.277-A4　★★★★★
住 吉陽区亜龍湾国家旅游度假区龍海路
☎ 88558855　FAX 88558866
S 700〜800元
T 700〜800元
サ 10%＋6%　カ ADJMV
U www.marriott.com
両替　ビジネスセンター　インターネット

ザ・リッツ・カールトン三亜／金茂三亜麗思卡尔頓酒店
さんあ　jīnmào sānyà lìsīkǎěrdùn jiǔdiàn

高級ビーチリゾートホテルが建ち並ぶ亜龍湾の西端に位置する。全客室にバルコニーが設けられ、海側の部屋からは美しい海が見渡せる。本格スパでリラックスしたり、レストランではイタリアンも楽しめる。

M P.277-A4　★★★★★
住 吉陽区亜龍湾国家旅游度假区湾月路
☎ 88988888　FAX 88586888
S 1245〜1595元
T 1245〜1595元
サ なし　カ ADJMV
U www.ritzcarlton.com/jp
両替　ビジネスセンター　インターネット

三亜マリオット亜龍湾リゾート＆スパ／三亚亚龙湾万豪度假酒店
さんあ　ありゅうわん　sānyà yàlóngwān wànháo dùjià jiǔdiàn

三亜有数のビーチリゾート亜龍湾に立つ世界的リゾートホテル。マリンアクティビティはもちろん、全客室にバルコニーが設けられており、美しいビーチを楽しめる。スパをはじめとするリラクセーション施設も完備。

M P.277-A4　★★★★★
住 吉陽区亜龍湾国家旅游度假区湾月路
☎ 88568888　FAX 88567111
S 650〜950元
T 650〜950元
サ 10%＋6%　カ ADJMV
U www.marriott.com
両替　ビジネスセンター　インターネット

ハワード ジョンソン リゾート 三亜ベイ／三亚国光豪生度假酒店

さんあ　sānyà guóguānghǎoshēng dùjiǎ jiǔdiàn

三亜鳳凰国際空港に近く、"椰夢長廊"とも呼ばれる三亜湾にあるリゾートホテル。ビーチまで交通量の多い道路を渡らず、地下通路を通って行けるのがウリ。スパや屋内温水プールも楽しめる。

Ⓜ P.277-B2 ★★★★★
住 天涯区三亜湾路188号
☎ 38888888　FAX 38868888
Ⓢ 555～799元
Ⓣ 555～799元
サ なし
カ ADJMV
Ⓤ www.hojochina.com
両替　ビジネスセンター　インターネット

ヒルトン三亜亜龍湾リゾート&スパ

ヒルトンさんあありゅうわんリゾートアンドスパ

金茂三亚亚龙湾希尔顿大酒店 jīnmào sānyà yàlóngwān xīěrdùn dàjiǔdiàn

亜龍湾に位置するリゾートホテル。広さが自慢の客室は、海を見渡すプライベートバルコニー付き。

両替　ビジネスセンター　インターネット　Ⓤ hiltonhotels.jp

Ⓜ P.277-A4 ★★★★★
住 吉陽区亜龍湾国家旅游度假区湾月路　☎ 88588888　FAX 88588588
Ⓢ 668～1038元　Ⓣ 668～1038元
サ なし　カ ADJMV

南中国大酒店／南中国大酒店

なんちゅうごくだいしゅてん　nánzhōngguó dàjiǔdiàn

大東海旅游区に位置する8階建て高級ホテル。三亜中心部に近く、ビーチもすぐそばにあり、アクセスは非常に便利。

Ⓜ P.276-C4 ★★★★
住 吉陽区大東海旅游区楡亜路2号
☎ 88219888　FAX 88219969
Ⓢ 438～578元
Ⓣ 438～578元
サ なし
カ ADJMV
両替　ビジネスセンター　インターネット

三亜万嘉度假酒店

さんあばんかどかしゅてん

三亚万嘉度假酒店 sānyà wànjiā dùjiǎ jiǔdiàn

三亜湾にある高級リゾートホテル。星なしだが、設備やサービスは5つ星クラス。

両替　ビジネスセンター　インターネット

Ⓜ P.277-B2
住 天涯区新城路133号
☎ 88336688　FAX 88339777
Ⓢ 288～333元　Ⓣ 288～333元
サ なし　カ ADJMV

東郊椰林海鮮舫／东郊椰林海鲜舫

とうこうやりんかいせんほう　dōngjiāo yēlín hǎixiānfǎng

大東海エリアにある有名海鮮料理店。入口の水槽には海南省産の魚やエビ、貝などがいっぱい。海鮮は量り売りで、注文時に蒸す、炒めるなど調理法と味つけを指定する。文昌鶏など海南省の郷土料理やココナッツミルクで炊いたご飯などもある。

Ⓜ P.276-C4
住 吉陽区楡亜路109号
☎ 携帯＝18789350721
オ 10:00～22:00
休 なし
カ 不可

海南親和力国際旅行社 三亜分公司／海南亲和力国际旅行社 三亚分公司

かいなんしんわりょくこくさいりょこうしゃ さんあぶんこうし　hǎinán qīnhélì guójì lǚxíngshè sānyà fēngōngsī

海口に本社をおく旅行会社の三亜支店。列車の切符手配は1枚50元。日本語ガイドは1日（8時間）600元、車のチャーター（市内）は1日600元。日本語ができるスタッフは常駐していないので海口本社（→P.273）にまず連絡するのがよい。

Ⓜ P.276-B2
住 天涯区解放三路688号C棟B単元4階403
☎ 66525599、32262388　FAX なし
オ 9:00～12:00、14:30～18:00
休 土・日曜、祝日
カ 不可
✉ hnhpit@21cn.net

特別行政区

亜馬喇前地にある101Xの臨時バス停（2018年11月現在）。
101Xバスは、2018年9月に完成した港珠澳大橋のマカオ側出入境大楼に向かう。
後ろに立つのはグランド・リスボア・カジノとグランド・リスボア・ホテル（マカオ）
／写真:オフィス カラムス（雄井正人）

香港……………… 282　マカオ…………… 294

広深港高速鉄路の起終点である香港西九龍駅

華南エリアの玄関口となる国際都市

香港（ホンコン）

香港（シャンガン） Xiāng Gǎng　エリア番号 852

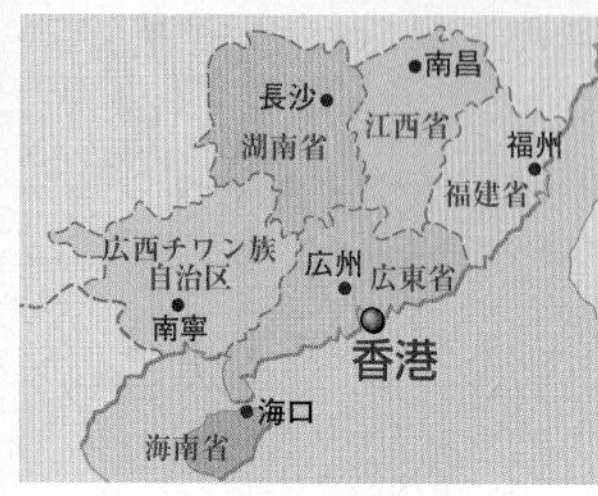

都市データ

香港特別行政区
人口＝744万8900人
面積＝1106.4㎢
18区を管轄

在香港日本国総領事館
（在香港日本國總領事館）
Ⓜ **P.286-B2**
㊟ 中環康楽広場8号交易広場第1座46～47階
☎ 25221184
㋔ 9:15～12:00、13:30～16:45
㊡ 土・日曜、日本（一部）と香港の祝日
Ⓤ www.hk.emb-japan.go.jp

香港入境事務処（香港入境事務處）
Ⓜ **P.286-C2**
㊟ 湾仔告士打道7号入境事務大楼5階　☎ 28246111
㋔ 月～金曜8:45～16:30
土曜9:00～11:30
㊡ 日曜、祝日
Ⓤ www.immd.gov.hk
日本国籍者は90日間までビザ不要。延長ビザの申請にはパスポートと延長の理由を証明する書類が必要。書類は中国語または英語にかぎる。それ以外は翻訳が必要。手数料は190HK$

香港アドベンティスト病院
（香港港安醫院）
Ⓜ **地図外（P.286-C2下）**
㊟ 司徒拔道40号　☎ 36518888
㋔ 24時間　㊡ なし
Ⓤ www.hkah.org.hk

概要と歩き方

香港は、中国の深圳市の南に突き出た九龍半島と、ビクトリア湾を挟んで南側にある香港島、そして周辺の島々からなる。イギリスにより150年余り統治されていたが、1997年7月1日、中国へ主権が返還され、中華人民共和国香港特別行政区となった。返還後も香港と中国本土間には境界があり、出入境管理も行われているが、中国本土在住の人々の旅行解禁により、観光事業が急激に発展している。公用語は中国語の方言のひとつである広東語と英語。中国本土からの訪問者が増えた影響で、中国の共通語である普通話も通じる場所が多くなり、コンビニエンスストアやスーパーなどでも人民元やWeChat Pay（日本で開設した場合は使用不可）などが使えるようになってきた。

2018年には香港と中国各地を結ぶ広深港高速鉄路、香港とマカオ、珠海を結ぶ港珠澳大橋が完成し、中国との結びつきはいっそう強固になった。人口のほとんどは九龍半島に居住し、金融や経済の中心は香港島の中環（セントラル）とその対岸の九龍半島の南端あたりにある。

観光の目玉は観光スポットを回るというより、ショッピングやグルメ、夜景など、都会的な楽しみ。九龍半島にある商業地区の尖沙咀、マーケットで知られる油麻地や旺角、香港島の中環など、特徴をもつ各エリアそのものが見どころとなっている。

2階建てトラムが走る香港島

	1月	2月	3月	4月	5月	6月	7月	8月	9月	10月	11月	12月
平均最高気温(℃)	18.6	18.6	21.5	25.1	28.4	30.4	31.3	31.1	30.2	27.7	24.0	20.3
平均最低気温(℃)	14.1	14.4	16.9	20.6	23.9	26.1	26.7	26.4	25.6	23.4	19.4	15.7
平均気温(℃)	16.1	16.3	18.9	22.5	25.8	27.9	28.7	28.4	27.6	25.3	21.4	17.8
平均降水量(mm)	24.9	52.3	71.4	188.5	329.5	388.1	374.4	444.6	287.5	151.9	35.1	34.5

町の気象データ（→P.237）：「预报」>「香港」>「新界」「九龙」「香港」から選択

ACCESS

中国国内の移動 ➡ P.341　空港見取図 ➡ P.333　鉄道時刻表検索 ➡ P.30

飛行機
中心部の西約35kmに位置するランタオ島の香港国際空港（HKG）を利用する。

国際線 成田（125便）、羽田（56便）、関西（128便）、中部（35便）、福岡（32便）、札幌（20便）、岡山（2便）、広島（3便）、米子（2便）、高松（4便）、熊本（2便）、鹿児島（10便）、宮崎（2便）、沖縄（27便）、石垣（6便）。

国内線 北京、広州、上海など大都市のほか、華南各地の地方空港との間に便がある。

所要時間（目安） 広州（CAN）／1時間5分　福州（FOC）／1時間40分　アモイ（XMN）／1時間15分　南寧（NNG）／1時間45分　南昌（KHN）／1時間50分　長沙（CSX）／1時間35分　三亜（SYX）／1時間35分

鉄道
2018年9月に開業した広深港高鉄の香港西九龍駅と、広東省各地とを結ぶMTR東鉄線の紅磡駅を利用する。

所要時間（目安）【香港西九龍（xgxjl）】広州南（gzn）／高鉄：47分　福田（ft）／高鉄：14分　長沙南（csn）／高鉄：3時間12分　桂林西（glx）／高鉄：3時間19分　【紅磡】広州東／直達：1時間59分　常平／直達：1時間12分　仏山／2時間58分　※紅磡駅のスケジュール確認はU www.it3.mtr.com.hk

バス
香港と広東省、福建省の各都市を結ぶ直通バスが数多く運行されている。鉄道より料金が安く、路線によっては便数がかなり多いので利便性が高い。ただし香港市内から中国本土行きのバスは、乗り場や切符購入場所がわかりにくい。乗車するなら空港に着いてすぐに本土へ向かえる空港発便がおすすめ。

所要時間（目安） 深圳／1時間30分

船
九龍半島（中港城）と香港島（香港マカオ）の各フェリーターミナルから、それぞれマカオや広東省各都市に向かうフェリーが出航する。香港国際空港に直結するスカイピアは、飛行機で香港に発着する人のみ利用可。

所要時間（目安） マカオ／1時間　深圳／1時間

DATA

飛行機
■香港国際空港（香港國際機場）
M P.284-A2　住 ランタオ島赤鱲角
☎インフォメーション＝21818888　オ 24時間
休 なし　カ ADJMV　U www.hongkongairport.com
[移動手段] MTR機場快線（空港～香港駅）／115HK$、所要24分が目安。5:50～翌0:48の間多数運行。詳細→MTR U www.mtr.com.hk　**タクシー**（空港～中環）／295HK$、所要40分が目安　**エアポートバス**／路線多数あり。詳細→U www.hongkongairport.com（Transportの項目）
※機場快線の香港駅と九龍駅から、主要ホテルへ向かうシャトルバスが運行されている。機場快線利用者は無料

鉄道
■香港西九龍駅（香港西九龍站）
M P.286-B1　住 九龍香港西九龍站
オ 切符売り場6:00～23:00　休 なし
[移動手段] MTR／西鉄線「柯士甸」。東涌線、機場快線「九龍」
28日以内の切符を販売するが、外国人旅行者は窓口での購入のみ。高速鉄道専用駅。
■紅磡駅（紅磡站）
M P.288-C1　住 九龍紅磡站
☎MTR城際客運服務ホットライン＝29477888
MTRホットライン＝28818888　オ 5:20～翌1:20
羅湖行き5:30～23:07、所要44分。落馬洲行き5:35～21:35、所要49分　休 なし　カ ADMV（ネット予約と電話予約の場合のみ）
[移動手段] MTR／西鉄線、東鉄線「紅磡」
30日以内の切符を販売。

バス
■永東バス（永東巴士）
☎カスタマーサービス＝37600888
U www.eebus.com
■香港中旅旅運（香港中旅旅運）
☎カスタマーサービス＝36040118
U www.hkctsbus.com

船
■各運航会社の連絡先
利用フェリーターミナルやスケジュール、料金、前売り情報などは各運航会社ウェブサイトで最新情報を確認するとよい。
▶ **ターボジェット**（噴射飛航）
U www.turbojet.com.hk
▶ **CKS**（珠江客運）
U www.cksp.com.hk

▶ **コタイジェット**(金光飛航)
Ⓤ www.cotaiwaterjet.com
■ **中港城フェリーターミナル**(中港城碼頭)
Ⓜ **P.288-A2** ㊟ 尖沙咀広東道33号
Ⓤ www.chkc.com.hk

マカオ、珠海、中山などとの間に運航便がある。
■ **香港マカオフェリーターミナル**(港澳碼頭)
Ⓜ **P.286-B2** ㊟ 上環信徳中心336号
マカオ、珠海、深圳(蛇口)などとの間に運航便がある。

インフォメーション

香港市内交通

各交通機関はおつりが出ないものが多く、小銭が必要。ただし、ほとんどの乗り物には交通系ICカード「オクトパス」(→P.285)が利用できる。

バス

2階建てのバスと普通のバスがある。九龍側は尖沙咀のスターフェリーピア、香港側は交易広場(エクスチェンジスクエア)と金鐘がおもな起点となるバスターミナル。前ドアから乗車し、その際に支払う。運賃は距離やルートにより異なる。

▶九巴(KMB) Ⓤ www.kmb.hk
▶城巴(シティバス)、新巴(ファーストバス)
Ⓤ www.nwstbus.com.hk

ミニバス

バスが走っていない部分を細かく結ぶワンボックスカーのバス。車上部が緑色のものは路線と停留所が決まっており、赤いものは出発地と目的地のみ決まっている。ルート上ならどこでも乗降できるが、現地の言葉を話せない旅行者には使いにくい。シートベルトが付いている場合は着用の義務があるので要注意。運賃は距離やルートにより異なる。

トラム

香港名物の2階建てトラム。停留所が多

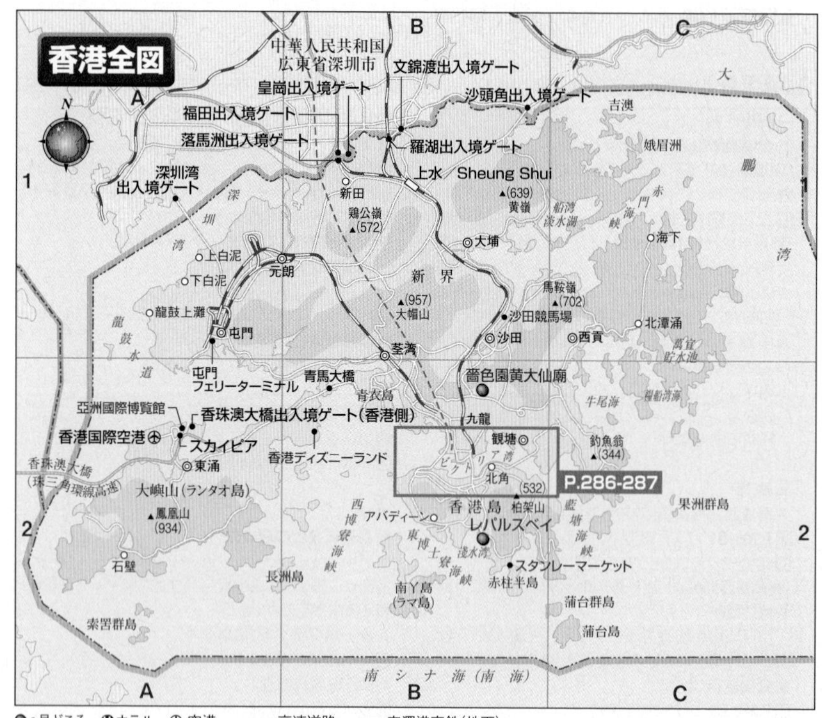

く、乗りやすい。運行時間は5:00～24:00。後部ドアから乗り、降りる際に運転席の横で料金を支払う。2.3HK$。

▶香港トラム　U www.hktramways.com

フェリー

九龍と香港島を結ぶフェリーが数ルートある。観光客を含め、最も利用度が高いのは中環～尖沙咀の天星小輪（スターフェリー）。運航時間は6:30～23:30の間6～12分に1便。1階席／月～金曜＝2.2HK$、土・日曜、祝日＝3.1HK$、2階席／月～金曜＝2.7HK$、土・日曜、祝日＝3.7HK$。

U www.starferry.com.hk

MTR（鉄道）

観光客でも利用しやすい便利な乗り物で、乗り方は日本と同じ。海底トンネルで九龍側と香港島側も行き来できる。荃湾線、観塘線、将軍澳線、港島線、南港島線、機場快線（エアポートエクスプレス）、東涌線、迪士尼線、東鉄線、西鉄線、馬鞍山線の11路線がある。運行時間は6:00～翌1:00、5～61.5HK$。

U www.mtr.com.hk

路線図→P.346

タクシー

3色あり、赤は九龍半島南部と香港島、緑は新界、水色はランタオ島と走るエリアが決まっている。ただし、香港国際空港へはどの色のタクシーでもOK。

香港島と九龍半島南部（赤のタクシー）の場合、初乗り2kmまで24HK$、以降200mごと（および待ち時間1分ごと）に、メーターの表示が83.5HK$未満の場合は1.7HK$ずつ、メーターの表示が83.5HK$以上の場合は1.2HK$ずつ、それぞれ加算。

海底トンネルを利用した場合はメーターの料金に20～65HK$加算（特定の乗り場からは不要）。またはトランクに入れる荷物は1個につき6HK$加算。

U www.td.gov.hk

香港の交通系ICカード

交通系ICカード（オクトパス）は、かざすだけで交通機関の料金が払える便利なプリペイドカード。交通機関以外、セブン-イレブンなどのコンビニをはじめ、マクドナルドなどファストフード店、さらにはマカオの一部店舗でも使用できる。中国名は八達通。1枚150HK$で、そのうち100HK$分を使うことができる。デポジットとなる50HK$は、残額とともに払い戻しが可能（購入3ヵ月未満の場合は手数料9HK$がかかる）。なお、購入やチャージ（香港ではリロードという）は地下鉄駅などで可能。旅行者向けのエアポートエクスプレス・トラベル・パスなどもある。

詳細は下記ウェブサイトを参照。

▶オクトパス（Octopus／八達通）

U www.octopus.com.hk

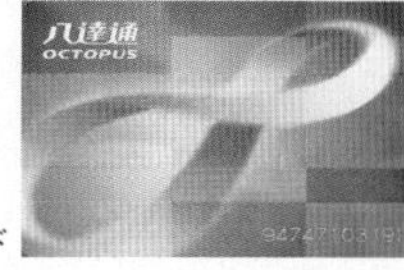

便利なオクトパスカード

見どころ

★★★ 100万ドルの夜景を見に行こう　1時間～

ビクトリア・ピーク／山頂（サーンディン）

香港の夜景は必見

香港島や九龍半島の超高層ビル群やビクトリア湾、周囲の島々などが見渡せる観光ポイントで、「ザ・ピーク」とも呼ばれる。「100万ドルの夜景」と絶賛される美しい景色を見るため、多勢の人々がここを訪れる。

ビクトリア・ピーク
M P.286-B2　住 香港島太平山頂
オ 24時間　休 なし　料 無料
交 ①中環花園道の「山麓」駅からピーク・トラム。片道＝37HK$、往復＝52HK$
②中環交易広場から15番バス。9.8HK$
U thepeak.com.hk

スカイテラス428
Ⓜ **P.286-B2**
住 香港島山頂道128ピーク・タワー
☎ 28490668
才 月～金曜10:00～23:00
土・日曜、祝日8:00～23:00
休 なし　料 52HK$（オーディオガイド付き）
※ピーク・トラムとのセット券は片道84HK$、往復99HK$

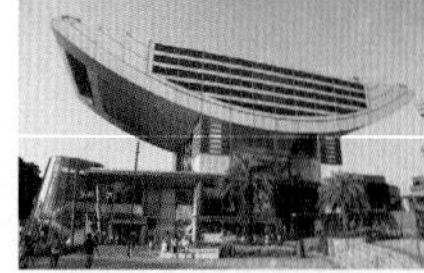

ピーク・タワーの頂上が展望台になっている

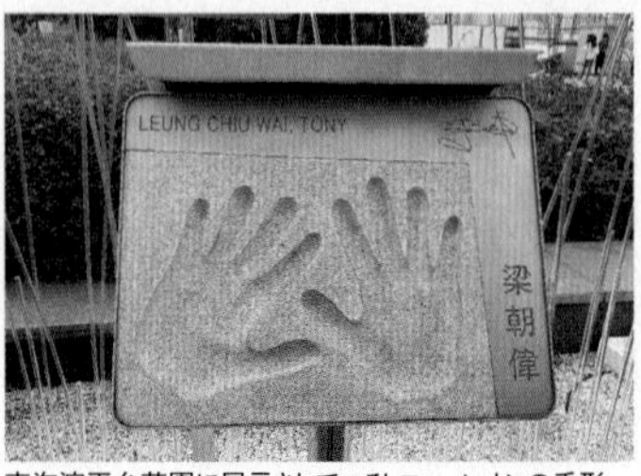

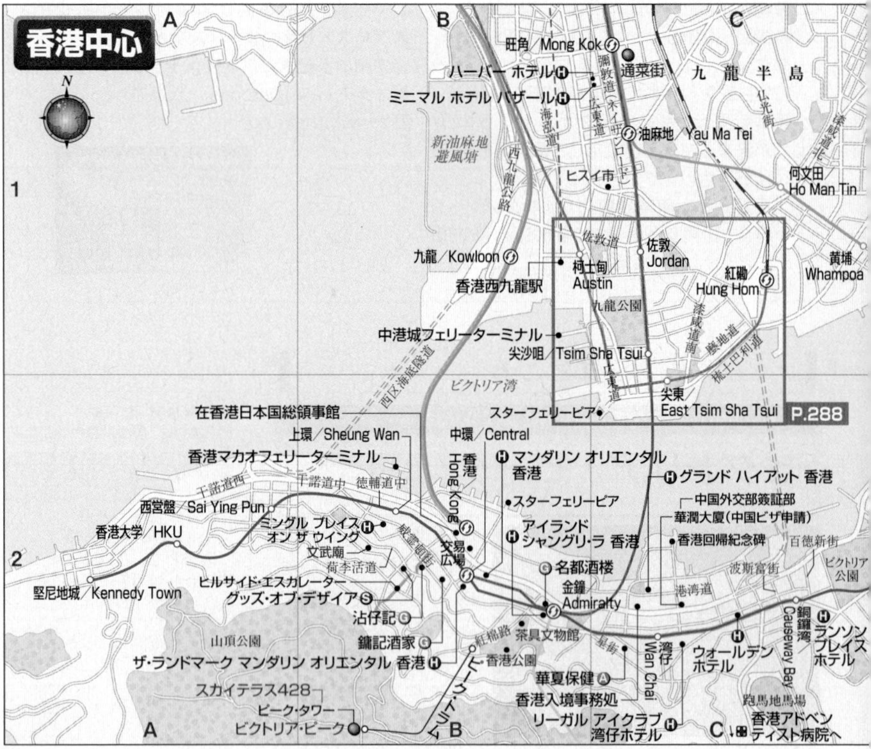

アベニュー・オブ・スターズ
Ⓜ **P.288-B2**
住 尖沙咀東海濱平台花園
才 24時間
休 なし
交 MTR「尖沙咀」P1出口、エレベーターで1F（日本でいう2階）徒歩2分

ビクトリア・ピークに行くには急勾配を登る登山列車ピーク・トラムに乗るのがポピュラー。トラムの進行方向右側に高層ビルや海が見える。ビクトリア・ピークにはピーク・タワーという建物があり、屋上にはスカイテラス428という有料展望台がある。

★★　スターの手形が並ぶ遊歩道

アベニュー・オブ・スターズ／星光大道

センゴンダイドウ

香港映画をテーマにして造られたオブジェを展示している。映画俳優や映画監督のネームプレート（一部には本人の手形が入ったものもある）、香港アカデミー賞で授与されるブロンズ像の巨大像などがあるが、いちばん人気は決め

LEUNG CHIU WAI, TONY
梁朝偉

東海濱平台花園に展示されているトニー・レオンの手形

香港中心
A
B
C
1
2
N
旺角／Mong Kok
通菜街
九龍半島
ハーバー ホテル
ミニマル ホテル バザール
彌敦道（ネイザンロード）
広東道
海泓道
油麻地／Yau Ma Tei
新油麻地避風塘
西九龍公路
ヒスイ市
何文田／Ho Man Tin
佐敦道
佐敦／Jordan
九龍／Kowloon
柯士甸／Austin
香港西九龍駅
紅磡／Hung Hom
黄埔／Whampoa
九龍公園
中港城フェリーターミナル
尖沙咀／Tsim Sha Tsui
漆咸道南
梳士巴利道
西区海底隧道
ビクトリア湾
尖東／East Tsim Sha Tsui
P.288
在香港日本国総領事館
スターフェリーピア
上環／Sheung Wan
中環／Central
香港マカオフェリーターミナル
香港／Hong Kong
マンダリン オリエンタル 香港
グランド ハイアット 香港
干諾道西
干諾道中
徳輔道中
スターフェリーピア
中国外交部簽証部
西営盤／Sai Ying Pun
ミングル プレイス オン ザ ウィング
華潤大厦（中国ビザ申請）
香港大学／HKU
文武廟
交易広場
アイランド シャングリ・ラ 香港
香港回帰紀念碑
百徳新街
荷李活道
ビクトリア公園
名都酒楼
波斯富街
堅尼地城／Kennedy Town
ヒルサイド・エスカレーター
金鐘／Admiralty
港湾道
グッズ・オブ・デザイア
沾仔記
茶具文物館
山頂公園
鏞記酒家
紅棉路
銅鑼湾／Causeway Bay
ランソン プレイス ホテル
湾仔／Wan Chai
ウォールデン ホテル
ザ・ランドマーク マンダリン オリエンタル 香港
香港公園
華夏保健
スカイテラス428
香港入境事務処
跑馬地馬場
ピーク・タワー
リーガル アイクラブ 湾仔ホテル
香港アドベンティスト病院へ
ビクトリア・ピーク
ピーク・トラム

●•見どころ　Ⓗホテル　Ⓖグルメ　Ⓢショップ　Ⓐアミューズメント　Ⓣ旅行会社　学校　病院

ポーズを取ったブルース・リーの銅像。

もとはビクトリア湾に面した尖沙咀海岸沿いの遊歩道に設置されていたが、遊歩道が改修工事に入ったため、2018年11月現在、尖沙咀の東海濱平台花園、星光花園（ガーデン・オブ・スターズ）および星光影廊（スターギャラリー）に移設、展示されている。遊歩道の工事完了は2019年1月末を予定。

★★ 香港有数のショッピングストリート

通菜街（つうさいがい）／通菜街（トンチョイガイ）

旺角の彌敦道の東側にあるストリート。亜皆老街から豉油街までの間は「女人街」と呼ばれ、女物の商品を取り扱う露店が並んでいる。激安の衣料品、バッグや小物、おみやげにもなるTシャツなど、見ていて飽きない。

女人街の北側の弼街から太子道西にかけては金魚屋やペットショップが連なる。店先に金魚が入ったビニール袋をたくさんつり下げた光景は、香港ならでは。

通菜街
Ⓜ **P.286-C1**
住 旺角通菜街
オ 女人街の露店12:00～23:00頃
休 なし
交 MTR「旺角」D3出口、徒歩2分

女性向けのアイテムが多い

ビニール袋に金魚を入れて売っている

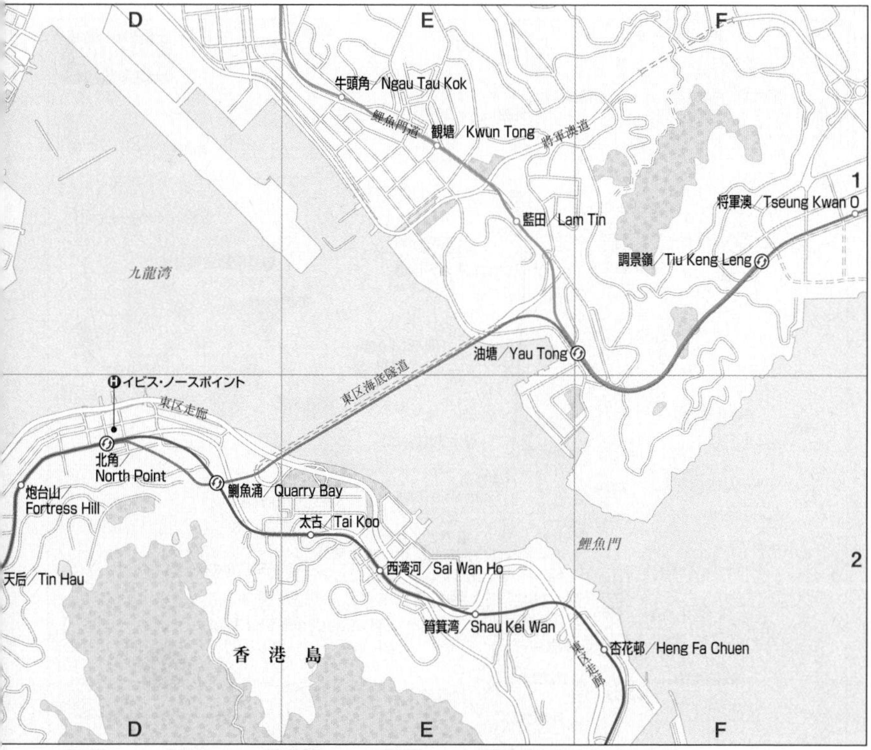

D E F
1
2
牛頭角／Ngau Tau Kok
鯉魚門道
觀塘／Kwun Tong
將軍澳道
藍田／Lam Tin
將軍澳／Tseung Kwan O
調景嶺／Tiu Keng Leng
九龍湾
油塘／Yau Tong
東区海底隧道
Ⓗイビス・ノースポイント
東区走廊
北角／North Point
炮台山／Fortress Hill
鰂魚涌／Quarry Bay
太古／Tai Koo
鯉魚門
天后／Tin Hau
西湾河／Sai Wan Ho
筲箕湾／Shau Kei Wan
杏花邨／Heng Fa Chuen
東区走廊
香港島

荃湾線　観塘線　将軍澳線　港島線　機場快線（エアポートエクスプレス）
西鉄線　東涌線　南港島線　東鉄線　広深港高鉄（地下）

香港歴史博物館
Ⓜ P.288-C1
㊟ 尖沙咀漆咸道南100号
☎ 27249042
㋔ 月・水～金曜10:00～18:00
土・日曜、祝日10:00～19:00
※クリスマスイブと大晦日は17:00まで
㊡ 火曜、春節2日間
㊕ 10HK$
※常設展は通年無料
㊛ MTR「尖沙咀」B2出口、徒歩15分
Ⓤ hk.history.museum

現代的な建物内にある

★★ 映像や模型で香港の歴史を知る

香港歴史博物館／香港歴史博物館

ほんこんれきしはくぶつかん　ヒョンゴンレクシーポッマッグン

香港の歴史と自然について、楽しみつつ知ることができる。常設展は8つの展示区に分かれ、4億年前の太古から現代にいたるまでを、立体模型やマルチメディアを用いて紹介している。1階で見応えがあるのは、香港の4つの民族を紹介する展示。水上生活者の暮らしぶりや、伝統的な祭りの様子を表した模型が目を引く。2階は近代から現代までの展示となっており、レトロな質屋や雑貨屋などの実物大模型が並び楽しい。

オーディオガイドを借りられるほか、10ヵ所で4～10分間の映像資料を見ることが可能。ミュージアムショップも品揃えがよく、おみやげ探しにもってこい。

長洲饅頭祭を表した巨大模型

尖沙咀

A B C
1 2
廟街
佐敦道
上海街
白加士街
彌敦道
裕華国貨
柯士甸／Austin
佐敦／Jordan
広東道
宝靈街
覚士道
香港西九龍駅
柯士甸道
荃湾線
東鉄線
香港理工大学
紅磡／Hung Hom
暢運道
西鉄線
香港天文台
天文台道
屋内運動場
ザ・バウヒニア ホテル尖沙咀
香港歴史博物館
香港科学館
天文台圍
金巴利道
加連威老道
科学館道
九龍公園
覇王山荘
安年大厦
H.I.S.香港支店
中港城フェリーターミナル
奇華餅家
九龍公園径
九龍清真寺
金馬倫道
ホテル ベニト
漆咸道南
足芸舎
海防道
ハーバーシティ
糖朝
亜太中心
尖沙咀／Tsim Sha Tsui
カオルーン シャングリ・ラ 香港
麼地道
JCBプラザ
許留山
星光行
カナダ ホテル
梳士巴利道
JCBプラザ ラウンジ
重慶大厦
アベニュー・オブ・スターズ（2019年1月移転予定）
北京道
漢口道
ビクトリア湾
1881ヘリテージ
中間道
シェラトン香港ホテル&タワーズ
東海濱平台花園
ザ・ペニンシュラ香港
尖東／East Tsim Sha Tsui
観光案内所
香港太空館
スターフェリーピア
香港文化中心
インターコンチネンタル香港
香港芸術館
0 200m
N

●見どころ Ⓗホテル Ⓖグルメ Ⓢショップ Ⓐアミューズメント Ⓣ旅行会社 ⊠学校
荃湾線　西鉄線　東鉄線　乗り換え駅　広深港高鉄（地下）

★★ 男性向けの店が多いストリート

廟街/廟街
びょうがい　ミウガイ

佐敦から油麻地にかけて、ネイザン・ロードを数本入った所にある廟街は、夜になると通りを屋台が埋め尽くす夜市街。男性向けの衣料品などが比較的多いため、男人街とも呼ばれている。通りがにぎわうのは19:00頃から深夜にかけて。路上にテーブルを並べた食堂も多く、見物と同時に夕食を取るのにちょうどいい。場所によって雰囲気が異なり、天后廟周辺には占いの店が多い。また、少し離れた所にヒスイ市もあるので、ついでにのぞいていくとよい。

廟街
Ⓜ **P.288-A1**
住 廟街
オ 男人街の露店17:00～24:00頃
休 なし
交 MTR「佐敦」A出口、徒歩3分。「油麻地」C出口、徒歩2分

さまざまな物が売られている

★★ 御利益と占いで知られる道教寺院

嗇色園黄大仙廟/嗇色園黄大仙廟
しょくしきえんこうだいせんびょう　シックシックユンウォンタイシンミウ

晋代の仙人、黄初平を祀る道教の寺院。願い事がかなう霊験あらたかな寺院として有名で、ひっきりなしに信者が訪れては供物を捧げていく。本堂(大殿)のほかにも多くの小堂があり、それらの裏に従心園という庭園がある。

ひざまずいて祈る人々

寺院周囲の回廊には占いの店がずらりと軒を連ね、なかには「日本語可」の看板をかけている所もある。日本語の上手な占い師を見つけて占ってもらうとよい。

嗇色園黄大仙廟
Ⓜ **P.284-B2**
住 九龍黄大仙竹園村2号
☎ 23278141
オ 7:00～17:00
休 なし
料 無料
交 MTR「黄大仙」、徒歩2分
U www1.siksikyuen.org.hk

占い師は自分が話せる言語を店先に掲示している

★ 映画の舞台にもなったビーチ

レパルスベイ/淺水灣
チンソイワン

香港島の南部にある美しい弓形のビーチ。ここは1955年公開のアメリカ映画『慕情』の撮影が行われた場所として有名。

中環からスタンレー行きのバスに乗って途中下車し、道を下りると白砂の浜が続き、反対側の山側には西洋人が住む超高級マンションや別荘地が建ち並ぶ。背後の山から海に気を通すため、建物の真ん中に穴の開いた淡いブルーの高層マンションは影湾園(ザ・レパルスベイ)といい、ショップやレストラン、スーパーマーケットが入っている。

また、ビーチに下りて左方向に歩いて行くと海の女神、媽祖を祀った天后廟がある。

レパルスベイ
Ⓜ **P.284-B2**
住 浅水湾海灘道
☎ 28122483(ビーチ管理)
オ 24時間
休 なし
交 中環の交易広場から6、6A、6X、66、260番バス「淺水灣海灘」(7.9～10.6HK$、所要約25分)

穴の開いているのが影湾園

1881ヘリテージ
Ⓜ **P.288-A2**
住 尖沙咀広東道2A
☎ 29268000
オ 店によって異なる
休 なし
交 MTR「尖沙咀」L6出口、徒歩3分
U www.1881heritage.com

背後の高いビルは別の建物

★ 歴史的な建築物をリニューアル

1881ヘリテージ/1881 Heritage
いちはちはちいち

尖沙咀の香港文化中心の向かいにある、壮厳なビクトリア様式の建物。1881年に建設が始められた水上警察本部の建物を、2009年にホテルとショッピングモールにリニューアルした。敷地内には、人々に時を知らせたタイム・ボール・タワーという史跡も現存している。

ホテルはヒューレット・ハウスという全室スイートルームの高級ホテルで、コロニアルな雰囲気たっぷりのレストランも併設している。ショッピングモールには、上海灘、ティファニー、カルティエなどの有名ブランドショップが入っている。

夜は一帯がライトアップされる

ホテル

ザ・ペニンシュラ 香港／香港半島酒店
ホンコン　ヒョンゴンブンドウザウディム

九龍半島の先端、尖沙咀にある香港を代表する老舗ホテル。客室はクラシックなインテリアで、バスルームは大理石造り。屋内プール、フィットネスジム、スパ、ショッピングアーケードなどの施設が充実。ロビーのカフェでアフタヌーンティーを楽しめる。

Ⓜ P.288-B2 ★★★★★
住 尖沙咀梳士巴利道
☎ 29202888
FAX 27224170
S 3980HK$～ T 3980HK$～
サ 10%
カ ADJMV
U hongkong.peninsula.com
両替　ビジネスセンター　インターネット

マンダリン オリエンタル 香港／文華東方酒店
ホンコン　マンワートンフォンザウディム

香港島のビジネス街、中環の一等地に立つ。25階にはミシュランガイドの星を獲得したフランス料理の「ピエール」、広東料理の名店「文華」といったレストランがあり、眺めもすばらしい。フィットネスセンターを併設する「マンダリン・スパ」も人気が高い。

Ⓜ P.286-B2 ★★★★★
住 中環干諾道中5号
☎ 25220111
S 3800HK$～
T 3800HK$～
サ 10% カ ADJMV
U www.mandarinoriental.co.jp/hongkong
両替　ビジネスセンター　インターネット

ザ・ランドマーク マンダリン オリエンタル 香港／置地文華東方酒店
ホンコン　チーディマンワートンフォンザウディム

香港島中環にある。同じ場所にある「ランドマーク」は高級ショッピングモールとして有名。フランス料理レストラン「アンバー」はミシュランガイドで星を獲得している。ヨガスタジオを併設するスパもある。

Ⓜ P.286-B2 ★★★★★
住 中環皇后大道中15号置地広場
☎ 21320188
S 3900HK$～ T 3900HK$～
サ 10%
カ ADJMV
U www.mandarinoriental.co.jp/landmark
両替　ビジネスセンター　インターネット

ホテル

グランド ハイアット 香港（ホンコン）／香港君悅酒店（ヒョンゴンゴンライザウディム）

香港島湾仔のコンベンションセンターに隣接する。MTR「湾仔」駅からは連絡通路を通って徒歩10分。飲食施設は広東料理の有名店「ワン・ハーバーロード」や、デザートビュッフェもある「ティフィン」などがある。客室は開放感のある造りとなっている。

M P.286-C2 ★★★★★
住 湾仔港湾道1号
☎ 25881234 FAX 28020677
S 2500HK$～ T 2500HK$～
サ 10%
カ ADJMV
U hongkong.grand.hyatt.com
両替 ビジネスセンター インターネット

アイランド シャングリ・ラ 香港（ホンコン）／港島香格里拉大酒店（ゴンドウヒョンガッレイラーダイザウディム）

香港島の金鐘にある複合施設、パシフィック・プレイスに隣接する。緑豊かな香港公園にも近く、静かな環境にある。レストランは、ミシュランガイドで星を獲得したフランス料理の「ペトラス」、日本料理の「なだ万」などがある。

M P.286-B2 ★★★★★
住 金鐘法院道太古広場
☎ 28773838 FAX 25218742
S 3100HK$～ T 3100HK$～
サ 10%
カ ADJMV
U www.shangri-la.com/jp/hongkong/islandshangrila
両替 ビジネスセンター インターネット

ランソン プレイス ホテル
Lanson Place Hotel

MTR「銅鑼湾」駅から徒歩5分。長期滞在向きのブティックホテル。全客室にキッチンがあり、電子レンジ、食器、調理器具を完備。
両替 ビジネスセンター インターネット U www.lansonplace.com

M P.286-C2 ★★★★
住 銅鑼湾礼頓道133号
☎ 34776888 FAX 34776999
S 1600HK$～ T 1600HK$～
サ 10% カ AJMV

ウォールデン ホテル
華登酒店 ワーダンザウディム

MTR「湾仔」駅と「銅鑼湾」駅の中間に位置する。必要最低限のものは揃っており、ビジネストラベラーにおすすめ。
両替 ビジネスセンター インターネット U www.walden-hotel.com

M P.286-C2 ★★★
住 湾仔軒尼詩道353号
☎ 82003308 FAX 36783960
S 600～2000HK$ T 600～2000HK$
サ 10% カ ADJMV

ミニマル ホテル バザール
簡悅酒店・旺角 ガンユッザウディム・ウォンゴッ

ポップ ホテルから改称した。MTRの「旺角」駅から徒歩5分。客室は狭いが必要なものは揃っており、清潔で機能的。全館禁煙。
両替 ビジネスセンター インターネット U www.minimalhotels.com.hk/bazaar

M P.286-C1 ★★★
住 旺角広東道950号（近豉油街）
☎ 21170033 FAX 21170022
S 600HK$～ T 600HK$～
サ 10% カ JMV

ハーバー ホテル
豪畔酒店 ホウブンザウディム

MTR「旺角」駅から徒歩6分、広東道にあるリーズナブルなホテル。客室は狭いが、清潔感があって快適に過ごせる。
両替 ビジネスセンター インターネット U www.harbourhotel.com.hk

M P.286-C1 ★★★
住 旺角広東道968-970号（近山東街）
☎ 27713300 FAX 27713220
S 500HK$～ T 600HK$～
サ なし カ AMV

リーガル アイクラブ湾仔（ワンチャイ）ホテル
富薈灣仔酒店 フーホイワンジャイザウディム

MTR「湾仔」駅から徒歩3分、トラム通り沿いにある。客室はスタイリッシュで明るい。土・日曜、祝日には料金が上がる。
両替 ビジネスセンター インターネット U www.iclub-hotels.com

M P.286-C2
住 湾仔荘士敦道211号
☎ 39636000 FAX 39636022
S 900HK$～ T 1100HK$～
サ 10% カ ADMV

ホテル ベニト
華國酒店 ワーゴッザウディム

MTR「尖沙咀」駅から徒歩1分と立地抜群。客室の床は木目調のフローリングで、清潔感があり明るい雰囲気。
両替 ビジネスセンター インターネット U www.hotelbenito.com

M P.288-B2
住 尖沙咀金馬倫道7-7B
☎ 36530388 FAX 23691283
S 650HK$～ T 650HK$～
サ 10% カ AJMV

ホテル

ザ・バウヒニア ホテル 尖沙咀 チムシャツイ
寶軒酒店 尖沙咀 ボウヒンザウディム チムシャツイ

MTR「尖沙咀」駅から徒歩8分、気象台の近くにある。バーストリートのナッツフォード・テラスもすぐ横。シックで落ち着いた印象。

両替 ビジネスセンター インターネット U www.thebauhinia.com.hk

M P.288-B1
住 尖沙咀天文台囲5-9号
☎ 31063366 FAX 35832233
S 600HK$～ T 600HK$～
サ 10% カ AJMV

カナダ ホテル
加拿大酒店 ガナダーイザウディム

重慶大廈(チョンキンマンション)のA座15階にある。部屋は極端に狭いが非常に清潔。金～日曜は割増料金になる。

両替 ビジネスセンター インターネット U www.canadahotelhk.com

M P.288-B2
住 尖沙咀彌敦道40号重慶大廈A座15字楼A6室 ☎ 63191963
FAX 21539336 S 180HK$～
T 280HK$～ サ なし カ MV

グルメ

名都酒楼／名都酒樓
めいと しゅろう メントウザウラウ

MTR「金鐘」駅のD出口を出てすぐの統一中心ビル内にあるヤムチャレストラン。点心がワゴンで運ばれてくる昔ながらのスタイルで、メニューの料理がわからなくても注文しやすい。

M P.286-B2
住 中環金鐘道95号統一中心4階
☎ 28651988
オ 8:00～23:00
休 春節1日
カ ADJMV
U www.heichinrou.com/en/location_united_ctr.html

鏞記酒家 ようきしゅか
鏞記酒家 ヨンゲイザウガー

1942年創業。ガチョウのローストで有名な広東料理レストラン。ミシュランガイドでも星を獲得している。ふたり分からオーダーできるセットメニューあり。U www.yungkee.com.hk

M P.286-B2
住 中環威霊頓街32-40号
☎ 25221624
オ 11:00～23:30
休 春節3日間 カ AJMV

覇王山荘 はおうさんそう
覇王山荘 バッワンサーンジョン

上海、北京、四川、杭州など、中国各地の有名料理をリーズナブルに提供している。麺や点心は自家製で、店先で作っている。
U www.kings-lodge.com

M P.288-B1
住 尖沙咀漆咸道南67-71号安年大廈
☎ 27231003 オ 12:00～24:00
休 なし カ JMV

沾仔記 せんしき
沾仔記 チムチャイゲイ

メニューは麺と油菜(ゆでた青菜にソースをかけたもの)しかない、シンプルなヌードル店。麺にのせる具は、エビワンタン、牛肉、魚団子の3種類。大衆的な店だが店内はきれい。

M P.286-B2
住 中環威霊頓街98号
☎ 28506471 オ 9:00～21:00
休 春節5日間 カ 不可

糖朝 とうちょう
糖朝 トーンチュウ

香港スイーツの代表店として日本人に人気の高い店。スイーツだけでなく、粥、麺、点心類などの食事も取れる。
U www.sweetdynasty.com

M P.288-B2 住 尖沙咀漢口道28号亜太中心地下A舗 ☎ 21997799
オ 月～木曜8:00～24:00、金曜8:00～翌1:00、土・日曜、祝日7:30～24:00 休 なし カ 不可

許留山／許留山
きょりゅうさん ホイラウサーン

マンゴーやパパイヤなどのフルーツを使用したスイーツメニューが多いデザート店。スターフェリー乗り場の近くにあるこの店舗以外にも、香港内で50店舗以上展開しており、夜遅くまで営業している店が多い。

M P.288-B2
住 尖沙咀梳士巴利道3号星光行6号舗 ☎ 23779766
オ 月～木曜11:30～24:00
金～日曜、祝日とその前日11:30～翌0:30
休 なし
カ JMV(100HK$以上で使用可)
U www.hkhls.com

ショップ

ハーバーシティ／海港城 ホイゴンセン

九龍半島の広東道に沿って広がる、香港最大のショッピングモール。5つのエリアからなり、店舗数は700以上。ブランド品やコスメ、電化製品の店のほか、スーパーやレストラン、カフェが揃い、あらゆる年代の人がショッピングを楽しめる。

M P.288-A2
住 尖沙咀広東道
☎ 21188008
オ 店によって異なるが、10:00～20:00の店が多い
休 なし
カ 店によって異なる
U www.harbourcity.com.hk

裕華国貨（ゆうかこっか）／裕華國貨 ユーワーゴッフォ

中国系の製品を扱うデパートで、おみやげを買うのにいい。漢方配合の化粧品、漢方薬、中国茶、シルク製品、チャイナドレスなどが手に入る。地下はスーパーマーケットになっており、お茶やお菓子、調味料が揃う。

M P.288-B1
住 佐敦彌敦道301-309
☎ 35112222
オ 10:00～22:00
休 春節3日間
カ AMV
U www.yuehwa.com

グッズ・オブ・デザイア
住好啲 ジュウホウディ

香港のクリエイターたちが、レトロな香港をモチーフにデザインした雑貨、日用品、ウエアなどを扱う。香港各エリアにも支店がある。U www.god.com.hk

M P.286-B2
住 中環荷李活道48号
☎ 28051876
オ 11:00～21:00
休 春節1日　カ AJMV

奇華餅家（きかへいか）
奇華餅家 ケーワービンガー

1938年創業の中国菓子の老舗。香港内に40以上の支店をもつ。ジンジャークッキー、エッグロール、パイナップルケーキ、パンダクッキーなどは日本人に人気。U keewah.com/hk

M P.288-A2
住 中港城18号舗
☎ 21997028
オ 7:00～21:00
休 春節1日　カ AJMV

アミューズメント

華夏保健（かかほけん）
華夏保健 ワーハーボウギン

中医の先生がオープンしたマッサージ店。中国医学に基づいた推拿マッサージも人気。MTR「湾仔」駅A3出口から徒歩10分。足ツボマッサージは280HK$（45分）～。

M P.286-C2
住 湾仔荘士敦道18号嘉寧大廈1階
☎ 29703228　オ 10:00～21:00
※受付は20:00まで
休 春節3日間　カ MV

足芸舎（そくげいしゃ）
足藝舎 チョッンガイセー

尖沙咀にあるマッサージ店。足ツボマッサージ159HK$（マッサージ40分とフットバス5分）、全身中国式マッサージ239HK$（50分）。
U www.rendezvoushk.com

M P.288-B2
住 尖沙咀海防道38-40号中達大廈8階　☎ 26180681、27221718
オ 10:00～24:00（入場は23:00まで）
休 なし　カ JMV

旅行会社

H.I.S. 香港支店（エイチアイエス ホンコンしてん）／ H.I.S. (Hong Kong) Co., Ltd.

日本の大手旅行会社H.I.S.（エイチ・アイ・エス）の香港支店。エスカレーターで上がった2階にある。航空券、ホテル、オプショナルツアー、送迎、ガイド、中国ビザなど各種手配が可能。MTR「尖沙咀」駅から徒歩5分。

M P.288-B2
住 尖沙咀金馬倫道33号102号舗
☎ 日本語ホットライン＝39616999
FAX 23695275
オ 月～金曜9:30～18:00
土曜9:30～15:00
休 日曜、祝日
U www.his.com.hk

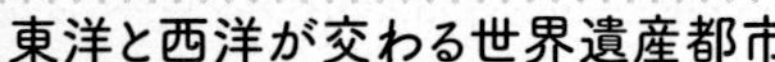

東洋と西洋が交わる世界遺産都市

マカオ

澳门（アオメン） Ào Mén　エリア番号 853

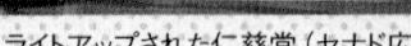
ライトアップされた仁慈堂（セナド広場）

都市データ

マカオ特別行政区
人口＝65万8900人
面積＝30.8㎢

出入境事務庁（出入境事務廳）
Ⓜ **P.296-B2**
住 氹仔北安碼頭一巷出入境事務庁大楼
☎ 28725488
オ 月～木曜9:00～17:45
金曜9:00～17:30
休 土・日曜、祝日
U www.fsm.gov.mo/psp/cht/psp_org_map_sm.html

仁伯爵綜合医院（山頂医院）
（仁伯爵綜合醫院（山頂醫院）
Ⓜ **P.298-B2**
住 若憲馬路
☎ 28313731
オ 24時間　休 なし

●市内交通
【路線バス】 運行時間の目安は6:30～24:00、6MOP
U www.dsat.gov.mo/bus/en/bus_service.aspx
【タクシー】 初乗り1.6km未満19MOP、1.6km以降260mごとに2MOP加算。さらに、タイパからコロアンまでは2MOP、マカオ半島からコロアンは5MOP、マカオ国際空港タクシー乗り場からの乗車は5MOP、トランクに入れる荷物は1個につき3MOP加算

概要と歩き方

マカオは、北部で珠海市と接しているマカオ半島と、その南にあるタイパ島、コロアン島からなる。ふたつの島の間は埋め立てられ、新しい陸地部分はコタイと呼ばれる。半島と島部は3本の橋でつながっている。

1999年12月20日に120余年のポルトガルによる統治を終え、中国へと主権返還された。返還後もマカオと中国本土間の境界は残され、出入境管理も行われているが、本土からの訪問客は増加の一途をたどっている。また、2018年9月の港珠澳大橋完成によって、珠江対岸と結ばれ、アクセスはより便利になった。

公用語は中国語の方言である広東語とポルトガル語。英語も通じる。本土からの観光客が増えるにつれ、中国の共通語である普通語も通じるようになってきた。

マカオは中国政府により唯一カジノが認可されている行政区。ラスベガスを抜くカジノの売り上げは、目覚ましい経済発展をもたらし、海岸沿いや埋め立て地には続々と新しいホテルやカジノが建設されている。一方、東洋と西洋とが混じり合う独特の町並みと、その歴史的価値が認められ、2005年に8つの広場と22ヵ所の歴史的建築物がマカオ歴史市街地区として世界遺産に登録された。

地元の人や一般の観光客でにぎわっているのはセナド広場周辺とメインストリートの新馬路。また、友誼大馬路近辺にカジノ群があり、加えてコタイ地区にホテルやカジノ、ショッピングモールなどが多数ある。マカオ全体

手頃な宿や飲食店が多い福隆新街

	1月	2月	3月	4月	5月	6月	7月	8月	9月	10月	11月	12月
平均最高気温(℃)	17.7	17.7	20.7	24.5	28.1	30.3	31.5	31.2	30.0	27.4	23.4	19.6
平均最低気温(℃)	12.2	13.1	16.2	20.2	23.6	25.7	26.3	26.0	24.9	22.3	17.8	13.8
平均気温(℃)	14.8	15.2	18.2	22.1	25.5	27.7	28.6	28.3	27.3	24.7	20.4	16.5
平均降水量(mm)	32.4	58.8	82.5	217.4	361.9	339.7	289.8	351.6	194.1	116.9	42.6	35.2

町の気象データ（→P.237）：「预报」＞「澳门」＞「氹仔岛」「路环岛」から選択

はそれほど広くないので、タクシーをチャーターすればおもな見どころは1日で回れる。

路線バスはどこまで乗っても6MOPの統一料金でおつりはもらえない。頻繁に利用するつもりの人はマカオパスの入手をおすすめする。

夜のマカオは歓楽街へと変貌する（グランド・リスボア・カジノ）

ACCESS

中国国内の移動 ➡ P.341

飛行機

タイパ島東側にあるマカオ国際空港（MFM）を利用する。

国際線 成田（7便）、関西（7便）、福岡（3便）。

国内線 便数の多いアモイ、上海とのアクセスが便利。このほか、福州や長沙、南寧、泉州（晋江）、海口との間に運航便がある。

所要時間（目安） 福州（FOC）／1時間40分　アモイ（XMN）／1時間20分　南寧（NNG）／1時間25分　北京首都（PEK）／3時間　上海浦東（PVG）／2時間25分

バス

マカオと中国本土とを結ぶ長距離バスはすべて廃止となった。長距離移動のためには境界を接する珠海または港珠澳大橋で香港国際空港に移動して利用することになる。

所要時間（目安） 香港国際空港／1時間　※港珠澳大橋（香港側）で路線バスへの乗り換えが必要

船

マカオ半島にあるマカオフェリーターミナルとタイパ島にあるタイパフェリーターミナルの2ヵ所から。香港、深圳の各ターミナルとの間に便がある。

所要時間（目安） 香港／1時間　深圳／1時間～1時間30分

DATA

飛行機

■ **マカオ国際空港**（澳門國際機場）

Ⓜ **P.296-B2**　住 タイパ島

☎ 28861111　オ 24時間　休 なし　カ 不可

Ⓤ www.macau-airport.com

[移動手段] タクシー（空港～マカオフェリーターミナル）／90～100MOP、所要20分が目安　**路線バス**／AP1、MT1、N2、51A、AP1X、MT4、26、36「澳門機場」

船

■ **マカオフェリーターミナル**（新港澳碼頭）

Ⓜ **P.298-C2**　住 新港澳碼頭

オ 24時間　休 なし　カ 不可

[移動手段] タクシー（マカオフェリーターミナル～セナド広場）／35MOP、所要15分が目安　**路線バス**／1A、3A、10A、10B、10X、28A、28B、AP1、N1A、3、10、12、29、32、56「外港碼頭」

香港中港城、香港マカオ、香港国際空港（スカイピア）、深圳蛇口、深圳福永との間に便がある。「外港碼頭」とも呼ばれる。

■ **タイパフェリーターミナル**（氹仔客運碼頭）

Ⓜ **P.296-B2**　住 タイパ島

☎ 28259745　オ 24時間　休 なし　カ 不可

Ⓤ www.tft-csi.com（ターミナル運営会社）

[移動手段] タクシー（タイパフェリーターミナル～セナド広場）／75MOP、所要20分が目安　**路線バス**／AP1、MT1、MT4、N2、26、36、51A路「氹仔客運碼頭」

香港中港城、香港マカオ、香港国際空港（スカイピア）、深圳蛇口、深圳福永との間に便がある。

▶ **ターボジェット**（噴射飛行）

Ⓤ www.turbojet.com.hk

▶ **コタイウオータージェット**（金光飛航）

Ⓤ www.cotaiwaterjet.com

▶ **粤通フェリー**（粤通船務）

Ⓤ www.ytmacau.com

マカオフェリーターミナル全景。貨物船も利用しているのがわかる

インフォメーション

入境（入国）後の移動

マカオの入境（入国）ポイントには、カジノホテルの無料シャトルバスが多数停まっており、カジノに用事がなくとも乗車を断られることはないので、利用させてもらうとよい。

マカオのバス路線はそう簡単には理解できないので、まずはマカオのランドマークである有名カジノホテルに移動してから最終目的地に行くとわかりやすい。

シャトルバスを運行しているおもなカジノホテルは、グランド・リスボア・ホテル、ウィン・マカオ、MGMマカオ、ギャラクシー・ホテル・マカオ、ザ・ヴェネチアン・マカオ・リゾート・ホテルなど。

カジノからフェリーターミナルなどに向かう際は、カジノ内に無料乗車券を配布する窓口があるので、そこで乗車券を入手すること。

ナーチャ廟と旧城壁

聖ローレンス教会内部

モンテの砦

見どころ

★★★ 東西交流の証人ともいえる歴史ある町並み　3時間～　世界遺産

マカオ歴史市街地区（れきししがいちく）/澳門歴史城區（オウムンリッシシンク）

マカオに初めてポルトガル人が上陸してから40年ほどが過ぎた1557（明の嘉靖36）年、ポルトガルは明朝から居留を許可された。以降マカオは日本との貿易の拠点としておおいに活気づき、東西の文化が融合した

聖ドミニコ教会

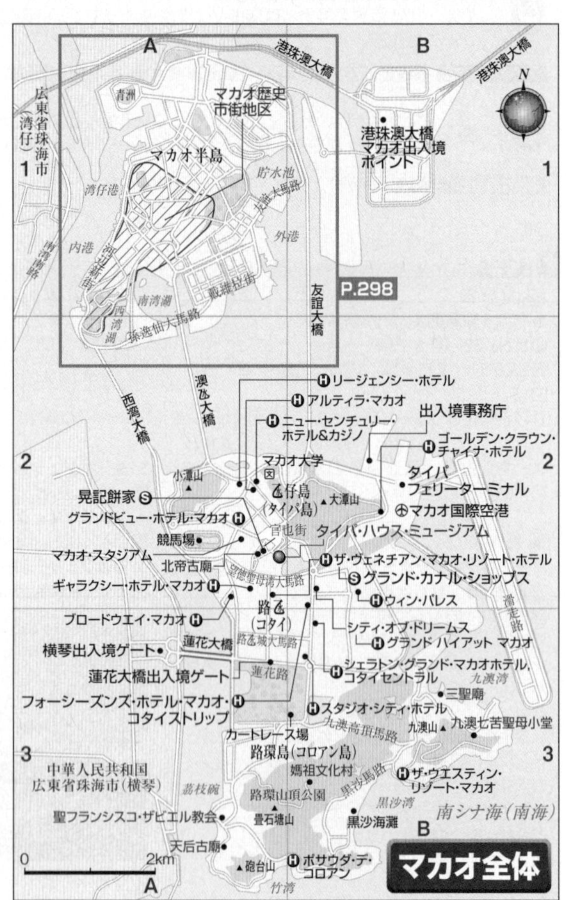

見どころ　ホテル　ショップ　学校　空港　高速道路

国際都市として名をはせるようになった。町には西洋建築物や中国の伝統的な家屋が混在し、異国情緒あふれる美しい町並みを生み出した。そして、2005年7月には8つの広場と22の歴史的建築物が「マカオ歴史市街地区」として、ユネスコの世界遺産に登録されることになった(具体的な地点は下記「インフォメーション」を参照)。

ドン・ペドロ5世劇場

セナド広場／議事亭前地
[セナドひろば／イースィーテンチンディ]

マカオ半島で町のランドマーク的存在である広場。波模様の石畳が敷き詰められ、広場の周囲にはコロニアル調の色彩の歴史的建物が並んでいる。広場には噴水があるので、地元の人々からは「噴水池」とも呼ばれており、その噴水の中央には天球儀のオブジェが飾られている。

石畳の模様が印象的なセナド広場

広場は春節やクリスマスなどの季節を迎えると美しく飾り付けられ、いつもより多くの群衆を集め、いろいろなイベントも開催される。

セナド広場
M P.300-B2
住 議事亭前地
オ 24時間
休 なし
料 無料
交 3、3X、4、6A、8A、18A、19、26A、33、N1Aバスなど「新馬路／永亭」

セナド広場の噴水に面して立つ仁慈堂

インフォメーション

マカオ世界遺産リスト

広場

リラウ広場／亞婆井前地
聖オーガスティン広場／崗頂前地
セナド広場／議事亭前地
バラ広場／媽閣廟前地
大堂広場(カテドラル広場)／大堂前地
聖ドミニコ広場／板樟堂前地
イエズス会記念広場／耶穌會紀念廣場
カモンエス広場／白鴿巣前地

歴史的建築

媽閣廟／媽閣廟
港務局／港務局大樓
鄭家屋敷／鄭家大屋
聖ローレンス教会／聖老楞佐教堂(風順堂)
聖ヨセフ修道院と聖堂／聖若瑟修院及聖堂
ドン・ペドロ5世劇場／崗頂劇院(伯多祿五世劇院)
ロバート・ホー・トン図書館／何東圖書館大樓
聖オーガスティン教会／聖奧斯定教堂(龍嵩廟)
民政総署／民政總署大樓
三街会館／三街會館(關帝廟)
仁慈堂／仁慈堂大樓
大堂(カテドラル)／大堂(主教座堂)
盧家屋敷／盧家大屋(大堂巷七號住宅)
聖ドミニコ教会／玫瑰堂
聖ポール天主堂跡／大三巴牌坊
ナーチャ廟／哪吒廟
旧城壁／舊城牆遺址
モンテの砦／大炮台
聖アントニオ教会／聖安多尼教堂(花王堂)
カーザ庭園／東方基金會會址
プロテスタント墓地／基督教墳場
ギア要塞(ギア教会とギア灯台を含む)／東望洋炮台(包括聖母雪地殿聖堂及燈塔)

民政総署
Ⓜ **P.300-B2**
㊟亜美打利庇盧大馬路（新馬路）163
☎28337676
㋔9:00～21:00
※図書館13:00～19:00
議事場10:30～12:00、15:00～16:30
㊡なし
※図書館＝日曜、祝日
議事場＝土・日曜、祝日
㊕無料
㊫3、3X、4、6A、8A、18A、19、26A、33、N1Aバスなど「新馬路／永亨」
Ⓤwww.iacm.gov.mo

民政総署／民政總署大樓

［みんせいそうしょ／マンゼンジョンチュダイイラウ］

セナド広場の向かいにある新古典様式の建物。ポルトガル統治時代からマカオの市政が行われてきた場所であり、現在も地方自治局のオフィス、図書館、議事場がある。

ここに最初に建物が建てられたのは1584年、ポルトガル人によってだが、その後たびたび改築され、1940年頃に現在の姿となった。

セナド広場から見た民政総署

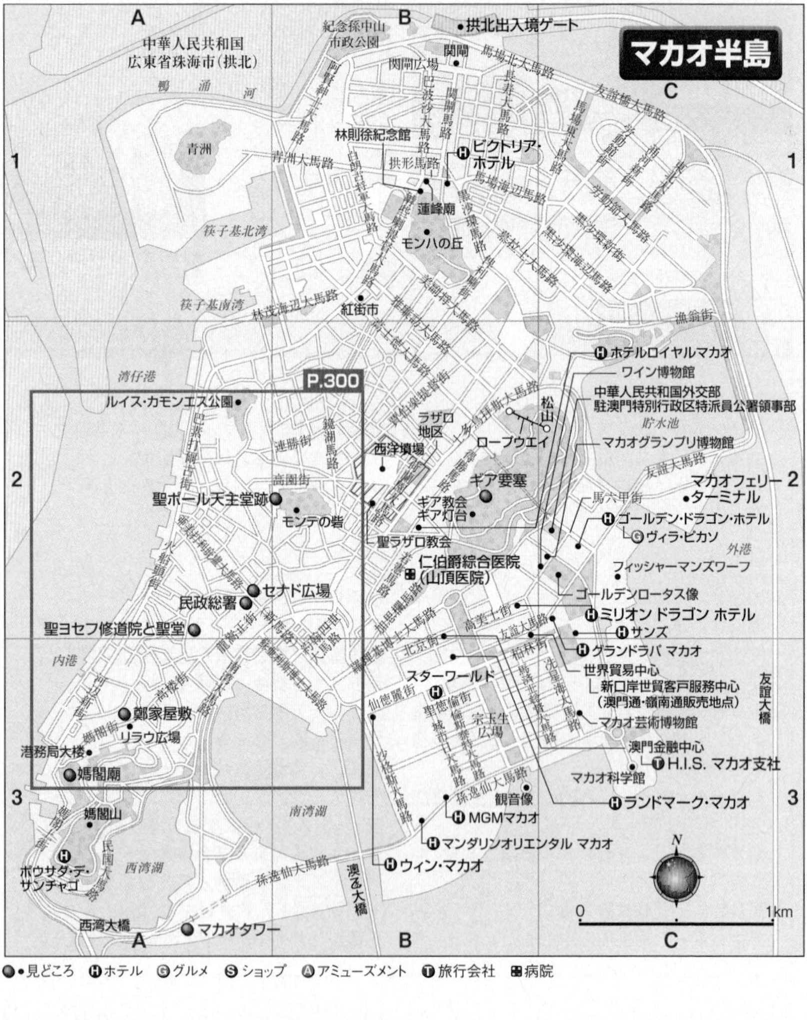

マカオ半島

A B C 1 2 3
拱北出入境ゲート
紀念孫中山市政公園
中華人民共和国
広東省珠海市（拱北）
関閘
関閘広場
鴨涌河
青洲
林則徐紀念館
ビクトリア・ホテル
蓮峰廟
モンハの丘
筷子基北湾
筷子基南湾
紅街市
漁翁街
ホテルロイヤルマカオ
ワイン博物館
中華人民共和国外交部
駐澳門特別行政区特派員公署領事部
貯水池
松山
ロープウエイ
マカオグランプリ博物館
湾仔港
P.300
ルイス・カモンエス公園
ラザロ地区
西洋墳場
ギア要塞
ギア教会
ギア灯台
聖ラザロ教会
友誼大馬路
マカオフェリーターミナル
聖ポール天主堂跡
モンテの砦
ゴールデン・ドラゴン・ホテル
ヴィラ・ピカソ
外港
仁伯爵綜合医院（山頂医院）
フィッシャーマンズワーフ
ゴールデンロータス像
セナド広場
民政総署
ミリオン ドラゴン ホテル
サンズ
聖ヨセフ修道院と聖堂
グランドラパ マカオ
世界貿易中心
新口岸世貿客戸服務中心（澳門通・嶺南通販売地点）
内港
スターワールド
友誼大橋
鄭家屋敷
リラウ広場
マカオ芸術博物館
港務局大楼
澳門金融中心
H.I.S. マカオ支社
媽閣廟
マカオ科学館
観音像
ランドマーク・マカオ
南湾湖
MGMマカオ
媽閣山
マンダリンオリエンタル マカオ
ポウサダ・デ・サンチャゴ
西湾湖
ウィン・マカオ
澳氹大橋
西湾大橋
マカオタワー
0 1km

●•見どころ Ⓗホテル Ⓖグルメ Ⓢショップ Ⓐアミューズメント Ⓣ旅行会社 ⊞病院

中庭へ続く階段の壁は青いポルトガル・タイルで装飾されている。建物2階にあるエレガントな議事場は、会議で使用されていない場合のみ見学が可能。その隣の図書館の奥は展示エリアとなっており、重厚な木のインテリアがいい雰囲気だ。

建物の最奥部に位置する中庭には、ポルトガルの詩人ルイス・カモンエスと、作家のジョアン・デ・デウスの胸像がある。

議事場内部

聖ポール天主堂跡／大三巴牌坊

［せいポールてんしゅどうあと／ダイサンバァパイフォン］

1602年にイエズス会によって建設された聖ポール教会の跡。当時は東洋一の教会だったといわれているが、1835年の大火災により教会のファサードと階段を除き、焼け落ちてしまった。

教会のファサードと階段

壁の中央には聖母マリア像があり、それを囲むように天使や悪魔、龍、帆船などが彫刻され、それぞれに宗教的意味が込められている。また、壁の裏側（もとの建物内部）には、宗教美術品を収蔵した天主堂芸術博物館や、聖職者や殉教者たちの遺骨が納められた地下納骨堂もある。

聖ポール天主堂跡
M **P.300-C1**
住 大三巴街
オ 24時間
※天主堂芸術博物館、地下納骨堂9:00～18:00（火曜は9:00～14:00）
※入場は閉館30分前まで
休 なし
料 無料
交 セナド広場から徒歩10分

夜の聖ポール天主堂跡のライトアップ。昼と比べ観光客が格段に少なくなるので人混みが苦手な人にはおすすめ

聖ヨセフ修道院と聖堂／聖若瑟修院及聖堂

［せいヨセフしゅうどういんとせいどう／スィンヤッサッサウユンカッスィントン］

聖ヨセフ修道院は、1728年イエズス会の宣教師養成のために造られた修道院で、1758年にはその隣に聖堂が建設された。

聖堂はドーム型の美しい天井をもつバロック様式の建物で、聖ヨセフを祀っている。天井に描かれているのはイエズス会の紋章。また、ここには、日本へのカトリック布教でよく知られる聖人、フランシスコ・ザビエルの右上腕部の遺骨が安置されている。

聖堂の内部は厳かな雰囲気

このほか、修道院側にある小部屋では、聖堂改築の際に出土した、建物基礎部の石を見ることができる。

聖ヨセフ修道院と聖堂
M **P.300-B2**
住 三巴仔横街
オ 9:00～18:00
※修道院は非公開
休 なし
料 無料
交 セナド広場から徒歩10分

正面から見た聖ヨセフ修道院

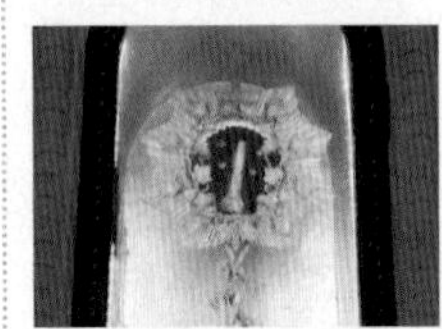
フランシスコ・ザビエルの右上腕部遺骨

聖ドミニコ教会
Ⓜ **P.300-C2**
住 板樟堂前地
オ 10:00～18:00
休 なし
料 無料
交 セナド広場から徒歩1分

博物館にあるファティマの聖母像

聖ドミニコ教会／玫瑰堂 [せいドミニコきょうかい／ムイクワイトン]

セナド広場の北に立つ、バロック様式のファサードをもつ美しい教会。1587年、メキシコからやってきたドミニコ会のスペイン人修道士により創建された。内部は外壁と同じクリームイエローに塗られ、祭壇には聖母子像が祀られている。裏にある鐘楼は宗教美術の博物館となっている。

明るく柔らかな雰囲気の教会内部

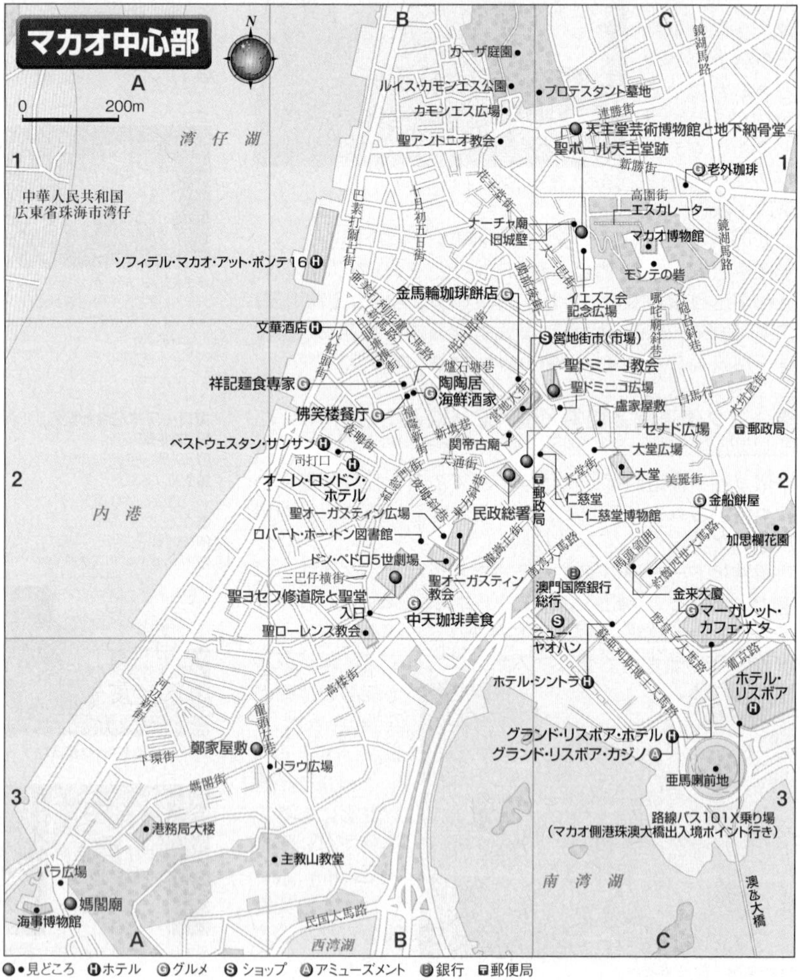

マカオ中心部

N
0 200m
A B C
1 2 3

湾仔湖
中華人民共和国
広東省珠海市湾仔
内港
南湾湖
西湾湖

カーザ庭園
ルイス・カモンエス公園
プロテスタント墓地
カモンエス広場
聖アントニオ教会
天主堂芸術博物館と地下納骨堂
聖ポール天主堂跡
老外珈琲
エスカレーター
ナーチャ廟
旧城壁
マカオ博物館
モンテの砦
イエズス会記念広場
ソフィテル・マカオ・アット・ポンテ16
金馬輪珈琲餅店
文華酒店
営地街市(市場)
聖ドミニコ教会
聖ドミニコ広場
祥記麺食専家
爐石塘巷
陶陶居海鮮酒家
佛笑楼餐庁
盧家屋敷
セナド広場
郵政局
ベストウェスタン・サンサン
司打口
オーレ・ロンドン・ホテル
関帝古廟
大堂広場
大堂
民政総署
郵政局
仁慈堂
仁慈堂博物館
金船餅屋
加思欄花園
聖オーガスティン広場
ロバート・ホー・トン図書館
ドン・ペドロ5世劇場
三巴仔横街
聖オーガスティン教会
聖ヨセフ修道院と聖堂
入口
中天珈琲美食
澳門国際銀行総行
ニュー・ヤオハン
金来大廈
マーガレット・カフェ・ナタ
聖ローレンス教会
ホテル・シントラ
ホテル・リスボア
グランド・リスボア・ホテル
グランド・リスボア・カジノ
亜馬喇前地
路線バス101X乗り場
(マカオ側港珠澳大橋出入境ポイント行き)
鄭家屋敷
リラウ広場
港務局大楼
主教山教堂
バラ広場
媽閣廟
海事博物館
澳氹大橋

鏡湖馬路
連勝街
新勝街
高園街
花王堂街
巴素打爾古街
十月初五日街
大三巴街
賣草地街
哪吒廟斜巷
大砲台斜巷
新馬路
火船頭街
草堆街
營地大街
福隆新街
新填巷
天通街
白馬行
水坑尾街
大堂街
美麗街
紅窗門街
夜呣斜巷
東方斜巷
龍嵩正街
南灣大馬路
殷皇子大馬路
約翰四世大馬路
馬統領街
蘇亞利斯博士大馬路
葡京路
高樓街
龍頭左巷
河邊新街
下環街
媽閣街
民国大馬路

●● 見どころ Ⓗ ホテル Ⓖ グルメ Ⓢ ショップ Ⓐ アミューズメント Ⓑ 銀行 〒 郵便局

媽閣廟／媽閣廟 [まかくびょう／マァコッミュウ]

1488（明の弘治元）年建立と伝わる、航海の女神「阿媽」を祀る寺廟で、マカオ三大古廟のひとつに数えられる。また、「媽閣」の広東語読みがマカオの名前の由来となったという説もある。寺廟は丘に沿って立っており、山門をくぐると下から正殿、正覚禅林殿（媽祖殿）、弘仁殿、観音閣の順に4つの堂廟がある。下の3つには阿媽と道教の神が祀られ、いちばん上にある観音閣には仏教の観音が祀られている。

阿媽は福建を中心にした中国南方エリアや台湾などで信仰されており、年間を通して参拝客が多く、焼香の煙が絶えない。陰暦3月23日の阿媽の誕生日には、盛大な祭りが催される。

媽閣廟の山門

媽閣廟
Ⓜ P.300-A3
住 媽閣街
オ 7:00～18:00
休 なし
料 無料
交 MT4、N3、1、2、3A、5、6B、10、10A、11、18、21A、26、26B、55、88Tバス「媽閣廟」

丘の上にある観音閣

鄭家屋敷／鄭家大屋 [ていけやしき／ジェンガァダイオッ]

中国近代の思想家、鄭觀應の父親が建てた邸宅。竣工は1881年頃。邸宅は嶺南地方の伝統的な建築様式に西洋のデザインを取り入れている。総面積は4000㎡で、部屋数は60以上、多いときで300人以上が住んでいたという。

鄭家がこの邸宅を手放してから長らく放置され傷んでいたが、マカオ政府が修復し、2010年に一般公開した。邸宅内の展示コーナーでは、修復前後の違いのわかる写真などが展示されている。

2階のメインホール

鄭家屋敷
Ⓜ P.300-A3
住 龍頭左巷
☎ 28968820
オ 10:00～18:00
※入場は閉館30分前まで
休 水曜
※水曜が祝日の場合は開館
料 無料
交 18、28Bバス「亞婆井前地」
U www.wh.mo/mandarinhouse

多数の部屋がある

ギア要塞／東望洋炮台
[ギアようさい／トンモンヨンパウトイ]

マカオ半島で最も高い場所に、1622年から1638年にかけてポルトガル人が築いた要塞。

頂上には聖母マリアを祀るギア教会や、1865年に中国沿岸初の灯台として建てられたギア灯台がある。ギア教会の壁に描かれたフレスコ画は中国風の植物、獅子、天使などの絵があり、東洋と西洋の文化の融合が見て取れる。灯台は現役でマカオの地理座標点となっており、台風が来たときのシグナルを掲げる場所でもある。

ギア教会とギア灯台

ギア要塞
Ⓜ P.298-B2
住 東望洋山頂
☎ なし
オ 9:00～18:00
※教会10:00～17:00（入場は閉館30分前まで）
※灯台は非公開
休 なし
料 無料
交 タクシーでセナド広場から所要5分前後

マカオタワー
Ⓜ **P.298-A3**
住 澳門観光塔前地
☎ 28933339
オ 月～金曜10:00～21:00
土・日曜、祝日9:00～21:00
休 なし
料 展望台入場料＝145MOP
※2回上れるチケットは185MOP
※各種アクティビティは別料金
交 9A、18、23、26、32、E02バス「澳門旅遊塔」
U www.macautower.com.mo

ライトアップされたマカオタワー

★★★ マカオの総合エンターテインメント施設 30分～

マカオタワー／澳門旅遊塔
オウムンロイヤウダッ

マカオ半島の西湾湖のほとりに立つ2001年完成の展望タワー。その高さは338mで、58階（223m）と61階（233m）に展望台がある。

61階の展望台ではバンジージャンプのほか、展望台の外周を歩くスカイウオークや、展望台より上に延びている塔の先端部分に上るタワークライムなどのアクティビティを体験できる。また、60階にはビュッフェ形式の回転レストラン「360°カフェ」、59階にはバー「180°ラウンジ」がある。

スリル満点のスカイウオーク

マカオタワーへの入口となっている4階建ての建物の2階には「トイザらス」が、1階にはスロットマシンなどで遊べるコーナーがあり、大人から子供まで楽しめる。

タイパ・ハウス・ミュージアム
Ⓜ **P.296-A2**
住 氹仔海辺馬路
☎ 89884000
オ 10:00～19:00
※入場は閉館30分前まで
休 月曜
料 無料
交 11、15、22、28A、30、33、34バス「嘉模泳池」
U www.icm.gov.mo/en/housesmuseum

★★ マカオ住民の生活を展示する博物館

タイパ・ハウス・ミュージアム／龍環葡韻住宅式博物館
ロンワンボーワンチューチャーセッボーッマッグン

1921年に落成したポルトガルの高級官吏の住宅を修復し、マカニーズ（土生葡人）の生活文化を紹介する展示を行っている。マカニーズとは、ポルトガル人と地元中国人との間に生まれた人々の子孫のこと。

エリア内に立つ住宅は瀟洒な造り

5つある建築物のうちのひとつ、マカニーズハウスにある家具は、中国と西洋の折衷様式で、カトリック信者のためのキリスト像があるなど、当時のマカニーズの暮らしぶりがわかる。建物はコロニアル調のペパーミントグリーンで、婚礼写真の撮影場所としてもよく使われている。

ホテル

グランド・リスボア・ホテル／澳門新葡京酒店
オウムンサンポーギンザウディム

高級カジノホテル。セナド広場から徒歩5分。蓮の花をモチーフにした外観で、ホテル内も絢爛（けんらん）豪華なインテリア。スチームサウナとジャクージ付きの浴室がある部屋もある。屋外プール、フィットネスセンター、スパなどの施設が充実。

Ⓜ **P.300-C3** ★★★★★
住 葡京路
☎ 28283838
FAX 28882828
S 1500HK$～ T 1500HK$～
サ 15% カ AJMV
U www.grandlisboahotels.com/en/grandlisboa
両替 ビジネスセンター インターネット

ホテル・リスボア／葡京酒店
ポーギンザウディム

グランド・リスボア・ホテルと同系列のマカオの老舗カジノホテル。セナド広場から徒歩5分。客室のバスタブはジェットバス。冷蔵庫のドリンクは無料。広東料理の「ティムズ・キッチン」などミシュランガイドで星を獲得したレストランもある。

M P.300-C3 ★★★★★
住 葡京路2-4
☎ 28883888
FAX 28883838
S 1000HK$～ T 1000HK$～
サ 15% カ AJMV
U www.grandlisboahotels.com/en/hotelisboa
両替 ビジネスセンター インターネット

ウィン・マカオ／永利澳門
ウィンレイオウムン

ラスベガスのカジノ「ウィン」系列のホテル。ウィンタワーとアンコールタワーからなり、アンコールタワーは全室スイートルームで、客室の広さは102㎡以上。レストランは広東料理の「永利軒」などがある。スパや屋外プールなどの施設も充実。

M P.298-B3 ★★★★★
住 外港填海区仙徳麗街
☎ 28889966
FAX 28329966
S 2000HK$～ T 2000HK$～
サ 15%
カ AJMV
U www.wynnmacau.com
両替 ビジネスセンター インターネット

フォーシーズンズ・ホテル・マカオ・コタイストリップ／澳門四季酒店
オウムンセイワイザウディム

高級ホテルやカジノが建ち並ぶコタイ地区にある。客室のインテリアはシンプルだが、使い勝手がよい。レストランは広東料理の「紫逸軒」、ビュッフェレストランの「ベルカンサオン」など。ザ・ヴェネチアン・マカオ・リゾート・ホテルと直結している。

M P.296-B2 ★★★★★
住 氹仔望徳聖母湾大馬路
☎ 28818888
FAX 28818899
S 2000HK$～ T 2000HK$～
サ 15%
カ ADJMV
U www.fourseasons.com/macau
両替 ビジネスセンター インターネット

ニュー オリエント ランドマーク ホテル／新東方置地酒店
サンドンフォンジーデェイジャウディム

2018年9月にランドマーク・マカオから改称。客室は高級感のあるインテリア。レストランには広東料理の「碧翠軒」、中国・日本料理の「帝皇殿餐廳」などがある。フィットネスセンターなどの施設も充実。

M P.298-B3 ★★★★★
住 友誼大馬路555
☎ 28781781
FAX 28786611
S 900HK$～ T 900HK$～
サ 15%
カ ADJMV
U www.landmarkhotel.com.mo
両替 ビジネスセンター インターネット

ビクトリア・ホテル／澳門維多利亞酒店
オウムンウェイドーレイヤーザウディム

拱北出入境ゲートから徒歩5分の所にある3つ星ホテル。施設は古いが清潔、客室も広くはないが、スーツケースは広げられる。バスタブ付きとシャワーのみの部屋がある。中国料理レストランを併設。

M P.298-B1 ★★★
住 黒沙環拱形馬路118
☎ 28556688
FAX 28557788
S 690HK$～ T 690HK$～
サ なし
カ MV
U www.mo-victoria.com
両替 ビジネスセンター インターネット

ホテル

ミリオン ドラゴン ホテル／萬龍酒店
マンロンジャウディム

ホテル・ランカイフォン・マカオから改称。近くにはマカオグランプリ博物館やワイン博物館、ゴールデンロータス像などがある。客室のインテリアはスタイリッシュで、明るくモダンな雰囲気。宿泊者はジムの利用が無料。このほかにスパもある。

M P.298-B2 ★★★
住 高美士街230
☎ 28800888
S 1000HK$～
T 1000HK$～
サ 15%
カ MV
U www.milliondragon.com.mo
両替　ビジネスセンター　インターネット

オーレ・ロンドン・ホテル／澳萊・英京酒店
オウロイ　インギンザウディム

聖オーガスティン広場など世界遺産に近い。外観はコロニアル調。客室は白木のフローリングでインテリアは明るい雰囲気。浴室は全室シャワーブースのみ。朝食専用のレストランを併設している。

M P.300-B2 ★★
住 司打口4-6
☎ 28937761
FAX 28937790
S 600HK$～
T 600HK$～
サ なし　カ DJMV
U www.olelondonhotel.com
両替　ビジネスセンター　インターネット

グルメ

佛笑楼餐庁／佛笑樓餐廳
ぶつしょうろうさんちょう　ファッシウラウツァンティン

1930年創業のマカオ＆ポルトガル料理レストラン。高級店だが、その値段も納得の味のよさだ。店名物の"石岐焼乳鴿（小鳩のロースト）"168MOPは秘伝のたれでマリネされ絶品。"西洋焼沙甸魚(イワシの炭火焼き)"175MOPやアフリカンチキン245MOPも人気。

M P.300-B2
住 福隆新街64
☎ 28573580、28573585
オ 11:30～22:30
休 なし
サ 10%
カ MV
U www.fatsiulau.com.mo

陶陶居海鮮酒家／陶陶居海鮮酒家
とうとうきょかいせんしゅか　トウトウギョイホイシンザウガー

おいしいと評判の広東料理の老舗。朝と昼はヤムチャができ、鉄観音など4種のお茶から選ぶ。点心（18～39MOP）は注文票に書き入れる方式。また、フカヒレスープ（598HK$、4人分）が絶品だ。ひとり当たりの予算はヤムチャ100MOP前後、夕食200MOP～。

M P.300-B2
住 爐石塘巷6-8号(新馬路近く)
☎ 28572629
オ 9:00～15:00、17:00～23:30
休 なし
サ 10%
カ MV

中天珈琲美食／中天咖啡美食
ちゅうてんコーヒーびしょく　ジョンテンガーフェーメイセッ

聖ローレンス教会の近くにあるローカル食堂。リーズナブルな料金でマカオ料理を楽しめ地元の人に人気。"葡式乾免治牛肉"31MOPや、アフリカンチキン44MOPなど。おすすめ料理はメニューの最初に写真付きで紹介されており注文しやすい。ランチ時は混み合う。

M P.300-B2
住 龍嵩正街38-40
☎ 28975059
オ 8:00～21:00
休 土曜、祝日、春節7日間
カ 不可

グルメ

祥記麵食専家／祥記麵食専家
しょうきめんしょくせんか　チョンゲイミンセッチュンガー

竹の棒で打つ竹昇麺の専門店。麺は細くプツプツとした食感が楽しい。店の名物は"蝦籽撈麵(エビの卵をまぶした乾麺)"36MOPや、"雲呑湯麵（ワンタン麺）"32MOPなど。量は少なめなのでサイドメニューを注文するといい。ランチタイムは特に混み合う。

M P.300-B2
住 福隆新街68
☎ 28574310
オ 11:30～23:30
休 月4日不定休
カ 不可

金馬輪珈琲餅店
きんばりんコーヒーへいてん
金馬輪咖啡餅店 カムマーロンガーフェービンディム

ローカル感たっぷりのベーカリーカフェ。パンを求める人で朝からにぎわう。人気は"猪扒包（ポークチョップバーガー）"28MOPなど。7:00～11:00は朝食セット40～45MOPもある。

M P.300-B2
住 営地大街50
☎ 28572385　オ 7:00～18:30
休 月2日不定休、一部の祝日、春節5日間　カ 不可

マーガレット・カフェ・ナタ
瑪嘉烈餅店 マーガーリッビンディム

一度は食べたいエッグタルトの有名店。1個MOP10で、カウンターで注文、支払いをし、整理券をもらって商品を受け取る。パンの種類や具を選べるサンドイッチ17～52MOPもおいしい。

M P.300-C2
住 南湾馬統領围金来大廈
☎ 28710032　オ 8:30～16:30（土・日曜は10:00～18:00）
休 水曜、春節3日間　カ 不可

ショップ

グランド・カナル・ショップス／大運河購物中心
ダイクワンホーカウマッジョンサム

コタイ地区のザ・ヴェネチアン・マカオ・リゾート・ホテルにある巨大ショッピングモール。330店舗を超える高級有名ブランドショップやセレクトショップが一堂に会する。レストラン、フードコートも充実している。

M P.296-A2　住 氹仔望徳聖母大馬路ザ・ヴェネチアン・マカオ・リゾート・ホテル
☎ 81177840　オ 日～木曜10:00～23:00、金・土曜10:00～24:00 ※店によって異なる
休 なし　カ 店によって異なる
U www.venetianmacao.com/shopping/shoppes.html

晃記餅家
こうきへいか
晃記餅家 フォンケイビンガー

タイパ島のショッピングストリート、官也街にある老舗の中国菓子屋。100年以上の歴史があり、昔ながらの製法でクッキー類を製造販売している。

M P.296-A2
住 氹仔官也街14地下
☎ 28827142　オ 8:30～21:00、水曜11:00～20:00
休 春節3日間　カ 不可

アミューズメント

グランド・リスボア・カジノ／新葡京娯楽場
サンポーギンウーロッチョン

ドーム型LEDディスプレイの外観がひときわ目立つカジノ。3フロアに230台以上のゲーミングテーブル、800台のスロットマシーンがある。ゲームは大小、バカラ、ブラックジャック、カリビアンスタッド、ルーレットなど。

M P.300-C3
住 葡京路グランド・リスボア・ホテル
☎ 28283838
オ 24時間
休 なし
カ ADJMV
U www.grandlisboa.com

旅行会社

H.I.S. マカオ支社
エイチ・アイ・エス マカオししゃ
H.I.S. Macau Travel Co., Ltd.

日本の大手旅行会社、H.I.S.のマカオ支社。ダンスショーなどのオプショナルツアーやマカオ1日観光などのローカルツアー、ミールクーポンなど、いろいろなものを取り扱っている。

M P.298-B2　住 北京街244-246 澳門金融中心12階H　☎ 28700331
FAX 28700362　オ 月～金曜9:30～18:00、土曜9:30～15:00
休 日曜、祝日　カ JMV

地球の歩き方　投稿　検索

あなたの旅の体験談をお送りください

『地球の歩き方』は、たくさんの旅行者から
ご協力をいただいて、改訂版や新刊を制作しています。
あなたの旅の体験や貴重な情報を、これから旅に出る人たちに分けてあげてください。
なお、お送りいただいたご投稿がガイドブックに掲載された場合は、
初回掲載本を1冊プレゼントします！

ご投稿は次の3つから！

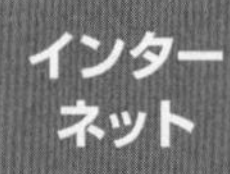

URL www.arukikata.co.jp/guidebook/toukou.html
画像も送れるカンタン「投稿フォーム」
※「地球の歩き方　投稿」で検索してもすぐに見つかります

郵便

〒160-0023　東京都新宿区西新宿 6-15-1
セントラルパークタワー・ラ・トゥール新宿 705
株式会社地球の歩き方メディアパートナーズ
「地球の歩き方」サービスデスク「○○○○編」投稿係

ファクス

(03)6258-0421

郵便とファクスの場合

次の情報をお忘れなくお書き添えください！　①ご住所　②氏名　③年齢　④ご職業　⑤お電話番号　⑥ E-mail アドレス　⑦対象となるガイドブックのタイトルと年度　⑧ご投稿掲載時のペンネーム　⑨今回のご旅行時期　⑩「地球の歩き方メールマガジン」配信希望の有無　⑪地球の歩き方グループ各社からの DM 送付希望の有無

ご投稿にあたってのお願い

★ご投稿は、次のような《テーマ》に分けてお書きください。

《新発見》ガイドブック未掲載のレストラン、ホテル、ショップなどの情報
《旅の提案》未掲載の町や見どころ、新しいルートや楽しみ方などの情報
《アドバイス》旅先で工夫したこと、注意したいこと、トラブル体験など
《訂正・反論》掲載されている記事・データの追加修正や更新、異論・反論など
※記入例：「○○編 201X 年度版△△ページ掲載の□□ホテルが移転していました……」

★データはできるだけ正確に。

ホテルやレストランなどの情報は、名称、住所、電話番号、アクセスなどを正確にお書きください。
ウェブサイトの URL や地図などは画像でご投稿いただくのもおすすめです。

★ご自身の体験をお寄せください。

雑誌やインターネット上の情報などの丸写しはせず、実際の体験に基づいた具体的な情報をお待ちしています。

ご確認ください

※採用されたご投稿は、必ずしも該当タイトルに掲載されるわけではありません。関連他タイトルへの掲載もありえます。
※例えば「新しい市内交通パスが発売されている」など、すでに編集部で取材・調査を終えているものと同内容のご投稿をいただいた場合は、ご投稿を採用したとはみなされず掲載本をプレゼントできないケースがあります。
※当社は個人情報を第三者に提供いたしません。また、ご記入いただきましたご自身の情報については、ご投稿内容の確認や掲載本の送付などの用途以外には使用いたしません。
※ご投稿の採用の可否についてのお問い合わせはご遠慮ください。
※原稿は原文を尊重しますが、スペースなどの関係で編集部でリライトする場合があります。
※従来の、巻末に綴じ込んだ「現地最新情報・ご投稿用紙」は廃止させていただきました。

旅の準備と技術

長沙と香港を結ぶ高鉄「復興号」(CRH400)。
所要時間は3時間20～40分
／写真:オフィス カラムス(碓井正人)

旅の準備に取りかかる……308
旅の予算……310
華南地方の気候と旅の服装・道具……312
パスポートとビザ……314
通貨・両替・カード……317
海外旅行保険……319
渡航手段の手配……320
日本を出国する……323
中国に入国する……324
入出国書類の記入例……334
中国を出国する……338
日本へ帰国する……339
中国国内の移動……341
市内交通……344
体調管理……351
ビザの延長……352
安全対策……353
食事……355
ホテルの手配と利用……356
買い物……358
中国の通信事情……359
中国語を使おう！……364
広東語を使おう！……377

旅の準備に取りかかる

日本で情報収集

中国観光代表処

中国の観光に関する情報提供を行っているのが中国観光代表処。ウェブサイトも開設しているので、まずはアクセスしてみよう。ただし、定期的に情報を更新しているわけではないので、あくまでも基礎的情報として考えるようにしよう。

2018年11月現在、日本では東京と大阪に事務所があり、中国旅行に関する資料などを閲覧することが可能で、中国各地の観光に関するパンフレットも自由に持ち帰ることができる。近くに行ったときに利用してみよう。

※オープン中でも担当者不在で対応できない場合もあるようです

■中国駐東京観光代表処

住 〒105-0001
東京都港区虎ノ門2-5-2 エアチャイナビル8階

☎ (03) 3591-8686　FAX (03) 3591-6886

オ 10:00～12:30、14:00～18:00

休 土・日曜、日中両国の祝日

交 東京メトロ銀座線「虎ノ門」

■中国駐大阪観光代表処

住 〒556-0017
大阪府大阪市浪速区湊町1-4-1 OCATビル4階

☎ (06) 6635-3280　FAX (06) 6635-3281

オ 9:30～12:30、14:00～18:00

休 土・日曜、日本の祝日

U www.cnta-osaka.jp

交 JR関西本線「JR難波」、近鉄難波線、阪神なんば線「大阪難波」、南海電鉄「なんば」、大阪メトロ御堂筋線、四つ橋線、千日前線「なんば」

本を利用する

中国に関する書籍は堅い学術書からエッセイまでいろいろなジャンルのものが数多く出版されている。何につけても奥深い中国、時間の許すかぎりガイドブック以外の書籍などでいろいろな情報を収集してみよう。

【中国専門書店】

■内山書店

住 〒101-0051　東京都千代田区神田神保町1-15

☎ (03) 3294-0671　FAX (03) 3294-0417

オ 火～土曜10:00～19:00　日曜11:00～18:00

休 月曜、祝日、年末年始

U www.uchiyama-shoten.co.jp

1917年に上海でオープンした老舗書店。オンラインでの注文も可能。

■東方書店

住 〒101-0051　東京都千代田区神田神保町1-3

☎ (03) 3294-1001（代表）　FAX (03) 3294-1003

オ 月～土曜10:00～19:00　日曜、祝日12:00～18:00

休 年末年始、一部祝日（未定）

U www.toho-shoten.co.jp

大阪に関西支社（店舗併設）がある。

住 〒564-0063　大阪府吹田市江坂町2-6-1

☎ (06) 6337-470（代表）　FAX (06) 6337-4762

オ 10:00～17:30

休 土・日曜、祝日、年末年始

■亜東書店

住 〒110-0005　東京都台東区上野7-11-13
弥彦ビル1階

☎ (03) 5811-1980　FAX (03) 5811-1981
オ 10:00～17:00　休 日曜、祝日
U www.ato-shoten.co.jp
名古屋にも支店がある。
住 〒466-0825　愛知県名古屋市昭和区八事本町100-32八事ビル1階
☎ (052) 836-2880　FAX (052) 836-2883
オ 10:00～18:00　休 土・日曜、祝日

【図書館】

このほか、観光に関する専門的な資料を揃えた図書館もある。

■公益財団法人日本交通公社　「旅の図書館」
住 〒107-0062　東京都港区南青山2-7-29日本交通公社ビル　☎ (03) 5770-8380
オ 10:30～17:00　休 土・日曜、毎月第4水曜、年末年始、その他
U www.jtb.or.jp/library　※蔵書検索可能
観光の研究や実務に役立つ専門図書館として南青山にリニューアルオープン。地図やパンフレット等の配布はなく、旅行の相談や問い合わせも不可だが、資料の閲覧やコピー（有料）は可能。

海外安全情報

海外旅行の安全に関する情報収集は非常に大切なことだ。中国は特に危険な国ではないが、以前に比べると治安は悪化しているし、場所や時期によっては治安が不安定になることもある。このため、中国やその周辺国への旅行を計画するときには、インターネットや旅行会社で安全情報を確認したほうがよい。

外務省の領事サービスセンター（海外安全担当）では、各国の日本大使館、領事館を中心に、治安状況、日本人が被害者となった事例、感染症の有無などに関する情報を収集し、ウェブサイトなどで告知している。

■外務省領事局 領事サービスセンター
住 〒100-8919　東京都千代田区霞が関2-2-1
☎ (03) 5501-8162（直通）
■外務省 海外安全ホームページ
U www.anzen.mofa.go.jp
※外務省の「危険情報」は、「十分注意してください」「不要不急の渡航は止めてください」「渡航は止めてください（渡航中止勧告）」「待避してください。渡航は止めてください（退避勧告）」の4段階に区分されている。これらの情報が出ていたら注意すること

旅行会社に尋ねる

中国を専門に扱っている旅行会社で最新の中国情報を確認してみよう。

ただし、どの旅行会社でも必ず気軽に回答してくれるというわけではない。問い合わせのみの場合は断られることもある。

インターネットを利用する

「地球の歩き方」ホームページをはじめ、旅行会社などが開設するウェブサイトで情報を収集するのも手だ。

■「地球の歩き方」ホームページ
U www.arukikata.co.jp
また、インターネットが普及し、自分のウェブサイトやブログで中国旅行の体験を述べる人も増加しており、キーワードを入力すれば、生の情報も得やすくなった。

しかし、そのような情報は個人の主観に基づいて記述されたものが少なくない。総合的に判断する必要があるので注意しよう。

渡航先で最新の安全情報を確認できる「たびレジ」に登録しよう

外務省提供の「たびレジ」は、旅程や滞在先、連絡先を登録するだけで、渡航先の最新安全情報を無料で受け取ることのできる海外旅行登録システム。メール配信先には本人以外も登録できるので、同じ情報を家族などとも共有できる。

またこの登録内容は、万一大規模な事件や事故、災害が発生した場合に滞在先の在外公館が行う安否確認や必要な支援に生かされる。安全対策として、出発前にぜひ登録しよう。
U www.ezairyu.mofa.go.jp/tabireg

インターネットの翻訳サービス

たどり着いたウェブサイトが外国語だったとき、インターネット上の翻訳サービスを利用すれば、完璧な翻訳とはいかないが、内容を理解する手助けにはなる。

excite.翻訳（中国語）
U www.excite.co.jp/world/chinese
weblio日中中日辞典
U cjjc.weblio.jp
Google翻訳
U translate.google.co.jp
Infoseek楽天マルチ翻訳
U translation.infoseek.ne.jp
Bing翻訳
U www.bing.com/translator

旅の予算

華南地方のアクセス

華南地方は経済的な発展が目覚ましく、社会的インフラの整備も進み、エリア内の移動も非常にスムーズなので、日本からの便がない町へも簡単に移動できる。

旅のルート

入国地点を決める

❶運航便のある町を選ぶ

2019年1月現在、日本との定期路線がある華南地方の都市は、広州やアモイ、香港、マカオなど8都市。これらの都市への定期便があるのは、成田や関西など15の空港から。

❷上海や香港で乗り継ぐ

日本からの運航便が最も多いのは上海。上海からの中国国内線も多く、日本から便のない町へのアクセスも可能。

この次に便利なのは香港。路線や航空会社によっては、日本で申し出れば、香港での乗り継ぎ時に託送荷物の預け直しも不要で、かなり便利(諸事情によっては預け直しが必要となる時もある)。

詳細については各航空会社のウェブサイトで確認すること。

旅の予算を考える

旅のスタイルで予算は変わる

急激な経済発展で中国の物価はかなり上昇している。もうこのエリアでは、1日数百円で旅行することはほとんど無理。しかし、ユースホステルのドミトリーなどを利用すれば、費用をかなり抑えることができる。

一方では1泊数千元するような超高級ホテルも登場しており、そこで提供されるサービスを楽しむような超豪華旅行もできる。

現地での1日当たりのおおまかな費用の目安として、4 ～ 5つ星ホテルに宿泊する豪華旅行で約5万円、一般旅行で約2万円、節約旅行で約6000円と考えればよい。

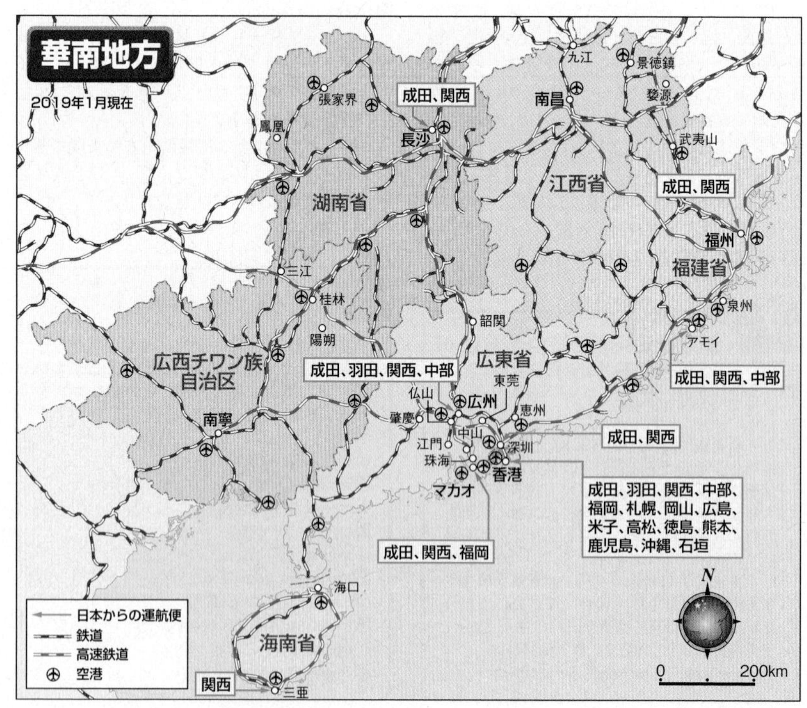

各エリアの通貨レートの変動によっては上記目安の数字も変わってくるので注意が必要。

旅行予算の内訳

❶日本での旅行準備

旅行出発前に準備するものや事柄として、パスポートの取得、日中間の交通費(飛行機または船)、ビザ取得(該当者のみ)、海外旅行保険などがあり、それぞれに費用が発生する。費用の概算については、下の「旅行予算の内訳」中の該当項目の参照ページに費用の目安を挙げているので、参考にしてほしい。

このほか、人によって異なるが、中国に関する情報収集(書籍など)、所持していく物品、旅行バッグやスーツケースなどを準備する費用の確保も必要だ。なお、旅行に必要な物品はP.313のリストでチェックしてみよう。

❷宿泊費

宿泊費は、中国旅行で誰もが確実に用意しなければならない費用であり、「旅のスタイルで予算は変わる」で記したように、希望する旅行のグレードによって予算は大きく変わる。さらに、部屋代は基本的にひと部屋当たりの料金になっているので、ふたりで泊まれば、ひとり当たりの宿泊費は半分で済む。

1泊の目安としては、ドミトリー利用で60元、ツインルームで星なし渉外ホテルが200元、3つ星ホテルが600元、5つ星で1500元といったところだ。

しかし、広州の広州交易会開催期間中(春と秋の2回)などは宿泊料金が高騰する(周辺の町も含め)ので、ホテル予約サイトなどで必ず最新の宿泊料金を確認してほしい。

❸食費

❷同様に、どういったグレードの旅行をするのかで変わってくる。下町の人たちが利用する食堂クラスなら1食20元くらいだし、高級広東料理レストランで海鮮を食べようと思ったら、1食500元以上は必要だろう。

せっかく中国を旅するのに、毎回安い食堂で食事を取るのは残念なことだ。だから、1食くらいは有名なレストランや各地方の名物料理が食べられるよう、予算を確保しておこう。

中国料理は基本的に大人数で食べることを前提にしているので、人数を集めて食事に行けば、ひとり当たりの費用は安くなる。

❹観光に必要な費用

観光地を訪れる場合、入場料のほかに交通費が必要となる。広州や深圳だと市内に地下鉄路線も増えて、安い費用で効率よく移動することもできるので、合わせて1日200元と考えておけば、問題はないだろう。しかし、郊外に位置する観光地を訪れるなら、1日1ヵ所が限界。

かぎられた時間で効率よく回ろうと思ったら、やはり車をチャーターして行ったほうがよい。タクシーなら1日1500元が目安(行き先によって変動はある)。割高かもしれないが、そのぶん、自分に合わせた観光が可能だし、2～3人で行動できれば、費用は頭割り計算になってお得だ。

入場料については、10～100元程度。世界遺産関連だと200元を超える場所もある。年配者(60ないし65歳以上)は、パスポートなど年齢を証明できる書類を提示すれば、何かしらの割引を受けられることが多い。また、学生料金などが設定されている所もあるので、学生はできるだけ学生証も持参するとよいだろう。

❺都市間の移動費用

手軽なのは長距離バス。豪華バスを利用して200km100元が目安(珠江エリアはほかの華南の町より割高)。ただし、安全の面から夜間のバス利用は避けたほうがよい。

旅行者の利用が最も多いのは列車だが、寝台券の入手は難しくなっている。短距離区間を走る列車の座席なら前日や当日でも入手は簡単。

中・長距離の移動には、飛行機がおすすめ。格安航空券も売られており、区間によっては1等寝台と変わらないような金額になっている。

タクシーをチャーターすると移動が楽(広州市)

■旅行予算の内訳

	旅行前		旅行中
◎	自宅と空港や港までの交通費	◎	宿泊費→ホテル項目
◎	日中間の交通費→P.320	◎	食費→グルメ項目
●	パスポート(すでに所有していれば不要)→P.314	◎	観光費用→見どころ項目
●	ビザ(15日以内の旅行は不要)→P.315	●	おみやげ
●	海外旅行保険→P.319	●	予備の費用
●	衣類など旅行に携帯するもの	●	都市間の移動費用→アクセス項目

◎＝誰でも必要　●＝それぞれの都合で必要になる

華南地方の気候と旅の服装・道具

各エリアの気候と旅の準備

おおまかに、江西省と湖南省エリア、福建省から広東省および広西チワン族自治区、香港・マカオ両特別行政区にかけてのエリア、海南省エリアに区分できる。

町ごと（すべての町ではないので注意）の気象データや関連ウェブサイトの利用（利用法→P.237）は各都市の紹介ページに掲載している。

華南北部エリア（江西省、湖南省）

江西省や湖南省は、北に長江（揚子江）が流れており、そこから南西に向かって標高が高くなっていく。したがって、北部の鄱陽湖周辺や長江沿いのエリア（長沙も含む）と、張家界や中国五岳のひとつ衡山などの山岳部（大部分は1500m以下）とでは、かなりの高低差がある。

気候的には日本の九州に近く、一部地域を除き、冬でも気温が氷点下になることは少ない。

華南沿岸部および北回帰線エリア（広東省、福建省、広西チワン族自治区）

珠江デルタや海岸線を除き山がちな地形にある。平均標高は低い。気候はより温和で、一部地域を除くと霜すら降りない。

春と秋、冬は短く、夏が長い。夏から秋にかけては台風シーズンなので、特に沿海部は日本同様、台風の影響を受けることが少なくない。

旅の服装は、冬場に山岳部を訪れでもしないかぎり、セーターとダウンを合わせて着込むような必要はない。春は福建省から広西チワン族自治区北部にかけてのエリアでは、昼夜の寒暖差が大きいので、体調には十分な注意が必要となる。

4月を過ぎると、日中の気温は30℃近くに達するようになり、湿度も高くなっていく。このため、帽子など日差しを遮るものが必須となり、水分補給も大切になってくる。

常夏の島（海南省）

南シナ海（中国語で「南海」）に浮かぶ海南島を中心とする海南省は、亜熱帯から熱帯に属するエリア。島の北部に位置する省都海口は亜熱帯に属すため、短い春と秋がある。島の南に位置する三亜は熱帯に属し、1年を通して平均気温が20℃を超える常夏の島で、冬でも油断をしていると火ぶくれになるほど。外出時は日焼け止めを忘れずに塗るとよい。

夏から秋にかけては台風シーズン。日本同様、台風の影響を受けることが少なくないので、天気予報でのチェックを欠かさないようにしたい。

旅の準備は、12～2月を除いて夏の服装で十分。

旅に必要な服装と道具

服装

旅の準備は、海南省を除き、日本の季節に準じたものを用意すれば問題はない。また、中国の経済発展によって、ほとんどのものは現地でも入手できるようになったので、衣類など現地で調達することも可能。

中国のホテルは、夏にはクーラーをガンガンに効かせている。室内で設定温度を変えられない所もあるので、暑い時期の旅行でも、荷物にならないなら、念のため上着も持っていこう（クーラーに弱い人は特に）。

道具

夏には突然の雨も少なくないので、収納できるような雨具も用意しておこう。写真にこだわりたいなら、雨の中でも両手が使えるよう、羽織るタイプの雨具がおすすめ。

華南には名山も多く、山歩きがメインの旅となる人も多いだろう。特に張家界を訪れる場合は、かなりのアップダウンがあるので、スニーカーやウオーキングシューズなど、足元のしっかりした靴を履いていくか持参するかしよう。

道具としては、帽子、日焼け止め、サングラスの用意も忘れずに。マリンスポーツを考えているなら、水着も用意。また、コンタクトレンズを使っている人は、めがねも持っていくとよい。

忘れ物をしたら

よほどの田舎でないかぎり、日用品なら問題なく揃えることができる。何か持っていくのを忘れたとしても、現地で購入することは可能。

何に荷物を入れるか

1、2都市の旅行ならばスーツケースを使うとよい。観光や町歩きの際に、カメラやガイドブックを入れることができるバッグやリュックも合わせて用意していくとよい。

飛行機利用の場合、搭乗カウンターで追加料金なしに預けられる託送荷物は、エコノミークラスの場合、総重量20kgが一般的（詳細は旅行会社や搭乗予定の航空会社で確認すること）。

■荷物チェックリスト　　◎＝必需品　○＝あると便利　△＝特定の人・時期・エリアに必要

	品名	必要度	準備	荷造り	備考
貴重品	パスポート（→P.314）	◎			残存有効期間を必ずチェックすること
	航空券・乗船券（→P.320）	◎			名前、出発日時、発着空港の確認を！
	現金（→P.317）	◎			しっかり保管・管理しよう！
	クレジットカード（→P.318）	◎			チェックイン時のデポジットとして利用可能。ICカードは暗証番号を忘れずに！
	海外旅行保険（→P.319）	○			万一のときのために加入しておくと心強い
	顔写真（4.5cm × 3.5cm）（→P.354）	○			撮影6ヵ月以内（カラー写真が望ましい）のもの。各種書類申請時に必要
	戸籍謄（抄）本（→P.354）	△			パスポート紛失時に必須。発行6ヵ月以内のもの
	パスポートと航空券・乗船券のコピー	◎			オリジナルとは違う所に入れて保管すること
	緊急連絡先を控えたメモ	◎			いざというときに慌てないように
衣類	下着／靴下	◎			使い捨てでもかまわないものなら、帰国時に荷物は減る
	一般衣類	◎			着慣れた楽なものを。現地でも購入できる
	何か羽織るもの	○			夏でも必要。クーラーは半端ではない
	防寒具	△			冬に華南北部エリアなどの山間部に行く場合は必須
日用品	石鹸／シャンプー／歯ブラシ	○			現地でも入手できるが、使い慣れたものがいい人は
	ティッシュ／トイレットペーパー	○			現地でも入手できるが、品質の気になる人は
	マスク／化粧品／薬品／生理用品	○			自分に合ったものを用意しておいたほうが安心
	ファスナー付き1ℓの透明ビニール袋	◎			化粧水や目薬などを機内に持ち込むなら必須
	100mℓまでの液体を入れる容器	◎			小分けした液体は上記の袋に入れれば機内に持ち込める
	タオル／手ぬぐい	○			ホテルならほぼ置いてある
	洗剤／洗濯ひも／洗濯ばさみ	△			長期旅行の際は、持っていく衣類を少なくするためにも必要
	つめきり	△			長期旅行なら必須。ただし、機内持ち込み不可。託送荷物に入れること
	予備のめがね／コンタクト	△			念のため、必要な人は準備していこう
雑貨	サングラス／日焼け止め／帽子	○			夏は日差しが強いので、外出時にはあったほうがよい
	南京錠／ワイヤー鍵	△			自分の荷物は自分で守ろう！
	ビーチサンダル	○			部屋履き、シャワールームで重宝する
	ビニール袋	○			洗濯物や汚れ物を入れるなど、あれこれ使える
	傘／カッパ	○			現地でも入手可能
	カメラ	◎			ほこりの多い中国ではレンズ交換は危険！
	懐中電灯	△			石窟など暗い観光地で役に立つ
	予備の電池	△			現地でも入手できるが、交換してすぐ使うにはあると便利
	携帯やデジカメの充電器、変換プラグ	△			充電できなければ電子機器はじゃまな荷物
	モバイルバッテリー（→P.339）	△			リチウム／リチウムイオン電池は扱いに注意
	目覚まし時計	△			安宿には備え付けの目覚まし時計はない
	シェーバー	△			電池式か、充電式なら海外対応のものを！
	ガイドブック／地図	◎			今読んでいるこの本を置いていかないで！
	メモ帳／筆記用具	○			旅の記録にはもちろん、筆談でも活躍
	裁縫道具	△			長期旅行なら。機内には持ち込めないので託送荷物に！

パスポートとビザ

パスポートの取得

パスポートには5年間有効と10年間有効の2種類があり、どちらも有効期間中なら何回でも渡航できる数次旅券。渡航先や目的にも制限がない。ただし、20歳未満の人は5年間有効のものしか申請できない。サイズは12.5cm×8.8cm。発給手数料は5年用が1万1000円、10年用が1万6000円(受領時に支払う)。

パスポートの申請

パスポートの申請は、基本的に住民票がある都道府県の旅券課で行うが、学生、単身赴任者などで住民登録が現住所ではなく、実家の住所のままという場合、現在住んでいる所で申請できる居所申請という制度がある。詳細は旅券課に問い合わせをすること。

また、申請書のオリジナルに本人のサインがあれば代理申請も可能。旅行会社に戸籍、写真などの必要書類を送付すると、手数料4000円前後で代理申請をしてくれる(受領は代理不可)。

なお、中国の観光ビザを取得するには、パスポートの残存有効期間が重要となるので、有効期間が残り少ない人は早めに更新するとよい。

最新情報は外務省のウェブサイトで要確認。

10年用

5年用

パスポートの申請書類

❶一般旅券発給申請書(1通)
❷写真(1枚)(タテ4.5cm×ヨコ3.5cm)
❸戸籍謄本(抄本)(1通)

都道府県パスポートセンターでパスポートを申請する場合、原則として住民票が不要。詳しくは外務省のウェブサイトで要確認。

❹身元確認のための証明書

運転免許証や写真付き個人番号カード(マイナンバーカード)を1点、または写真のない保険証や年金手帳などと社員証や学生証を組み合わせて持参する。

❺(未成年者のみ)保護者の同意サインまたは同意書

パスポートに関する注意

国際民間航空機関(ICAO)の決定により、2015年11月25日以降、機械読取式でない旅券(パスポート)は原則として使用できない。日本では1992年11月以降、機械読取式旅券となっているが、2014年3月19日以前に旅券の身分事項に変更があった人はICチップに反映されておらず、国によっては国際標準外と判断される可能性もあるので注意が必要。

外務省による関連通達

Ⓤwww.mofa.go.jp
検索キーワードに「パスポート　機械読取式」

■各都道府県の担当窓口の一覧

パスポートA to Z(外務省)
Ⓤwww.mofa.go.jp/mofaj/toko/passport
パスポート申請先都道府県ホームページへのリンク(外務省)
Ⓤwww.mofa.go.jp/mofaj/toko/passport/pass_6.html

■東京都の担当窓口

東京都生活文化局都民生活部旅券課
㊟〒160-0023　東京都新宿区西新宿2-8-1
東京都庁都民広場地下1階
☎案内センター＝(03)5908-0400
Ⓤwww.seikatubunka.metro.tokyo.jp/passport

■大阪府の担当窓口

大阪府パスポートセンター
㊟〒540-0008　大阪府大阪市中央区大手前3-1-43　大阪府庁新別館南館地下1階
☎(06)6944-6626
Ⓤwww.pref.osaka.jp/passport

パスポートの受領

パスポートは通常、申請後7～10日後に発給される。受領の際は必ず本人が、旅券受理票、発給手数料を持って窓口に取りにいく。

ビザの取得

ノービザと観光ビザ

日本国籍者に対し、中華人民共和国では15

日以内の滞在、香港では30日以内の滞在、マカオでは3ヵ月以内の滞在についてビザを免除しているが、それを超える滞在は、ビザの取得を義務づけている。ノービザ入国については、下の囲み記事を参照。

観光ビザの取得

渡航目的によってビザの種類が異なり、2018年11月現在、観光目的で入国する者に対して発給するのは観光ビザ（Lビザともいう）で、一般的に30日間。

観光ビザの申請については、中国大使館、各総領事館で規定が異なる。さらに、ビザの発給については、当該国の大使館、総領事館に決定権があるため、突然必要書類等が変更になることもある。

2018年11月現在、中国のビザ申請は審査が非常に厳しくなっている。次の必要書類が不備なく揃っていないと受理してもらえないので注意。

必要書類

2018年11月現在、観光ビザの申請に必要な書類は次の5点。

①パスポート原本およびその写し
※余白2ページ以上、残存有効期間6ヵ月以上
②6ヵ月以内に撮影したカラー証明写真1枚
※サイズはタテ4.8×ヨコ3.3cm（背景は白）
※注意事項→P.316左段囲み記事
③中華人民共和国査証申請表
※U www.visaforchina.orgからダウンロード可能
④航空券またはeチケット控えのコピー
⑤下記のいずれか
・ホテル手配確認書
・中国国内機関発行の招聘状（FAX、写し可）
※東京・名古屋は旅行会社で代理申請の場合、英文不可。大阪は個人申請・代理申請ともに英文不可
・中国在住者発行の招聘状（FAX、写し可）と発行者の身分証明書両面コピーおよびパスポート

ノービザ入国時の注意点

注意点

日本国籍者のノービザ入国について現地で確認した情報をまとめてみる。

❶パスポート（一般旅券）を持ち、商用、観光、親族訪問、トランジットの目的で中国に入国する日本国籍者は入国日から15日以内の滞在の場合、ビザが免除される。ただし、入国地点は、必ず外国人の通過が許可された出入国（出入境）ポイントであること。

❷ノービザで入国する際、入国審査（イミグレーション）で出国のための航空券提出は不要。

注意：中国の入国審査処では、場合によっては「航空券の提出を求めることもある」と言っていたので、15日以内に日本に帰国、または第三国に出国する航空券を購入しておくことが望ましい。

❸有効なパスポートを所持していること。

注意：領事部は「ノービザ入国の場合、所持している帰国のための航空券に記載されている日付よりもパスポートの失効日があとであること」としている。しかし、有効期間が帰国日の翌日までのパスポートを持って上海浦東国際空港で入国審査を受けた際、別室に呼ばれ、関係部署への確認の結果、ようやく入国が許されたという事例もある。

また、パスポートの残存有効期間が6ヵ月を切る乗客については、搭乗手続きを他の乗客と区別する航空会社もあるようだし、旅行会社でも「6ヵ月プラス中国滞在日数が必要」という所もある。

以上を考慮すると、残存有効期間が6ヵ月を切ったパスポートを所持している人は、パスポートの更新を行っておいたほうが無難だ。

❹登山や自分のバイク、乗用車を持ち込み運転するなど特殊な観光をする場合などは、必ずビザの取得が必要。

❺15日以内の滞在予定で中国に入国したが、何らかの事情で15日を超える滞在となってしまう場合は、現地の公安局の出入境管理部門でビザを申請しなければならない。なお、許可期間を超過した者は、公安機関と入国審査で規定に基づく処罰が与えられることになるので注意が必要。

注意：いくつかの町の公安局入出境管理部門に確認したところ、「原則としてノービザ入国者に対して、中国入国後にビザを発給することはない」との回答もあった。実際には、発給されたという情報も確認できたが、15日間目いっぱい滞在する予定の人は、念のため中国入国以前に滞在目的に合ったビザを取得したほうが無難。

そのほかの注意

中国に10日間滞在したあと、いったん香港に出て、再び中国に入国して日本に帰国する予定だったが、航空券に記載されていた日本出国日と帰国日までの日数が15日を超えていたため、そのとき利用した某航空会社では、内規によってノービザでの搭乗を拒否され、仕方なくノーマルチケットを購入することになった（ただし、使用したのは最初に購入したほうで、ノーマルチケットは帰国後に払い戻してもらえた）。

これは、中国入国を拒否されて強制送還などになった場合、その費用を航空会社が負担しなければならないという事情を航空会社が回避するための手段と考えることができる。上記のようなルートの旅行を計画している人は、航空券購入時に正直に事情を説明し、可能かどうか確認しておこう。

記事は2018年11月現在の状況に基づいて作成した。旅行計画時や出発前には、最新の状況を確認すること。

（地球の歩き方編集室）

写真に関する規定

2018年11月現在、申請に必要な写真について、サイズや背景以外にも非常に厳格な規定がある。規定以外の写真だと申請を受け付けてもらえないので注意が必要。詳細は下記ウェブサイトで確認できる。

中国ビザ申請サービスセンター（東京・名古屋）
Ⓤwww.visaforchina.org
※カーソルを日本国旗に移動させ、Tokyo and Nagoya/Osakaから選択＞メニューバー「基本情報」＞「お知らせ」＞「ビザ申請の際提出する写真について」

（中国人）または中国滞在証明の写し（外国人）
※招聘状について、東京・名古屋は旅行会社で代理申請の場合、英文不可。大阪は個人申請・代理申請ともに英文不可

観光ビザ以外の場合は、下記囲み記事で紹介した「中国ビザ申請サービスセンター」のホームページで確認したり、旅行会社に問い合わせたりするとよい。特に写真については規定外のものだと申請を受け付けてくれないので注意が必要。

中国駐日本大使館・総領事館

■中華人民共和国大使館（領事部）
管轄区：東京都、神奈川県、千葉県、埼玉県、長野県、山梨県、静岡県、群馬県、栃木県、茨城県
※ビザ申請→下記囲み記事
㊟〒106-0046　東京都港区元麻布3-4-33
㊡土・日曜、日中両国の祝日
Ⓤwww.china-embassy.or.jp/jpn

■中国駐大阪総領事館
管轄区：大阪府、京都府、兵庫県、奈良県、和歌山県、滋賀県、愛媛県、徳島県、高知県、香川県、広島県、島根県、岡山県、鳥取県
※ビザ申請→下記囲み記事
㊟〒550-0004　大阪府大阪市西区靭本町3-9-2
㊡土・日曜、日中両国の祝日
Ⓤosaka.china-consulate.org/jpn

■中国駐福岡総領事館
管轄区：福岡県、佐賀県、大分県、熊本県、鹿児島県、宮崎県、沖縄県、山口県
※観光ビザの申請は旅行会社を通して行う
㊟〒810-0065
福岡県福岡市中央区地行浜1-3-3
☎(092) 752-0085
㊡土・日曜、日中両国の祝日
Ⓤwww.chn-consulate-fukuoka.or.jp/jpn

■中国駐長崎総領事館
管轄区：長崎県
※観光ビザの申請は旅行会社を通して行う
㊟〒852-8114　長崎県長崎市橋口町10-35
☎(095) 849-3311
㊡土・日曜、日中両国の祝日
Ⓤnagasaki.china-consulate.org/jpn

■中国駐札幌総領事館
管轄区：北海道、青森県、秋田県、岩手県

中国ビザ申請サービスセンターの開設

2018年11月現在、混雑緩和と待ち時間短縮などを目的に、「中国ビザ申請センター（中国签证申请服务中心）」へ関連業務が委託されている。

該当するのは、東京中国大使館領事部と在大阪中華人民共和国総領事館、在名古屋中華人民共和国総領事館の各管轄区における一般旅券所持者で、個人による申請が可能。

旅行会社での代理申請も可能だが、指定業者のみの取り扱いとなっている。

諸費用は、ビザ申請料のほかに手数料が必要。料金や所要日数は要問い合わせ。

なお、一般旅券所持者による香港特別行政区とマカオ特別行政区の査証に関しては、従来どおり大使館領事部と各総領事館で申請を受け付ける。

■中国ビザ申請サービスセンター（中国签证申请服务中心）
Ⓤwww.visaforchina.org

■東京ビザ申請サービスセンター
㊟〒105-0001　東京都港区虎ノ門4-1-17神谷町プライムプレイス8階
☎(03)6432-2066　FAX(03)6432-0550
✉tokyocenter@visaforchina.org
㋔ビザ申請＝9:00～15:00
ビザ受領＝9:00～16:00
㊡土・日曜、祝日

■大阪ビザ申請サービスセンター
㊟〒541-0059　大阪府大阪市中央区博労町3-3-7ビル博丈9階
☎(06)4300-3095　FAX(06)4300-3167
✉osakacenter@visaforchina.org
㋔ビザ申請＝9:00～15:00
ビザ受領＝9:00～16:00
㊡土・日曜、祝日

■名古屋ビザ申請サービスセンター
㊟愛知県名古屋市中区錦1-5-11名古屋伊藤忠ビル4階413号室
☎(03)6432-2066　FAX(052)228-0129
✉nagoyacenter@visaforchina.org
㋔ビザ申請＝9:00～15:00
ビザ受領＝9:00～16:00
㊡土・日曜、祝日

※観光ビザの申請は旅行会社を通して行う
住〒064-0913
北海道札幌市中央区南十三条西23-5-1
☎(011)563-5563
休土・日曜、日中両国の祝日
U sapporo.china-consulate.org/jpn
■中国駐名古屋総領事館
管轄区：愛知県、岐阜県、福井県、富山県、石川県、三重県
※ビザ申請→P.316下記囲み記事
住〒461-0005
愛知県名古屋市東区東桜2-8-37
休土・日曜、日中両国の祝日
U nagoya.china-consulate.org/jpn
■中国駐新潟総領事館
管轄区：新潟県、福島県、山形県、宮城県
※観光ビザの申請は旅行会社を通して行う
住〒951-8104
新潟県新潟市中央区西大畑町5220-18
☎(025)228-8888
休土・日曜、日中両国の祝日
U niigata.china-consulate.org/jpn

通貨・両替・カード

中国の通貨

中国の通貨は人民元(人民幣、中国元とも)といい、アルファベットではRMBと表記する。2018年11月13日現在のレートは1元≒17.0円。

■中国銀行の当日レート
U www.boc.cn/sourcedb/whpj
※「牌价选择」から「日元」を選択し、「现钞买入价」をチェック

日本で人民元を入手する

人民元への両替が可能なスポット

日本国内で人民元への外貨両替を扱うスポットは増えている。中国国内と比べ、交換レートが悪い、両替可能な金融機関が都市部に集中しているなどの不便な点もある。

【おもな外貨両替取り扱い銀行】
■SMBC信託銀行 PRESTIA EXCHANGE
U www.smbctb.co.jp/index.html
■みずほ銀行
U www.mizuhobank.co.jp/tenpoinfo/gaika_ryogae/index.html
■三菱UFJ銀行
U www.bk.mufg.jp/tsukau/kaigai/senmon

【外貨両替専門店】
■トラベレックスジャパン
☎(03)3568-1061 U www.travelex.co.jp
トラベレックスグループは1976年にイギリスで設立された外貨両替店。
■東京クレジットサービス
ワールドカレンシーショップ
レートの問い合わせ＝☎(03)5275-7610
U www.tokyo-card.co.jp/wcs/wcs-shop-j.php

【空港】
■成田国際空港
U www.narita-airport.jp
「空港で過ごす」>「サービス施設」>「銀行／両替所」
■羽田空港国際線旅客ターミナル
U www.haneda-airport.jp
「国際線フライト情報」内の「銀行・外貨両替所」をクリック
■関西国際空港
U www.kansai-airport.or.jp
バーメニューから「便利なサービス」>「お金・両替・保険」>「外貨両替所」
■中部国際空港セントレア
U www.centrair.jp
「空港で過ごす」>「サービス施設」>「銀行／両替所」

中国で人民元に両替する

両替の手順と注意点

銀行の窓口で現金またはT/Cを人民元に両替する際は、指定用紙に必要事項を記入し、パスポート、お金と一緒に窓口に出す(→P.318「両替には携帯電話の番号が必須」)。

お金を受け取ったら、その場で金額を確認し、紙幣に損傷があれば、交換してもらおう。いったんその場を離れてしまうと、金額が合わないなどの苦情には一切応じてくれない。

お金と一緒に受け取る両替証明書は、再両替するときに必要となるので、しっかり保管すること。ただし、有効期間に注意。

両替には携帯電話の番号が必須

中国の銀行で両替する場合、その銀行に口座を持っていないと、中国の携帯番号(スマートフォンを含む)が必要となる。

持っていない人は、原則として「个人税收居民身份证明文件」という書類に必要事項を記入すれば両替できる。ただし、マイナンバーや健康保険証番号など、日本の個人識別番号をひとつ記載しなければならない。覚えていない人はメモしておこう。

マイナンバー要求の根拠に関しては、国税局の公式ウェブサイトで確認できる。

国税局
Ⓤwww.nta.go.jp
「番号制度概要に関するFAQ」
※Q3-13-2をクリック

デビットカード

デビットカードを活用しよう

JCB、VISAなどの国際ブランドで、複数の金融機関がデビットカードを発行している。

使用方法はクレジットカードとほぼ同じだが、支払いは後払いではなく発行銀行の預金口座から原則「即時引き落とし」となる。口座残高以上は使えないので、予算管理にも便利。ATMで現地通貨の引き出しも可能だ。

■JCBデビットカード
Ⓤwww.jcb.jp/products/jcbdebit

銀聯カード

「銀聯」とは中国の金融サービス機関で、そこが発行する「銀聯カード」は中国国内外で利用できるプリペイドもしくはデビットタイプのマネーカード。日本国内でも発行されている。

「銀聯カード」は中国、香港、マカオにある中国銀聯加盟300万前後の店舗で利用可能であり、銀聯マークのあるATMで現地通貨の引き出しもできる。カードの種類により提供されるサービスが異なるので、専用ウェブサイトで詳しい情報を確認するとよい。

■中国銀聯
Ⓤjp.unionpay.com
■中国銀行銀聯デビットカード
Ⓤwww.bankofchina.com/jp/jp
トップページ「個人向け業務」>「カード」>「銀聯デビットカード」
中国銀行(Bank of China)東京支店が発行する海外初の「銀聯デビットカード」。
■三井住友銀聯カード
Ⓤwww.smbc-card.com/mem/addcard/ginren.jsp
※使用時、申し込みの時に設定した4桁の暗証番号の前に「00」を付けて6ケタとして入力し、サインもする。暗証番号を忘れると使えない

カードを利用する

クレジットカード

中国でもクレジットカードを利用できる場所は増えている。中級以上のホテルでは、チェックインの際にクレジットカードをデポジット(保証金)代わりに使えるため、とても便利だ。カードが使える所では必ず使えるといっていいのが、VISAとMasterCard。JCBも使える所が増えている。また、カード利用可の表示があっても中国の銀聯カードのみで国際カードが使えない店も多いので要注意。

ICカードは暗証番号に注意

クレジットカードのスキミング対策などでICカード(ICチップ付きのクレジットカード)の導入が進んでいるが、このカードで支払う際には、サインではなく暗証番号(PIN)が必要となる。この番号を忘れるとカードを使用できないので、日本出発前にしっかりと確認し、忘れないための工夫をしておこう。

国際キャッシュカード

国際キャッシュカードとは、日本で金融機関に預けた日本円を旅行先のATMなどから現地通貨で引き出せるカードのことで、中国でも中国銀行などのATMで利用できる。

このカードは、メガバンクなどが発行しているが、それぞれに使用条件が異なるので、ウェ

■両替のお得度(そのときのレートにより一概に言えない部分もあり、あくまでも目安)

市中の中国銀行		市中の一般銀行		ホテル		空港の中国銀行		空港の両替所		日本での両替
基本レートでの両替が可能。1元以下の端数も受け取れる	>	中国銀行のレートに若干の手数料が上乗せされるケースが多い	>	1元以下の端数は切り捨てるのが一般的	>	市中の支店とレートは同じだが、空港によっては他店より高い手数料が必要となることも。最近支店のある空港が減っている	>	空港などにある両替所は、中国銀行に比べて基本レートが悪いうえ、1回につき50～60元の手数料が必要	>	銀行と外貨両替店ではレートが異なる。外貨両替店で大量に両替すればやや有利になることもある

ブサイトなどで相違を比較、確認するとよい。

中国のモバイル決済

中国では広く深くキャッシュレス化が浸透している。その中心となっているのが、WeChat Pay（ウィチャットペイ／微信支付）とAlpay（アリペイ／支付宝）。

ともにアカウントを取得し、中国でスマートフォンを使える環境を整えれば、外国人でもそのサービスを利用できる。その便利さを体験してみよう！
※P.23～29参照

人民元が余ったら

人民元の持ち出し制限

申告なしで海外に持ち出すことのできる人民元の限度額は2万元となっている。

人民元を外貨に両替する

余った人民元は、国際空港にある銀行（中国銀行など）で再両替することができる（レートは悪い）。余った人民元はできるだけ使い切るか、訪中予定のある人は次回用にそのまま持っているのがよいだろう。また、日本国内の外貨両替スポット（トラベレックスなど）でも人民元を日本円に両替できるが、換金レートは悪い。

再両替時の注意

両替時に必要となるのが、両替証明書、パスポート。これらを両替する人民元と合わせて銀行の窓口に提出する。あとは係員が書類に記入して、外貨と端数の人民元（少額）を手渡してくれる（順番待ちのときは番号札を渡される）。手続きには時間がかかるので、早めに窓口に行くこと。

香港・マカオの通貨

それぞれに通貨がある

香港とマカオは、イギリスとポルトガルから中国に返還され、その一部となった。しかし、「一国二制度」という政治体制を採用しているため、通貨も別々に存在しており、香港の通貨は香港ドル（HK$）、マカオの通貨はマカオパタカ（通貨コードはMOP）。

もちろん日本円との両替も可能。2018年11月13日現在のレートは、香港ドルが1HK$≒14.6円、マカオパタカが1MOP≒14.1円。

注意が必要なのは、マカオパタカの通用範囲の狭さ。マカオでは香港ドルも同様に使用でき、10HK$の硬貨を除き、問題なく受け取ってくれる。交換レートは1：1（実際のレートより悪い）なので、いちいち換算する必要もない。ただ、おつりがマカオパタカで来る場合もあるので、受け取ったら確認しよう。マカオパタカは香港や中国では使えない。

発券銀行も複数ある

香港では、10HK$は香港特別行政區政府が、20HK$以上の紙幣については3行の銀行が紙幣発券を行っている。そのため香港渣打銀行（Standard Chartered Bank）、香港上海滙豐銀行（HSBC）、中國銀行香港分行（Bank of China）ごとに紙幣の図案が異なり、紙幣の種類も多い。

マカオでは中國銀行澳門分行（BANCO DA CHINA, SUCURSAL DE MACAU）と大西洋銀行澳門分行（BANCO NACIONAL ULTRAMARINO）の2行が紙幣発券を行っている。紙幣の種類は6種類。

海外旅行保険

保険の種類と加入タイプ

海外でけがをしたり病気にかかったりした場合、治療費や入院費は高いうえ、言葉などでも心細いもの。こういったトラブルを避けるために海外旅行保険への加入がおすすめ。

保険の種類と加入タイプは、大別すると、補償内容を組み合わせた「セット型」保険と自分で補償内容を選択する「オーダーメイド型」保険がある。前日までに申し込めば、自宅から空港までのトラブルもカバーされる。

ネットで申し込む海外旅行保険

体調を崩したり、カメラを盗まれたり、さまざまなアクシデントの可能性がある海外旅行。こうしたとき頼りになるのが海外旅行保険。各社独自の商品が販売されており、インターネットを利用して簡単に申し込めるようになっている。加入前に比較検討してみるとよい。

「地球の歩き方」ホームページからも申し込める。

U www.arukikata.co.jp/hoken

渡航手段の手配

飛行機と航空券

2019年1月現在、中国華南地方の8都市と日本の15の空港との間に定期便が運航されている。これに上海へのアクセスを加えると日本各地から華南地方にアクセスできる。

直行便と経由便

飛行機には、出発地点と目的地との間を直接結ぶ直行便と、出発地点と目的地との間に中継地が入る経由便の2種類があり、所要時間が大きく変わってくる。

航空券の種類

航空券にはいろいろな種類があり、同じルートであっても条件によって料金が異なる。

国際線の航空券は、大きく正規航空券、ペックス航空券、格安航空券の3つに分けることができる。運賃は、正規の航空券が最も高く、その次にペックス航空券、そして最も安いのが格安航空券となる。

正規航空券

ノーマルチケットと呼ばれる正規航空券は航空会社お墨付きのチケット。格安航空券の数倍の値段だが、

❶一般の旅行会社や航空会社で購入できて、その場で座席の有無がわかる。

❷発券から1年間有効で、出発日や帰国日を自由に変更できる。

❸途中の都市に降りることができる（一部には制限あり）。

❹利用便を変更することができる。

などのメリットがある。出発日が変更になったときや予定を変更して帰国したい場合には、この航空券が役に立つ。また、帰国便が欠航になっても別の航空会社の便に乗り換え可能。

ペックス航空券

ペックス航空券とは、航空会社が個人向けに直接販売する正規の割引航空券。正規航空券より安いぶん制限もある。詳しい条件は各航空会社の公式ウェブサイトでチェックできる。

格安航空券

「ディスカウントチケット」とも呼ばれるもの。旅行会社でのみ取り扱われている。パンフレットやインターネットで料金などを比較してみるとよい。

格安航空券は価格が安いが、「正規航空券」と比べ制約があるので注意が必要。

シーズナリティ（季節による価格変動）

このほか、航空券の料金と密接に関係するものにシーズナリティ（季節や時期による料金変更）がある。

シーズナリティは航空会社や販売している旅行会社によって数日ずれることもあるので、航空券購入時には情報収集し、比較検討することで、旅行費用を節約できる。

そのほかの注意点

2018年11月現在、航空会社は運賃に燃油特別付加運賃を加えて航空券を販売している。

燃油特別付加運賃の金額は、原油を仕入れた時点の原油価格を考慮して決定されるため、金額が変わることがある。このため、航空運賃とは別に加算されることもある。航空券購入の前には、このあたりのこともしっかり確認する必要がある。

マイレージサービス

マイレージサービスとは、搭乗区間の距離をマイル数でカウントし、規定のマイル数に到達すると、無料航空券や座席のアップグレード（例えば、エコノミークラスからビジネスクラスに変更）などの特典が受けられるサービスのこと。サービス内容や諸条件は航空会社によって異なるので、詳細は各航空会社のウェブサイトなどでチェック可能。

格安航空券やツアー、ホテルの手配をオンラインで可能

格安航空券のオンライン手配なら『アルキカタ・ドット・コム』。全国23の空港発着の航空券を手配できます。業務渡航やビジネスクラスの手配も可能。ネットで検索と照会をすれば、回答はメールで。各種パッケージツアーも申し込め、世界中のホテルも予約可能。急ぎの場合は電話で部屋を確保できます。

●アルキカタ・ドット・コム

Ⓤwww.arukikata.com

三大マイレージサービス・グループ

※2018年11月現在

■スターアライアンス

Ⓤ www.staralliance.com/ja

■スカイチーム

Ⓤ www.skyteam.com/ja

■ワンワールド

Ⓤ ja.oneworld.com

eチケット、ウェブ（オンライン）チェックイン

eチケット

「eチケット」とは電子航空券の別名で、航空券を各航空会社が電子的に保管することによって、空港で航空券を提示することなく、搭乗券を受け取ることのできるサービス。このサービスを利用すれば、紙の航空券は不要で、eメールやファクス、郵便などで送ってもらった「eチケット」の控えを空港に持参するだけでよい。

申し込み時にクレジットカード番号やパスポート番号を通知する必要があること、中国入国審査時には帰国便の「eチケット」控えを持っていくなどの注意も必要だが、❶出発直前でも条件が整えば申し込みが可能、❷航空券の盗難や紛失などの心配が不要（「eチケット」控えを再発行するだけでよい）といったメリットがある。

「eチケット」には航空券の控えのほかに旅程表が添付されることも多い。万一パスポートを紛失した際には、この旅程表を提出すると手続きがスムーズに進むので、こちらもプリントアウトして持っていこう。

ウェブ（オンライン）チェックイン

日系や欧米系を中心に公式ウェブサイトからチェックイン手続きを行える「ウェブ（オンラインと呼ぶ会社もある）チェックイン」サービスを提供している航空会社がある。

事前に、搭乗する航空会社のウェブサイトにアクセスしてチェックインを済ませておけば空港での手続きが簡単で済む。時間節約のためと、オーバーブッキングに巻き込まれないためにも利用できる場合は利用したほうがよい。

詳細は各航空会社の公式ウェブサイトで確認するとよい。

日本で発券されたeチケット控え。PCやスマートフォンにPDF形式で保存することもできる

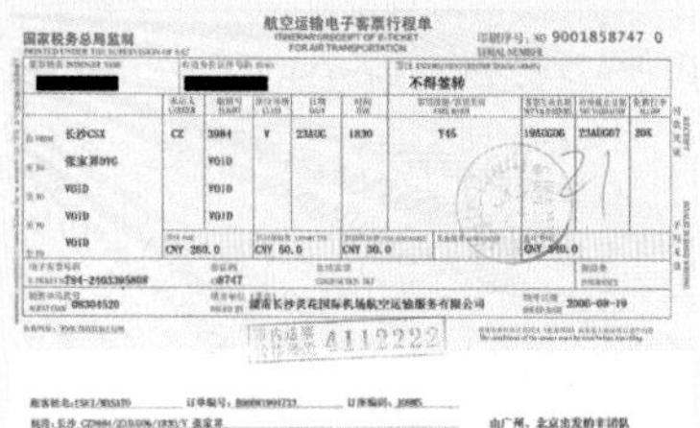
航空运输电子客票行程单
国家税务总局监制
印刷序号 9001858747 0
不得签转

中国のeチケット領収書。忘れずに空港へ持っていこう

インフォメーション 特別行政区の税関

特別行政区の税関については下記ウェブサイトなどを参照するとよい。

香港

香港税関『Duty-free Concessions（免税優恵）』

Ⓤ www.customs.gov.hk/en/passenger_clearance/duty_free

■香港入国（入境）時の免税範囲など

品物	内容
酒類	アルコール度数30％以上のもの1ℓまで（18歳以上）
たばこ類	紙巻きたばこ19本まで、葉巻1本もしくは複数の葉巻の総量25gまで、そのほかのたばこ25gまでのいずれか（18歳以上）
おもな禁止品	火薬類、銃器、麻薬などの危険物。ワシントン条約で保護された動植物およびその製品。偽ブランド品や海賊版

マカオ

マカオ税関『Commodities for Individual's Own Use or Consumption（個人による使用または消費のための商品』

Ⓤ www.customs.gov.mo/cn/customs2.html#customs2_2

■マカオ入国（入境）時の免税範囲など

品物	内容
酒類	アルコール度数30％以上のもの1ℓまで
たばこ類	紙巻きたばこ19本まで、葉巻1本（1本3g以下のもの）、刻みたばこ25gまで　※合計25g以下
おもな禁止品	火薬類、銃器、麻薬などの危険物。ワシントン条約で保護された動植物およびその製品。偽ブランド品や海賊版

中国のインターネット規制とWi-Fiの注意点

中国独自の「金盾」規制

中国では「金盾」と呼ばれる国家プロジェクトのインターネット規制により、インターネットの制限や検閲が広範囲かつ厳格に実施されている。日本や諸外国で何の不自由もなく使えているサービスが中国に入国したとたんに使えなくなり、特にビジネスの場合は非常に困ることになる。

そのままでは使えないおもなサービス

2018年11月現在、下記のような日本でなじみが深い多くのサービス(いずれも代表例)が中国では遮断されて利用できない。2017年には従来検索サービスが利用できていたYahoo!(ヤフー)が検索できなくなった。また、一部のブログサービスや、香港・台湾系のニュースサイトも遮断されている。

【SNS】
- ツイッター(Twitter)
- フェイスブック(Facebook)
- ライン(LINE)

【検索サイト】
- グーグル(Google)
- Yahoo!(ヤフー)

【動画サイト】
- ユーチューブ(YouTube)
- ニコニコ動画

【メールサービス】
- Gmail

【その他】
- Googleマップ
- Dropbox(ドロップボックス)
- Flicker(フリッカー)
- Messenger(メッセンジャー)
- Wikipedia(ウィキペディア)
- 5チャンネル

Wi-Fiルーターの利用時はVPNを付けよう

日本でWi-Fiルーターを借りて中国で使おうという人が増えているが、対策をしないと上記のようなサービスにつながらない。ホテルなどのWi-Fi経由で接続する場合も同様だ。旅行中に使い慣れたSNSなどを使えないのは不便なので、レンタルルーター各社ではオプションで有料VPNサービスを用意している。

VPNを介せば中国の規制を受けずに各種サービスが使えるので、ストレスを感じたくないなら追加して損はない。

無料のVPNサービスもあるにはあるが、規制とのいたちごっこでつながらないことも多く、あまりおすすめできない。

2018年11月現在、香港とマカオへの渡航であればVPNは不要。

特にビジネスの場合は事前対策を

ビジネスで渡航する場合、VPNなどの知識がない人は「金盾」の影響を受けるサービスをなるべく使わないのがいちばんの自衛策。特に、Gmailを常用している人は、日本の送り手が中国にいる受信者がメールを受信できているかどうかを確認する方法が送信側にはないので、その点注意したい。

中国のWi-Fiと携帯事情

中国では老若男女、あらゆる層にスマートフォンが普及しており、スマートフォンにWeChat Pay(ウィチャットペイ/微信支付)やAlipay(アリペイ/支付宝)という決済サービスをダウンロードして、ショップやレストランなどの支払いをキャッシュレスで済ませる人が増えている。また、タクシーの呼び出しや出前サービス、ネット通販もスマートフォンの専用アプリと決算サービスを結びつけて活用している。

こうしたアプリは中国国内に銀行口座を開設していないと利用できなかったが、外国人でも国際クレジットカードでアカウントの取得ができるようになったため、使えるようになった(→小特集P.23〜29)。

無料Wi-Fiスポットは各所にある。レストランやカフェなどではWi-Fiサービスがないほうが珍しいくらい。パスワードは店内に表示してあったり、レシートに記載されていたり、スタッフに尋ねる方法だったりといろいろ。

日本で使っているスマートフォンを中国で使う場合、Wi-Fi経由でなく、中国の携帯会社とローミングしてデータ通信することも可能だ。この場合は「金盾」の影響も受けない。ただし、事前に定額コースに申し込んでおかないと高額の通信料が発生する。海外で自動ローミングする設定になっていないかどうか、渡航前にチェックしておこう。

日本を出国する

時間帯や時期によっては空港アクセスや空港内が非常に混雑することがある。空港には出発2時間前には到着し、早めにチェックインや出国審査を済ませておくことをおすすめする。出国の手順については下記の表を参照。

機内への液体物持ち込みは原則禁止

テロ対策のため、100mℓを超える液体物の空港保税区域（出国審査後のエリア）および機内への持ち込みは日中各空港ともに禁止となっている。つまり、出国審査前に一般エリアの売店で購入した飲み物や化粧品類は持ち込めないということ。出国審査後に免税店で購入した酒や化粧品などは持ち込みが可能。

100mℓ以下の医薬品などは透明ビニール袋に入れるなどして持ち込めるが、制限があるので詳細は事前に空港や各航空会社に問い合わせを。

高価な外国製品は出国前に申告が必要

高級時計や宝飾品、ブランドバッグなど高価な外国製品を持ち出す際は、出国前に税関で専用の用紙に記入するとともに、現物を提示して申告する。無申告のまま出国すると、現に身に着けているものであっても、海外で購入したと見なされ、課税の対象となってしまうことがある。加工・修繕のために持ち出す場合には、一般の貿易貨物と同様の輸出手続きが必要となる。

国際観光旅客税

2019年1月7日より日本を出国するすべての人に、出国1回につき1000円の国際観光旅客税がかかる。支払いは原則として、航空券代に上乗せされる。

■飛行機で日本を出国するときの手順

1 チェックイン

空港に着いたらチェックインカウンターへ。航空券かプリントアウトしたeチケット控えまたはバウチャーとパスポートを提示して手続きを行い、搭乗券（ボーディングパス）を受け取る。託送荷物はここで預けて引換証（バゲージクレームタグ）をもらう。リチウム／リチウムイオン電池は預けられない（→P.339）

※空港へは出発2時間前までに。荷物検査に時間がかかるようになったので、ぎりぎりだと搭乗できない場合もある。手続き締め切りは通常出発1時間前
※旅客サービス施設使用料と燃油特別付加運賃は、原則として航空券購入時に航空券代金に加算されている。なお、原油価格が大幅に上昇した場合、空港で燃油特別付加運賃を追加徴収されることもある
※ウェブ（オンライン）チェックインを導入している航空会社の場合、当日の手続きが簡単になるので、ウェブチェックインをしておいたほうがよい（→P.321）

2 安全検査（セキュリティチェック）

機内持ち込み手荷物の検査とボディチェック。ナイフや先のとがった工具は機内持ち込み不可（発見時は任意廃棄）なのであらかじめ預けておくこと。また、液体物とリチウム／リチウムイオン電池の機内持ち込みには制限がある。詳細は利用する航空会社で確認を!

3 税関申告（該当者のみ）

高価な外国製品（時計や貴金属、ブランド品など）を身に着けているときは、あらかじめ税関に「外国製品の持出し届」を提出する。申告しないと帰国時に海外で新たに購入したものと見なされて課税されてしまう。申告が必要かどうかは出国審査の前に税関カウンターにて問い合わせを！

4 出国審査（イミグレーション）

パスポートを提示し出国スタンプを押してもらう。機械で読み取るのでカバーは外しておく。事前登録しておけば押印の必要がない自動化ゲートの利用が可能。出国審査場では写真撮影と携帯電話の使用は禁止

※2018年11月末までに羽田、成田、中部、関西、福岡で本格的に顔認証ゲートが導入され、出国スタンプの省略など、出国審査がスピーディになった。登録は不要

5 免税品ショッピング

出国審査が終わったあとは免税エリア。旅行中に吸うたばこなどはここで購入。中国入国の際の免税範囲は酒1.5ℓと紙巻きたばこ400本まで（香港、マカオの免税範囲→P.321）

6 搭乗

搭乗券に記載されたゲートから搭乗。通常、搭乗開始は出発30分前から。遅くとも搭乗時刻15分前にはゲート前にいるようにしたい

※成田国際空港第2ターミナルや関西国際空港は、免税店のあるエリアとゲートがシャトル連絡が必要なほど離れているので、時間に遅れないように注意

中国に入国する

空路で中国、香港、マカオに入国する

直行便の場合

入国する際には、機内で当該国(エリア)の入国/出国カード(マカオはない)や税関申告書(該当者のみ)などの書類が配られるので、提出が必要なものを到着までに記入しておく(記入例→P.334〜337)。

到着すると検疫があるので、体調に異変があったら申し出る。新型インフルエンザ流行などの際、中国はここで「出入境健康申告カード」の提出を要求されることもある。

次に入国審査があるので、パスポートと入国カードを担当官に手渡す。記入事項に不備がなければ、質問されることはない。中国はパスポートに入国スタンプが押されたあと、パスポートのみが返却されて入国審査は完了。香港、マカオではパスポートにスタンプは押されず、入国日が記された小さい紙片(→P.17)を渡される。

入国審査が終了したら、次は託送荷物の受け取り。自分が乗った飛行機の便名と搭乗地が表示されているターンテーブルに向かい、自分の荷物が出てくるのを待つ。託送荷物のない人はそのまま税関申告に向かう。

荷物を受け取ったら、次は税関申告。申告する物品がある人は、入出国旅客荷物物品申告書(記入例→P.336)に必要事項を記入し、税関に提出しなければならない。また、税関申告では該当する列に並ばなければならないので注意。

申告不要な人は、「NOTHING TO DECLARE」の列、申告が必要な人は、「GOODS TO DECLARE」の列に並ぶ。

これらの手続きが完了したら、出口に向かう。そこで荷物とバゲージクレームタグの照合が行われるのだが、ノーチェックのことが多い。

■中国入出国の際の免税範囲など

品物	内容
現金	外国通貨でUSドル換算US$5000、人民元で2万元までは申告不要。これを超える場合は要申告
物品	贈答品などとして中国国内に残す物品で人民元換算2000元を超えるものは要申告。中国滞在者が自分で使用するため、中国国外で購入した5000元以上の物品
酒・たばこ・香水	酒類(アルコール度数12%を超えるもの)2本1.5ℓまで 紙巻きたばこ400本、葉巻100本、刻みたばこ500gまで (日本入国時には注意が必要→P.335表) 香水については個人で使用する範囲ならば申告不要
※輸出入禁止品 ○は入国時 ●は出国時	○●あらゆる種類の武器、模造武器、弾薬、爆発物 ○●偽造貨幣、偽造有価証券 ○●中国の政治、経済、文化、道徳に対して有害な印刷物、フィルム、写真、音楽レコード、映画フィルム、テープ・CD(オーディオおよびビデオ)、コンピューター用ストレージ機器 ○●あらゆる猛毒類 ○●アヘン、モルヒネ、ヘロイン、大麻および習慣性麻酔薬や向精神薬 ○ 新鮮な果物、ナス科野菜、生きた動物(ペットとしての犬猫は除外)、動物標本、動植物病原体、害虫および有害生物、動物の死体、土壌、遺伝子組み換え有機体組織およびその標本、動植物の疫病が発生・流行している国や地域と関連のある動植物およびその標本やそのほかの検疫物 ○ 人畜の健康に障害を及ぼす物品、流行性疾病が流行している国や地域から運ばれてきた食品や薬品およびその他の物品 ●国家機密をともなった原稿、印刷物、フィルム、写真、音楽レコード、映画フィルム、テープ・CD(オーディオおよびビデオ)、コンピューター用ストレージ機器 ●貴重文化財および輸出を禁止された遺物 ●絶滅を危惧される動植物および希少動植物(それらの標本も含まれる)、またそれらの種子や生殖物質

※中国では外国人による無許可の測量行為が法律で禁止されているため、測量用携帯GPS機器は持ち込まないほうが無難

※文化財の無断持ち出しは禁止。具体的には、1911年以前に生産・制作された文化財はすべて禁止、1949年以前に生産・制作された歴史的・芸術的・科学的価値があるものは原則禁止、1966年以前に生産・制作された少数民族の代表的文化財はすべて禁止。化石はすべて禁止。中国政府網(Ⓤwww.gov.cn)から関連文書が削除されたため、インターネットで「文物出境审核标准」と入力し検索するとよい

インフォメーション 指紋採取

2018年2月頃より、中国では入国時に機械による指紋採取が始まった。設置場所や機械は空港によって異なるが、入国審査窓口付近であることが多い。なお、設置場所は撮影禁止エリアなので、絶対撮影しないこと。

使用手順は次のとおり(入国ポイントによって若干異なることもある)。近くには必ず係官がいるので、不明点は質問するとよい。

①パスポート読み取り

読み取り口にパスポートの人定事項ページ(顔写真のあるページ)を置いてデータを読み取らす。

②左手の親指以外4本を画面に置く

読み取りが終わるとアナウンスや画像が出て、次の指示を知らせる。

③右手の親指以外4本を画面に置く

読み取りが終わるとアナウンスや画像が出て、次の指示を知らせる。

④両手親指を画面に置く

②〜④が成功すると指紋採取完了。入国審査を待つ。

なお、前回中国入国時に指紋採取を終えている人は、指紋採取不要。入国審査官にパスポートを渡し、窓口前の指紋読み取り機で②を行うだけ。

※運用が始まったばかりのため、指紋採取更新の有無などは不明

※2018年11月現在、香港とマカオはない

空港では、出口の手前や税関を出たロビーに外貨を両替できる外貨ショップや銀行がある。人民元、香港ドル、マカオパタカを持っていない人はここで両替しよう。外貨ショップは銀行よりレートが悪い。

香港では香港ドル(HK$)、マカオではパタカ(MOP)への両替しか扱っていない所もあるので注意。

経由便の場合

三亜に向かう場合、関西発は広州を経由するので、入国手続きは最初に着陸する広州で行うことになる。

入国手続きは、直行便の場合と同じだが、次のような流れになる。

飛行機を降りた所でプラカードなどを持った職員が出迎え、トランジット・ボーディングパスを渡される。全員が集まったところで、職員が誘導してくれるので、そのあとに続いて移動して入国審査を受ける。それが終わったら、トランジット乗客専用の待合室に移動し、準備ができるまでそこで待機する。その後、アナウンスに従い、再び飛行機に乗り込む。

税関申告は最終目的地で手続きを行い、該当者はそこで税関申告書を提出する。

香港やマカオを経由して中国に入国する場合、利用便によっては香港やマカオで入国手続きを行わず、専用の待合室で待機して飛行機を乗り継ぐこともある。出発前に利用する航空会社に確認しておこう。

珠江デルタの出入国・出入境→P.16〜21

■入国審査の流れ

1 検疫

通常は検疫所でカメラによる検温のみ。時期によって「出入境健康申告カード」提出が必要。また、発熱や嘔吐などの症状がある人は係官に申し出ること
※香港、マカオも同様

↓

2 入国審査

指紋採取を済ませ(→上記インフォメーション参照)、必要書類を持って自分に該当する審査窓口に並ぶ。順番が来るまで黄線を越えないこと。なお、経由便利用者は指示に従い、入国審査後最終目的地に向かう
※2018年11月現在、香港、マカオは指紋採取なし
※香港、マカオ経由で中国に入国する場合、入国審査は中国だけになることもある

必要書類
入国審査=中国の入国カード(→P.334)、パスポート、該当者は入出国旅客荷物物品申告書(→P.336)
審査窓口=機械で手続きできる「e通道(e-道)」と係官による入国審査窓口に分かれるが、外国人旅行者は基本的に後者。また、後者は中国人、外国人、外交官・乗務員に分かれるが、日本人観光客は「外国人」窓口に並ぶ

↓

3 荷物の受け取り

搭乗便名と出発地が表示されたターンテーブルで自分の荷物が出てくるのを待つ。万一、荷物の破損や紛失といった事故が発生したら、速やかに係員に申し出ること
※移送荷物のない人は4へ

↓

4 税関検査

託送荷物を受け取ったら、税関検査場所に移動する。免税範囲を超えた場合や申告が必要なもの(→P.324)は申告書に記入し、係官に提出してスタンプをもらう。入国地点によってはここで荷物のX線チェックがある

↓

5 出口に向かう

出口の前でバゲージクレームタグと託送荷物に貼られたシールの番号をチェックされる場合もあるので、バゲージクレームタグの半券をすぐ取り出せるようにしておこう

インフォメーション
フリークエント・ビジター・eチャネル（FREQUENT VISITOR E-CHANNEL）

日本、オーストラリア、ドイツ、シンガポール、タイ、韓国の国民で、頻繁に香港を訪問する人（商用でも観光でもOK）が登録できるスキーム。これに登録しておけば、香港国際空港など12ヵ所の入出境ポイントで自動化ゲートを利用できる。

参加条件は次のとおり。

①18歳以上

②有効な旅券、そして必要に応じて数次ビザを所持していること

③次に挙げる身分証明書のいずれかを所持していること

・香港特別行政区トラベル・パス

・裏面に"HKG"と印字されたAPEC・ビジネス・トラベル・カード

・香港国際空港フリークエント・ビジターカード

・このスキームに参加している航空会社が発行したマイレージ・サービス会員カード

④③のいずれも所持していない場合

・香港に入国するために入国ビザや許可証を必要としない有効なパスポートを所持している

・eチャネル・サービスに登録する直近12ヵ月以内に3回以上、香港国際空港経由の飛行機で香港を訪れたことがある（4回目以降の訪問で申請可能）

⑤香港特別行政区での不利な記録がないこと

申請地点は香港国際空港の入国審査と託送荷物受取所の間にある2ヵ所。入国審査を受けなければならないので、下記サービスを利用する人は申請できないので注意。

（上述内容は2018年11月現在）

インフォメーション
フェリー・トランスファー・サービス

香港に入国せずに中国、マカオへ移動するサービス

日本から香港国際空港経由で広東省珠江デルタの町やマカオへ移動する際、「フェリー・トランスファー・サービス」を利用できる。

これは、乗り換えのためだけに香港国際空港を利用する旅客へ提供されるサービスで、空港隣接のスカイピアからフェリーを利用して移動する。香港到着時に入国手続きを受けず、そのまま次の目的地に向かうことができる。託送荷物は、乗船券購入時にバゲージクレームタグを係員に提示すれば、目的地まで運ぶバゲージスルーのサービスもある。

さらに、フェリーを利用して香港国際空港から帰国する際は、「飛機乘客離境税（出国税）」120HK$の還付も受けられる。

このサービスを利用できるのは、香港国際空港や各フェリーターミナルなどと提携した航空会社を利用し、香港国際空港に到着した日に広州（2ヵ所）、中山、珠海、深圳（2ヵ所）、東莞虎門、マカオ（2ヵ所）へ移動する旅客。香港国際空港から出発する際も同様。

香港国際空港に到着したら、「轉機櫃檯 Transfer Desks」の表示を目指そう

香港国際空港からの中国、マカオへ

空港到着後、入国審査（イミグレーション）の手前の乗り継ぎエリアE2に「快船轉駁櫃位（フェリー・トランスファー・デスク）」がある。フェリーを運航するターボジェットとCKSのカウンターがあるので、自分の目的地行きの乗船券を購入し、チェックインする。託送荷物があるなら、バゲージクレームタグを係員に渡す。あとはフェリー会社が責任をもって荷物を運んでくれる。この際、荷物預かり認証番号が乗船券に貼られる。

次に荷物が無事に準備されたかどうかを確認する。E1とE2エリアにあるチケットリーダーに乗船券をかざし、"Baggage ready. Please proceed"と表示されれば準

レベル5到着ホールのE2エリアにあるフェリー・トランスファー・デスク。乗船券売り場はターボジェットとCKSに分かれており、自社のものしか販売していないので注意。利用者が多いと購入できないこともあるので、出発前の予約購入がおすすめ

備完了。

時間になると、フェリー乗り場入口が開く。パスポートと乗船券を提示して改札を受け、エスカレーターでレベル1に下りてAPMに乗車し、空港に隣接するスカイピア（海天客運碼頭）へ移動し、待合室で時間まで待機する。時間になったら、乗船口が開くので最終検札を受け、フェリーに乗り込む。到着港で託送荷物を受け取り、中国またはマカオの入国手続きを行う。

注意：

①乗船手続き＝託送荷物がある場合はフェリー出発の1時間前まで、手荷物のみの場合はフェリー出発の30分前まで

②スケジュールの確認＝フェリーの便数は多くないので、事前に運航会社のウェブサイトで出発時間を確認すること

香港国際空港への移動

中国またはマカオから移動する際は、同日中に香港を出発する飛行機のeチケットを持つ人でないと、このサービスを利用できない。

利用者は、フライト時刻の2時間前までに香港国際空港に到着する必要がある。そして、中国またはマカオ側の出発港での乗船手続きカウンターはフェリー出発の30分前に受付を終了するので早めに港へ移動すること。念のため、乗船券は前日までに購入しておいたほうが無難だが、購入時にはパスポートおよび帰国便eチケット控えの提示が必要。

中国またはマカオの港でチェックインすることもできるが、アップストリーム・チェックインが可能な航空会社かどうかは必ずウェブサイトなどで確認しておくこと。なお、乗船時に手続きができなくても、スカイピアでチェックインできるので、心配する必要はない。また、チェックイン時に空港税還付クーポンを必ず受け取ること。

スカイピアに停泊中のフェリー

虹口郵輪母港（深圳）のチェックインカウンター。利用する航空会社ごとにカウンターに分かれる

■香港国際空港へのトランスファー

1. 中国（またはマカオ）で乗船券を購入する
↓
2. チェックインサービスを受けることができる航空会社を利用する人はここでチェックインを行い、託送荷物を預け、搭乗券と空港税還付クーポンを受け取る
↓
3. 中国（またはマカオ）で出国手続きをしたあと、出港時間まで待合室で待機する。時間になったら乗船する
↓
4. スカイピア到着後、チェックイン終了者はそのまま移動。未了者はここでチェックイン手続きを行う
↓
5. 手荷物のセキュリティチェックを受けたあと、空港税還付カウンターで還付クーポンを提示し、還付金を受け取る（受け取り通貨は香港ドルのみ）
↓
6. スカイピアからAPMに乗り、香港国際空港のターミナル1に移動する
↓
7. 時間までにゲートに行き、搭乗する

●関連ウェブサイト

香港国際空港
U www.hongkongairport.com
ターボジェット（噴射飛航）
U www.turbojet.com.hk
CKS（珠江客運）
U www.cksp.com.hk

インフォメーション

中国の「経済型」チェーンホテル

中産階級が成熟した中国では、都市の一般市民が観光や出張で気軽に利用できる300 ～ 400元程度のチェーンホテルがいくつもできている。日本のビジネスホテルチェーンのようなものだと思えばいい。

共通する設備

こうした「経済型」チェーンホテルはどの支店に泊まっても同じ設備、同じサービスであることを売りにしている。部屋はシングル（单人间）、ダブル（大床房）、そして中国標準のツイン（双人房）に分けられ、グレードは標準とビジネス（商务）などの区分があることが多い。なかにはシングルがなかったり、スイート（套房）があったりするホテルもある。少数を除きバスタブはなくシャワーのみで、冷蔵庫やミニバーはない。湯沸かしポットとテレビ（外国の衛星放送は受信不可）は必ずあり、インターネット環境はどのチェーンも整備されている。有料で会員カードを購入すると宿泊料が数％安くなったり、ポイントが付いたりするサービスもある。朝食は付いていないが、20元程度で簡単なビュッフェ形式の朝食を食べられる。

高級化するチェーンホテル

経済発展にともなう中産階級の成熟で、従来の「経済型」チェーンホテルでは飽き足らない層が増えている。それを受けて、各チェーンホテルでは1泊600 ～ 1000元程度の高級ブランドを次々と立ち上げている。錦江之星の「錦江都城」、如家酒店の「和頤酒店」、華住酒店集団の「全季酒店」などが代表例。オリジナルブランドのほか、外資系との合弁もありグランドメルキュールやイビスは華住酒店集団との合弁だ。ワンランク上の快適さを求めるなら、高級タイプがおすすめ。

如家快捷酒店の"商務大床房"（ビジネスダブル）

代表的な5つのチェーンホテル

●錦江之星　U www.jinjianginns.com
●首旅如家（ホテルブランド「如家酒店」など）　U www.bthhotels.com
●華住酒店集団（ホテルブランド「漢庭」など）　U www.huazhu.com
●速8酒店　U www.super8.com.cn
●鉑涛旅行（ホテルブランド7天酒店など）
U www.plateno.com

ホテルの予約と宿泊の注意

会員になったり、公式サイトで個人情報を登録すれば予約できるようになるが、中国国内専用の携帯電話番号を要求されたり、中国携帯での初期認証が必要とされる場合が多い。中国の携帯を持っていない人は電話（原則中国語のみ）で予約をするか、Trip.comのような旅行予約サイトが利用できることがある。

●Trip.com日本語版　U jp.trip.com

また、なかには設備や立地に関係なく外国人は宿泊できない支店もあるので注意。公式サイトには「内宾」と表示されている。

チェックインは14:00から、チェックアウトは12:00までというホテルが多いが、部屋が空いていれば早めのチェックインは可能。一方、到着申告時刻より遅れるとただちにキャンセルされてしまうので、遅れる場合は必ず連絡を。チェックイン時に宿泊代よりも若干多いデポジットが必ず必要。国際クレジットカードはカード会社にもよるが、ビザとマスターなら使える所が多い。

おすすめできる人、できない人

安くてそこそこ快適だが、スタッフは日本語はもちろん、英語もおぼつかないことが多いので、中国語がある程度できないと中国のホテルでよくありがちな細かいトラブル（鍵が壊れたとかテレビがつかない、ネットにつながらないなど）に対処できない。こまやかなサービスも期待できない。その辺を割り切れる人には快適だが、無理な人は外国人客の多いホテルを選ぶのが無難だ。

広州白雲国際空港第1ターミナル

(2018年11月現在)

広州白雲国際空港: U www.gbiac.net
※ANAは第1ターミナル発着

〔3階出発ロビー〕

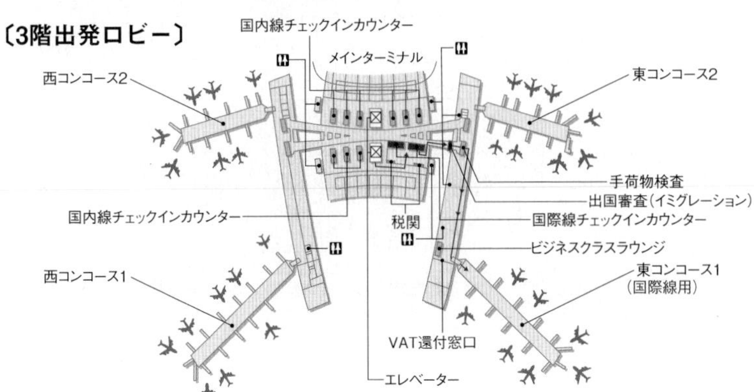

〔2階到着ロビー〕

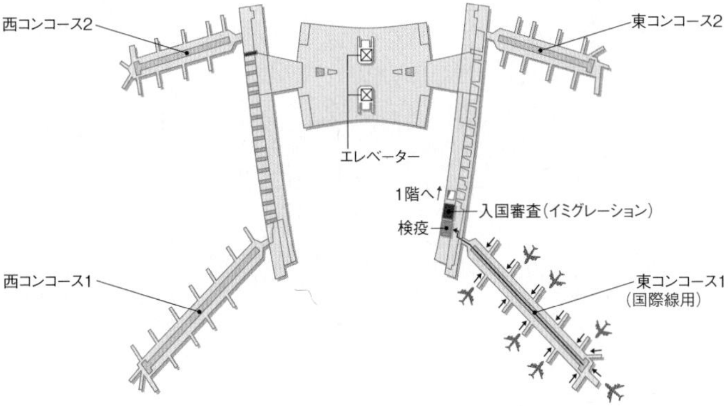

西コンコース2
東コンコース2
エレベーター
1階へ
入国審査(イミグレーション)
検疫
西コンコース1
東コンコース1
(国際線用)

〔1階到着ロビー〕

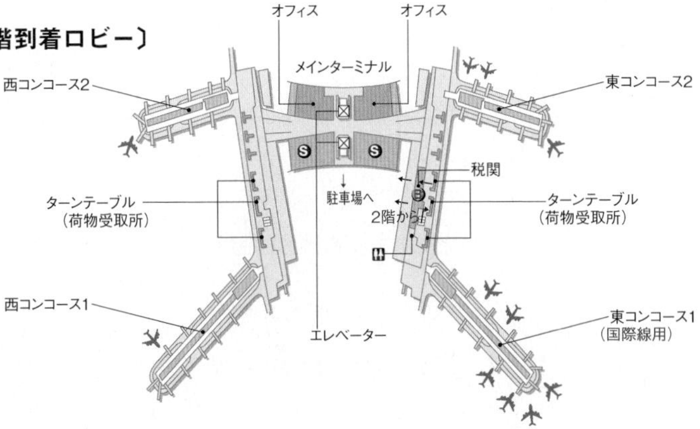

オフィス
オフィス
メインターミナル
西コンコース2
東コンコース2
S
S
税関
駐車場へ
ターンテーブル
(荷物受取所)
2階から
ターンテーブル
(荷物受取所)
西コンコース1
東コンコース1
(国際線用)
エレベーター

出国順路　入国順路　⊠ エレベーター/エスカレーター　B 銀行・両替所　S ショップ　トイレ

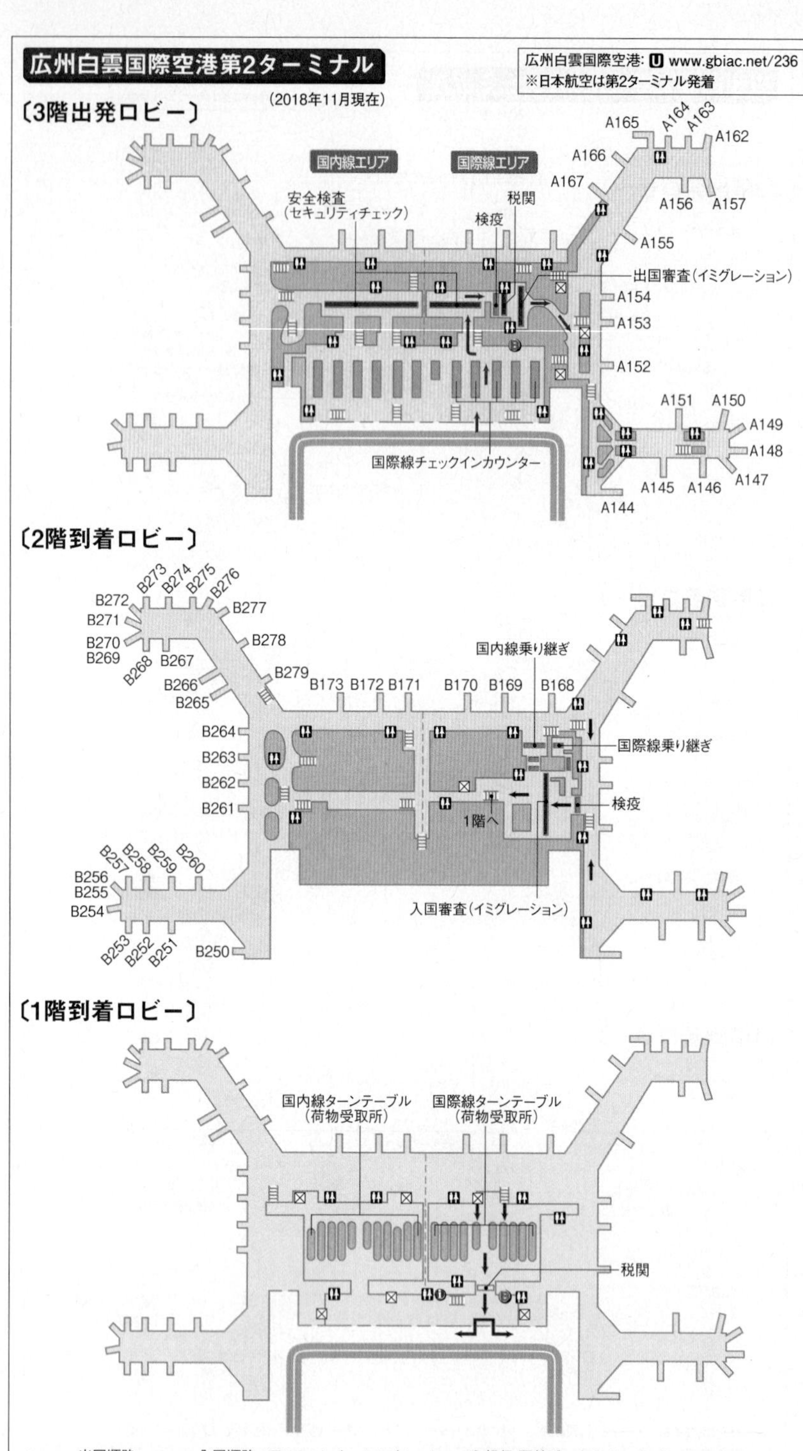

広州白雲国際空港第2ターミナル
広州白雲国際空港: U www.gbiac.net/236
※日本航空は第2ターミナル発着
(2018年11月現在)
〔3階出発ロビー〕
国内線エリア
国際線エリア
安全検査
(セキュリティチェック)
検疫
税関
出国審査(イミグレーション)
国際線チェックインカウンター
A165
A164
A163
A162
A166
A167
A156
A157
A155
A154
A153
A152
A151
A150
A149
A148
A147
A145
A146
A144
〔2階到着ロビー〕
B273
B274
B275
B276
B272
B277
B271
B270
B278
B269
B268
B267
B279
B266
B265
B173 B172 B171
B170 B169 B168
国内線乗り継ぎ
国際線乗り継ぎ
B264
B263
B262
B261
検疫
1階へ
B257
B258
B259
B260
B256
B255
B254
B253
B252
B251
B250
入国審査(イミグレーション)
〔1階到着ロビー〕
国内線ターンテーブル
(荷物受取所)
国際線ターンテーブル
(荷物受取所)
税関
出国順路
入国順路
エレベーター/エスカレーター
銀行・両替所
トイレ
インフォメーション

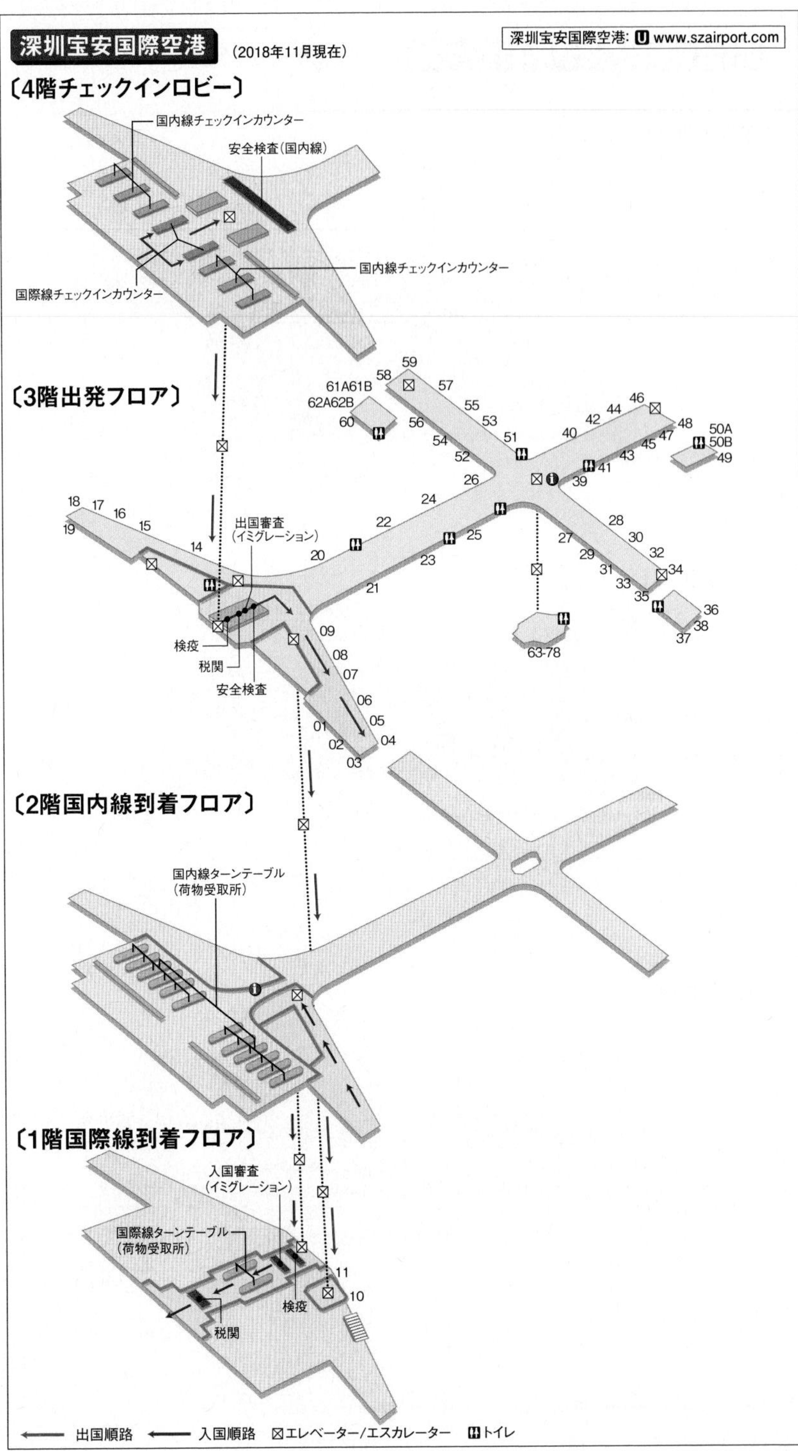
深圳宝安国際空港
(2018年11月現在)
深圳宝安国際空港: U www.szairport.com
〔4階チェックインロビー〕
国内線チェックインカウンター
安全検査(国内線)
国内線チェックインカウンター
国際線チェックインカウンター
〔3階出発フロア〕
出国審査
(イミグレーション)
検疫
税関
安全検査
63-78
〔2階国内線到着フロア〕
国内線ターンテーブル
(荷物受取所)
〔1階国際線到着フロア〕
入国審査
(イミグレーション)
国際線ターンテーブル
(荷物受取所)
検疫
税関
出国順路
入国順路
エレベーター/エスカレーター
トイレ

アモイ高崎国際空港第3ターミナル

アモイ高崎国際空港: U www.xiamenairport.com.cn

（2018年11月現在）

〔3階到着/出発ロビー〕

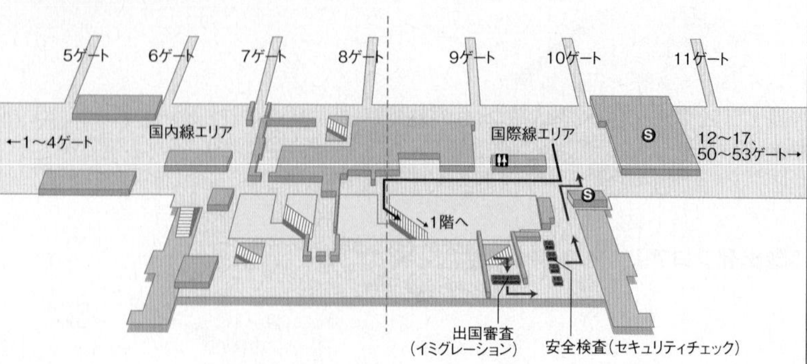

〔2階出発ロビー〕

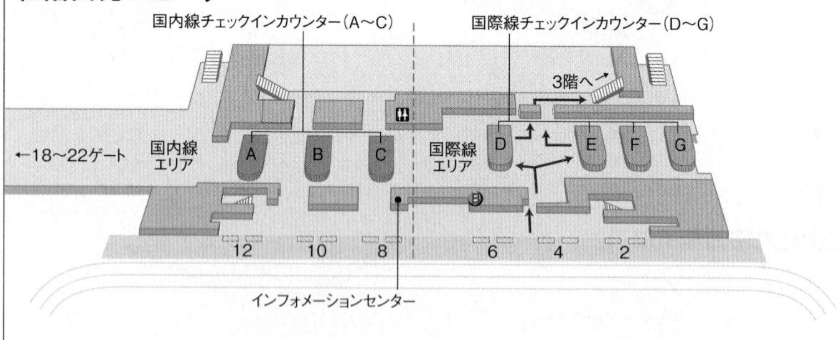

〔1階到着ロビー〕

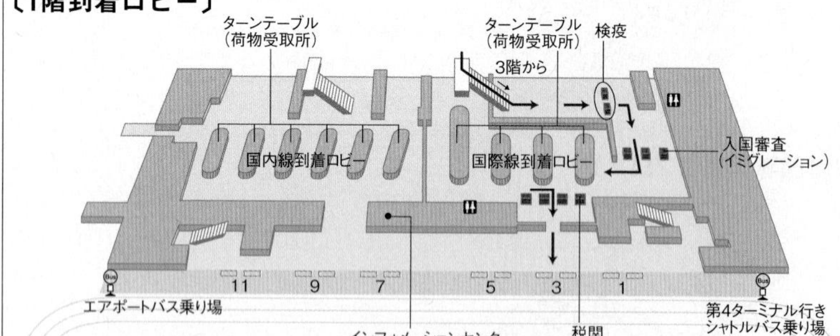

出国順路　入国順路　Ⓢショップ　Ⓑ銀行　トイレ

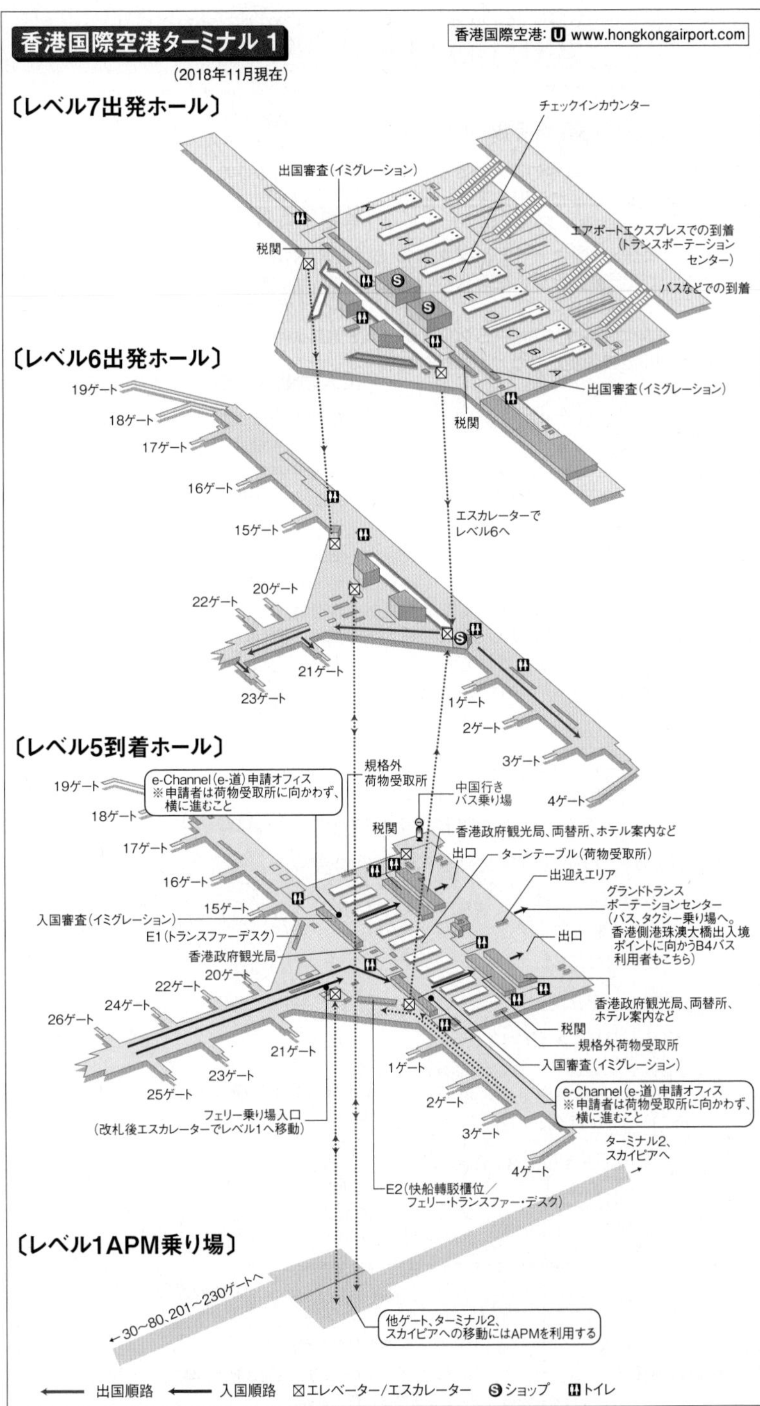
香港国際空港ターミナル 1
香港国際空港: U www.hongkongairport.com
(2018年11月現在)
〔レベル7出発ホール〕
チェックインカウンター
出国審査(イミグレーション)
税関
エアポートエクスプレスでの到着(トランスポーテーションセンター)
バスなどでの到着
出国審査(イミグレーション)
税関
〔レベル6出発ホール〕
19ゲート
18ゲート
17ゲート
16ゲート
15ゲート
エスカレーターでレベル6へ
20ゲート
22ゲート
21ゲート
23ゲート
1ゲート
2ゲート
3ゲート
4ゲート
〔レベル5到着ホール〕
e-Channel(e-道)申請オフィス
※申請者は荷物受取所に向かわず、横に進むこと
規格外荷物受取所
中国行きバス乗り場
税関
香港政府観光局、両替所、ホテル案内など
出口
ターンテーブル(荷物受取所)
出迎えエリア
グランドトランスポーテーションセンター(バス、タクシー乗り場へ。香港側港珠澳大橋出入境ポイントに向かうB4バス利用者もこちら)
出口
19ゲート
18ゲート
17ゲート
16ゲート
15ゲート
入国審査(イミグレーション)
E1(トランスファーデスク)
香港政府観光局
20ゲート
22ゲート
24ゲート
26ゲート
21ゲート
23ゲート
25ゲート
香港政府観光局、両替所、ホテル案内など
税関
規格外荷物受取所
入国審査(イミグレーション)
1ゲート
2ゲート
3ゲート
4ゲート
e-Channel(e-道)申請オフィス
※申請者は荷物受取所に向かわず、横に進むこと
フェリー乗り場入口
(改札後エスカレーターでレベル1へ移動)
ターミナル2、スカイピアへ
E2(快船轉駁櫃位/フェリー・トランスファー・デスク)
〔レベル1APM乗り場〕
←30~80、201~230ゲートへ
他ゲート、ターミナル2、スカイピアへの移動にはAPMを利用する
出国順路
入国順路
エレベーター/エスカレーター
ショップ
トイレ

入出国書類の記入例

入出国に必要な書類

中国に入国する際は、基本的に入国カードと出国カードが一体となった外国人入国／出国カードを提出する。

2018年11月現在、入国カードと出国カードが切り離されて入国審査の前に置かれている所もある。

このほか、税関に申告する物品（→P.324）がある人は、税関申告書を提出しなければならないので注意。

入国／出国カード

入国／出国カードにつき、日本人は名前をはじめ、すべての項目をローマ字（英文）で記入しなければならないことに注意したい。

したがって、本人サイン以外は漢字や仮名で記入してはならない。

入出国書類は係官の目の前で記入する必要はない。航空券購入時やツアー申し込み後、さらには機内や船内などで事前に書類を入手できるので、暇な時間に記入しておけば、入出国や税関申告時にスムーズだ。事前に入手できない場合はイミグレーションや税関検査台の前に置いてあるので、その場で記入する。

健康申告書類

2018年11月現在、提出は不要だが、新型インフルエンザの流行時などは「出入境健康申告カード」の提出が義務化される。滞在中の住所と電話番号はホテルのものでよい。

出入境健康申告カードの記入項目

1. 中国入国後7日以内の日程と連絡先（ホテル名）、旅行継続の場合のフライトナンバーと搭乗予定日
2. 7日以内に中国出国の場合は出国日と目的国およびフライトナンバー
3. 過去7日以内に滞在した国と都市
4. 過去7日以内のインフルエンザ患者との接触の有無
5. 発熱、咳、のど痛、筋肉・関節痛、鼻づまり、頭痛、下痢、嘔吐、鼻水、呼吸困難、だるさ、その他の症状の有無

■入国カード　※一体型の場合もある

名字をローマ字で
国籍を英語で
宿泊予定ホテル名を英語で
名前をローマ字で
パスポートナンバー

外国人入境卡
ARRIVAL CARD

请交边防检查官员查验
For Immigration clearance

姓 Family name: CHIKYU
名 Given names: AYUMI
国籍 Nationality: JAPAN
护照号码 Passport No.: MP0123456
在华住址 Intended Address in China: CHINA HOTEL
男 Male ☐　女 Female ☑
出生日期 Date of birth　年Year 1986　月Month 12　日Day 15
入境事由（只能填写一项） Purpose of visit (one only)
签证号码 Visa No.: B7654321
签证签发地 Place of Visa Issuance: TOKYO, JAPAN
航班号/船名/车次 Flight No./Ship's name/Train No.: NH923

会议/商务 Conference/Business ☐	访问 Visit ☐	观光/休闲 Sightseeing/in leisure ☑
探亲访友 Visiting friends or relatives ☐	就业 Employment ☐	学习 Study ☐
返回常住地 Return home ☐	定居 Settle down ☐	其他 others ☐

以上申明真实准确。
I hereby declare that the statement given above is true and accurate.
签名 Signature　地球　歩

男女に
チェッ

入国の
観光の
「Sights
/in leis
チェッ

入国のフライトナンバーや船名、列車番号を英語で
生年月日を西暦で
パスポートと同じサイン
ビザナンバー（ノービザ入国時は記入不要）
ビザ発給地（ノービザ入国時は記入不要）

※申告カードには名前、性別、生年月日、国籍、パスポートナンバー、目的地、フライトナンバー、座席番号と上の項目を英語で記入し、末尾にサインと日付を入れる

HEALTH DECLARATION FORM
ON ENTRY/EXIT
Entry-Exit Inspection and Quarantine of the P.R.China

According to the FRONTIER HEALTH AND QUARANTINE LAW OF THE PEOPLES REPUBLIC OF CHINA, for your and others' health, please fill in the form truly and completely.
False information of intent will be followed with legal consequences.

Name________ Sex: □Male □Female
Date of Birth ________ Nationality/Region ________
Passport No ________ The destination ________
Flight (boat/train/bus)No ________ Seat No ________
1. The itinerary of the next 7 days in China ________

Vechile of your next trip, Flight(boat/train/bus)No. ________ Date ________
Contact address of the next 7 days in China ________

Contact telephone number (Residential of Business or Mobile or Hotel)

Contact information for the person who will best know where you are for the next 7 days, in case of emergency or to provide critical health information to you, please provide the name of a close personal contact or a work contact. This must NOT be you.
Name ________ Telephone No ________
2. If you leave China in 7 days, please fill in the Departure Date ___/___ (mm/dd)
The destination country________, Flight(boat/train/bus)No ________
3. Please describe the countries and cities (towns) where you stayed within the last 7 days?

4. Have you had close contact with patients of flu or person with flu-like symptoms within the last 7 days?
Yes□ No□
5. If you have the symptoms and diseases Please mark with "√" in the corresponding "□"
□Fever □Cough □Sore throat □Muscle and joint pain □Stuffy nose
□Headache □Diarrhoea □Vomiting □Runny nose □Breath difficulty □Fatigue
□Other symptoms ________

I declare all the information given in this form is true and correct.

Signature of passenger: ________ Date: ________

Temperature (for quarantine official only): ________ ℃
Signature of quarantine official: ________

出入境健康申告カード

入出国旅客荷物物品申告書

中国入出国時の税関において、申告する物品のない人は、不要。申告する物品のある人は、申告書に記入、提出し手続きが必要。

中国入国時の注意

中国での入国審査時に本書を発見され、没収されるなどのトラブルが発生しています。

没収は空路ではなく陸路の国境で起きることが多く、理由はそのときその場の審査官によりさまざまです。おもに中国側の政治的立場に基づく何かしらの事由を理由として述べられるようですが、本書には直接、あるいは何ら関係がないことであっても咎められる事例が報告されています。

話し合いで解決できる余地は一切ありません。したがってトラブルをできるだけ避けるために、入出国手続きの際には本書を目に触れない所へしまっておくことをおすすめします。書類の記入例などは、当該ページをコピーしたり、切り取ったりして書類記入時の参考にするよう対処してください。

万一トラブルが発生した際には、管轄する大使館・総領事館(→P.354)にご連絡ください。

■出国カード ※一体型の場合もある

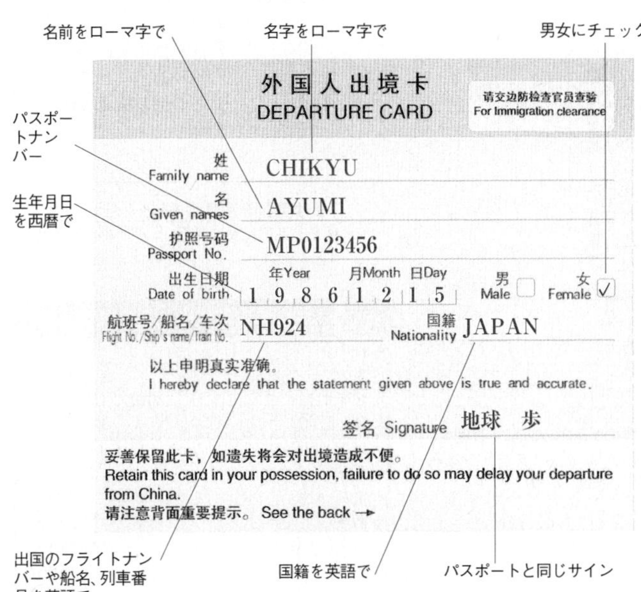

外国人出境卡
DEPARTURE CARD
请交边防检查官员查验
For Immigration clearance

姓 Family name: CHIKYU
名 Given names: AYUMI
护照号码 Passport No.: MP0123456
出生日期 Date of birth: 年Year 1986 月Month 12 日Day 15
男 Male □ 女 Female ☑
航班号/船名/车次 Flight No./Ship's name/Train No.: NH924
国籍 Nationality: JAPAN

以上申明真实准确。
I hereby declare that the statement given above is true and accurate.

签名 Signature: 地球 歩

妥善保留此卡，如遗失将会对出境造成不便。
Retain this card in your possession, failure to do so may delay your departure from China.
请注意背面重要提示。 See the back →

■中華人民共和国税関　入出国旅客荷物物品申告書

※申告が必要な人のみ記入して、提出する

名字(Surname)、名前(Given Name)を英語で。男女にチェック(男性はMale、女性はFemale)

生年月日(年／月／日の順)。国籍を英語で

パスポートナンバー

CHINA CUSTOMS
BAGGAGE DECLARATION FORM
FOR INCOMING/OUTGOING PASSENGERS

Please read the instructions on the reverse side before you fill in

Surname CHIKYU　Given Name AYUMI　Male ☐ Female ☑

Date of Birth 1980 Year 05 Month 22 Day　Nationality (Region) JAPAN

No. of Traveler's Document MP0123456

For Incoming Passengers	For Outgoing Passengers
From (where) NARITA	To (where) NARITA
Flight No./Vehicle No./Vessel Name CZ386	Flight No./Vehicle No./Vessel Name CZ385
Date of Entry 2019 Year 4 Month 15 Day	Date of Exit 2019 Year 4 Month 20 Day
Passengers who are taking the following articles please mark "√" in the appropriate box(es)	Passengers who are taking the following articles please mark "√" in the appropriate box(es)
☐1. Animals and plants, animal and plant products, microbes, biological products, human tissues, blood and blood products. ☐2. (Residents) articles valued at over RMB 5,000 from overseas. ☑3. (Non-residents) articles valued at over RMB 2,000 that will remain in the territory. ☐4. Over 1,500ml (12% volume) alcoholic drinks, over 400 sticks of cigarettes, over 100 sticks of cigars, or over 500g of tobacco. ☐5. Chinese currency in cash exceeding RMB 20,000 or foreign currencies in cash exceeding USD 5,000 if converted into US dollar. ☐6. Unaccompanied baggage, goods of commercial value, samples, advertisements. ☐7. Other articles that should be declared to the Customs.	☐1. Cultural relics, endangered animals or plants and products thereof, biology species resources, gold, silver and other precious metals. ☐2. (Residents) trip necessities (camera, vidicon, laptop, etc.) valued each at over RMB 5,000, which will be brought back at the end of the trip. ☐3. Chinese currency in cash exceeding RMB 20,000 or foreign currencies in cash exceeding USD 5,000 if converted into US dollar. ☐4. Goods of commercial value, samples, advertisements. ☐5. Other articles that should be declared to the Customs.

Passengers who are taking any articles included in the items above shall fill out this form in detail.

Description/Kind of Currency	Type/Model	Quantity	Value	Customs Remarks
CAMERA	CANON 50D			

I HAVE READ THE INSTRUCTIONS ON THE REVERSE SIDE OF THIS FORM AND DECLARE THAT THE INFORMATION GIVEN ON THIS FORM IS TRUE.

PASSENGER'S SIGNATURE　地球　歩

【入国の場合は左欄に記入】

出発地

入国のフライトナンバーや船名、列車番号を英語で

入国年月日

入国に際し、以下の物品を持ち込む場合はチェック

1. 動物、植物、動植物製品、微生物、生物学的製品、人体組織、血液、および血液製剤

2. (中国居住者)中国国外で取得した物品で、人民元換算5000元を超えるもの(中国非居住者はチェック不要)

3. (中国非居住者)中国国内に残す予定の物品(贈り物などとして)で、人民元換算2000元を超えるもの(中国居住者はチェック不要)

4. 1500mℓを超えるアルコール飲料(アルコール度数12%以上)。400本を超える紙巻きたばこ、あるいは100本を超える葉巻、あるいは500gを超える刻みたばこ

5. 2万元を超える人民元の現金、またはUSドル換算でUS$5000を超える外貨の現金

6. 別送手荷物、商業価値のある物品、サンプル、広告品

7. その他の税関に申告すべき物品

上記左欄の1～7、右欄の1～5に該当する場合、該当する物品の詳細をここに記入(左から物品名／貨幣の種類、型番など、数量、金額)

【出国の場合は右欄に記入】

目的地

出国のフライトナンバーや船名、列車番号を英語で

出国年月日

出国に際し、以下の物品を持ち出す場合はチェック

1. 文化的遺物、絶滅に瀕した動植物およびそれらの標本、生物学的資源、金、銀、その他の貴金属

2. (中国居住者)ひとつが人民元換算5000元を超えるカメラ、ビデオ、ノートPCなどの旅行必需品で、中国国内に持ち帰るもの

3. 2万元を超える人民元の現金、またはUSドル換算でUS$5000を超える外貨の現金

4. 商業価値のある物品、サンプル、広告品

5. その他の税関に申告すべき物品

『私は裏面の注意書きを読んだうえで真実を申告します』という意味で、パスポートと同じサインをする

税関申告時に便利な英語物品名

カメラ	CAMERA
ビデオカメラ	VIDEO CAMERA
ノートPC	NOTE PC
ゴルフ用品	GOLF ARTICLE
腕時計	WATCH
宝石	JEWEL
酒類	LIQUOR
紙巻きたばこ	CIGARETTE
現金	CASH

■香港入国カード

※複写式になっており、2枚目が出国カードになっている

①名字をローマ字で
②性別を英語で。男性はM、女性はF
③名前をローマ字で
④パスポートナンバー
⑤パスポートの発給地と発行年月日（日／月／年の順）
⑥国籍を英語で
⑦生年月日を西暦で（日／月／年の順）
⑧出生地を英語で
⑨香港での宿泊予定ホテルを英語で
⑩自宅住所を英語で
⑪入国のフライトナンバーや船名、列車番号を英語で
⑫出発地を英語で
⑬パスポートと同じサイン

IMMIGRATION DEPARTMENT HONG KONG
香 港 入 境 事 務 處
ARRIVAL CARD 旅客抵港申報表
ID 93 (1/2006)
IMMIGRATION ORDINANCE (Cap. 115)
入境條例 [第 115 章]
All travellers should complete this card except Hong Kong Identity Card holders
除香港身份證持有人外，所有旅客均須填寫此申報表
Section 5(4) and (5)
第 5(4) 及 (5) 條

Family name (in capitals) 姓 (請用正楷填寫)	Sex 性別
① AKASAKA	② F
Given names (in capitals) 名 (請用正楷填寫)	
③ HANAKO	
Travel document No. 旅行證件號碼	Place and date of issue 發出地點及日期
④ TE1234567	⑤ OSAKA 7/3/2019
Nationality 國籍	Date of birth 出生日期
⑥ JAPAN	⑦ 10 / 2 / 1995 (day 日 month 月 year 年)
Place of birth 出生地點	Address in Hong Kong 香港地址
⑧ KOBE	⑨ GRAND HYATT HK
Home address 住址	
⑩ 1-2-3, NAGATACHO, NADA-KU, KOBE-SHI, HYOGO JAPAN	
Flight No./Ship's name 班機編號／船名	From 來自
⑪ CX567	⑫ OSAKA
Signature of traveller 旅客簽署	⑬ 赤坂　華子

Please write clearly
請用端正字體填寫
Do not fold
切勿摺疊

TN071742

■香港出国カード

※香港の入出国カードは複写式となっており、出国カードは2枚目。香港入国時に記入したカードの2枚目を持っていれば、①～⑩（黄色部分）は記入不要。それを紛失した場合は、備え付けの出国カードに必要事項（①～⑬）すべてを記入する

①名字をローマ字で
②性別を英語で。男性はM、女性はF
③名前をローマ字で
④パスポートナンバー
⑤パスポートの発給地と発行年月日（日／月／年の順）
⑥国籍を英語で
⑦生年月日を西暦で（日／月／年の順）
⑧出生地を英語で
⑨香港での宿泊ホテルを英語で
⑩自宅住所を英語で
⑪出国のフライトナンバーや船名、列車番号を英語で
⑫目的地を英語で
⑬パスポートと同じサイン

IMMIGRATION DEPARTMENT HONG KONG
香 港 入 境 事 務 處
DEPARTURE CARD 旅客離港申報表
ID 93 (1/2006)
IMMIGRATION ORDINANCE (Cap. 115)
入境條例 [第 115 章]
All travellers should complete this card except Hong Kong Identity Card holders
除香港身份證持有人外，所有旅客均須填寫此申報表
Section 5(4) and (5)
第 5(4) 及 (5) 條

Family name (in capitals) 姓 (請用正楷填寫)	Sex 性別
① NISHIMURA	② M
Given names (in capitals) 名 (請用正楷填寫)	
③ TARO	
Travel document No. 旅行證件號碼	Place and date of issue 發出地點及日期
④ MP9876543	⑤ TOKYO 21/5/2019
Nationality 國籍	Date of birth 出生日期
⑥ JAPAN	⑦ 25 / 7 / 1980 (day 日 month 月 year 年)
Place of birth 出生地點	Address in Hong Kong 香港地址
⑧ TOKYO	⑨ THE PENINSULA
Home address 住址	
⑩ 3-5-2, AKASAKA, MINATO-KU, TOKYO JAPAN	
Flight No./Ship's name 班機編號／船名	Destination 目的地
⑪ NH812	⑫ NARITA
Signature of traveller 旅客簽署	⑬ 西村　太郎

Please retain in passport
請留在護照之內
Do not fold
切勿摺疊

ET975235

マカオの入出国カード

事前記入した入出国カードの提出は不要で、代わりに渡航者の氏名・パスポートナンバー、到着日、滞在有効期間が自動印字された用紙「入境申報表（ARRIVAL CARD）」を受け取る。出国（境）時に提出する必要はないが、念のため出国（境）まで保管しておくとよい。パスポートへの押印も廃止された。

中国を出国する

帰国時の諸手続き

リコンファーム

リコンファームとは飛行機の予約の再確認のことで、中国語では「确认座位」などという。搭乗予定時刻の72時間前までに行うものだが、今では必要なケースは少ない。

リコンファームをする場合は、航空会社のカウンターを訪れてその場で処理してもらうことがいちばん確実だが、電話で頼むのが一般的。

自分の利用する航空会社の連絡先に電話をかけ、搭乗日、フライトナンバー(NH923など)、目的地、氏名、中国国内での連絡先(ホテルの電話番号と部屋番号、または携帯電話の番号)を伝えればよい。日系の航空会社なら日本語も通じるがそれ以外は中国語もしくは英語での対応となることが多い。

■中国の輸出禁止品

中華人民共和国持ち出し禁止物品範囲内の物品(→P.324表の輸出禁止品)
内容が国家機密にかかわる原稿、印刷物、フィルム、写真、レコード、映画、録音テープ、ビデオテープ、CD等(オーディオおよびビデオ)、コンピューター用の各種メディアおよび物品
文化遺産およびその他輸出禁止物品(→P.324)
絶滅の危機に瀕している希少動植物(標本含む)およびその種子、繁殖材料

航空券の変更

オープンチケットや帰国日などを変更できる航空券を購入した人は、帰国日がわかった時点で早めに手続きを行うこと。手続きの内容や方法は「リコンファーム」とほぼ同じ。

中国出国時の注意点

出国時の諸注意

中国には輸出禁止品や持ち出し制限(→P.324)があり、日本にも持ち込みが制限・

■飛行機で中国を出国するときの手順(下記は広州白雲国際空港。出国地点で順序が異なることがあります)

※2018年11月現在、空港では厳格に手続きを進めているため出国審査を終えるまでかなり時間がかかる

1 空港へ向かう

少なくとも出発予定時間の2時間前には空港に到着しておくこと。チェックイン締め切りは通常出発1時間前。また、タクシーを利用するつもりの人は、前もってホテルのフロントで手配しておくこと。雨の日などは道ばたで流しのタクシーをつかまえるのは難しい

↓

2 チェックイン

空港に着いたらチェックインカウンターへ。航空券かプリントアウトしたeチケットの控えまたはバウチャーとパスポートを提示して手続きを行い、搭乗券(ボーディングパス)を受け取る。託送荷物があればここで預けて引換証(バゲージクレームタグ)をもらう。リチウム/リチウムイオン電池は託送荷物に入れないように。VAT還付を受ける品物を機内預けしたい場合は、チェックインする前に税関窓口で手続きする。無料で預けられる荷物は事前に確認しておくとよい。超過した場合は、航空会社の規定に従って超過料金を支払わなければならない。※税関申告や出国審査がターミナルの奥にある空港もある。チェックイン後は速やかな行動を心がけるように!

↓

3 検疫

機械による検温チェックのみ。素通りするだけでよい。出国地点によってはないところもある

↓

4 税関申告(該当者のみ)

該当者は、入出国旅客荷物物品申告書(記入例→中国=P.336)に必要事項を記入し、税関職員に提出する

↓

5 安全検査(セキュリティチェック)

機内持ち込み手荷物の検査とボディチェック。ナイフや先のとがった工具は機内持ち込み不可(発見時は任意廃棄)なので、あらかじめ預けておくこと。また、液体物の機内持ち込みには注意が必要。詳細は利用する航空会社へ!

↓

6 出国審査(イミグレーション)

係官にパスポート、搭乗券(ボーディングパス)、出国カード(記入例→中国=P.335、香港=P.337、マカオは廃止)を提出し、パスポートに出国スタンプを押してもらう。出国カードを持っていない場合は、審査カウンターの前で出国カードを取り、記入する。出国時には、通常質問されることはない

↓

7 免税ショッピング

免税店では人民元、外貨ともに使用可能。ただ、中国の場合、免税店の品揃えは他国に比べ見劣りする。また中国製品は市内より高い。VAT還付(→P.362)カウンター(還付金受取窓口)は同じフロアにあることが多い

↓

8 搭乗

買い物に気を取られ、搭乗時間(通常出発の30分前)に遅れる人もいる。少なくとも出発45分前には指定されたゲートの前にいるようにしよう。特に大きな空港では注意が必要

禁止されている物品（→P.340）がある。

中国入国時に税関で申告する物品があった人は、そのときに受け取った申告書（右半分が出国旅客荷物物品申告書になっている）を提出して手続きを行う。

飛行機で出国する

広州白雲国際空港は非常に大きな空港なので、チェックインを終えて搭乗券（ボーディングパス）を入手したら、まずはしっかりと搭乗ゲートを確認しよう。ターミナルは広いので乗り遅れに注意。搭乗時間が逼迫している場合などは、ターミナル内を巡回している有料電動カートを利用することもできる。

経由便で中国を出国する場合、出国手続きは中国の最終出発地で行うので注意しよう（例えば、広州→上海→中部という経由便では、出国手続きは上海で行う）。

荷物を預けたあとの買い物に注意

託送荷物を預けてから購入したものは機内持ち込みになるが、出国前の一般エリアで購入した酒や飲料などの液体物は機内に持ち込めない。純粋な液体のほか、水分が多い漬物や流動状のものも液体と見なされる。酒などの買い忘れは、一般エリアではなく、出国審査後に免税店で買うようにしよう。免税エリアの酒類は機内持ち込み可能。

持ち込み制限、リチウム／リチウムイオン電池（モバイルバッテリー）

中国民用航空総局（CAAC）の通達によって中国でも機内への液体物持ち込みに制限が加えられている。その内容は日本と同じ。

❶すべての液体物は100mℓ以下の容器に入れる。液体物には、歯磨きやヘアジェルのほか、レトルト食品や味噌、漬物類なども含まれる。

❷❶の容器をすべてファスナー付きの透明プラスチック袋に入れる。サイズは最大で20×20cm。

❸機内に持ち込めるのは❷の袋ひとつだけ。

また、中国ではライターの機内持ち込みは一切禁止されている。

このほか、2018年11月現在、携帯電話やモバイルバッテリー、カメラ、PCなどの電源として使用されているリチウム電池やリチウムイオン電池を託送荷物に入れることを禁止している。荷物を預ける前にそれらを抜いて、機内持ち込み手荷物に移しておくこと。

なお、ワット時定格量（Wh）によって個数制限が設けられているので注意が必要。詳細は各航空会社に確認を。

日本へ帰国する

入国手続き

最初に検疫があるが、中国からの場合は基本的に申告不要（伝染性の疾病が発生した場合は別。また、体調が異常なときは健康相談室へ）。パスポートを提示して帰国のスタンプをもらったあとターンテーブルから自分の荷物を受け取り税関検査台に進む。免税範囲内なら緑色、超えている、あるいはわからない場合は赤色の検査台で検査を受ける。

「携帯品・別送品申告書」1部（おみやげやオーダーメイド品などを現地から郵送した人は2部）を係官に提出する。免税の範囲や輸入禁止品は右表やP.340を参照。

帰国した気の緩みにつけ込まれ到着ロビーでの荷物の盗難が相次いでいるので注意。

■税関公式ウェブサイト

Ⓤ www.customs.go.jp

■日本帰国の際の免税範囲

品名	数量または価格	備考
酒類	3本	1本760mℓ程度のもの
たばこ	紙巻きのみ:国産、外国産各200本 葉巻のみ:50本 その他:250g	日本に居住する人は、外国たばこと国産たばこ200本（1カートン）ずつまでが免税範囲
香水	2オンス	1オンスは約28mℓ
1品目の海外市価が1万円以下のもの	全量	下記の免税枠20万円に含めなくてよい
その他	海外市価の合計が20万円以内のもの	品物の合計額が20万円を超える場合、20万円分を免税とし、残りの品物に課税する。どれを課税品とするかなどは税関で指示してくれる

■日本への持ち込みが禁止されているもの

品名	備考
麻薬、向精神薬、大麻、アヘン、けしがら、覚せい剤およびアヘン吸煙具	大麻種子(麻の実)も規制対象
けん銃、小銃、機関銃、砲、これらの銃砲弾およびけん銃部品	
爆発物、火薬類	ダイナマイトなど
化学兵器の禁止および特定物質の規制等に関する法律第2条第3項に規定する特定物質	化学兵器の原材料となる物質
感染症の予防および感染症の患者に対する医療に関する法律第6条第20項に規定する一種病原体等および同条第21項に規定する二種病原体等	痘そうウイルス、ペスト菌や炭疽菌など
貨幣、紙幣、銀行券、印紙、郵便切手または有価証券の偽造品、変造品、模造品および偽造カード(生カードを含む)	偽造金貨や偽札など
公安または風俗を害すべき書籍、図画、彫刻物その他の物品	わいせつ雑誌、わいせつDVDなど
児童ポルノ	
特許権、実用新案権、意匠権、商標権、著作権、著作隣接権、回路配置利用権または育成者権を侵害する物品	不正コピーDVDや不正コピーソフトなど
不正競争防止法第2条第1項第1号から第3号までに掲げる行為を組成する物品	偽ブランド品など
植物防疫法や家畜伝染病予防法において輸入が禁止されているもの	詳細については最寄りの動物検疫所、検疫所に問い合わせ。特定外来生物については環境省自然環境局野生生物課に問い合わせ

■日本への持ち込みが規制されているもの

品名	備考
ワシントン条約により輸入が制限されている動植物やその製品	ワニ、蛇、リクガメ、象牙、じゃ香、サボテンなど(漢方薬などの加工品、製品も規制の対象となる)
事前に検疫確認が必要な生きた動植物、肉製品(ソーセージやジャーキー類含む)、米など	植物:税関検査の前に検疫カウンターでの確認が必要 動物:動物検疫所ウェブサイトで渡航前に確認を Ⓤwww.maff.go.jp/aqs
猟銃、空気銃、刀剣(刃渡り15cm以上)など	公安委員会の所持許可を受けるなど所定の手続きが必要
医薬品、化粧品	医薬品および医薬部外品:2ヵ月分以内、外用剤:1品目24個以内、化粧品:1品目24個以内、医療器具:1セット(家庭用のみ)
輸入貿易管理令で規制され、経済産業大臣の輸入割当や承認が必要なもの	1000枚を超える大量の海苔など

■携帯品・別送品申告書(別送品がある場合は2部提出)

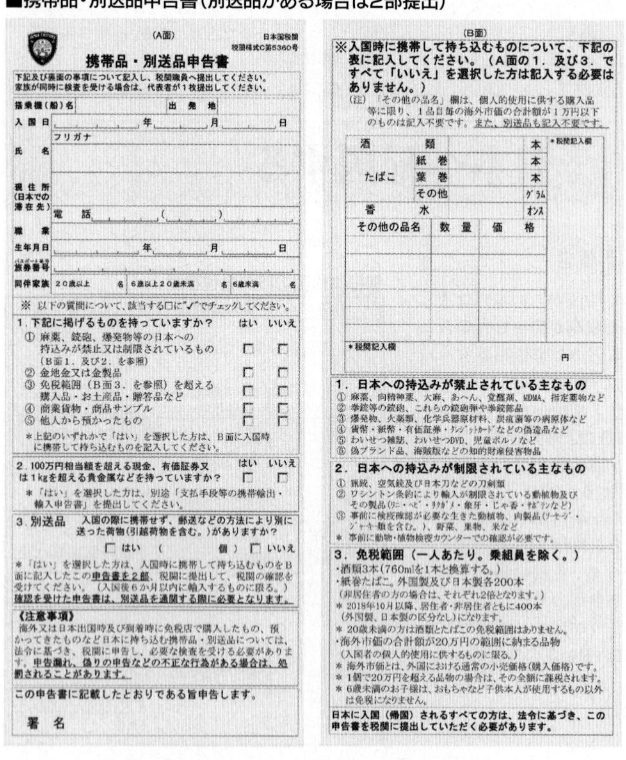

(A面)

日本国税関
税関様式C第5360号

携帯品・別送品申告書

下記及び裏面の事項について記入し、税関職員へ提出してください。
家族が同時に検査を受ける場合は、代表者が1枚提出してください。

搭乗機(船)名		出発地	
入国日	年 月 日		
氏名	フリガナ		
現住所(日本での滞在先)			
	電話 ( )		
職業			
生年月日	年 月 日		
旅券番号(パスポート番号)			
同伴家族	20歳以上 名	6歳以上20歳未満 名	6歳未満 名

※ 以下の質問について、該当する□に"✓"でチェックしてください。

1. 下記に掲げるものを持っていますか? はい いいえ
① 麻薬、銃砲、爆発物等の日本への持込みが禁止又は制限されているもの(B面1. 及び2. を参照) □ □
② 金地金又は金製品 □ □
③ 免税範囲(B面3. を参照)を超える購入品・お土産品・贈答品など □ □
④ 商業貨物・商品サンプル □ □
⑤ 他人から預かったもの □ □
*上記のいずれかで「はい」を選択した方は、B面に入国時に携帯して持ち込むものを記入してください。

2. 100万円相当額を超える現金、有価証券又は1kgを超える貴金属などを持っていますか? はい □ いいえ □
*「はい」を選択した方は、別途「支払手段等の携帯輸出・輸入申告書」を提出してください。

3. 別送品 入国の際に携帯せず、郵送などの方法により別に送った荷物(引越荷物を含む。)がありますか?
□ はい (個) □ いいえ
*「はい」を選択した方は、入国時に携帯して持ち込むものをB面に記入したこの**申告書を2部**、税関に提出して、税関の確認を受けてください。(入国後6か月以内に輸入するものに限る。)
確認を受けた申告書は、別送品を通関する際に必要となります。

《注意事項》
海外又は日本出国時及び到着時に免税店で購入したもの、預かってきたものなど日本に持ち込む携帯品・別送品については、法令に基づき、税関に申告し、必要な検査を受ける必要があります。**申告漏れ、偽りの申告などの不正な行為がある場合は、処罰されることがあります。**

この申告書に記載したとおりである旨申告します。

署名

(B面)

※入国時に携帯して持ち込むものについて、下記の表に記入してください。(A面の1. 及び3. ですべて「いいえ」を選択した方は記入する必要はありません。)
(注)「その他の品名」欄は、個人的使用に供する購入品等に限り、1品目毎の海外市価の合計額が1万円以下のものは記入不要です。また、別送品も記入不要です。

酒類			本	*税関記入欄
たばこ	紙巻		本	
	葉巻		本	
	その他		グラム	
香水			オンス	
その他の品名	数量	価格		
*税関記入欄			円	

1. 日本への持込みが禁止されている主なもの
① 麻薬、向精神薬、大麻、あへん、覚醒剤、MDMA、指定薬物など
② 拳銃等の銃砲、これらの銃砲弾や拳銃部品
③ 爆発物、火薬類、化学兵器原材料、炭疽菌等の病原体など
④ 貨幣・紙幣・有価証券・クレジットカードなどの偽造品など
⑤ わいせつ雑誌、わいせつDVD、児童ポルノなど
⑥ 偽ブランド品、海賊版などの知的財産侵害物品

2. 日本への持込みが制限されている主なもの
① 猟銃、空気銃及び日本刀などの刀剣類
② ワシントン条約により輸入が制限されている動植物及びその製品(ワニ・ヘビ・リクガメ・象牙・じゃ香・サボテンなど)
③ 事前に検疫確認が必要な生きた動植物、肉製品(ソーセージ・ジャーキー類を含む。)、野菜、果物、米など
* 事前に動物・植物検疫カウンターでの確認が必要です。

3. 免税範囲(一人あたり。乗組員を除く。)
・酒類3本(760mlを1本と換算する。)
・紙巻たばこ。外国製及び日本製各200本
(非居住者の方の場合は、それぞれ2倍となります。)
* 2018年10月以降、居住者・非居住者ともに400本(外国製、日本製の区分なし)になります。
* 20歳未満の方は酒類とたばこの免税範囲はありません。
・海外市価の合計額が20万円の範囲に納まる品物(入国者の個人的使用に供するものに限る。)
* 海外市価とは、外国における通常の小売価格(購入価格)です。
* 1個で20万円を超える品物の場合は、その全額に課税されます。
* 6歳未満のお子様は、おもちゃなど子供本人が使用するもの以外は免税になりません。

日本に入国(帰国)されるすべての方は、法令に基づき、この申告書を税関に提出していただく必要があります。

※土が付いていない野菜、切り花などは持ち込みが可能。その際は、税関検査前に植物検疫カウンターで現物を見せて検査を受ける
※肉類は基本的に持ち込みができないが、常温保存が可能な缶詰、レトルトパウチ加工(真空パックとは異なる)のものは持ち込み可能。ジャーキー類やハム、ソーセージなど(金華ハム、調理済み北京ダックなど含む)は上記加工品以外は不可
※日本薬局方の生薬として記載されているものは日本では薬品の扱いとなるので量に注意。例えば桂皮やナツメなど

中国国内の移動

飛行機を利用する

航空券の購入

中国もオンライン化が主流となり、端末のある航空券売り場なら現地以外のフライトも手配できるようになり、旅行の準備が楽になった。

町なかの旅行会社などではディスカウントチケットも扱うようになっている。ただし、キャンセル時の払い戻し（基本的に購入場所のみ）などでトラブルが発生することもあるので、よく考えてから購入すること。

購入時には、パスポートを持参し、購入書に必要事項を記入する必要があるので、お金と合わせ忘れないように持っていこう。なお、国内線でもリコンファームが必要となる場合もあるので注意すること。

搭乗手順

国内線の利用方法は基本的に次のとおり。

❶1時間前までには空港に行く

チェックインカウンターのオープン時間は、空港によって異なるが、出発時間の45分前まで。手続きを始めて飛行機に乗り込むまでに30分は必要だから、出発時間の1時間前には空港に到着しているようにしよう。空港がある町では、航空券売り場などからエアポートバスが出ていることが多いので、これを利用すると安くて便利。

❷空港に到着する

係員にパスポートと航空券を見せる。すべての空港で入口に託送荷物のX線検査があるので、荷物を通して中へ入る。

❸チェックインする

基本的に自分が乗るフライトナンバーが表示されたチェックインカウンターに並ぶ。順番が来たらパスポートと航空券を係員に手渡し、搭乗券を発券してもらう。

託送荷物には引換証（バゲージクレームタグ）を付けてもらい、控えの半券を受け取る。航空券に貼られることもある。荷物が規定重量を超えた場合は指定のカウンターで超過料金を支払う（重量については利用航空会社のウェブサイトで確認するとよい）。

多くの空港では、自動チェックインできる機械を設置しているので、利用すると時間を短縮できる。

使用法は、パスポートを読み込ませて、フライト情報を入力する。すぐに搭乗券が発券される。近くに係員がいるので、わからなければ尋ねるとよい。

託送荷物のある人は、自動チェックイン専用の託送荷物受付デスクがあるので、そちらで手続きする。

❹待合室へ行く

待合室に入る前に安全検査を受ける。まずはカウンターで係官にパスポート、搭乗券を手渡す。係官は中をチェックしたあと、搭乗券に確認済みのスタンプを押して、パスポート、搭乗券を返してくれる。次に手荷物検査とボディチェックがある。手荷物はX線検査機に通し、本人は危険なものを身に着けていないかどうかチェックされる。手荷物の中にPCがある場合は、別途X線検査を通すこと。

❺飛行機に搭乗する

出発時刻の30分くらい前になると搭乗手続きが始まるので、搭乗券に書かれてあるゲート（搭乗口）に並ぶ。自分の順番が来たら、係員に搭乗券を渡し、搭乗券の半券を受け取る。ゲートから直接搭乗できる場合もあれば、飛行機がある場所までシャトルバスに乗るか歩いていき、タラップを上がって搭乗することもある。

機内でのルールは日本と同じ。中国の国内線は空港内も機内も禁煙。機内では飲み物や食事が提供される。

❻目的地に着いたら

飛行機が目的地に着陸したら、託送荷物の受け取り場所を目指す。荷物を受け取ったら、出口に向かう。空港によっては出口で荷物をチェックする所もある。このとき、バゲージクレームタグの半券を提示し、間違いなく自分の荷物であることを証明しよう。

長沙黄花国際空港の到着フロア

鉄道を利用する

おもな列車の種類

高速鉄道の開業や新型車両の導入にともない、列車の種類も多様化している。種別は列車番号の頭文字で区別。

■D＝動車／ dòngchē

時速200キロ以上で走る高速列車「CRH」などを含む動力分散型列車。短距離運行が比較的多かったが、長距離列車も増えている。

■C＝城際／ chéngjì

高速列車「CRH」を使った都市間列車。広州～深圳間などで運行。

■G＝高鉄／ gāotiě

CRHでも時速300キロ運転をする最高速タイプの列車。運営区間は急増している。

広州南駅で停車中のCRH380A型

■Z＝直達／ zhídá

25T型という客車で運行される特快列車。料金は特快列車と同じ。

■T＝特快／ tèkuài

昔からある標準的な特急列車。昼行も夜行もあり、高速化が進んでいる。

■K＝快速／ kuàisù

特快よりも停車駅が多く、地方路線をカバーする運行が多い。設備は見劣りする。

■L＝臨時／ línshí

繁忙期に運行される臨時列車。速度や設備は快速に準じる場合が多い。

■Y＝旅游／ lǚyóu

主として観光用に運行される列車。設備や運行形態は地域により多様。

■頭文字なし＝普通／ pǔtōng

ローカル線で運行されている普通列車。列車番号1001～5998は普通旅客快車（普快）、6001～8998は普通旅客慢車（慢車）。

高速鉄道の座席種類

■1等（一等）yīděng

日本でいうグリーン車。片側2列で座席はゆったりしている。在来線の軟座に相当する。

広州東～香港紅磡間を走るkttの1等座席

■2等（二等）èrděng

日本でいう普通車。片側2列＋3列で、座席間隔は日本の新幹線普通車とほぼ同様。

■商務（商务）shāngwù

主として一部路線のG（高鉄）列車に設定。1等より上級で、飛行機のビジネスクラス並みの豪華シート。ほとんどの駅に専用の待合室があり、改札も一般乗客とは別。

■特等・観光（特等・观光）tèděng・guaānguāng

路線により呼び方が異なるが、前面展望可能な車両を使用した一部の列車の先頭車と最後尾車にある展望席。座席は1等と同じ。

在来線の座席種類

等級は「軟（グリーン車相当）」と「硬（普通車相当）」に、種別は「座（座席）」「臥（寝台）」にそれぞれ大別できる。

※在来線でも一部は「1等」「2等」と呼称

■軟臥（软卧）ruǎnwò

4人1室のコンパートメント式寝台車。片側にベッドが2段あり、廊下とはドアで仕切られている（寝台カーテンはない）。1列車当たりの席が少なく、切符の入手は比較的困難。

■高包（高包）gāobāo

一部の列車に連結される最高級寝台車。ふたり1室のコンパートメント式。

■軟座（软座）ruǎnzuò

比較的短距離の列車に連結されているグリーン座席車に相当する車両。席は片側2列でゆったりとした配置。

■硬臥（硬卧）yìngwò

上・中・下段がある普通寝台車。寝台カーテンはなく、ベッドも硬いが長距離列車では人気が高く、入手は困難。

■硬座（硬座）yìngzuò

片側2列＋3列の普通座席車。硬いシートで、長距離移動にはかなりこたえる。

切符の購入方法

所在地以外の町から発車する列車の切符も購入可能（一部不可）。旅程が決まったら、早めに購入することが重要。切符の購入方法には次の方法がある。

パスポートが必要

一部列車を除き鉄道切符購入に際しては、身分証明書(パスポートなど)の提示が必要。代理購入の際は、代理人(旅行会社や友人)に証明書コピーを送付して依頼する。外国人の切符購入は駅の窓口でのみ可能で、自動券売機は2018年11月現在非対応。

❶旅行会社に依頼する

1枚につき20～50元の手数料が必要となる。また、購入に身分証明書が必要となって以降、手続きを扱わない旅行会社も増えている。

❷一般窓口で購入する

駅や市内に鉄道切符売り場があるので、そこで購入すればよい(後者は要手数料)。売り場は本書の各都市『Access』のデータ項を参照したり、中国鉄路客戸服務中心(→P.30)の『客票代售点查询』で確認したりすればよい。

❸日本で予約する

Trip.comを利用すれば日本で切符の予約ができる。予約が完了すれば番号をもらえるので、出力やスマートフォンに保存したものを、駅や町なかの切符売り場で見せ、切符を受け取ることができる(パスポートが必須)。なお、後者は、1枚5元の手数料がかかる。

バスを利用する

バスの特徴

中国のバスのなかには、超長距離を走るものもあるが、バス利用のメリットは、5時間以内(目安は300～400km)だろう。

鉄道だと列に並んで切符を購入しなければならないし、途中駅から乗車した場合、まず座席は確保できない。これがバスだと、切符は当日でも購入できる。

バスターミナル

バスターミナルは、小さな町では中心部にある場合が多いが、都市部では交通渋滞を避けるため、郊外にあることが多い。

切符はバスターミナル内の切符売り場で10～2日前から(近郊便は当日券が多い)販売されている。やりとりは基本的に中国語なので、言葉に不安のある人は、行き先、日時、枚数などを紙に書いて販売員に渡すとよい。また、パスポートの提示が必要な所も増えているので、携帯したほうが無難。

バスの乗り方

特別な順序があるわけではない。20分前までにバスターミナルに行き、入口で荷物のチェックを受け、待合室に入る。出発の10分ほど前から改札が始まるので、それを終えたら自分の乗るバスに向かい、荷物を積み込む。

なお、切符を当日購入しようと考えている場合は、少し早めにバスターミナルに向かおう。また、大きいバスターミナルだと、同じ時間帯に同じ目的地に向かうバスが重なることもあるので、時間ぎりぎりの行動は避けたい。

船を利用する

航路の充実した珠江デルタ

広東省のほぼ中央部を流れる珠江には、大小多くの支流が入り組みながら流れ込んでいる。その水利を活用して、古くから水上交通網が整備されてきた。それが、経済発展によって高速道路が網の目状に張り巡らされるようになると、珠江デルタで発展を遂げた中国サイドの町と香港、マカオを結ぶ航路として集中的に使用されるようになってきた。

香港とマカオには、さほど広くはないエリアにいくつもの港が建設され、乗客はより手軽に利用できるようになっている。

2018年に中国と香港を結ぶ高速鉄道が開業し、香港とマカオを結ぶ港珠澳大橋も完成した。これらによってフェリーの重要性は将来的に低下するかもしれない。

船の予約

ターボジェットは、会員登録すれば、ネットで予約可能。

■ターボジェット(噴射飛航)

Ⓤ www.turbojet.com.hk

■珠江フェリー(珠江客運有限公司)

Ⓤ www.cksp.com.hk

注意点

香港とマカオは中国に返還されたが、「一国二制度」を採用しており、それぞれの往来には、外国に移動する際と同じようにパスポートを持って出入境手続きを行う必要がある。

なお、小さな港では両替できる場所は少ない。乗船前に、目的地の通貨を必要額両替しておくとよい。

天候や利用客数、メンテナンスなどで運休や減便となることもあるので注意。

市内交通

空港と市街地の間の移動

エアポートバスで市内へ

運航便の少ない地方空港を除き、ほとんどの空港と市内はエアポートバスで結ばれている。これが手頃な価格で簡単に利用できる移動手段だ。

空港から市内に向かうバスは、1階の到着ロビー出口付近が乗り場になっていることが多い。場所がわからないときは空港の職員に尋ねよう。切符は空港内のカウンターで売っている所と乗車して車掌から購入する所がある。距離にもよるが、料金は10〜30元程度。

このほか、路線バスが空港まで運行されている町もあるが、停留所から空港のターミナルまで少々離れている所があるので注意。

仏山市と広州白雲国際空港を結ぶエアポートバス

タクシーで市内へ

空港内の内部や外には客引きがいっぱいいるが、空港の到着ロビーの前にタクシー乗り場があるので、トラブルを防ぐためにも必ず正規の乗り場で乗車すること。

タクシーがらみのトラブルで最も多いのが、空港から市内へのタクシーだ。初めてその町に着いた人も多いからだろうが、相場の5〜10倍もの料金を平気でふっかけてくる運転手がいる。空港の出口で声をかけてくる運転手は、ほとんどがこういった手合いだから、絶対に無視すること。

空港と市内の間の料金相場がわからないときは、空港の職員やホテルの従業員に尋ねれば、だいたいの料金がわかる。

また、各都市のアクセス欄にも料金の目安を記載しているので、参考にしてほしい。とにかく、タクシーにボられないためにも、相場を確認してから乗車するようにしたい。

空港へのアクセス

エアポートバスで市内から空港へ行く場合、出発地点は、市内でいちばん大きな航空券売り場となることが多いが、都市によって異なるので、航空券を購入するときに確認が必要。

出発時間に関しては、便数の多い都市では20〜30分おきにバスが出ている。しかし、地方の小さな空港だと、フライトに合わせてエアポートバスが出ているので、自分が利用するバスの出発時刻を知っておくこと。これも航空券購入時に確認が必要。

このほか、都市部では、宿泊客へのサービスとして空港行きのシャトルバスを無料で運行している高級ホテルもある。こういったサービスは前日の夜までに予約を入れる必要があるので、利用希望者はフロントで忘れずに予約するとよい。

町なかの交通機関

タクシー

日本人旅行者が中国を旅行するとき、タクシーは町なかの移動や近郊の観光に最も便利な乗り物であることは間違いない。初乗り料金が5〜10元（距離は3km程度）、それ以降も1kmにつき数元加算されていく程度なので、気軽に利用することができる。

中国のタクシーも手を挙げれば停まってくれるし、希望すれば降りるときに領収書を発行してくれる。ただ、日本のように自動ドアのものはない。このほか、反対車線を走っているタクシーはなかなか停まってくれない。

注意すべき点は、料金に関するトラブルが少なくないこと。華南エリアでは、メーターを利用せず、最初に話し合いで決める町もあるので、必ず乗車前に交渉すること。言葉に自信がなければ、ノートにでも書いてもらうとよい。

トラブル発生時には、運転手の名前（運転席や助手席の前に表示してある）や車のナンバーを控えておくと後々の処理がやりやすくなる。

中国で最もポピュラーな中型タクシー

路線バス

町なかで安く、利用しやすい交通機関といえば路線バスだ。都市部では網の目状に張り巡らされていて、直行するバスがなくてもうまく乗り継いで目的地に行くことができる。

空調付きのバスと付いていないバスが同じ路線を走ることがあり、運賃は後者が安い。また、私営で運行しているミニバス（路線番号もある）が走っている町もある。料金は割高。

路線バスの多くはワンマンバスなので、乗車前に小銭を準備しておく必要がある。また、郊外に向かうバスは、距離によって料金が変わる路線が多いので、車掌が同乗していることがある。車掌がいればおつりはもらえる。おつりは、かなり汚い紙幣を選んでよこすことが多い。

広州や中山、アモイ、南寧などの町ではBRT（バス・ラピッド・トランジットの略）と呼ばれるバスが運行されている。これは道路を走る地下鉄のようなもので、専用レーンと乗降所を設けて専用バスを走らせるシステム。しかし、用地や交通事情などにより、全区間でこれを実現した路線は少なく、専用レーン以外の区間では路線バスとほとんど変わらない。

最後に路線バス利用時の注意点。スリやひったくり、置き引きなどには十分に注意しよう。また、夜間にあまり乗客のいないバスの利用も避けたほうがよい。

中国最大のBRT駅「師大暨大」駅（広州市）。運賃は駅の入口で支払う

地下鉄

2018年11月現在、華南地方では広州と仏山、深圳東莞、福州、アモイ、南寧、南昌、長沙、香港で地下鉄が運行されている。

なかでも広州と深圳では整備が進んでおり、さらなる延伸工事や新規路線の建設工事が行われている。

地下鉄利用の最大のメリットは移動の時間が読めるということ。バスやタクシーだと道路の状況によって思わぬ時間がかかってしまうことを考えると、かなり使い勝手がよい。今後新しい路線が整備されていけば、ますます便利な移動手段となるだろう。

そのほか

APM

広州の林和西と広州塔の区間を結ぶ新交通システムで、珠江新城旅客自動輸送系統とも呼ばれる。無人運転・全自動が特徴。乗車券は広州の地下鉄と同様トークン式だが、入場時に回収される点が異なる。

三輪リキシャ

地方都市や観光地でよく見かける。幌も付いており、雨の日や短距離の移動には便利。料金は1乗車3～5元といったところ。料金を巡るトラブルが最も多い乗り物でもあるので、乗車前に料金を確認しておくとよい。

バイクタクシー

田舎の辺鄙な観光地などに出かけると、停留所にバスが到着するやいなや、バイクが群がってくる光景を目にするだろう。彼らは公式な営業許可をもってやっているわけではないので、事故や料金のトラブルなども多い。極力利用を避けたい。

交通系ICカード

中国のほとんどの町では公共交通機関用の交通系ICカードが発行されている。ただ、異なる町のカードは互換性がないうえ、多くの町では路線バス以外に使用できないこともあって、長期滞在者以外には、わざわざ使うメリットはない。

しかし広東省は例外。省内統一の交通系ICカードの導入を計画し、2010年11月に広州や仏山など5都市で利用可能な嶺南通（岭南通／lǐngnántōng）の発行を開始。2018年11月現在、21都市で使用できるようになった（深圳と東莞の一部は使用不可）。また、交通以外にコンビニなど電子マネーとして利用できる場所も増えており、旅行者にとっても非常に使い勝手のよいものに進化している。

嶺南通（岭南通）
U www.lingnanpass.com

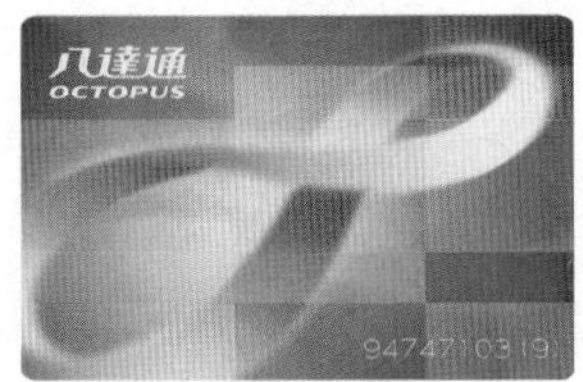

香港のオクトパス（八達通）

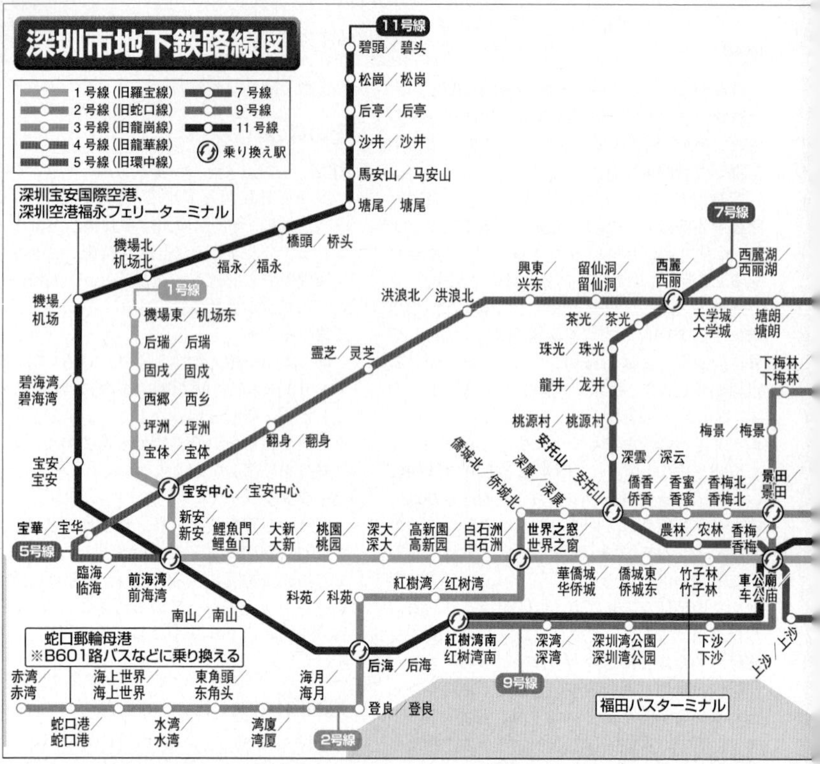

深圳市地下鉄路線図

1号線（旧羅宝線）
2号線（旧蛇口線）
3号線（旧龍崗線）
4号線（旧龍華線）
5号線（旧環中線）
7号線
9号線
11号線
乗り換え駅

11号線
碧頭／碧头
松崗／松岗
后亭／后亭
沙井／沙井
馬安山／马安山
塘尾／塘尾
橋頭／桥头
福永／福永
機場北／机场北
機場／机场
碧海湾／碧海湾
宝安／宝安

深圳宝安国際空港、深圳空港福永フェリーターミナル

1号線
機場東／机场东
后瑞／后瑞
固戍／固戍
西郷／西乡
坪洲／坪洲
宝体／宝体
宝安中心／宝安中心
新安／新安
鯉魚門／鲤鱼门
大新／大新
桃園／桃园
深大／深大
高新園／高新园
白石洲／白石洲
世界之窓／世界之窗
僑城東／侨城东
華僑城／华侨城
竹子林／竹子林
車公廟／车公庙

5号線
宝華／宝华
臨海／临海
前海湾／前海湾
翻身／翻身
靈芝／灵芝
洪浪北／洪浪北
興東／兴东
留仙洞／留仙洞
西麗／西丽
大学城／大学城
塘朗／塘朗
下梅林／下梅林

7号線
西麗湖／西丽湖
茶光／茶光
珠光／珠光
龍井／龙井
桃源村／桃源村
深雲／深云
安托山／安托山
僑香／侨香
香蜜／香蜜
香梅北／香梅北
景田／景田
農林／农林
香梅／香梅
梅景／梅景

9号線
僑城北／侨城北
深康／深康
紅樹湾／红树湾
紅樹湾南／红树湾南
深湾／深湾
深圳湾公園／深圳湾公园
下沙／下沙
上沙／上沙

福田バスターミナル

2号線
南山／南山
科苑／科苑
后海／后海
登良／登良
海月／海月
湾厦／湾厦
東角頭／东角头
水湾／水湾
海上世界／海上世界
蛇口港／蛇口港
赤湾／赤湾

蛇口郵輪母港
※B601路バスなどに乗り換える

香港MTR路線図

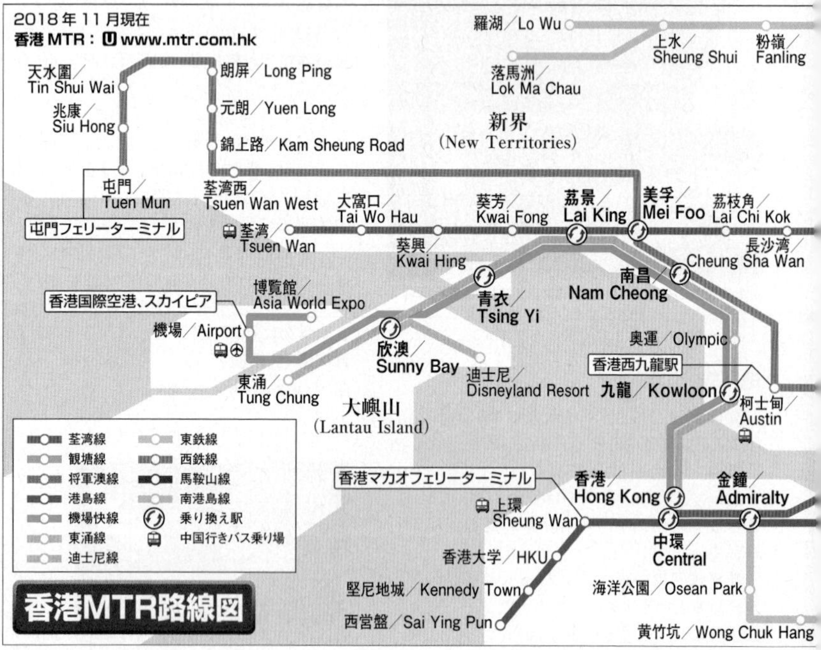

2018年11月現在
香港MTR：Ⓤ www.mtr.com.hk

茎湾線
観塘線
将軍澳線
港島線
機場快線
東涌線
迪士尼線
東鉄線
西鉄線
馬鞍山線
南港島線
乗り換え駅
中国行きバス乗り場

羅湖／Lo Wu
上水／Sheung Shui
粉嶺／Fanling
落馬洲／Lok Ma Chau
新界
(New Territories)

天水圍／Tin Shui Wai
兆康／Siu Hong
屯門／Tuen Mun
屯門フェリーターミナル
朗屏／Long Ping
元朗／Yuen Long
錦上路／Kam Sheung Road
荃湾西／Tsuen Wan West
荃湾／Tsuen Wan
大窩口／Tai Wo Hau
葵興／Kwai Hing
葵芳／Kwai Fong
茘景／Lai King
美孚／Mei Foo
茘枝角／Lai Chi Kok
長沙湾／Cheung Sha Wan
南昌／Nam Cheong
青衣／Tsing Yi
博覧館／Asia World Expo
香港国際空港、スカイピア
機場／Airport
欣澳／Sunny Bay
迪士尼／Disneyland Resort
東涌／Tung Chung
大嶼山
(Lantau Island)
奥運／Olympic
香港西九龍駅
九龍／Kowloon
柯士甸／Austin
香港マカオフェリーターミナル
香港／Hong Kong
金鐘／Admiralty
上環／Sheung Wan
中環／Central
香港大学／HKU
堅尼地城／Kennedy Town
西営盤／Sai Ying Pun
海洋公園／Osean Park
黄竹坑／Wong Chuk Hang

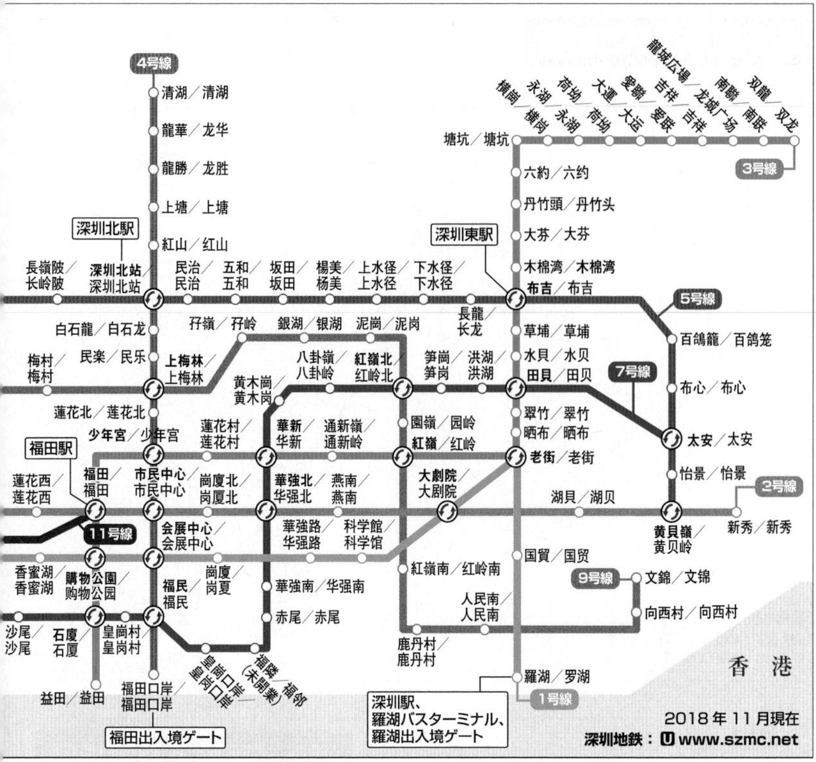

4号線
清湖／清湖
龍華／龙华
龍勝／龙胜
上塘／上塘
紅山／红山
深圳北駅
長嶺陂／长岭陂
深圳北站／深圳北站
民治／民治
五和／五和
坂田／坂田
楊美／杨美
上水径／上水径
下水径／下水径
長龍／长龙
白石龍／白石龙
孖嶺／孖岭
銀湖／银湖
泥崗／泥岗
梅村／梅村
民楽／民乐
上梅林／上梅林
八卦嶺／八卦岭
紅嶺北／红岭北
黄木崗／黄木岗
筍崗／笋岗
洪湖／洪湖
蓮花北／莲花北
少年宮／少年宫
蓮花村／莲花村
華新／华新
通新嶺／通新岭
園嶺／园岭
紅嶺／红岭
福田駅
福田／福田
市民中心／市民中心
崗廈北／岗厦北
華強北／华强北
燕南／燕南
大劇院／大剧院
蓮花西／莲花西
11号線
会展中心／会展中心
華強路／华强路
科学館／科学馆
香蜜湖／香蜜湖
購物公園／购物公园
福民／福民
崗廈／岗厦
華強南／华强南
紅嶺南／红岭南
赤尾／赤尾
沙尾／沙尾
石廈／石厦
皇崗村／皇岗村
皇崗口岸／皇岗口岸
福隣（未開業）／福邻
益田／益田
福田口岸／福田口岸
福田出入境ゲート
鹿丹村／鹿丹村
人民南／人民南
羅湖／罗湖
1号線
深圳駅、
羅湖バスターミナル、
羅湖出入境ゲート
横崗／横岗
永湖／永湖
荷坳／荷坳
大運／大运
愛聯／爱联
吉祥／吉祥
龍城広場／龙城广场
南聯／南联
双龍／双龙
3号線
塘坑／塘坑
六約／六约
丹竹頭／丹竹头
大芬／大芬
深圳東駅
木棉湾／木棉湾
布吉／布吉
5号線
草埔／草埔
百鴿籠／百鸽笼
水貝／水贝
田貝／田贝
7号線
布心／布心
翠竹／翠竹
晒布／晒布
太安／太安
老街／老街
怡景／怡景
湖貝／湖贝
2号線
黄貝嶺／黄贝岭
新秀／新秀
国貿／国贸
9号線
文錦／文锦
向西村／向西村
香　港
2018年11月現在
深圳地鉄：U www.szmc.net

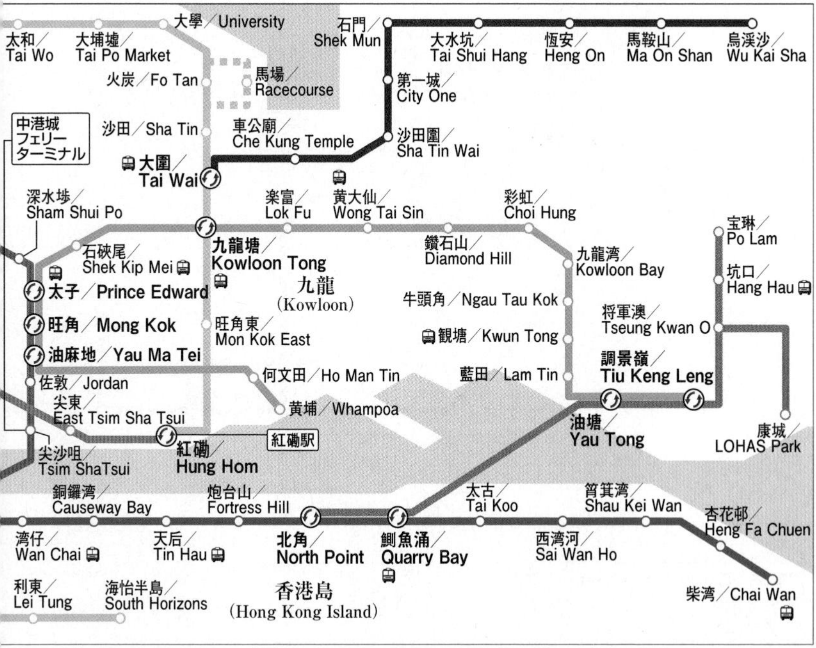

大學／University
太和／Tai Wo
大埔墟／Tai Po Market
火炭／Fo Tan
馬場／Racecourse
中港城フェリーターミナル
沙田／Sha Tin
車公廟／Che Kung Temple
大圍／Tai Wai
石門／Shek Mun
大水坑／Tai Shui Hang
恆安／Heng On
馬鞍山／Ma On Shan
烏溪沙／Wu Kai Sha
第一城／City One
沙田圍／Sha Tin Wai
深水埗／Sham Shui Po
楽富／Lok Fu
黃大仙／Wong Tai Sin
彩虹／Choi Hung
石硤尾／Shek Kip Mei
九龍塘／Kowloon Tong
鑽石山／Diamond Hill
九龍湾／Kowloon Bay
宝琳／Po Lam
坑口／Hang Hau
太子／Prince Edward
九龍
(Kowloon)
牛頭角／Ngau Tau Kok
将軍澳／Tseung Kwan O
旺角／Mong Kok
旺角東／Mon Kok East
観塘／Kwun Tong
油麻地／Yau Ma Tei
調景嶺／Tiu Keng Leng
何文田／Ho Man Tin
藍田／Lam Tin
佐敦／Jordan
黃埔／Whampoa
尖東／East Tsim Sha Tsui
油塘／Yau Tong
康城／LOHAS Park
紅磡駅
紅磡／Hung Hom
尖沙咀／Tsim ShaTsui
銅鑼湾／Causeway Bay
炮台山／Fortress Hill
太古／Tai Koo
筲箕湾／Shau Kei Wan
杏花邨／Heng Fa Chuen
湾仔／Wan Chai
天后／Tin Hau
北角／North Point
鰂魚涌／Quarry Bay
西湾河／Sai Wan Ho
利東／Lei Tung
海怡半島／South Horizons
香港島
(Hong Kong Island)
柴湾／Chai Wan

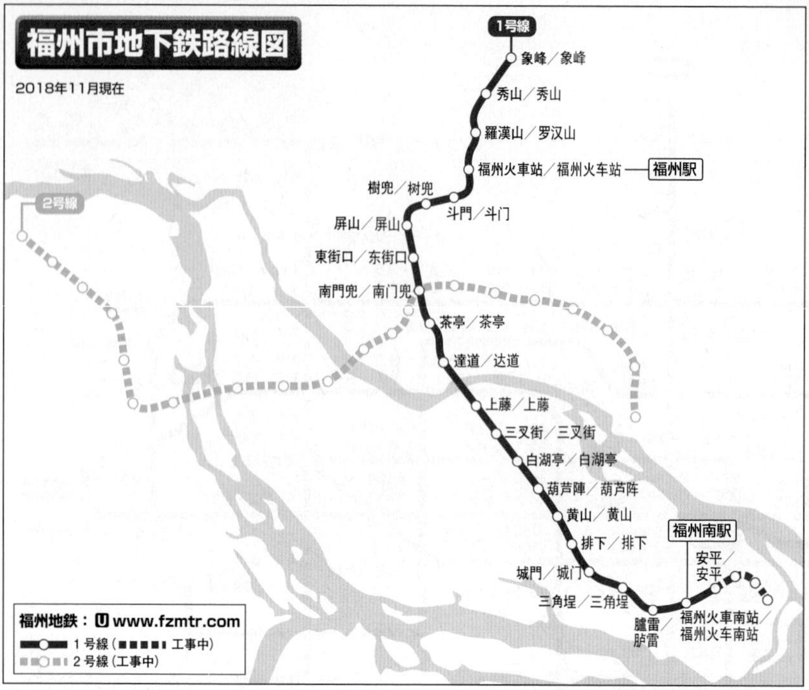

福州市地下鉄路線図

2018年11月現在

1号線

象峰／象峰
秀山／秀山
羅漢山／罗汉山
福州火車站／福州火车站 — 福州駅
樹兜／树兜
斗門／斗门
屏山／屏山
東街口／东街口
南門兜／南门兜
茶亭／茶亭
達道／达道
上藤／上藤
三叉街／三叉街
白湖亭／白湖亭
葫芦陣／葫芦阵
黄山／黄山
排下／排下
城門／城门
三角埕／三角埕
臚雷／胪雷
福州火車南站／福州火车南站
福州南駅
安平／安平

2号線

福州地鉄：U www.fzmtr.com
1号線（工事中）
2号線（工事中）

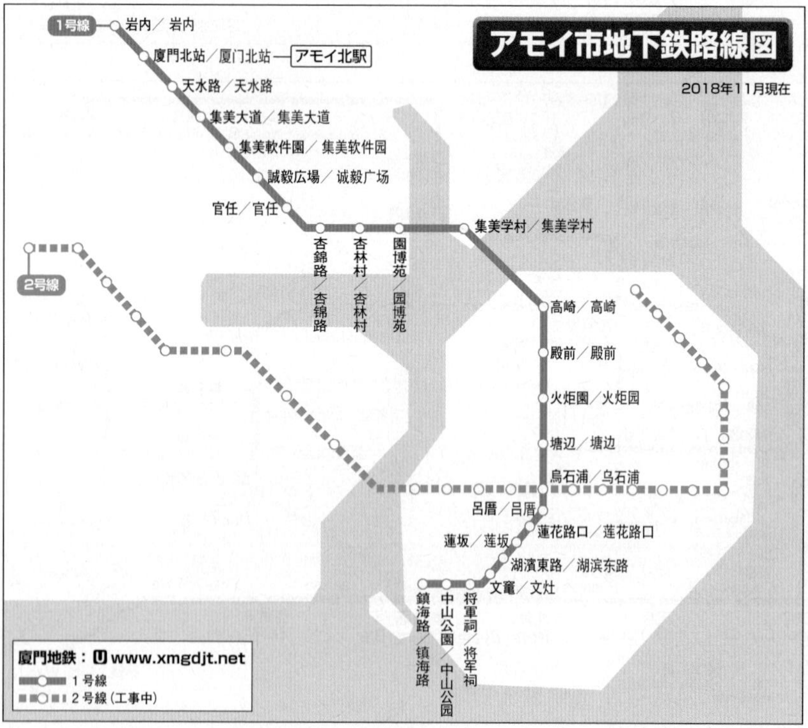

アモイ市地下鉄路線図

2018年11月現在

1号線

岩内／岩内
廈門北站／厦门北站 — アモイ北駅
天水路／天水路
集美大道／集美大道
集美軟件園／集美软件园
誠毅広場／诚毅广场
官任／官任
杏錦路／杏锦路
杏林村／杏林村
園博苑／园博苑
集美学村／集美学村
高崎／高崎
殿前／殿前
火炬園／火炬园
塘辺／塘边
烏石浦／乌石浦
呂厝／吕厝
蓮花路口／莲花路口
蓮坂／莲坂
湖濱東路／湖滨东路
文竈／文灶
将軍祠／将军祠
中山公園／中山公园
鎮海路／镇海路

2号線

廈門地鉄：U www.xmgdjt.net
1号線
2号線（工事中）

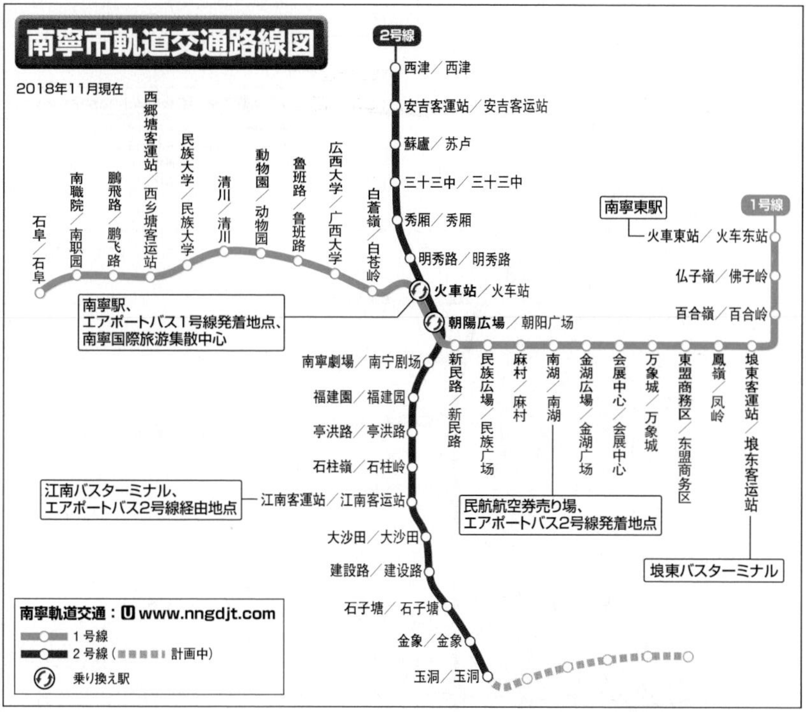

南寧市軌道交通路線図

2018年11月現在

2号線
西津／西津
安吉客運站／安吉客运站
蘇盧／苏卢
三十三中／三十三中
秀厢／秀厢
明秀路／明秀路
火車站／火车站
朝陽広場／朝阳广场
南寧劇場／南宁剧场
福建園／福建园
亭洪路／亭洪路
石柱嶺／石柱岭
江南客運站／江南客运站
大沙田／大沙田
建設路／建设路
石子塘／石子塘
金象／金象
玉洞／玉洞

1号線
石阜／石阜
南職院／南职园
鵬飛路／鹏飞路
西郷塘客運站／西乡塘客运站
民族大学／民族大学
清川／清川
動物園／动物园
魯班路／鲁班路
広西大学／广西大学
白蒼嶺／白苍岭
火車站／火车站
朝陽広場／朝阳广场
新民路／新民路
民族広場／民族广场
麻村／麻村
南湖／南湖
金湖広場／金湖广场
会展中心／会展中心
万象城／万象城
東盟商務区／东盟商务区
鳳嶺／凤岭
埌東客運站／埌东客运站
百合嶺／百合岭
仏子嶺／佛子岭
火車東站／火车东站

南寧東駅
南寧駅、エアポートバス1号線発着地点、南寧国際旅游集散中心
江南バスターミナル、エアポートバス2号線経由地点
民航航空券売り場、エアポートバス2号線発着地点
埌東バスターミナル

南寧軌道交通：U www.nngdjt.com
1号線
2号線（計画中）
乗り換え駅

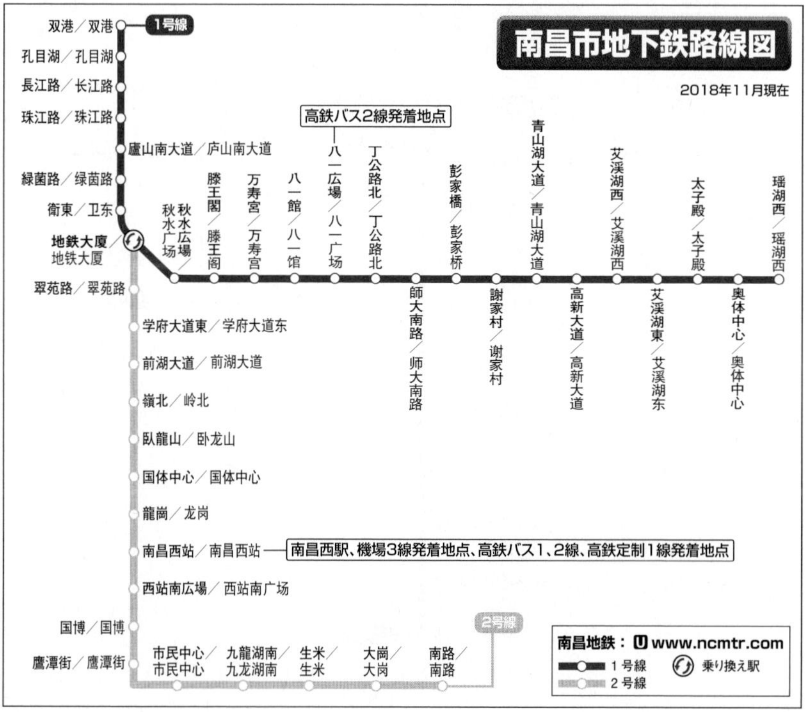

南昌市地下鉄路線図

2018年11月現在

1号線
双港／双港
孔目湖／孔目湖
長江路／长江路
珠江路／珠江路
廬山南大道／庐山南大道
緑茵路／绿茵路
衛東／卫东
地鉄大厦／地铁大厦
秋水広場／秋水广场
滕王閣／滕王阁
万寿宮／万寿宫
八一館／八一馆
八一広場／八一广场
丁公路北／丁公路北
師大南路／师大南路
彭家橋／彭家桥
謝家村／谢家村
青山湖大道／青山湖大道
高新大道／高新大道
艾溪湖西／艾溪湖西
艾溪湖東／艾溪湖东
太子殿／太子殿
奥体中心／奥体中心
瑶湖西／瑶湖西

2号線
地鉄大厦／地铁大厦
翠苑路／翠苑路
学府大道東／学府大道东
前湖大道／前湖大道
嶺北／岭北
臥龍山／卧龙山
国体中心／国体中心
龍崗／龙岗
南昌西站／南昌西站
西站南広場／西站南广场
国博／国博
鷹潭街／鹰潭街
市民中心／市民中心
九龍湖南／九龙湖南
生米／生米
大崗／大岗
南路／南路

高鉄バス2線発着地点
南昌西駅、機場3線発着地点、高鉄バス1、2線、高鉄定制1線発着地点

南昌地鉄：U www.ncmtr.com
1号線
2号線
乗り換え駅

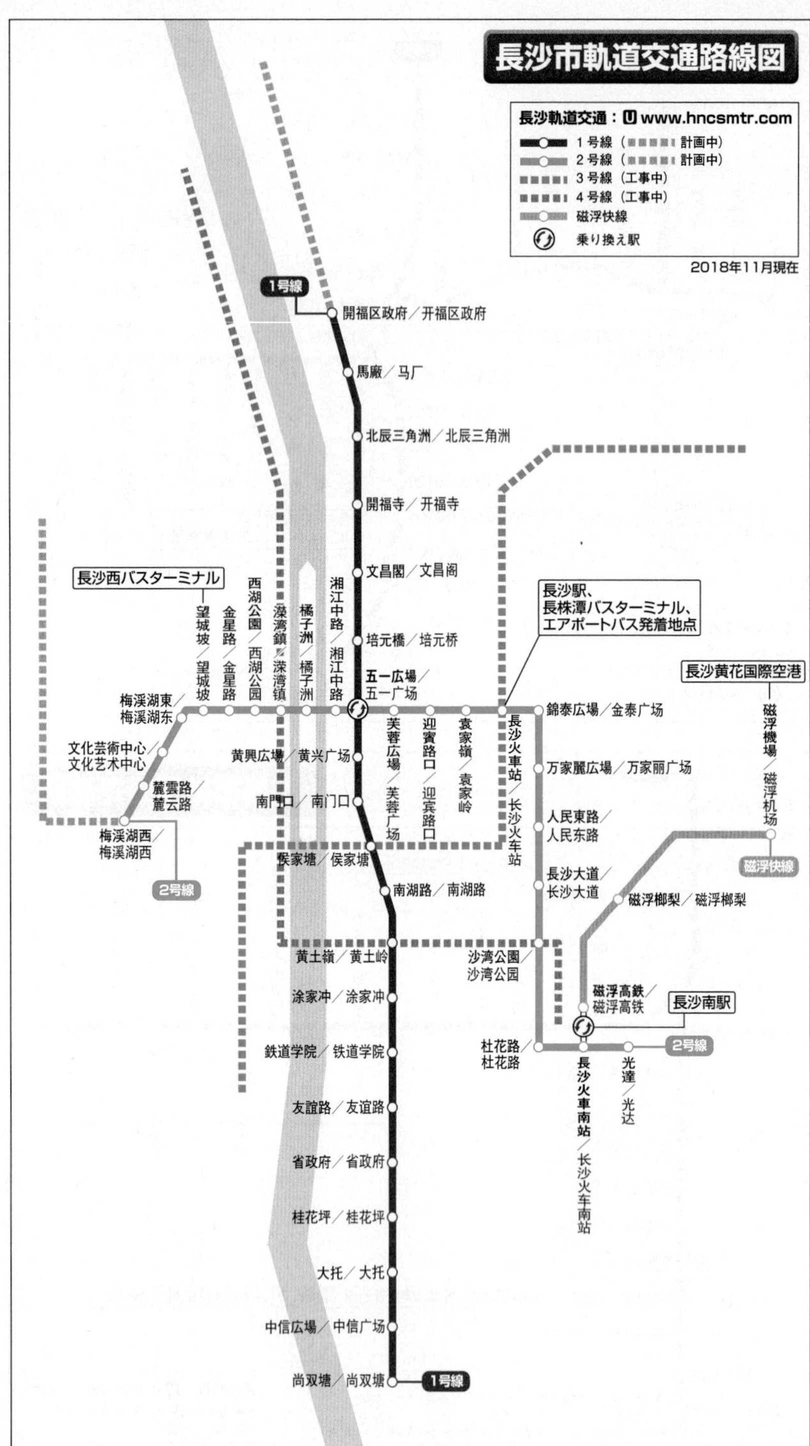
長沙市軌道交通路線図
長沙軌道交通：U www.hncsmtr.com
1号線（計画中）
2号線（計画中）
3号線（工事中）
4号線（工事中）
磁浮快線
乗り換え駅
2018年11月現在
1号線
開福区政府／开福区政府
馬廠／马厂
北辰三角洲／北辰三角洲
開福寺／开福寺
文昌閣／文昌阁
培元橋／培元桥
五一広場／五一广场
黄興広場／黄兴广场
南門口／南门口
侯家塘／侯家塘
南湖路／南湖路
黄土嶺／黄土岭
涂家冲／涂家冲
鉄道学院／铁道学院
友誼路／友谊路
省政府／省政府
桂花坪／桂花坪
大托／大托
中信広場／中信广场
尚双塘／尚双塘
1号線
長沙西バスターミナル
望城坡／望城坡
金星路／金星路
西湖公園／西湖公园
溁湾鎮／溁湾镇
橘子洲／橘子洲
湘江中路／湘江中路
梅溪湖東／梅溪湖东
文化芸術中心／文化艺术中心
麓雲路／麓云路
梅溪湖西／梅溪湖西
2号線
芙蓉広場／芙蓉广场
迎賓路口／迎宾路口
袁家嶺／袁家岭
長沙火車站／长沙火车站
長沙駅、
長株潭バスターミナル、
エアポートバス発着地点
錦泰広場／金泰广场
万家麗広場／万家丽广场
人民東路／人民东路
長沙大道／长沙大道
沙湾公園／沙湾公园
杜花路／杜花路
長沙火車南站／长沙火车南站
光達／光达
2号線
長沙南駅
長沙黄花国際空港
磁浮機場／磁浮机场
磁浮快線
磁浮榔梨／磁浮榔梨
磁浮高鉄／磁浮高铁

体調管理

体調管理に注意を払おう

無理な行動は控えよう

日本と中国の時差は1時間。ヨーロッパなどへの旅行と比較すると、時差に悩まされることもなく、到着後すぐに行動することができる。しかし、脂っこい食事や乾燥した気候など日本での生活と異なる面も少なくなく、長期間の旅行では、その積み重ねでストレスや疲労がたまる。

常備薬を持参しよう

もし病気になってしまっても、風邪や下痢程度のことが多いので、日本から常備薬を持っていくとよい。中国でも漢方以外に一般的な西洋薬を町なかの薬局で購入することができるが、言葉の問題で店員に症状をうまく説明できないとか、現地の薬が自分の体に合わないということも考えられる。薬は飲み慣れたものが安心だ。

こういったことから、いざというときのために、頭痛薬、風邪薬、下痢止め、抗生物質、絆創膏などを携帯することをおすすめする。

こまめに水分補給をしよう

旅行中は水分が不足しがちだ。特に夏はそうだ。したがって、お茶を飲むなり、果物を摂取するなりして、意識的に水分の補給を図るようにしよう。ただし、生水の摂取は避けよう。

ホテルの部屋には、電気湯沸かし器とティーバッグが用意されている（ドミトリーにはないことが多い）ので、それを使えばいいし、水筒などにお湯やお茶を移し替えておけば、町なかでも簡単かつ安価に水分補給ができる。

列車内でも各車両に飲用のお湯が出るコーナーがあるので、カップと茶葉やコーヒーなどを用意しておけば水分補給が可能だ。かなりの田舎に行ってもミネラルウオーターが売られている。

どの町でも「×○人民医院」はそれなりの設備が整っている

注意したい病気

風邪以外にも、次のような病気に注意したほうがよい。

■下痢

気候や食べ物が合わず下痢になる人は多いが、市販の下痢止めの薬でたいてい治る。

細菌性の下痢もあるが、こちらは便が水のような状態になり、嘔吐、発熱などの症状が出る。いずれにしろ下痢がひどい場合はすぐ病院に行くこと。

■肝炎

中国でよくかかる肝炎は、初めは風邪のような症状で黄疸が出る。1ヵ月ほど入院して安静にしていれば回復するが、無理をすると命にかかわるので、黄疸症状が出たら病院で医師の診断を受けること。

■狂犬病

中国の都市部では、ペットとして犬猫に人気が出ている。基本的に届け出や、犬には狂犬病の予防接種が義務付けられているのだが、無届けのものが多い。そのほとんどが予防接種を行っておらず、狂犬病が少なからず発生している。旅行中はむやみに犬猫に接触しないように心がけ、心配な人は日本で予防接種をしていこう。

病気になったら

ホテルの従業員に相談する

病状が悪化し、薬では対処できなくなったら病院に行くしかない。しかし、見知らぬ土地で病院を探し、診察してもらうのは心配なものだ。そういったときには、ホテルのフロントに相談してみよう。

外国人の多く暮らす広州や深圳には、外国人に対応できる病院は少なくないので、連れていってもらおう。

言葉に不安があるなら、フロントで依頼し旅行会社などに日本語ガイドをアテンドしてもらうという手もある。

なお、4つ星以上のホテルであれば、ホテル内に提携した医師がいるケースが多く、彼らのほとんどは英語ができる。

病院での手続き

受診の流れ

❶受付で症状を説明し、診察の申し込み(挂号)を行う。このとき、「内科」や「外科」など診察を希望する部門ごとに診察料を前払いすることになっている。
❷指示された診察室(诊室)に入って診察を受ける。ただし、ほとんどの医師は中国語(よくて英語)しか話せない。
❸医師に処方箋(注射や点滴、検査などを含む)を書いてもらい、薬局や検査室に行く(それぞれの過程で会計所に行って精算する)。
❹入院が必要なら、入院手続きを行う。

病院に行く際には、パスポートとある程度の現金が必要なので忘れないように。

また、海外旅行保険に加入し、帰国後精算する予定の人は、診断書(できれば英語)や領収書をもらっておくこと。

感染症情報と予防接種

海外渡航者のための感染症情報

厚生労働省のウェブサイトに「海外で健康に過ごすために」のページがある。海外渡航者に向けて、健康面の注意や予防接種などに関する情報が掲載されている。

■厚生労働省検疫所
「海外で健康に過ごすために」
U www.forth.go.jp

予防接種

日本では、検疫所などで予防接種を受けることが可能(要予約)。長期旅行者以外は不要。

おもな検疫所

■東京検疫所
☎検疫衛生課＝(03)3599-1515
オ 予約・問い合わせ(祝日を除く)
月～金曜9:00～12:00、13:00～17:00
U www.forth.go.jp/keneki/tokyo

■大阪検疫所
☎予防接種＝(06)6571-3522
オ 予約・問い合わせ(祝日を除く)
月～金曜9:00～17:00
U www.forth.go.jp/keneki/osaka

■名古屋検疫所
☎電話相談窓口＝(052) 661-4131
予約専用＝0569-38-8205
オ 予約(祝日を除く)
月～金曜＝8:30～17:00
U www.forth.go.jp/keneki/nagoya

ビザの延長

滞在期間延長に関する手続き

観光ビザの延長手続き

日本で取得した観光ビザ(Lビザ)の有効期間は30日間。中国では、原則的に1回だけ滞在期間を延長することができる。2回目のビザ延長は病気で身動きが取れないなど特別な理由が必要となる。

観光ビザを延長する場合、滞在費が十分かどうかを確認される。具体的には1日US$100、30日間ならUS$3000相当の現金やT/Cなど。通貨は外貨でも人民元でもかまわない。

申請に必要なものは、
❶延長申請書(公安局に置いてある)
❷パスポート(残存有効期間の問題ないもの)
❸宿泊登記証明書(滞在しているホテルや指定された公安局などで出してもらう)
❹5cm×5cmの写真1枚　❺手数料160元

注意事項としては、①ビザが切れる当日までに申請を受理されなければならない　②本人申請のみ　③手続きの処理に5業務日必要、ということがある。

このほか、ビザの延長は延長申請を行った日からカウントされるので、早く手続きを開始すると、そのぶん合計滞在日数は短くなってしまうので注意しよう。

ノービザの滞在期間延長

2018年11月現在、問題なく延長できることになっているはずだが、広東省では拒否されることがある。理由は近くに香港やマカオがあるから。いったん出境し、再入境すれば、また15日間の滞在が許可される。ただ、あまりやり過ぎると、それぞれの入国(入境)時に別室に呼ばれ、質問されることもある。

必要な書類や注意事項は、観光ビザ所持者の場合と同じ。しかし、計画段階で滞在が15日間を超えそうな人は、中国入国前にビザを取得しておいたほうが無難。

安全対策

中国の治安状況

日本より治安はよくない

最新ハイテク監視システムの整備にともない、治安は回復傾向にある。ただし、そのために公共交通機関などを中心に、安全検査の実施なども増えており、観光客には煩わしいと感じる状況に遭遇することも増えている。

なお、治安がよくなっているとはいえ、日本ほどではないので、「海外に来ている」ことを常に意識し、用心して行動するようにしたい。

また、中国人の日本人に対する感情は複雑なものがあるので、ちょっとしたきっかけで相手の反日感情を呼び覚ましてしまうこともある。領土問題など微妙な問題は避けたほうがよいだろう。

トラブルに遭ったら公安へ行く

盗難や事故に遭ったときは、まず公安局（中国の警察）へ行く。外国人専門に対応する部門は、外国人管理処などと呼ばれることが多い。盗難に遭った場合は、こういった部門に行って、盗難証明書（または紛失証明書）を発行してもらう。

届け出を出しても、盗まれたり、落としたりしたものが戻ってくることはまずないし、捜査をしてくれることもないが、海外旅行保険などで携行品損害補償をかけていれば、あとで保険会社にこれらの証明書を提出し、保険金を請求することができる。

なお、調書は中国語で書かなければならないので、中国語ができない人は、中国語を話せる日本人か日本語の通訳（旅行会社などに依頼する）と一緒に行くこと。これは公安局に日本語のできる職員が少ないため。

※注意→P.354

詐欺

日本人がターゲットにされる犯罪では、相変わらず詐欺が多い。典型的なものは、「日本に興味がある」とか「写真を撮ってあげる」などと話しかけられ（日本語、中国語、英語すべてあり）、その後レストランやカフェ、ショップなどに連れて行かれ、法外な料金を請求されたというケース。旅先での出会いは楽しいことだが、十分な注意が必要だ。

そのほか

麻薬に関係して処罰されたり、国境での行動を疑われて拘束されたりする事案も目にするようになってきた。

麻薬については、知らないうちに巻き込まれた場合もあり、見知らぬ人から荷物を運ぶよう依頼されても、絶対に引き受けてはならない。

国境付近へ行く場合は、「犯罪を犯した」と関係当局に判断されてしまわないよう、旅行会社で可能なかぎり日本語ガイドを手配してもらうことをおすすめする。国境以外でも、知らずに軍事施設に近づいたり、撮影してしまったりした際も面倒なので、注意が必要。

盗難・紛失時の対処法

素早く手続きを進める

携行品・お金の盗難や紛失はよく発生する旅行中のトラブルだ。トラブルに巻き込まれるとたいへんなショックを受けるが、損害を軽く抑えるためにも迅速な対応が必要となる。

すぐに行動できるよう、旅行出発前に連絡先などをまとめておくとよい。

まず、現地の公安局に届け出て、盗難（または紛失）証明書を発行してもらう。証明書をすぐにもらえない場合は、届け出日時、公安局の住所、電話番号、警察官名、受付番号などをメモしておくこと。

■航空券

eチケットは紛失する心配がないので安心。「eチケット控え」を紛失した場合も無料で再発行できる。当日忘れても公的書類で本人確認ができれば搭乗可能。

紙片の航空券を紛失した際は、基本的に代替え航空券の購入が必要。詳細は利用航空会社に確認すること。

■クレジットカード

クレジットカードを盗難・紛失した場合、カードの悪用を防ぐためにも所有していたクレジットカードの届け出先に大至急連絡を入れること。

カード裏面の発行会社名と緊急連絡先をメモし、財布とは別に保管しておこう。

■携行品

海外旅行保険の補償をカバーしていれば、旅行中に盗難、破損、火災などで損害を受けた際、各社の規定に従って保険金を受け取ることができる。損害に遭った場合、指定された連絡先に電話をして、どのように行動すればよいのか確認しよう。

保険金は、基本的に日本に帰国してからの申請・受け取りとなることが多いので、現地の関連部署が発行する書類を入手しておくこと。

華南エリアを管轄する日本大使館、領事館

■在広州日本国総領事館

データ→P.34欄外

☎ (020) 83343009　FAX (020) 83338972

U www.guangzhou.cn.emb-japan.go.jp

※管轄地域：広東省、海南省、福建省、広西チワン族自治区

■在香港日本国総領事館

データ→P.282欄外

☎ (852) 25221184　FAX (852) 28680156

U www.hk.emb-japan.go.jp

※管轄地域は香港、マカオ

■在中国日本国大使館領事部

住 北京市朝陽区亮馬橋東街1号

☎ パスポート関連＝(010) 65326539、65326964
邦人保護＝(010) 65325964

FAX (010) 65329284

U www.cn.emb-japan.go.jp

※本書掲載エリアにおける管轄地域は湖南省

■在上海日本国総領事館　別館　領事部門

住 上海市長寧区延安西路2299号
上海世貿大廈13階

☎ (021) 52574766(代表)　FAX (021) 62786088

U www.shanghai.cn.emb-japan.go.jp

※本書掲載エリアにおける管轄地域は江西省

※日本大使館・領事館に行く際は、基本的にパスポートなど本人確認書類の持参が必要

※出発前に「たびレジ」への登録をおすすめする→P.309

パスポートをなくしたら

現地の公安局に届け出て盗難(または紛失、焼失)証明書を発行してもらい、次に日本大使館領事部または総領事館に出向き諸手続きを行う。旅行を続けたい場合は「一般旅券の新規発給」(❶❷)、すぐに日本へ帰国する場合は「帰国のための渡航書」(❶❸)をそれぞれ申請する。なお、旅券の顔写真があるページと航空券や日程表のコピーがあると手続きが早い。コピーは原本とは別の場所に保管しておくとよい。

❶盗難、紛失、焼失届け出／紛失一般旅券等届出書1通、公安局の発行した証明書または消防署等の発行した罹災証明書、写真(タテ4.5cm×ヨコ3.5cm)1枚、その他参考となる書類(運転免許証など)　❷新規旅券発給申請(❶と同時に行う)／一般旅券発給申請書1通、戸籍謄本または抄本1通、写真(タテ4.5cm×ヨコ3.5cm)1枚　❸帰国のための渡航書申請(❶と同時に行う)／渡航書発給申請書1通、戸籍謄本または抄本1通(これらの代わりに日本国籍を証明できる書類でも可。例えば運転免許証等)、日程確認書類(旅行会社にもらった日程表または帰りの航空券)、写真1枚

※詳細は大使館領事部、総領事館で確認

※手数料は10年用旅券1000元(申請可能年齢は20歳以上)、5年用旅券690元(12歳未満は375元)、帰国のための渡航書155元。

U www.mofa.go.jp/mofaj/toko/passport/pass_5.html

※申請書類を受領した後、各都市の公安局の出入境管理部門に行き、中国ビザを取得する必要がある

パスポートのコピーを忘れずに！

パスポートの再発行や「帰国のための渡航書」作成のために必要となる、公安局が発行する証明書「护照报失证明」について、北京市公安局関連部門が下記4点の揃っていない申請は受理しないことを明言している。

必要書類：❶本人写真　❷护照报案证明(事案発生証明。派出所で発行)　❸パスポートのコピー　❹臨時宿泊登記

このうち、❸は紛失・盗難パスポートのコピーなので、事件発生後の提出は不可能。

在中国日本国大使館は上記案件について、公式ウェブサイトに2018年8月24日付で、「【日本大使館からのお願い】中国に渡航・滞在する方は『パスポートのコピー』のご準備を！」という文章を掲載している。そこでは対策として、旅行前に**Ⓐパスポートの人定事項ページ(顔写真のあるページ)のコピー**と**Ⓑスマートフォンなどを使用した当該ページの撮影**を推奨している。同時に、旅行に際してはパスポート原本とⒶⒷを分けて保管することも推奨している。

通知は北京に関するものだが、他地域でも状況は同様であると考えられることから、旅行前には、大使館の公式ウェブサイトに目を通し、パスポートコピー(紙面および画像データ)を忘れずに行うこと。

食事

華南地方の料理

中国を旅行する際の楽しみのひとつが、本場の中国料理を食べることだろう。広大な中国では、それぞれの地方に独特の料理がある。

広東料理

中国四大料理のひとつで、広州、潮州、東江の3つの地方の料理の総称でもある。「食は広州にあり」という俗諺が示すように、代表格は広州料理。味は比較的淡泊で、素材のもつ味を生かす料理法のため、最も日本人の口に合う中国料理といえるだろう。食材については、「飛ぶものは飛行機以外、四つ足なら机以外」何でもチャレンジしてきた歴史があり、日本人が驚くような料理もある。

ヤムチャ(飲茶)やディンサム(点心)などひとりでも気軽に楽しめるスタイルがあるのもうれしい。

ひとり旅でも気軽に利用できるのがヤムチャのよいところ

湖南料理

中国八大料理のひとつで、湖南省で発展してきた料理。

料理は脂っこく香ばしいものが多い。唐辛子を多用するため辛く酸味もある。しかし、四川料理のように、ひと口口に入れただけで味覚が麻痺するような辛さでなく、食事を進めるうちに、汗だくになってしまう感じだ。特徴ある食材としては、山間部で発達してきただけに、保存用に作った塩漬けの豚肉(腊肉)などがある。

今では湖南省ばかりでなく、中国全土に湖南料理を提供するレストランが増えている。

福建料理

中国八大料理のひとつ。福州、アモイ、泉州など沿海部で発達してきたため、食材には海産物がふんだんに使われる。味つけは比較的淡泊で日本人好み。代表的な料理に山海の珍味をふんだんに使ったスープ「佛跳墙」がある。

福建料理は淡泊な味付けが特徴で日本人の口にもあう

注文の仕方

注文方法は数種類ある。ひとつは席に座ってオーダーする方法。そのほかはあらかじめ食券を買っておいて、それをテーブルで渡す方法やプリペイドカードを買って精算する方法、先に料理を自分で取り、伝票にハンコを押してもらう方法などがある。一般から高級のレストランが前者、食堂レベルのレストランや飲茶(ヤムチャ)などでは後者のことが多い。

テーブルに座って注文するタイプのレストランでは、席に着くとメニューが渡される。同時に皿やカップを並べ始める。高級店だと、このときにお茶が出される。注文する料理が決まったら店員を呼ぶ。

支払いなど

テーブルオーダー式のレストランでは、食べ終わったあとに料金を支払う。

完全に食べ終わるか食べ終わりそうなときに店員を呼んで、精算してほしいと言う。「请结账(qǐng jié zhàng)」とか「买单(mǎi dān)」(ともに「お勘定」の意味)と言えばよい。中国語ができないなら、紙に書いて渡せば理解してくれる。領収書が欲しい場合はこの時点で頼む。「我要发票(wǒ yào fā piào)」(領収書が欲しいのですが)と言えばよい。

中国にはチップの習慣はないし、高級店では、ホテルでなくても10％程度のサービスチャージを取られることも多いので、おつりはすべて受け取ってかまわない。

ホテルの手配と利用

ホテルを予約する

予約サイトを利用する

インターネットの予約サイトを利用して手軽に中国のホテルも手配できる。予約サイトもたくさんあるので、比較検討して利用しよう。

なお、5月上旬、10月上旬、春節の時期は空きが少ないので早めに手配すること。

中国のホテル

ホテルの制限

中国にはいろいろなタイプの宿泊施設があるが、外国人は、それらのなかから自由に選び、宿泊できるわけではない。1泊100元を切るような安いホテルや民泊などはほぼ利用できない。

外国人も利用できる「経済型連鎖酒店」でも支店によっては泊まれない所もある。公式ウェブサイトの各支店紹介のページに「外宾」の表記があれば外国人も宿泊可能で、「内宾」の表記は外国人は宿泊不可となる。注意したいのは「外宾」だった支店が知らぬ間に「内宾」に変わっていることがある点。公式ウェブサイトから申し込む場合は、毎回確認しよう。

また、中国で宿泊する際には宿泊登記が必要。ホテル利用時はホテルが公安局に届け出てくれるが、友人や知人の家に泊まる場合は自ら公安局に出向いて登記する必要がある。

※宿泊に際し、家族訪問でも届け出が必要とされる事案も発生しているので注意

ホテルのランク

外国人が宿泊できるホテルは「渉外ホテル」と呼ばれ、6つのランクに分かれている。ランクは政府の管轄機関が認定しているもので、星の数でランクを表し、最高級が5つ星で最低が星なし(単に「渉外ホテル」と呼ばれることもある)。

高級感漂う5つ星のデラックスルーム

日本人が快適に滞在できるのは3つ星以上のホテル。一般的に、これ以下になるとサービスや治安の面で問題が出てくる。

ただし、星なしのなかには4つ星、5つ星の許可待ちだとか、高級ホテル並みの設備を備えているのに経営者の判断であえて「渉外ホテル」としている物件もある。

おすすめホテル

中国各地に広がっているのが、「経済型連鎖酒店」というタイプのホテル。都市部でも200〜400元というお手頃価格。

部屋の中がシンプルかつ機能的に造られているのが特徴。具体的には、シャワー(バスタブはない)、インターネット回線完備、エアコンやテレビなどの設備がある。また、相対的に立地条件もかなりよい。

タイプとしては、全国展開しているものから「省」や「市」などかぎられたエリアで展開するものまである。

次に紹介するのは全国展開している大規模なチェーンホテル。

首旅如家(ホテルブランド「如家酒店」など)
Ⓤ www.bthhotels.com

錦江之星
Ⓤ www.jinjianginns.com

華住酒店集団(ホテルブランド「漢庭」など)
Ⓤ www.huazhu.com

鉑涛旅行(ホテルブランド「7天酒店」など)
Ⓤ www.plateno.com

料金

料金はひと部屋当たり

中国の田舎では、ツインルームをシェアして宿泊することも可能だが、都市部ではひと部屋当たりで計算をするので、ツインルームにひとりで泊まってもふたりで泊まっても料金は同じだ。

なお、ドミトリールームは、1ベッド当たりの計算となっている。

広州交易会開催中のホテル

広東省広州市では、毎年4月と10月に2週間ほど中国最大の輸出商品商談会である「広州交易会」が開催される。

この期間中、中国各地から輸出業者が集結し、世界各地からバイヤーが訪れるのだが、その副産物として、この期間になると、広州市内のホテルは、いっせいに部屋代を3倍以上に値上げする。そのあおりを受けて、周辺の仏山市や東莞市のホテルまで部屋代が高騰するという話だ。この期間に観光で広州を訪れるのは避けたほうが無難だろう。

サービスチャージと諸税

正規の部屋代以外に、高級ホテルでは10 ～15%のサービスチャージが加算されることがある。サービスチャージのかかるホテルでは、ホテル内のレストランなどいろいろなものに加算されることが多い。また、一部の地方では、「都市建設税」などの税金が付加される場合もある。

2016年5月1日より、ホテル代に6%の増値税(一種の消費税)が加算されることになった。

チップは不要

中国では原則としてチップは不要。ホテルでも渡す必要はないし、高級ホテルではその代わりにサービスチャージを支払っている。華南の都市部ではポーターにチップを渡す人も多くなっているが、10元程度渡せば、それで十分。

料金はシーズンや曜日で変動する

中国でもホテル料金は季節によって変動する。基本的に4～10月がオンシーズンで、11～3月がオフシーズンとなっている。これは中国の観光シーズンが春から秋にかけてだからだ。

しかし、マリンリゾートが売りの海南省はほぼ逆の形になり、10～2月がオンシーズン、3～9月がオフシーズンとなるので、注意しよう。

曜日では土・日曜が高く設定されている。

ホテルに宿泊する

チェックイン

一般的なホテルでは、14:00以降にチェックインし、12:00までにチェックアウトする規則になっているが、早朝や夜中でもチェックインはできる。予約している人はそれを告げて、ネーミングリストから探してもらおう。

また、予約時点でチェックインが遅くなることがわかっていたら、必ずその旨を伝えておこう。到着予定時刻より遅れそうになったら、必ずホテルに連絡を入れよう。そうしないと予約が取り消されてしまうこともある。

現地到着後、直接ホテルに出向いて宿泊する場合、フロントで部屋があることを確認(部屋を見せてもらったほうが無難)して、次に値段の交渉を行う。運がよければ、表示価格より安くなる。

部屋が決まったらチェックインの手続きに入る。まず、チェックインカードに必要事項を記入する。記入が終わったら、支払い方法を決める。

カードの場合はクレジットカードを係員に渡して有効かどうかを確認してもらう。現金払いの場合は、デポジット(保証金)を要求される。金額の目安は、宿泊予定日数+1泊分。このとき預かり証を発行してくれるので、紛失しないようしっかり保管しておくこと。カードを利用できないホテルでは、必ずデポジットを求められるので、それ相応の人民元の現金を用意しておこう。

手続きが終わったら、宿泊カードと部屋のキーをもらう。宿泊カードは遅く戻ってきたときなど提示を求められるので、滞在中はいつも携帯しておくこと。

チェックアウト

チェックアウトするときは、フロントでキーを渡して精算してもらう。計算間違いをしていることもあるので、精算書の内容は必ず確認すること。チェックインのときにデポジットを払った人は、預かり証を提示して差額を支払うか余りを返金してもらう。クレジットカードの人は、金額を確認してサインする。

原則として、チェックアウトは12:00までにしなければならないが、ほとんどのホテルでは荷物を預かってくれるので、列車や飛行機の出発時間が午後のときは、フロントに荷物を預けておくと便利。

その際は「我要寄存行李,可以吗?(wǒ yào jìcún xínglǐ, kěyǐ ma)」と伝えればよい。係員が引換券を渡してくれる(そうでない場合もある)。なくさないようにしっかり保管しておくこと。

2018年春頃から、政府の指示に従い、チェックイン時に顔写真を撮るホテルが増えている

買い物

おみやげを買いに行こう

おみやげを選ぶ

❶お茶

お茶には、茶葉とティーバッグのものがあるが、茶葉のほうがおすすめ。ティーバッグはクズ葉を使っていることが多く、味もいま一歩だ。種類としては、ウーロン茶、ジャスミン茶、緑茶、プーアル茶などいろいろなお茶がある。華南エリアでは、福建省武夷山産の茶葉がおすすめだ。

華南エリアには鉄観音など各地に銘茶がある（「大紅袍」の生産地である福建省武夷山市）

❷漢方薬

中国特産の漢方薬といえば、朝鮮人参や鹿茸。このほか万能薬タイガーバームやロイヤルゼリー、真珠の粉末などが安く購入できる。症状に効果のある漢方薬の名前がはっきりしていない場合は、薬局の店員に聞いてから買うこと。また、処方箋があれば、大きな薬局なら個人用に薬を調合してくれる。麝香(じゃこう)の入ったものや水牛の角などはワシントン条約で取引が禁止されているので、日本に持ち込むことはできない。

❸お菓子

中国でもなかなかおいしいお菓子が作られるようになった。おすすめは、中山やマカオの「杏仁餅」、マカオのエッグタルト。そのほかに、月餅など中国の伝統的なお菓子でも長持ちするものが登場している。中国では陰暦9月15日が月見となっているので、その前に中国を旅行したときのおみやげにおすすめ。

買い物のルール

商品チェックは念入りに

中国では、同じ商品だからといってどれも同じ品質だと思ってはいけない。だから買いたいものが決まったら、なるべくたくさんの商品を出してもらって、歪んでいないかどうか、穴は開いていないか、ちゃんと閉まるかなど細かくチェックする必要がある。

財布に大金を入れない

大都市に住む中流以上の人を除けば、中国の人はあまり財布を持たない。小銭はポケットに入れ、大きなお金はかばんの中にしまっておき、必要なときにそこから出して支払う。

したがって、財布の中に100元札を何枚も入れたまま人混みの中に出かけるのは、防犯上避けたほうがよい。財布にはちょっと使うぶん（多くても200～300元程度）だけ入れておくように！

クレジットカードを使う

外国人が立ち寄るような店ならばクレジットカードが使える。カードを使えば、大金を持ち歩く必要がなく便利。カードの使い方は日本とまったく同じで、ほとんどの所でMasterCard、VISA、JCB、アメリカン・エキスプレスのカードが使える。注意が必要なのは手続きのとき。偽造カードを作られないように、手続きは必ず目の前でやってもらうようにする。金額欄の数字が合っているかどうか確認するなどの作業が必要。

コピー商品の購入は厳禁！

旅行先では、有名ブランドのロゴやデザイン、キャラクターなどを模倣した偽ブランド品や、ゲーム、音楽ソフトを違法に複製した「コピー商品」を、絶対に購入しないように。帰国時に空港の税関で没収されるだけでなく、場合によっては損害賠償請求を受けることも。「知らなかった」では済まされないのだ。

進むキャッシュレス化

中国ではWeChat PayやAlipayといったスマホ決済サービスが人々の間に急速に浸透しており、ちょっとした買い物でも利用されている。

2018年11月現在、中国国外在住者でも中国を訪れた際に利用できるようになった。興味のある人はアプリをダウンロードしていくとよい。

※モバイル決済サービス総まくり in 広東→P.23

中国の通信事情

郵便

中国の郵便事情

中国と日本とは距離が近いこともあり、手紙が5〜10日間、航空小包が7〜10日間、船便が1〜2ヵ月で届く。郵政局(中国の郵便局)やポストはどんな町に行ってもあるから、手紙や小包(一部国際郵便業務を行わない所もある)はいつでも出すことができる。

■中国郵政集団公司

U www.chinapost.com.cn(中国語・英語)

手紙とはがき

手紙に関しては特別な規則はない。切手を貼って表に「Air Mail」もしくは「航空信」と書き、投函すればよい。住所は、頭に「日本国」と漢字で書けば、あとはすべて日本語でかまわない。

早く送りたい場合は、EMS (International Express Mail Services。日本の「国際スピード郵便」に相当)を使うと便利。3〜4日で日本へ着く。小さな郵政局では扱っていない場合がある。

中国郵政速递物流(EMS)

U www.ems.com.cn

国際小包・別送品

国際小包は国際郵便を扱う郵政局から送ることができる。航空便の料金は、1kgまで124.2元。それ以降、重さに応じて加算される(右表参照)。

航空便以外に、割安な船便もあるが、日本に届くのは1〜2ヵ月後。また、両者の間を取ったようなSAL便というサービスもあるので、局員に尋ねてみよう。

国際小包の場合、郵便料金のほかにも、税関料(1件につき5元)、保険手続き料(1件につき3元)、保険料(200元ごとに3元)などが加算される。

日本に送る場合は、郵政局内の税関で検査を受けなければならない。開封のまま郵政局へ持っていき、申込書に送り先や内容物を記入し、荷物を詰めた状態で担当官に見せたあとに封をする。検査といっても、簡単に済むことが多い。

中国のポストは緑色をしている

箱に宛名を書かなければならないので、油性のネームペンを持っていくとよい。ボールペンでは少々不便。

なお、漢方薬、国外持ち出し禁止の書籍、証明書のない美術工芸品などは、国外に送れないので注意しよう。

旅行中に記念品などを日本に送った場合は、別送品となる。箱に「別送品(Unaccompanied Baggage)」と明記し、日本帰国時に「携帯品・別送品申告書」を2部記入して提出する(→P.340)。未提出だと一般の輸入品として扱われてしまう。

郵便料金(2018年11月現在)

※左記公式ウェブサイトで最新料金を確認できる

日本への航空便料金

項目	重さなど	料金
はがき	1枚	5.0元
封書	20g以下	6.0元
	20gを超える10gごとに	2.8元加算
小型包装物(2kgまで)	100g以下	30.0元
	100gを超える100gごとに	27.0元加算
小包(上記以上)	1kg以下	124.2元
	1kgを超える1kgごとに	29.6元加算

日本へのEMS料金

項目	重さなど	料金
書類	500g以下	115.0元
	500gを超える500gごとに	40.0元加算
物品	500g以下	180.0元
	500gを超える500gごとに	40.0元加算

中国国内郵便料金

項目	重さなど	料金
はがき	1枚	0.8元
封書	市内100g以下	0.8元
	100gを超える100gごとに	1.2元加算
	市外100g以下	1.2元
	100gを超える100gごとに	2.0元加算

中国国内の特快専递便(Domestic EMS)料金

重さなど	料金
500g以下	20.0元
500gを超える500gごとに	1区(500km以内):4.0元加算
	2区(500kmを超え、1000km以内):6.0元加算
	3区(1000kmを超え、1500km以内):9.0元加算
	4区(1500kmを超え、2500km以内):10.0元加算
	5区(2500kmを超える):17.0元加算

国際電話

ホテルからかける

客室からの国際電話のかけ方はホテルによって異なるので、フロントに問い合わせるなどして、しっかり確認しよう。ただし、ホテルからかける国際電話は通話料が高くつく。電話料金はチェックアウトの際に部屋代と合わせて請求されることが多い。

電話ボックスからかける

ICカード式やIPカード式の電話機があるが、数は減っている。ICカードはホテルのフロントや郵政局などで売っており、20元、50元、100元、200元などの種類がある。

カード式の電話は、日本のカード式公衆電話と同じように使える。IPカード式電話はインターネットを使った通話サービス。料金は安いが、必要な暗証番号の桁数がとても多い。

ICカード式電話のかけ方

1 カードを購入する
郵政局や町角の売店などで購入。金額は使用頻度を考えて購入すること。IPカードと間違えないこと！

↓

2 IC式カード電話の表示を探す
郵政局などにあるが、携帯電話の普及により少なくなっている

↓

3 受話器を取りカードを差し込む
カードを差し込むとき、シールの貼ってあるほうが上なので注意

↓

4 番号をプッシュする
まず「00」をプッシュする

↓

次に国番号（日本にかけるなら「81」）をプッシュする

↓

次に相手先の市外局番と携帯電話の最初の「0」を取った番号（「03-1234-5678」にかけるなら「3-1234-5678」）をプッシュする

↓

5 電話を終える
受話器を置くと自動的にカードが出てくるものもあるが、ボタンを押してカードを取り出すものもある。取り忘れのないように！

国際電話のかけ方（中国から日本）

日本の電話会社でも中国から簡単に日本へ電話できる下記のサービスを扱っている。

■日本語オペレーターに申し込むコレクトコール

中国から日本語オペレーターを通して電話できる。支払いはクレジットカードかコレクトコール。

●アクセス番号

▼KDDI→ジャパンダイレクト
☎108-2811（おもに上海、広州など南部から）

■国際クレジットカード通話

クレジットカードの番号を入力してかけることのできる国際電話。日本語の音声ガイダンスに従って、操作すればよい。

●アクセス番号

▼KDDI→スーパージャパンダイレクト
☎108-2810（おもに上海、広州など南部から）

通話手順

1 アクセス番号を入力
↓
2 クレジットカードの番号+「#」を入力
↓
3 暗証番号+「#」を入力
↓
4 相手の電話番号を市外局番から入力し、+「#」を入力

■プリペイドカードで通話する

国際電話プリペイドカードを利用する通話も便利。カードは日本出国前にコンビニや成田などの国際空港であらかじめ購入できる。前述のアクセス番号にダイヤルし、日本語の音声ガイダンスに従って操作する。

▼KDDI→スーパーワールドカード
※利用方法については、KDDIまで問い合わせを

国際電話のかけ方（日本から中国）

日本から中国に電話する場合は、次の手順のようにダイヤルすればよい。

通話手順

1 《国際電話会社の番号》
↓
2 《国際電話識別番号 010》
↓
3 《国番号、エリア番号》（中国は86、香港は852、マカオは853）
↓
4 《相手先の電話番号》（市外局番と携帯電話の最初の0を取る。香港、マカオはなし）

国際電話会社の番号

国際電話会社名	番号
KDDI※1	001
NTTコミュニケーションズ※1	0033
ソフトバンク※1	0061
au（携帯）※2	005345
NTTドコモ（携帯）※3	009130
ソフトバンク（携帯）※4	0046

※1「マイライン」の国際区分に登録している場合は不要。詳細は🅄 www.myline.org
※2 auは005345をダイヤルしなくてもかけられる
※3 NTTドコモはWORLD WINGに事前登録が必要。009130をダイヤルしなくてもかけられる
※4 ソフトバンクは0046をダイヤルしなくてもかけられる
※ 携帯電話の3キャリアは「0」を長押しして「+」を表示し、続けて国番号からダイヤルしてもかけられる

日本での国際電話の問い合わせ先

通信会社名	電話番号とURL
KDDI	☎0057(無料) Ⓤwww.kddi.com
NTTコミュニケーションズ	☎0120-506506(無料) Ⓤwww.ntt.com
ソフトバンク	☎0120-03-0061(無料) Ⓤwww.softbank.jp
au	☎0077-7-111(無料) Ⓤwww.au.kddi.com
NTTドコモ(携帯)	☎0120-800-000(無料) Ⓤwww.nttdocomo.co.jp
ソフトバンク(携帯)	☎157(ソフトバンクの携帯から無料) Ⓤmb.softbank.jp/mb

携帯電話

中国で携帯電話を利用するには、日本で使用している携帯電話をそのまま利用する方法やレンタル携帯電話を利用する方法がある。

ほかには、モバイルWi-Fiルーターを日本の出発空港でレンタルする方法がある。定額料金で使用できるもので、現地でのネット利用に便利。

規制により中国で使えないサービスを利用したい場合はオプションでVPN付きを申し込む必要がある。

また、中国へ出かける回数の多い人は、中国でプリペイド式携帯電話を購入するという手もある。中国の家電量販店などで機能が通話にかぎられたような機種を選べば、300～500元程度の出費で済む。中国では電話番号などのデータが入っているSIMカードと携帯電話本体は別売りになっているので、SIMカードも忘れずに購入すること。

日本でSIMフリーの携帯を使っている人は、中国でSIMカードを購入して差し替えれば、通話やメール、ウェブ閲覧などが中国の料金で可能。ただし、中国のインターネット規制は受ける。

料金や通話エリアの詳細

通信会社	料金などに関するURL
au	Ⓤwww.au.kddi.com
NTTドコモ	Ⓤwww.nttdocomo.co.jp/service/world
ソフトバンク	Ⓤmb.softbank.jp/mb

●携帯電話を紛失した際の、中国からの連絡先
(利用停止の手続き。全社24時間対応)

■au
00(国際電話識別番号)+81+3+6670-6944※1

■NTTドコモ
00(国際電話識別番号)+81+3+6832-6600※2

■ソフトバンク
00(国際電話識別番号)+81+3+5351-3491※3

※1 auの携帯から無料、一般電話からは有料
※2 NTTドコモの携帯から無料、一般電話からは有料
※3 ソフトバンクの携帯から無料、一般電話からは有料

インターネット

インターネット規制

中国にはインターネット規制がある(→P.322)。日本で一般的なSNSがそのまま使えない、GoogleやYahoo!の検索が使えないなどの不便がある。

ウェブメール

ユーザーIDとパスワードを持っていれば、ネットカフェやホテルなどで簡単に利用することができる。ただし、日本で広く普及しているGmailは規制のため、中国国内ではVPNを使うなどしないとアクセスできない。ビジネスやプライベートで常用している人は特に注意。

Yahoo! JAPAN
Ⓤmail.yahoo.co.jp

Yahoo! JAPANの無料メールサービス。Yahoo! JAPANのウェブサイトにアクセス後、「メールアドレスを取得」をクリックして新規登録を行う。

Microsoft
Ⓤwww.microsoft.com

MicrosoftではHotmailやOutlook.comなどの無料メールサービスを提供している。公式ウェブサイトにアクセス後、アカウントを作成して新規登録を行う。

自分が使っているアドレスを利用する

現在、会社や個人で使用しているアドレスを海外で利用することもできる。詳細は利用しているプロバイダに確認してみよう。

ホテルでのネット利用

ログインパスワードを携帯電話のSNSに送信するホテルも増えている。携帯電話を持っていない人はフロントに相談するとよい。

400番電話

中国には頭3桁に400が付く10桁の電話番号が存在する。これは企業が顧客にサービスを提供するための電話番号で、発信者は市内通話料のみを負担すればよい仕組み。固定電話・携帯電話ともに利用可能。なお、このサービスを利用できるのはチベット自治区、香港、マカオを除く中国国内限定。

ちなみに400の次に来る番号は通信会社の番号。0と6が中国聯通、1と7が中国移動、8と9が中国電信となっている。

インフォメーション

VATの一部還付を開始

中国ではVAT（付加価値税）として、日本の消費税に当たる「増値税」があり、最大17％の税率（内税方式）。この一部（実質9％）を出国者に還付する制度が開始された。適応されるのは、中国入国後183日未満の旅行者が、購入から90日以内に手続きした場合。条件などは次のとおり。

①「退税商店　TAX FREE」の表示がある対象店舗で、同日内に同一店舗で500元以上の買い物をする。金額は合算して500元以上でかまわない。2018年11月現在、本書掲載エリアでは広東省、福建省、海南省。

②購入時にパスポートを提示し、「离境退税申请单（出国時税還付申請票）」と専用の機械で発行された「増值税普通发票（専用領収書）」を発行してもらう。領収書は一般のものとは異なるので注意。

③空港や国際フェリーターミナルでパスポートと上記2種類の書類および商品現物を提示し確認印をもらうが、商品現物の提示が必要な点に注意。荷物を預ける前に税関で手続きをする。

④空港や国際フェリーターミナル内の免税エリアにある窓口で書類を提示し、人民元または外貨現金で還付を受ける。1万元（約18万円）以上の還付を受ける場合は銀行振り込みとなるが、観光客で対象者は少ないだろう。

還付金受領窓口（広州白雲国際空港国際線出発フロア）

関連ウェブサイト

●広東省国家税務局

🅄 www.gd-n-tax.gov.cn

●福建省国家税務局

🅄 www.fj-n-tax.gov.cn

●アモイ市国家税務局

🅄 www.xm-n-tax.gov.cn

INFORMATION

中国でスマホ、ネットを使うには

まずは、ホテルなどのネットサービス（有料または無料）、Wi-Fiスポット（インターネットアクセスポイント。無料）を活用する方法がある。中国では、主要ホテルや町なかにWi-Fiスポットがあるので、宿泊ホテルでの利用可否やどこにWi-Fiスポットがあるかなどの情報を事前にネットなどで調べておくとよいだろう。ただしWi-Fiスポットでは、通信速度が不安定だったり、繋がらない場合があったり、利用できる場所が限定されたりするというデメリットもある。ストレスなくスマホやネットを使おうとするなら、以下のような方法も検討したい。

☆各携帯電話会社の「パケット定額」

1日当たりの料金が定額となるもので、NTTドコモなど各社がサービスを提供している。

いつも利用しているスマホを利用できる。また、海外旅行期間を通じてはなく、任意の1日だけ決められたデータ通信量を利用することのできるサービスもあるので、ほかの通信手段がない場合の緊急用としても利用できる。なお、「パケット定額」の対象外となる国や地域があり、そうした場所でのデータ通信は、費用が高額となる場合があるので、注意が必要だ。

☆海外用モバイルWi-Fiルーターをレンタル

中国で利用できる「Wi-Fiルーター」をレンタルする方法がある。定額料金で利用できるもので、「グローバルWiFi（【URL】https://townwifi.com/）」など各社が提供している。Wi-Fiルーターとは、現地でもスマホやタブレット、PCなどでネットを利用するための機器のことをいい、事前に予約しておいて、空港などで受け取る。利用料金が安く、ルーター1台で複数の機器と接続できる（同行者とシェアできる）ほか、いつでもどこでも、移動しながらでも快適にネットを利用できるとして、利用者が増えている。

ルーターは空港などで受け取る

ほかにも、いろいろな方法があるので、詳しい情報は「地球の歩き方」ホームページで確認してほしい。

【URL】http://www.arukikata.co.jp/net/

私の重要事項メモ

注意:このページをコピーして、取り出しやすい場所に保管してください。本書にそのまま記入すると紛失したときに悪用される恐れがあります。コピーしたものの紛失にも注意してください。

パスポート関連

パスポート番号:

ローマ字の氏名:氏)　　名)

生年月日:

発行年月日:

有効期限:

中国ビザナンバー(ある人のみ):

クレジットカード、国際キャッシュカード

注意:契約しているカード会社の紛失時連絡先(フリーダイヤルやコレクトコールの電話番号)をあらかじめ調べて記入。

カード会社名(1):　　電話番号:

カード会社名(2):　　電話番号:

カード会社名(3):　　電話番号:

【参考】主要カード会社のURL(提携カードの場合は連絡先が異なる場合がある)

アメリカン・エキスプレス Ⓤ www.americanexpress.com/japan
ダイナース Ⓤ www.diners.co.jp
JCB Ⓤ www.jcb.co.jp
MasterCard Ⓤ www.mastercard.com/jp
VISA Ⓤ www.visa.co.jp

その他

海外旅行保険契約番号と連絡先:

現地用携帯電話番号:

緊急保護

※詳細→P.354
■在広州日本国総領事館
☎(020)83343009(領事・査証)
■在中国日本国大使館領事部
☎(010)65325964(邦人保護)
■在上海日本国総領事館 別館領事部門
☎(021)52574766(代表)
※夜間、休日の緊急事態発生時には代表電話にかけ、内線0で緊急連絡事務所につながる

申し込んだ旅行会社、留守宅、会社、友人、ホテルなど

1)名前:　　電話/メール:

2)名前:　　電話/メール:

3)名前:　　電話/メール:

4)名前:　　電話/メール:

5)名前:　　電話/メール:

コピーのチェック 注意:とっておくと便利。

- パスポート
- 航空券、eチケット控え
- ホテルのバウチャーまたは予約確認書、予約確認メール
- ツアー日程表

そのほかのメモ

中国語を使おう！

中国に行ったからには、中国の人たちと中国語で話したい！　町で、お店で、ホテルで、電車で、まずは「你好(ニイハオ)！/Nǐhǎo」（こんにちは！）から始めてみよう。

中国の標準語「普通话」

標準語は作られた言葉

広大な国土をもち、56の民族が暮らす中国では、地域や民族によって異なる方言・言語が使われている。

92%を占める漢族の言葉だけでも、北方方言（北京を中心とするエリアや東北地方の方言）、上海語（上海を中心とする昔の「呉」の方言）、広東語（広東省を中心としたエリアの方言）、福建語（福建省方言）など大きく7つに分けられる。これらの方言は、別の言語といっていいほど異なり、互いにコミュニケーションを図ることができない。このため、作られたのが、中国の標準語である「普通话（pǔtōnghuà）」。これは北方方言を基本に作られた言葉で、テレビやラジオ、また学校など公共の場所で使われており、中国どこへ行っても通用する言葉である。

中国語について

文の構造

中国語は格変化や時制による動詞の変化はないし、日本語のような動詞の活用もなく、比較的学びやすい言語といえる。

例えば、「我去北京（wǒ qù běi jīng）」（私は北京へ行く）を過去形にする場合、「昨天（zuó tiān）」（昨日）などを付けて、「昨天我去北京（zuó tiān wǒ qù běi jīng）」とすれば、「私は昨日北京へ行った」という意味になる。

乱暴な言い方をすれば、中国語で大切なのは語順とそれぞれの言葉の組み合わせ方だ。たとえ文法の知識がなくても、基本となる文型と単語を知っていれば簡単な文は作れる。この特徴をうまく利用すれば、会話ができなくても筆談で中国人とコミュニケーションすることも可能だ。

中国語の発音

「中国語の発音は難しい」とよくいわれる。確かに、母音だけでも単母音と複合母音の2種類があり、子音には息を強く吐き出す「有気音」（p、t、q、c）や、舌を反らせて丸める「そり舌音（巻舌音）」（zh、ch、sh）など、日本語には存在しない発音もある。

しかし、前に述べたように、中国は広く方言も多いため、正確な「標準語」の発音をしている人は、実際のところ少数派である。

特に前述した「そり舌音（巻舌音）」は、南方の中国人にとっても発音が難しく、'zi'、'ci'　'si'と発音されることが多い。

日本人は正確な発音ができないと話したがらないが、しり込みせず、とにかく中国人に話しかけてみよう。

表音記号「ピンイン」

中国語の発音をアルファベットで表記したものがピンイン（拼音）だ。しかし、同じアルファベットでも、日本語のローマ字綴りとは発音が異なるものが多くある（例：si＝口を左右に伸ばして「スー」と発音する）ので注意が必要だ。

このピンインをしっかり理解すれば、中国語学習のスピードが飛躍的に速くなる。

■母音

①単母音

【a】:日本語の「ア」に近いが、口をより大きく開ける。

【o】:日本語の「オ」に近いが、口を丸く大きく開ける。

【e】:口を軽く開け、「エ」の口の形でのどに力を入れて「オ」を発音する。

【i】:日本語の「イ」に近いが、口を左右に強く引いて発音する。

【u】:日本語の「ウ」より口をすぼめて丸く突き出す。ろうそくを吹き消すイメージで。

【ü】:口をすぼめて「ウ」の口で「イ」。口笛を吹くときの口の形に近い。

※【ü】が子音【j】【q】【x】と組み合わされるときは【ju】【qu】【xu】と表記される

②複合母音（二重母音）

ふたつの音をスムーズに続けて発音する。

【ai】【ei】【ao】【ou】：前の母音を強く発音する。

【ia】【ie】【ua】【uo】【üe】：後ろの母音を強く発音する。

※二重母音の中の【e】は日本語の「エ」に近い音になる

③複合母音（三重母音）

3つの音をスムーズに続けて発音する。

【iao】【iou】【uai】【uei】：真ん中の母音を強く発音する。

④複合母音(鼻母音)

【an】【ian】【uan】【üan】【en】【in】【uen】【ün】：[-n]の鼻母音。舌先を上の歯茎の裏に付けたまま息を鼻に通す。日本語「案内(an' nai)」の「n」の発音。

※【ian】は「イアン」ではなく「イエン」と発音する

【ang】【iang】【uang】【eng】【ueng】【ing】【ong】【iong】：[-ng]の鼻母音。舌先はどこにも付けず、舌の奥を盛り上げた状態で息を鼻に通す。日本語「案外(an' gai)」「n' g」の発音に近い。

※【eng】は「エン」より「オン」に近い発音になる

■子音(+母音)

「有気音」と「無気音」に注意が必要。

「有気音」は子音を発音したあと、ためた息を一気に強く吐き出して母音を発音する。

「無気音」は子音を発音したあと、続いて静かに母音に移る。下には無気音とそれに対応する有気音をセットで挙げてある。

例えば【bo】と【po】の場合、口の形は同じで、息の吐き出し方が異なる。

【bo】(無気音)：日本語の「ボ」と「ポ」の中間の音。息をゆっくり出す。

【po】(有気音)：日本語の「ポ」を強くはっきり勢いよく出す。息は一気に吐き出す。

【fo】：下唇を軽く噛んで「フォ」。

【mo】：日本語の「モ」に近い。

【de】(無気音)：「ド」と「ト」の中間の音。息をゆっくり出す。

【te】(有気音)：日本語の「ト」を強くはっきり勢いよく出す。息は一気に吐き出す。

【ne】：日本語の「ヌ」に近い。

【le】：日本語の「ル」に近い。

【ji】(無気音)：日本語の「ジ」と「チ」の中間音。息をゆっくり出す。

【qi】(有気音)：日本語の「チ」を強くはっきり勢いよく出す。息は一気に吐き出す。

【xi】：日本語の「シ」に近い。口を左右に強く引いて発音。

【ge】(無気音)：日本語の「グ」と「ク」の中間音。息をゆっくり出す。

【ke】(有気音)：日本語の「ク」を強くはっきり勢いよく出す。息は一気に吐き出す。

【he】：日本語の「フ」に近い。のどの奥から発音する。

【zi】(無気音)：日本語の「ズ」と「ツ」の中間音。息をゆっくり出す。口は左右に引く。

【ci】(有気音)：日本語の「ツ」を強くはっきり勢いよく出す。息は一気に吐き出す。口は左右に引く。

【si】：日本語の「ス」に近い。口は左右に引く。

【zhi】(無気音)：舌を上に反らし、上あごの前の部分に当てて「ヂ」。息をゆっくり出す。

【chi】(有気音)：舌を上に反らし、上あごの前の部分に当てて「チ」を強くはっきり勢いよく発音。

【shi】：舌を上に反らし、上あごの前の部分に当てて「シ」。

【ri】：舌を上に反らし、上あごの前の部分に当てて「リ」。

■ 声調(四声)

中国語の漢字には、それぞれ発音とともに4つの音の高低(イントネーション)がある。これは「声調」と呼ばれ、4つのパターンは「四声」と呼ばれている。

この「声調(四声)」は中国語の特徴で、日本人にはけっこう難しいものだ。

第一声：(ā)高く平らに伸ばす

第二声：(á)低い音から一気に高い音に上げる

第三声：(ǎ)低い音を保ち、最後は少し高く上げる

第四声：(à)高い音から一気に低い音へ下げる

軽　声：(a)軽く短く発音する

●注意

後ろに来る単語の声調によって、変わってくる例外的なものがあるので注意しよう。

①「一」の発音は単独では「yī」(一声)だが、後ろに一、二、三声が続くときは四声「yì」に、後ろが四声のときは二声「yí」になる。

例：一天「yì tiān」⇔一次「yí cì」

②「不」の発音は通常四声「bù」だが、後ろに四声が続くときは二声「bú」になる。

例：不好「bù hǎo」⇔不是「bú shì」

③三声+三声のとき、前の三声は二声になる。

例：你好　表記上は「nǐ hǎo」→発音時には「ní hǎo」となる

■ 簡体字と繁体字

現在、中国大陸では簡略化された「簡体字(简体字)」という漢字が使われている。これは識字率向上のため、1964年に公布された「簡化字総表」に基づくもの。現在日本で使われている漢字とは形が異なるものも多いので注意が必要。

なお、香港やマカオ、台湾などでは「繁体字」という漢字が使われている。こちらは1716年(清代)に完成した「康熙字典」を基本としており、日本の旧字体と共通するものが多い。

例：日本語→亜／簡体字→亚／繁体字→亞
日本語→読／簡体字→读／繁体字→讀
日本語→対／簡体字→对／繁体字→對

単語を覚えよう

中国を旅行する際に中国語が必要となる場面は多い。「中国語は全然わからない……」という人もいると思うが、そんな人の力強い味方となるのが、日中両国で使われる「漢字」。もちろん、中国で使われている漢字と日本で使われている漢

字には意味や形の違いがあるが、書いて見せれば、思ったより多くのことが通じる。ここからは中国語の基本的な文型と単語をピックアップしており、それらを組み合わせて使うことによって文が作れるようになっている。

発音が難しいといわれる中国語だが、筆談なら意外に簡単に中国人とコミュニケーションを取れるかもしれない。

声調と有気音がポイント

中国語で会話するとき、声調と有気音に留意すると、相手に通じやすくなる。語頭の声調は特に正しく発音しよう。有気音は日本語にないので、これも意図的にはっきり息を出すこと。反り舌音は中国人でも南方の人はできないのでそれほど気にしなくてよい。

基本単語

■名詞

①人称代名詞

日本語	中国語	ルビ	ピンイン
私	我	ウォー	wǒ
私たち	我们	ウォーメン	wǒmen
あなた	你	ニー	nǐ
あなたたち	你们	ニーメン	nǐ men
あなた（敬語）	您	ニン	nín
彼	他	ター	tā
彼女	她	ター	tā
彼ら	他们	ターメン	tā men
彼女ら	她们	ターメン	tā men
それ	它	ター	tā
それら	它们	ターメン	tā men
誰	谁	シェイ	shéi

②代名詞

日本語	中国語	ルビ	ピンイン
これ	这※1	ジャー	zhè
それ／あれ	那※2	ナー	nà
どれ	哪※3	ナー	nǎ
何	什么	シェン モ	shén me
ここ	这里	ジャー リ	zhè li
そこ／あそこ	那里	ナー リ	nà lǐ
どこ	哪里	ナー リ	nǎ lǐ

※1 会話では「这个（ジェイガ）／zhèige」がよく使われる
※2 会話では「那个（ネイガ）／nèige」がよく使われる
※3 会話では「哪个（ネイガ）／něige」がよく使われる

③数

数	中国語	ルビ	ピンイン
0	零	リン	líng
1	一	イー	yī
2	二※4	アール	èr
3	三	サン	sān
4	四	スー	sì
5	五	ウー	wǔ
6	六	リウ	liù
7	七	チー	qī
8	八	バー	bā
9	九	ジウ	jiǔ
10	十	シー	shí
11	十一	シーイー	shí yī
12	十二	シーアル	shí èr
100	一百	イーバイ	yì bǎi
101	一百零一	イーバイリンイー	yì bǎi líng yī
102	一百零二	イーバイリンアル	yì bǎi líng èr
110	一百一十	イーバイイーシー	yì bǎi yì shí
111	一百一十一	イーバイイーシーイー	yì bǎi yì shí yī
112	一百一十二	イーバイイーシーアル	yì bǎi yì shí èr
1000	一千	イーチエン	yì qiān
1001	一千零一	イーチエンリンイー	yì qiān líng yī
1002	一千零二	イーチエンリンアル	yì qiān líng èr
1010	一千零一十	イーチエンリンイーシー	yì qiān líng yì shí
1011	一千零一十一	イーチエンリンイーシーイー	yì qiān líng yì shí yī
1100	一千一百	イーチエンイーバイ	yì qiān yì bǎi
10000	一万	イーワン	yí wàn

※4 「两（リァン）／liǎng」後ろに助数詞が付くとき　例　两个（リァンガ）: liǎng ge

④時間

今日：今天 ジンティエン jīn tiān	来年：明年 ミンニエン míng nián	水曜日：星期三 シンチーサン xīng qī sān
明日：明天 ミンティエン míng tiān	去年：去年 チューニエン qù nián	木曜日：星期四 シンチースー xīng qī sì
あさって：后天 ホウティエン hòu tiān	朝：早晨 ザオチェン zǎo chén	金曜日：星期五 シンチーウー xīng qī wǔ
昨日：昨天 ズオティエン zuó tiān	夜：晚上 ワンシャン wǎn shàng	土曜日：星期六 シンチーリウ xīng qī liù
おととい：前天 チエンティエン qián tiān	午前：上午 シャンウー shàng wǔ	日曜日：星期天（日） シンチーティエン リー xīng qī tiān rì
3月1日（書き言葉）：三月一日 サン ユエ イー リー sān yuè yī rì	午後：下午 シアウー xià wǔ	1日：一天 イーティエン yì tiān
3月1日（口語）：三月一号 サン ユエ イー ハオ sān yuè yī hào	お昼：中午 ジョンウー zhōng wǔ	1週間：一个星期 イー ガ シンチー yí ge xīng qī
今週：这个星期 ジェイ ガ シンチー zhèi ge xīng qī	今：现在 シエンザイ xiàn zài	1ヵ月：一个月 イー ガ ユエ yí ge yuè
来週：下个星期 シア ガ シンチー xià ge xīng qī	3時：三点 サンディエン sān diǎn	1年：一年 イーニエン yì nián
先週：上个星期 シャン ガ シンチー shàng ge xīng qī	5時半：五点半 ウーディエンバン wǔ diǎn bàn	1時間：一个小时 イー ガ シアオシー yí ge xiǎo shí
今月：这个月 ジェイ ガ ユエ zhèi ge yuè	7時15分：七点一刻 チーディエンイーカー qī diǎn yí kè	30分：半个小时 バン ガ シアオシー bàn ge xiǎo shí
来月：下个月 シア ガ ユエ xià ge yuè	9時40分：九点四十分 ジウディエンスーシーフェン jiǔ diǎn sì shí fēn	2時間半：两个半小时 リァン ガ バンシアオシー liǎng gè bàn xiǎo shí
先月：上个月 シャン ガ ユエ shàng ge yuè	月曜日：星期一 シンチーイー xīng qī yī	15分：一刻钟 イー カ ジョン yí kè zhōng
今年：今年 ジンニエン jīn nián	火曜日：星期二 シンチーアル xīng qī èr	1分：一分钟 イーフェンジョン yì fēn zhōng

⑤単位

個（何を数えるときにも使える）：个 ガ gè	両（1両＝10斤）：两 リャン liǎng	cm：厘米 リーミー lí mǐ
斤（1斤＝500g）：斤 ジン jīn	キロメートル：公里 ゴンリー gōng lǐ	尺（1/3m）：尺 チー chǐ
公斤（1公斤＝1kg）：公斤 ゴンジン gōng jīn	メートル：米 ミー mǐ	寸（0.1尺）：寸 ツン cùn

⑥通貨単位

中国の通貨単位は「元（yuán）」、補助単位は「角（jiǎo）」、「分（fēn）」。しかし、口語では元を「块（kuài）」、角を「毛（máo）」というので注意。

書き言葉：3元4角：三元四角 サンユエンスージアオ sān yuán sì jiǎo	口語：3元4角：三块四毛 サンクアイスーマオ sān kuài sì máo

⑦方向・方角

東：东边（ドンビエン）dōng biān	右：右边（ヨウビエン）yòu biān	前：前边（チェンビエン）qián biān
西：西边（シービエン）xī biān	左：左边（ズオビエン）zuǒ biān	後ろ：后边（ホウビエン）hòu biān
南：南边（ナンビエン）nán biān	上：上面（シャンミエン）shàng miàn	右へ（左へ）曲がる：
北：北边（ベイビエン）běi biān	下：下面（シアミエン）xià miàn	往右（ワンヨウ）wǎng yòu（左（ズオ）zuǒ）拐（グアイ）guǎi

⑧交通

優等座席（鉄道）：软座（ルアンズオ）ruǎn zuò	車：汽车（チーチャー）qì chē	長距離バスターミナル：长途汽车站（チャントゥーチーチャージャン）cháng tú qì chē zhàn
普通座席（鉄道）：硬座（インズオ）yìng zuò	地下鉄：地铁（ディーティエ）dì tiě	埠頭：码头（マートウ）mǎ tóu
優等寝台（鉄道）：软卧（ルアンウォー）ruǎn wò	エアポートバス：机场大巴（ジーチャンダーバー）jī chǎng dà bā	切符：票（ピャオ）piào
普通寝台（鉄道）：硬卧（インウォー）yìng wò	飛行機：飞机（フェイジー）fēi jī	航空券：机票（ジーピャオ）jī piào
バス：公共汽车（ゴンゴンチーチャー）gōng gòng qì chē／巴士（バーシー）bāshì	空港：机场（ジーチャン）jī chǎng	列車切符：火车票（フオチャーピャオ）huǒ chē piào
長距離バス：长途汽车（チャントゥーチーチャー）cháng tú qì chē	鉄道駅：火车站（フオチャージャン）huǒ chē zhàn	乗車券：车票（チャーピャオ）chē piào
タクシー：出租车（チューズーチャー）chū zū chē／的士（ディーシー）dì shi	バス停・バスターミナル：车站（チャージャン）chē zhàn	切符売り場：售票处（ショウピャオチュー）shòu piào chù

⑨レストラン

レストラン：餐厅（ツァンティン）cān tīng	スープ：汤（タン）tāng	ミネラルウオーター：矿泉水（クアンチュアンシュイ）kuàng quán shuǐ
メニュー：菜单（ツァイダン）cài dān	水餃子：饺子（ジャオ ズ）jiǎo zi	箸：筷子（クアイ ズ）kuài zi
中国料理：中国菜（ジョングオツァイ）zhōng guó cài	肉まん：包子（バオ ズ）bāo zi	スプーン（さじ）：汤匙（タンチー）tāng chí（勺子（シャオ ズ）sháo zi）
日本料理：日本菜（リーベンツァイ）rì běncài	チャーハン：炒饭（チャオファン）chǎo fàn	コップ：杯子（ベイ ズ）bēi zi
料理：菜（ツァイ）cài	ビール：啤酒（ピージウ）pí jiǔ	お皿：盘子（パン ズ）pán zi
ご飯：米饭（ミーファン）mǐfàn	お茶：茶水（チャーシュイ）chá shuǐ	紙ナプキン：餐巾纸（ツァンジンジー）cānjīn zhǐ

⑩ホテル

シングル：单人间（ダンレンジエン）dān rén jiān	フロント：大堂（ダータン）dà táng	バスタオル：浴巾（ユウジン）yù jīn
ツイン：双人间（シュアンレンジエン）shuāng rén jiān	ビジネスセンター：商务中心（シャンウージョンシン）shāng wù zhōng xīn	歯ブラシ：牙刷（ヤーシュア）yá shuā
ドミトリー：多人间（ドゥオレンジエン）duō rén jiān	石鹸：香皂（シアンザオ）xiāng zào	スリッパ：拖鞋（トゥオシエ）tuō xié
部屋：房间（ファンジエン）fáng jiān	タオル：毛巾（マオジン）máo jīn	毛布：毛毯（マオタン）máo tǎn